亚瑟·J. 马德尔是一位治学严谨的研究者、教师和作者。在现代皇家海军历史这一领域，出生于 1910 年的他几可堪称最为卓越的历史学家。马德尔教授在西方国家多所大学拥有教职，并曾获得大量荣誉称号，一生先后出版 15 部有关英国海军历史的著作。教授于 1980 年逝世。

巴里·高夫是著名的加拿大籍海事和海军历史学家，著有《史学的无畏舰：亚瑟·马德尔、史蒂芬·罗斯基尔和海军历史之战》。该书最近由锡福斯出版社（Seaforth Publishing）出版。

海军上将戴维·贝蒂（David Beatty）爵士
大舰队总指挥官（1916—1919年）

亚瑟·科普（Arthur Cope）爵士绘制，藏于国家海事博物馆（National Maritime Museum）

指文®海洋文库/S007

[英] 亚瑟·雅各布·马德尔 著　　　张宇翔 译

# 英国皇家海军
## 从无畏舰到斯卡帕湾

·第五卷·

★ 一战胜利及余波 ★
1918.1—1919.6

民主与建设出版社
·北京·

ⓒ 民主与建设出版社，2022

**图书在版编目（CIP）数据**

英国皇家海军：从无畏舰到斯卡帕湾 . 第五卷，一
战胜利及余波：1918.1—1919.6 /（英）亚瑟·雅
各布·马德尔著；张宇翔译 . —— 北京：民主与建
设出版社，2022.4
　　ISBN 978-7-5139-3776-4

　　Ⅰ . ①英… Ⅱ . ①亚… ②张… Ⅲ . ①海军－军事史－
史料－英国－ 1918-1919 Ⅳ . ① E561.53

中国版本图书馆 CIP 数据核字 (2022) 第 044680 号

FROM THE DREADNOUGHT TO SCAPA FLOW VOLUME V: VICTORY AND AFTERMATH, JA-
NUARY 1918 to JUNE 1919 by ARTHUR J. MARDER
Copyright: © 1970 BY ARTHUR J. MARDER
This edition arranged with Seaforth Publishing
through BIG APPLE AGENCY, INC., LABUAN, MALAYSIA.
Simplified Chinese edition copyright:
2022 ChongQing Zven Culture communication Co., Ltd
All rights reserved.

著作权登记合同图字：01-2021-3819

# 英国皇家海军：从无畏舰到斯卡帕湾 .
# 第五卷 . 一战胜利及余波：1918.1—1919.6

YINGGUO HUANGJIA HAIJUN CONG WUWEIJIAN DAO SIKAPAWAN
DI-WUJUAN YIZHAN SHENGLI JI YUBO 1918.1—1919.6

| | | |
|---|---|---|
| 著　　者 | [英]亚瑟·雅各布·马德尔 | |
| 译　　者 | 张宇翔 | |
| 责任编辑 | 彭　现 | |
| 封面设计 | 王　涛 | |
| 出版发行 | 民主与建设出版社有限责任公司 | |
| 电　　话 | （010）59417747　59419778 | |
| 社　　址 | 北京市海淀区西三环中路 10 号望海楼 E 座 7 层 | |
| 邮　　编 | 100142 | |
| 印　　刷 | 重庆长虹印务有限公司 | |
| 版　　次 | 2022 年 4 月第 1 版 | |
| 印　　次 | 2022 年 4 月第 1 次印刷 | |
| 开　　本 | 787 毫米 ×1092 毫米　1/16 | |
| 印　　张 | 30.5 | |
| 字　　数 | 466 千字 | |
| 书　　号 | ISBN 978-7-5139-3776-4 | |
| 定　　价 | 149.80 元 | |

注：如有印、装质量问题，请与出版社联系

# 目录

## 第一部 维密斯－格蒂斯体制，1918年1—11月

德国缺乏航海传统——德国如何运作其水面舰队——对英德海军竞赛的观察——对领导方式的讨论——马汉的实际经验和历史知识——战时陆海两军关系——战时军方与政客关系——对费希尔的最终思考

# 序

在着手撰写《从无畏舰到斯卡帕湾》的第五卷暨最终卷时，亚瑟·马德尔教授无疑面对着一系列挑战。首先，当时已经有大量有关第一次世界大战期间海军史的作品问世。遗憾的是，就保持皇家海军神秘性的结果而言，其中很多作品在结论部分不仅不加澄清，甚至起到了推波助澜的作用。然而，马德尔教授根据他解析式的治学习惯自然无法得出类似观点。在本书前几卷中，教授首先阐述了 1914 年第一次世界大战爆发前英德海军竞赛的经过。在对"戈本"号战列巡洋舰（Goeben）及"布雷斯劳"号（Breslau）轻巡洋舰避开皇家海军的围追堵截，成功逃窜至君士坦丁堡（今伊斯坦布尔）一事的复杂过程与微妙内幕进行分析后，教授又对协约国一方试图以陆海军作战，夺取达达尼尔海峡（Dardanelles）和加里波利（Gallipoli）的失败尝试展开了描述。此后，他还针对日德兰海战（Jutland）中皇家海军犯下的种种错误，给出了令人信服的分析。尽管此战后英国仍然保持着制海权，但对皇家海军而言，这一事实本身难称功绩。对于"海上战事危机"，即引入船团组织之前德国潜艇战的巨大威胁，以及同期协约国商船所蒙受的惨重损失这一事件，马德尔教授对其进行了根源性的分析，且这一分析堪称史学上的一座丰碑。此前曾有诸多历史学者尝试处理上述某一课题及相关问题，而在本书前几卷中，马德尔独辟蹊径，将上述课题逐一联系起来，写就了一本宏大的著作。马德尔的学术视野宽广而又深邃，能将若干基于独立事件得到的观点联系在一起，从而形成更广泛的观点。通过冷峻清醒的判断而非华丽辞藻，马德尔得以在书中确定其整体基调，并在本书此前四卷中将这一风格一以贯之。

尽管如此，摆在马德尔面前的任务依然相当艰巨：如何才能将此前展开的千头万绪归一，进而得出整体上成立的结论？他或许可以采用避重就轻的方式，避免涉及一些争议颇大的问题。重重困难出现在他面前——其中之一是从海军观点来看，第一次世界大战期间海上战事的结束方式多少显得虎头蛇尾，而非光辉圆满。

除前述困难外，还有一些其他原因导致写作本书的完结部分颇为困难。首先一点在很大程度上应归咎于马德尔教授自身。在其出版商的纵容下，本书的篇幅已经超出了常人想象。在此有必要指出的是，本书最初的设想形式仅为篇幅较长的一卷本，而后演变为两卷本；不久前，第三、第四卷又相继问世。而教授的确曾计划以第四卷为本书最后一卷。然而，鉴于该卷原先计划的内容规模，最终又决定将其分为两卷，由此形成了出版第五卷的可能。因为此前各卷一直获得热烈好评，出版商毫不犹豫地同意了出版第五卷，且将其作为最终卷。由此，马德尔教授免于陷入因篇幅受限，被迫给出简单总结的窘境。对于出版商提供这样的便利，教授一如既往地进行了充分利用。

另外，此前各卷内容中仍有很多遗留问题并未解决。大致按时间顺序排列的话，这些问题包括：1918年初海军部的重组；"戈本"号（长期以来，该舰都是英国人的一根心头刺）虽然最终出击，但部署在东地中海的英国海军单位依然无法摧毁这一万恶之源；在黑海海域，意大利人实际上对英国人实现其战略战术目的展开了百般阻挠；在亚德里亚海域，拦阻网正式开始构建。同时在更宽广的大西洋上，船团系统终于取得了应有的成效，并成为迫使德国人最终求和的原因之一；美国海军大举进入欧洲水域参战；多佛尔海峡拦阻网，对泽布吕赫（Zeebrugge）与奥斯坦德（Ostend）充满争议的突袭等题材自然也值得分出篇幅描述，一如用于封锁奥克尼群岛（Orkneys）以东缺口的北方拦阻网体系（Northern Barrage）。在这一时期英国及协约国集团海上战事的各个侧面中，"击败潜艇"无疑是最为重要的一环（为此展开了五章的篇幅）；而且有必要对昆士敦司令部（Queenstown Command）——尤其是对由英方指挥的美国海军单位，以及美国海军战列舰中队如何整合为大舰队一部进行讨论，其间还需要考虑存在于英美两国海军部之间的分歧。此外，还有诸多难题在这一时期逐渐浮现，但就算海军部参谋人员一直呕心沥血，试图找出展开攻势作战的可能，结果却总是一无所获。最终，停战协定达成。

1918年11月，按照停战协定规定，戴维·贝蒂上将接受了德国舰队的投降。应当如何描述这一令人不快的事件（对英国海军来说，这一结果导致的挫败感在获得胜利的表象下暗流汹涌）？尽管各国最终于1919年6月签订《凡尔赛和约》，以上这两起事件之间令人沮丧的八个月却仍然充斥着大量争论。对这一时期的描述无疑应当包括与德国达成的海军协定，以及英美两国海军部在观念和政策上的差异等内容。当然，在本卷末尾还需包括完善的全书参考文献集。而作为最后一卷，马德尔教授更是需要对皇家海军的表现——特别是其将领的表现——进行回顾。换言之，本卷不仅应对此前各卷中遗留的问题进行解决和总结，还应对整个费希尔时代，也就是以满怀革新思想的约翰·费希尔出任第一海务大臣的 1904 年为开端这十余年间种种事件，进行一个总的终结。

日后的官方战史《海上战争》（*War at Sea*）[①] 作者史蒂芬·罗斯基尔上校曾在私人通信中，要求马德尔教授将本书内容涉及的时间限制在 1918 年底。罗斯基尔专横地宣称，他计划写作的两卷本作品《两次世界大战之间的皇家海军政策》（*Naval Policy Between the Wars*）打算从这一时间点写起。相比前文所提的种种困难，这一过激要求引发的困难或许不那么突出，这一事件或许也没必要引起公众争论。就我个人的感想而言，有关这一时间点的要求恰恰颇为关键：《两次世界大战之间的皇家海军政策》的第一卷于 1968 年问世，彼时《从无畏舰到斯卡帕湾》的第五卷仍在撰写中（后者于 1970 年付梓）。对于前文所述罗斯基尔的作品，马德尔以直率，甚至可能有些愚蠢的方式进行了下述评论（参见本卷参考文献部分，第 392 页）："本书组织混乱，堪称由诸多不同事件构成的杂乱丛林。尽管如此，鉴于大量使用英美两国的原始资料，并在其中得出精明的判断，因此该书仍堪称不容错过的作品。有关停战协定生效期间的内容见于本书前七章。"鉴于在撰写本书（《从无畏舰到斯卡帕湾》）第二卷至第四卷期间，罗斯基尔对马德尔的所作所为，对于前者作为历史学者良好声誉的任何诋毁都无疑会成为引发论战的火花。而罗斯基尔也被轻易激怒了。两人之间的论战逐步演变为一场具有轰动性的大戏，甚至见诸报端。而这一论战的根源（当时并不为公众所知），则可追溯到这两位历史学家在如何使用莫莱斯·汉奇（Mauric

---

[①] 译者注：第二次世界大战结束后，英国皇家档案局组织撰写了一整套第二次世界大战官方史，其内容不仅涵盖军事行动，也包括大战略和民事等各方面。这套历史著作由若干部组成，每部涵盖战争期间的某个方面。《海上战争》即为其中一部，可将其视为皇家海军官方战史，共分三卷。该书可被视为一部提纲挈领性质的史书，除少数著名战例外，对具体海战的过程通常不会进行详细描述。

Hankey）上校日记一事的争议上。在后一场争议中，由于汉奇之子误向罗斯基尔授予日记的独家使用权，因此马德尔教授的立场明显不利。此后，两人之间的论战在《泰晤士报》文学副刊（*Times Literary Supplement*），在各自作品的脚注甚至附录中绵延不绝。有关上述论战的详情可参见笔者所著《史学的无畏舰：亚瑟·马德尔、史蒂芬·罗斯基尔和海军历史之战》一书（锡福斯出版社 2010年版），此处不再赘述。在此仅需提及的是，《从无畏舰到斯卡帕湾》第五卷首次向公众披露了两人的不和，而这种不和甚至此前在海军历史圈内都并非广为人知。不过也应注意到，类似这样的争议在当时英美两国的大学圈内甚至比今日更为常见。罗斯基尔还曾在双方私人通信中提到，他认为马德尔有意纵容相关课题的内容扩散至应有范围之外；换言之，后者在就某一课题写作时有意拉长篇幅，而非及时收尾就事论事。自然，马德尔也不愿意接受这种"多管闲事"的批评，并继续按照自己的风格写作。

除前述理由外，还有一些因素导致马德尔扩充其原计划的最终卷篇幅。比如其出版商希望马德尔能对全书的终结部分给予不遗余力的重视。另一个例子是，出版商曾在宣传中声称"（该书包括）第一次世界大战最后几个月和停战协定生效时期有关海军的高级指示、参与者的个性特征、协约国集团内部的各种关系，以及战后问题的滥觞……本书最终会以对整个时代的回顾作为结尾"——这一切都需要"马德尔教授通过他的权威和学术水平"来呈现。从这一方面看，教授的表现可谓不负众望。

在第五卷的结尾部分，即"对这一时代的反思"章节，马德尔教授再次扮演了历史解剖者的角色。在这一部分，他总结并再次重申下述事实，即正因为海权施加的影响，第一次世界大战才会以协约国集团获胜告终。这正与海军部的目的一致。在 1917 年的一份文件中，英国海军部总结了本国海军政策的"终极目标"列表，其中若干内容摘录如下：1. 保卫协约国陆军海上交通线安全；2. 阻断敌方海上航运，从而影响其陆军正常作战，并实现对其广大国民施加压力的目标；3. 保护英国及其盟国海上航运安全，尤其是保障对英国及其盟国军队和国民的弹药与食物供应；4. 抵抗敌入侵和袭击。与公众和媒体热切期盼的"速胜"式战争恰恰相反，对于掌握海权的列强而言，上述目标的实现需要长期而又坚定的工作。马德尔深知，历史上如特拉法尔加（Trafalgars）之战一般决定性的一战不仅颇为罕见，而且这种决定性海战彼此之间相隔的时间也颇为漫长。尽管如此，第一次世界大战期间的海上战事仍体现了英国海军实战方面的大量缺陷。保守主义倾向不仅表现在战略上，也同时表现在战术上，并导致了指挥系统的集中化。军官的自主行动则通常不被鼓励。海军航空兵的发展也非常缓慢。对于战列舰的迷信仍在继续。敌方潜艇将构成重大威胁一事并未通过此前经验得到充分认识，同时水雷和扫雷作业等方面充斥着未曾预见的危机。1919年，杰利科（Jellicoe）所著《大舰队》（The Grand Fleet）一书问世；该书揭露了就从事一场新时代的海上战争而言，英国海军在技术和装备方面的种种不足，从而引发极大的轰动。事实上，技术自身的发展本就领先于相关反制措施。因此第一次世界大战期间，反潜战（ASW）仍处于其发展的早期阶段，各种草率提出的方案都曾被用于击败潜艇的尝试。最终，实战证明船团是唯一有效的对抗方式。统一的航空指挥并未得到广泛认可。海军在规划上不够明确，海军部内各部门间的交流水平之低更是令人震惊。白厅（White Hall）[①]对拥有实际出海作战经验的军官提出的意见置若罔闻。受挫感在海军内部盛行。海军教育水平不足，有关海军历史的研究也没能获得对当下进行的战争而言有价值的结果。此后，马德尔又转向各海军将领，分析了不同类型的将领及其个人素质。尽管其中少数堪称出色，但大多数只能称为平庸。高级指挥官通常并不缺乏应有的个性、领导力，还有在体力与思维两方面近乎无限的勇气；但他们令人遗憾地缺少对于战略的深刻领悟、对战争本质的透彻了解，以及解决问题的能力。无疑，英国海军的指挥方式体现出了过度的集中化，应被信任的现地指挥官往往不能直接做出决定。此外，海军部事无巨细的命令也打击了一线官兵创造发明的热情。

　　马德尔教授一直倾向于将人的因素作为优点或弱点的成因之一加以讨论。在本书结论部分，相关讨论自然也是主题之一。教授在英国海军官兵中发现一种令人敬畏的力量。他同样将德国海军人员与其进行了对比。马德尔认为，英

---

①译者注：英国诸多政府部门所在地，包括海军部、外交部等。

国海军的传统是导致决定性结果的原因之一，而这一观点无疑难以驳斥。然而与此同时，教授所陈述的英国海军传统亦不乏缺少判断力、不能适当承担风险、缺少团队配合、军种合作水平低下及其他诸多缺陷。他当然不能将自己笔下的英雄——约翰·费希尔留待历史给出评判。恰恰相反，在本书最后部分，即第五卷，教授重申了他此前的观点，即费希尔的英名会永世长存。

* * *

本书问世近半个世纪后，从我们的视角出发，就以下一系列课题，即评价第一次世界大战爆发前英国海军战略思想，对当时海军试图采用的战术与其掌握的设备之间进行匹配，讨论当时英国皇家海军官兵所期待的作战方式——通过对德国舰队完成致命一击，达成他们期待中特拉法尔加式的胜利，从而结束战争——的实施可能，以及导致长期战争的因素等进行思考时，我们的方法和观点自然与马德尔有所不同。当学者讨论测距、炮击效率与效能，以及重新审视海军参谋的实际意义或重写日德兰海战的经过时，他们当然有必要回归马德尔曾经讨论的那些课题。这一现象并不令人意外，且正是历史学者的常态。现代海军历史学者常常发现，马德尔在很多方面都堪称他们的先行者。鉴于下述显而易见的理由，这一结论确实无法辩驳：当马德尔在撰写其五卷本著作时，还没有任何其他学者独立进行过类似的分析工作。当然，现代学者常常采用的策略是指出马德尔的谬误或疏忽，但他们仍永远无法重写马德尔的著作；尽管其中一些人曾狂妄地公然放言，声称自己打算实现这一目标；然而，这一言论只可能出自对于虚荣的爱慕和妄自尊大。使马德尔有别于其他学者，亦使其成为长期公认的历史学家的要素之一，便是其将极为错综复杂的事件整合为一本巨著的突出能力；在他的作品中，我们不仅总能发现就事件内容展开的尖锐批评，而且这些批评都立足于充分依据之上。渐进式的学术本能总是驱使他对自己面临的课题进行仔细审视，从而使他的作品具有一定尖锐或尖刻的风格。

马德尔的研究从未受益于根据海上战争的某一课题进行阐述的专著，在格林尼治（Greenwich）国家海事博物馆工作的艾伦·皮尔索尔（Alan Pearsall）曾多次向我指出这一点。例如有关反潜战的研究就从未公开发表或向历史学者开放以供研究。有关航运战（用以保护己方贸易）的实施及其造成的心理影响则仅属于少数人可接触的信息。不过，通过与该课题的权威沃特斯（D. W. Waters）海军少校建立私人关系，马德尔曾利用通信交流，接受相关课题的单独指导。英国海军部组织完成的海军参谋研究及海军参谋史并未涵盖所有相关课题，且从未采用批判性的基调。此外，上述研究成果仅供内部研究所用，且在编纂时就按照方便日后汇编第一次世界大战期间参谋史而设计。朱利安·科贝特（Julian Corbett）爵士与亨利·纽博尔特（Henry Newbolt）合著的《第一次世界大战史：海军作战》（*History of the Great War, Naval Operations*；五卷本，先后于 1920—1931 年间出版，其中两卷在之后有所修订）则从未涉及马德尔最喜爱的课题——"战争背后的战争"——但正如马德尔所言，该书以详细而权威的方式涉及大量材料，且包含若干克制（而非带有个人感情色彩）的评价："（该书可被视为）面向公众的中间式和半通俗式解读，而海军参谋部历史分部（the Historical Section of the Naval Staff）撰写的参谋史与此相反（参见本卷第 351 页）。"历史学者所有的常用技巧中，马德尔最偏爱的便是利用现存的鲜活资料。他的通信文稿现存于加利福尼亚大学欧文（Irvine）分校的档案部，这些信件足以证明教授与其主要由军官构成的消息源维持着何等密切的联系。通过要求消息源对各种问题给出答复，马德尔至少获得了他认为足以得出明智判断的材料。教授建立了一张广泛的海军消息源网络，并在此过程中进一步扩大其信息来源的范围。尽管如此，马德尔对二手文献及期刊资料的了解也非常详细。由此，当他试图就五卷全部内容整理参考书目时（参见本卷第 335—404 页），教授足以为广大读者、有兴趣的学者、未来的作者和其他人士提供一份研究文献指南。参考书目中，很多文献后面还包含教授本人的简单评注，比如他对哈珀（J. E. T. Harper）少将所著《日德兰真相》[*The Truth about Jutland*；约翰·默里（John Murray）出版社1927 年版] 作出的评注如下："一部有关日德兰大海战的非常流行的作品，但亲杰利科的偏见过多。"

　　从本书问世至今，很多学者都认为马德尔放在本卷附录的"未发表文献"一表对自己颇有裨益（参见本卷第 335—346 页）。马德尔曾认为海军部归档其文献的方式相当随意，但这一指责实际上并不成立。对这些现存于基尤（Kew）的国家档案馆（The National Archives）的文献，海军部当初的归档方式是特意为了适应作战需要，而不是进行历史回顾。[①] 日后，随着一系列有关档案公开的国会法案发布，上述文献以前所未有的速度从海军部移出；尽管该部以"公开政策"为由，仍继续保有相当数量文献，使其不为研究者所用。例如军事法庭纪要就被禁止在 100 年内公开。因此，当马德尔撰写《从无畏舰到斯卡帕湾》时，很多文献集要么仍保留在家族或私人手中，要么仍未公开。时至今日，尽管很多档案早已公开，但对首次涉及相关课题的研究者而言，马德尔编辑的这份列表依然堪称宝藏。虽然该列表现已过时，但它在本书最初出版时无疑实现了提供参考索引的目标。

与本书此前各卷一样，第五卷亦在出版后广受赞誉。例如泰勒（A. J. P. Taylor）曾在《观察家》（The Observer）上撰文赞美称"英国海军将领、历史学者和其他相关人士都应向亚瑟·马德尔致敬""他（马德尔）这部有关第一次世界大战及此前时代皇家海军的五卷本著作，显然会在现今的历史著作中占据极高的地位"。《泰晤士报》文学副刊的作者则注意到，未来研究费希尔时代海军的作家无疑会发现，该书就这一课题而言不可或缺："马德尔教授将费希尔视为那支在 1918 年凯旋的新海军的缔造者。与此相似，马德尔也足以声称自己在历史学界享有类似地位。"《旁观者》（The Spectator）的作者指出该书在历史领域堪称必读作品之一，并指出其中包括很多此前被忽视的材料，从而为以前老生常谈的那些事情带来了颇多新意。这位作者还注意到马德尔在组织材料，以及大时间跨度叙事中使读者保持兴趣的天赋。正如《经济学家》（The Economist）的作者所言，马德尔教授"完成了一部珍贵——甚至不可或缺的海军历史作品，该作品必将对后人影响深远"。缅甸伯爵、海军元帅蒙巴顿（Mountbatten）曾在马德尔纪念文集的前言中写道："（《从无畏舰到斯卡帕湾》）在英国被视为叙述 1906—1919 年间海军历史的经典作品，我坚信它会成为马德尔教授作为一

---

①译者注：笔者高夫的这一评价似乎同样不算公允。这并不仅仅是马德尔一人的抱怨，阿兰·拉文在研究第二次世界大战中皇家海军巡洋舰战史时亦发现档案的归类颇为随意，比如某些报告的附件便已经不知所终。

名顶级历史学者一生学术、勤勉和正直的永恒丰碑。"该文集由杰拉尔德·乔丹（Gerald Jordan）教授编纂，题为《20世纪的海上战争》[*Naval Warfare in the Twentieth Century*；格鲁姆·赫尔姆（Groom Helm）出版社1977年版]。英国海军部海务大臣委员会曾于1970年7月1日指示该部秘书致信马德尔，表示委员会成员欣喜地注意到《从无畏舰到斯卡帕湾》第五卷暨最终卷已于近日出版。该信结尾部分写道："由此，阁下完成了一部出色学术著作的最终部分，该著作不仅在人性和评判方面堪称闪耀，而且展现出了对皇家海军历史上这一重要时期的深刻理解。本委员会不仅希望借此机会向作者表达其完成著作的祝贺；此外，在本委员会看来，该著作无疑对皇家海军大有贡献，因此也希望表达对作者的衷心感激。"

如今，《从无畏舰到斯卡帕湾》这部五卷本著作已经在海军历史学家圈内被确立为"核心作品"，并成为很多分析或批判的起点。马德尔对其观点的表述一直十分明确，且他基于自己观点进行争论时的态度和其他同行一样坚定。但与此同时，他从不认为自己的结论就是最终结论。在与很多熟识马德尔的人士讨论的过程中，笔者认识到谦虚是马德尔的突出品质之一。作为一名历史学者，他的名声与地位已经上升到极其崇高的程度，而这一成就完全出自他坚实的学术信仰，以及他在学生时期接受的堪称行业中最完善的训练——上述训练主要在哈佛大学完成，正是在这里，马德尔先后取得了所有学位。马德尔从未接受过海军或军事史方面的训练或教育。恰恰相反，国际关系史，以及法、俄、日三国历史才是他当初的学术兴趣所在。在对19世纪末英国治国方略和国家安全进行研究的过程中，他逐渐涉及英国海军历史这一方面。他对上述英国国家政治的研究一直持续到其最后一部作品，即《老朋友，新敌人》（*Old Friends, New Enemies*）一书。该书主要研究英日两国间关系和最终爆发的战争。其第一卷涵盖的时间范围是1936—1941年，于1981年即教授去世次年由牛津大学出版社出版。

马德尔特别擅长从不同人物性格之间存在的关系来描述历史。换言之，他发掘了历史中"人"的维度。由此，他得以跳出主流学术叙事倾向的旧窠。在基本层面上，历史研究的主流方法要求对相关课题的现有研究文献进行回顾，从而得出主流论调，进而指出其数据缺陷或缺失，探寻现有研究文献的缺点，找出其偏见或其他缺陷；之后提出新论点，或至少对主流论调进行修正，并指出新证据或对旧有证据进行重新解读。这种架构进而形成流传已久的范式，而且在社会科学方面，该范式得到了更为正式的接受。不过直至20世纪中叶，美国学术圈对社会科学的研究才获得突出成果。无疑的是，马德尔并不拘泥于这种范式。他更倾向于将"历史"演绎为"人的历史"，并试图在一部宏大巨著中编织出其深藏的论点。在这样一部巨著中贯穿始终的"金线"，才是马德尔试图追寻的论点。另外，马德尔又善于组织各类文档，并在寻找论据的过程中努力做到巨细无遗。读者或许注意到了马德尔曾经表现出的自满倾向（参见本卷前言部分）。他引用了海军报人阿奇博尔德·赫德（Archibald Hurd）若干年前所写的一个论断，然后自称在本书所描述和分析的事件发生50—60年后终于能够得到"真正的精炼物"，并将其披露于世。

因此，意料之中的是，最近很多海军历史学家将马德尔视为"核心历史学家"中的领头羊，而这些"核心历史学家"里亦不乏马德尔同时代甚至或晚或近的学者。在确定了马德尔教授的主要论调、学术研究覆盖范围、文献使用上的缺陷以至盲点（对于所有历史学家而言，这都在所难免）之后，后进的相关课题研究人员才能确立各自的学术立场，对论据进行深入讨论，并得出结论。这不仅是历史学者的学术生活，也是很多其他学科学者的学术生活。讽刺的是，虽然马德尔作为学术巨匠的地位因此稍显逊色，他所给出的批判却在由此造成的断崖处闪闪发光。对历史的修正主义解读往往导致人对其再次回顾的某部作品重新给出评价，这一事实本身并无不公。但如此一来，那些曾经攻击马德尔的作品无疑也需要得到再次回顾和评价。

自马德尔的《从无畏舰到斯卡帕湾》一书问世以来，其他学者在海军历史研究这一领域的发展过程中亦先后写就若干贡献突出的学术作品。值得注意的是，这些作品并非全部反对马德尔；恰恰相反，总的来说，后者的观点和看法在多数作品中得到了认同。尽管可能忽略很多优秀历史学家的作品，但下述两部作品无疑非常值得关注。1996年，一部拥有迷人标题的作品——《游戏规则：日德兰海战与英国海军指挥》（*The Rules of the Game: Jutland and British*

*Naval Command*；约翰·默里出版社）——问世并广受欢迎。这部由安德鲁·戈登（Andrew Gordon）博士撰写的作品发掘了存在于武装部队指挥架构中的矛盾。戈登在书中描述了维多利亚时期的条令和看法是如何体现在日德兰海战期间，并因此导致令人窒息的沉闷。一些评论员认为该书获得了"令人尊崇"的地位，这或许不假；另外无疑的是，该书堪称马德尔著作之后，流传最为广泛的一部海军历史作品。另一部重要作品则是保罗·哈尔彭（Paul Halpern）撰写的《第一次世界大战期间海军史》[*A Naval History of World War* Ⅰ；海军学院出版社（Naval Institute Press）及伦敦大学学院出版社（ UCL Press）1994 年版 ]。该书对第一次世界大战期间的各国海军都进行了描写。与实际市场反响相比，这本立场公正的作品理应得到更多的关注。在有关地中海海域的作品中，哈尔彭对以往很多论调进行了深入解读。毫无疑问，戈登和哈尔彭均无意重写马德尔的论著，且两人显然有效利用了马德尔的工作成果。此外还应提及的是保罗·肯尼迪（Paul Kennedy）出版于 1976 年的作品《英国海上霸权的兴衰》[*The Rise and Fall of British Naval Mastery*；查尔斯·斯克里布纳出版社（Charles Scribner），后于 2006 年再版 ]；虽然严格来说，这部自成一派的著作并不属于同题材作品。尽管只有两章内容涉及费希尔时代，但总体而言，该书仍说明了有必要在更大的经济史框架背景下对海军史进行研究。自 1890 年马汉（Mahan）影响深远的经典作品[①]问世后，该书便堪称第一本研究英国海权的作品。该书说明海军的命运是如何取决于国内外主流政治经济条件，并由此开启了新的研究方向。第一部费希尔的传记紧随马德尔的作品问世，即拉多克·马凯（Ruddock Mackay）撰写的《基尔维斯顿的费希尔男爵 》[*Fisher of Kilverstone*；牛津大学出版社（Oxford University Press）1973 年版 ]。早在该书创作的起步阶段，作者就得到了马德尔的建议。马德尔从不担心其他学者反对自己的观点；但在《基尔维斯顿的费希尔男爵 》一书中，马德尔和马凯的观点基本相同，而且后者可以参阅完整的费希尔文档。

---

①译者注：即《海权对历史的影响》（*The influence of sea power upon history, 1660—1783* ）。

此后数年间，海军历史编纂学不仅逐渐变得繁杂，而且充满了争议。相关作品可大体分为以下三类：一、接受马德尔观点，并沿马德尔的开创性工作展开研究的正统派；二、以乔恩·住田哲郎（Jon Tetsuro Sumida）[1]和尼古拉斯·兰伯特（Nicholas Lambert）为代表的修正派；三、当时正崭露头角的后修正派，包括但不限于马修·塞利格曼（Matthew Seligmann）、约翰·布鲁克斯（John Brooks）和克里斯托弗·贝尔（Christopher M. Bell）。很多人会注意到，修正派学者最明显的特征之一便是公开抨击马德尔，而且他们似乎认为只有推翻马德尔的作品和名誉，才能获得自己的地位和名誉。同样值得注意的是，修正派学者有时甚至暗示反对其观点者的实际观点是渴望回归老旧的正统马德尔学派。后修正派则试图开辟一条既基于马德尔正统派和修正派，同时有别于上述两派系的新路线。

海军历史编纂学的发展大致沿下列路线展开。与戈登、肯尼迪和马凯各自从事的不同学术任务相比，对马德尔的作品进行重审是一项迥然不同而又颇为狭隘的工作。这项工作的滥觞堪称明确，可追溯至住田教授在马里兰大学任教时的作品。这本题为《保卫海上霸权》[In Defence of Naval Supremacy；昂温·海曼出版社（Unwin Hyman）1989 年版，平装本于 2014 年出版 ] 的作品审视了1889—1914 年间财政和技术因素在英国制定海军政策过程中的影响，其主要关注点被称为"无畏舰革命"。该书发掘了费希尔时代的诸多论题，但读者的主要注意力会被特意吸引到亚瑟·坡伦（Arthur Pollen）设计的火控系统上。住田声称如果皇家海军采用该系统，就能获得"远距离射击条件下垄断性的优势地位"。1984 年，海军记录学会（Navy Records Society）公布了一系列坡伦曾经私下散发的文件。这些后来经过住田编辑的文件放大了所谓皇家海军采购程序错误的观点。事实上，我们永远无法得知如果采用其他测距设备[2]，大舰队是否会在日德兰获得更大的战果，而这恰恰是修正派所持论点的本质。

当前全球范围内，研究 20 世纪英国海军相关课题的学者数量正急剧增

---

①译者注：住田哲郎为日裔，因此译者在此按日文而非英文翻译。下文将简称其为"住田"。
②译者注：原文如此，但更准确的表述似乎是火控解算设备。

加，且研究方向变得多样化。随着历史教授们逐渐投入新的研究方向，马德尔的观点与其说遭到攻击，还不如说被迂回更为恰当。这一现象并不罕见。例如1990年暨马汉将军的"影响力"一书[1]出版100周年之际，海军历史学家借此机会[由美国海军战争学院（US Naval War College），以约翰·哈滕多夫（John Hattendorff）的名义赞助]，对一系列主流论调进行了重审或重新诠释。此时，下文所述两本传记已经先后问世。其中一本是巴里·亨特（Burry Hunt）所著，题为《水兵与学者》[Sailor-Scholar；威尔弗里德·劳里埃大学出版社（Wilfrid Laurier University Press）1982年版]的赫伯特·里奇蒙德（Herbert Richmond）海军上将传记；另一本是唐纳德·舒尔曼（Donald Schurman）所著的《朱利安·科贝特》[Julian S. Corbett；皇家历史学会（Royal History Society）1982年版]。除此之外，罗斯基尔还先后完成《丘吉尔和海军将领们》[Churchill and the Admirals；柯林斯出版社（Collins）1977年版]与《海军元帅贝蒂伯爵：最后的海军英雄，一本私人传记》（Admiral of the Fleet Earl Beatty: The Last Naval Hero, an Intimate Biography；柯林斯出版社1980年版）。这一系列作品均以不同方式涉及了马德尔教授的著作。

简言之，海军历史研究范围的边界正不断扩张，新的学术方向正不断开辟，同时某些更为专门的课题也得到了更深入的研究。住田的作品就是海军历史中新的个案研究的一例。而尼古拉斯·兰伯特所著《费希尔爵士的海军革命》[Sir John Fisher's Naval Revolution；南卡罗来纳大学出版社（university of South Carolina Press）1999年版]和杰姆斯·哥德里克（James Goldrick）所著《国王的战舰曾在海上》（The 's Ships Were at Sea；海军学院出版社1984年版）是其他范例。由马尔科姆·墨菲特（Malcolm Murfett）主编，多人参与撰写的论文集《第一海务大臣：从费希尔到蒙巴顿》[The First Sea Lords: From Fisher to Mountbatten；普雷格出版社（Praeger）1995年版]则检视了所谓"战争背后的战争"的各个方面和形式，这恰恰是马德尔最喜爱的题材。

---

[1]译者注：即前文所提《海权对历史的影响》。

　　长期以来，日德兰海战中英方炮击效率都是一个让人争论不休的问题。尽管马德尔对日德兰海战中，双方战术选择和联络方面的失效（安德鲁·戈登曾就这一问题漂亮地完成重新研究）[1]更感兴趣。前文已经提及住田就坡伦撰写的作品，该书在相当长的时间内一直处于无人挑战的地位。直至 2005 年计算机工程师出身，就读于伦敦国王学院（Kings College）的约翰·布鲁克斯发表了一部持有对立观点的作品:《无畏舰炮术和日德兰海战：火控问题》[*Dreadnought and the Battle of Jutland: The Question of Fire Control*；劳特利奇出版社（Routledge）2005 年版 ][2]。布鲁克斯的作品表明早在 1913 年，海军部就已决定使用德雷尔火控平台（Dreyer Fire Control Table），而非坡伦设计的亚尔古系统（Argo System）；并进一步提出了与住田相反的观点，即以往被宣称性能较差的德雷尔火控平台实际更适用于皇家海军[3]。导致问题的并非火控系统性能，而是战术缺陷和训练不足。布鲁克斯进而宣称如果采用坡伦系统，那么海战中英国战列巡洋舰的表现将会较实际更为糟糕 [ 延伸阅读可参见威廉·麦克布莱德（William McBride），2007 年 7 月发表于《技术与文化》（*Technology and Culture*）上的《无畏舰炮术和日德兰海战：火控问题》（*Dreadnought Gunnery and the Battle of Jutland: The Question of Fire Control*）]。在一系列文章中，住田检视了英方炮术的其他方面，并发掘了炮术对战术的影响。其中一例为论文《时间问题：皇家海军与决定性海战中的战术，1912—1916》[*A Matter of Timing: the Royal Navy and the Tactics of Decisive Battle, 1912—1916*；刊载于 2003 年 1 月版《军事历史期刊》（*Journal of Military History*）]。该论文质疑了马德尔如下论断:"（皇家海军）在 1914 年缺乏一部广为接受、全面且权威的战术条令。"住田在文中指出，恰恰相反，海军部早在 1912 年就采用了一套秘密战术条令。在炮术高效的前提下，位于中程交战距离上的英国战列舰舰队在五分钟内便能摧毁作为对手的德

---

① 译者注：即《*The Rules of the Game: Jutland and British Naval Command*》一书。

② 译者注：该书基于布鲁克斯本人的博士学位论文，以扩充的形式完成。

③ 译者注：此外，相关说明还包括1913年海军部做出决定时，德雷尔火控平台性能更为完善，而亚尔古系统还无法达到相同性能水平。另外，德雷尔火控平台开放式的设计有利于战时改装，但采用封闭式设计的亚尔古系统就很难实现这一点。

国舰队。一旦完成对敌舰队的摧毁，英国舰队各舰将采取同时转向以拉开与敌距离的机动，从而规避敌鱼雷带来的威胁。然而，由于在概念化和演化过程中误入歧途，这一条令反而导致了英国舰队在日德兰海战中犯下错误。

包括马德尔，无疑还有温斯顿·丘吉尔本人（指丘吉尔对于第一次世界大战期间海军部的反思）在内，很多人都曾对英国海军部内缺乏参谋作业发展和规划一事进行认真研究。在《第一次世界大战中的英国海军参谋》[The British Naval Staff in the First World War；博伊德尔与布鲁尔出版社（Boydell & Bewer）2009 年版]一书里，尼古拉斯·布莱克（Nicholas Black）则对马德尔，以及第一次世界大战时期海军的两位著名人物——赫伯特·里奇蒙德和肯尼斯·迪尤尔（Kenneth Dewar）——提出质疑，认为他们三人的观点不仅不正确，而且具有误导性。在对 1912—1919 年间战斗与参谋作业之间的关系进行广泛的重新评估后，布莱克提出了新的见解。约翰·费希尔一直对参谋这一职务嗤之以鼻："就海军而言，这种驻扎在岸上的'思考设施'会造成一种趋势，即将完美的海上指挥官转变为非常平庸的职员。"然而，这同样应该解读为费希尔一贯的夸张言辞。

近年来，有关 1914 年战争爆发前英国海军的备战和计划制定的研究引发了对马德尔作品的进一步重新评估，评估范围不仅包括《从无畏舰到斯卡帕湾》第一卷，也包括马德尔更早期的作品《解剖英国海权：前无畏舰时代的英国海军政策，1880—1895》[Anatomy of British Sea Power: A History of British Naval Policy in the Pre-Dreadnought Era, 1880—1895；阿尔弗雷德·A. 克诺夫出版社（Alfred A. Knopf）1940 年版，英国版由帕特南出版社（Putnam）于 1941 年出版]。近年问世的各种作品中，下列作品最值得关注：尼古拉斯·兰伯特所著《筹划末日决战：英国经济战与第一次世界大战》[Planning Armageddon: British Economic Warfare and the First World War；哈佛大学出版社（Harvard）2012 年版]；马修·塞利格曼所著《皇家海军与德国威胁 1901—1914：海军部有关对德战争中保卫英国海运的计划》（The Royal Navy and the German Threat 1901—1914. Admiralty Plans to Protect British Trade in War Against Germany；牛津大学出版社 2012 年版）。在更宽广视角上进行的研究中，肖恩·格里姆斯（Shawn T. Grimes）所著《英国海军的战略与战争计划》（Strategy and War Planning in the British Navy；博伊德尔与布鲁尔出版社 2012 年版）

达成了显著进步，其意义堪称重大。在所有涉及丘吉尔的作品中，这位前海军大臣或许得到了不应享有的关注度。即便如此，克里斯托弗·贝尔还是在《丘吉尔与海权》（*Churchill and Sea Power*；牛津大学出版社 2013 年版）这本有关丘吉尔的重要作品中，提供了基于最全面资料（其中某些资料马德尔当年无法接触）得到的一个出色调查结果，且很可能在未来数年内成为相关研究的标准信息源。应当指出的是，该书不仅大致符合马德尔的倾向，而且在事实上加强了马德尔的立场。尽管可能且值得就近年英国海军历史研究的状态专门撰写一篇篇幅可观的史学研究论文，但前述概论应该也足以表明当今学术和批判的本质与趋势。

值得注意的是，在完成《从无畏舰到斯卡帕湾》一书后，马德尔并未裹足不前，而是继续参与更多的历史研究项目。其中值得列出的作品如下：发表于 1972 年的论文《论海权对历史的影响：皇家海军与 1914—1918 年间教训》（*The Influence of History on Sea Power: The Royal Navy and Lessons of 1914—1918*）；该论文表明皇家海军对于吸取经验教训的态度是何等冷淡，且很多经验教训会留待下一场世界大战中，让他们重新学习。发表于 1970 年的《皇家海军与埃塞俄比亚危机 1935—1936》（*The Royal Navy and the Ethiopian Crisis of 1935—1936*）堪称开创性的作品。发表于 1973 年的《重审达达尼尔海峡战事》（*The Dardanelles Revisit*）试图证明英国曾经多么接近胜利。发表于 1972 年的《温斯顿回归》（*Winston is Back*）则澄清了第二次世界大战早期，丘吉尔对海军作战行动的影响。这些论文和研究被顺利地整合为论文集《从达达尼尔海峡到奥兰：有关战时和平时皇家海军的研究，1915—1940》（*From the Dardanelles to Oran: Studies of the Royal Navy in War and Peace, 1915—1940*；牛津大学出版社 1974 年版）。后续作品还包括堪称展现其在侦探方面最佳表现的《"威吓"作战：远征达喀尔与达德利·诺斯争端》（*Operation "Menace"：The Dakar Expedition and the Dudley North Affair*；牛津大学出版社 1976 年版）。然而，马德尔的宏大项目并未止步于此，《老朋友，新敌人：皇家海军与日本帝国海军，第一卷：战略幻想，1936—1941》[*Old Friends, New Enemies: The Royal Navy and the Imperial Japanese Navy, Volume I: Strategic Illusions, 1936—1941*；克拉伦登出版社（Clarendon）1981 年版 ] 最终于马德尔逝世后出版。曾师从马德尔，攻读博士学位的马克·雅各布森（Mark Jacobsen）与约翰·霍斯菲尔德（John Horsfield）两人则完成续作《老朋友，新敌人：皇家海军与日本帝国海军，第二卷：太平洋战争，1942—1945》（*Old Friends, New Enemies: The Royal Navy and the Imperial Japanese Navy, Volume II: the Pacific War, 1942—1945*；克拉伦登出版社 1990 年版）；笔者认为该书的实际质量要强于很多批评意见所给出的描述。尽管不出意外地未能在书中将马德尔的手法贯彻始终，但该书最终还是基于马德尔的研究材料和提纲，完成了就相关题材进行的叙事。有趣的是，马德尔生前赴日（曾三次前往该国）展开研究期间，曾经访问位于江田岛的日本海上自卫队学校[①]，并惊讶地发现日本师生正在研究第一次世界大战期间英国方面的经验教训，而自己的作品《论海权对历史的影响》亦被列入学员和军官候补生的必读书目。

在结束这篇序前，笔者认为有必要指出的是，当马德尔逝世时，其同辈学者和批评家均给予了他最高的职业评价。罗纳德·列文（Ronald Lewin）在评论《老朋友，新敌人》第一卷时写道（刊载于《泰晤士时报》1981 年 3 月 9 日刊）：（这名教授）能成为 20 世纪皇家海军历史研究方面的卓越学者一事本已超乎寻常，更令人惊讶的是其成就唯有马汉将军这个先例可比。"然而，马德尔的研究更是伴随着一连串闪耀的出色特质，其中若干特质不仅未曾体现在马汉身上，而且至少没有体现在其英国学术竞争对手身上。后一群体中（即那些英国学者），史蒂芬·罗斯基尔上校在各个方面都堪称翘楚。马德尔把纷乱的事实聚集起来，并将其编织为易于理解的图案，就如美国海军陆战队的工程兵们几乎在一夜之间，从太平洋沿岸的岛屿上用推土机清理出机场跑道一般。马德尔无止境的学术能量在作品中以一种运动员式的活跃开朗展现出来。在将口述史料合理用于学术目的这方面，无人能出其右。此外，容易表达赞扬的倾向也从未阻止他辨认出某个人在从事战争时的冲动丑恶，比如'就像发怒的猩猩''在天堂前要弄如此荒诞的诡计''仿佛有意使天使落泪'。"泰勒则在《观察家》上写道（刊载于 1981 年 8 月 30 日刊）："亚瑟·马德尔在其作品（《老朋友，新敌人》第一卷）

---

[①] 译者注：海上自卫队第一术科学校。

前言中写道：'我在研究和作品中从未引入过任何历史理论，也从未得出任何惊人的结论。我只是一名叙事历史学家。我希望讲述事件并出色地完成讲述，同时自由地灌输进人的因素。'就让我们把这几句话作为这位伟大历史学家，同时也是我的挚友的墓志铭吧。"

最后，请容许笔者在此引用发表于《老朋友，新敌人》第一卷上，由历史学者圈内最熟悉马德尔的彼得·肯普（Peter Kemp）以个人回忆形式撰写的悼词。这位前英国海军部图书馆馆长写道："我已无法准确回忆起亚瑟曾多少次向我提到这句话：'历史学家的真正任务，乃是以昨日之眼观昨日。'但提及频率之高足以让我留下深刻印象。在我看来，这也正是亚瑟将自己塑造为卓越历史学家的原因：他的确将这句格言作为其历史写作和教学中的圭臬。'如果仅仅因你知道一些某人不知道的信息就对其展开批判，这显然难称公平'则是他的另一条准则。马德尔对历史知识的掌握水平远高于同辈。他对于研究工作的态度堪称贪婪，而这也需要他的过人精力，以及对收集到的材料进行细心组织的能力加以支撑。他的勤奋、献身精神、博学、判断力、正直还有出色的文字天赋，使他成为学术上的一代巨匠。马德尔曾因其作品剩余部分所需材料的意外损失（被门房焚烧）而几近崩溃。这一打击几乎使他彻底消沉。然而，他最终还是重返英格兰，从头开始研究工作。这便是他英勇无畏、百折不挠、永不泄气的写照。他对生活，对子孙，对朋友的爱，以及在这一切之上，对其妻子简永恒的挚爱，这一切便是他的幸福所在，并反映在了他的作品中。"

巴里·高夫
加拿大不列颠哥伦比亚省维多利亚市

# 前言

本册作为这一系列（叙述内容）起始于一战战前岁月的五胞胎（"同一次分娩生出的五个孩子"）的最终卷，讲述了从1918年1月至1919年夏期间的皇家海军，更准确地说是自杰利科离任后海军部建立了新秩序起，直至公海舰队在斯卡帕湾展开自沉行动的历史。在作为起止点的这两个事件之间，我们将经历下述重点事件，即"戈本"号的出击、针对泽布吕赫和奥斯坦德展开的激动人心的跨海远征封锁作战、公海舰队的最后出击、北方挡阻网体系的布设、海军停战协定和公海舰队的投降，还有对德和平协议中有关海军内容的谈判。作为结尾，笔者希望在"对这一时代的反思"一章中提炼一些有关第一次世界大战，以及整个"费希尔时代"的重要意义。

下列军官不仅友好地回答过笔者的无数疑问，而且阅读了本书手稿并提供宝贵的批评意见。他们是：安格斯·坎宁安·格雷厄姆（Angus Cunninghame Graham）海军上将、海军上将威廉·詹姆斯（William James）爵士、海军中将彼得·格莱顿（Peter Gretton）爵士、查默斯（W. S. Chalmers）海军少将、海军上校约翰·克雷斯维尔（John Creswell）和史蒂芬·罗斯基尔、海军中校菲普斯·霍恩比（W. M. Phipps Hornby）、海军少校肯普（P. K. Kemp）和沃特斯（D. W. Waters）。当然，本书有关事实描述或解读方面的任何错误均应由笔者本人负责。

笔者希望在此感谢克雷斯维尔上校以其一贯的细心和技能审查本书战场形势图和资料图的准备工作，以及完成制图工作的阿瑟顿（N. Atherton）先生。

除已在本书此前各卷中就允许笔者参阅各种文档集提出感谢的各位外，笔者还需对弗朗西丝·坎那克（Frances Cunnack）夫人和已故的格特鲁德·迪尤尔夫人（Gertrude Dewar）致谢，感谢二位分别允许笔者使用维密斯（Wemyss）文件和迪尤尔文件。笔者还希望向给予各种协助的绅士们致以热切的感谢，他们包括：戈弗雷（J. H. Godfrey）海军上将、奥布里·曼瑟（Aubrey Mansergh）海军中将、杰姆斯·皮彭（James Pipon）爵士、沃森（B. C. Waston）爵士、巴克利（P. N. Buckley）海军少将、伦诺克斯·博斯韦尔（Lennonx Boswell）海军上校、思林（E. W. Thring）海军上校、安德鲁·耶茨（Andrew Yates）海军上校、德国海军格哈德·彼得林迈尔

（Gerhard Bidlingmaier）上校、威廉姆森（H. A. Williamson）空军上校、米切尔（R. B. Mitchell）海军中校、已故的罗博特姆（W. B. Rowbotham）海军中校、桑德森（I. C. M. Sanderson）海军中校、德国海军弗雷德里希·福斯特梅尔（Friedrich Forstmeier）中校、贾基特（L. A. Jackets）空军少校、罗伯特·格兰特（Robert M. Grant）教授、蒂明斯（E. K. Timings）博士、劳森（J. D. Lawson）先生和皮尔索尔先生。海军历史分部（Naval Historical Branch）和海军图书馆（Navy Library）、国防部、公共档案馆（Public Record Office）、国家海事博物馆的各位员工一如既往地做出了高于各自职责所要求的表现。笔者还希望再次对凯茜·史密斯（Cathy Simth）小姐致以特别的谢意，正是她将笔者近乎难以辨认的手稿转译为优雅的打印稿——这堪称壮举。

在此，笔者还要感谢两位给予深切恩惠的朋友，长期以来两人对笔者的支持从未改变。他们是：哈佛大学荣誉教授威廉·兰格（William L. Langer），他直接引发了笔者对英国海军历史的兴趣；曾担任约翰·西蒙·古根海姆纪念基金会（John Simon Guggenheim Memorial Foundation）秘书长、无同行学者的资助人亨利·艾伦·莫（Henry Allen Moe）博士，他曾若干次在关键时刻保证笔者的工作不受阻于经济困顿。笔者还要向伊利公寓（Ely House）的好友致谢，他们包括：出版商约翰·布朗（John Brown）先生、已故的约翰·怀特（John White）先生、推广经理，还有笔者那饱受困扰的编辑乔弗里·亨特（Geoffrey Hunt）先生（他现在终于可以喘口气了），他的忠告、指导和极大的耐心使笔者受益匪浅；以及他能干的助理——先后为内斯塔·考克斯特（Nesta Coxeter）小姐和乔伊斯·霍恩（Joyce Horn）小姐，来自她们的帮助使笔者能够跨越很多阻碍。笔者在此希望再次表达先后从约翰·西蒙·古根海姆纪念基金会，以及美国哲学学会（American Philosophical Society）、加利福尼亚大学和夏威夷大学获得的堪称无可挑剔的支持。

另外，笔者高兴地向下列出版商和个人致谢，感谢他们慷慨地同意笔者引用受版权保护的资料：

《戴维·劳合·乔治战争回忆录》（*War Memoirs of David Lloyd George*），比弗布鲁克新闻公司（Beaverbrook Newspapers）出版；

诺曼·里奇（Norman Rich）和费希尔（M. H. Fisher）主编，《荷尔斯泰因文件》（*The Holstein Papers*），剑桥大学出版社出版；

海军元帅、伯爵杰利科所著《潜艇威胁》（*The Submarine Peril*），感谢出版商卡斯尔公司（Cassell & Co. Ltd）和杰利科勋爵；

亚瑟·赫兹利特（Arthur Hezlet）海军中将所著《潜艇与海权》（*The Submarine and Sea Power*），彼得·戴维斯公司（Peter Davies Ltd.）和斯坦与代出版社（Stein and Day Publishers）出版；

《海军元帅罗杰·凯斯爵士海军回忆录》（*The Naval Memoirs of Admiral of the Fleet Sir Roger Keyes*），以及韦斯特·维密斯（Wester Wemyss）夫人所著《韦斯特·维密斯爵士生平与通信》（*The Life and Letters of Lord Wester Wemyss*），艾尔与斯波蒂斯伍德公司（Eyre & Spottiswoode Ltd.）出版，关于前一作品笔者还需感谢达顿公司（E. P. Dutton & Co., Inc）；

海军元帅、勋爵查特菲尔德（Chatfield）所著《海军与国防》（*The Navy and Defence*），威廉·海涅曼公司（William Heinemann Ltd.）出版；

美国海军西姆斯（W. S. Sims）少将所著《海上的胜利》（*The Victory at Sea*），艾弗斯·亨德里克（Ives Hendrick）博士收藏；

朱利安·科贝特爵士和亨利·纽博尔特所著《第一次世界大战史：海军作战》，欧内斯特·费勒（C. Ernest Fayle）所著《第一次世界大战史：海上贸易》（*History of the Great War. Seaborne Trade*），沃尔特·罗利（Walter Raleigh）爵士与琼斯（H. A. Jones）合著《第一次世界大战史：空战》（*History of the Great War. The War in the Air*），皇家文书局（Her Majesty's Stationery Office）出版；

查默斯海军少将所著《戴维·贝蒂伯爵生平与通信》（*The Life and Letters of David, Earl Beatty*），感谢查默斯和出版商霍德与斯托顿公司（Hodder & Stoughton Ltd.）；

塞西尔·阿斯皮诺尔 - 奥格兰德（Cecil Aspinall-Oglander）陆军准将所著《罗杰·凯斯》（*Roger Keyes*），感谢出版商霍格斯出版社（The Hogarth Press Ltd.）和德尼斯·奥格兰德（Denys Oglander）先生；

埃尔廷·莫里森（Elting E. Morison）所著《西姆斯将军与现代美国海军》（*Admiral Sims and the Modern American Navy*），霍顿·米夫林公司（Houghton Mifflin Company）出版；

海军上将雷金纳德·培根（Reginald Bacon）爵士所著《多佛尔海峡巡逻简史》（*The Concise Story of the Dover Patrol*）和《1900 年以来》（*From 1900 Onwards*），感谢出版商哈钦森出版集团公司（Hutchinson Publishing Group Ltd.）及培根上将的遗产执行人；

海军上将悉尼·弗里曼特尔（Sydney R. Fremantle）爵士所著《我的海军生涯，1880—1928》（*My Naval Career, 1880—1928*），哈钦森出版集团公司出版；

肯沃西（J. M. Kenworthy）海军少校 [ 斯特拉博尔吉（Strabolgi）勋爵 ] 所著《水兵、政客与其他》（*Sailors, Statesmen—and Others*），哈钦森出版集团公司出版；

美国海军阿尔弗雷德·马汉（Alfred T. Mahan）所著《海军战略》（*Naval Strategy*），利特尔布朗公司（Little, Brown and Company）出版；

德国官方战史《海上战争》（*Der Krieg zur See*）系列中，奥托·格罗斯（Otto Groos）上校与瓦尔特·格拉迪施（Walther Gladisch）将军合著《北海海战》（*Der Krieg in der Nordsee*），米特勒与佐恩公司（E. S. Mittler & Sohn）出版；

乔弗里·库赞（Geoffrey Cousin）所著《斯卡帕湾的故事》（*The Story of Scapa Flow*），弗雷德里克·穆勒公司（Frederick Muller Ltd.）出版；

塞斯·蒂尔曼（Seth P. Tillman）所著《巴黎和会期间的英美关系》（*Anglo-American Relations at the Paris Peace Conference*），普林斯顿大学出版社出版；

罗伯特·格兰特（Robert M. Grant）所著《潜艇已被摧毁》（*U-Boots Destroyed*），帕特南公司（Putnam & Company）出版；

芒罗（D. J. Munro）所著《斯卡帕湾：海军的回顾》（*Scapa Flow: A Naval Retrospect*），桑普森·洛 - 马斯顿公司（Sampson Low, Marston & Co. Ltd.）出版；

沃纳·席林（Warner R. Schilling）未刊发的博士论文《海军将领与外交政策，1913—1919》（*Admirals and Foreign Policy, 1913—1919*）；

约瑟夫斯·丹尼尔斯（Joesphus Daniels）所著《威尔逊时代：战争和此后的年月》（*The Wilson Era: Years of War and After*），北卡罗来纳大学出版；

德国海军上将卡尔·邓尼茨（Karl Doenitz）所著《回忆录：十年和二十天》（*Memoirs: Ten Years and Twenty Days*），乔治·韦登菲尔德与尼科尔森公司（George Weidenfeld & Nicolson Ltd.）出版。

笔者还希望就允许笔者引用其某些不公开作品一事，向沃特斯海军少校再次致以诚挚谢意。皇家文书局总监则允许笔者公开了某些尚未发布，版权属于王室的材料。就像在本书前几卷中那样，笔者充分利用了《海军评论》（*Naval Review*）上刊发的中肯作品，但根据该刊物长久以来确立的政策，笔者并未具体说明对这一内部发布的刊物的引用。

五十年前，海军报人阿奇博尔德·赫德（日后成为第一次世界大战期间商船船队官方历史的作者）曾写道：

怎么会有人不希望竭尽所能，从而获取以历史学家的眼光在50年或60年后重审我国近年来在海军方面付出努力的机会呢？到那时，如今依然保密的材料已经大白于天下。当然，存在广泛观点分歧的可能性依然存在，但无疑今日那些浮华的冲突将早已泯灭，唯有真正经过千锤百炼的课题才足以成为精炼之物。彼时，当历史学家就相关课题进行研究，他们应有充分信心保证供其思考分析的材料将不再受偏见、个人恩怨或党派倾轧的影响：毕竟，即使在战时，政客们的争斗也将影响海军政策，一如对国家生活的所有侧面的影响。[1]

对笔者而言，能够编撰一部记录皇家海军1914—1918年历史，以及重要的战前及战争结束后的编年史，从而提炼出"真正的精炼物"无疑是一种殊荣和乐趣。

在其自传中，吉本曾就他的巨作《罗马帝国的衰亡》最后一卷的完工写下这些内容用以纪念："……我当然不会掩盖因重获自由油然而生的喜悦之情……但我的骄傲感很快便让位于冷静的忧伤感，后者萦绕于我的脑海中，久久不曾平息。这种忧伤感源于下述想法：我将永远与一位投契的老朋友分别……"尽管自己远不能与吉本相提并论，但就这一点而言，笔者无疑深有感触。

亚瑟·马德尔

牛津大学

1969年9月

## 第一部

———————— ★ ————————

## 维密斯－格蒂斯体制，
## 1918 年 1—11 月

# 海军决策者们

我和你一样，担心维密斯并非（制定协约国海军战略）合适的人选，且我对未来充满忧虑……大舰队倒还正常，毕竟贝蒂足够强硬，应该能够拒绝执行丢过来的任何荒诞计划；但就更广阔的作战行动范围而言，其他领域可能未必有如此强硬和能干的领导。

——海军上将查尔斯·麦登爵士致杰利科，1917年12月27日

我认为维密斯会干得很好，而且有一群一流的年轻智囊辅佐他。他拥有全面合理的常识，且不像杰利科那样事必躬亲。我确信与现在相比，未来海军部和大舰队之间的共同语言将多得多。

——英王乔治五世致贝蒂，1918年2月10日

公允而言，维密斯－格蒂斯组合完全契合海军当时的氛围。

——格蒂斯爵士，《一个家族的锤炼》（ The Forging of a Family ）

## 1. 海务大臣委员会和海军参谋变更

新任海务大臣委员会于1918年1月10日正式履新。维密斯由此开始了一段荆棘密布的旅程。此时，他几乎还不为媒体和公众所熟知，而他的任命也被海军很多高级军官视为丑闻：他们坚信杰利科的副手是通过玩弄手段，才在他（杰利科）去职后得以接任。诸如"卑鄙手段"或"背叛"一类流言四下传播。当然，这种评论并不公平：维密斯曾否认他与杰利科去职有任何关系，也曾向杰利科表达对这一系列事件的抱歉。我们既无证据驳斥维密斯的前述否认，也没有理由怀疑他表达抱歉的真诚。恰恰相反，似乎是在格蒂斯的坚持之下，维

密斯才最终接受海军大臣所提出，由他出任第一海务大臣的建议。在致国王的一封信中，维密斯的真实感受可见端倪："鄙人完全了解自己的不足，且不认为没能让海军大臣了解这一点。与此同时，鄙人认为自己也的确具备一些将被证明有益的资质……就个人感情而言，鄙人心中的抱歉之情更甚于向杰利科所表达出的感情。他无疑是一个完美的伙伴，鄙人恐怕会因此深受痛苦折磨。鄙人祈祷自己可以在更和平的环境下，接替他的职务。"[1]

这一任命也在海军中引发惊讶：直至 1914 年前，维密斯还被认为只是一个"宫廷水兵"——这类人通常没有出色才能，更遑论理解精妙的战略突然性的能力。此外，维密斯没有专业技术背景，这也对他不利 [1905—1945 年间历任第一海务大臣中，仅有四人并非出自原炮术专业或鱼雷专业，维密斯即为其中之一。其他三人分别为巴滕贝格的路易斯亲王[①]、贝蒂和坎宁安（A. B. Cunningham）[②]]。维密斯没有出任过任何一支主力舰队的主官，且直至 1917 年夏出任副第一海务大臣前，他同样没有担任过任何重要的行政职务。就上述这些"特点"而言，此次第一海务大臣的任命在现代皇家海军历史上可谓独一无二。然而战争总会造就先例。就个人感情而言，对维密斯颇有好感的贝蒂曾描述海军对于前者的大致感受："我并不清楚维密斯将凭借什么经验驱动海军这具复杂而庞大的机器，但我对未来颇感忧虑。"[2]

然而，除去上述履历方面的缺陷外，维密斯亦有其另一面。"罗西"·维密斯（所有认识维密斯的人都这么称呼他）拥有很多就第一海务大臣职位而言非常宝贵的素质——不仅仅限于"嵌着一片单片眼镜的好斗面容"。首先，他是海军中最受欢迎的高级军官之一。这应归结于他的乐观、魅力、一视同仁的礼貌、无与伦比的机智，以及在叙事和交际方面的天赋；一视同仁的态度使他能获得下属们的拥戴。此外，他也是一位拥有出色判断力和常识的军官，在历次危机中从未面露忧色，更遑论惊慌失措。愉悦而不拘礼节的待人接物方式下，隐藏着他表达清晰的观点和独立的意志。在道德上，他以巨大的勇气广为人知：他

---

①译者注：即第一代蒙巴顿亲王。
②译者注：即第二次世界大战中的英国名将安德鲁·坎宁安。

不仅勇于冒险，而且在为既成事实承担全部责任时从不迟疑。他充分利用了海军参谋们的才智，设立了定期和正式的参谋早会，专门用来讨论总体局势，并制定作战方案和计划的大纲。他还让副第一海务大臣、海军副总参谋长和助理海军总参谋长各自承担了可观的责任。即使出海担任指挥职务时，维密斯也不参与技术细节的研究——无论如何，他对海军这一方面的知识都知之甚少——且不处理各类琐事。作为一名真正的集权者，杰利科会亲自处理诸如某一级拖网渔船究竟应装备 4 英寸（约合 101.6 毫米）火炮或 12 磅（口径约为 76.2 毫米）火炮的问题，而维密斯绝不插手此类问题（即使作为一名舰队指挥官，维密斯也倾向于分权化管理。在这一方面他可谓颇为另类）。通过分权和信任其海务大臣委员会的同事，维密斯得以集中精力，处理较为重要和宏观的问题，同时又保持对局势的掌控。即便是那些杰利科最坚定的支持者，其最终仍然不得不承认自己对在维密斯治下获得了更大自由度一事颇为欢迎。他们亦很清楚，一旦自己需要第一海务大臣的支持和权威以克服任何障碍，维密斯都会随时出现。维密斯很理解这一点："现代要求中最重要的一项是实现有组织的合作——也就是将参与各方黏合为和谐的整体，其中既包括最微末的工作，也包括最卓绝的努力；换言之，这就是常言所说的'团队协作'。"[3]

与同时代大多数人相比，维密斯的视野更为广阔，其人也更深谙世道。他自小在位于法夫（Fife）①的维密斯城堡中长大，因此与其他海军军官相比，在"大家庭"中生活的时间更长。于是，他成了英王乔治五世结识最久也最信任的朋友之一（顺便提一句，维密斯的外祖母是英王威廉四世②的私生女）。维密斯有关人性和事务的广泛知识使他能够以平等姿态与国内外的政治家（对此类人物他从无好感）和军事主官交往，并向他们清晰阐释海军部的观点。与维密斯相反，大多数第一海务大臣就为人而言都是较为简单的水手，并不理解政治家的逻辑思维。此外，维密斯能说一口流利的法语，也结交了很多法国朋友，在地中海同法国军官相处融洽。鉴于这些因素，他不仅对法国而言堪称一个受欢迎的人物，对意人

---

①译者注：位于苏格兰东部。
②译者注：1830—1837 年间在位。

利方面也同样如此。有鉴于此，考虑到眼下英国与其盟国的合作愈加深入，以及此后在与盟国商讨停战协议及和约中与海军相关的条款时的需要，维密斯堪称最为理想的第一海务大臣人选。简而言之，他完全可以被称作海军中的一名政客。

自 1917 年 9 月出任第二海务大臣以来，海军中将赫伯特·希斯（Herbert Heath）爵士一直表现得足以胜任其职位，他现在也得以留任。自 1916 年 12 月起一直担任第三海务大臣的莱昂内尔·哈尔西（Lionel Halsey）海军少将，在各方面都堪称契合"蓝水水兵"这一称呼，而且他一直渴望重返海上作战。他于 1918 年 6 月卸任第三海务大臣一职，同时卸任的还有文职审计官阿兰·安德森（Alan Anderson）爵士。在哈尔西的建议下，此后审计官和第三海务大臣再次由同一名海军军官兼任。[4] 首位出任这一"双重职务"（海军审计官职务于 1918 年 11 月正式与第三海务大臣合并）的是能力出众、外表酷似拿破仑的海军准将查尔斯·德·巴托洛梅（Charles M. de Bartolome）。哈尔西则转任大舰队下属的第 2 战列巡洋舰中队指挥官。自 1917 年 5 月起担任第四海务大臣的休·托西尔（Hugh Tothill）海军少将得以留任，一同留任的还有助理海军总参谋长、海军中将亚历山大·杜夫（Alexander Duff）少将。自 1917 年春起担任作战处处长的乔治·霍普（George Hope）海军少将转任副第一海务大臣。尽管就职务而言他是维密斯的继任者，但霍普的职责发生了明显变化。[5] 根据 1918 年 1 月 14 日公布的海务大臣委员会的重组结果，副第一海务大臣将负责在外国海域的作战行动（该职责原由海军副总参谋长承担），其下设立一名作战处处长（负责外国海域）。副第一海务大臣也承担了很大部分原由第一海务大臣、海军副总参谋长和助理海军总参谋长负责的具体行政工作。在旧有体制下，第一海务大臣每日的工作将以回复上百份信件和电报开始，其中大部分与作战行动仅有极为薄弱的联系。新体制下改由副第一海务大臣处理此类文字工作，从而使得其主官 ① 能够集中精力，思考"作战的总体方向"。由此，维密斯成了名副其实的海军总参谋长。矮小精悍的悉尼·弗里曼特尔海军少将不仅仪态出众，

---

① 译者注：即第一海务大臣。

而且颇有魄力，他接替奥利弗出任海军副总参谋长。这位新任海军副总参谋长在其职业生涯中一直被称为"我的孩子西德"（其父海军上将弗里曼特尔爵士有一次曾如此称呼他），其曾祖是纳尔逊的挚友与追随者、海军上将托马斯·弗里曼特尔（Thomas Fremantle）爵士。尽管只希望做一些平凡的工作，但这位弗里曼特尔少将绝非凡人，其能力至少堪称中上等。[6] 接替凯斯的新任作战计划处处长是西里尔·富勒（Cyril Fuller）海军上校。他活泼矫健、聪明机灵、富有魅力，且随时愿意倾听他人意见（另外，肯尼斯·迪尤尔海军中校于 1918 年 3 月出任作战计划处助理处长）。

海军参谋组织的变更于 1918 年 1 月 14 日宣布，具体内容如下（除前文所述与副第一海务大臣有关的内容外）：作战处被分为两部分（分别负责本土海域和外国海域），且各设一名处长——分别为达德利·庞德（Dudley Pound）海军上校和查尔斯·库德（Charles Coode）海军上校。此前曾在作战处处长下设置一名负责本土海域作战的副处长，还有一名负责外国海域工作的助理处长。海军情报处长和战术与参谋作业处长则直接由第一海务大臣兼海军总参谋长管辖。第二个重大变动与 1917 年 12 月 7 日新设立的战术与参谋作业处有关（该部门是根据格蒂斯 1917 年 9 月 10 日的备忘录设立），此时出任该处处长的是杰姆斯·利（James C. Ley）海军少将。关于战术与参谋作业处职责的定义曾遭遇种种困难，直至 1918 年 6 月，其职责才最终公布："该部门的职责与其在陆军总参谋部的对应部门（陆军总参谋部下属对应部门的职责被描述为"审查和提出一切为保障部队作战效率的必要方法"）大相径庭。大体而言，战术与参谋作业处的职责仅包括参谋作业的组织，以及有关主导海军招收及训练官兵体系的原则，且后一职责向海军总参谋长负责。"[7] 此外，在 1918 年初设立的还包括航空处处长（Director of the Air Division，其上级为海军副总参谋长）：飞行上校斯卡利特（F. R. Scarlett）出任首任处长，他不仅拥有进步思想，而且在海军航空方面有着丰富经验。从职责上说，航空处处长应以海军参谋的立场，处理海军航空作战、有关海军航空兵政策和组织的一切问题，同时扮演海军部和空军部之间联络军官的角色。

总体而言，新的海军参谋系统在第一次世界大战期间包含下述部门，且海务大臣委员会成员之间的职责划分大致如下：在总参谋长（负责海军政策及对于作战的总体指导）之下：情报、战术与参谋作业 [1918 年 6 月又新增炮术与鱼雷部门，其领导人员为海军炮术与鱼雷处处长，首任处长为德雷尔（F. C. Dreyer）海军上校 ]。[8] 在海军副总参谋长（负责本土海域作战）之下：作战处（本土）、航空处、通信处、作战计划处（该部于 1918 年转隶海军总参谋长）。在助理海军总参谋长（负责保护航运和反潜作战）之下：反潜、商船航线规划、扫雷和航运。在副第一海务大臣（负责总体政策问题及本土海域之外的作战）之下：作战处（外国海域；另外，1918 年 3 月，在白海和波罗的海的作战行动转由海军副总参谋长负责）。

海军部的公告指出了新组织架构导致的最明显结果："（参谋工作的）基本准则之一是将筹划及指导海上战争的工作与其他工作分隔开来，从而使担任职务、承担这些工作的军官能全力投入。这一准则不仅得到进一步践行，而且在海务大臣委员会和海军参谋两个层次上，均得以系统化地在各自的作战部门实施。"

1918 年 1 月 14 日，格蒂斯和维密斯起草了一份试图澄清海务大臣委员会对于作战责任这一棘手问题的备忘录，其中这样写道：

海军副总参谋长、助理海军总参谋长、副第一海务大臣在各自负责的领域内，均能根据海军总参谋长提出的重要事项并遵照总参谋长的历次指示，以海军总参谋长的名义下达作战令。除非提交海军部委员会处理，否则海军部委员会不对上述作战令负责。海军总参谋长缺席时，前述长官各自负责领域的作战责任自动落入各长官手中。海军部希望上述长官能在彼此之间保持紧密且固定的联系。海军总参谋长缺席情况下，上述长官在遭遇重要问题时应征求海军大臣和第二海务大臣的意见，且应该主动（征求意见）。除根据海军部委员会决定下达的作战令外，根据枢密令（1917 年 10 月 23 日下达），下达作战令的责任依然保留在海军总参谋长和第一海务大臣手中。[9]

## 2. 成果

总体而言，新体制大获成功。维密斯曾公正地对其领导工作方式和海军参

埃里克·格蒂斯爵士，
海军大臣，1917—1918
（照片经雷伊·格蒂斯爵士许可翻印）

沃特·朗，
海军大臣，1919—1921
（经第四代朗子爵许可，由柯林斯于1918年绘制的肖像
翻印）

谋组织重组的结果评价如下："（新体制）在效果和见效速度两方面均超出了我的预期，如今做出决定的速度更快，且为全部相关人员所知晓，而此前对保密性的追求导致了混乱、重复和笨拙的结果。如今，在海军部内部，自信和活泼已经取代了犹疑和忧郁。出任第一海务大臣几周后，我便高兴地看到（海军部）这台机器相比之前，能够更加平稳和高效地运转。"[10]

从1918年4月里奇蒙德被任命为战术与参谋作业处处长一事[此前他担任隶属大舰队第2战列舰中队的"征服者"号（Conqueror）战列舰舰长]，即可看出维密斯的宽容和思维之开阔。里奇蒙德独立的性格、直言不讳的习惯及思想家和知识分子的声誉，曾长期阻止其进入海军部任职，哪怕他拥有贝蒂的支持。维密斯深知里奇蒙德的缺点，以及大舰队高级军官对他有关军事教育方面观点合理性的质疑：里奇蒙德强烈反对军官过早加入海军且接受训练。海军秘书埃弗雷特（Everett）便是坚决反对里奇蒙德进入海军部任职者之一；海军部常务秘书奥斯温·默里（Oswyn Murray）则建议维密斯反对关于里奇蒙德的任命，理由是舰队"将反对这一任命"。尽管如此，维密斯最终还是克服他个人的疑惑，并将这位才华出众的军官带进海军部。他在给大舰队总指挥官的信中写道："我完全赞同埃文 - 托马斯、纳皮尔、古迪纳夫、辛克莱尔、本廷克（Bentinck）和布兰德（Brand）诸位有关里奇蒙德在教育方面不够合格的意见。鉴于我本人对该方面不无了解，且有着坚定的个人见解，因此我应该能一直保持注意，并确保他（里奇蒙德）的行事不偏离既定轨道。鉴于我打算让他直接在我属下工作，因此这一点理应不难实现。如今我已经撤回所有反对意见，并将他带进海军部，我意识到在这里，他能在某些方面最大化地发挥对我们有益的作用。"[11] 这正是新体制精神的写照。

自第一次世界大战爆发以来，海军部高层内部，以及海军部与大舰队高层之间终于首次实现了和谐。格蒂斯的弟弟[①]曾回忆称："海军大臣和新任第一海务大臣之间的关系几乎称得上完美。而且他们以真挚的热诚一道工作。海军大臣保护水兵们免受政治家干预，而水兵们认为全军上下均有责任，全身心服从新任海军部委员会的领导。"[12] 实际上，两人之间的关系或许谈不上非常理想——维密斯和格蒂斯之间的确存在分歧，尤其是在装备问题上——但他们确实彼此欣赏且信任，并能以颇高程度的友善一同工作。

维密斯和贝蒂之间的关系更令人满意，相较1917年杰利科与贝蒂的关系可谓大有改善。第一次世界大战结束后，维密斯回忆称："贝蒂和杰利科之间的关系一直较为冷淡——前者总认为后者毁了日德兰的胜利，且大体而言对后者无甚好感。毫无疑问，随着我的出任，海军部与大舰队的关系变得更加紧密和富有热情。"[13] 维密斯和贝蒂的关系可从双方在信中的称呼窥见，双方互相称呼对方为"我亲爱的罗西"与"我亲爱的戴维"。双方可以自由地交换观点和想法，事实上直至战争结束，两人之间都没有出现重大分歧。正如贝蒂向海军大臣所吐

---

①译者注：奥克兰·格蒂斯，即格蒂斯男爵，第一次世界大战期间曾担任劳合·乔治政府的国民兵役处处长，战后先后任重建部部长、驻美大使。

露的那样:"如今海军部和大舰队双方都运行顺畅,一如阁下就作战规划方面给出的评价。鄙人认为,如今海军部和大舰队之间的关系之紧密,可以说超出了此前任何时期。"[14]维密斯对此看法表示赞同:"我对本周一能与你开会交流感到非常高兴。离开时,我对你的观点有了清晰认识,并坚信大舰队与海军部之间的合作状况堪称完美……无疑的是,交流情况正在改善,同时我们对你看法的认识,以及对你希望知道哪些事项的了解也在增加。"[15]这自然并不意味着矛盾从未产生,比如贝蒂一直坚持大舰队应获得更多的驱逐舰:该部对驱逐舰的需求曾被称为"至关重要"。弗里曼特尔海军上将曾写道:"当僵局已经不可避免时,维密斯通常会派我去罗赛斯,尽我所能与大舰队总指挥打交道。在那里,我将先静坐聆听一个小时,给总指挥完整阐述其对海军部的控诉的机会,然后他便会平静下来聆听我们的意见,并充分考虑我们的看法。通常,我总能在达成理解之后返回。"[16]

在回答首相就"鉴于您推行的改动实现后",海军的工作效率通过何种方式实现改善这一问题时,格蒂斯在当天回复道:

如今,我对参谋部门在"作战"和"维护"两方面的划分非常满意……这一划分加强了海军部委员会的控制力,明确了各部门职责,加快了决策速度,同时保证了有关重要事宜的决议乃是在了解全部事实后做出。以鄙人之见,罗斯林·维密斯爵士出任第一海务大臣后,其推行的海军参谋组织重组带来了极大的收益。海军参谋不再承受过重的工作负担,从而有时间提前计划和构思作战行动。现在几乎没有任何一天,海军是无所事事的……

如今在大多数事宜上,海军部和大舰队总指挥之间都能达成统一的政策,而且双方的关系无疑非常好……

一旦局势和装备允许,新的作战计划将转化为实际行动。现在已经达成一条最为重要的政策……在更大程度上,如今对人的判断更多的是根据其优点而非资历。此外,已经形成一种找出并改善低效环节的决心,而且以鄙人之见,这种决心还在不断增长。[17]

当然，在一派田园诗般的描述外，还有很多现实问题摆在英国人面前。

自潜艇战在大西洋和本土水域给相关人员带来长期的头疼后，新的海务大臣委员会在新一年最初几个月又发现，眼下绝大多数亟待解决的问题均来自地中海海域，而问题的开始，则堪称 1914 年"戈本"号事件中惨败历史的重演。

# 地中海问题

与敌人相比，我们亲爱的盟友——法国人和意大利人实际上可能更难对付，至于让他们赞同并真正地将其舰只调动至地中海适当位置，则是最困难的。

——维密斯致贝蒂，1918年5月29日

国内几乎没有人关心这一战场。地中海地区先后出现的一系列问题似乎一直只被视为"很多烦心事"而已，同时被认为与本土面临的问题全然无关，因而被搁置一边或干脆由协约国理事会决定；而后一选择就意味着我国代表多少显得无足轻重，因为那里（协约国理事会）做出的决定是由法国人和意大利人主导。

——杰拉尔德·狄更斯中校（Gerald C. Dickens，地中海总指挥中校参谋）
致战时海军上校肯尼斯·迪尤尔，1918年5月9日

## 1. "戈本"号出击
（参见资料图 2、资料图 3）

新任海务大臣委员会成立后第一个月发生的一起事件，便让海军和英国上下回忆起了拉开海上战争序幕的那次惨败。原德国战列巡洋舰"戈本"号和轻巡洋舰"布雷斯劳"号 [ 两舰现仍由德国指挥，但名义上隶属土耳其，并分别被重新命名为"严君塞立姆"号（Yavuz Sultan Selim）和"麦迪尔"号（Medilli）] 从达达尼尔海峡出击的可能一直为协约国方面所忧虑。协约国方面推测，两舰可能趁奥地利舰队从亚德里亚海尝试突破的同时，离开达达尼尔海峡。弗里曼特尔海军少将自 1917 年 8 月起一直担任爱琴海中队指挥官，他列出了德国舰只出击的三个可能目标：

一、在亚德里亚海实现与奥地利海军的会合；

二、突袭协约国方面的运输线，然后返回达达尼尔海峡或士麦那（Smyrna，今伊兹密尔）；

三、攻击设于穆兹罗斯①或萨洛尼卡（Salonika）②的协约国基地；亦可能攻击塞得港（Port Said）③或亚历山大港（Alexandria）。

对相关行动可能性的评估如下：

一、实施行动的可能性最大，成功的概率也较高；

二、德国人有可能这样做，但成功的可能性似乎不足以抵消他们所冒的风险；

三、这将是一次孤注一掷的绝望冒险，将不可避免地导致两艘德舰被摧毁的结局，仅被视作（德国方面的）最后一次出击。这种行动可能在土耳其决定单独媾和时出现。[1]

实际上，德国方面采取的恰恰是第三种方案。

为阻止"戈本"号出击，协约国军队的确采用了一些预防手段。比如在博兹贾岛（Tenedos）④、马夫罗岛（Mavro）⑤，以及格克切岛（Imbros）⑥的凯斯弗洛角（Cape Kephalo）设立观察哨；还在格克切岛设立一处海军航空基地，每

---

① 译者注：位于希腊利姆洛斯岛，英文拼写为 Moudros。

② 译者注：希腊第二大城市，位于爱琴海西北角，是一个著名港口。

③ 译者注：位于埃及，苏伊士运河北端、地中海海岸，是一个著名港口。

④ 译者注：史称忒涅多斯岛，位于爱琴海东北部，靠近达尼尔海峡。公元前曾先后被希腊、波斯和罗马占领，与古特洛伊隔海相望。15世纪时，该岛被土耳其占领，1912年第一次巴尔干战争中被希腊占领。签订于1913年的《雅典条约》并未决定爱琴海北部岛屿（包括莱斯博斯岛、希俄斯岛、格克切岛、博兹贾岛）的归属，次年2月列强通过仲裁，宣布上述岛屿中除格克切岛和博兹贾岛外均应归希腊所有；这一决定引发土耳其的不满，并进一步导致地中海的海军竞赛，直至第一次世界大战爆发。1923年签订《洛桑条约》前，两岛一直由希腊管辖。第一次世界大战期间，博兹贾岛和格克切岛被协约国方面用作海军基地；1920年，《色佛尔条约》规定两岛属于希腊。尽管奥斯曼帝国代表签署了《色佛尔条约》，但还未获得批准，奥斯曼帝国政府便被推翻。随着希腊在希土战争中失败和劳合·乔治政府下台，1923年，《洛桑条约》规定格克切岛和博兹贾岛（土耳其名拼写为 Bozcaada）归土耳其。

⑤ 译者注：该岛属于位于博兹贾岛以北约10公里处的 Tavşan adaları 群岛，该群岛由四座岛屿组成，直译为"兔子群岛"，隶属土耳其。马夫罗岛为其中面积最大者。

⑥ 译者注：史称印布洛斯岛，英文拼写为 Imbros 或 Imros，15世纪后期被土耳其占领，现属土耳其。其后的历史参见前文博兹贾岛译者注。该岛为土耳其最大岛屿，1970年更名为格克切岛（Gökçeada）。

天从该基地起飞侦察机，对达达尼尔海峡实施侦察。此外，通常还有 4 ~ 6 艘驱逐舰在这一海域进行巡逻。另有 2 艘性能最好的前无畏舰，即"纳尔逊勋爵"号（Lord Nelson）和"阿伽门农"号（Agamemnon）在穆兹罗斯保持一小时备航状态。尽管航速过慢（最高航速仅 18 节），无法追赶德国战舰（此时，正常航速可达 27.5 节的"布雷斯劳"号仍可达到 20 节航速，而"戈本"号可达到 22 节航速），但凭借各自装备的 4 门 12 英寸（约合 304.8 毫米）和 10 门 9.2 英寸（约合 233 毫米）火炮，上述 2 艘前无畏舰依然能够保护己方基地，并封锁撤回达达尼尔海峡的航线（"戈本"号装备 10 门 280 毫米主炮和 12 门 150 毫米副炮，"布雷斯劳"号装备 12 门 105 毫米火炮）。最后，协约国海军还在 1916—1917 年间，于加里波利半岛及格克切岛之间水域实施了布雷。由于自认为德国或土耳其需要提前在雷场中扫雷以获得通道，英国方面非常自信上述安排足以确保，一旦德国舰只驶出达达尼尔海峡，己方便能及时接收到预警。

不幸的是，被认为"平庸且缺乏任何出色资质"（该评价出自地中海总指挥高夫 - 考尔索普麾下的一名参谋）的海耶斯 - 萨德勒少将于 1 月 12 日接替弗里曼特尔的职位。接任之后，海耶斯 - 萨德勒于 1 月 16 日因事从穆兹罗斯前往萨洛尼卡。通常他应乘坐停泊于穆兹罗斯，供指挥官使用的快艇"三一"号（Triad）出行，不过当时该快艇不在港内。尽管"三一"号预计在几天后返航，海耶斯 - 萨德勒仍然选择乘坐"纳尔逊勋爵"号出航。此举导致"纳尔逊勋爵"号与其姊妹舰分离。当然，少将完全可以将其出行日期推迟至"三一"号返航后，或选择一艘驱逐舰或其他小型舰只出航。事后，少将承认自己作出了错误的判断；但也应该指出的是，他当时并不清楚此前存在着两艘战列舰不得分离这一明确共识。高夫 - 考尔索普对两艘战列舰分离的结果大加批评，尽管这一事实并未影响此后对"戈本"号和"布雷斯劳"号的作战（即使两艘战列舰集中部署，并在收到敌情后第一时间从穆兹罗斯出航，它们仍无追上"戈本"号的可能），"除了两艘战列舰分离这件事本身，确有可能促使德国方面决定出击"。德国方面则是通过空中侦察，得知穆兹罗斯仅剩一艘战列舰在港。

1 月 20 日时，爱琴海中队正分散部署于该海域不同位置。在利姆诺斯岛（Lemnos）穆兹罗斯港，除"阿伽门农"号外还停泊有 3 艘轻巡洋舰、1 艘轻护卫舰、1 艘浅水重炮舰和 1 艘辅助扫雷艇（最后两舰在进行维修）；还有 4 艘驱逐舰（另有 1 艘正在赶来途中），但其中仅有 2 艘可立即出航作战。此外，有 24 艘大小舰船（包括"纳尔逊勋爵"号、2 艘巡洋舰、4 艘轻巡洋舰、6 艘驱逐舰和 8 艘浅水重炮舰）分为 6 个"独立中队"，分别位于苏扎湾（Suda Bay，位于克里特岛）、萨洛尼卡、科苏湾（Kusu Bay，位于格克切岛）等处。协约国海军在爱琴海的组织被分为很多区域，每个区域由一名高级军官指挥。从这一组织方式中，我们大致可以发现早年庞大舰队集结爱琴海时的痕迹。原先由弗里曼特尔起草下达，后来被海耶斯 - 萨德勒少将继承的命令如下："首要目标是摧毁德国舰只。"然而，考虑到可能除两艘老式战列舰外，"戈本"号能够轻易歼灭爱琴海中队的其他舰只，弗里曼特尔的命令还包括如下内容："实现该目标的最佳方式并非不顾局势地攻击，而是诱使敌舰进入我方可得到支援的位置，该位置应足以迫使敌舰与我方优势舰队交战。"纽博尔特对此评价道："这种谨慎合乎情理。不过，有关确认德国舰只出航时应发布电报的具体文字削弱了其效用。电报的文字如下：'采取一切必须手段与敌作战。'对于这一描述，英国海军军官们只能作出一种解读。" [2]

自从与沙俄达成停战（1917 年 12 月 15 日），且该事件标志着黑海海域的战斗中止，德国海军中将冯·勒伯尔·帕施维茨（von Rebeur Paschwitz）就在计划一次实施于爱琴海的作战。在他看来，对俄停战后，自己麾下两艘战舰仍待在博斯普鲁斯海峡，无所事事的状态是绝对无法容忍的。此外，考虑到 1917 年 12 月 10 日耶路撒冷失守对土耳其一方的冲击，他还认为一次海上胜利能提振土耳其人的士气。由此逐渐成形的作战计划包括一次主动出击，目的是摧毁在达达尼尔海峡巡逻的协约国舰只。如果进展顺利，两艘德舰还会继续向穆兹罗斯突击，然后由"戈本"号轰击港口，而"布雷斯劳"号沿利姆诺斯岛东南角扫荡，寻找可能出现的协约国大型舰只。此外，还有一艘潜艇会在穆兹罗斯附近海域布雷，并停留于海湾附近设伏。

"戈本"号、"布雷斯劳"号及四艘驱逐舰于 1918 年 1 月 19 日下午 4 时出航，并于 20 日凌晨 6 时前不久穿过达达尼尔海峡出口。按照原计划，德方伴随两艘主力舰至此的驱逐舰会在海峡出口处返航。两艘英国驱逐舰"雌虎"号（Tigress）

和"蜥蜴"号（Lizard，因反潜作战需要，在这一区域巡逻的英国驱逐舰数量已减少至两艘）并未发现敌舰。事实上，这两艘英国驱逐舰只能在海峡附近的雷场以西海域巡逻，当时两舰在格克切岛东北海域巡逻。设于马夫罗岛的瞭望哨同样未能发现敌舰出击。事后，高夫 - 考尔索普对这一失败进行了批评。但此后组织的调查结果显示，由于浓雾的影响，当天早上 7 时 40 分之前，设于马夫罗岛的瞭望哨确实无法观察到任何动向；而在这一时间点前，敌舰就已经穿过该瞭望哨的视野范围。

穿过达达尼尔海峡后，"戈本"号和"布雷斯劳"号转向西南。帕施维茨中将并不怎么清楚协约国方面布设的雷场位置，且此前并未进行详细调查。6 时10 分，"戈本"号首先触雷，但仅是轻微受损。随后，该舰于 6 时 32 分转向格克切岛方向，同时命令"布雷斯劳"号加速前往该岛西北角、凯斯弗洛角以北约 4 海里位置，并在那里攻击位于科苏湾内的任何船只。"戈本"号自身则对位于凯斯弗洛角的协约国无线电站和通信站发动炮击，其在 2 海里距离上实施的第四轮齐射摧毁了目标。此后，该舰与已经驱赶"雌虎"号和"蜥蜴"号的"布雷斯劳"号会合，接着在约 1 万码（约合 9.1 公里）距离上，以精准的炮火击沉在科苏湾下锚的两艘浅水重炮舰 [ 即"拉格伦"号（Raglan）和 M28 号 ]。此时刚过上午 8 时，鉴于科苏湾内已无其他目标，帕施维茨海军中将下令撤离。由于认为此前选择的航线上没有水雷，他起初试图通过这一航线驶往格克切岛以南，然后驶向 40 海里外的穆兹罗斯湾，从而执行其计划中更为危险的部分。因为驻在格克切岛的轰炸机赶到德国编队上空并发动攻击，编队中"布雷斯劳"号位于旗舰"戈本"号左舷较远处，以便后者的防空炮向协约国轰炸机射击。战斗中，"布雷斯劳"号突然触雷，其位置处于协约国布设的雷场最西端（8 时31 分）。[3] 触雷导致该舰转向系统和右舷涡轮严重受损，进而导致该舰失去控制。随后，在拖曳"布雷斯劳"号的尝试中，"戈本"号自身亦触雷（8 时 55 分）。对于德国编队而言，局势显然相当绝望：编队四周密布水雷，其中一些甚至在水下清楚可见；空中，协约国飞机又不断以炸弹实施攻击（"布雷斯劳"号被炸弹直接命中一次）；德方瞭望哨甚至认为发现了一艘协约国潜艇。一直尾随德国编队的"雌虎"号和"蜥蜴"号则一直向"布雷斯劳"号射击。9 时至 9 时 05

分短短五分钟时间内，"布雷斯劳"号又四次触雷，继而发生左倾，在短暂扶正后沉没；沉没时，其舰艏仍立在海平面上。

意识到无法拯救"布雷斯劳"号，且他的旗舰自身也处于生死关头后，帕施维茨中将决定放弃攻击穆兹罗斯的计划，并下令返航。由于驻扎穆兹罗斯港的协约国舰队出航过晚，无法对其实施拦截，事实上"戈本"号并无遭遇敌舰的风险。直至 7 时 35 分，经由"拉格伦"号发出的电报，穆兹罗斯方面才得知敌舰出击，而仍在萨洛尼卡的海耶尔 - 萨德勒少将更是直到 8 时前不久才得知事态变化。即使在得知敌舰出击后，少将的反应也是忙于为预期中会持续数日的一次敌舰出击做准备：他命令各独立中队分别前往弗里曼特尔命令中规定的海域，此外下达了一些循规蹈矩的命令。

帕施维茨中将选择的航向首先指向西南，从而绕开雷场；接着先后转向东南和正东，沿出击时的航线返回达达尼尔海峡。然而，"戈本"号遭遇的麻烦远未结束。9 时 48 分，该舰在几乎与第一次触雷相同的位置再次触雷。尽管此次触雷本身造成的损伤非常轻微，但此时该舰已左倾 15°。在接近达达尼尔海峡的过程中，该舰又遭遇英军飞机轰炸，虽然后者投掷的炸弹无一靠近目标。最终，"戈本"号于 10 时 30 分进入达达尼尔海峡。在穿越德方雷区过程中，该舰再次遭遇协约国航空兵的炸弹攻击，但此次攻击同样无一命中。11 时 32 分，当其穿出雷场，似乎已经最终摆脱危险时，该舰又在纳加拉附近的一处沙洲搁浅。此后六天中，被困在沙洲上动弹不得的"戈本"号遭到驻穆兹罗斯和格克切岛隶属皇家飞行队（Royal Flying Corps）和皇家海军航空兵（Royal Naval Air Service），以及来自飞机母舰"皇家方舟"号（Ark Royal）与"皇后"号（Empress）的飞机猛烈轰炸：协约国方面共出动 270 架次，投弹总计 15 吨。然而在强风、低云高，还有迫使飞机在高空投弹的猛烈而精准的防空炮火作用下，协约国方面的攻击几乎无功而返。长达六天时间的攻击中，仅有两枚小型炸弹命中"戈本"号，且几乎没有对其造成伤害。然而，考虑到"戈本"号的防护水平，即使轰炸的精度能大大提高，协约国一方飞机所投掷的 65 磅（约合 29.5 千克）和 112磅（约合 50.8 千克）炸弹也难以对其造成明显损伤。此后，小型水上飞机母舰"马恩岛人"号（Manxman）于 25 日晨 7 时抵达穆兹罗斯。尽管该舰搭载有两架可投掷 18 英寸（约合 457.2 毫米）鱼雷的水上飞机，当这艘水上飞机母舰于 26 日完成作战准备时，迫于风力和海况，水上飞机却无法起飞。无论如何，这艘水上飞机母舰到达的时间都太晚了。另外，读者应注意的是，上述所有"飞机母舰"都与如今为人们所熟知的"航空母舰"迥然不同。①

与此同时，使用浅水重炮舰对"戈本"号实施间接瞄准射击的尝试也未获成果。于是，仅剩的希望便落到了潜艇肩上。当时唯一能立即投入作战的潜艇是停泊在穆兹罗斯的 E-12 号，可哪怕是该艇也存在左舷主轴断裂的故障（这在 E 级潜艇上并不鲜见），发生断裂处位于柴油引擎与电动机之间。不过，若不与电动机耦合，这一故障并不会影响该艇的水下航速和续航能力，但潜艇的水面航行速度会降低。同时，如果该艇需要对其电池充电，那也只能在上浮状态下完全停车或航速极低时实施。穆兹罗斯当地的最高海军长官在得知"戈本"号搁浅后，并未同意该艇在第一时间尝试攻击，且该决定得到了海耶斯 - 萨德勒（少将于 1 月 21 日午后不久返回穆兹罗斯）的认可；对此，指挥该艇的海军上尉威廉姆斯 - 弗里曼（Williams-Freeman）大为光火。上尉报告称，他的潜艇随时可出海，其水面航速为 7 节（正常情况下应能达到 12 节），水下航速则为 6 节。然而，海耶斯 - 萨德勒少将在简报中仍坚称该艇受伤过重，无法出击，因此"在经充分权衡后决定不派遣该艇进入海峡，尤其考虑到该艇只有一个引擎可用于向电池充电，由此很可能导致额外的风险"。[4] 在接到"戈本"号开出海峡的消息后，E-2 号 [ 艇长为海军上尉博纳姆 - 卡特（P. H. Bonham-Carter）] 和 E-14 号 [ 艇长为海军少校怀特（G. S. White）] 潜艇立即奉命，分别从马耳他和科孚岛（Corfu）出发赶来增援，此时（1 月 22 日）两艇已抵达穆兹罗斯。当时隶属 E-2 号的一名低级军官曾"生动地回忆起艇长博纳姆 - 卡特和海耶斯 - 萨德勒讨论结束，在返回时的轻蔑和激愤，当时的议题是 E-2 号是否应该前去攻击'戈本'号。

---

①译者注："皇家方舟"号原为一艘商船，1914 年被皇家海军收购，并改建为飞机母舰。改建后，其舰体前部设有机舱，并且可通过起重机将飞机提升至甲板。该舰装备了较完善的维护设施，其最突出的特点是配有风帆。"皇后"号原为一艘跨海峡班轮，第一次世界大战爆发后被皇家海军征用，并被改装成水上飞机母舰。改建后，其艏艉各加装了相应的帆布掩体，以及操作水上飞机所需的吊杆。"马恩岛人"号是由班轮改装而成的小型水上飞机母舰，其舰体后部设有一座供水上飞机停放的机库，舰体前部则设有一套供陆上飞机使用的起飞平台。上述各舰不仅排水量较小，而且大多仅能使用水上飞机，自身航速也较低。

会谈中，海耶斯 - 萨德勒全然拒绝承担任何责任，同时拒绝由他人负责；他一直叼着一支烟斗，口水则沿着烟斗缓缓流下！他似乎在等待高夫 - 考尔索普来此做出决定"。[5] 海军部在得知"戈本"号出航后，电令英国地中海总指挥前往爱琴海，高夫 - 考尔索普遂于 1 月 25 日抵达穆兹罗斯。当天晚些时候（亦有可能为次日），在包括海耶斯 - 萨德勒、怀特和其他人出席的会议上，各方决定派遣 E-14 号潜艇进入海峡实施攻击："怀特少校是在场所有潜艇艇长中资历最深、经验最为丰富者。此前，他曾搭乘飞机对'戈本'号实施侦察（1 月 22 日，博纳姆 - 卡特与其一道侦察，以备此后他自己的潜艇奉命进入海峡）。鉴于 E-12 号故障未除，E-2 号指挥官经验不足、艇员资历较浅且只装备一具艇艏鱼雷发射管（E-14 号装备有两具），因此怀特指挥的潜艇无疑最为合适。"[6] E-14 号于 27 日晚些时候出航，并于 28 日成功渗透至纳加拉附近水域，然而，该艇失望地发现其猎物早已逃脱：早在两天前，"戈本"号就已经脱浅，并被拖曳至君士坦丁堡。于是，E-14 号只能返航，但在途中被土耳其水听器发现。遭到深水炸弹攻击后，该艇被炸出水面，随后被土耳其岸防炮击沉于库姆卡莱（Kum Kale）[①] 附近海域。

此后，达达尼尔海峡外的雷区得到了极大加强，同时总指挥官高夫 - 考尔索普明确下令，该战区的两艘战列舰从现在起不得分离。但事实上，由于"戈本"号受伤过重，无法在君士坦丁堡完成维修；因此，尽管协约国方面尚不清楚，不过对该舰而言，战争其实已经结束了（海军参谋和高夫 - 考尔索普一度认为该舰可能再次冲出达达尼尔海峡，并前去封锁苏伊士运河。高夫 - 考尔索普甚至认为该舰有能力在地中海"扫荡船团航线"，然后前往西班牙港口申请避难）。第一次世界大战结束后，"戈本"号继续在土耳其海军中服役数年（作为"严君塞立姆"号，该舰多年以来都是土耳其海军中战斗力最强的单位），然后转为训练舰，并于 1954 年退役。1965 年，土耳其政府打算将其拆解出售。但因为没有任何一家外国公司的报价接近土耳其政府 100 万英镑的底价，同时又因为本国公众强烈反对出售一处如此出色的"历史遗迹"，土耳其政府便取消了拆解该舰的

---

① 译者注：位于达达尼尔海峡东岸部分最南端。

决定，转而打算将其停泊在多尔玛巴赫切宫（Dolmabahce Palace）<sup>①</sup> 附近，并改建为一座海军博物馆。由此，该舰也会成为参与过第一次世界大战的所有主力舰中，唯一仍处于漂浮状态者。然而，在仔细核算了改装费用后，这一计划同样被土耳其政府放弃。尽管先后有若干德国企业试图收购该舰，但出价始终没有让土耳其政府满意。如今，"戈本 - 严君塞立姆"号在土耳其海军总部所在地格尔居克（Golcuk）<sup>②</sup> 入坞，根据最新报道（1969 年），该舰已被废弃。<sup>③</sup>

　　"戈本"号此次出击的结果让维密斯倍感厌恶："它（'戈本'号）竟然逃脱一事尤其值得诅咒，且此事让我非常愤怒。我们在海军部本来很高兴地设想，在地中海区域已经有足够的头脑和方法，以确保该舰有来无回：我们当然有足够的手段，但显然没有足够的头脑。"贝蒂则称这一事件为"真正的悲剧"。<sup>7</sup> 鉴于海耶斯 - 萨德勒处置失当，海军部解除了这位犹豫不决、优柔寡断的少将在爱琴海的指挥权。公允地说，由于少将当时患病，这一点也影响了他的表现。前任第四海务大臣、为他人所敬畏的塞西尔·兰伯特（Cecil F. Lambert）海军少将（曾于 1917—1918 年间指挥大舰队下属的第 2 轻巡洋舰中队）于 2 月 23 日接替海耶斯 - 萨德勒的职位，此后又于同年夏被迈克尔·库尔默 - 西摩尔（Michael Culme-Seymour）海军少将接替。

　　在英国媒体笔下，1918 年这次"戈本"号出击事件的本身并不比 1914 年该舰和"布雷斯劳"号成功逃脱追杀，进入达达尼尔海峡更加糟糕。然而，1918 年的这次出击无疑引起了对 1914 年 8 月事件的一次辛辣反思，并再次激起对当时"何至于此"，以及可能发生的后果的检讨。这正是《观察家》报纸和《泰晤士报》的立场，后者评论称（刊发于 1 月 22 日）："此次战争中再没有另外两艘战舰对战争拥有同样重要的影响……两舰将在海军史中被铭记。它们从墨西拿海峡逃脱的经历将成为我国海军最愚蠢错误的代表之一……当这两艘战舰进

---

　　①译者注：多尔玛巴赫切宫兴建于19世纪，位于君士坦丁堡，在奥斯曼土耳其帝国末期成为帝国的行政中心。末代苏丹即在此退位。如今已向公众开放参观。

　　②译者注：位于马拉马拉海北部，隶属土耳其，设有军港。

　　③译者注：70年代初，仍有人打算在德国保存该舰，但鉴于财政上无法达成这一目标，该舰最终于1971年被出售拆解。1973年，该舰被拖离格尔居克，并于1976年被拆解。

入达达尼尔海峡后，一系列灾难性事件便逐一出现。"

"戈本"号的逃脱，德俄两国于 3 月 3 日签订《布列斯特 - 立托夫斯克和约》，以及 4 月间德国吞并俄国黑海舰队的可能，一同造成了地中海地区海上战略局势的重大变化。

## 2. 黑海舰队

地中海的指挥系统状况一直谈不上尽如人意。除亚德里亚海海域外，将敌军限制在各自所处海域的责任均由法国人承担；意大利人负责封锁亚德里亚海的敌海军；在整个地中海海域，英国人仅扮演下属角色，并承担次要责任。驻马耳他的英国总指挥专门负责反潜与护航任务，但其一切行动在名义上均处于驻科孚岛的法国海军上将戈谢（Gauchet）指挥下，后者被形容为"一位严厉、努力的小个诺曼底人"。局势早已明确显示，协约国一方迫切需要在地中海，对己方海军行动进行协同。1917 年 11 月 29—30 日，在召开于巴黎的协约国海军协议上，与会各方决定设立协约国海军理事会（成员为各国海军部长和海军总参谋长），"以保证协约国舰队之间的紧密接触和全力合作"。这一决定至少可被视为实现前述目标的第一步。该理事会的章程明确声明，该组织"并不负责指挥各国海军作战或向其下令"，但这些事情需要通知理事会知晓，尤其是"最为重要的问题，即有关联合海军行动的指导原则"。该理事会的首次会议于 1918年 1 月 22—23 日间在伦敦召开，但此次会议便足以打消海军部的一切设想。助理海军总参谋长报告称："我曾与那个最不令人满意的组织，即协约国海军理事会打过大量交道。理事会中意大利人一直在嚷嚷'给我，给我！'至于达成无私的合作，这似乎是一个不可能实现的幻想。"[8]

直至当年 6 月，理事会议程中的一个常见论题都是俄国黑海舰队：如果德国吞并该舰队，此事将对地中海的海上局势造成何种影响，以及在此情况下应如何应对。3 月 12—13 日，理事会第三次会议在伦敦举行期间，会议的氛围尚不恐慌，相应结论为："如德国确实希望吞并该舰队，（理事会）预计其无须克服太多困难，即可实现这一目的。同时，如果完成吞并，德国方面或许还能找到足够的人员去操控该舰队舰只，至少是其中最现代化的单位，尽管实现这一点存在困难。德方预计需要俄国人或土耳其人，或是从德国调遣人员以达成这一目标，还需要时间训练人员。"预计在完成吞并后，德国需要 2 ~ 6 个月，才能让被吞并的舰只形成足够战斗力以实现出海作战。理事会认为，即使完成吞并的敌舰队计划从达达尼尔海峡冲出，他们也需要提前在海峡出口处的雷区内清理出一条通道；因此，协约国方面"很可能"收到预警（理事会显然未能从"戈本"号出击这一事件中吸取任何教训）。在理事会人员看来，哪怕完成吞并的敌舰确实打算冲出达达尼尔海峡，这一事件（的发生）也非常遥远；于是，他们认为当前并没有重新部署东地中海海域协约国海军的必要。

　　海军部估计俄国黑海舰队中，德国方面可能利用的舰船最多包括 2 艘无畏舰 ["沃利亚"号（Volya）和"自由俄罗斯"号（Svobodnaya Rossiya）]、3 艘前无畏舰、2 艘旧式巡洋舰、1 艘轻巡洋舰、16 艘驱逐舰和 6 艘潜艇。协约国方面则需要防范两种互相关联的情况。为了将主力为 4 艘无畏舰 [ 其中之一的"圣史蒂芬"号（Szent-Istvan）于 6 月 10 日，在试图突袭位于亚德里亚海南部的协约国轻型舰艇编队过程中，被意大利海岸摩托艇击沉 ] 的奥地利舰队困在亚德里亚海，协约国方面组织了一支由法意两国海军构成的优势舰队；该舰队包括 7 艘法国无畏舰和 5 艘意大利无畏舰，因此相较对手拥有压倒性优势。如高夫 - 考尔索普所指出的那样，这一压倒性优势"无疑是对精力、战舰和人员的巨大浪费。更为严重的是，鉴于必须为该舰队供应煤和给养，由此也造成了对商船吨位的巨大浪费。但由于这种情形本身同时符合法意两国的意愿，即单独击败对手，因此，对于这种惊人的浪费实际很难提出解决方案"。[9] 与此同时，鉴于两国舰队分别以科孚岛和塔兰托（Taranto）为基地，且意大利战列舰停泊于塔兰托内港，而该锚地与外港之间仅有一条非常狭窄的水道相连；因此，一旦横跨该水道的桥梁受损，意大利舰队便可能无法及时与法国舰队会合（控制该桥梁开合的机构曾出现一次故障——这种故障亦并非首次发生——直至 30 小时后，相关人员才排除故障，从而正常开合桥梁），于是协约国海军名义上的巨人优势在一定程度上又被抵消。高夫 - 考尔索普曾设想，若更加困难的指挥问题可以得到解决，那么关于亚德里亚海问题，他有一个这样的"理想解决方案"：将法意两国舰队中性能最好的单位集中在科孚岛，并由一位总指挥官统一指挥。另一潜在的风险则是爱琴海方面兵力不足，难以将敌舰队封锁在达达尼尔海峡内：协约国方面在该海域共部署四艘前无畏舰，其中隶属英国的两艘驻在穆兹罗斯，隶属法国的两艘驻在萨洛尼卡。这些前无畏舰航速较慢，无法与"戈本"号和两艘俄国战列舰相匹敌。3 月下旬或 4 月初，海军部一度赞同过法国为统一解决两个战略问题所提出的提案，即意大利舰队加入法国舰队，同时法国派出一支战列舰舰队支援爱琴海中队。

导致英国人接受上述提案的考虑之一是英方对意大利舰队作战效能和士气两方面的低下评价——用"轻蔑"来形容可能都谈不上夸大其词。例如格蒂斯在访问塔兰托和其他位于意大利南部的军港之后，形成了如下印象：

> 塔兰托的意大利战列舰队驻扎于该港内港，极少，甚至可以说从未出海。其所辖舰只仅有的训练或操练也无非是偶尔几次单舰驶入外港，并使用次口径炮弹进行炮术练习。在此情况下，五艘意大利战列舰当然不可能真正形成战斗力；我个人得出的感想则是，除非它们前往其他基地，并作为一支舰队一起训练，而且完成一系列炮术和鱼雷方面的严格课程，否则这些军舰永远不可能形成战斗力，或是成为地中海海域协约国海军的有力一部。这一感想得到了陪同我访问的专业海军军官的完全赞同。[10]

然而在黑海局势突然恶化，迫使其加强己方在爱琴海海域的实力之前，协约国方面一直未就改善地中海方向的战略态势采取任何行动。尽管德国此前曾承认乌克兰独立，但德军仍于 4 月 19 日开进隶属乌克兰的克里米亚。在此之前，德国人已经占有由黑海沿岸的尼古拉耶夫（Nikolaiev，3 月 15 日被占领）[①] 建造的战舰，由此德国人俘获整个俄国黑海舰队，或随其所欲获得尽可能多的该舰队舰船一事看来已迫在眉睫。[11] 鉴于德军已逼近设于塞瓦斯托波尔的俄国主要海军基地，协约国海军理事会于当月 26—27 间在巴黎召开会议。此次会议不仅

---

① 译者注：位于乌克兰，旧称尼克拉艾，黑海的造船业中心之一，乌克兰的交通枢纽之一。俄语名 Nikolaev/Nikolayev，乌克兰语名 Mykolaiv。该城建立于 18 世纪末第二次俄土战争期间。

就下述论断，即"德国方面在近期就可能获得人员和装备，以便在地中海海域活动，且此举实现的可能性颇高。德国方面获得的装备至少会包含俄国黑海舰队中较现代化和战斗力较高的单位"达成共识，还取得另一共识，即"协约国方面在地中海拥有足够实力，能够在击败'戈本'号及黑海舰队的同时，也击败奥地利舰队。但为了达成此目标，该地区的协约国舰队需要实施重组"。会议所提议的重组形式是以 6 艘法国战列舰支援驻穆兹罗斯的英国中队。为弥补由此导致的驻科孚岛法国海军实力下降，并防止奥地利海军突出亚德里亚海，尝试与德国控制下的黑海舰队会合，意大利海军应派遣一个战列舰中队（辖 4 艘战列舰）前往科孚岛。上述意大利战列舰将"永久性地加入且整合入驻科孚岛的协约国总指挥官所指挥的舰队中"。正如维密斯向战争内阁评价的那样，这一方案将"保证有效的合作、战略分布，以及战术效率"。

　　然而，意大利代表回避了这一提案："为服从将部分现位于科孚岛的法国单位派往爱琴海的需要，从而将意大利无畏舰派往科孚岛的方案在原则上便不可接受。实施该调动的可行性完全取决于亚德里亚海的局势，而后者既无法预见，也可能与爱琴海方面的局势变化无关。"意大利方面所给出的拒绝理由依然是古老的地中海指挥体系问题，该问题背后则潜藏着被维密斯形容为"我们那两家亲爱的盟友所抱有嫉妒心"的东西。以最直白的言语说明，便是意大利人的自尊心阻止他们接受法国人指挥。与此同时，以自尊心作为理由，法国方面更是不愿意出任地中海总指挥的本国海军上将接受意大利人指挥；另外，法国舰队的规模较意大利舰队更为庞大的事实亦加剧了法国方面的抵触情绪。然而，这种自尊心所导致的问题并非不可理喻。意大利方面不愿意将其舰队派往亚德里亚海之外海域也出自政治

海军上将罗斯林·维密斯爵士
第一海务大臣，1917—1919
（经帝国战争博物馆托管人许可，根据弗朗西斯·多德绘制的肖像画翻印）

考量。在意大利看来，他们在战争中的目标仅限于击败奥匈帝国，并接受《伦敦条约》（签订于 1915 年 4 月 26 日）许诺的领土奖励。

协约国最高战争理事会[12] 于 5 月 1 日在阿布维尔开会，并讨论了地中海的指挥架构问题。意大利总理奥兰多（Orlando）起初并不打算讨论这一问题，他的理由是本国海军总参谋长塔翁·迪·雷韦尔（Thaon di Revel）海军上将不在场，因此自己作为总理无法获得足够的信息，以给出意方观点。然而，在收到声称黑海局势非常严峻的电报后，维密斯得以继续强调该问题的重要性，并坚称（对于该问题的讨论）不容拖延。理事会随后通过决议，要求意大利政府接受协约国海军理事会提出的调整部署方案。奥兰多以一篇略显花哨的演讲接受了该决议，并指出根据他从迪·雷韦尔处得到的消息，实施上述方案存在技术困难。争端并未就此结束。英国方面得到消息称，意大利海军参谋部对重新部署方案表示赞同。但对维密斯而言，这显然是远远不够的：

海军少将乔治·霍普
副第一海务大臣，1918—1919
（经帝国战争博物馆托管人许可，根据弗朗西斯·多德绘制的肖像画翻印）

战时海军中将悉尼·弗里曼特尔
海军副总参谋长，1918—1919
（根据拍摄于1917年北方巡逻期间的照片翻印，引自《我的海军生涯》一书，感谢该书出版商哈钦森公司允许使用）

不过，为了使情况真正令人满意（摘自维密斯致驻罗马海军武官的信），我们的观点必须得到意大利方面相较忧郁的默许，更为明确和主动的赞同。我们应该得到他们的热情支持……

如阁下认为合适，阁下可直接向意大利方面指出美国海军战列舰整合入大舰队之后取得的巨大成功。他们干得是何等出色，两军将领、军官和士兵之间相处得是如何融洽；以及两国海军不仅没有产生任何矛盾，反而有机地合为一体，其全部结果均可称为有益……

那么，我亲爱的伙伴，这一问题不仅必须得到解决，而且必须在最短时间内得到解决。若非如此，我无须向您隐瞒在东地中海方向，可能发生一次令人不快的灾难。

迪·雷韦尔认为除地中海海域现有舰船外，还应向该战场派遣更多舰船。这一想法无疑完全荒谬。我认为您已知晓，无须再指出的是，新进入地中海的任何一艘舰只都将增加补给方面的困难。此外，即使敌方投入整个黑海舰队及其手中掌握的所有其他舰只，我方在地中海区域也已经拥有足够多的重型舰队，可将其轻松消灭；但唯一的要求是我方各部合理分布，而我们提出的部署方案便是唯一可能的对于相关要求的解决。这一点应该无人可以质疑。[13]

5月11日，"作为解决当前困难的方式，以及对当前提案的改进"，维密斯向战争内阁建议"设立协约国内部海军大元帅，统一指挥地中海、亚德里亚海和爱琴海的协约国海军"。该大元帅应作为协约国海军理事会下属，并遵循后者关于其下属舰只大致分布的决定（决定应由最高战争理事会批准）。在此安排下，"鉴于意大利战列舰将直接由大元帅指挥，并因此保证与驻科孚岛舰队的合作与协同，于是，从战略上讲或许不用要求意大利战列舰离开塔兰托"。"如果可以简化当前面临的困难，且为我方盟友所接受"，英方准备提名一名英国海军上将出任海军大元帅一职。[14] 战争内阁批准了这一方案，并指示首相将其转交给法国总理克莱蒙梭（Clemenceau），并提出"如果盟国接受"，那么杰利科会出任海军大元帅一职（海军部曾于5月初向杰利科透露这一计划，并保证后者将接受这一职务）。法国方面同意了该计划，尽管他们更偏好早先重组指挥架构的提案。

在 6 月 1—2 日召开于凡尔赛的会议上，最高战争理事会对设立海军大元帅一职，以及将法国与意大利无畏舰集中于科孚岛一事进行了"长时间而且激烈"的讨论。意大利单方面表示不接受上述任何一个方案。就海军大元帅下令意大利战列舰队离开塔兰托，并进入较为危险的地中海水域的可能性一事，迪·雷韦尔上将也拒绝给出预测。他转弯抹角地提到了上述场景下，有关意大利战列舰队补给的问题，然后提出自己的主要顾虑："目前所有大型舰只出海都会遭遇风险，因此该类舰只必须尽可能少地机动。"他辩称战列舰应该尽量停留在基地中，这不仅可以避免遭遇潜艇攻击的风险，也能最大程度减少遭遇空袭的风险；仅在对抗敌战列舰时，己方战列舰才会出航。"如遇紧急情况，要求派遣意大利战列舰前往科孚岛，他（迪·雷韦尔）当然会接受，但他不愿意冒不必要的风险……协约国（在东地中海）的力量已经足够强大，因此他认为没有必要将意大利战列舰派往科孚岛。"[15] 黑格（Haig）[①] 总结了与会所有非意大利籍代表的感受："他们（意大利人）的目标似乎仅仅是待在港口内并保证其舰队安全。我对他们感到非常厌恶。"[16]

然而，东地中海此时的局势可谓时不我待，几天后，法国便向爱琴海派出增援：四艘旧式战列舰、四艘潜艇和六艘驱逐舰奉命在达里厄（Darrieus）海军中将的指挥下，前往穆兹罗斯。鉴于达里厄的军衔高于指挥英国爱琴海中队的少将指挥官（兰伯特），前者遂掌握了联合后协约国爱琴海中队的指挥权，并得到英国方面的批准。作为进一步防止德国人从达达尼尔海峡出击的措施，协约国方面在达达尼尔海峡出口以外海域增设了雷场。[17] 兰伯特当然不在乎新的指挥架构，但维密斯有更加重要的问题需要思考：

只要整个法国舰队仍驻在科孚岛，那么其相对奥地利舰队压倒性的优势实力，无疑足够使得该舰队不需要意大利舰队提供有效合作。不过，鉴于目前有必要派遣一个法国战列舰中队前往爱琴海，在这样的局势下，意大利人至少提供一个战列舰中队的有效合作就显得至关重要。可要是缺乏在统一指挥下的联

---

① 译者注：英国远征军总司令。

合训练，这种有效合作就必然无法实现。

达成地中海、爱琴海、亚德里亚海海域协约国舰队统一行动，以及对现有兵力最为经济和有效使用的唯一方式，当然就是将各国海军联合在海军大元帅的统一战略指挥下……

维密斯进而建议战争内阁再次努力，让意大利方面接受设立海军大元帅的方案。[18]

然而，意大利方面的蓄意阻挠竟然变本加厉。在 6 月 11—12 日召开于伦敦的协约国海军理事会第四次会议上，意大利海军代表、海军副总参谋长直接拒绝了一切提案。"显然……特里安吉（Triangi）上将在赶赴伦敦前已接到指示，拒绝一切与合作有关的要求，或尽力回避此类要求。他所反映的是整个意大利海军的立场，即他们应该只待在水密舱里，做好随时向盟友寻求一切可获得帮助的准备，但不准备以任何方式与盟友分享或合作。"[19] 至于就地中海地区战舰维修设施状况在协约国内部进行调查，从而实现对其更有效的应用一事，意大利代表尽管愿意出席相关会议，却拒绝将本国的维修设施列入会议调查范围内！法国方面建议（摘自 6 月 13 日海军部备忘录）："很明显，鉴于意大利人一直未就其战列舰中队的训练和使用提出建议，且他们只关注亚德里亚海方面，对于眼下驻扎在布林迪西（Brindisi）①，并负责守卫和维护设于奥特朗托海峡②的拦阻网的英法两国轻型舰只舰队而言，有必要将该舰队置于驻科孚岛的法国海军上将统一指挥下（只限紧急情况）。如此一来，哪怕这名海军上将麾下的战列舰中队必须与奥地利舰队交战，他也能够依靠上述轻型舰只舰队保护其战列舰。"于是，意大利再次成为少数派：协约国方面对其已无所求，而意大利方面甚至引用 1915 年 5 月 10 日与英国达成的《伦敦海军协定》进行辩护，声称该协定规定，4 艘驻在布林迪西的英国轻巡洋舰应继续由意大利方面指挥。不过，该协定并未涉及 27 艘英国驱逐舰，意大利的将军们"仁慈"地表示，他们愿意将这 27 艘

①译者注：位于意大利半岛东岸。
②译者注：位于意大利与今阿尔巴尼亚之间最狭处，乃是亚德里亚海和爱奥尼亚海的分界处。

驱逐舰置于协约国总指挥戈谢海军上将麾下，"只要意大利方面确信俄国黑海舰队的威胁不仅非常严峻，而且迫在眉睫"。最终，此次理事会会议至少达成一项共识：鉴于德国方面可能获得大约18艘可有效投入作战的俄国驱逐舰，根据意法两国达成的协议，10艘法国驱逐舰应尽可能早地从亚德里亚海海域调往爱琴海海域，并加入位于爱琴海的协约国联合舰队。

此次理事会会议还表明意大利人不愿意增加他们在地中海反潜战中的贡献。意大利方面一如既往地希望保留其反潜舰只，以保护本国港口和海岸。根据激愤的格蒂斯向战时内阁所作汇报（6月17日），意方甚至不愿意提供护航舰只，以保护从英国向意大利输送物资的船团。

鉴于意方毫不妥协的态度，根据海军部的提议，战争内阁于6月17日批准向意大利政府施加"审慎的压力"——英国外交部应与法美两国政府联络，希望两国各自向意大利提交备忘录，"要求意大利政府在地中海实现有效合作，并在统一指挥下（使该国舰队）参与联合训练"；此外，维密斯、西姆斯和德邦（de Bon，时任法国海军总参谋长）将联合向意大利政府进行陈述，"阐明为了改善协约国海军在地中海的态势，所提出若干方案的明确条款"。"明确条款"之一显然是要求应为当前局势负责的迪·雷韦尔下台，意大利海军总体的不合作态度，以及该国轻型舰只在反潜战中的消极表现尤其应该让此人负责。然而，协约国的抱怨并没有产生任何实际效果，迪·雷韦尔依然担任着海军总参谋长一职。

即使临近战争结束，在海军部看来，东地中海的海军态势依然不尽如人意。9月25日，海军大臣警告称："如果敌方有着坚定决心并采取相应行动，那么他们可能于11月底之后，在其选定的时间，以实力极强的舰队冲出达达尼尔海峡。这支舰队可能造成极大破坏，且可能在此后安全返回其基地……如果协约国当前部署在地中海的海军力量能得到最为有效和经济的使用，那么这种态势便不应该，也不会发生。"这只能通过指派一名英国海军上将出任海军大元帅一职实现，因此，这一建议应"作为最紧急和最重要的事项之一"被再次提出。[20]

到9月中旬，阴云密布的局势一度出现了一丝光明。作为对格蒂斯与意大利政府持续交流（通过驻罗马的英国大使）的回应，意大利方面曾经改变主意。

他们准备接受杰利科出任海军大元帅，不过要求其地位与福煦（Foch）将军在凡尔赛的协约国最高战争理事会中的地位完全相同，后者已于1918年春被指派出任大元帅一职。这意味着大元帅应受理事会节制。然而，格蒂斯和维密斯对此的反对打破了意大利方面的计划。他们两人并不喜欢这样一个想法：一位英国籍海军大元帅向一群协约国政治家及其军事顾问负责，且其中没有任何海军事务方面的技术专家。实际上，他们希望杰利科受协约国海军理事会节制，该理事会包含技术专家和参谋人员。就如格蒂斯向本国首相解释的那样："因此，第一海务大臣和我本人都强烈认为，虽说如果有重要意义，我们可以同意让杰利科勋爵接受最高战争理事会指派的职务，但该职务应当允许他定期与各国海军参谋长、各国海军部长，以及协约国各部队指挥官交流；此外，协约国海军理事会应有能力不时地就这一职务应执行的兵力分布和作战方案，确定大致的准则。"[21] 由此，海军大元帅问题几乎成了一个学术问题。

尽管由"戈本"号和俄国黑海舰队导致的潜在问题依然存在，同时协约国方面面对着乏味的指挥体系问题，然而在地中海海域，对于英国方面来说最值得关注的问题依然是同盟国潜艇对航运展开的绞杀战。

### 3. 亚德里亚海攻势

1917年11月以来，一个船团系统已开始在地中海海域运转。不过，高夫-考尔索普虽然根据指示开始运行船团，但他仍这样认为："真正的解决办法应该是在持续不停且不断加强的攻势中找到，这样的攻势将允许我们放弃船团或其他防御性手段。"高夫-考尔索普也是坚信下述思想的代表人物之一：

若没有进行猛烈的攻击，敌军士气显然不会遭到足够的打击，从而不足以有效阻挠其对海上航运和交通线继续实施成功的作战。很明显，航运需要得到保护，可是要是敌方清楚他们只会在其所选择进行攻击的时间承担风险，那么我方显然无法实现对潜艇的长期胜利。以下两方面——即搜索敌潜艇并在敌选择的地点之外交战，以及阻止其掌握完整的攻击主动权——的必要性应该得到清楚认识。[22]

**战场形势图 A: 奥特朗托海峡拦阻网**

上文中添加下划线的字体由笔者本人标记。对于这一非常错误的认识应当加以评论。当然，在战争中这正是真实发生的情况：当敌人清楚自己只有在己方选定的攻击时刻才会遭遇风险，那么他不放弃攻击的话就会被摧毁；即使未被摧毁，也会遭到驱逐且无法取得任何战果。这恰恰是船团系统才能取得的效果，并且在两次世界大战中反复得到证明。

在 1918 年 2 月 8—9 日举行于罗马的协约国海军理事会会议上，高夫 - 考尔索普坚持在奥特朗托海峡继续实施勇猛攻击的想法与意法两国的方案被结合起来。意大利人和法国人一直提议设立横跨奥特朗托海峡的永久性拦阻网体系。在由此演化而来的方案中，实施于亚德里亚海的攻势会以"拦阻网行动"的形式出现：部署四套互相关联的装置或行动，在敌潜艇突入地中海前将其摧毁，从而防止敌潜艇正常进入地中海和袭击航运。这四套措施包括：

一、固定反潜网。1917 年 7 月 24—26 日，召开于巴黎的协约国海军会议决定构建跨奥特朗托海峡的固定反潜网，且在网上悬挂水雷。从 1917 年 10 月开始构建的英国反潜网因恶劣天气断裂。在罗马举行的协约国海军理事会会议上，与会人员批准使用新的反潜网设计，再次进行尝试。反潜网本身由英国打造，水雷则来自法国，另外意大利人负责布设和维护反潜网。反潜网从 4 月 15 日开始运作，但直至 9 月 30 日才宣告完成。整个反潜网从奥特朗托以东 7 英里（约合 11.3 公里）处一片深水雷区的终端，一直延伸到法诺岛（Fano Island），总长度达 45 英里（约合 72.4 公里），由 150 英尺（约合 45.7 米）长且悬挂水雷的反潜网构成，反潜网顶端位于水下 33 英尺（约合 10.1 米）处。

二、奥特朗托机动拦阻网舰队。自 1915 年起，英国就派出了配合拦阻网作业的漂网渔船和摩托快艇（从 1917 年开始，两种船舶都装备了水听器），在奥特朗托海峡巡逻，并派出驱逐舰为其提供保护。此外，驻奥特朗托的少量水上飞机和协约国潜艇实施的间歇性水下巡逻，也构成了对上述巡逻工作的辅助。罗马会议决定以地中海现有舰只和英国派来的增援舰只对相应工作进行加强。加强后的舰队包括 200 多艘大小舰只：27 ~ 31 艘驱逐舰（英国籍和法国籍）、1 ~ 6 艘轻护卫舰（搭载风筝气球）、3 ~ 4 艘鱼雷艇、30 ~ 36 艘美国籍猎潜艇、18 ~ 38 艘装备水听器的拖网渔船、14 ~ 20 艘其他拖网渔船、101 ~ 109 艘漂网渔船、

40～41艘摩托快艇和1艘游艇。除此之外，还包括由亚瑟·朗莫尔（Arthur Longmore）指挥，分驻塔兰托和奥特朗托共计72架轰炸机、战斗机和水上飞机；就当时标准而言，这一机队已经相当强大。从整体上讲，拦阻网舰队接受英国地中海总指挥官的领导，但由英国驻亚德里亚海舰队指挥官霍华德·凯利（Howard Kelly）海军少将直接指挥，后者在"戈本"号事件（1914年）中相当有名。就亚德里亚海而言，这一部队的设置无疑导致了新的分歧：意大利人一直对在该海域独立运作的其他列强海军饱含妒忌（不过，驻布林迪西的第8轻巡洋舰中队虽然同样由凯利少将指挥，名义上却归在意大利总指挥官麾下）。就这一任务来说，凯利是个不错的选择。他仪表堂堂、颇具天赋，对于他人或事物能给出合理判断；要不是自身的犬儒主义倾向和对所有人的讽刺态度，他本有可能取得更大成就。正是这种态度导致他在领导这个角色上的表现谈不上成功，而且他也不愿意听取下级的意见。当然，就亚德里亚海相关职位来说，凯利倒是非常合适，尤其是他当时正处于同外国人关系最好的阶段——他和法国人（凯利曾担任驻巴黎的海军联络官）、意大利人都相处得不错。

按照计划，拦阻网舰队的船只将被用于三种行动：迫使敌潜艇下潜并一头撞上固定反潜网（这是隶属固定拦阻网巡逻部队的漂网渔船的特殊任务），迫使敌潜艇保持下潜状态，以及对其展开猎杀。对亚德里亚海入口实施的饱和性覆盖意在确保敌潜艇不可能于昼间上浮而不被发现。这意味着敌潜艇在昼间必须以缓慢的水下航速低速通过，且必须在天黑后用一具引擎对其电池充电，同时用另一具引擎以尽可能高的速度航行。协约国方面希望利用若干道由漂网渔船和拖网渔船构成的巡逻线上配置的水听器，确保敌潜艇可被监听到。后续的猎杀任务则由装备深水炸弹的上述渔船或专门充当"潜艇杀手"的驱逐舰实施；这些驱逐舰牺牲其火炮和鱼雷装备，从而有能力携带更多深水炸弹及相关设备。此外，驱逐舰需要保护渔船，免受敌潜艇的火炮攻击（爱琴海和地中海其他海域也存在类似的"潜艇狩猎"巡逻部队）。在由拖网渔船构成的最后一道巡逻线以南，还部署有以科孚岛为基地的美国猎潜艇所构成的封锁线；这一道封锁线以南，有两艘轻护卫舰拖曳风筝气球，以进行空中侦察。渔船巡逻线以北，驻扎于布林迪西的驱逐舰亦执行前出巡逻任务。该巡逻的主要目的是防范敌军出动水面舰艇，对反潜网实施突袭，不过也会起到迫使敌潜艇下潜的作用。

三、在下亚德里亚海实施协约国潜艇巡逻（由意大利总指挥官指挥），从而构成对同盟国潜艇的又一重威胁。水下巡逻在北纬41°与北纬42°30′之间若干巡逻区进行，监视协约国方面所认为，敌潜艇在科托尔（Cattaro）[①]与奥特朗托海峡之间通行的若干路线。该巡逻亦可提供有关敌重型舰艇动向的预警。4月底之前，该巡逻任务由英国、法国和意大利的潜艇队一同参与。4月16日，英国籍潜艇H-2号发射鱼雷，击沉一艘处于上浮状态的潜艇；不幸的是，事后证明这是一艘意大利籍潜艇。此后，协约国方面认为最好让己方各国潜艇队轮流执行巡逻任务，且每个巡逻期仅由单一国籍潜艇负责。最初，英国大概能提供5艘潜艇，法国和意大利则分别可提供5艘和2艘。到战争结束时，三国提供的潜艇数量分别为7艘、5艘和4艘。

四、针对敌主要潜艇基地，即普拉（Pola）[②]和科托尔进行空袭。英国方面对上述两军港一直实施着持续且有力的轰炸，意大利航空兵亦参与其中。这一措施可被视为对奥特朗托海峡巡逻任务的补充，且实际操作中会与水面舰艇一道攻击敌潜艇。

除上述措施外，协约国还在各海角布设了若干处固定水听器，并在海峡两侧的近岸海域安排摩托快艇巡逻；另外，船身式和浮筒式水上飞机共同执行着不间断的昼间巡逻任务。

整个体系，从北方的潜艇巡逻线和驱逐舰巡逻线，到装备水听器的拖网渔船、漂网渔船及猎潜艇，总计覆盖了北纬39°线至北纬43°线之间，南北180英里（约合289.7公里）范围地域。厄斯本（Usborne）上将曾对该拦阻网体系进行如下描述：

---

① 译者注：位于黑山南部、亚德里亚海东岸，罗马帝国时期在此筑堡并于此后不断加强，中世纪中后期为威尼斯共和国一部分，拿破仑战争后转属奥匈帝国，直至第一次世界大战结束。隶属奥匈帝国期间此地名为卡塔罗，即Cattaro。第一次世界大战期间，该港成为奥匈帝国海军二个主要基地之一，亦作为奥地利第5舰队母港。一战结束后，该港成为南斯拉夫一部分，并正式更名为科托尔。

② 译者注：位于克罗地亚西部、亚德里亚海东岸，很早就有人类活动痕迹，罗马共和国晚期被罗马吞并。1331年起，该城成为威尼斯共和国一部分，拿破仑战争后转属奥匈帝国，直至第一次世界大战结束。隶属奥匈帝国期间，该城为奥匈帝国海军的主基地。战后，该地和整个伊斯特里亚地区划归意大利。"二战"结束后，该城一度由盟军管理，1947年并入南斯拉夫。1991年南斯拉夫解体后归属克罗地亚。该城地名的克罗地亚拼写Pula和意大利语Pola均为正式名称。

布设拦阻网的目的如下：保卫深水海域安全，即保证巡逻覆盖的水域足够宽，从而迫使敌潜艇在通过该水域的过程中，某一段航程必须在水面通过；保证敌潜艇会在通过上述水域过程中持续遭到猎杀，甚至被击沉（值得注意的是，拦阻网体系所用设计会确保其中留有一块通畅的水域，可供武装渔船和猎潜艇实施反潜作战）；利用风筝气球延伸最南侧猎杀潜艇单位的视野；看守固定反潜网；使得作为"潜艇杀手"的驱逐舰可以支援执行潜艇猎杀任务的单位，并利用前出驱逐舰巡逻线，保卫反潜网免受敌军突袭破坏，同时前述驱逐舰巡逻线能得到部署在布林迪西的轻巡洋舰的支援。[23]

不过，奥特朗托海峡拦阻网体系也具有如下的根本弱点：虽然多佛尔海峡拦阻网体系可以得到深水雷区的补充，且后者扮演主要杀伤者的角色，但在奥特朗托海峡（大部分区域的深度为 300 ~ 500 英寻，约合 548.6 ~ 914.4 米），雷区无法实现相同的效果。此外，巡逻行动本身也无法完成其任务。协约国海军理事会曾在 1918 年 9 月 13—14 日的会议上，决定采取两项措施，作为对现有水雷 - 网体系的加强。其一为追加布设一系列深水水雷线，以捕捉试图从网下方穿过的潜艇；其二为在奥特朗托和久赫扎角（Cape Linguetta）①之间布设定深较浅的水雷雷场屏障。美国负责实施上述两项布雷任务。不过，在协约国实施布雷前，战争便已经宣告结束。海军参谋判断称："美国军官或许对其水雷的性能过于乐观，且没有证据表明现有水雷可系泊于 500 英寻（约合 914.4 米）深度……"[24]

那么，奥特朗托拦阻网行动的真正效用究竟如何？如果从机动拦阻网舰队听到或通过目视发现敌潜艇的次数（4 月至 8 月间共发现 198 次）来判断，此次行动或可堪称非常成功。但如果从拦阻网攻势是否有效阻止敌潜艇进出亚德里亚海的角度来判断，那么协约国方面虽然付出大量资源，拦阻网攻势却依然是一大彻底的失败。尽管协约国方面先后在该拦阻网体系中投入 300 艘舰船，以及大量飞机中队、潜艇队、雷场和反潜网；但在 4—8 月间，同盟国一方仍有

---

①译者注：位于亚德里亚海东岸，现属阿尔巴尼亚，为该国陆上最西端。阿尔巴尼亚称其为 Cape of Gjuhëz，意大利称之为林圭塔角。

121 艘潜艇成功穿越海峡，换言之平均每月达 24 艘。作为对比，在建立机动拦阻网体系之前的两个月里，敌潜艇月平均穿越次数为 23 次。同时，实际成功猎杀的敌潜艇数量很少，与协约国方面投入的资源相比，就这一点而言也谈不上成功。拦阻网舰队在此期间共实施 58 次攻击（其中大多数攻击使用的是深水炸弹），但可确定的敌潜艇战绩仅为 2 艘。固定反潜网对潜艇的第一次也是唯一一次成功拦截发生于 1918 年 8 月 3 日，当时 UB-53 号潜艇被悬挂水雷的反潜网缠住，进而因两颗水雷的爆炸而严重受损，后来被迫上浮。但其艇长最终下令自沉。与此同时，为满足拦阻网体系对巡逻舰船的需求，地中海船团系统遭到了极大削减，可换来的仅仅是稀少的战果。此外，协约国在下亚德里亚实施的潜艇巡逻也有一个潜艇击沉战果：5 月 23 日，英国潜艇 H-4 号在 250 码（约合 228.6 米）距离上发射两枚鱼雷，击沉了 UB-52 号潜艇。

　　在纽博尔特写作的《第一次世界大战史：海军作战》第五卷出版后，地中海总司令发现了该书中有关地中海章节的错误："整部作品里，这两章中一直贯穿着对奥特朗托拦阻网行动的批评。我个人认为这种批评有失偏颇，且未能就该拦阻网对敌潜艇部队士气造成的影响进行充分考量。对需要通过该拦阻网进出亚德里亚海的敌潜艇来说，拦阻网体系的存在便意味着他们会在广阔的水域中遭受重重攻击。敌方已经承认，在此过程中其潜艇经常被发现并遭到追击，甚至被深水炸弹攻击。"[25] 不过，高夫 - 考尔索普很难被认为是一位无私的观察者，且其应当关心的是历史是否会就其在职期间的管理工作给出对他有利的评判。更有说服力的观点来自其参谋团队中的一位少校："根据事后了解的实际情况，如今应能相当确定地认为我们当初对奥特朗托机动拦阻网怀有信心是何等的错误。鉴于既缺少武器，又缺少探测设备使拦阻网真正发挥作用，我们本来应该全力以赴完善船团护航系统。因为发现并攻击敌潜艇的真正位置乃是船团的任务所在，所以事实上，船团护航系统才是真正的攻势手段。不过，那些并不适合承担护航任务的舰船，如潜艇则被正确运用在了奥特朗托狭道中。"[26]

　　与在亚德里亚海的情况相似，地中海其他海域反潜作战的重担，无论其具体性质是猎杀潜艇还是为船团系统提供护航舰只，都主要由皇家海军承担。希腊和日本舰船虽然也是颇为有效的反潜舰船，但其数量太少。就 12 艘日本驱逐舰而言，其在地中海参战期间有大约 72% 的时间出海执行任务，英国驱逐舰同一标准的数据为 60%，而法国和意大利驱逐舰在该方面的数据仅为 45%。佐藤康三少将一直乐于合作，其驱逐舰队（驻在马耳他）总是征求英国高级军官的意见参与战斗。相应地，英国军官"认为日本人一旦明确知道自己需要做什么，他们便总能干得很好，且严格按计划实施；但只要意料之外的棘手情况出现，他们的表现就不如英国人那么好"。[27] 日本官兵责任心之强尤其让人印象深刻，当一艘由日本驱逐舰护航的船只被敌潜艇击沉后，日方部分驱逐舰舰长甚至会切腹自尽！美国人在地中海海域则没有部署适合远航的舰队：他们主要活动在以直布罗陀为基地，向大西洋方向延伸的范围。法国方面虽然相当热切地尽其所能，但其反潜舰队规模较为有限。不过，英国方面的普遍看法可以高夫 - 考尔索普的中校参谋的观点作为代表：法国人"完全没有能力正确地遂行一场海上战争。其组织架构不符合实际需要，他们的思考也不怎么合理。即使你认为已经成功将他们纳入一次齐心协作的框架，可只要放松监管，他们就会各行其是"。[28] 此外，法国人和意大利人几乎都在主要船团系统外，独立运行自己的船团系统。

不过，只有对于战争的观念非常狭隘的意大利人才真正不愿意为反潜战做出分毫贡献。他们在亚德里亚海保留了过分强大的驱逐舰队，并顽固地对此加以坚持，拒绝一切将其轻型舰艇部队纳入地中海反潜战总体调度中的尝试。狄更斯曾对此加以控诉："至于意大利人的贡献么，除了在某些有限的环境下，完全可以用无限小来形容。他们只为沿本国海岸线行进的航运活动提供保护，且哪怕如此，这种保护水平也相当低下。因此，对于我们可能发起任何一种形式的反潜战而言，无论反潜战的性质是攻击抑或防御，意大利人做出的贡献都等于零。当然，即使他们乐于出力，鉴于其海军低下的战斗力，意大利人能提供的帮助同样很难说是有价值的。"[29] 海军部的观点则是：

地中海内遍布潜艇，且所有潜艇均以奥地利港口为基地。尽管意大利人拥有一支换作其他海军都会投入猎杀和袭扰敌潜艇作战的轻型舰艇部队，但他们还是对敌潜艇从奥地利港口出航一事熟视无睹。即使在奥特朗托拦阻网体系中，其态度也难称是合作性的；他们甚至不愿为本国的航运物资提供足够的护航舰只。于是，我方的轻型舰队必须在没有意大利人协助的情况下，克服重重困难，猎杀来自亚德里亚海的敌潜艇；而敌潜艇冲出亚德里亚海的原因仅仅是意大利人不同意"合作"。[30]

拿破仑曾被问起他最希望向谁发动战争，当时他毫不犹豫地答道："盟国。"直至第一次世界大战即将结束时，协约国的海上战争也不曾在任何一处实现真正合适的协作，而地中海区域的情况堪称最为糟糕。协约国方面在该海域部署的巨量海军资源从未实现以最优方式部署和应用。因此，从战略角度来讲，为将奥匈帝国实力有限的海军封锁在亚德里亚海，遂投入整个法国战列舰队和意大利战列舰队（除部署在爱琴海的少数旧式法国战列舰外）的做法显然毫无合理性可言。

鉴于英国人需要在地中海承担过重的反潜战任务，且其海军实力的很大部分都被投入拦阻网体系，因此，来自马耳他方面绵延不断的抱怨便在意料之中了：地中海舰队拥有的反潜舰艇就比例和装备而言都不算适当。该舰队所辖驱逐舰中，没有一艘比"I"级[①]更新，且有六分之一是故障频出，大部分时间都需要入坞修理的"河流"级驱逐舰[②]。该舰队中没有P型艇[③]，装备鱼雷的快艇或驱逐舰数量也很少。此外，马耳他舰队还需要更多飞机，其他需求在此便不逐一枚举。在地中海舰队人员看来，他们似乎完全被海军部忽视了："对敌人来说，在地中海被击沉一艘潜艇导致的损失和在我国本土海域被击沉一艘（所导致损失）一样大。然而，对我方而言，在地中海一艘货船被击沉的损失要远高于同一艘货轮在本土水域被击沉的损失。"[31]这一论断本身自然不假，但在海军部看来，地中海只是偏远之地；就作战而言，这里不过是"严格意义上的"次要战场。以今日的流行语来说，"真正的战场"依然是本土水域。

---

①译者注：亦称"冥河"级，被纳入1910—1911年预算，其动力系统为全燃油设计。

②译者注：建于20世纪初，动力系统使用燃煤。

③译者注：一种小型驱逐舰，海军部于1915年4月首次下达该型舰艇订单。该型艇吃水深度浅，转弯半径小，易于建造且廉价，排水量仅约600吨，但它的远洋性能颇为理想，作为反潜武器很受海军欢迎。

# 本土水域：拦阻网和封锁行动

## 第三章

与1917年的作战相比，进行于1918年的唯一新的攻势作战就是对泽布吕赫和奥斯坦德的攻击，而这一行动的计划早在1917年便被提出和批准，且原先准备在1918年初实施。

——杰利科，《潜艇威胁》

泽布吕赫的故事妇孺皆知，这一战争中的丰功伟绩无疑已经，而且将继续激发民族的想象力。指挥此次攻击的海军上将罗杰·凯斯爵士显然拥有纳尔逊的风范。

——劳合·乔治，《战争回忆录》

英国的攻击对于我方潜艇战的实施没有造成任何限制或延迟。换言之，敌方并未实现攻击的相应目标。

——路德维希·冯·施罗德海军上将（Ludwig von Schröder，时任驻泽布吕赫的海军部队指挥官）[1]，1918年4月25日

它（北方拦阻网体系）乃是我方攻势反潜政策的根本。

——维密斯致贝蒂，1918年8月23日

---

[1]译者注：1912年以海军上将衔退休，第一次世界大战爆发后被召回现役。最初指挥一个海军师攻击弗兰德斯地区。该师后扩充为海军军级部队，负责守备弗兰德斯海岸。在此期间，施罗德改善了布鲁日、泽布吕赫和奥斯坦德地区的港口设施，使其成为德国潜艇的主要基地。1917年伊普雷战役中，曾由施罗德指挥的这个军在布鲁日—泽布吕赫—奥斯坦德成功抵挡了英军攻势。

## 1. 多佛尔海峡拦阻网

### （参见资料图 4）

1917 年 12 月 28 日，维密斯召凯斯来见。凯斯甫一踏入维密斯的办公室，后者便开口道："这么说吧，罗杰，你曾为我们应该在多佛尔海峡地区做些什么而大发议论，那么现在就是你去那里一显身手的时候了。"凯斯回忆称："这可真让我大吃一惊。"而且在他看来，作为对培根的主要批评者，由自己接任后者的职务显然"看上去难称体面"。[1] 尽管如此，他依然接受了这一任命，并于 1918 年 1 月 1 日担任多佛尔司令部指挥官。

凯斯当时 45 岁，军衔为战时海军中将，不过在获此军衔前，他晋升海军少将才 9 个月。笔者曾在别处将其性格总结如下：最有吸引力的人之一，热心且满怀少年般的热忱；他还是一位智慧有限的天生的领袖，这一点连其朋友如里奇蒙德和贝蒂亦不否认。阿尔弗雷德·迪尤尔（A. C. Dewar）上校[①] 曾这样评价凯斯："智力颇为有限，但头脑中充斥着去做一些引人注目且精彩的事情的念头。"凯斯并不讳言自身的缺陷："我很清楚自己智力平庸，但我也相信自己懂得如何找到正确的人，并知道使其各尽所能的诀窍。"[2] 这条自评不仅相当重要，而且称得上真情流露。对于在凯斯脑中最为重要的泽布吕赫作战而言，勇气与领导力固然非常重要，但一丝不苟的参谋工作同样不可或缺。这意味着相应的领导人员需要那种找出第一流参谋人员，并使其全力施展才华的能力。对这一任务而言，"正确的人"包括担任多佛尔海峡驱逐舰队总指挥的威尔弗雷德·汤姆金森（Wilfred Tomkinson）上校、总参谋长博伊尔（A. D. E. H. Boyle）准将，以及参谋卡彭特（A. F. B. Carpenter）中校。

在多佛尔司令部，凯斯可谓如鱼得水。培根无疑要比凯斯聪明得多，但后者的就任给多佛尔司令部带来了生气与活力。凯斯拥有获得其部下忠心，并以个人热忱激发部下活力的天赋（与此相反，培根是一个态度冷淡的人）。第一次世界大战结束后，一名老水兵曾回忆道："他的到来对我们而言是多么大的震撼

---

①译者注：肯尼斯·迪尤尔之兄。

啊！之前，我们一直希望周日能待在港内，但随着罗杰爵士的到来，一切都发生改变了！"1月2日（即履新次日），凯斯便召集多佛尔海峡巡逻部队的所有主要军官，首先向他们解释现有反潜措施的低效之处，然后指出现状亟待改善。"会议一开始，他就感受到了一种冷淡，乃至怀有敌意的氛围。出席的军官们对培根满怀敬意，因此明显对凯斯突兀地接替培根颇感不满；何况根据流言，眼前这位继任者又与培根的解职有关……然而在会议结束时，凯斯的坚定、无可置疑的真诚，以及他平静而单纯的态度赢得了这些听众的信任。凯斯完全说服了他们，与会者都承认局势岌岌可危，因此在多佛尔海峡区域必须采取更加主动的对策。"[3]

实战经验已经证明，培根设立的跨海峡水雷-拦阻网体系[4]在实现阻止敌潜艇通过这一目标上非常低效，因此在1918年初被放弃。但拦阻网体系中的浮标和反潜网并未被回收，而是任由其破损漂移不再更换。这一决定使得大量小型舰船被释放出来，以从事更具建设性的工作。

凯斯试图加大巡逻密度，并对福克斯通（Folkestone）[①]与格里内角（Cape Gris Nez）[②]之间的深水雷区实施高亮度照明，而培根对上述举措并无热情。在多佛尔海峡区域，昼间和夜间均保持有 80 ~ 100 艘舰艇进行巡逻——主要为作战价值不高的船只（拖网渔船、漂网渔船等），其北方则由分别被称为拦阻网东巡逻线和西巡逻线的驱逐舰提供保护。上述驱逐舰在原拦阻网（不再维护）位置以南海域，沿两条平行线实施巡逻 [ 此外，敦刻尔克和唐斯（Downs）[③] 两处亦驻有驱逐舰 ]。飞行中校（Wing-Commander）、烟火术权威布罗克 [F. A. Brock，其父为布罗克烟火公司（Brock's fireworks）创始人 ] 也被请到多佛尔地区，负责改善海峡拦阻网体系的照明。得益于中校的专业知识，在此后的夜间，"整个海峡就如皮卡迪利大街（Piccadilly）[④] 一样灯火通明"。除了由拖网渔船施放的照明弹之外，探照灯也被安装在旧式 30 节驱逐舰、P 型艇，以及明轮扫雷船上。如此

①译者注：位于英国肯特郡东部的港口城市。
②译者注：位于法国加莱地区。
③译者注：唐斯位于英国南部。
④译者注：皮卡迪利大街位于伦敦中心，为当地主要街道之一，临近商业区。

强化照明的目的是确保敌潜艇无法在夜间，以水面航行方式穿过海峡。照明和集中舰船在深水雷区上方水域密集巡逻这两个措施，将有效迫使敌潜艇下潜。

　　上述措施造成的效果即使不够轰动，也绝对称得上立竿见影。仅 1 月 19 日至 2 月 8 日间，便有三艘敌潜艇被多佛尔海峡拦阻网体系中的水雷摧毁；如果加上新巡逻系统建立后，于 1917 年 12 月 19 日被击毁的 UB-56 号，则水雷的总战绩为四艘。第五艘（UB-35 号）于 1 月 26 日，被驱逐舰"利文湖"号（Leven）投掷的深水炸弹击沉。与此形成鲜明对比的是，自战争爆发后直到 1917 年 12 月 19 日，在多佛尔海峡水域被击沉的敌潜艇总共只有两艘。与上述数字相比更为重要的是，随着拦阻网体系变得更为致命，敌潜艇穿越海峡海域的风险也变得越来越高。密集的海空巡逻和照明体系迫使敌潜艇在昼间和夜间都必须下潜，从而进入深水雷区的范围。值得注意的是，有效的水雷是促成多佛尔海峡拦阻网体系获得成功的重要因素之一。

　　1917 年 3—10 月间，德国公海舰队所属的潜艇 [ 从赫尔戈兰湾出击，其基地主要为布伦斯比特尔（Brunsbüttel）[1]、威廉港、埃姆登和赫尔戈兰 ] 通常会选择下列航线之一，前往其位于英格兰西部沿海或英吉利海峡西进近航道[2] 的作战海域，即较长的北线（绕过苏格兰）或较短的海峡航线。这些潜艇的体积大多大于驻扎在弗兰德斯地区的潜艇，其艇长通常会选择北线，而后者的艇长习惯使用海峡航线。1917 年 11 月 1 日，德国潜艇部队指挥官米克尔森（Michelsen）下令，除受浓雾、满月等自然条件限制，导致风险过高的情况外，潜艇均应选择海峡航线。由此，德国潜艇在多佛尔海峡蒙受了若干难以解释的损失，尤其是 U-109 号的未能返航（现已知该艇于 1 月 26 日在多佛尔拦阻网区域内被击毁），迫使米克尔森于 1918 年 2 月初再次下令，由公海舰队所辖各潜艇的艇长自行决定前往作战海域或返回时所采取的航线。实际上，海峡航线就此已被放弃。这意味着德国潜艇往来作战海域的单程时间增加了五天，相对来说便减少了敌潜艇在作战海域的活动时间。皇家海军情报处处长于 2 月第二周得知这一变化（最

---

①译者注：布伦斯比特尔位于德国北部石勒苏益格 - 荷尔斯泰因地区，易北河口。

②译者注：大致指爱尔兰以西的长方形大西洋水域，其南北界线大概为英国本土的极限，西界线为西经 30° 线。

后一艘穿越多佛尔海峡的潜艇 U-55 号于 2 月 18 日离开赫尔戈兰）。

对凯斯而言，对照明雷区的密集巡逻引起了他"持续的担忧"。与其前任培根相同，凯斯也预计这一措施可能招致敌水面舰艇的攻击，"尤其在有雾的暗夜"。而且这一担忧的确成了现实。自 1917 年 4 月以来，德国驱逐舰队首次对多佛尔海峡展开突袭：高效的轻型反潜网体系使得驻弗兰德斯地区的德国潜艇非常难以穿越海峡，因此，德国海军指挥部于（1918 年）2 月决定竭尽所能对其展开破坏。2 月 14—15 日夜间的条件非常有利于实施驱逐舰突袭。当天夜间的亮度很暗——月亮在晚上 10 时以前就已落下——天气阴；且相对这一时段通常的情况而言，当天海况非常平静。由于一团团雾气的存在，海上不同区域能见度差异很大。当夜，强大的公海舰队第 2 驱逐舰队在夜幕掩护下出击，直到航行至英吉利海峡入口附近，桑蒂提沙洲（Sandettie Bank）[①] 东北位置时才被英方发现。此后（约 11 时 30 分后），该驱逐舰队分成两群，其中一群 [ 海内克战斗群（Heinecke Group），辖四艘驱逐舰 ] 负责攻击瓦恩沙洲（Varne Bank）和科尔伯特沙洲 [Le Colbart Bank，即所谓的海岭（the Ridge）] [②] 以西的雷区巡逻舰队，另一群 [ 科尔比战斗群（Kolbe Group），辖三艘驱逐舰 ] 负责攻击前述沙洲以东的拦阻网巡逻舰队。整个战斗从午夜 12 时 30 分直至 1 时 30 分，持续约一小时，其间德国方面获得了毁灭性的战果。德国突袭舰队以近距离火力击毁 7 艘漂网渔船和 1 艘拖网渔船，并重创另外 5 艘漂网渔船、1 艘拖网渔船和 1 艘扫雷艇（德国人评估的战果则更多，认为己方共击沉 30 艘舰船）。担任拦阻网巡逻任务的 6 艘英国驱逐舰，以及其他在海峡内的舰船几乎无一能对德国方面的攻击造成任何影响。尽管上述英方舰船的官兵均听见了炮声（甚至当晚驻多佛尔的凯斯本人也曾听到炮声），但都错误估计了其来源：他们认为炮声来自弗兰德斯附近海域的战斗，或此前曾报告的与一艘德国潜艇的战斗。没有任何人怀疑炮声来自德国驱逐舰队的突袭。某些当晚曾瞥见敌舰的协约国一方官兵甚至没有拉响所

---

①译者注：大致位于多佛尔海峡东侧入口中心位置的细长沙洲。

②译者注：瓦恩沙洲位于多佛尔西南约 14 公里外海域，两侧均可通行，但附近海流较强，其西南便是深约 68 米的海峡最深处。科尔伯特沙洲与瓦恩沙洲相邻，位于后者东南约 1.5 公里处，其上礁石陡峭。

在舰船的警铃。即使考虑到在过去几个月的巡逻中从未与敌水面舰艇发生过任何接触，从而导致官兵警惕性下降，此次袭击的结局依然堪称不可思议。

事实上，返航途中的科尔比战斗群曾被拦阻网东巡逻线的驱逐舰观察到。当时进行巡逻的四艘驱逐舰呈单列纵队队形，依次为"凶暴神"号 [Termagant，指挥官伯纳德中校（M. R. Bernard）座舰]、"悲剧女神"号（Melpomene）、"祖比亚人"号（Zubian）[①]和"亚马逊"号（Amazon）。

2时21分（以下摘自海军参谋记录，其内容基于事后调查庭的报告），"凶暴神"号大致位于11A号浮标西南约1海里处，并实施从北偏东60°方向往右舷转向至南偏西60°航向的转向。该舰开始转向后不久，位于纵列最末端，稍微落后于其队列应处位置的"亚马逊"号发现3艘驱逐舰正从后方赶来，其航向大致指向东。上述3艘驱逐舰从"亚马逊"号后方约2链（约合40.2米）处穿过，中等航速，在其位于我方右舷后方方位时我舰向其询问口令。尽管并未得到回复，但"亚马逊"号的舰长从对方外观，以及打开舰艉灯且并未开火等因素判断，来舰是返回敦刻尔克途中的友军驱逐舰。因此，在发往"凶暴神"号的有关此事的报告中（2时25分），该舰长仅提到"3艘我方驱逐舰从我舰附近通过"。尽管这3艘驱逐舰无疑会从距离"凶暴神"号前方不远处穿过，但我方其他驱逐舰的官兵并未观察到上述3艘敌舰。

我方舰队指挥官显然并不满意来舰是友舰的判断，并询问"亚马逊"号如何得出这一判断。但由于在纵队中信号传输的延误 [造成延误的主要原因是，"凶暴神"号并未向"祖比亚人"号指出，"亚马逊"号才是相应询问的真正接收方]，直至2时50分驱逐舰沿南偏西60°航向航行了半小时，领舰才得知向不明驱逐舰询问口令后，己方并未得到回复。因我方认为延误太久来不及实施追击，驱逐舰分队选择继续正常执行巡逻任务。[5]

---

①译者注：1916年10月，驱逐舰"努比亚人"号（Nubian）触雷，其舰艏被炸飞；次月，驱逐舰"祖鲁人"号（Zulu）触雷，其舰艉损毁。两舰同属"部族"级驱逐舰，均于1909年下水。尽管两舰的宽度相差约9厘米，但海军仍将其残存部分拼接构成了驱逐舰"祖比亚人"号（Zubian）。

凯斯"对这些犯下过错，导致巡逻部队蒙受惨重损失的人员怒不可遏"。他于2月16日召集的调查庭揭露了在多佛尔海峡遭遇敌水面舰艇突袭这一事件中，英方在询问口令、汇报情况，以及信号安排方面的诸多错误。比如"亚马逊"号的舰长亚当·弗格森（Adam Ferguson）海军上尉做证称，他实际下令使用手提闪光灯三次，向来舰询问口令 [ 使用三次这一规则"自我（该舰长）加入多佛尔司令部以来便一直得到遵守"]。事实上，如未得到答复，他就应该下令开火；然而，此时敌舰实际上已经消失在他的视野中。无论如何，他都曾经"确认"来舰是英国友舰。[6] 更为重要的考量则被里奇蒙德简洁地总结如下："如果一支舰队无法被封锁在港口内，那么一旦其出击，便总会非常难以捕捉。"[7]

德国方面自然对此次突袭中己方表现出的坚定决心、巧妙实施和战果大为满意。此次攻击"不仅对敌方造成直接损失，而且在多佛尔海峡—加莱之间撕开了一个缺口。现已确定，在袭击次夜，多佛尔拦阻网便停止了照明（但这一点颇为可疑）。驻弗兰德斯潜艇部队指挥官3月3日称'第2鱼雷艇队的突袭……以及摧毁大部分提供海峡间照明的巡逻舰船的战果，大大简化了潜艇所遭遇的问题'"。[8] 然而，此次袭击造成的损失不久之后便得以弥补，而英方对海峡的控制并未出现动摇。凯斯后来简化并明确了巡逻作战令（3月11日）。从此，"可疑舰船一律被认作敌舰，避免不必要的询问口令环节。如果以VBS方式 ["维利-布罗克信号"，即使用"维利发射器"（Very Pistol），将特定颜色的维利焰火以相应顺序发射，向对方询问口令。相应的回复应为一组颜色相异的焰火 ][①] 询问口令且未立即得到答复，则各舰应毫不迟疑地展开攻击"。此外，凯斯还声称："（己方）设立了新的水雷线，加强了巡逻舰队，并以熊熊火光继续吸引敌方攻击。"2月14—15日夜间的驱逐舰袭击是整个第一次世界大战期间，德国方面对多佛尔海峡展开的第七次，也是最后一次袭击。

这次发生在"戈本"号事件之后不足一个月的袭击让战争内阁大为不满。内阁3月6日会议纪要中记载道："战争内阁就过去一到两年中，海军相当多次

---

①译者注：这种设备问世于20世纪初，因美国海军军官爱德华·维利而得名。

行动最终的糟糕结果表示了担忧。内阁指出，自福克兰群岛海战之后，海军再没有取得一次真实且完整的胜利。另外，海军在船团护航及各种小规模作战中出现了大量意外。内阁特别指出'戈本'号事件和最近德军对多佛尔海峡的袭击，把这两件事视作己方作战不力的证明。在很多事件中，海军不得不解释疏忽发生的原因。但不管怎么说，这一切都会让人产生不满的印象。"[9] 海军需要等到圣乔治日（St. George's Day）[①]，才能向政治家和全国民众证明，自己终于拿出了符合他们期望的表现。

## 2. 泽布吕赫作战
（参见资料图 5）

在英国新任指挥官领导下，德国潜艇通过多佛尔海峡的危险大大增加，这自然削弱了驻弗兰德斯地区德方潜艇的作战效率。然而，尽管伤亡数上升，驻上述地区的部分潜艇还是会穿越海峡，另有一部分潜艇在北海海域作战。很明显的是，只有一种手段可以较为确定地终结这一威胁，那便是对泽布吕赫和奥斯坦德实施阻塞作战。[10] 当时局势可简要描述如下：以与多佛尔的距离为标准进行比较，位于布鲁日的内陆基地要比德国本土的北海港口近约 300 海里，该内陆基地被德国用作潜艇和驱逐舰的前进基地。驻当地的舰艇可通过两条路线进入北海：其一是经由约 8 英里（约合 13 公里）的行船运河至泽布吕赫出海，另一是经由 11 英里（约合 18 公里）的运河从奥斯坦德出海。前一运河水深较深，可供最大型的潜艇和驱逐舰通航；后一运河则因水深较浅，仅能供较小型的潜艇通行。从地图上看，布鲁日位于三角区的顶点，由奥斯坦德—泽布吕赫构成的三角形底边长 12 英里（约合 20 公里），德军对两地之间的海岸线密集地采取了要塞化措施。两条运河则构成三角形的另外两边。泽布吕赫距离多佛尔约 72 英里（约合 116 公里），当地设有船坞，以及可抵挡炸弹的潜艇掩体。

还在担任第 1 战列舰中队指挥官期间，海军中将贝利就曾于 1914 年秋建议对

---

① 译者注：宗教节日，在 1918 年为 4 月 23 日。

泽布吕赫展开封锁作战，此后又于1916年11月13日建议对泽布吕赫和奥斯坦德展开一次联合作战。然而，海军部对两者均无兴趣。首个被正式讨论的方案由蒂利特于1916年11月25日提出。他计划在烟幕、化学气体攻击和火炮的掩护下，将一艘长度略小于泽布吕赫船闸入口处宽度的船只自沉于船闸内，从而使该船闸（位于运河出口上游约1100码，约合1005.8米处）无法使用。在一次出席者包括杰利科（时任第一海务大臣）、奥利弗和培根的会议上，蒂利特阐述了这一方案。但主要因为培根的意见（根据蒂利特此后的回忆），"该方案被与会者认为无法实施且过于危险！培根将其形容为一个出自野心勃勃的青年海军军官的自命不凡的计划。该计划后来被否决，这事让我非常生气"。[11]1917年5月，蒂利特提出一个更加野心勃勃的方案：展开一次两栖作战行动（大约需要1000人），夺取泽布吕赫防波堤并占领该镇，从而将该地发展为陆军向安特卫普进攻的基地，最终目标为席卷德军侧翼。这个计划在烟-气混合幕掩护下实施的突袭行动再次被培根否决：杰利科征求了培根的意见，并被后者说服，认同该方案获得成功的概率恐怕很小这一观点。更重要的是，培根极力反对在当时，即第三次伊普雷战役前夕实施该计划。鉴于黑格所计划的攻势包括在比利时沿岸、奥斯坦德附近区域展开大规模登陆作战，培根认为，有必要保持比利时港口的通畅，且这一点应作为关键考量之一。利用封锁船舶来阻塞奥斯坦德或泽布吕赫将导致上述港口在未来四至六个月间无法为大型船只所用，"**敌人当然不希望这些船能够通过运河，但我方无疑希望这些船能够在我军向比利时进攻期间通过**"。[12]

此后，有关泽布吕赫的想法平息了一段时间；与此同时，意在将德军驱逐出比利时沿岸港口的作战计划则一直处于讨论状态。1917年12月，第三次伊普雷战役的局势已经非常明朗，此次攻击显然无法将敌军逐出比利时。由此，单一针对比利时港口的海军作战构想才再次浮出水面。贝蒂也利用其声望为类似构想推波助澜："泽布吕赫港入口处非常狭窄，实施阻塞完全有可能做到。如能有其他舰船专门负责切割水雷系泊索，则混凝土构筑、附有裙撑结构的封锁船只也可在前述舰船的保护下穿过雷场。在飞机无线电指引下，封锁船只成功抵达船闸入口处的概率颇高。"[13]意识到阻塞行动已经在海军中赢得广泛支持后，杰利科于当年9月指示作战计划处，就阻塞泽布吕赫和奥斯坦德的作战准备相应的评估和计划。早已在讨论类似计划，并对其现实性充满信心的凯斯和庞德自然无须得到进一步的鼓励。他们最终制定的计划于 12 月 3 日提交海军部，该计划基本可被视为对蒂利特 1916 年 11 月所提出计划的完善。凯斯在摘要中承认，阻塞作战无疑将是一次危险的冒险，尤其在泽布吕赫，"然而我坚定认为，我们要求参与人员所冒的风险，并没有陆上战争的每次进攻中，步兵和坦克车组所冒的风险高"。[14] 根据该计划，海军将对两条运河同时展开攻击，并在每条运河入口处各下沉三艘封锁船（旧式巡洋舰）。途中，上述封锁船只将得到驱逐舰的护航，并得到由海岸摩托艇所施放浓密烟幕的掩护。

海军部将这一计划转交培根评估，然而后者将其指责得几乎体无完肤：

整个计划都毁于一个基本错误，这个错误仿佛出自完全没有在比利时沿岸作战经验者之手。相应攻击计划在昼间实施，由此便可看出起草者对当地敌军的炮火精度一无所知。低速货船将被用作封锁船只，但只有航速不低于16节的船只才有成功的可能。此外，相应计划没有规划对船闸大门实施炮火攻击；同样未曾打算对防波堤展开攻击，因此敌炮兵群可以不受干扰地向封锁船只射击……

眼下我很忙。和圣保罗一样，我对那些根本行不通的计划的制定者们很难容忍。因此，我对计划的指责基本都会直中要点。不过，计划中的确有一点值得表扬，那就是准备同时封锁泽布吕赫和奥斯坦德，而不是只安排仅能封锁一个港口的船只……[15]

此外，培根自己也制定了一个攻击泽布吕赫的计划，并坚信它要比"诞生于伦敦密室中闭门造车般的玩意儿强得多"。该计划可被视为 1915 年计划的复兴，原先这个计划曾因战争初期难以生成效果良好的烟幕而遭到长期搁置，其重要特点之一便是以浅水重炮舰沿防波堤外侧推进，然后用搭载在浅水重炮舰上的登陆队向防波堤展开攻击。同时以其他浅水重炮舰的 12 英寸（约合 304.8 毫米）火炮向船闸大门实施攻击。整个行动都将在烟幕掩护下实施。

下述问题或许有一定道理，因此有必要进行答复：既然阻塞如此不受欢迎，那么为何我们还计划炮击泽布吕赫的船闸大门？答案其实非常简单。如果船闸大门在关闭状态下中弹，那么运河在未来几周内都可能被有效封锁。这是因为在此情况下，沉箱必然卡死，无法顺利滑入或滑出。然而，如果我方要求使用运河，那么修复沉箱所需的时间将远远短于拆除封锁船只，尤其是在我方计划周密的前提下。如有必要，甚至可以在英格兰建造新的沉箱。在几周时间内，受损的沉箱将有效封锁运河，即使小型船只也无法通过；但使用沉船封锁就无法做到这一点。[16]

1917 年 12 月 4 日，培根的计划被提交给杰利科，后者"总体上"批准了这一计划；然而，或许是因为作战计划处对阻塞行动的强烈支持，他要求在培根的计划中加入阻塞行动，并认为登陆作战将分散敌守军的注意力，从而大大提高布置封锁船的成功概率。培根则指出（正如他此前反复指出的那样），封锁船不过是一场闹剧：这一措施仅能对舰宽较窄的舰艇，如驱逐舰和潜艇等的出入造成暂时的不便（其效力不会超过三周）。事后，培根曾总结其立场如下："坦白地说，除非在奥斯坦德构建横跨入口处凸码头的石质障碍，或是横跨泽布吕赫运河的石质障碍，否则从事实上讲，我方完全无法实现阻止敌潜艇出入奥斯坦德或泽布吕赫的目标……封锁船只的最大成效或可如此描述，**即对于任何阻塞行动而言，除非高低潮之间的海面高度差明显低于该行动试图阻止出入的船只吃水深度，否则一概可视为无效**。"[17] 就高潮与低潮间海平面高度差来说，奥斯坦德为 14 英尺（约合 4.27 米），泽布吕赫为 13 英尺（约合 3.96 米，以上两项数据大致对一个月内约一半的时间成立），大概与驱逐舰或潜艇的吃水深度相当。因此，德国方面只需轻松地在封锁船只上切割出一条通道（即拆除低潮时露出水面的一部分结构），便足以保证潜艇和驱逐舰在高潮前后几个小时内通过。杰利科同意在上述条件下，任何阻塞行动的效果都只能是暂时的这一观点，但"封锁船只无疑能构成敌方的困难之一，与此同时……**即使只考虑对士气发挥的作用，这一行动也极具价值**"。[18] 培根同意对其方案进行扩展，他表示："对于多佛尔巡逻部队应有的功绩而言，（阻塞行动）可被证明是一项颇为激动人心的追加。与此同时，**若船闸大门未被我方炮火摧毁，这一行动也能对敌方正常作战造成一定妨碍**。"[19] 作战计划处提交备忘录后，阻塞行动在海军部内赢得了有力支持。培根对阻塞行动立场的改变无疑也受此影响。培根修改后的方案赢得了杰利科的最终批准，并于 12 月 18 日得到海军部作战委员会（由杰利科、奥利弗、维密斯、凯斯等人构成）的批准，该委员会进而命令培根开始进行必要的准备。但因为这一命令下达后的两周内，杰利科和培根先后被解职，并分别由维密斯和凯斯接任，上述计划最终并未实现。

1918 年 2 月 24 日，凯斯向海军部提交了自己的详细计划，并就其接受长达两个小时的询问。几天之后，他得到了官方批准。凯斯对行动取得成功的热情和信心从未发生动摇。他曾于 1 月这样写道："即使行动失败，尝试后遭遇失败也比完全不尝试好。反过来说，行动取得成功的意义则相当重大，且成功后可将一部分驱逐舰释放出来，转而投入其他合适的用途。鉴于眼下敌驱逐舰大量集中于距离多佛尔不远处，且能轻易发现方便实施攻击的我方目标，因此，我方驱逐舰队需长期对其保持警惕，这给我方造成了相当沉重的压力。但我们不会失败……（我）正全力以赴，推动行动的实施……"几周之后，凯斯又写道："（此次行动）即使失败——尽管我并不认为会失败——也只会为海军带来功绩。无论如何，与其无动于衷地待在自己职位上并保持防御态势，我宁可因尝试这一计划而遭遇失败，乃至被解职。"[20]

此次作战的直接目标如下：（1）在布鲁日行船运河进入泽布吕赫港口处自沉封锁船只，从而实现对运河的封锁；（2）通过在外海进入奥斯坦德港的水道处自沉封锁船只，堵塞奥斯坦德港入口，进而封闭布鲁日运河；（3）对泽布吕赫港和奥斯坦德港造成尽可能严重的破坏。当然，行动最重要的目标依然是通过无限期地阻止德国人继续使用上述两港，沉重打击敌潜艇攻势，同时瘫痪通常驻在弗兰德斯的约 40 艘敌潜艇。其次则是削弱敌驱逐舰以突袭的形式，给多佛尔海峡造成的威胁。

泽布吕赫突袭计划的主要构成部分，即其要旨，共由以下四个部分构成：

一、旧式巡洋舰"怀恨"号（Vindictive，其临时舰长为卡彭特）[1] 将沿泽布吕赫的巨大石质防波堤（长 1850 码，宽 80 码；即长约 1.7 公里，宽约 73.2 米）停靠。该防波堤覆盖了布鲁日运河入口，由海岸出发向北和向东延伸，最终构成泽布吕赫港。巡洋舰停泊位置应尽可能靠近泽布吕赫要塞区，后者距离防波

---

①译者注：隶属"傲慢"级二等巡洋舰，1897 年 12 月下水。

堤一端约 150 码（约 137.1 米）。由于"怀恨"号吃水深度达 19 英尺（约 5.8 米），因此用于保护泽布吕赫港的任何雷场都将对其构成重大威胁。有鉴于此，吃水较浅的默西河蒸汽班轮"鸢尾花"号（Iris）和"水仙花"号（Daffodil）将与"怀恨"号同行，并在必要时将其推向沿防波堤预定停靠的位置，且保证其位置固定。凯斯当然不知道德军实际并未在泽布吕赫或奥斯坦德附近布设水雷。根据德国官方战史给出的解释，此举"是为了避免进一步加大我方潜艇需要应对的导航方面的种种困难"。由资料图 5 可见，防波堤狭窄的延长部向外延伸 260 码（约合 237.7 米），其末端设有灯塔；另外配有 5 门口径为 105 毫米和 88 毫米的火炮，后者用于在必要时向外海接近防波堤的路线射击。

　　二、一旦"怀恨"号就位，由其搭载的水兵和海军陆战队成员就会登陆，展开作战。水兵负责突击敌火炮炮位，海军陆战队则会从内部攻击要塞区。最重要的任务是在封锁船只抵达前瘫痪敌防波堤炮群，进而沿防波堤深入，攻击爆破设于防波堤上的设施——如潜艇掩体、水上飞机基地等。整体计划还假设由上述"一""二"两部分行动导致的骚动，将有效分散敌人对接近中的封锁船只的注意力。凯斯这一"聪明"构思，即在防波堤外侧（靠海一侧）布置登陆部队的设想，来源于此前培根的计划。但与培根相比，凯斯的计划有两点不同。培根的原计划仅打算动用从陆军借来的一个营实施登陆攻击，其理由是水兵和陆战队缺乏实施此类作战的经验。然而凯斯将此视为奇谈谬论：海军自己就足以承担这一任务，另外如果不让海军获得模仿陆军士兵英勇行为的机会，对于海军而言也是一种冒犯。在凯斯的计划中，登陆突击将由 200 名水兵和 700 余名陆战队员实施——所有人均为志愿参与，其中根据贝蒂的建议，水兵们来自大舰队。关于将突击队送上岸的具体方式，培根曾提出建议，即在搭载突击队的浅水重炮舰上构设可折叠的舰舶，该舰舶应能承受 1000 吨[①]的冲击；同时应在浅水重炮舰舰楼设置巨大的跳板。作战时，由浅水重炮舰直接冲击防波堤，并将跳板伸过防护矮墙，直接搭在防波堤上。但凯斯对此不屑一顾，认为该方案无异于天方夜谭，尤其考虑到行

----

①译者注：1吨约为1万牛。

动中速度乃是关键之一。作战行动实施期间，如果参与舰船都必须在昼间处于敌岸防火炮射击距离外，那么对防波堤的攻击就应在一个小时内完成。因此，凯斯决定参与登陆作战的突击队须由航速比浅水重炮舰（在搭载人工舰艇和其他特制设备后，其最大航速仅为 4 节）①快得多的舰船搭载，且搭载舰船的左舷应布设若干狭窄的跳板。"部队应当经由所有跳板，同时直接冲上防波堤（或者不如这么说，计划起草者是希望如此的。然而实战经验令人失望地表明，这一方案同样不可行），进而在相对宽的正面上展开攻击。"[21]

三、总共 3 艘旧式巡洋舰将扮演封锁船的角色 [ 分别为"西蒂斯"号（Thetis）、"勇猛"号（Intrepid）和"依菲琴尼亚"号（Iphigenia）]。②各舰会装载混凝土，且沉没位置应尽可能靠近港口入口处。阻塞行动应在高潮时实施，此时运河船闸的大门很可能已经收入其混凝土掩体中。正是出于这一考虑，凯斯抛弃了培根原计划中对船闸门展开炮击的构想。"西蒂斯"号应沉没于船闸中，但如果船闸大门关闭，该舰应在沉没前对其进行冲撞，其他两艘封锁船则应在船闸和凸码头前端，横跨运河入口的位置自沉。[22]

四、针对连接防波堤和岸上的铁路桥（长 580 码，宽约 40 码；即长 530 米，宽 36.6 米），相应计划还另安排了 2 艘旧式潜艇实施阻塞。这 2 艘潜艇各自装载有 5 吨高爆炸药，准备进行爆破，从而炸断铁路桥。此举意在暂时隔绝战场，切断泽布吕赫城附近驻军增援防波堤的道路。另外，计划为潜艇艇员提供了逃生装置，使其可在潜艇冲入铁路桥下方前逃脱。除隔绝战场外，这一行动的次要目的还在于进一步增强主要牵制行动，即"怀恨"号及其登陆部队相关行动的效力。此外，对铁路桥的破坏还将削弱防波堤作为海空基地的运转效率，并使敌军失去一个可用于军事目的的登船点。

德国方面布置的防御措施非常强大，正如阿斯皮诺尔 - 奥格兰德所言："的确，（英方）试图实施的计划不仅需要极为突出的专业技巧，而且需要最高等级的勇气、信念和自信。"为成功实施泽布吕赫作战计划，以下条件同样不可或缺：无月的

---

①译者注：因船型设计不佳，浅水重炮舰的正常航速也仅达 7 ~ 8 节。

②译者注：均隶属"阿波罗"级二等防护巡洋舰，并先后在 1890—1891 年间下水。

暗夜，高潮于午夜前或后一个半小时内到来。封锁船只仅能在高潮期间进入运河，而午夜这一时间上的要求则是因为参与行动的舰船必须在夜间接近并脱离比利时沿海。符合上述要求的时间颇为有限，每个阴历月仅有 4 ~ 5 天完全满足。除此之外，实施该计划还需要合适的天气条件加以配合，包括平静的海况，以及大体指向岸上的风向——后者出自对烟幕施放的考虑。海风应将烟幕吹向岸上，就像把海雾吹上岸那样，其目的正如凯斯所言："以便封锁船只和突击船只能在被发现之前，已经非常接近其目标。"海况（尽可能平静）则是摩托快艇部队所提要求，他们负责在船队接近目标的航线上布设烟幕。为实现这一密度前所未有的烟幕施放，布罗克飞行中校出力甚多，其杰出的科学思维大大完善了原先的施放方案。

到 4 月初，行动的准备工作和相应训练均已完成。相应计划的首次尝试于 4 月 11—12 日夜间实施，这也是那个阴历月中"可执行期"的第三天。当晚船队出发时的天气条件颇为理想。凯斯曾写道："……一切都取决于风向。我一直在思考 1797 年对特内里费岛（Island of Teneriffe）圣克鲁斯（Santa Cruz）的攻击。当时纳尔逊在其急躁的热情的驱使下决定冒险，但天气因素很早就预示了攻击行动最终的失败。"[①] 然而，不久之后风向突然转变为吹向海上，从而不利于实施攻击计划。此时距离船队预定的抵达时间，即凌晨 2 时 05 分仅剩 90 分钟。"其他条件都颇为理想，且在剩下两天内都可能不如此次理想。错过这个窗口期后，月亮和潮汐条件须待 5 月 9 日才能再度变得理想。在风向发生变化后一段时间内，我曾经历一段艰难的思考。我确实知道远征船队中每个人都和我一样，对承担痛苦做好了准备……然而，在最后一次回想纳尔逊和特鲁布里奇（Troubridge）在特内里费岛的经历后，我决定发出意义重大的信号——在无线电上仅用了一个单词——取消了当晚的作战[23]。"[②] 当时是凌晨 1 时 10 分。

4 月间可执行突袭泽布吕赫计划的最后一天为 13 日。当天，凯斯再次聚集

---

①译者注：特内里费岛位于加那利群岛，隶属西班牙，圣克鲁斯为其首府。此处即指1797年7月22日，新近升任少将军衔的纳尔逊对其展开的攻击，意在夺取该岛。但此次攻击以失败告终，7月25日，登陆部队残部在停战协定的保护下撤离。此战中，纳尔逊于7月24日夜11时前后右臂受伤，并于不久之后接受截肢。

②译者注：在1797年的特内里费岛圣克鲁斯之战中，特鲁布里奇上校负责指挥部队登陆，并夺取环绕圣克鲁斯的炮台。攻击失败后，特鲁布里奇上校被迫求和。

其突击部队。所有船只生火准备出发，但两小时后风力变得过强。由于海浪太大，小型舰船无法航行，因此远征部队再次返回母港。维密斯于 14 日亲赴多佛尔，并带来了更坏的消息。首先因为糟糕的运气向凯斯表达了同情，接着对其两次决定返航表现出的谨慎进行评论后，维密斯向凯斯宣布，鉴于已经丧失突然性，海军部决定取消对泽布吕赫的攻击计划。此前两次集结中，英方船队已被很多船只观察到，其中若干隶属中立国。因此，敌军显然会掌握相关情报，而距离自然条件允许进行下次尝试的中间期还长达三周。[24] 然而，凯斯最终还是说服维密斯，后者允许他在约 10 天内（即 4 月 22—26 日期间某个时候）再进行一次尝试。在此期间，高潮将于午夜前后出现。尽管届时为满月，因此会导致一定风险，但凯斯依然决定牺牲一部分迄今为止他认为很重要的前提条件来争取成功的机会，而非坐待 5 月第二周理想的潮汐和月相条件。

4 月 22 日，即满月期内可执行作战计划的窗口期首日，天气预报的内容对执行计划而言颇为理想。凯斯于是决定实施计划。事后，他回忆称，当天下午早些时候，"我的妻子和我一道沿码头（位于多佛尔）散步，并为我送行。她看起来非常镇定。她本人当然知道我经历了多么痛苦的一段时间，离别前她最后对我说：'明天就是圣乔治日（而我并没有意识到），对我们即将进行的冒险而言，再也没有更好的日子了，圣乔治将给英格兰带来好运。'随后她希望我以'圣乔治保佑英格兰'作为此战的口号"。[25] 当晚，突击船队出发后，凯斯通过旗语向整个船队下令："圣乔治保佑英格兰。"搭乘"怀恨"号的卡彭特则回复称："愿我们能给恶龙的尾巴狠狠一击。"这一回复展现出了当时弥漫于全体参与者中，对于眼前这次行动最终结果的强烈自信。在古德温沙洲（Goodwin Sand，该沙洲位于唐斯东侧）会合后，由 76 艘大小舰船组成的船队航向直指泽布吕赫，其中凯斯的座舰为"沃里克"号（Warwick）驱逐舰。

在明亮的满月下（凯斯曾回忆称当夜"亮得宛如白昼"），突袭泽布吕赫的船队逐渐接近其目标，其时能见距离至少达 8 ~ 10 海里。当晚 11 时后不久，预定抵达时间之前一小时里，海上突然升起雾气，同时月亮被云层遮蔽，并下起了毛毛细雨，能见距离由此下降至不足 1 海里。在这一有利天气，以及由摩托快艇施放、被称为"豆汤雾"的烟幕掩护下，"怀恨"号得以在抵近至距其目标（即防波堤延伸部）不足 300 码（约合 274 米）处时，才遭到德军火力攻击。当时是 11 时 56 分。但不幸的是，此时风向转为吹向海上，从而迅速吹散烟幕，而"怀恨"号也突然出现在敌照明弹和探照灯的光芒下。在此情况下，布置在防波堤延伸部上的德军火炮得以精准地向这艘倒霉的老式巡洋舰射击。大量炮弹倾泻而下，对"怀恨"号的上层建筑和上甲板造成了相当程度的破坏；更糟糕的则是舰上人员亦蒙受了不少伤亡。在接近防波堤过程中，阵亡者包括陆战队登陆部队的指挥官及其副手，还有水兵登陆部队的指挥官。通过提速至全速前进，"怀恨"号逃脱了被摧毁的命运：该舰于 12 时 01 分抵达沿防波堤停靠的位置，此时该舰仅有上层建筑仍暴露在德军炮火下。然而，加速亦导致其实际停靠位置较原先计划偏离 340 码（约合 311 米），并导致该舰舰炮既无法转向位于防波堤延伸部的敌炮位，亦无法指向保卫上述炮位的德军部队。这进而导致实施突袭和破坏的己方登陆部队只能在没有炮火支援的条件下作战。事实上，由于被德军的密集炮火压得抬不起头，且随后蒙受巨大伤亡，登陆部队其实很难达成他们的作战目标。

与此同时，三艘封锁船只在搭乘"沃里克"号的凯斯指挥下，穿过德方炮火一路摸索前进，以实施整个作战中最为重要的部分——也正是此次作战存在的理由。打头的"西蒂斯"号原计划沿运河上溯，并在船闸处自沉。"勇猛"号和"依菲琴尼亚"号则应"依次以互相交织的方式，在船闸与海之间、感潮水道最窄处横向自沉"（引自阿斯皮诺尔 - 奥格兰德）。然而，"西蒂斯"号遭遇了来自防波堤延伸部的炮位所给予的近乎毁灭性的火力打击，并在抵达运河入口前搁浅。事实上，三艘封锁船无一在预定位置自沉，尽管"勇猛"号和"依菲琴尼亚"号最终的确在运河入口以内颇远处完成自沉。

当然，我们也不应遗忘负责爆破铁路桥的两艘潜艇。其中一艘在前往泽布吕赫途中受拖曳索断裂影响，因此未能按时抵达战场。另一艘潜艇 C-3 号的乘员 [ 艇长为桑福德（R. D. Sandford）] 不顾凯斯让他们在抵达目标前不久便离艇的要求，操纵该潜艇以陀螺操舵方式前进，并且最终在潜艇一头撞进铁路桥下之后才乘小船离开。满载炸药的潜艇爆炸时发出的声响震耳欲聋，并导致物体残骸和人员断肢倾泻而下，还在铁路桥上造成了长约 100 英尺（约合 30.5 米）的缺口。与此同时，尽管潜艇乘员搭乘的小艇在密集的步枪和机枪火力射击下出现多处破损，但仍然等到六名潜艇乘员按计划被一艘哨艇救起后，才最终沉没。

凌晨1时10分前后，当"怀恨"号在"水仙花"号的拖曳，以及摩托快艇再一次施放的烟幕掩护下缓缓移动时，被德军火力打得七零八落的英军船队开始撤出战斗并踏上返程。整个行动造成的舰船损失为1艘驱逐舰和2艘摩托快艇；人员损失为170人阵亡，400人负伤，另有45人失踪。

针对奥斯坦德同时发起的阻塞行动则堪称彻底的惨败。有关该港的突袭计划同泽布吕赫港相关计划类似，但没有布置牵制性攻击。共有146艘不同大小的舰船参与这一突袭。奥斯坦德没有防护性的防波堤，其港口入口处仅由岸防火炮和机枪保护。就在封锁船"灿烂"号（Brilliant）和"天狼星"号（Sirius）[1] 即将抵达前不久，风向的突然改变导致此前摩托快艇布设的烟幕被吹离海岸。这一变化反而导致港口入口处被遮掩。同时，此前由摩托快艇和海岸摩托艇布设，用于标记港口入口位置的磷钙救生浮灯也被德军发现，且随后被德方炮火摧毁。以上两大因素导致英军只能依靠发光浮标，找到港口入口位置。但英军并不知道的是，德军在夜间把上述浮标向东移动了1海里以上的距离。由于被这一简单诡计欺骗，封锁船错过了真正的港口入口，并在其东约1海里处搁浅。此后，船上乘员自行炸毁了封锁船，并搭乘三艘摩托快艇撤离。英军后来于5月10日再次尝试阻塞奥斯坦德，但同样未获成功。封锁船之一、旧式巡洋舰"莎孚"号（Sappho）[2] 发生故障，另一艘封锁船"怀恨"号[3] 虽成功自沉，但其自沉位置仅可阻塞运河三分之一的宽度。

时至今日，仍有大量的"如果"，以及"或可能导致"引起有关泽布吕赫作战的争议。德国官方战史对此次作战的评论如下：

尽管表现出了极大的无畏和勇敢，但英方仍然无法补偿抵近过程最后阶段

---

[1] 译者注：两舰同属"阿波罗"级二等防护巡洋舰，分别于1891年和1890年下水。

[2] 译者注：隶属"阿波罗"级二等防护巡洋舰，1891年下水。

[3] 译者注：与泽布吕赫作战中的"怀恨"号为同一艘船。

中，直至"怀恨"号成功沿防波堤停靠前烟幕方面的部分失败，以及"怀恨"号停靠于错误位置，该舰上登陆器械损毁及登陆部队领导人员阵亡导致的损失。与精心准备且本应准确执行的计划相比，上述偏差理应对此次行动的完全成功有着重大的影响，这导致战斗中英军所展现出极大的无畏精神化为无用，且导致英方未能实现作战目标。此外，即使两座港口之一被彻底阻塞，这也并不意味着驻弗兰德斯舰队的瘫痪。唯有泽布吕赫和奥斯坦德两港被同时且彻底地阻塞，此次作战的目的才能称得上达成。[26]

值得一提的是，上文所指出的种种不幸无疑既无法预知，也无法避免。

培根在就凯斯的计划与他自己此前提出的计划进行比较时，所提出的批评与德方截然不同：（1）与"怀恨"号相比，一艘浅水重炮舰在敌方炮火打击下，能为己方人员提供更好的防护。（2）应专门指派一队驱逐舰，攻击那些部署在防波堤上的敌炮位：与三艘摩托快艇的火力相比，一队驱逐舰的4英寸（约合101.6毫米）舰炮能更好地吸引敌炮兵的注意力。实战中，上述三艘摩托艇是从其位于防波堤西侧停靠的位置，向德军炮位展开攻击。（3）作为培根所提出可折叠舰艏的替代品，被安装在"怀恨"号上的可移动跳板"几乎可以说没有用处，原因是哪怕在最佳条件下，该跳板也只能将人员送上防波堤胸墙；但在那里，登陆部队又需要下降约14英尺（约合4.27米），才能抵达防波堤。实战中，登陆部队仅携带了少量铁制横档的梯子，用于协助人员下降和返回。事实上，由于'怀恨'号的横摇运动，前述跳板大部都遗失或破裂……由此，登陆部队只能沿两条狭窄的跳板缓慢发起登陆"。（4）将"怀恨"号**沿防波堤**停靠，而非直接驶向防波堤并以**舰艏接触**的决定，使得该舰无法迅速与防波堤接触；且取得作战成功的必要条件，即突然性也因此无法保持。这一错误堪称致命……事实上，正如我（培根）所预见的那样，由于潮汐和海浪的影响，"怀恨"号在防波堤旁是无法掌控的……我永远不会批准任何舰船沿防波堤停靠……根据过往经验，沿防波堤处的海水总会因我方驱逐舰和其他舰艇在附近的航行而产生相当幅度的上涨……（5）对于凯斯删去了培根动用炮火在几乎零距离上摧毁船闸大门这一构想，培根也提出了批评。[27]培根的这些批评并非无的放矢，但正如曾阅读其著作（《多佛尔海峡巡逻简史》）的一位精明的评论家所指出的那样："事实上，如果能够先进行尝试，将其作为试验，再根据试验所得经验做出相应修改，那么几乎任何的海军作战行动都能以更有效的方式实施。培根将军批评己方问题的重要出发点便是'经验'，然而无论是他还是参与泽布吕赫或奥斯坦德有关行动的任何一人都没有在现代战争条件下，执行这一特别攻击方式的经验。"[28]

震惊世界的泽布吕赫作战行动此后以一种耸人听闻的方式被透露给媒体，并声称运河已被阻塞。这条消息恰好出现于协约国方面急需一些值得欢呼的战绩之时。对于正在法国作战，且正被兴登堡的春季攻势打得晕头转向的陆军，以及正因将战争主动权交予敌手的战略，对己方士气造成打击的海军而言，此次作战无疑大大提振了两军士气。瓦尔特·科万（Walter Cowan）便认为："此战比第一次世界大战中任何战斗都更有利于增加海军的荣耀和声誉。"对丘吉尔而言，泽布吕赫作战给海军带回了"在日德兰失去的派头"。的确，整个协约国方面都因此战得到振奋。第一次世界大战期间，在激发英国大众想象力方面，无论陆上还是海上都没有其他任何一起事件，能与泽布吕赫作战相提并论。此战重塑了英国公众对海军的信心。整个国家都在就海军于此战中展现出的华丽技巧和大胆无畏进行热切议论，并欢呼此战代表着纳尔逊和德雷克精神的重生。《笨拙》杂志（Punch，此处指 5 月 1 日号）上发表了一张题为"德雷克的方式"的卡通画，画中德雷克的灵魂向正在敬礼的凯斯致敬："干得好，先生！传统得到了延续。我的部下们烧焦了西班牙国王的胡须，而您的部下烧焦了德国皇帝的小胡子。"《观察家》则宣称（4 月 28 日）："并非表面光鲜而不适合投入战争，而是外表华丽且充满战争之魂。"《每日邮报》疾呼（4 月 24 日）："不朽的功绩！如今我们的高层指挥终于对利用我国掌握的海权发动攻击，而非仅仅将其用来抵御攻击充满信心。"劳合·乔治首相则向海军部致以"最衷心"的祝贺，并声称此次成就"在构思与执行两方面，都与皇家海军最伟大的传统相称"。米尔纳勋爵[①]声称："圣乔治的旗帜从未覆盖过更加高贵的战士。"英国政府一次性颁发

---

①译者注：时任陆军部长。

了十一枚维多利亚十字勋章——其中八名获勋者是因泽布吕赫而获奖——凯斯则立即被授予巴斯爵级司令勋章（K.C.B）。他对于指挥权的行使可谓极其出色。巴里·皮特（Barrie Pitt）指出了关键所在："尽管人们经常注意到凯斯会颇为愁闷地关注决定性领域，但他从未忽视整体构想——的确，人们在所有单位中似乎都存在着一种奇怪感受，即凯斯是一名领路者，他不仅引领着整个远征，而且引领着每一个人和每一艘舰船……"[29]但值得注意的是，这并不是说凯斯和"沃里克"号（前者座舰）没有参与最激烈的部分。

　　总体而言，公众意见接受了海军部声明的字面含义，且相信如火如荼的潜艇战中，敌方潜艇的主要巢穴最终被己方封闭，并从此对敌人而言失去作用，至少在相当一段时间内如此。然而事实究竟如何？泽布吕赫是否比一场海军式的巴拉克拉瓦之战（Balaclava）[①]更有实际意义？作战结束一天后，维密斯给出的评估如下："其实际效果恰恰与我预期的**相反**。我曾期待获得**彻底的**成功，同时仅蒙受较小伤亡；抑或是彻底的失败及惊人的伤亡。然而现实不符合上述任何一种推测。"[30]5 月 17 日，海军副总参谋长告知战争内阁："（他本人）并不认为迄今为止有任何一艘敌潜艇从布鲁日沿运河成功航行至泽布吕赫，同时飞机侦察亦报告称敌潜艇和驱逐舰仍拥堵于布鲁日。"另外在奥斯坦德，"德国方面在清理运河方面获得了一部分成功，让海水猛地冲过运河，并改变了'怀恨'号的姿势，从而使该舰当前能实现的阻碍仅限于其自身的宽度"。[31]维密斯则于 5 月 23 日通知战争内阁："空中侦察结果表明，敌方共有 24 艘驱逐舰或鱼雷艇，以及 12 艘潜艇仍被困在布鲁日船坞。我们现在的观点是，布鲁日 - 奥斯坦德运河所含水量低于此前预期，因此，尽管奥斯坦德港已被部分清理，但该港仍不

---

　　①译者注，指克里米亚战争中，1054 年 10 月 25 日在巴拉克拉瓦展开的一场战斗。此战中，英国轻骑兵部队在毫无战术必要的情况下，冒着俄军的密集炮火发起了无畏亦无谓的冲锋。尽管英国轻骑兵在冲锋中展现出极大的勇气，但也不可避免地承受了极大伤亡。然而，由于英国诗人阿佛烈·丁尼生在次年创作了《The Charge of the Light Brigade》，此战作为英军勇气的代表而家喻户晓，但英军同时表现出的种种失误却被公众忽视。此战亦因此成为在民间家喻户晓，但并无实际意义的战斗的代称。托马斯·卡特勒（Thomas Cuttler）在其作品《Battle of Leyte Gulf: 23—26 October 1944》中，描写萨马岛之战美国海军轻型舰艇的英勇冲锋时引用了该诗，倒是在表面意义和实际根本错误两方面都算贴切。值得一提的是，尽管被称为"巴拉克拉瓦之战"，但萨马岛一战中美军的失误更为人知。

可供现被困于泽布吕赫的驱逐舰和潜艇出入。"[32]6月15日，海军部表示阻塞行动"取得了很大程度的成功，并在限制敌舰艇将两港口作为基地方面实现了巨大的价值"。[33]凯斯本人对战果的评价如下：

……我们的作战在达成首要目标方面获得了彻底的成功。布鲁日行船运河的入口被阻塞……

不过，事后我方发现，作战取得的主要战果实际超出了舰队在4月23日晨返回港口时我作出的评估。迄今为止（5月9日）*空中观察和拍摄的结果清晰显示，被困在布鲁日行船运河及船坞里的那些舰艇中，即使轻型舰艇也依然无法从变窄的航道上找出一条路线，前往奥斯坦德港。自圣乔治日的战斗后，至少有23艘鱼雷舰艇（即驱逐舰和鱼雷艇）被困在布鲁日，同时可观察到至少有12艘潜艇似乎亦被困在这个地方。此外，截至目前，敌军好像并没有采取有效措施，对泽布吕赫通往布鲁日行船运河入口处实施清理，此处的淤塞似乎还在扩大。尽管在未来，德军无疑会重新打通一条航道；但就目前情况看，德军用以袭击和破袭任务的那些重要部队很可能在相当长一段时间内，其活动将不可避免地严重受到阻碍。[34]

然而，这并非真实情况。泽布吕赫作战尽管实现了可观的心理效果，但由于实际未取得任何战果，因此其实际战略作用几乎为零。泽布吕赫运河被阻塞，潜艇威胁也因此得以缓和的观点乃是一个神话。海军上将威廉·詹姆斯爵士时任海军情报处下属"第40室"领导，他曾声称："在海军部，通过拦截到一份发自袭击后五小时的电报，我们得知运河并未被阻塞，但公开这一信息显然没有任何好处。"与4月23日前的情况相比，在泽布吕赫作战结束后几天内，尽管无疑会遭遇一些不便，但德军仍能从布鲁日派出潜艇和驱逐舰出航。三周后，德方挖掘出了一条穿过封锁船的航道，可在任何潮汐条件下供其舰艇通航；至此，德军原先有所感受的不便自然也不复存在。以下一些权威细节或许更有利于判断战果。

---

*到5月19日，相应照片表明同一批舰艇仍被困在原地。

德国官方战史中《北海海战》系列的最后一卷出版于1965年，该书的内容彻底说明，尽管泽布吕赫作战"在那些从海上接近敌方基地，从而以阻塞方式摧毁守备严密的敌军基地这一类作战尝试中，堪称精心筹划、完美筹备和英勇执行的典范"，但其结果显然是失败的：

英国方面起初认为对泽布吕赫的攻击大获成功，这当然可以理解。实际上，在低潮期，运河入口处确实被阻塞，因此海军军①向已经出海的潜艇发出指示，要求其返航时经由奥斯坦德。这条经无线电发出的指示被英军成功监听，从而强化了英方对于"泽布吕赫已经被成功阻塞"这一点的印象。事实上，德国方面起初也作出了类似评估。攻击结束后的早上，德方指挥官冯·施罗德上将曾亲自检查防波堤和船闸的受损情况。在看到沉没于狭窄入口处的封锁船时，他自然对相应状况颇感担忧；就这么看来，敌人似乎成功对我方继续从事潜艇战的前景造成了沉重打击。然而，真相在不久后就被揭露出来，并且与最初的评估内容迥然不同……

袭击发生后不久进行的详细调查表明，在泽布吕赫，我方作战的实施仅受到了暂时且有限的限制。[35]

4月24日中午，德方便有4艘鱼雷艇（每艘排水量为240吨，吃水深度为7.5英尺，约合2.3米）在高潮期从泽布吕赫船闸出发，执行日常的扫雷任务。次日中午，又有5艘鱼雷艇（每艘排水量为375吨，吃水深度稍高于7英尺，约合2.13米）以同一方式出发，且执行相同任务。这两批鱼雷艇在通过英方封锁船只东侧狭窄缺口的过程中，都不曾遭遇任何困难。25日，UB-16号潜艇（排水量为127吨，吃水深度近10英尺，约合3米）沿同一路线离开泽布吕赫并返回，后又于26日再次出发执行巡逻作战任务。"只有大型潜艇和驱逐舰才会受封锁船影响，在一个较短时期内改由奥斯坦德出入。为满足上述需要，从4月24日起，奥斯坦德-布鲁日运河的船闸一直维持在高水位。"至于封锁船，在对浮起和爆破两种方

①译者注：负责守备弗兰德斯海岸的德国海军部队。

案的可行性进行考量后，德国方面于5月1日决定出动挖泥船，挖深并拓宽其东西两侧的航道。到5月14日，经过封锁船船尾处，通向西侧的运河航道深度在低潮期已经恢复至11.5英尺（约合3.5米），足以供海军军下辖的所有潜艇和驱逐舰通过。鉴于上述任何潜艇和驱逐舰的吃水深度均低于13英尺（3.9米），因此，这些舰艇几乎可以在任何潮汐条件下离开泽布吕赫。当日，有4艘驱逐舰（每艘排水量为950吨，吃水深度约为11～13英尺，约合3.3～3.9米）经由泽布吕赫离港，且自此之后，驻弗兰德斯的所有舰都可以毫无困难地经由泽布吕赫出入布鲁日。"实际上，海军军下属舰队的行动自由从未被英方封锁船严格（德语原文为'根本地'）限制，更别说中断。"泽布吕赫防波堤上的缺口也很快得以修复。早在4月24日中午，一座跨越缺口的狭窄悬桥就已经建成，从而恢复了此地的徒步交通。为防止英国方面对泽布吕赫和奥斯坦德再度实施攻击并获得成功，德国方面采取了一系列防御措施，包括在岸上布设24门大口径火炮。

凯斯一直坚信他对泽布吕赫的突击实现了作战目标。在这一时期，蒂特顿中校曾奉命前往敦刻尔克[实际是相较敦刻尔克，还要深入内地11英里（约合18公里）的斯皮卡（Spica）]，担任皇家空军第5大队的海军联络官，该部当时由凯斯指挥。中校曾回忆称：

抵达那里（约为6月1日）之后，我立刻被第5大队的指挥官查尔斯·拉姆（Charles Lambe）准将召见。他曾在皇家海军中获得上校军衔。准将说道："蒂特顿，我很高兴你能来这儿。我们现在有些麻烦。多佛尔的海军中将还是不接受敌驱逐舰和潜艇仍然能穿过泽布吕赫封锁船的事实。空中侦察结果显示，在大潮平均低潮线（L.O.W.S, Low Water of Ordinary Spring Tides）条件下，封锁船与坞边之间存在宽度至少为45英尺（约合13.7米）的水面。考虑到高潮时水面高度平均将上涨14英尺（约合4.27米），这便意味着敌驱逐舰和潜艇完全可以在高潮期的两小时内经由这部分水道穿过，且不排除对方在更长时间段内实现穿越的可能。除空中侦察的结果外，谍报人员也报告称，敌驱逐舰在攻击结束后24小时内就穿越了封锁船。我们必须做些什么，不然等天气转为良好，敌驱逐舰便会发动和以往一样的袭击，而我也将遭到斥责，那些人会指责我本来应该更加有力地推动我所掌握的情报的上传。你怎么看？去和皇家空军情报部门的小伙子们聊聊，明天向我汇报。"

次日，我向准将汇报称，在和他经验丰富的情报参谋，尤其是照片判读专家商谈后，我觉得只有定期为运河区域制作由照片拼接而成的全景图，才足以作为不可驳斥的证据，证明船闸内从泽布吕赫至布鲁日区域的敌舰数量变化。我还提到大队的上校指挥官切希尔（Cheshire）给出建议称，从布鲁日至奥斯坦德的运河区域也应包括在内，尽管该段运河被认为水深过浅，无法供驱逐舰或潜艇通行。

这一计划后来得以实施。在完成第三次照片拼接后，我方对敌舰艇是否能穿越封锁船一事应该不会再有疑问。[36]

作战结束 10 个月后，英方海军情报处处长承认此次作战中，海军实际并未取得任何战果："奥斯坦德从未被阻塞，且敌方潜艇一直能从布鲁日出发，经由该港入海。泽布吕赫则仅在几天之内，处于无法供潜艇通航的状态。"[37] 出版于 1931 年的官方战史公布了真相："在执行此次作战前，平均每日有两艘潜艇出入弗兰德斯基地……在作战实施后的五个星期内，上述平均值保持不变。事实上，直至当年 6 月，上述平均值才出现下降，且下降幅度颇为明显。当月仅有 33 艘潜艇出入弗兰德斯基地。"[38] 我将在下文指出，上述的潜艇出入数量下降并非采取阻塞行动的结果。然而对英国人来说，哪怕是在战争结束后几十年里，泽布吕赫运河被阻塞这一幻想也不曾被事实所压倒。

凯斯本人一直坚信泽布吕赫作战堪称一次战略成功，且这一观点从未动摇："……一周又一周后，我们对布鲁日的空中拍照侦察结果清晰表明，有大量驱逐舰依然被困在布鲁日内港或运河系统中……直至 6 月中旬，我方仍可辨认出大量潜艇停留在露天水域。由此，我们之前的猜测，即大型潜艇掩体已被尽可能多的潜艇占据这一观点亦可得到证实。这些照片不会作假……"[39] 在审定之后的凯斯生平记录中，其传记作者声称："在很多个关键的星期内，敌方一直无法使用泽布吕赫运河。这一时期大部分时间里，约有 40 艘德国潜艇和驱逐舰被困在布鲁日，无法参与作战……（英方）对于泽布吕赫运河的阻塞，可以说一举消除了德方潜艇战一半的致命威胁。"[40] 与阿斯皮诺尔 - 奥格兰相熟的杰姆斯上将曾写信询问前者，为何他在对水道实际未被阻塞一事上完全清楚的前提下，仍然写出如此夸大的陈述。何况不管怎么说，自 1917 年 2 月以来，导致协约国大西洋运输线蒙受沉重损失的乃是从德国本土基地出发的大型潜艇，而非驻弗兰德斯的德方潜艇。"他（阿斯皮诺尔 - 奥格兰）答复我（杰姆斯）称别无选择，我从他的回信中判断，他其实对自己屈服于外界压力感到羞愧。"[41] 杰姆斯所说的"压力"，笔者个人推测来自令人生畏的凯斯夫人，这位夫人从未停止对其丈夫所取得成就的赞颂甚至夸大。

鉴于泽布吕赫作战后，航空照片曾显示大量潜艇和驱逐舰被困于布鲁日港口，因此，凯斯曾热切希望对其展开持续的轰炸。如此天赐良机看上去不容错失，但因为驻敦刻尔克的皇家海军航空兵（R.N.A.S）并非由自己指挥，凯斯的请求遭遇了严重的阻碍。[42] 凯斯曾向空军部请求（通过 5 月 1 日致海军部的一封信），希望将四个轰炸机中队交由他直接指挥。空军部则于 5 月 16 日回复称，凯斯可向第 214 中队请求帮助，但鉴于"其他战场对远距离轰炸机中队极度紧急的需求"[43]，这也是空军部唯一可以提供的帮助。最终，一些轰炸机确实可由凯斯调用。后者遂派其对布鲁日、泽布吕赫和奥斯坦德展开攻击，但造成的实际破坏非常有限。对未来作战而言，更为重要的则是这一事件表明，海军的需求早在空军部成立一个月后便被忽略。这无疑预示了相应问题未来的发展。造成这一局面的主要原因是皇家空军——空军部醉心于战略轰炸计划；虽然就导致凯斯未能获得他所要求的更多中队一事而言，黑格僵硬且过分小心的作战风格同样是导致这一结果的原因之一。

从任何现实角度来说，泽布吕赫—奥斯坦德作战都难言成功。然而，通过提升拦阻网体系的作战效率，对弗兰德斯德军基地持续不断地实施空袭，以及向多佛尔海峡指挥部注入活力，凯斯依然成功地使驻在弗兰德斯的德国潜艇无法穿越多佛尔海峡。3 月之后，驻弗兰德斯的德国潜艇部队已越来越少地采用穿越多佛尔海峡的航线。从 6 月初开始，上述潜艇部队显得再无兴趣尝试穿越多佛尔海峡，该路线对他们而言已经变得愈加危险。与此同时，该潜艇部队集中于亨伯河（Humber）以北海域，在此攻击沿英国东海岸独自航行的商船。整个 6 月间，仅有 5 艘潜艇从弗兰德斯出发前往多佛尔海峡；7 月间仅有 9 艘。9 月初，德国方面终于放弃了经过多佛尔海峡的航线；从此之后，驻弗兰德斯的潜艇也采用向西绕过苏格兰北部的漫长航线。最后一艘驶往多佛尔海峡的潜艇于 8 月

14日出发，而最后一艘试图经由多佛尔海峡返回的潜艇则于9月16日，在多佛尔海峡拦阻网体系中爆炸。

9月3日，海军部向首相报告称："尽管以泽布吕赫为基地的敌潜艇所造成的影响尚不容忽视，然而，即使比利时沿岸港口并未被完全阻塞，对我方来说也不会造成明显区别。"海军部对此给出的理由是从泽布吕赫和奥斯坦德出发的潜艇，现已不再尝试穿越多佛尔海峡。自3月以来，驻弗兰德斯的43艘德国潜艇中已有24艘被摧毁。[44] 如格兰特（Grant）教授所指出，如此沉重的损失才是导致"驻弗兰德斯潜艇部队衰落"的关键因素：

1918年初，驻弗兰德斯潜艇部队辖有25艘潜艇；在当年9月初，另有19艘加入，但在全部44艘中，有33艘已被或将被击沉或拘禁，另有3艘受损较重，不再适于出海巡航，此外有1艘退出现役。当年第一季度中，有8%的巡航以潜艇遭受损失告终；在第二季度，这一比例迅速攀升至33%；到第三季度则进一步增至40%。随着潜艇数量的稳步减少，如此高的损失率显然再也不能为德国方面所承受。

所有潜艇沉没战例中，约有12起应归功于多佛尔海峡拦阻网体系；此外，UB-59号和UC-71号的损伤也应归功于该体系。上述这两艘潜艇因受损严重无法继续服役，且加强了（德方所认为）多佛尔海峡无法穿越的观点。[45]

多佛尔海峡拦阻网体系实际阻止了德国潜艇通过英吉利海峡。与此同时，在北海的北侧出口，封锁该出口的英勇尝试同样在进行中。

## 3. 北方拦阻网体系
（参见资料图1）

早在1917年9月，协约国方面便已就下述计划表示了原则性同意：在奥克尼群岛和挪威沿海之间布设水雷障碍，从而封闭这一北海出口，最终限制敌潜艇的活动范围。然而，由于英国缺乏布雷舰艇，以及在收集足够的英国籍巡逻船只和美国生产水雷两件事上的延误，协约国一方开始布设雷区的日期一再推迟。最终，布雷行动于1918年3月3日（B区域）和6月8日（A区域和C

区域）展开。到第一次世界大战结束时，有相当部分水雷障碍的布设已经完成。

在其战时最终形态中，水雷拦阻网会在北纬 59°和北纬 60°之间延伸 240 海里，自奥克尼群岛延伸到哈当厄峡湾（Hardanger Fjord）附近；协约国军队先后共布设 15093 颗英制水雷 [ 包括轻护卫舰"天人菊"号（Gaillardia）在 B 区域中触雷后，扫除的 1441 枚水雷 ] 和 56033 颗美制水雷（最初共要求布设 20 万颗）。拦阻网中央部分（即 A 区域）由美国海军布设，延伸距离超过 130 海里。其两侧区域由英美两国海军共同布设：其中 B 区域位于西侧，长约 50 海里；长约 70 海里的 C 区域一直延伸至挪威领海边缘。美国海军布雷区域中，水雷直接被布设至水面深度（该区域水深约 200 英尺，约合 61.0 米）。鉴于雷区较浅，协约国方面认为 A 区域无需巡逻。B 区域则包括深水雷区，且按计划相应要求会布置强大的水面巡逻舰队，迫使敌潜艇下潜至水雷区，或在敌潜艇浮出水面时对其实施攻击。事实上，对于该区域的巡逻仅由装备水听器的船队，在水雷拦阻网西端、费尔岛海峡（Fair Island Channel）[①] 附近海域实施。每个水听器船队的基本单位包括一艘驱逐舰或轻护卫舰，以及三艘装备鱼式水听器[②]的拖网渔船。C 区域则使用英制水雷布设，鉴于其位置过于遥远，难以巡逻，因此该区域在浅深度和大深度同时布设了水雷。

有关布雷行动的一个方面在 8 月导致了一场高级别的争议。此时已有证据表明敌潜艇规避中央和东侧区域，选择经由挪威领海或西侧的 B 区域覆盖海域通过。由此，协约国方面亦决定于 B 区域，同时在浅深度和大深度布设水雷。这时贝蒂跳了出来，坚持要在奥克尼群岛以东区域保留约 10 海里宽的水雷缺口，以保留一条通畅航道，供斯堪的纳维亚船团的支援舰队出入。维密斯曾就这一要求写道：

我国和美国之间出现了一个非常严重且关键的分歧。西姆斯少将对这一问题的看法非常坚定（贝蒂在一旁写下笔记："我的立场也非常坚定，而且是我需

---

①译者注：费尔岛位于苏格兰北部，是设得兰群岛的一部分，大致位于设得兰群岛主岛梅思兰岛和奥克尼群岛中点位置。

②译者注：这种水听器外形类似鱼雷，呈流线型，其内部注水，两端均为金属浮力舱，由其载舰拖曳。在任何条件下，水听器均保持水平，但为规避载舰的噪音，这种水听器无法侦听特定方向（如正前方或正后方）。

要掌握制海权，并非西姆斯"），其看法可总结如下：

　　美国政府希望以岸到岸的方式完成北方拦阻网，任何不满足这一要求的方案都无法令其满意；他们的看法是拦阻网上的任何缺口，无论多么狭窄，都会导致拦阻网失效。如果拦阻网失效，那么在美方看来，他们为此付出的巨大努力和巨额开销就无异打了水漂。在此情况下，西姆斯少将会建议美国政府停止有关北方拦阻网的一切工作。

　　这一事件不仅将影响实际物资情况，更将对我国与美国的关系造成灾难性的后果（贝蒂评注："我不相信"）。它将不可避免地导致美国政府召回西姆斯少将……对我方而言，西姆斯少将的去职将是一起非常严重的事件。他对我们的忠诚与合作态度可谓无与伦比……

　　如果美国方面现在决定对北方拦阻网体系相关事宜甩手不干，那将无异于一场灾难。敌方必将获悉这一情况，更重要的是，此事件无疑会导致美国人和我们的矛盾，破坏迄今为止美国与我国之间互相谅解的意愿。而截至目前，两国间矛盾并不存在一事，在过去曾显得非常令人惊讶。[46]

　　然而，贝蒂的立场并不会因此发生改变。他声称："根据原始方案，拦阻网体系中将留出 60 海里宽的区域供水面舰艇出入，而现在我已经同意只保留 10 海里宽的通道。"[47] 最终，他获得了满足（尽管真正留出的通道宽度仅为 3 海里），而英美关系也承受住了这一事件的冲击，并未被影响。

　　不过，仍有若干因素会影响拦阻网的实际效用。例如天线水雷（见下文）的布设深度过深，导致其无法对处于水面航行状态的潜艇实现杀伤。在此状态下，遭到这种水雷攻击的潜艇通常仅仅是被震动，且只会带着轻微创伤返回其基地。于是，美制水雷再次令人大失所望。这种新型水雷此前并未经过实战考验。尽管理论上，当潜艇接触其上部天线、下部天线或雷体本身的触角时，水雷便会被激活。其中上部天线可弯曲，内部设有浮标，使天线顶端可伸至水面；下部天线则构成系泊索的一部分。因此从理论上讲，与通常的触发水雷相比，该型水雷可在垂直平面上覆盖相当大的面积，并在理论上构成一个从水面延伸至200 英尺（约合61.0 米）深度的危险区。由此，一条天线水雷构成的水雷线应能覆盖五道触发水雷所构成水雷线可覆盖的控制范围。然而不幸的是，这些水雷早爆的概率高得惊人；很多该型水雷接连爆炸，形成了一条壮观的"涟漪坑道"。贝蒂对美国水雷未曾提前接受周密测试一事颇为恼怒，他因此成为这种水雷最常见的批评者之一。在提及完全由美制水雷构成，并由美国海军完成布设的 A 区域时，贝蒂称："最近的失败是如此凄惨，以至于美国方面自己放弃努力，并在布设了一条水雷线之后拍屁股走人。而这条水雷线显然在布设之后就自动爆炸了。剩余的水雷对处于水面航行状态的敌潜艇毫无杀伤力，而在这一海域，敌潜艇又没有任何下潜的理由。因此，我们所做的一切便仅仅是浪费了大量宝贵的舰艇、时间和物资，在北海布设让我们自己无法利用北海的玩意儿；同时，这些玩意儿根本无法对敌方造成伤害。待冬季狂风到来，这些破玩意儿自身就足以导致（我方）在北海巡航成为一件非常危险的事情。"[48]维密斯对贝蒂有关水雷的看法表示赞同，但仍希望后者记住"决定乃是在敌方发动的潜艇战已经超越了一切考量的时候做出，而由此引发的重要措施又使得美国方面提供的全力合作不可或缺。我坚信，只有同意使用他们的水雷，美国方面的合作才可能实现。即使有着种种缺陷，但美制水雷仍导致敌潜艇规避我方公布的布雷水域，改为选择其他水域通过。如果鱼式水听器的表现能满足我们的预期，那么我方巡逻舰只就可能在这些水域，对敌潜艇实施有效的攻击"。[49]

贝蒂从不关心那些有关拦阻网的想法。8 月 21 日，在与巴尔弗（Balfour）进行的会谈中，他给后者留下了如下印象："他反感北方拦阻网体系，且对其成果抱有最深重的怀疑……整个拦阻网方案都出自美国人之手，而海军部竟然纵容自身在没有获得足够的试验认知的情况下，就被裹挟进去。"[50]更关键的是，贝蒂对拦阻网体系的批评立场源自该体系妨碍了大舰队的活动。他一直这样坚称，加大在赫尔戈兰湾、卡特加海峡（Kattegat）①的布雷力度，并在费尔岛海峡及爱尔兰海南北两端布雷会更加有效，于是也应当获得更高优先级。他的主要论点如下：德国潜艇总能利用挪威领海绕过拦阻网体系，且协约国方面利用

---

①译者注：位于丹麦和瑞典之间。

以奥克尼群岛为基地的舰队，在北海东端维持有效的巡逻极为困难（作战计划处亦支持这一观点）。如果没有有效的巡逻舰队提供辅助，迫使敌潜艇下潜，进而撞入雷区，则布设深水雷区的作用非常有限。协约国方面需要在邻近挪威沿海的区域建立一个海空军基地。

在水雷雷区布设之初，协约国方面曾就是否要求挪威方面对其领海布雷，抑或无需征询挪方意见，直接将雷场一直布设到挪威海岸等问题进行讨论。最终结论是仅布设至挪威领海边缘，且是否这样做也取决于挪威是否坚持要求协约国一方尊重其中立地位。这一决定当然没有实际效力，因此整个 1918 年间，英国人一直对德国人非法使用挪威领海一事颇为担忧。海军部内亦有意见赞成以下述两种方式之一解决问题，其中一种是说服挪威放弃其中立立场并加入协约国，另一种则是说服挪威以屈服于不可抗力为借口，允许英国在其沿岸获得一个基地。一支部署在该基地的舰队将配合拦阻网体系，形成更为完美的战略态势：该舰队所辖的小型舰艇可以在拦阻网东端实施巡逻。值得注意的是，作战计划处亦是赞成上述方式的一方。在 1 月间与海军大臣举行的一次会议，以及此后 2 月 25 日时与海军副总参谋长的会议上，贝蒂建议将获得挪威港口与建立北方拦阻网体系联系起来。不过贝蒂也被告知这一设想不在考虑范围内。解决问题的另一方法于 1918 年夏提出，当时英国潜艇巡逻部队已经就德国潜艇使用挪威领海以规避雷区障碍一事，获得了"确凿的目击证据"。8 月 2 日，格蒂斯向帝国战争内阁明确宣告了海军部的立场：

　　鉴于目前已经确定的证据，他认为应明确向挪威询问，该国政府是否会立即阻止德方潜艇通过其领海，抑或允许我方来阻止敌潜艇通过。如该国政府选择前者，则我方可向其提供必要的水雷。他提醒帝国战争内阁，在德国方面的坚持下，瑞典和挪威均已在其领海布雷，以阻止我方潜艇经由科吉伦海峡（Kogrund Channel）①进入波罗的海。他认为一星期考虑时间应该足够让挪威政府做出决定。

---

①译者注：位于丹麦与瑞典之间，哥本哈根以南，科吉伦暗礁与瑞典本土之间。

此外，我方可在48小时内实施布雷。[51]

　　帝国战争内阁对阻止德国潜艇穿越挪威领海一事表示赞同，并授权海军大臣和外交大臣，向挪威政府就此事的最佳交涉方式征求意见。8月7日，根据海军部的意见，英国外交大臣在克里斯蒂安尼亚（Kristiania）[①]向挪威外交大臣递交了一份备忘录。随后，驻克里斯蒂安尼亚的美、法、意三国大使亦先后对英方立场表示支持。颇感焦虑的挪威政府于8月13日正式答复称无法接受布雷的提议——目前该国政府尚未掌握确凿报告，以证明德国潜艇使用本国领海航行；同时，鉴于此举将破坏自身的中立地位，该国政府亦无法允许协约国方面对其领海实施布雷。然而，挪威政府将立即采取行动，通过增加巡逻密度，实现对本国领海更有效的保护。8月19日，英国大使告知挪威政府，英国对其回复并不满意。在指出德国潜艇侵犯挪威领海的种种细节后，大使再次向挪威政府提出，布雷是唯一可有效防止外国侵害其中立地位的措施。挪威政府确认了英国方面有关其领海被侵入的报告（8月20日），但仅会采取诸如熄灭沿岸灯塔等有限措施。"然而，我们将继续督促挪威，指出除布雷外，其他方式都无法有效保护其中立地位，而我方正希望看到挪威实施布雷。"[52]

　　贝蒂还收到命令，在不通知挪威政府的前提下对其领海进行布雷，且预计会遭到抵抗。但他断然拒绝任何强制政策。其立场可见巴尔弗于8月22日提交的备忘录：

　　（贝蒂）显然强烈希望避免对挪威采取极端化手段。其主要理由如下：

　　（a）：无论我方如何炫耀武力，意外事件仍可能轻易发生——比如挪威驱逐舰可能在近距离开火，以保卫本国领海主权完整；该舰或许会被击沉，且此事件可能对两国海军乃至两国政府之间的良好关系造成不可弥补的伤害；

　　（b）：强行在挪威沿岸3海里范围内布雷只能于天气良好的昼间实施；因此从

---

　　①译者注：挪威首都，最初兴建于1624年，并以当时国王克里斯蒂安五世的名字命名。1925年与周边村庄合并后，更名为奥斯陆。

表面上看，此举更像是蓄意挑衅；

（c）：沿岸海岛和海岸之间的水域显然不应该布雷，以供商船航行。但如此一来，我方是否应防止上述水域为德国潜艇所用？我方是否应在上述海域巡逻，并在发现敌潜艇时展开攻击？如果答案为"是"，这无疑会对挪威的独立自主造成公开和持续的侵犯。另一方面，如果我方进行如此公开的侵犯，便很难确保挪威政府自身会对上述海域实施巡逻；

（d）：如果我方破坏挪威中立，德国无疑会亦步亦趋。如此一来，现在所有绕挪威南部，并在卑尔根组成船团的沿海岸航运必遭中断。大舰队总指挥认为这会对我方利益造成最严重的损害……

大舰队总指挥请求我们不要鲁莽行事。

这里展现出了贝蒂最具政治眼光的一面。他超越眼前的战略得失，从更为远大的角度——战略、经济、政治——以及人道主义角度思考了问题。巴尔弗"回答贝蒂称，从外交部的角度来看，侵犯一个弱小但友好国家的权益（哪怕仅仅是技术上的权益）显然也令人作呕；但海军部极力推行的政策或将导致英国政府认为，此举不仅有利于协约国交战方的利益，也有利于中立国自身的利益"。贝蒂的提醒使得此事并未发生（英国其他盟友可能由此产生的恶感也是一大原因）。8月晚些时候，在举行于"伊丽莎白女王"号的一次会议中，贝蒂表示："对于大舰队的官兵而言，以压倒性的实力进入一个领土虽小但人民情绪坚定的国家的领海，并实施强迫行为一事极其令人反感。挪威非常可能进行抵抗，若真如此，便可能造成流血事件；（贝蒂声称）此举无疑'和德国人在其他地方犯下的罪行别无二致'。"[53]北方拦阻网巡逻舰队于8月撤回班克拉纳（Buncrana）①一事（见下文），则使得协约国一方对于拦阻网东端问题应当有所作为的想法更为迫切。

8月23日，英国政府决定将自身努力限制于说服挪威对其领海布雷。最终，英方的劝说和耐心获得了回报。挪威政府于9月29日宣布，自10月7日起，

---

①译者注：位于爱尔兰北部沿海。

该国将在于特西拉（Utsire）[1] 布设北方拦阻网体系的延伸段，从而关闭其领海。不过，由于到那时战争已接近结束，因此挪威人实际并未布设水雷。

在此还需提及不利于北方拦阻网体系有效运行的另一障碍。当年 8 月，海军部将其巡逻舰队 [ 即北方巡逻舰队（Northern Patrol），起初由塔珀（Tupper）将军指挥，现转由沃尔温（H. T. Walwyn）上校指挥 ] 撤回班克拉纳 [ 具体是斯威利湖（Lough Swilly）[2]，其中第 3 轻护卫舰队于 3 日撤离，拖网渔船则于 20 日前后撤离 ]，以应对德国潜艇在爱尔兰海西北部进近（North Western Approaches）航线的活动；以及在总体上，迫使正折磨协约国大西洋船队的敌潜艇采取防御态势。纽博尔特评论称，这一调动"限制了北方拦阻网体系的能力和意图。根据最初构思和实施的计划，应对处于水面航行状态的敌潜艇实施袭扰，迫使其下潜至深水雷区。然而，巡逻舰艇一旦撤离，该计划的一半内容便等于被放弃，而原先布设的水雷屏障也会由此成为危险的障碍，而非死亡陷阱——我方水面舰艇的作战目的正是驱使敌潜艇进入这种死亡陷阱"。[54]

北方拦阻网体系的建立堪称一项伟大的技术成就，且应在很大程度上归功于美国人积极推动，以及他们的才智、资源。然而，该体系究竟在多大程度上有效？美国海军部长自然视其为巨大的成功。他不仅接受了美国海军达德利·诺克斯（Dudley Knox）上校的评估 [ 见《美国海军史》（*A History of the United States Navy*）]，即"可能击毁 8 艘潜艇，可能还有多于这一数量的敌潜艇在水雷迷宫中受损"；还将北方拦阻网体系评估为"第一次世界大战中最为大胆和独创的海军构想"，并赞同地引用了曾任布雷行动指挥的美国海军约瑟夫·施特劳斯（Joseph Strauss）在战后发表的声明，即拦阻网"可能已经终结了敌潜艇带来的危害"。[55] 至此为止，一切听起来都不错。可事实到底如何？第一次世界大战期间，英国雷区这一课题的官方历史学作者利斯（Leith）声称，拦阻网被证明对敌潜艇"构成了严重威胁"；弗里曼特尔和西姆斯坚信拦阻网体系至少摧毁了 6 艘敌潜艇；吉布森和普雷得加斯特也将战绩评定为 6 艘；纽博尔特则写

---

① 译者注：亦作 Utsira，挪威西海岸沿海岛屿之一，位于卑尔根以南，是挪威最小的自治市。
② 译者注：位于爱尔兰北部的峡湾，班克拉纳位于其东岸。

道"仅在 9 月，'便有 5 艘潜艇'被击沉"；格拉迪施将军声称"可能"有 6 艘被击沉；潜艇战官方战史作者施平德勒（Spindler）将 U-92 号、U-102 号、U-156 号和 UB-127 号列为确认被拦阻网摧毁。海军部战后的最终敌潜艇击沉统计中则列入了 3 个确定战果，即 U-92 号、U-156 号和 UB-123 号（以及另 3 艘"可能被击沉"，即 U-102 号、UB-104 号和 UB-127 号）。在其最新出版的书中，格兰特教授在对所有证据进行仔细研究后总结称："可确定或几乎确定 6 艘潜艇被北方拦阻网体系击沉，另有 1 艘可能被击沉。"[56] 以上便是相应研究的进展。或者可以相对确定地总结，共有 4 ~ 6 艘潜艇在拦阻网区域爆炸，另有 2 ~ 3 艘受损。但对比水雷方面的巨大消耗，上述战果可谓非常稀薄。这些水雷原本可能在其他海域取得更大的战果，比如按照贝蒂的构想，或按照海军参谋的请求，在敌潜艇出入航线上布设规模较小并配有巡逻舰艇的深水雷区；或构筑配有巡逻舰艇，且悬挂水雷的反潜网区域。[57]

　　一份问世于一战之后的德国海军手册声称："该拦阻网体系的根本错误在于其违背水雷作战的基本原则，即布设海域经过了北海最深处。北方拦阻网体系对如此深的海域进行封闭一事实在难称理智，且根本无法实现。"[58] 德国潜艇部队指挥官曾于第一次世界大战结束时，对拦阻网体系的效力给出如下总结："鉴于一些未知理由，很多水雷发生自爆。我方潜艇很清楚敌水雷这一倾向……考虑因此损失的水雷数量，或许我方可以欣然评估，该拦阻网体系实际与彻底封闭北海北侧出口这一目标相去甚远，且只具有非常有限的效力……事实上，也许可以说同对潜艇造成的威胁相比，该体系对布雷舰艇及（战后的）扫雷舰艇威胁更大。"[59]

　　但拦阻网体系是否实现了显著的遏止效果？毕竟与实际击沉的潜艇数量相比，遏止效果是评价拦阻网体系成功与否更合适的指标。维密斯曾同贝蒂争辩称："西姆斯将军坚信（拦阻网体系中的水雷）实际上比我们认为的更加有效。不过，我可能比你更倾向于它们只有心理上的作用……如果拦阻网体系完成，这种情况将导致敌人被迫命令其潜艇两次穿过雷区，无论该雷区实际多么有效或无效，这一程序将对潜艇乘员造成一定的心理效果。在权衡拦阻网体系的优缺点时，这一点不容忽视。"[60] 德国方面的权威盖尔（Gayer）承认："然而，（德方）无法否认这一拦阻网体系所导致的威胁非常令人不快。"[61] 德国方面有关北海海战的官方历史学家也表明了同一观点："在北方，北方拦阻网体系的存在确实会被我方感到。造成这一结果的主要原因是其布设区域距离德国基地过远，从而排除了一切实施扫雷作业，或是为潜艇提供护航的可能。然而长期来看，北方拦阻网体系对潜艇战的作用如何依然是一个悬而未决的问题。"[62] 不过，就迫使德国潜艇放弃经由 B 区域及费尔岛海峡的航线（或在费尔岛海峡变得过于危险后，于 10 月改为穿越 A 区域的航线），抑或于 10 月前经由挪威领海，抵达大西洋上的船团航线一事来说，拦阻网体系还不够危险或是麻烦。格兰特声称，1918 年上半年，平均每月通过上述航线的潜艇数量为 30 艘，而在拦阻网体系布设的 7—9 月间甚至增至 42 艘。[63] 已知最后一次由南向北，对拦阻网实施的穿越由 UB-86 号完成，该艇于 10 月 15 日出航。10 月间，仍有返航的潜艇穿过拦阻网（经由 C 区域）。

此外，北海海域还有一道较老的水雷拦阻网，这道位置较南的拦阻网横跨赫尔戈兰湾。1917 年，协约国方面曾试图通过布设跨四分之一圆周的水雷雷区，阻止德国潜艇出入该地。然而，就其首要目标而言，这一尝试堪称失败。通过设置浮标标明通道，并定期实施扫雷，德国方面在英国雷区内开辟出了若干航道，从而挫败协约国方面的上述战术。不过，到 1917 年底，这一拦阻网体系已经让德国方面相当重视，后者不得不动用大量扫雷舰艇及辅助船只加以应对。1918年间，海军部进一步强化了在赫尔戈兰湾的布雷：共布设 2.1 万枚水雷，分布于129个雷区。值得注意的是，1917 年相应数据分别为 15686 枚水雷和 76 个雷区（当年英国人在赫尔戈兰湾布设的水雷总数约为 2.3 万枚）。1918 年，英国方面布雷的重点改为阻塞德军已经完成清理的航道，而非保持一个完整的跨赫尔戈兰湾水雷拦阻网。实际上，仅有一艘潜艇可确认被赫尔戈兰湾雷区击毁，即沉没于 1月 19 日的 UB-22 号。尽管如此，通过迫使全部，或者说大部分从德国基地出发的潜艇自 1918 年 2 月起绕经卡特加海峡出航，赫尔戈兰湾水雷拦阻网便完全称得上成功。纽博尔特指出："这一改变缩短了每艘潜艇每次巡航的攻击时间，相应幅度约为 4 天，对英国本土水域商船沉没数量的减少有一定贡献。"[64] 1918 年初（2 月及 4 月），海军部又在卡特加海峡布设了两处雷区，共包括约 1400 枚深水水雷。由于上述雷区并未配备水雷巡逻舰队（而不是因为大量水雷在布设后不久发生早爆），该雷区对德国潜艇活动的影响颇为有限。受限于攻击德方扫雷舰艇的困难，以及无法在卡特加海峡雷区实施巡逻，英方在赫尔戈兰湾实施布雷的战术从未获得彻底的成功。

　　这一时期船团系统的状况如何？罗斯基尔上校曾指出核心问题："即便对（有关北方拦阻网体系的）原始提案的接受在任何程度上被下述事实，即当时船团战略尚未完全证明其价值一事所解释，可哪怕在古老的船团体系已经成功后，拦阻网体系的构筑仍在较长时间内继续进行一事依然无可置疑。的确，整个北方拦阻网体系都说明了海军部对船团和护航战略缺乏信心……"[65]这一评论同样适用于奥特朗托海峡拦阻网体系，更别说大体上贯穿了1918年的"进攻性"反潜战战略。

# 击败潜艇[1]

## 第四章

（参见资料图 6）

第一次世界大战期间，德国潜艇部队获得了巨大成功。然而，1917年船团系统的引入剥夺了德国潜艇成为战争决定性因素的机会。

———卡尔·邓尼茨海军上将，《回忆录：十年和二十天》

尽管我们从未找到可以彻底解决潜艇威胁的手段，然而毫无疑问，我方现在采取的种种手段之和已经足以将其击败。

———杜夫致海军上将亚历山大·贝瑟尔，1918年12月21日

## 1. 船舶状况

无限制潜艇战的第一年一般被定义为1917年2月至1918年1月（含该月）。费勒曾对这一时期结束时，协约国船舶的状况进行统计。由于战争而遭受损失，这一时期全球船舶总吨位减少了近620万吨。其中，英国籍船舶的总吨位为375万吨（除25万吨外，其他均为远洋航运船只）；换言之，相应损失为1917年1月英国所有船舶总吨位的20%以上。同时，同盟国在这一时期进行的攻击还导致总吨位为117.5万吨的船舶受损，其中总吨位达92.5万吨的船舶隶属英国。大部分受损的船舶在受伤后的4～6个月内均无法继续承担航运任务。此外，若再考虑各种海损事故造成的损失（如撞船、搁浅等），至1918年1月底，在修英国籍船舶的总吨位已达150万吨，其中约三分之一的船舶需要接受大规模修理。"对于如此惨重的损失，有关新建船舶的规划也很难弥补……尽管较1917年夏，现在的船舶损失速度已经大为减缓，然而新建船舶速度甚至难以跟上现在的损失速度。"[2]

1918 年间，有关船舶的状况大为好转，这一趋势自当年春季起尤为明显。当年第二季度的世界日均船舶沉没吨位仅略高于 1917 年同期的三分之一。下表说明了英国籍及全球商船损失的稳步下降：

表 4-1：由敌方攻击导致的英国商船损失，1918 年[3]

（单位为长吨[①]，括号内为船舶数量）

| | 敌水面舰艇击沉 | 敌水雷击沉 | 敌潜艇击沉 | 合计 |
|---|---|---|---|---|
| 1 月 | – | – | 179973（57） | 179973（57） |
| 2 月 | – | 2395（1） | 224501（68） | 226896（69） |
| 3 月 | – | 4619（3） | 194839（79） | 199458（82） |
| 4 月 | 4211（3） | 1863（2） | 209379（66） | 215453（71） |
| 5 月 | – | 3707（1） | 188729（59） | 192436（60） |
| 6 月 | – | 4330（2） | 158660（49） | 162990（51） |
| 7 月 | – | – | 165449（37） | 165449（37） |
| 8 月 | – | – | 145721（41） | 145721（41） |
| 9 月 | – | – | 136864（48） | 136864（48） |
| 10 月 | – | 3030（1） | 54577（23） | 57607（24） |
| 11 月 | 1622（1） | 1721（1） | 10315（2） | 13658（4） |
| 总计 | 5833（4） | 21665（11） | 1669007（529） | 1696505（544） |

表 4-2：由敌方各种攻击导致的协约国盟国和中立国 1918 年船舶沉没吨位

| | 协约国盟国 | 中立国 | 英国、协约国及中立国合计 |
|---|---|---|---|
| 1 月 | 87078（45） | 35037（21） | 302088（123） |
| 2 月 | 54904（27） | 36374（19） | 318174（115） |
| 3 月 | 94321（61） | 51035（26） | 344814（169） |
| 4 月 | 50879（32） | 11361（13） | 277693（116） |
| 5 月 | 80826（33） | 20757（19） | 294019（112） |
| 6 月 | 51173（26） | 38474（24） | 252637（101） |

---

①译者注：1 长吨折合 2240 磅，约合 1.016 公吨。

| | 协约国盟国 | 中立国 | 英国、协约国及中立国合计 |
|---|---|---|---|
| 7月 | 70900（34） | 23552（24） | 259901（95） |
| 8月 | 91209（32） | 41946（31） | 278876（104） |
| 9月 | 39343（22） | 10393（9） | 186600（79） |
| 10月 | 41308（19） | 13512（9） | 112427（52） |
| 11月 | 7319 | 5880 | 26857（15） |
| 总计 | 669260 | 288321 | 2654086（1081） |

**表 4-3：世界日均船舶损失[4]**

| 季度 | 沉没数量（艘） | 总吨位 |
|---|---|---|
| 1917 年 1 季度 | 7.6 | 16530 |
| 1917 年 2 季度 | 10.43 | 23550 |
| 1917 年 3 季度 | 6.22 | 15270 |
| 1917 年 4 季度 | 5.04 | 12500 |
| 1918 年 1 季度 | 4.5 | 10740 |
| 1918 年 2 季度 | 3.37 | 8600 |
| 1918 年 3 季度 | 2.91 | 7813 |

　　上述数据中值得注意的一点是，由水雷造成的损失亦在不断减少。第一次世界大战期间，德国在英国本土水域先后布设 1360 个雷场，总计布雷数目约为 1.1 万枚。到战争结束，仅有 2 个雷场未被协约国发现，这一结果足以证明英国扫雷部队达成了伟大成就。1918 年间，因敌方所布设水雷而损失的英国商船吨位明显下降：从 1917 年的总吨位 29.6 万吨，减至 21 万吨。损失总吨位（包括英国、其协约国盟国和中立国）则从 1917 年的 40.4 万吨降至 1918 年的 6 万余吨。"1918 年间，在由英国方面负责执行扫雷任务的本土海域和外国海域中，因敌方布雷而损失的船只总数为 12 艘。平均船舶损失数量与扫除水雷数量比为 1 比 85，这一改善非常明显。"[5]

　　船团系统本身几乎便成了应对德国布雷作战的根本办法（至 1917 年夏，共有 160 艘单独航行的船舶触雷，而在远洋船团和本土海域船团所包括的近 8.4 万艘次船舶中，仅有 5 艘触雷），相应理由也很简单：船团中的船舶一直处于海军舰船的持续作战管控下，而后者可以得到有关敌方布雷海域或疑似布雷海域的最新情报。由此，船团中的船舶可根据情况改变航线，绕过雷区；抑或及时停航，避免进入雷区。此外，单独航行的船舶或许因为附近海域可能存在雷区的威胁而在港口中滞留数日，但从未有一支船团曾因附近雷区（或敌潜艇活动）导致的威胁而滞留港口。换言之，同样是在敌水雷威胁下，船团系统可极大地提升航运运送率。

尽管直到1918年6月，英国商船建成吨位才终于超过因直接战争原因而损失的吨位，且类似成绩直至同年9月才再次取得；此外，直到9月，新建商船吨位才超过因直接战争原因和海事危险而损失的商船吨位总和，但有关得失的转折点似乎在5月便已出现。实际上，钢材和劳动力的短缺导致新建商船吨位一直不如人意。然而，自5月起，新建商船吨位急剧上升；5—10月间，平均每月建成总吨位超过15万吨（尽管格蒂斯曾期望到1918年底，能达成月均25万吨的成绩）。与此同时，受损船舶的修复速度也在加快。[6] 加之损失数量的减少，于是，到当年6月底，协约国方面可用船舶总吨位首次超过了月初。更为明显的是，主要得益于美国方面的努力，月际世界新建船舶吨位一直在增加，并于3月间超过不断减少的月际沉没总吨位（含所有方面原因），且仍在继续增长。

至1918年6月，最危险的时刻显然已经过去；尽管在第一次世界大战剩余时间内，平均每月世界船舶损失总吨位仍超过20万吨，但几乎可以这样认为，德国人所发动的潜艇战已经失败。对此，纽博尔特曾评价道："这是一次伟大的海上胜利，但取得胜利的时间几乎无人注意。公众的注意力仍集中在弗兰德斯的战事和对泽布吕赫及奥斯坦德的作战上。前一战场上，协约国陆军正在承受德军的全力一击，被打得晕头转向、摇摇欲坠；而后一作战刚被宣布为影响深远的胜利。毕竟用于记录对潜艇这一伟大胜利的大量数据并不适合发布在新闻公告上——即使公开宣布，也几乎没人能理解其包含的巨大、深远意义。"[7] 当然，正如其他地方已经指出的那样，此时公众情绪和海军高层日渐增长的乐观情绪并不匹配。

在德方无限制潜艇战开始后最初几个月中，每个潜艇艇长平均每日可击沉约700吨船舶；到1918年夏，这一数字已降至275吨，且仍在继续下降。"因此，12个月前，德国潜艇艇长们曾对大英帝国和协约国构成威胁：如今，他们却只能对无护航的船舶及其船员构成威胁。"[8]那么，该如何解释德国潜艇的实际失败，或者换句话说，其作战效率的下降呢？

## 2. 最终阶段的潜艇

在无限制潜艇战的最终阶段，即 1918 年头 10 个月里，德国为将更多的潜艇投入到协约国航运线上而付出了巨大努力。德方平均每月可作战潜艇数量为 123 艘，较 1917 年少 6 艘。平均每月在海上作战潜艇数量为 45 艘；较 1917 年多 1 艘；其中同时在海上作战潜艇数量的峰值为 60 艘，而 1917 年为 70 艘。在加快潜艇建造速度这一方面，德国人亦未取得成功。卡佩勒（Capelle）海军上将（接替提尔皮茨，出任海军部长）[①]曾于 1917 年 7 月，在德国帝国议会上宣称，潜艇的产量有望达到每月 8 ~ 12 艘。如这一产量目标实现，至 1918 年 10 月底，当年德国潜艇的总产量应在 80 ~ 120 艘之间。然而实际建成数量仅为 80 艘，也就是说平均每月仅有 8 艘服役。在限制德国潜艇产量的诸多因素中，贯穿始终的一个便是可用劳动力数量。德军最高司令部拒绝听取海军当局从陆军中释放熟练工人的请求。到停战时，德国的潜艇部队实力总计（在役潜艇数量）仅仅稍高于当年年初：10 月为 180 艘（月平均数字），1 月为 167 艘（月平均数字）。与此同时，月平均可作战潜艇数量则从 1 月的 130 艘下滑到了 10 月的 115 艘。

乍看之下，德方潜艇战效率的下降似乎应当归咎于 1918 年的战斗损失（69 艘）。这一数据加上 10 月 1 日至 11 月 1 日间自沉的潜艇（14 艘），便已经超过了同期的新建潜艇数（80 艘）。1918 年每月潜艇的战损数量如下：1 月 9 艘，2 月 3 艘，3 月 5 艘，4 月 7 艘，5 月 14 艘，6 月 3 艘，7 月 6 艘，8 月 7 艘，9 月 9 艘，10 月 5 艘，11 月 1 艘（海军部非常小心谨慎，以免过高估计成功击沉的潜艇数。其判定的击沉数量与实际数量相当接近）。时任反潜处处长（D.A.S.D.）的费希

---

①译者注：实际为"海军办公室国务秘书"。按德意志第二帝国宪法，首相之下为各部秘书，而非俗称的大臣或部长。爱德华·冯·卡佩勒早年曾起草德国海军法案，对德国海军的扩张发挥了巨大的推动作用。1914 年，他出任提尔皮茨的副手，并在后者休假避暑期间代行其职。当年夏，奥匈帝国费迪南大公遇刺后，卡佩勒背书了威廉二世对奥匈帝国的"空白支票"承诺。1915 年，卡佩勒因病申请退职，但在次年提尔皮茨失宠后，奉命继任其职务。颇具讽刺意味的是，提尔皮茨去职的一大原因恰恰是其坚持发动无限制潜艇战。然而，作为海军办公室国务秘书，卡佩勒的地位显然不如其前任强大。

尔（W. W. Fisher）上校后来曾将 1918 年 5 月称为"光荣之月"："1918 年 5 月，我方对敌达成致命的打击。自此之后，德国潜艇指挥官们便失去了勇气。"[1]1918年的月平均击沉潜艇数量（截至当年 10 月）为 6.8 艘，是整个第一次世界大战期间的最高值。其他各年的数字分别如下：1914 年为 1 艘，1915 年为 1.59 艘，1916 年为 1.83 艘，1917 年为 5.17 艘；整个战争期间的平均值为 3.42 艘。不过，应当注意的是，1918 年的月平均击沉数量 6.8 艘仍低于同期的敌方潜艇月平均服役数量，即 8 艘。如果说潜艇击沉数量的提升幅度尚不够理想，那么协约国一方此时面临的主要困难则是，面对处于下潜状态的敌方潜艇，其缺乏有效的定位手段。另外；重要的是，德国潜艇作战效率的下降并非由于其总数或实际作战实力出现明显下降，且确实和在海上作战的潜艇数量无关——实际上，10 月时这一数字上升到了 54 艘。因此，相应问题的关键必然存在于其他方面。

有关德国潜艇部队士气下降的证据曾让海军部倍受鼓舞：

根据近期对潜艇战俘的审讯结果，可以明确地这样声称，敌潜艇艇员的士气正稳步下降。

毫无疑问，这一结果应部分归咎于敌潜艇所受沉重损失。这一趋势使得敌潜艇官兵预感，其每次出航都可能成为自己最后一次出航（战俘在致其亲属的信中表达上述情绪的例子已经发现多次）。然而在很大程度上，这一结果也应归结于敌潜艇所受攻击次数的增加。

U-110 号潜艇（1918年3月15日被击沉）的俘虏曾供称，艇上年长且富有经验的水兵正逐渐变得非常"神经质"，且任何振动都可能对其造成异常明显的影响。

UB-35 号潜艇（1918年4月22日被击沉）艇长是一位经验丰富的指挥官。他曾评论称新潜艇的乘员不可信赖。他还补充说，军官和士兵都相当频繁地需要休息和接受精神治疗。最近，隶属驻弗兰德斯潜艇部队的若干军官曾因此获准休假。

U-103 号潜艇（1918年5月11日被击沉）的航海准尉是一个非常坚强的人。

---

[1]译者注：凑巧的是，第二次世界大战期间，同样是在5月——即1943年5月——盟军方面取得了大西洋反潜战的转折性胜利。

他承认由于我方采取的各种反潜措施，其神经已经"几乎被瓦解"。他最忧虑的时刻出现于今年3月的第4次巡航期间，其时该艇在爱尔兰海中不断被攻击驱赶；其中某次在15分钟内，便有超过20颗深水炸弹在令他不适的近距离内爆炸。尽管该艇未受损伤，但潜艇乘员已经非常慌乱。不止一人曾这样预言，即使此次能够返航，下次出航也将成为他们的最后一次。这位准尉进一步声称，与几个月前相比，如今敌方的深水炸弹爆炸定深更深，爆炸更为猛烈，因此更令人生畏。

准尉将自己情绪的低落部分归因于其艇长"跳脱"的性格。在1917年7月U-103号服役之前，这位艇长一直在地中海海域服役。某次巡航中，在经历了一番协约国方面的紧密追杀后，这位艇长一把扯下海图，并声称"Es ist alles Mist"，这话大概可以翻译为："这真是狗一般的日子。"其他军官竭尽所能，想要安抚艇长，但后者的情绪爆发仍然频繁且剧烈。

UB-16号潜艇（1918年5月10日被击沉）唯一的幸存者便是其艇长。他在后来的日常交谈中反复透露如下事实，即大量潜艇部队军官已经精神崩溃。[9]

毫无疑问，德方潜艇部队官兵的士气已经出现动摇。然而对此事实亦不应将其过分夸大。整体而言，潜艇部队的士气依然高昂（尤其在驻弗兰德斯潜艇部队中），这一点也体现在第一次世界大战最后几天的事件里。尽管在公海舰队的水面舰艇部队中，革命鼓动最终导致了兵变，但潜艇部队完全未受影响。

在1918年9月21日向威廉二世皇帝提交的一份报告中，舍尔海军上将（时任海军总参谋长）将"单艘潜艇战绩的稳定下降"的原因归结如下：（1）"敌防御措施的改善和加强"为"首要原因"；（2）"经验丰富的艇长阵亡"；（3）敌方商船建造数量的稳步增加，且在可预见的未来必将超过其商船损失数，"这无疑在很大程度上削减了潜艇战的效力"。[10]上述理由中，最后一条已毋庸赘言。第二条理由亦是事实。在全部400名潜艇艇长里，其中不过约20人的战绩之和，便占据协约国方面因潜艇攻击损失船舶总吨位的近60%。这一重要数据表明了潜艇艇长个人的能力和进取心，对于实施潜艇战的重要性。就行动大胆和主动性等方面的能力而言，不同潜艇艇长之间差异颇大（这一点对于两次世界大战来说都是成立的）。当然，就潜艇艇长这个类别而言，其个体间的差异程度并不明显大于任何国家的其他兵种部队指挥官。第一次世界大战期间出现了大量积极奋进的潜艇指挥官。尽管其中很多人出现于战争较早期，但并非全部出自这一时期。笔者在此希望指出的是，至 1918 年，那种出色艇长的数量有所减少——大量出色的艇长现已阵亡。"如今，并非所有被赋予指挥权的军官都同时拥有勇气和天生的良好判断力。攻击从潜望镜中瞥见或在夜间水面航行期间依稀可见，同时有着良好护卫的移动目标这种任务需要潜艇独立执行，且难度颇大。此类任务正需要艇长具备前述特质。就战绩而言，最好的艇长和普通艇长之间一直存在着明显差距。"[11] 与此相关的另一个考量则是潜艇乘员战斗力的下降。由于潜艇建造规模的迅速扩张，以及潜艇部队人员大量损失，这导致该部队新兵接受训练的时间被缩短，同时老兵被抽调去新潜艇服役。

这又引出了舍尔提出的第一条理由，即"敌防御措施的改善和加强"。这一趋势在北海海战的官方战史中得到了部分体现："接近战争结束时，我方潜艇在突破至北海海域，以及往返英格兰以西的作战海域过程中遭遇了相当程度的困难。敌方对多佛尔海峡的封闭在很大程度上得以实现。由于当地的巡逻舰艇迫使潜艇下潜，而该处的洋流使得导航极为困难，因此突破彭特兰海峡（Pentland Firth）[①] 十分不易。在更北方，北方拦阻网体系的存在同样给我方造成了困难。"[12] 潜艇战官方战史则展示了全景："尽管（1918 年间）投入作战的潜艇数量实现了可观增长，但协约国方面采取的防御措施还是成功减少了其船舶损失。实现这一成功的原因并不仅限于船团系统和种种反潜措施，亦包括德方潜艇在穿越水雷密布的北海时需要经历遥远和漫长的航程，从而导致潜艇在作战海域停留的时间明显缩短。各潜艇作战日志提供了大量证据，证明在抵达适当阵位实施攻击前，潜艇乘员需要克服何等的困难。"[13]

回顾舍尔提出的第一个理由，他显然认为船团系统带来的影响多于其他所有"敌方防御措施"。当然，毫无疑问的是，实战证明船团系统才是克服敌潜艇威胁的最主要因素——其作用远高于其他任何技术或战术反制措施。

---

① 译者注：彭特兰海峡位于英国本岛，即大不列颠岛与奥克尼群岛之间。

### 3. 船团的全盛期

1917年最后几个月里，英国远洋航运活动中大约仅有一半被纳入远洋或近海船团系统。到第一次世界大战结束时，这一比例已上升至90%。

多佛尔海峡拦阻网体系迫使驻弗兰德斯潜艇部队放弃在海峡海域作战，转而集中于英国东海岸海域作战。直至1918年5月前，该海域仅有部分航运以船团方式进行，且船舶损失一直相对高昂。自当年6月起，加入船团航行的船舶比例一路上升，直到亨伯河与北方之间的航运实际上已经完全被纳入船团系统[由于潜艇很少进入东盎格利亚（East Anglia）<sup>①</sup>和泰晤士河附近礁石密布的海域，因此英方在亨伯河以南海域并未采用船团系统]。不仅飞机被集中用于保护船团，且水面巡逻舰队被组织为支援群，在船团途经其防区时施加额外保护。应当注意的是，船舶在这一海域无法对潜艇进行规避。迫于水面破袭舰只和水雷的威胁，船只只能经由已扫清水雷，且被清晰标出的航道航行。这导致德国潜艇部队准确知晓船团将采用的航线。尽管如此，除少数仍独立航行的船舶外，英国东海岸海域的船舶损失还是下降到了极低水平。1918年间（自当年1月16日算起），共有16102艘次船舶加入东海岸船团航行；其中仅有35艘沉没，因此损失率仅稍高于0.2%。<sup>14</sup>同时，与当年前五个月无一潜艇在东海岸海域被击沉形成鲜明对比的是，自6月起（更准确地说，从5月31日起），先后有六艘潜艇在该海域被击沉。近海船团系统的发展迫使德国潜艇在第一次世界大战最后几个月中，再次回到了西部进近航道海域。

斯堪的纳维亚船团系统的效率依然很高。1918年间（自1月19日起），共有4230艘次船舶加入该船团系统航行；其中共有15艘沉没，折合损失率为0.35%。整个1917—1918年间的相应数据则为7653艘次航行，55艘沉没，损失率为0.72%。

此外，协约国一方新建了一个常设出航船团，即爱尔兰海船团。该船团从1918年3月晚期开始运作，起始港为利物浦。

由于奥特朗托海峡拦阻网体系对小型舰艇的巨大需求，自1918年4月该拦

---

① 译者注：东盎格利亚为英格兰东部一部的总称，包括诺福克郡、萨福克郡和剑桥郡。

阻网体系投入运转后，地中海地区的船团系统就几乎失去了护航舰艇。尽管协约国方面试图为每个船团提供至少由一艘驱逐舰或轻护卫舰，以及两艘拖网渔船构成的护航兵力，但实际往往只能由两艘拖网渔船实施护航——哪怕极端情况下，船团规模可能多达30艘船舶。不过应注意的是，船团的平均规模为7.5艘船舶。事实上，这一护航兵力已经被削减至低于当时认为保护船团免受敌方攻击所必需的最低值。由于护航兵力过弱，因此当船团遭到潜艇攻击时，仅有一艘或两艘护航船只能暂时脱队，实施短时间的反击。1918年10月，海军部中负责保障船团系统在地中海的海运顺畅运转的商船机动处处长（Director of Mercantile Movements）怀特海德（F. A. Whitehead）海军上校报告称："眼下能为每个船团分配的护航兵力过于薄弱，因此不再能构成有效的保护，而仅能完成以下任务：维持船团秩序，船团中出现船舶损伤时陪伴受损者，在船团遭到攻击后尝试摧毁敌潜艇。"[15]但即使是这些薄弱和缓慢的护航兵力，他们也在相当程度上实现了自身目标。高夫 - 考尔索普此前（1917年11月28日）曾预言称，鉴于船团系统"最多不过是一种遏止手段，而非可靠的护卫措施"，因此其效力将随着自身新奇性消退而减少。但事实明显与此不符。

1917年11月—1918年11月，地中海船团系统的运作结果如下：参与船团的11509艘次船舶中，共有136艘沉没，损失率约为1.19%。自1917中期至战争结束时，被击沉于地中海的12艘潜艇中，有8艘是由护航舰船击沉（其中1艘的艇长为日后的邓尼茨海军上将，他在试图攻击船团时被俘）。有关船团的统计数据如下：

**表4-4：地中海船团相关数据**

| | |
|---|---|
| 加入横穿地中海船团的船舶总数 | 627 艘次 |
| 因敌方攻击沉没数 | 9 艘 |
| 损失率 | 1.43% |
| 加入局部船团的船舶总数 | 10882 艘次 |
| 因敌方攻击沉没数 | 127 艘 |
| 损失率 | 1.17% |

随着地中海船团系统的发展和扩充（平均35%的航运被纳入有组织的船团系统，同时27%的航运至少在一部分航程中接受过护航），自1918年6月以来（除7

月外），被击沉船舶数量一直有所减少。1918 年各月，英国及其盟国和中立国船舶
（排水量在 500 长吨以上者）被潜艇击沉的数量如下：1 月 30 艘，2 月 20 艘，3 月
27 艘（另有 1 艘被水雷击沉），4 月 20 艘（另有 1 艘被水雷击沉），5 月 28 艘，6
月 13 艘（另有 2 艘被水雷击沉），7 月 20 艘，8 月 13 艘，9 月 10 艘，10 月 10 艘（另
有 1 艘被水雷击沉）。不过在当时，船舶遭击沉数量的减少被归功于奥特朗托海峡
拦阻网体系的建立。固然可以认为，拦阻网体系和对亚德里亚海地区敌潜艇基地的
轰炸可能对此结果有一定贡献，但这一成绩的取得仍应主要归功于船团系统。

有关船团系统完整和最终的统计结果令人惊讶。加入远洋船团（包括横穿
地中海船团）的 16070 艘次船舶中，有 96 艘被敌潜艇击沉，损失率仅为 0.6%。
若是体现在英国远洋航运损失率上，远洋船团的引入使得相应数据从 1917 年 4
月的近 5% 下降至战争结束时的约 0.5%；如前所述，此时 90% 的远洋航运已被
纳入船团体系。被纳入本土海运船团（包括近海船团、荷兰船团、法国运煤船
团和斯堪的纳维亚船团）的 67888 艘次船舶中，有 161 艘被潜艇击沉，损失率
仅为 0.24%。如果再加上地中海局部船团，被纳入船团系统的船舶艘次总数达 9.5
万，而损失总数增至 393 艘，损失率亦变为 0.41%。

考虑到 1917 年 2 月—1918 年 10 月间在亚德里亚海海域和本土海域加入船
团体系的船舶总艘次（共计 83958 艘次，其中 16070 艘次被纳入远洋船团）与
独立航行的船舶总艘次（1917 年 11 月至 1918 年 10 月间共计 48861 艘次，1917
年 2—10 月间数据不明），同时注意到两种航行方式中各自沉没船舶数量的话（分
别为 260 艘和 1497 艘）——对这两组数据进行的比较同样具有启示意义。船舶
损失总数为 1757 艘，其中 85% 的损失发生在独立航行的船舶中。

就船团相对独立航行的优越性，沃特斯少校曾简洁地总结如下："现有统计
数据和当时各种报告中的评论均表明，在船团系统运作的时期内，对本土海域
和大西洋海域而言，独立航行的损失率一直稳定在船团的 10 倍甚至以上。"[16]

船团系统的真正优势何在？笔者认为，出自一位潜艇部队军官之手的近期
研究结果对此问题进行了最好的概括：

船团系统的首个作用是使得从潜艇角度看去，大洋几乎在一夜之间变得空

空荡荡、船舶稀少。尽管看似违背直觉，但这是由于船团被发现的概率实际并不明显高于单艘船舶。单艘船舶可能被潜伏于距其航线10海里以内海域的潜艇发现。由20艘船舶组成的船团宽度大约为2海里，由此可被距离船团航迹中心点11海里以内的潜艇发现。因此，5个各由20艘船舶组成的船团并不会比5艘单独的船舶更容易被发现，且明显较100艘独立航行的船舶更难以被发现。由此导致的结果是绝大部分被纳入船团体系的船舶实际都从未被敌方潜艇发现，因此船团系统的最大优势便是极大地提升了潜艇发现目标的难度。

同样正确的论断是，就这一时期英国方面掌握的有关潜艇动向的情报而言，其质量高得让人感到意外。潜艇大量使用无线电通信，因此其位置可由设于岸上的无线电定向站加以确定。商船的遇难呼救亦可提供信息，从而使英方能以相当的精度追踪潜艇动向。另一方面，一旦船舶被纳入船团并接受更切实的管控，有关潜艇动向的情报便可用于引导船团改变航线，进入安全的海域。

当所有船舶都独立航行时，潜艇便有了一长串可供攻击的目标，于是它们也可以仔细瞄准，并在下个目标出现前从容重新装填鱼雷。但在面对船团时，由于目标集中于同一时间出现，因此潜艇仅有一次射击机会。即使被潜艇选中的船舶遭到攻击，船团中的其他船舶也将毫发无损地脱离潜艇的攻击范围。此外，哪怕船团的护航兵力未能影响敌潜艇再次实施攻击，潜艇往往也不会有再次攻击的可能。潜艇在一次射击中常常只使用两根鱼雷发射管齐射，仅少数场合会使用四根鱼雷发射管，因此通常仅有一艘或最多两艘船舶被命中。另外，由于护航舰艇的存在，以及因其存在所导致（潜艇）发射鱼雷后预期将接踵而至的猛烈反击，这使得潜艇发动攻击一事变得更为复杂。船团系统使德方潜艇因发射鱼雷而暴露行迹时，敌方护航舰艇总能处于潜艇附近。当反潜舰艇进行随机巡逻时，它们几乎从未发现敌潜艇；而在船团系统下，即使潜艇发现船团，它们也无法避免自身与反潜舰艇的接触……

因此，船团取得巨大成功的主要原因并不是对此实施保护的护航舰艇，而是由于其难于被潜艇发现，并在自身经过潜艇附近海域时仅为敌"提供"非常短暂的攻击机会，同时又为护航舰艇提供了就击毁潜艇而言前所未有的良机。[17]

这正是德国方面在评估船团系统效力时所强调的因素。因此，邓尼茨海军上将写道：随着船团的引入——

　　海洋骤然间变得荒芜而空旷。在很长一段时间内，单独行动的潜艇可能完全无法发现任何目标；然后突然之间，一大群船舶蓦然出现，其规模可能为30艘、50艘甚至更多，其周围还环绕着由各种舰艇构成的强大护航编队。于是，通常仅凭运气发现船团的单艘潜艇会就此发动攻击。如果其艇长的神经足够坚强，那么他将指挥潜艇在此后几天内，不分昼夜地一再坚持发动冲击，直到该艇全体官兵筋疲力尽才会停止。单艘潜艇或许能击沉一艘或两艘船舶，有时甚至更多；但就船团整体而言，沉没船舶所占的比例依然有限。船团仍会继续航行。在大多数情况下，该船团将不再被德国其他潜艇发现，于是船团会抵达英国，将大量食物和原材料安全送至英国港口。[18]

　　米克尔森则描述了两艘潜艇（UB-64号和U-54号）在北海峡（North Channel，1918年7月19—20日间）[①]海域，攻击巨型邮轮"公理"号（Justicia，排水量32334吨）的经历。隶属白星公司（White Star）的"公理"号当时身处一支得到重兵护卫的船团里，攻击过程中，两艘德方潜艇不顾护航舰艇投掷的密集深水炸弹，一再发动攻击，并在持续24小时的攻击后，终于将"公理"号击沉。据米克尔森所述（且他的论断正确），此类潜艇针对有护航船团提供保护的船舶，且最终成功的攻击绝非罕见[19]，但这并非全部事实。德方潜艇部队对执行护航任务的协约国驱逐舰亦保持着相当的正视态度。西姆斯少将在1917年6月15日给出的论断"每当（协约国）驱逐舰发现一艘（德国）潜艇，很可能也有很多潜艇发现驱逐舰，并实施规避"相当准确，并指出了船团护航舰艇形成的遏止效果。发现船团时，潜艇亦须保持谨慎，以免将自身暴露于承担护航任务的驱逐舰即时的反击下；值得注意的是，此时驱逐舰已经载有大量深水炸弹（起

---

　　①译者注：即爱尔兰东北端与苏格兰西南海岸之间的海峡。

初每艘护航舰船仅装备 4 枚深水炸弹，至 1918 年这一数量已升至 30 枚）。正如一名潜艇艇长的证言所示："只要我还活着，我就永远不会忘记来自船团护航舰艇的攻击……我不知道自己是否有能力描述出这类攻击（由执行护航任务的驱逐舰施加）造成的那种几乎令人发狂的精神压力。"[20] 该潜艇艇长因此决定，如果下定决心展开攻击，那就需要在潜航状态下接近目标。然而，若在潜航状态下全速航行，此时潜艇在此条件下低下的续航能力又意味着，除非在潜艇发现目标时便已处于船团正横方向以前方位，否则实际上无法对船团展开攻击。若潜艇处于船团其他方位，潜艇展开攻击的唯一机会便是浮上水面，并迂回到船团前方——为此自然会冒被发现的风险。即使潜艇艇长成功指挥潜艇进入攻击阵位，他的麻烦也才刚刚开始。正如沃特斯少校所指出：

……攻击船团中的一艘船舶一直可以说是整个战争中，最困难也最危险的行动之一……这是因为潜艇只能击沉某一特定攻击区内的目标，而这一攻击区的半径在很大程度上取决于潜艇使用的武器性能，以及武器与目标的相对速度。如果水面反潜舰艇分布在船团周围，潜艇可能的攻击距离上，并存在空中护航力量，那么为了击沉一艘船舶，潜艇艇长必须渗透进护航舰艇所构成的防护圈；他需要集中注意力攻击目标船舶，而非规避执行护航任务的水面舰艇和飞机；他还必须在攻击区内停留足够长时间，以完成对目标的确认、瞄准和成功射击。此外，在实施攻击时，他必须防止自身踪迹的泄露，以防被执行护航任务的水面舰艇和飞机发现，而后两者的分布及其乘员所受训练的目的便在于预防潜艇攻击；然而，不仅是一次成功的攻击必然暴露潜艇的存在，即便一次未遂的攻击也可能导致潜艇行踪暴露。最后，如果潜艇未被击沉，那么该艇长又必须指挥潜艇在提高警觉的水面和空中护航兵力附近，在其侦测器材的探测范围内和反击手段的覆盖范围中，从攻击现场撤退。

攻击无护航的舰船——即使目标本身便是执行反潜巡逻任务的反潜舰艇——尤其是在无护航飞机的条件下，则是一项安全得多的工作。此时，潜艇艇长需要分心同时注意的问题较少，其所受干扰也会更少。

潜艇攻击一般在约 700 码（约合 640 米）距离上实施，尽管如此，遭受攻击的船团中也很少有一艘以上船舶被击沉：若潜艇徘徊在船团附近，准备执行第二次攻击，那么其面临的风险会相当高。对经历潜艇攻击的远洋船团，以及远洋船团中被潜艇击沉船舶所做的统计表明，在被潜艇攻击得手的 84 个船团（平均规模为 15 艘船舶）中，69 个船团中仅有 1 艘船舶被击沉；12 个船团中各有 2 艘船舶被击沉；剩余 3 个船团中各有 3 艘船舶被击沉。从另一个角度来看，这一统计结果的意义颇为重大。请注意，远洋船团的规模一般为 15 艘船舶，而 1918 年地中海船团的规模通常仅为远洋船团的一半（7.5 艘）。相应地，如前所述，地中海船团的损失率也恰为远洋船团的两倍：前者为 1.19%，后者为 0.6%。这一统计结果表明了船团系统的一个基础法则：若船团规模翻倍，则所冒风险减半；相反，若船团规模减半，则所冒风险翻倍。然而，直到时任海军作战研究处处长的布莱克特（P. M. S. Blackett）于 1943 年提出一些有关远洋船团的有趣统计数据，并进行分析之前，海军部一直信奉如下原则："船团规模越大，则风险越大。"详见后文第 414 页（第四章）第 33 条注释。

　　有关飞机在发展完善的船团系统和反潜战中所发挥作用的问题，值得在此专门展开进一步论述。飞机越来越多地被用于执行沿海反潜巡逻、与水面舰艇的协同工作及船团护航任务，这一趋势自 1918 年 6 月起愈加明显。第一次世界大战最后六个月中，仅在英国本土水域，反潜航空兵的日均实力便达到 189 架飞机、300 架船身式和浮筒式水上飞机，以及 75 艘飞艇。这 564 架／艘各种飞行器中，平均每日有 310 架／艘可用于作战。最后这六个月中的月均统计如下：28 次发现潜艇，19 次实施攻击；执行反潜护航、支援和巡逻任务的时间为 1.4 万小时。当然，如果从事实上看，飞机并未在 1918 年击沉任何潜艇（1917 年可能击沉一艘），尽管航空兵官方战史宣称共击沉六艘潜艇。

　　就执行巡逻任务而言，飞机实际效率不佳。其配备的 100 磅（约合 45.4 千克）和 230 磅（约合 104.3 千克）反潜炸弹装备 2.5 秒延时引信，不仅引信本身的性能不尽如人意，而且炸弹的杀伤力不够致命。为实现对潜艇的杀伤，炸弹的重量应至少提高至 2.5 倍，并在接近水面处爆炸。另一种发展趋势则是有能力击穿耐压艇壳的武器。随着沿海海域船团数量的增加，飞机逐渐从原先执行巡逻任务，越来越多地转而作为船团护航兵力的有机组成部分（通常为一架飞机），其形式既可能为近距离护航，也可能为远距离护航（支援）。1918年，水上飞机和陆基飞机执行了近5000架次护航任务；飞艇则执行超过2000次；风筝气球为131次——总计超过7000架次护航任务。具体成果可见后文。

自1917年中期开始，由驱逐舰或轻护卫舰拖曳，并搭载一名观察员的风筝气球被用于反潜任务，并频繁被用于向船团提供空中护航。风筝气球的一大优势是能在其他形式的空中护航无法作业的天气里继续运作。尤其在地中海海域（自1918年5月起），风筝气球逐渐成为船团系统的重要元素之一。航空兵官方战史指出，尽管对于在船团中使用气球风筝的反对意见主要是它的存在会泄露商船的接近，然而：

> 就地中海海域而言，这一意见并无太大说服力。该海域的天气往往非常晴朗，因此集群航行的船舶排出的烟气常常在很远距离上便被观察到；于是，无论风筝气球是否被放飞，船团的行踪都很容易被发现……
>
> 毫无疑问，无论气球在何处飞行（包括位于船舶前方或靠近船舶，两种方式都会被使用），其存在均能极大地提升船舶的安全性。在相当程度上，可以确定这是精神方面造成的影响。对潜艇艇长而言，气球的存在代表着一只无所遗漏的巨眼，较为明智的做法是进行规避……在地中海海域，配有风筝气球的船团几乎从未遭遇攻击。[21]

执行船团护航任务时，飞机发挥了其最大的海军方面的价值。飞机在船团系统中的使用包含如下优点：（1）当空中护航力量在船团前方一定距离的位置飞行时，它的存在可迫使敌潜艇下潜，从而削弱潜艇通过机动，进入良好攻击阵位的能力；（2）鉴于紧邻船团活动的空中护航可根据鱼雷航迹反推其源头，从而精准确定攻击的发起位置，因此潜艇对其非常惧怕。"换句话说，尽管我方一直未能解决如何利用飞机击沉潜艇的问题，但通过将飞机用于船团护航和支援任务，我方在相当程度上解决了发现并攻击潜艇的战术问题，并保护船团免受攻击。"[22]简而言之，空中护航剥夺了敌潜艇最主要的优势——隐蔽接近，然后发起奇袭。在处于水面航行状态的潜艇上（对于两次世界大战而言均成立），无论昼夜，在性能出色的蔡司望远镜辅助下，潜艇观察哨往往都能在"猎物"察觉危险之前很久便发现目标。这也是潜艇部队一直厌恶空中护航力量的主要原因之一。随着第一次世界大战的结束不断临近，有越来越多的近海船团得到空中护航。

船团空中护航的实际效果首先体现在其对潜艇的遏止作用上。1918 年间，针对配有空中护航的船团，潜艇仅坚持完成六次攻击，其中仅有两次获得成功，共击沉三艘船舶。整个第一次世界大战期间，在配备空中和水面护航力量的船团中，仅有五艘船舶被击沉。而且在上述战例中，似乎能找到具体证据，说明发动攻击的潜艇艇长并未意识到飞机的存在。潜艇对空中护航力量存在所表现出的更加谨慎的倾向，则可用来对下述数据的变化进行说明：就飞机平均每次发现和实施攻击所需的飞行小时而言，1918 年的数据明显高于 1917 年。在本土水域，除隶属大舰队的飞机外，1917 年里执行反潜任务的飞机发现和攻击潜艇的次数分别为 169 次和 106 次。1918 年间，尽管当年飞行小时数三倍于 1917年——具体数据为 1918 年 480.1 万小时，1917 年 152.6 万小时——但发现和攻击潜艇的次数仅分别为 192 次和 131 次。此外，随着船团系统的覆盖范围进一步扩大，直至包含大部分进行于近海海域的航运，考虑到自身安全，潜艇并不会为了成功发起一次攻击，就在船团系统面前暴露自身踪迹；相比之下，它们更愿意等待单独航行的船舶，并将其视作目标。

其次，空中护航也从战略层面对潜艇造成了影响。随着越来越多的近海航运被纳入船团系统，潜艇亦更倾向于前往敌方海军飞机当前活动范围外的西部进近航道海域，在此地实施作战。

第三，空中护航对潜艇战术起到了限制作用。第一次世界大战的最后 18 个月里，潜艇越来越多地选择在夜间针对航运展开攻击，无论其目标是独立行动，还是以船团形式航行，潜艇艇长的意图正是免遭空中打击（在夜间，潜艇确实有可能遇到的敌空中护航力量是风筝气球或飞艇）。同时，潜艇又倾向于在上浮状态下实施攻击，"以便利用其较高的水上航速，以及在暗中比较容易辨别和射击目标的优势"。1918 年间，有一半次数的潜艇攻击以夜间潜艇上浮的形式展开，在战争最后几个月里，这一攻击形式的比例几乎上升到攻击总次数的三分之二。这一年里，潜艇在夜间，以上浮状态展开攻击无疑是其最主要的攻击形式。

（第一次世界大战结束后由海军部历史分部领导撰写）技术史对于下述观点亦非常明确地表达了支持，即1918年间，潜艇主要于夜间在近海海域攻击独立航行的船只，且通常在上浮状态下展开攻击……

夜间攻击可被视为德方针对1918年间引入和扩大的船团空中护航和支援的最初反应，或许也是最符合逻辑的反应。这一作战方式往往能帮助潜艇摆脱空中护航力量的注意，并使其能够充分发挥自身较高水面航速的优势，且将一直困扰水面护航舰艇的难题，即如何在黑暗中发现位于船团附近的潜艇低矮侧影一事难度最大化。得益于水面攻击战术，潜艇在夜间发动攻击时的观察能力也有所增强。

在发现此类夜间攻击方式收效不大后，敌潜艇部队又倾向于重回昼间攻击船团的老路（如果他们确实能发动攻击的话），但会选择在飞机活动范围之外的海域实施攻击……

敌潜艇部队发动的所有夜间攻击均由独立活动的潜艇展开。在近海海域，这固然是必要的；但在西部进近航道海域，造成这一现象的部分原因其实是潜艇数量太少，而主要原因是当时无线电通信技术还不够发达，无法可靠地从设于岸上的指挥总部实施引导，以及对潜艇群进行管控。第二次世界大战期间，上述联络手段已发展成熟，形成了协调若干潜艇协同攻击的作战模式。[23]

尽管在1917年间，潜艇屡屡在水面航行状态下遭到飞机偷袭；但到了1918年夏，潜艇已经装备对空潜望镜。这种设备可被视为一种加装有上部棱镜的潜望镜，且上部棱镜可俯仰运动。随着这一设备的引入，潜艇无须上浮即可观察附近是否有飞机活动（但这一设备并不能确保水面航行状态下的潜艇免遭偷袭）。

（摘自航空兵官方战史记录）毫无疑问，为避免遭受来自空中的攻击，德国人在战术和装备方面取得了长足进步，且远胜于协约国航空兵在提升攻击效率方面的进步……可就算这样，我们仍可认为，反潜飞机巡逻在战争中的价值可通过其对潜艇艇长活动施加的限制，而非实际击毁的潜艇数量进行判断。潜艇曾多次因为受到护航飞机的威胁而脱离船团，而1918年间接受7000余架次空中护航的船团中，仅有6次遭到潜艇攻击一事或可被视为空中巡逻任务效力的最佳体现。[24]

对于船团系统的分析可总结如下：船团系统严重限制了敌方潜艇活动，从而限制其发挥的作用。这一结论可从潜艇战中，潜艇部队的战略有所改变得到最佳体现。首先，船团系统迫使潜艇在更靠近海岸的海域发动攻击；在距离陆地50海里以上海域发生的船舶损失比例从船团系统引入前的峰值62.1%（1917年5—7月间），降至最低值1.7%（1917年11月—1918年1月间）。换言之，潜艇部队转而将攻击重点集中在了此前因专注于攻击大型船舶而被忽视的小型船舶上，主要原因正是大部分独立航行的船舶均为小型船舶，从而成为比较容易得手的目标。请注意，小型船舶大部分在几乎没有船团系统运行，但巡逻体系密集且存在大量潜艇猎杀编队的近海海域活动。1918年间，最沉痛的船舶损失发生于接近海岸海域，但随着近海船团的设立，直到从事实上讲几乎全部航运活动均被纳入船团系统，船舶沉没数量一直在稳定下降。与此同时，在战争末期，德国潜艇部队再度倾向于前往大西洋海域活动，甚至横跨大西洋抵达美国沿海，继续在没有引入船团系统的近海海域作战。相应统计数据便足以说明问题，2—4月、5—7月、8—10月三个季度中，发生在距离陆地50海里以上海域的潜艇攻击事件所占百分比呈增长趋势，三个季度的数据分别为11.6%、26.8%和21.7%；这说明潜艇更倾向于在危险程度较低的环境活动，远离遭受空中护航力量攻击的危险，即使这意味着更难以发现目标。

在有关潜艇战的战后反思中，包括施平德勒在内的多位德国权威均声称，若在战争初期便及时决定启动一项大规模潜艇建造计划，从而明显增加可作战潜艇数量；那么在实战中，1917年时潜艇部队取得的击沉吨位峰值或许能保持下去，甚至帮助德国赢得战争。但笔者对此并不认同。依笔者之见，除非德国人**能在1917—1918年间找到对付船团系统的办法**，否则在这一时期里，潜艇部队就算实现了规模扩充，也无法对战局达成根本性改变。然而，在寻找对付船团系统方法这一问题上，德国人并未取得成功。正如纽博尔特所发现的那样，德国海军部参谋们直至1918年5月才做出战争中唯一一次破坏船团系统的尝试，且这次尝试堪称虚弱无力，此事无疑"极其令人惊讶"。5月10—25日间，德国海军在西部进近航道海域的船团航线附近集中约10艘潜艇。不过，这一尝试的结果仅仅是击沉2艘并击伤3艘商船；在相同时间段，不仅另有183艘商船安全抵达英国本土港口，且有110艘从英国出发的商船安全通过。共有2艘潜艇被击毁。考虑到相应战绩，破坏船团系统的尝试仅仅有此一例似乎也可以理解：没有任何潜艇部队能接受在付出了损失2艘潜艇代价的同时，只取得击沉2艘商船的战绩。

## 4. 船团系统：评价

直至第一次世界大战结束，海军部依然对船团持矛盾态度。一方面，海军部于1918年初承认"迄今为止，船团系统已被证明获得巨大成功"。[25]五个月后，海军部还曾表示："就减少敌潜艇攻击造成的损失而言，主要的因素无疑是船团系统的引入。"[26]两个月后，助理海军总参谋长宣布，自1917年6月以来损失的稳步减少"无疑在相当程度上应归功于远洋船团"。截至1918年7月27日，加入远洋船团航行的12008艘次船舶中，仅有99艘被击沉，损失率约为一百二十分之一，或0.83%。[27]

但在另一方面，一战后期，海军部代表在与美国海军高层会谈时则声称，船团系统"尽管为商船海运提供了极大的安全保障，并导致一些敌方潜艇被击沉，但仅其本身并不足以对抗潜艇威胁。因此，英国海军部决定施加其他手段，例如使用一些纯攻击型的单位，实施对潜艇的猎杀"。[28]

在沃特斯少校看来，"海军参谋并没有为其工作接受相应的训练，且根据实际接受的训练，其对整个商船船团概念都持反感态度。直至战争即将结束时，船团系统都被视为一种缓解问题的手段，而非一大战争系统"。[29]作战计划处的态度即可作为这一论断的例证。在由英美两国作战计划处有关反潜政策进行的一次联合评估中，相应作者表达了对船团系统作战效率的怀疑[30]："尽管船团护航在获得与潜艇接触这一方面具有巨大的优势，但总体而言其战术仍是防御性的，且很少实现击沉潜艇的目标。"作者还强调了在本土海域集中反潜舰队的有利条件，包括由此可以实施更为密集的巡逻和对潜艇的攻击。这一反潜舰队的集中应通过加强和巩固各海岸辅助巡逻司令部（coastal Auxiliary Patrol command，其所辖舰种通常为P型艇、30节驱逐舰、拖网渔船和摩托快艇，各司令部所辖兵力会在其管辖海域对潜艇展开猎杀）的兵力实现。但问题是，部署于本土海域的绝大多数反潜舰队都分散在广阔的海域，且并未被集中用于对潜艇的作战。除多佛尔海峡海域外，协约国从未对敌潜艇展开集中攻击。为集结足够多的反潜兵力，作者认为协约国应将执行护航任务的驱逐舰、轻护卫舰和 P 型艇削减约 30%，将近海拖网渔船巡逻的规模削减 50%，同时大舰队应放弃"诱使公海舰队进行一场舰队对决的构想"，并释放出"其所辖驱逐舰的一小部分"。弗里曼特尔并不同意削减船团护航兵力，但大致认同该文件所鼓吹的政策。贝蒂则被这份评估"深深折服"。海军部并未批准这一建议的主要原因是它将影响大舰队的战略，与"对公海舰队的动向立即做出回应"这一长期奉行的政策相抵触。鉴于当时人们认为公海舰队有所行动的概率很高，"对公海舰队的动向立即做出回应"便具有特别重要的意义。于是，此时并不适合削弱大舰队。

当年晚些时候出炉的一份联合计划备忘录则呼吁，应当抽调更多的驱逐舰（当条件许可时，从执行船团任务的兵力或大舰队中释放出来），用以加强新近确立的，在北方近岸航线区域攻击敌潜艇的政策。[31] 第一次世界大战最后几周里，作战计划处起草了一份文档，建议在船团系统以外，另外采取两种手段来应对潜艇战局势：一是完成并加强北方拦阻网体系，二是在北海组建强大且配备水听器的潜艇猎杀舰队。在上述猎杀舰队与船团之间，关于前者的需求应享有更高优先级。[32]

最后还应注意的是，尽管其本人最初是船团系统的热情鼓吹者，但西姆斯少将在 1918 年对于船团的态度有所保留。他"坚信就解决潜艇问题而言，最有希望的方案是新侦听器材的发明及使用。船团护航舰艇的效率与其数量呈正比。然而，很明显的是，我们在一段时间内还无法指望获得足够的护航舰只以实现足够的保护强度。尽管在保护航运方面取得了**暂时的成就**，但护航舰只并不是相应问题的解决方案……"[33]

海军对船团系统持复杂态度的原因并不难确定。最基本原因自然是他们认为船团属于一种"防御性"方式（有时亦被称为"防御 - 攻击"方式）。如此一来，他们便将船团与诸如对商船实施武装、使用发烟器材、对付水雷的水獭式防御设备① 及其他方式和设备归为一类。于是，船团系统就在不利条件下被拿来

①译者注：即"水獭"式扫雷具，一种早期扫雷设备。该型扫雷具是同时由两船拖曳的锯齿状缆索扫雷具，配备钢制框架以增加缆索弯曲部与海床接触宽度。上述钢制框架名为"水獭"，最初是渔民用于扩大渔网开口的工具。皇家海军在第一次世界大战期间对其实施改进，并将其改称为 Kite Otter，其形状为配备倾斜翼片的框架。改进后的设备不仅可利用惯性控制扫雷具末端转向，还可用于控制扫雷具中钢缆深度。

与反潜战中那些"攻击性"手段进行了对比——相应手段包括对泽布吕赫和奥斯坦德实施的"阻塞"行动、多佛尔海峡和奥特朗托海峡拦阻网体系、增加所有执行潜艇猎杀和巡逻任务的舰艇上深水炸弹装载量，以及同样重要的执行潜艇猎杀任务的驱逐舰队所进行各种活动。

两种彼此冲突的反潜战学派理论曾于 1920 年被总结如下：

一种学派的理念基于传统格言"进攻是最好的防御"，该学派偏好以各种形式实施的"猎杀巡逻"，在敌潜艇作战海域和其往返基地的航线海域对其进行持续袭扰。不幸的是，众多发明家对搜索及歼灭潜艇设备的热情，以及在各种负责利用上述设备获得战绩的猎杀舰队中服役军官的坚定信心，都在鼓励着这样一种希望：成功击败潜艇已经指日可待……另一种学派虽然承认猎杀理论基本正确，但通过加入附属条件，即为了猎杀潜艇而发起的攻击必须有效，从而对猎杀理论的正确性进行限定。换言之，进攻性巡逻应实现下述两个目标之一：要么将敌潜艇逐出其预定作战海域，要么在潜艇航线上活动时，击沉相当数量的潜艇。在潜艇猎杀设备足够先进，足以实现上述目标之一前，攻击潜艇的最佳位置仍是下列地域之一：潜艇从其本土海域出击区域、潜艇必须经过的狭窄海峡（如多佛尔海峡和奥特朗托海峡），或是其攻击目标（也就是与攻击性－防御性护航舰队一同航行的船团系统）附近海域。[34]

"猎杀巡逻"或攻击性学派误解了船团的本质。实际上，正如西姆斯少将曾经描述的那样，船团"完全是**一种进攻性**方式"。原因在于船团会吸引潜艇前来，而后者仅能在冒着因遭遇护航舰只集中攻击而沉没的巨大风险下，才能展开对敌方船舶的攻击。然而，有证据表明，护航舰只部队本身的思维仍是防御性的。里奇蒙德曾注意到：

作战计划处在发现护航舰艇采取一种完全防御性的态度作战后，便建议海务大臣委员会出具采取攻击性态度作战的指示。该处指出，船团会吸引着潜艇。因此，船团附近海域便是击毁潜艇的战场。仅仅将敌潜艇从船团附近驱逐开来还远远不够。对此，杜夫曾轻蔑地表示，那是"实践专家们"应该关心的事情……

于是，这一问题便被交给了"实践专家"——也就是皇家海军预备役和皇家海军志愿预备役人员——而这些实际参与护航工作的人们对战争基本原理又完全不熟悉。相关调查表明，所有人，或者说几乎所有人都只会考虑防御性的观点。他们不曾从击沉潜艇的军事角度思考护航问题。这很自然，也很正常。他们不应被谴责。应该被谴责的是杜夫，还有与他类似的人，即怀着猜忌的情绪，拒绝听取来自其他部门同事建议的那些人。[35]

即便如此，相应对比表明在 1917 年 8 月至 1918 年 10 月，即远洋船团已经完善而近海船团和地中海船团处于发展期间，"就各种原因导致的敌我部队之间战斗次数而言，船团比其他任何原因都要多"[36]，且船团护航部队击沉的潜艇数量也多于潜艇猎杀群和反潜巡逻部队。有关反潜战的海军参谋专论曾进行如下总结：

在战争最后 15 个月里，即大部分航运都被纳入船团系统期间，被水面舰艇击沉的 40 艘潜艇中，共有 24 艘（实为 20 艘）是被护航舰只击沉，尽管护航舰只在功能上有所不足。此外，除少数船舶外，水面护航舰艇保障了其奉命保卫的几乎全部船舶的安全。而另一方面，大量猎杀舰队一共只取得击沉 1 艘潜艇的战绩，且对保卫航运毫无贡献。就击沉潜艇的战绩而言，在航运航线附近各海岬，在港口附近，以及在多佛尔海峡与水雷屏障一道运作的巡逻舰队比猎杀舰队更为成功，但就保护航运而言，它们也只能被称为失败。上述事实最终被海军部所认识，且 1918 年中期，完备的船团系统同样在泰恩河与亨伯河之间、爱尔兰海，以及英吉利海峡海域建立起来，而船舶损失几乎随之立即停止。[37]

同一研究中，就先后 21 个月的无限制潜艇战（即 1917 年 2 月至 1918 年 10 月期间），猎杀舰队和巡逻舰队的潜艇击沉战绩，其给出的数字为 20 艘。实际上，在此统计基础上还应加上 1 个属于巡逻舰队的战绩：1918 年 11 月 9 日被其击沉的 U-34 号。

由于反潜处报告中对击沉潜艇的分析是针对参与舰种，而非参与舰艇的作战任务进行，因此海军当时并不清楚上述统计数字。海军部既未能理解船团系统覆盖范围的扩大意味着攻击潜艇机会的增加，并因此导致更多敌潜艇被击沉；也未能理解击沉一艘敌潜艇固然有利，但迫使其保持下潜状态，从而将船团安全送抵港口会更加有利。换言之，即使不考虑实际击沉潜艇的数量，船团系统的价值也足以被中肯地评价。**击沉潜艇乃是意外收获，而非必要任务**。战争中唯一必须达成的目标便是阻止潜艇击沉船舶。笔者或许还可以换一种方式表述：由于问题的关键是商船能否定期且足量地运送货物，因此在这个过程中，敌方潜艇是否被击沉无关紧要。而第一次世界大战的实践证明，船团系统可以确保上述这个关键点的实现。事实上，上述论述还可更进一步：只要德国潜艇被迫远离商船，而英国及其盟国又能成功地将真正生死攸关的货物运送至目的地，且不用担心遭到攻击而发生延误，那么德国方面实际拥有多少艘潜艇就是一个完全无关紧要的问题。

得益于沃特斯少校所做的分析，任何关于船团系统相对效率更高的疑问都应当烟消云散。根据少校修正过的数据，可分别就船团与独立航行两种方式下，船舶损失与船团护航兵力或潜艇猎杀舰队及巡逻舰队击沉的潜艇数量进行交换比计算，具体结果可见表 4-5 及相应说明：

**表 4-5：被击沉的协约国船舶及德国潜艇数据**

| | | 被潜艇击沉的船舶总数 | 被击沉潜艇数量 |
|---|---|---|---|
| 1917 年 2 月—1918 年 11 月间 | 3329 艘 | | |
| 船团 | 本土海域船团 | 257 艘 | |
| | 地中海船团 | 136 艘 | |
| | 船团合计 | 393 艘 | 21 艘 |
| 独立航行船舶 | | 2936 艘 | 21 艘（潜艇猎杀舰队和巡逻舰队战绩） |

由此可得出两种模式各自的交换比：

船团交换比:21/393=1 ：18.75，即每击沉 1 艘潜艇，同时约有 19 艘船舶被击沉；

独立航行船舶交换比：21/23936=1 ：140，即每击沉 1 艘潜艇，同时约有

140 艘船舶被击沉；换言之，船团交换比大约为独立航行船舶交换比的 7.5 倍，也就是 7.5 : 1。

（值得注意的是，第二次世界大战期间，就两种方式交换比的比例而言，10 : 1 更为常见）

\* \* \*

第一次世界大战最后一年里潜艇击沉数目的增加，主要得益于如下几个因素：深水炸弹的大规模使用、船团护航部队的反击（这些部队亦使用深水炸弹进行作战）、更为有效的水雷( 带触角水雷，这种水雷直至1917年秋才大量产出），以及对多佛尔海峡和赫尔戈兰湾海域的密集布雷；此外，多佛尔海峡还部署有水面和空中巡逻兵力。假如对整个第一次世界大战期间的统计进行分析，尽管统计标准不同，各种原因所导致的潜艇击沉数量也会不尽相同，但最终结果大体上是一致的，即按击沉潜艇数量排名，位列一二的分别是水雷（包括悬挂水雷的拦阻网）和深水炸弹。此外，很多被列为"原因未知"的击沉战绩也很可能归属于水雷。同时，这两种武器还在动摇敌潜艇部队士气上做出了极大贡献。

\* \* \*

直至 1918 年 10 月，协约国一方的船舶损失数量依然堪称可观，这为船团系统的有效性蒙上了一层阴影。在战争最后六个月中，月均沉没船舶（包括英国及其协约国盟国，还有中立国）总吨位为 23 万吨（其中仅英国籍船舶的数据便超过 14 万吨）。然而，从未有人声称船团系统是一种针对潜艇，使己方船舶绝对安全的防护措施，其仅仅是迄今为止对于潜艇威胁最为有效的对抗手段。此外，直到战争即将结束，由船团提供的保护都还是存在薄弱环节——也就是船舶从各自港口出发前往船团集中港，以及从船团解散点前往抵达海岸这两段路程。因此，仍有大量船舶沿海岸航行。若船舶价值较高，还可能得到 P 型艇护航；否则将只能得到拖网渔船护航，或者干脆没有护航力量。

这些船舶以及因各种原因离群的船只成了潜艇的主要目标。同时，如果船团系统能更为广泛地在英国东海岸海域推行，并更早得到更强的保护，那就可能导致更多潜艇更早地被击沉。事实上，由于上述任一因素的作用，1918年间的船舶损失主要是发生在近海海域。值得注意的是，这一海域的船团系统要么不够完善，要么纪律不佳，要么完全不曾建立。不过，直至战争结束，船舶损失仍主要发生于独立航行的船舶中；被纳入船团内的船舶损失非常轻微。

考虑到船团系统运行过程中面对的种种障碍，该系统取得的成就便显得更为突出。首先，各类英国籍舰艇中仅有少量直接参与船团护航任务：1918年10月间，在役的5018艘英国舰艇中，仅有257艘（约占5.1%）专门从事船团护航任务。即使加上另外500艘不时参与护航任务或支援任务的舰艇，其比例也仅会上升至稍高于15%。此外，护航部队主要由超龄服役的驱逐舰、轻护卫舰及原被设计用于执行其他任务的舰艇，还有训练不足的机组成员及其驾驶老旧飞机构成，且这些机组成员只能依靠目视发现潜艇。最适合执行船团护航任务的驱逐舰和飞机则主要被用于执行反潜巡逻和潜艇猎杀任务：毕竟这些任务才被认为是"攻击性"的。爱尔兰海和西北部进近航道海域都设有潜艇猎杀巡逻力量。1918年春，为组织潜艇猎杀巡逻部队（该部隶属北方巡逻舰队），以覆盖费尔岛海峡海域，海军部决定削弱船团护航兵力，从而抽调出舰艇组成上述部队。该部队的作战目的是在北方近岸航线伏击潜艇。然而，就击沉潜艇数量而言，该部队实际取得的战绩为零。还应注意到的是，尽管第一次世界大战期间的水听器并不完善，但仍具有实战作用。不过船团护航舰艇并未装备水听器。在船团运作条件下，水听器无法成功运行：很难从商船导致的噪音中，准确分辨潜艇发出的噪音。因此，船团护航舰艇实际上根本无法定位潜艇，且与所有水面舰艇一样，无法判断潜艇所处深度。此外，自1918年4月起，新成立的空军部负责提供和分配飞机（但并不负责海军飞机的指挥）；于是，对于远洋船团作用巨大的大航程飞机也被集中用来执行战略轰炸任务。

## 5. 与日俱增的焦虑

当得知卡佩勒估计德国平均每月可建成9艘潜艇，并考虑1917年9—12月间月均潜艇击沉数量同样为 9 艘时（实际只是稍多于 8 艘），海军部希望在 1918 年间通过"每月击沉 9 艘以上德国潜艇"这一方式，打垮德国人的潜艇战，并认为"每月击沉的数量越多，我方获得最终胜利的时间便越早"。[38]当年 2 月之后，海军部曾作出一个谨慎但乐观的判断。汉奇曾于 3 月 1 日称格蒂斯"对潜艇战目前的形势非常高兴，并声称海军部现已掌握绝对可靠但非常机密的情报，其表明每月击沉的潜艇数量已经达到 10 艘。他还坚信海军部可在未来 10 个月内控制住一度非常恐怖的潜艇危害"。[39]鉴于 2 月的统计数据无法在 3 月 1 日出炉，因此，格蒂斯当时参考的显然是 1 月相关数据；不过，3 月 5 日和 20 日先后两次向国会汇报时，这位海军大臣看到的仍是一幅充满希望的前景。"统计数据"看上去依然对海军部的构想有利：此时，英国海军击沉潜艇的速度几乎与德国建造潜艇的速度一样快。然而，给这幅一片光明的前景蒙上阴影的是，此时协约国各造船厂在新建船舶方面仍未达到其最大产能。5 月的统计对海军部而言是一次重大鼓舞：在船舶新建造数量和潜艇击沉数量两方面，统计结果所示趋势无论如何也正在往海军部希望的方向发展。当月 24 日，劳合·乔治已经可以就潜艇问题自信地宣称：尽管潜艇问题还是令人烦恼，但现已不再对英国构成威胁。他亦否认潜艇将成为决定战争胜败的因素。同时，英国和美国造船厂的产出总吨位如今已经超出了同期损失。对于上述官方论调，各媒体的反应大体都是希望这一次声明会成为比此前有关潜艇战的说明更为坚实的证明。几周后，海军部向帝国战争内阁保证称："尽管敌方的潜艇战依然是当前海军局势中最重要的考量，但形势正在稳步改善。总体来说，船舶损失数量正在下降；而且可以这样表示，自今年 1 月 1 日以来，我方击沉潜艇的速度至少相当于敌方建造的速度。"[40]7 月 11 日，在举行于亲王画廊（Prince's Galleries）的一次演说中，格蒂斯讲述了一个有关敌方潜艇是如何在海上被围捕和驱逐的诱人故事。他的评论言语中一直贯穿着愉快的乐观情绪。这种情绪同样体现在 7 月 30 日，他就船舶建造进度一事向下院进行的一次演说中。当时下院出席人数不多，且出席者大多显得无精打采。

　　不幸的是，由于公众以往屡次失望——比如船舶建造率曾在某月上升，然后在次月下降；又比如他们曾多次听到潜艇已被击败的论调，而在不久之后从海军部自己发表的数据中发现，敌潜艇一如既往地保持着活跃——因此，公众对官方的所有乐观情绪都持有反感态度。媒体则警告称，不要提前沾沾自喜：哪怕现已到达转折点，也还有很长的路要走。直至 1918 年 9 月，失望、反感仍是公众的主流情绪。8 月时，有关敌方潜艇和己方船舶建造的统计数据说明，并无证据表明潜艇问题已经被一劳永逸地解决。当月晚些时候，海军部内的乐观情绪已经被深深的焦虑所取代：该部人员现已认识到，德方的潜艇威胁并未被根除。

格蒂斯曾用以下文字表达潜艇问题严重性的一个方面："和所有人一样，我对我方反潜手段的杀伤力下降一事深感焦虑。击沉潜艇数量并未达到预期，而且哪怕在很大程度上我们清楚其原因所在，但无疑敌潜艇部队对我们的影响正在扩大。"[41] 此处所提及的"原因"即此前曾向战争内阁所做的解释，也就是所谓在德国陆军进攻期间，海军组织的"摧毁舰队"（即潜艇猎杀舰队）从反潜作战中被抽调出去。为了给美国运输船和运兵船团提供护航，海军被要求做出"巨大的努力"。由此，海军"只得放弃在此前几个月间逐渐成熟的猎杀潜艇的计划，且相关舰艇和受训人员被转投于其他用途"。[42] 潜艇问题另一个更为严峻的方面则是有关情报显示，德国方面计划以更大的规模重新发动潜艇攻势。据说德国人可以动用的潜艇数量约达 160 艘，到 1918 年末甚至可增至 180 艘——这也是迄今为止的最大数量。"现状无疑令人忧虑……敌方潜艇的大规模攻势不仅仅是一个威胁，而且在逐步成为现实。"[43]

德国方面的确有所作为。9 月 21 日，舍尔在此前提到的一份文件中（即前文第 83 页，其向本国皇帝提交的报告），向德国皇帝建议本国采用"大规模潜艇建造计划"，以保证潜艇能够击毁的船舶总吨位高于协约国造船能力：1918 年最后一个季度应实现每月新建 16 艘潜艇，此后 1919 年的四个季度中，月产量应分别为 20 艘、25 艘、30 艘和 36 艘；另外，从 1919 年最后一个季度开始，月产量应不低于 36 艘。为执行这一庞大计划，海军办公室终于成功地从陆军当局手中抢出数千名造船厂工人。然而，在同一文件中，舍尔还承认潜艇对协约国方面航运攻击的成功率正在稳定下降，而且会保持下降。因此，潜艇战的未来并不光明："在可预见的未来，敌方新建船舶吨位将超过其损失吨位。"那么，舍尔究竟期望新的潜艇建造计划能够起何作用？

  ……总体局势迫使我方竭尽所能促进潜艇战的进行。潜艇已经是我方手头可用的唯一一种进攻性武器。仅依靠防御，我方无法获得如意的和平条件。因此，德国绝对有必要利用手头一切资源，打造己方唯一的进攻性武器；唯有如此，我们才有可能实现自己的目标——即获得令人满意的和平。对于可能的和平谈判而言，我们手中保留强大潜艇武器这样一张王牌同样是必要的。此外，有力扩充我方潜艇武器规模的坚定决心也将重振我国军队士气，并向敌方表明德国赢得战争的决心坚不可摧，以及德国方面准备坚持到底。[44]

舍尔的观点坦率承认了协约国方面的反潜战正在取得成功——而己方潜艇逐渐被击败。潜艇未能在实现其两个主要目标方面取得成功。这两个目标中，其一是击沉协约国方面尤其英国籍商船，从而以饥饿迫使英国人投降；其二则是阻止美国运兵船抵达法国（仅有一艘向东航行的运兵船被击沉，但人员损失不足 100）。潜艇绞杀战的未来显然并不光明：实际上，对于德方潜艇而言，多佛尔海峡已被封闭；北方拦阻网体系可能也变得更为有效；德国一直束手无策的船团系统一直在不断改良；协约国方面的造船努力正接近令人生畏的程度。然而讽刺的是，恰恰在同时，英国海军部几乎陷入了恐慌。英国方面已经知晓德国方面正努力强化其潜艇建造能力；但英国人并不清楚其背后的意图——德国人试图将潜艇作为未来任何和平谈判中，一张可以拿来讨价还价的底牌。

10 月初，在电告美国海军当局，由于局势颇为急迫，必须举行当面会谈后，由格蒂斯和杜夫率领的一个英国海军代表团抵达华盛顿。在与丹尼尔斯及其顾问举行的一次持续至次日清晨的晚间会议上，英方表明了他们的立场。英方希望自身传达的信息简单而有说服力："直至今年 5 月，协约国方面在对付潜艇方面的表现令人满意。自 5 月起，主要是因为将英国潜艇猎杀舰队转用于护航美国船只，潜艇战形势又明显地逐渐令人忧虑。此外，敌方正计划以前所未有的规模展开潜艇攻势，而我方潜艇猎杀舰队又存在数量上的不足……事实上，协约国方面是否能继续推行护航政策，而且不会冒让敌方潜艇再度成为重大威胁的风险，这相当令人怀疑。"[45]一旦德国方面于明年春完成其规模庞大的潜艇建造计划，他们便会以战争爆发以来前所未有的规模发动潜艇战。"除非我方能投入足够数量的驱逐舰和反潜武器及装备将其击败，否则战争会对我方不利。"丹尼尔斯事后表示："英国方面大为恐慌，并坚信战争的命运取决于我方应对当前严峻局势的能力。他们回答了我方提出的一切问题，并说服我方海军将领们相信形势已经极端严峻……深感不安的海军领导人由此在会议上完善了一项庞大建造计划的一切细节，该建造计划须由我国海军完成，建造对象包括驱逐舰、猎潜艇及潜艇侦测和摧毁设备。艾瑞克爵士向我们保证，在他从英国出发前，英国海军已经开始执行一项加速建造计划。"[46]10月晚些时候，代表团返回英国后，格蒂斯将德国潜艇部队的实力估计为181艘，这也是战争爆发以来的最高值。"格蒂斯并未对战争前景感到惊恐，但他认为只要德国人全力以赴对我方展开潜艇战，我方便可能身处一段颇为艰难的时期！他坚信由于和谈的影响，德国方面现已放缓其潜艇战的节奏。"[47]的确，此时德国人已经放缓了节奏。鉴于当时海上的战争即将结束，我们有必要转而就最后一个话题，即1918年的大舰队战略进行回顾，并在回顾这一话题前暂时离题，就英美海军关系展开简单探讨。

## 统计结果

A. 至1918年10月，因敌方攻击造成的商船损失[48]

表4-6：世界总计（除同盟国国家外）

| 商船沉没数量 | 总吨位 | 潜艇击沉总吨位 |
| --- | --- | --- |
| 5516艘 | 1274万1781吨 | 1113万5460吨（约占87.4%） |

另应加上11月报告中15艘总吨位达26857吨的船舶损失，其中总吨位为12567吨的船舶由潜艇击沉。

包括因各种海损事故造成的损失，损失总吨位恰好稍高于1500万吨。考虑到同期新建船舶总吨位达1085万吨，以及俘获敌方船舶总吨位约240万吨，世界船舶吨位净损失为181.1万吨，约占战前世界船舶总吨位的5%（近3500万吨）。

表4-7：英国总计

| 商船沉没数量 | 总吨位 | 潜艇击沉总吨位 | 水面舰艇击沉总吨位 | 水雷击沉总吨位 | 飞机击沉总吨位 |
| --- | --- | --- | --- | --- | --- |
| 2475艘 | 774万7935吨 | 667万3998吨 | 44万1080吨 | 62万4945吨 | 7912吨 |

另应加上 1918 年 11 月报告中总吨位为 13658 吨的损失，其中潜艇击沉总吨位为 10315 吨，水面舰艇击沉总吨位为 1622 吨，水雷击沉总吨位为 1721 吨。

上述总吨位数字占因敌军攻击造成的世界船舶损失总吨位的 60.8%（占协约国方面损失总吨位的 72%）。包括因各种海损事故造成的损失、拘禁于敌方港口的商船总吨位、转卖和移交的总吨位在内，英国损失船舶总吨位为 976.3 万吨。考虑到同期获得的商船总吨位 667.9 万吨（包括新建船舶、缴获敌方船舶吨位及通过移交和收购获得的船舶吨位），1918 年 10 月 31 日，英国船舶总吨位为 1527.2 万吨。这意味着整个第一次世界大战期间，英国及其殖民地籍船舶净损失为 308.4 万吨，约占 1914 年 8 月船舶总吨位，即 1835.6 万吨的 16.8%。[49]

B. 至 1918 年 11 月，因敌方攻击而损失的商船总吨位[50]

**表 4-8**

前注：下列数据不包括被海军征用服役的辅助船只。英国方面数据仅包括商船；世界总计则包括英国和外国渔船。所有吨位的蒸汽船和帆船均被纳入统计。

| 时间 | 英国 | 世界合计 | 时间 | 英国 | 世界合计 |
|---|---|---|---|---|---|
| 1914 年 8 月 | 40254 吨 | 62767 吨 | 1917 年 1 月 | 153666 吨 | 368521 吨 |
| 9 月 | 88219 吨 | 98378 吨 | 2 月 | 313486 吨 | 540006 吨 |
| 10 月 | 77805 吨 | 87917 吨 | 3 月 | 353478 吨 | 593841 吨 |
| 11 月 | 8888 吨 | 19413 吨 | 4 月 | 545282 吨 | 881027 吨 |
| 12 月 | 26035 吨 | 44197 吨 | 5 月 | 352289 吨 | 596629 吨 |
| 1914 年合计 | 241201 吨 | 312672 吨 | 6 月 | 417925 吨 | 687507 吨 |
|  |  |  | 7 月 | 364858 吨 | 557988 吨 |
| 1915 年 1 月 | 32054 吨 | 47981 吨 | 8 月 | 329810 吨 | 511730 吨 |
| 2 月 | 36372 吨 | 59921 吨 | 9 月 | 196212 吨 | 351748 吨 |
| 3 月 | 71479 吨 | 80775 吨 | 10 月 | 276132 吨 | 458558 吨 |
| 4 月 | 22453 吨 | 55725 吨 | 11 月 | 173560 吨 | 289212 吨 |
| 5 月 | 84025 吨 | 120058 吨 | 12 月 | 253087 吨 | 399111 吨 |
| 6 月 | 83198 吨 | 131428 吨 | 1917 年合计 | 3729785 吨 | 6235878 吨 |
| 7 月 | 52847 吨 | 109640 吨 | 1918 年 1 月 | 179973 吨 | 306658 吨 |
| 8 月 | 148464 吨 | 185866 吨 | 2 月 | 226896 吨 | 318957 吨 |
| 9 月 | 101690 吨 | 151884 吨 | 3 月 | 199458 吨 | 342597 吨 |
| 10 月 | 54156 吨 | 88534 吨 | 4 月 | 215543 吨 | 278719 吨 |
| 11 月 | 94493 吨 | 153043 吨 | 5 月 | 192436 吨 | 295520 吨 |
| 12 月 | 74490 吨 | 123141 吨 | 6 月 | 162990 吨 | 255587 吨 |
| 1915 年合计 | 855721 吨 | 1307996 吨 |  |  |  |

| 时间 | 英国 | 世界合计 | 时间 | 英国 | 世界合计 |
|------|------|---------|------|------|---------|
| 1916 年 1 月 | 62288 吨 | 81259 吨 | 7 月 | 165449 吨 | 260967 吨 |
| 2 月 | 75860 吨 | 117547 吨 | 8 月 | 145721 吨 | 283815 吨 |
| 3 月 | 99089 吨 | 167097 吨 | 9 月 | 136859 吨 | 187881 吨 |
| 4 月 | 141193 吨 | 191667 吨 | 10 月 | 59229 吨 | 118559 吨 |
| 5 月 | 64521 吨 | 129175 吨 | 11 月 | 10195 吨 | 17682 吨 |
| 6 月 | 36976 吨 | 108855 吨 | 1918 年合计 | 1694749 吨 | 2666942 吨 |
| 7 月 | 82432 吨 | 118215 吨 | 总计 | 7759090 吨 | 12850814 吨 |
| 8 月 | 43354 吨 | 16744 吨 | | | |
| 9 月 | 104572 吨 | 230460 吨 | | | |
| 10 月 | 176248 吨 | 353660 吨 | | | |
| 11 月 | 168809 吨 | 311508 吨 | | | |
| 12 月 | 182292 吨 | 355139 吨 | | | |
| 1916 年合计 | 1237634 吨 | 2327326 吨 | | | |

### C. 商船损失原因统计[51]

表 4-9

| 类别 | 由巡洋舰、鱼雷艇等击沉（总吨位） | 由潜艇击沉（总吨位） | 由水雷击沉（总吨位） | 由飞机击沉（总吨位） | 合计（总吨位） |
|------|------|------|------|------|------|
| 英国，1914 年 | 203139 吨 | 2950 吨 | 35112 吨 | – | 241201 吨 |
| 英国，1915 年 | 29685 吨 | 748914 吨 | 77122 吨 | – | 855721 吨 |
| 英国，1916 年 | 103352 吨 | 888689 吨 | 244623 吨 | 970 吨 | 1237634 吨 |
| 英国，1917 年 | 100693 吨 | 3325534 吨 | 296616 吨 | 6942 吨 | 3729785 吨 |
| 英国，1918 年 | 5833 吨 | 1668972 吨 | 19944 吨 | – | 1694749 吨 |
| 以上合计 | 442702 吨 | 6635059 吨 | 673417 吨 | 7912 吨 | 7759090 吨 |
| 英国渔船 | 5937 吨 | 57583 吨 | 8545 吨 | – | 71765 吨 |
| 以上合计 | 448339 吨 | 6692642 吨 | 681962 吨 | 7912 吨 | 7830855 吨 |
| 世界总计（包括英国及其协约国盟国和中立国） | 568537 吨 | 11153506 吨 | 1120732 吨 | 8039 吨 | 12850814 吨 |

### D. 至 1918 年 10 月 31 日，损失船舶吨位和新建船舶吨位比较[52]

表 4-10

| 时期 | 英帝国 | | 英国 | 世界合计（不计同盟国国家） | | |
|------|------|------|------|------|------|------|
| | 因战争和海损事故导致的损失 | 登记入册的新船舶 | 建成船舶 | 因战争和海损事故导致的损失 | 建成船舶 | 敌方新投入使用船舶 |
| 1914 年 | | | | | | |

| 时期 | 英帝国 | | 英国 | 世界合计（不计同盟国国家） | | |
|---|---|---|---|---|---|---|
| 8—9月 | 34.2万吨* | 15.4万吨 | 25.3万吨 | 42.8万吨* | – | 70.5万吨 |
| 第4季度 | 15.5万吨 | 33万吨 | 42.2万吨 | 28.1万吨 | – | 2.8万吨 |
| 1914年合计 | 49.7万吨 | 48.4万吨 | 67.5万吨 | 70.9万吨 | 101.3万吨 | 73.3万吨 |
| 1915年 | | | | | | |
| 第1季度 | 21.6万吨 | 24.6万吨 | 26.6万吨 | 32万吨 | – | 0.9万吨 |
| 第2季度 | 22.4万吨 | 24.4万吨 | 14.7万吨 | 38万吨 | – | 8.9万吨 |
| 第3季度 | 35.6万吨 | 15.6万吨 | 14.5万吨 | 53万吨 | – | 0.5万吨 |
| 第4季度 | 30.7万吨 | 17.6万吨 | 9.3万吨 | 49.4万吨 | – | 02万吨 |
| 1915年合计 | 110.3万吨 | 82.2万吨 | 65.1万吨 | 172.4万吨 | 120.2万吨 | 10.5万吨 |
| 1916年 | | | | | | |
| 第1季度 | 32.5万吨 | 9.3万吨 | 9.6万吨 | 52.4万吨 | – | 24.5万吨 |
| 第2季度 | 27.1万吨 | 11.3万吨 | 10.8万吨 | 52.2万吨 | – | 0.3万吨 |
| 第3季度 | 28.4万吨 | 11.8万吨 | 12.5万吨 | 59.2万吨 | – | 19.4万吨 |
| 第4季度 | 61.8万吨 | 22万吨 | 21.3万吨 | 115.9万吨 | – | – |
| 1916年合计 | 149.8万吨 | 54.4万吨 | 54.2万吨 | 279.7万吨 | 168.8万吨 | 44.2万吨 |
| 1917年 | | | | | | |
| 第1季度 | 91.2万吨 | 32.6万吨 | 24.6万吨 | 161.9万吨 | 58.7万吨 | – |
| 第2季度 | 136.2万吨 | 30.5万吨 | 24.9万吨 | 223.7万吨 | 68.5万吨 | 65.6万吨 |
| 第3季度 | 95.3万吨 | 28.7万吨 | 24.8万吨 | 149.4万吨 | 67.5万吨 | 33.9万吨 |
| 第4季度 | 78.3万吨 | 38.9万吨 | 42万吨 | 127.3万吨 | 99.1万吨 | 11.6万吨 |
| 1917年合计 | 401万吨 | 130.7万吨 | 116.3万吨 | 662.3万吨 | 293.8万吨 | 111.1万吨 |
| 1918年 | | | | | | |
| 第1季度 | 69.7万吨 | 32.9万吨 | 32万吨 | 114.3万吨 | 87万吨 | 0.1万吨 |
| 第2季度 | 63.1万吨 | 42.3万吨 | 44.3万吨 | 96.2万吨 | 124.3万吨 | – |
| 第3季度 | 51.2万吨 | 47.7万吨 | 41.1万吨 | 91.6万吨 | 138.4万吨 | – |
| 10月 | 8.4万吨 | 14.4万吨 | 13.6万吨 | 17.8万吨 | 51.1万吨 | – |
| 1918年合计 | 192.4万吨 | 137.3万吨 | 131万吨 | 319.9万吨 | 400.8万吨 | 0.1万吨 |
| 总计 | 903.2万吨 | 453万吨 | 434.2万吨 | 1505.3万吨 | 1089.4万吨 | 239.2万吨 |

\* 包括被拘禁于敌国港口的船舶总吨位。

备注：上表第二列，即实际登记在册的英国及其海外自治领和殖民地新建船舶总吨位（英帝国－登记入册的新船舶），摘自 Sir J. A. Salter 编著的 Allied Shipping Control 中的附表。其他数字则摘自 Merchant Tonnage and the Submarine, Cmd.9221。上表中"敌方新投入使用船舶"一栏的数字则指当季所获船舶。

E. 就纳入船团系统船舶数量、船团中因敌潜艇攻击损失船舶数量、独立航行船舶因敌潜艇攻击损失数量进行的比较，时间范围为自船团系统引入的 1917 年 2 月至战争结束的 1918 年 11 月[53]

表 4-11

| | 1917 年 2—3 月船团船舶损失率 | 1917 年 5—6 月船团船舶损失率 | 1917 年 8—10 月船团船舶损失率 | 1917 年 11 月—1918 年 1 月船团船舶损失率 |
|---|---|---|---|---|
| 荷兰和斯堪的纳维亚船团，以及英国本土近海船团 | 总计 3223 艘次，沉没 18 艘，损失率 0.55% | 总计 8540 艘次，沉没 25 艘，损失率 0.29% | 总计 9317 艘次，沉没 33 艘，损失率 0.35% | 总计 8596 艘次，沉没 24 艘，损失率 0.28% |
| 远洋船团 | 总计 0 艘次 | 总计 167 艘次，沉没 2 艘，损失率 0.84%^A | 总计 2495 艘次，沉没 16 艘次，损失率 0.64% | 总计 2663 艘次，沉没 19 艘，损失率 0.71% |
| 船团合计 | 总计 3223 艘次，沉没 18 艘，损失率 0.55% | 总计 8707 艘次，沉没 27 艘，损失率 0.31% | 总计 11812 艘次，沉没 49 艘，损失率 0.41% | 总计 11259 艘次，沉没 43 艘，损失率 0.38% |
| 独立航行船舶损失 | 410 艘 | 356 艘 | 221 艘 | 156 艘 |
| 独立航行的英国远洋商船损失率 | 不低于 10%（且接近 20%） | 10% | 8.58% | 4.44% |
| 船团和独立航行船只总损失 | 428 艘 | 383 艘 | 270 艘 | 199 艘 |
| 其中独立航行船舶沉没数量所占比例 | 95.5% | 93% | 83% | 78.4% |

| 备注 | | | | |
|---|---|---|---|---|
| 独立航行的近海航运船舶损失的准确统计数字尚不具备。尽管如此，该损失仍普遍被认为较被纳入船团系统的近海航运沉重 | 荷兰和法国煤炭航运船团（跨海峡）、苏格兰东北沿岸船团自 2 月开始运转。斯堪的纳维亚船团和东海岸船团于 4 月开始运转 | 返程远洋船团于 7 月开始运转 | 去程远洋船团于 8 月中旬开始运转。跨直布罗陀海峡和横穿地中海船团于 10 月开始运转 | 至 11 月，远洋船团系统已经发展完善 |
| **与海岸距离** | | | | |
| 沉没于距离海岸 10 英里以内海域船舶比例 | 20.4% | 17.7% | 42.6% | 62.8% |
| 沉没于距离海岸 10 ~ 50 英里范围内海域船舶比例 | 29.6% | 20.2% | 31.6% | 35.5% |
| 沉没于距离海岸 50 英里以上海域船舶比例 | 50.0% | 62.1% | 25.8% | 1.7% |

译注 A：此处似应为 1.2%，可能为计算错误。

| 1918 年 2—4 月船团船舶损失率 | 1918 年 5—7 月船团船舶损失率 | 1918 年 8—10 月船团船舶损失率 | 1917 年 2 月—1918 年 10 月船团船舶损失率 | 注释 |
|---|---|---|---|---|
| 总计 9384 艘次，沉没 19 艘，损失率 0.20% | 总计 13516 艘次，沉没 35 艘，损失率 0.26% | 总计 15312 艘次，沉没 7 艘，损失率 0.05% | 总计 67888 艘次，沉没 161 艘，损失率 0.24% | |
| 总计 3036 艘次，沉没 18 艘，损失率 0.59% | 总计 3647 艘次，沉没 22 艘，损失率 0.60% | 总计 4062 艘次，沉没 19 艘，损失率 0.47% | 总计 16070 艘次，沉没 96 艘，损失率 0.60% | |
| 总计 12420 艘次，沉没 37 艘，损失率 0.30% | 总计 17163 艘次，沉没 57 艘，损失率 0.33% | 总计 19374 艘次，沉没 26 艘，损失率 0.13% | 总计 83958 艘次，沉没 257 艘，损失率 0.30% | 在所有同时具备水面和空中护航的船团中，仅有 5 艘商船被击沉 |
| 169 艘 | 85 艘 | 103 艘 | 1500 艘 | |
| 5.41% | 5.61% | 3.14% | 5.93% | |
| 206 艘 | 142 艘 | 129 艘 | 1757 艘 | |
| 82% | 60% | 80% | 85.5% | |
| 德国潜艇对远洋船团展开的爱尔兰海攻势，其范围扩展至远洋船团的终点，即英格兰港口。2 月，英国东海岸船团系统接受了重组 | 爱尔兰海船团于 6 月设立 | 8 月间，东海岸船团接受重组，同时其覆盖范围扩大。北康沃尔郡近海船团于 10 月开始运转 | 出　处: Statistical Review of The War against Merchant Shipping，海军部 1918 年编纂；以及 Technical History Series of the First World War，海军部 1918—1920 年间编纂 | |
| 47.6% | 53.5% | 57.4% | 平均为 43% | |
| 40.8% | 19.7% | 20.9% | 平均为 29% | |
| 11.6% | 26.8% | 21.7% | 平均为 28% | |

表4-12:无限制潜艇战，即1917—1918年间，各季度船舶沉没于北海、英国东部、南部、西部沿海、西部进近航道海域、大西洋海域（包括比斯开湾和美国沿海）、其他海域和不明海域沿海），其他海域和不明海域的数量及比例（仅统计注册吨位500吨以上的船舶）①

| 海域 | 1917年2—4月 | 1917年5—7月 | 1917年8—10月 | 1917年11月—1918年1月 | 1918年2—4月 | 1918年5—7月 | 1918年8—10月 |
|---|---|---|---|---|---|---|---|
| 北海和英国东岸海域 | 62艘 12% | 47艘 14% | 48艘 14% | 32艘 11% | 22艘 8% | 42艘 21% | 15艘 9% |
| 英国南海岸和西海岸海域 | 127艘 24% | 86艘 18% | 89艘 27% | 128艘 45% | 141艘 51% | 48艘 23% | 64艘 40% |
| 西部进近航道海域（包括西海岸海域） | 135艘 26% | 137艘 30% | 43艘 12% | 6艘 2% | 13艘 6% | 18艘 9% | 8艘 5% |
| 大西洋和比斯开湾海域（以及美国沿海） | 67艘 22% | 90艘 19% | 66艘 19% | 31艘 11% | 26艘 9% | 33艘 16% | 41艘 26% |
| 其他海域和不明海域* | 37艘 7% | 23艘 5% | 24艘 7% | 2艘 1% | 4艘 1% | 11艘 5% | 15艘 9% |
| 备注 | 法国煤炭航运船团自2月初开始运转（夜间航行）。斯堪的纳维亚船团和东海岸船团自4月末开始运转 | 北大西洋返程远洋船团于7月中旬开始运转。船团开始运转，包括：班克斯、拉姆拉什、德文波特、法尔茅斯 | 去程远洋船团于8月开始运转。直布罗陀返程船团于7月开始运转。南大西洋返程船团于9月开始运转。10月中旬，从直布罗陀发出的船团开始横穿地中海的航行。横穿地中海船团于10月开始运转 | 横穿地中海船团于11月开始运转。民土敦自1月起不再运转。民土敦船团结束运转 | 执行北大西洋或南大西洋航运任务的船舶中，航速非增增者自3月起被纳入直布罗陀船团。在爱尔兰海活动的远洋船舶自3月起将利物浦作为起点。多佛尔海峡拦阻网体系自2月起有效活动。大型潜艇自2月起在苏格兰三以北海域活动 | 法国煤炭航运船团自6月中旬开始运转呈间歇行。南部近海特殊海航线于6月开始启用。自6月起，更多的远洋船在爱尔兰海以船团形式航行。绍森德自6月起被用作船团集结地。米尔福德至罗斯莱尔船团于6月开始运转。利瓦浦东海岸海域的攻击于6月展开 | 北康沃尔部近海船团于10月末开始运转 |

* 不包括地中海海域。该表纳入了"其他海域和不明海域"，以展现远洋船团系统所发挥效果的改善，即自船团系统引入后，"不明"损失的数量持续减少。事实上，此类损失几乎消失了。

值得注意的是，发生在大西洋海域的损失比例在最后一个季度达到峰值——总计41艘，占世界总损失数量的26%。

同样值得注意的是，1918年5—7月这个季度中，随着对多佛尔海峡的有效封闭以及德国潜艇船团系统建立，发生在南部和西部近海海域的船舶沉没数有所减少（48艘，占比23%），1918年8—10月间，随着全面的东部近海船团部署配备空中护航和支援，发生在南部和西部近海海域的船舶沉没数有度上升——64艘，占比为40%。

当船团应于飞机活动的范围内且天气条件允许时，所有远洋船团提供了空中护航和支援（仅限昼间）。1918年6月，飞机也将活动范围延伸至受到攻击的近海船团以取代近海船团进行的护航。潜艇对受到空中护航的船团进行的攻击从未成功。

① 译者注：百分比并非该项数字与该列总和比例；此外，表中某些百分比似不正确，但保留文如此，译者不做修改。

F. 潜艇统计数字

1.[54] 下表中各项含义如下：

（a）平均每月在役潜艇总数（不包括因长期修理而退出现役的潜艇）

（b）平均每月一线潜艇总数（即可作战潜艇）

（c）平均每日出海一线潜艇数量

（d）各月中单日潜艇出海数量最大值

（e）各年建造的潜艇数量

表 4-13

|  | 1914 年 | 1915 年 | 1916 年 | 1917 年 | 1918 年（1 月至 10 月） |
|---|---|---|---|---|---|
| （a） | 32 | 52 | 103 | 163 | 172 |
| （b） | 26 | 38 | 71 | 129 | 123 |
| （c） | 4 | 7 | 19 | 44 | 45 |
| （d） | 13（9 月） | 19（8 月） | 49（10 月） | 70（10 月） | 60（3 月和 5 月） |
| （e） | 10 | 52 | 108 | 93 | 80 |

2. 建成与损失等数据[55]

表 4-14 建造数量

| 28 艘 | 344 艘 | 226 艘 | 212 艘 | 总计 810 艘 |
|---|---|---|---|---|
| 建成于第一次世界大战爆发前 | 建成于第一次世界大战期间 | 1918 年 11 月仍处于建造过程中 | 计划建造[56] | |

### 因被毁及投降等原因损失数

| 178 艘 | 在战争中损失（1914 年 5 艘，1915 年 19 艘，1916 年 22 艘，1917 年 63 艘，1918 年 69 艘） |
|---|---|
| 14 艘 | 自沉（1918 年 10 月 1 日至 11 月间，从弗兰德斯基地和亚德里亚海基地撤退过程中） |
| 5 艘 | 被转让给奥地利和保加利亚 |
| 1 艘 | 被拘禁后由荷兰收购 |
| 1 艘 | 被拘禁后在投降前自沉 |
| 7 艘 | 前往指定投降海域途中沉没 |
| 176 艘 | 向协约国方面投降（包括 18 艘建成但尚待移交该海军的潜艇） |
| 8 艘 | 旧式潜艇由德国自行拆解 |
| 208 艘 | 未完工潜艇在船台上被拆解或拆除 |
| 212 艘 | 计划建造 |
| 总计 810 艘 | |

战争期间沉没的 178 艘潜艇中，可确定其中 133 艘因遭到英国方面的攻击沉没；6 艘因遭俄国方面的攻击而沉没；1 艘因遭法国方面的攻击而沉没；其余潜艇因事故或不明原因沉没。

## 3. 战争损失原因分析 [57]

**表 4-15**

| | 1914—1916 年 | 1917 年 | 1918 年 | 总计 |
|---|---|---|---|---|
| 战列舰（撞沉） | 2 艘 | 0 | 1 艘 | 3 艘 |
| 巡逻 / 潜艇猎杀舰队 | | | | |
| （1）撞击 | 1 艘 | 4 艘 | 1 艘 | 6 艘 |
| （2）火炮射击 | 5 艘 | 1 艘 | 1 艘 | 7 艘 |
| （3）扫雷具 | 2 艘 | 0 | 0 | 2 艘 |
| （4）深水炸弹 | 2 艘 | 4 艘 | 16 艘 | 22 艘 |
| （5）飞机（炸弹） | 0 | 1 艘 | 0 | 1 艘 |
| （6）鱼雷（潜艇发射鱼雷） | 5 艘 | 6 艘 | 0 | 11 艘 |
| 诱饵火炮 [B] | 5 艘 | 6 艘 | 0 | 11 艘 |
| 商船 / 运输船 | | | | |
| （1）撞击 | 0 | 2 艘 | 3 艘 | 5 艘 |
| （2）火炮 | 0 | 0 | 1 艘 | 1 艘 |
| （3）爆炸（扫雷具） | 0 | 1 | 0 | 1 艘 |
| 护航舰艇 | | | | |
| （1）撞击 | 0 | 3 艘 | 1 艘 | 4 艘 |
| （2）火炮 | 0 | 1 艘 | 2 艘 | 3 艘 |
| （3）扫雷具 | 0 | 0 | 1 艘 | 1 艘 |
| （4）深水炸弹 | 0 | 2 艘 | 5 艘 | 7 艘 |
| 水雷 | 10 艘 | 20 艘 | 22 艘 | 52 艘 |
| 事故 | | | | |
| （1）德国方面布设水雷 | 3 艘 | 5 艘 | 1 艘 | 9 艘 |
| （2）德国方面发射鱼雷 | 1 艘 | 0 | 1 艘 | 2 艘 |
| （3）搁浅 | 3 艘 | 2 艘 | 0 | 5 艘 |
| （4）其他原因 | 0 | 2 艘 | 0 | 2 艘 |
| 原因不明 | 7 艘 | 2 艘 | 7 艘 | 16 艘 |
| 总计 | 46 艘 | 63 艘 | 69 艘 | 178 艘 |
| 撞击总计 | 3 艘 | 9 艘 | 6 艘 | 18 艘 |
| 火炮总计 | 10 艘 | 8 艘 | 4 艘 | 22 艘 |
| 扫雷具总计 | 2 艘 | 0 | 1 艘 | 3 艘 |
| 深水炸弹总计 | 2 艘 | 6 艘 | 21 艘 | 29 艘 |
| 鱼雷总计（包括德国方面发射的鱼雷） | 6 艘 | 7 艘 | 7 艘 | 20 艘 |
| 水雷总计（包括德国方面布设的水雷） | 13 艘 | 25 艘 | 23 艘 | 61 艘 |

译注 B：可能是伪装成商船并装备火炮的舰艇，即 Q 船。

# 英美海军关系

## （1917年4月—1918年11月）

———— 第五章 ————

我方官兵和英国海军官兵之间的关系非常良好，事实上，这种关系实现了一切可能的期望。

———西姆斯致约瑟夫斯·丹尼尔斯，1917年9月11日

他们（美国海军）全身心投入战争，而且并未受到欧洲各国间显然一直存在的国别妒忌心影响。

———杰利科致贝蒂，1917年11月30日

两国海军的合作程度堪称达到了最大化，且双方关系在各方面都同样令人满意。

———格蒂斯，于海军部海务大臣委员会为美国众议院
海军事务委员会成员组织的午餐会上，1918年8月2日

## 1. 昆士敦司令部

昆士敦司令部主要负责西部进近航道海域 [当然，昆士敦现已更名为科夫（Cobh）]，就其指挥官一职而言，可以说没有比贝利更为合适的人选。确实，正是在其指挥官任期后半段，"路易吉"（Luigi）·贝利才赢得了他应当享有的名声。他不但取得出众的成功，而且与美国海军达成了非常友好的工作关系。他被证明是这支英美混编部队堪称理想的指挥官：老练、灵活、友好，但在必要时亦是一名严厉且足够坚定的主管人员。出任该职期间，其早年生涯中明显的粗鲁和令人不快的性格已经消失不见。[1] 与此同时，其性格中慷慨和蔼的一面展现

了出来。美国海军发掘了贝利性格中人性的一面，且这一面使他被美国海军全体水兵称为"刘易斯大叔"（美国方面给贝利取的其他昵称包括"冷面老头"——他看起来更像一名承办人而非海军上将——这一昵称可以说非常贴切）。他将自己在昆士敦海军部办公室内设置的吸烟室变成"一种学生长廊。他在这里悬挂有包含战争区域的巨大地图。每天，人们都会看到他向一群年轻的美国海军军官讲解西线战场前线的战事进展，以及他所知道的各种轶事。其本人几乎长达半个世纪的海军服役经历也增加了他所说言语的可信度：他拥有在各大海域航行的经验——毫无疑问，他的胸中装满了各种'故事'，而这些来自大西洋对面、衣着干净、四肢挺直的年轻人对他的言谈又是何等着迷！"[2]他将两国海军舰艇混编入其所辖的驱逐舰队和其他中队，因此在短短几个月内，两国海军舰艇在事实上便构成了由他指挥的一支统一的部队。然而应该注意的是，美国海军拥有其独特的舰船养护组织和纪律。西姆斯曾在寄回国内的信件中写道："常常从我方驻昆士敦的舰队中听到如下评论，即他们将贝利海军中将……视为他们自己的将军……"[3]西姆斯对贝利的评价如下：

　　他总是将自己指挥的部队称为"我的驱逐舰"，以及"我的美国人们"。无论谁试图干扰他们，或对其稍有不公，贝利都会找他的麻烦！即使面对整个英国海军组成的联合舰队，贝利也愿意为他们而战，就像雌虎保护自己的幼崽一样……年轻的美国人与经验丰富的将军之间的关系是如此紧密，以至于有时前者会因为个人问题，去寻求后者的帮助；贝利不仅成为他们的指挥官，也成了他们的知己和顾问……

　　海军部办公室总是对我军军官们开放；他们围坐在贝利将军的炉火旁，度过了很多个愉快的夜晚；午餐和晚餐期间，他们总能受到适当的招待；无论何时返回港口，他们总会前往海军部办公室，去那里喝一杯茶。[4]

　　西姆斯最早是在4月晚些时候[①]，和贝利在伦敦见面。此次见面之前，前者

---

①译者注：相应年份应为1917年。

曾被人提醒称"此人尤其难以相处"。当时贝利的表现倒与其"名声"相称——"他对我的态度就像对别人一样粗鲁"——西姆斯曾这样汇报。杰利科曾向卡森表示，除非贝利改善自己待人接物的态度，否则他就会被解职。不过，在5月初西姆斯亲自访问昆士敦时，情况有所改善。到当年6月，西姆斯和贝利之间已经建立起了非常稳固的相互敬重和双向影响，以至于贝利当月告假时，他甚至让西姆斯接管其指挥权五天。这个主意最初出自西姆斯，他认为这将是"一个富有想象力的姿态，借此不仅可以公开美英两国的合作关系，而且能够平息美国国内任何所谓美国利益屈服于英国利益的批评"。[5]此举开创了美国人指挥英国皇家海军一部的先例（当然这并不是最后一次。参照第二次世界大战经验，1945年时英国太平洋舰队就曾与美国太平洋舰队一道作战）。[①]而贝利曾在战后写道："我们之前从未出现过不同意见。"

西姆斯的头衔是"美国在欧洲水域海军作战部队指挥官"（Commander of the United States Naval Forces Operating in European Waters），因此名义上是贝利属下美国舰队（主要为驱逐舰和猎潜艇）指挥官；但鉴于他（西姆斯）大部分时间待在伦敦，因此其驻昆士敦的总参谋长普林格尔（Pringle）才是实际指挥人员。贝利与世故但能力出众的普林格尔的关系几乎和他与西姆斯一样好。

西姆斯的传记作者曾这样描写两国海军在昆士敦的和谐关系：

对于在此作战的两国官兵而言，在该基地的经历成了他们一段宝贵的记忆……昆士敦司令部的光辉成功掩盖了其在取得成功过程中克服的种种困难。对于一些军官而言，贝利上将一直是那个"冷面老头"。出于对其麾下官兵的骄傲，他曾超越其职权范围，斥责美国军官，使后者懊恼甚至感到屈辱……两国水兵则不时将对方激怒……难以避免的困难和摩擦曾频繁出现，且难以像通常情况下那样动用指挥官权威解决，从而要求对纪律和法令作出修改，而该种调整又只能依靠本能、智慧和直觉做出。就这样，昆士敦司令部的各位领导——贝利将

_____

①译者注：可参考译者译作《英国太平洋舰队》。

军、西姆斯将军和普林格尔上校承担了沉重的指挥责任。该司令部取得的巨大成就应该归功于他们三人。除了这三巨头之外，成就还应归功于另一人，即瓦奥莱特·沃伊齐（Violet Voysey）小姐（贝利的外甥女和他家的女主人）。所有向这位年轻小姐求助的人都不会一无所得。"女性影响力"几乎从未被一位女性以如此聪明而有节制的方式得到运用。[6]

如今同样明确的是，西姆斯也是一位非常合适的人选。这位亲英军官拥有丰富的航海经验、开阔的视野、敏锐的思维，以及平易的态度，他很快便被皇家海军圈子接受为自己人。抵达英国几周之内，西姆斯就可以每天与杰利科会见，并被海军部授予完全的自由，且获准能够接触首相以下的所有政府官员。他曾出席很多次海军部委员会讨论海军作战行动的会议。[7]1917 年 11 月，海军部开始让西姆斯阅读其非常机密的"每周评估"文档，该文件原本应供英国内阁阅读。据迪尤尔描述，在伦敦，两国海军作战计划处于 1917—1918 年之交已经建立起了"友好和热诚的关系"。至 1917 年底，根据杰利科的评估，两国海军的合作已变得"非常彻底"。在指示美国海军军官不要就英国（以及法国）海军中，美方不甚赞同的事件提出批评时，西姆斯显然并未干扰到这种热诚关系。维密斯对西姆斯给予了极高的赞誉："他对我们的忠诚及合作非比寻常，我非常怀疑是否会有另一位美国海军军官能取得和他一样的成果。他不仅压抑了自己，也压抑了美国方面的很多'自负'心态，从而导致令人满意的结果，并表明他不仅心胸非常开阔，而且完全忠于同盟。美国海军与我方合作的方式、美国海军军官认为自己是联军一部分的心态，都是我认为应该主要归功于西姆斯的成就……"贝蒂则对此评论道："而对于大舰队来说，这种成就应主要归功于罗德曼将军（Rodman）。"[8]

## 2. 大舰队

美国海军拥有 10 艘燃煤无畏舰和 5 艘强大的燃油无畏舰。其中 4 艘燃煤无畏舰于 1917 年 12 月初加入大舰队（后又有 1 艘加入），构成了战列舰快速两翼中的一翼，即第 6 战列舰中队。查特菲尔德曾在其回忆录中表示："对于两支从未一起出海航行，且在完全不同的环境下接受训练的海军而言，理念、作战原则、日常操作之间的种种矛盾将没有一种能被轻易化解。"但这种矛盾并未出现。美国中队在所有方面都融入了大舰队，包括战术、炮术操作、信令等方面。"在抵达三天后，他们就加入了全面规模的舰队行动，显然其在遵守英国战术机动条令方面没有遭遇任何困难。英国信令的编码和操作方式能如此迅速地被美国海军吸收，无疑堪称美国海军训练的一大成就。不过，在某些方面，相关技能只有通过战争条件下的长期经历才能获得，例如在夜间无光照条件下精确保持战位 [9]。"[①] 最初，根据贝蒂的评判，美国海军战列舰的炮术水平"无疑很弱，令人失望"；此外，贝蒂对于美国海军的信令操作也没有太高评价。然而，美国海军还是给他留下了深刻印象："他们非常热情，并竭尽所能，希望推动合作成功。不过，我们不应该催得太紧……他们充分利用了指派他们的（英国）军官，而且学得很快。"[10] 1918 年 6 月，作战计划处则评估称，考虑到第 6 战列舰中队原有的经验，需要 4 个月的联合工作才能实现与大舰队的高效合作。然而，最晚是在同月，根据海军副总参谋长的转述，贝蒂仍认为大舰队中的美国战列舰"对大舰队而言更像是一种负担。他们甚至未曾被同化至足够被认为与英国无畏舰相当的程度，如果不是出于政治原因，他并不介意大舰队在没有这些美国战列舰同行的情况下出海"。[11]

起初，英国舰队无法理解美国战舰为何而来：英国人觉得仅靠自己就足以对付德国人。但这种情绪很快消失，而合作精神在斯卡帕湾和罗赛斯的体现就如在昆士敦那样令人赞赏。美国中队的指挥官罗德曼少将曾在演讲中表示："随着时间流逝，我们之间的友谊化为同伴之情乃至同袍之情，并进一步化为手足情谊……我认识到，英国舰队已经实际参与战争三年，并彻底了解这场战争的一切；虽然我方可能从理论上了解了如何从事战争，但无疑还有许多地方需要从实践中学习。如果希望我们的工作能够和谐进行，那么在一支舰队中就无法同时存在两个独立指挥部；如此说来，唯一符合逻辑的方式就是将我们的战舰

---

① 译者注：当然，到第二次世界大战期间，英国太平洋舰队就得学习并采取美国海军的信令和规范了。该舰队指挥官弗雷泽上将是学习美国海军操作规范的有力推动者。

与英方合编，并服从英国总司令官的指挥。"[12] 实际上，罗德曼少将本人就是实现两国舰队和谐共处，并将其中队顺畅整合入大舰队的重要因素之一。英美双方的合作甚至发展到了美方采用英方信令系统、火控方式，以及集火射击方式的程度。贝蒂给了罗德曼很多独立执行支援北海船团任务的机会，在这一情况下，英国护航舰队自动划归罗德曼少将指挥。和西姆斯与贝利的关系类似，罗德曼和贝蒂也成了好友，而且罗德曼及其麾下军官常常访问阿伯道尔（Aberdour），即贝蒂位于罗赛斯附近的住宅。

在直布罗陀，两国海军之间的关系同样是"极为快乐的性质"（杰利科语）。在这里，一支由巡逻和护航舰艇组成的美国海军分遣队归英国资深海军长官希思科特·格兰特（Heathcote Grant）海军少将指挥。

两国海军之间当然存在着分歧：在北方拦阻网体系问题上的分歧尤为严重，但即使在这一问题上，也仅仅是贝蒂本人而非海军部被卷入争论。此外，位于华盛顿的美国最高层——即威尔逊总统、海军部长丹尼尔斯，以及海军作战部长（Chief of Naval Operations，相当于英国的第一海务大臣）本森（Benson）——均一直对英国未能更加攻击性地使用协约国方面可观的海军优势表示不满。仅举一例便足以说明问题。丹尼尔斯曾要求诺思克里夫（Northcliffe）[①] 去见他。诺思克里夫在之后报告称："丹尼尔斯表示，如果英国人继续其防御性战略，那就不可能获得美国人在海军事务上的全力合作……他还表示（美方）固然可以理解目前仍在讨论中（指1917年9月，在伦敦举行的协约国海军会议上的讨论）的部分计划的困难，**但他要求采取行动**。他强调了协约国方面，或者说英方未能阻止德方驻泽布吕赫潜艇部队规模的扩张，并表示总体而言自己对现状并不满意……我向您报告这些是因为雷丁（Reading，时任英国驻美大使）抵达之后，他立刻就得去应付美国海军部长助理罗斯福[②]，后者的观点与丹尼尔斯一致。此外，我还知道美国总统持有相同观点。"[13]

---

①译者注：即阿尔弗雷德·查尔斯·威廉·哈姆斯沃思，诺思克里夫子爵，英国著名报人，《每日邮报》创立者，第一次世界大战期间曾于1917年作为英国赴美战争使团首领，并因此受封男爵。

②译者注：即日后第二次世界大战期间的美国总统富兰克林·罗斯福。

位于伦敦的同一层次之中（即英方相应领导人），第一次世界大战最后几个月里，他们则是在抱怨美国人在海上战争中的贡献过少。英国方面对此感受进行了非常直白的表达。格蒂斯曾在举行于华盛顿的一次午餐会上表示，在对抗潜艇威胁上，英国承担了主要责任："每个月里，在协约国海上交通线上工作的英国远洋护航舰队航行总里程大约为 150 万海里。但谈到美国方面相应的里程数，我认为甚至不足每月 15 万海里。可能其他盟国都能做到每月 20 万到 25 万海里。"类似地，在比较巡逻工作这一方面时，美国海军做出的贡献亦"非常微小，与我国其他盟国的贡献类似"。在欧洲水域，英国海军共部署 5360 艘舰艇，而美国海军仅部署 223 艘（这两项数据偏少，英方数字未包含摩托快艇，美方数字则未包含猎潜艇）。在 1918 年最初 5 个月中，美国只建成 11 艘舰艇，而英国建成 203 艘。把美国战列巡洋舰派往欧洲水域将会非常有用。[①] 然而，"重要的是快速而迅捷的舰艇与巡逻船只、轻巡洋舰和驱逐舰，以及性能良好、设计简单、相对航速较慢的远洋护航舰艇"。在这次演说结尾，格蒂斯还强烈要求美国海军做出更大的贡献。[14]

在回顾了各方面反应之后，我们仍应注意的是，第一次世界大战时期英美两国在海军作战上的大体和谐，尤其是两国舰队之间的和谐，仅仅是协约国成员之间战时关系编年史中的一个稀有特例。

---

①译者注：实际上，美国此时并未拥有战列巡洋舰，但格蒂斯此处可能是指战列舰。

# 大舰队：不确定性和失去的机会
## （1918年1—6月）

## 第六章

（参见资料图1）

1918年的主要考量是，德国舰队是否会再次出动？贝蒂对此深信不疑并表达了这一观点。而这正是实际的事态发展。

——查特菲尔德，《海军与国防》

1918年间，海军战争政策的唯一改动便是由战争内阁做出的决定，即大舰队不再需要尽其所能迫使公海舰队接受交战。我发现自己很难将这一决定，与劳合·乔治先生1917年间曾向我表达的观点相调和。当时，他曾要求海军总体采取更具攻击性的行动，尤其是大舰队；并指出与德国方面相比，我方拥有强大的海军实力。

对大舰队而言，适当的攻击性行动无疑是指在机会出现时，寻求与公海舰队交战；抑或通过任何手段，诱使公海舰队出海。1918年的决定恰恰取消了这种攻击性行动。

——杰利科，《潜艇威胁》

## 1. 士气

第一次世界大战最后十个月中，大舰队内只进行了一次重要的人事变动。斯特迪离开大舰队，出任诺尔（Nore）司令部总指挥，其职位空缺由海军中将蒙塔古·勃朗宁（Montague Browning）爵士填补。贝蒂曾如此描写这一告别："老斯特迪昨天永远离开了我们。我给他举行了一个告别宴会，并准备了一篇颂扬的演讲，这让他很高兴，且没有造成任何损害。不过在你我之间，我得承认我很高兴看到他滚了。他已经变得非常令人生厌，并执迷于所有人都在反对他，而且自己受到了不应有的对待的想法。实际上，他堪称海军中最幸运的人——他曾犯下很多错误，有些甚至是很大的错误，但从未因此受到惩罚。"[1]

战争导致的疲倦和烦恼，以及长期不曾战斗造成的不利影响较 1917 年更甚。下面这篇由一名年轻军官撰写的日记尽管写于 1917 年，却同样能反映出 1918 年大舰队中大多数人的情绪："事实是，我**已经**'对海上的一切都感到厌倦'——战争令人厌倦，斯卡帕令人厌倦；我厌倦于一再看到一成不变、别无二致且完全该死的令人苦恼的灰色、灰色和灰色，比如灰色的天空、灰色的海，以及灰色的船。"[2] 贝蒂本人则因为无法对付敌人而非常烦躁，从他致妻子的信中便可见一斑——"杜波依斯夫人是否在爱丁堡？你得……告诉她，如果她不能**很快**给我们带来一些好消息，我就会把她开除出我的职员名单"（2 月 7 日）；"在如此惨烈的战斗进行的同时（指西线战斗），我们却无法施以援手。此事一直萦绕在我心头，让我无比焦虑"（3 月 31 日）；"天气很糟糕，把一切都染上了忧郁感。说真的，这里可谓世界上最该死的地方。整整四天天气一直不好，且没有任何出现好转的间歇。即使军官候补生们也变得忧郁起来"（6 月 26 日）。[3]

尽管弥漫着对于战争的疲倦情绪，1918 年间，大舰队的士气依然极为高昂。一名曾在战列舰"阿肯色"号（Arkansas）①服役的年轻美国军官曾在事后写道："对于曾在英国大舰队下，由美国战列舰组成的第 6 战列舰中队里服役的官兵而言……英国海权的一大显著特质便是以高昂的士气面对艰难困苦。当协约国陆军的士气濒临崩溃，而德国公海舰队又拒绝出航并交战时，（贝蒂）心理上的重担可想而知……但大舰队的士气是如此高昂，以至于在大舰队中服役都可被视为一种乐趣。"[4]

应该如何理解这种看似矛盾的心态？贝蒂自身或许是最重要的那个因素。大舰队上下对他绝对信任。他的旗舰舰长直白地表达了这一点："大舰队的主流

①译者注：美国海军战列舰，隶属"怀俄明"级，1911 年 1 月下水；1918 年 7 月取代"特拉华"号战列舰，加入大舰队第 6 战列舰中队。

情绪主要取决于其领导。大舰队上下对他抱有信心，坚信他是一名斗士；坚信无论面对何种天气条件或其他危险，他都将率领大舰队出击；坚信一旦与敌人接触，他就不会放过敌人……在那单调而考验人的两年里，贝蒂一直将大舰队的情绪、战斗力、和谐关系和愉悦心态，以及热情维持在一个尽可能高的水准，这将永远是戴维·贝蒂的功绩。"[5]

信心是导致舰队士气高昂的另一个因素。大舰队上下对这一点毫不怀疑，即只要公海舰队出航接受一场彻底的最终之战，他们（英方）就能彻底痛击德方。大舰队上下普遍期待且相信的是，如果德国人希望避免最终失败，那么总有一天，他们将不得不出航与自己作战。在战争最后几个月中，这一期待变得愈加迫切。

1918 年 4 月 12 日，舰队主力移驻此前一直仅被用作战列巡洋舰基地的罗赛斯时，大舰队的士气得到了进一步激发。从此以后，罗赛斯成了合并后的大舰队新的永久性基地。从士气角度来看，其较斯卡帕湾的优势颇为可观；更遑论从战略角度来看。与遥远、与世隔绝、阴沉可怕而又令人沮丧的斯卡帕湾相比，罗赛斯和福斯湾无疑是文明得多的地方。在这里的人不仅能前往爱丁堡进行短期旅行，而且罗赛斯自身供官兵使用的运动场地和食堂条件也要好得多。无论在斯卡帕还是罗赛斯，海军都会竭尽所能保障官兵身体健康（通过举办比如足球赛和年度中队赛艇等比赛；后一种比赛形式为操作各舰搭载的小艇，如轻便艇、单列舢板和捕鲸艇进行比赛）；并在岸上和舰上均为官兵组织消遣活动，例如甲板曲棍球赛、拳击和戏剧表演。军需船"古尔科"号（Gourko）扮演了尤为重要的角色。该舰被用作剧场，且大获成功。

（查默斯少将曾写道）"古尔科"号提供的服务大受欢迎。各舰争先恐后地拿出最好的演出。舰队内出现不少人才，随着时间的推移，演出达到了很高的标准。服装和假发租自伦敦。灯光效果由各舰鱼雷部门负责设计，几可与伦敦最好的剧场相媲美……演出期间，由皇家海军陆战队乐队组织的加强管弦乐队就坐在舞台下的乐池中……

由于没有女性，因此女角色通常由年轻的军官候补生扮演。他们头戴假发，身着连衣裙，盛装出演。其中之一便是当时在贝蒂旗舰上服役的路易斯·蒙巴顿勋爵。

舰队中的娱乐形式颇多。"厌战"号曾因上演一部完整轻歌剧而名噪一时，该歌剧以爱德华·杰曼（Edward German）所作"快乐的英格兰"为蓝本改编。"伊丽莎白女王"号的官兵则认为身为舰队旗舰成员，必须超过其他所有舰艇。他们上演了一出以李斯特钢琴曲伴奏的俄式芭蕾舞，震惊了整个舰队……

贝蒂本人是个热情的戏迷，几乎不会错过任何一场此类演出。由于观看戏剧的官兵人数往往达到2000以上，此举也使得贝蒂的个性为旗舰以外的各舰所熟知。表演结束时，贝蒂会向官兵发表演说，其基调总是："不久之后他们（德国公海舰队）就不得不出海，如此一来，我们只有一件事可做，那就是将其全歼。"他的乐观情绪颇具感染力，并且为整个舰队所感知……通过排练和表演，戏剧娱乐振奋了很多官兵的精神，使人回忆起上次休假时的怀旧之情，并给他们带来了最新的流行歌曲，例如《如果你是世界上唯一的女孩》《庇卡底玫瑰》《收拾好你的麻烦》，以及《别让家中炉火熄灭》等。在这些因等待而使人厌倦的年月里，剧场船在保持舰队士气高昂一事上贡献良多。[6]

也有军官表示"不记得在斯卡帕时任何一个沉闷的时刻；至于罗赛斯，当然，岸上有各种各样的活动可以参加"。作为舰队高昂士气的一个表征，舰队军纪一直维持得很好。尽管各舰因需要常年保持四小时备航状态，因此任何人都不可能离自己的舰艇很远；但不管怎么说，缺席人员都很少。每年各舰均会入坞十天接受整修，在此期间，舰上所有官兵都能获得假期。

## 2. "新"战略

新年伊始之际，战事前景并非全然乐观。尽管潜艇威胁正在逐渐得到控制，但反潜战还是对大舰队的可用资源造成了很大压力。这种压力以三大表现形式存在：（1）大舰队的驱逐舰被抽调执行船团护航或其他反潜任务；（2）为维持赫尔戈兰湾海域雷场的效用，大舰队轻型舰艇部队必须持续出动，这意味着大舰队所辖轻巡洋舰和驱逐舰并非总能参与舰队作战；（3）德国水面舰艇部队于

1917 年秋对斯堪的纳维亚船团展开的破袭作战说明，未来必须动用重型舰只掩护船团，从实际角度来看，对于重型舰只的这种使用方式必然意味着对大舰队主力舰实力的永久性削弱。与此同时，大舰队各舰防护和炮弹方面的弱点依然存在，在贝蒂看来，这意味着对战列舰队真实实力的进一步削弱。[7] 上述三大表现形式中，第三种形式起到了催化剂的作用。

1 月初举行的一次非常重要的会议中，贝蒂在会议日程首日便将上述观点抛出，并让海军部震惊不已。贝蒂的结论是，"为了满足我方普遍利益而采取的一些措施，将导致舰队对战的推迟"。[8] 海军部要求贝蒂就此问题起草一份备忘录。由此，贝蒂于 1 月 9 日提交一份备忘录；格蒂斯对该文件大加赞赏，不仅称其为"一份重要且重大的报告"，还将其与杰利科 1914 年 10 月 30 日提交的备忘录[9] 相提并论，把它们并称为第一次世界大战期间英国海军最重要的两份文档。这份备忘录的核心内容如下：

大舰队需完成两项职责——

一、击败敌舰队

二、控制北海交通线

如能实现第一点，则第二点自然能实现——因此，需考虑的要点便是大舰队目前状态是否能实现第一点……

无法否定下列两种事件的可能性，即遭遇公海舰队并导致一场非决定性的海战，抑或海战中英方损失高于对方。我希望日后无论开展任何调查，都能发现我的上述观点已被记录……

我相信，就我方无法迫使敌方在我方选择的时间出海作战这一点上，大家已经达成普遍的共识。因此我们面临的问题便是，在对手选择的时刻，如何集中起实力较对手而言足够强大的舰队，实现彻底毁灭对手的目标。只要敌人还停留在港内，他们就处于内线作战的状态，从而可以自由选择出击时机，针对我方与斯堪的纳维亚国家的航运交通展开打击，而这一航运交通对我方而言至关重要。

敌方的内线地位，以及其在我方船团起航的中立国港口布置的眼线，均有助于其动用一支实力强于我方船团护航舰艇的舰队，对船团展开奇袭。极端情况下，一方面我方显然无法动用整个大舰队掩护船团；而另一方面，敌方则可能动用整个公海舰队实施奇袭，并有希望做到在夜间脱离战斗，安然返回其基地。

几乎可以确定的是，一旦敌方出击并求战，我方部署执行掩护船团任务的舰队便无法及时与我方舰队主力会合。因此，在预计我方可用于迎敌的舰队实力时，必须将这些执行掩护船团任务的舰艇排除。派出执行船团护航任务的舰队实力越强，我方届时可用于迎战公海舰队的舰队实力就越弱；而相应地，敌方对这一事实的评估无疑将促使其对船团展开奇袭和威慑。频繁在船团掩护舰队中部署重型舰只，将给敌方提供在昼间实施潜艇攻击，甚至夜间实施驱逐舰攻击的良机。这种机会将实现敌方渴望的消耗战，因此也将获得敌方的欢迎……

俄国的溃败导致德国原先部署在波罗的海的舰队得以释放出来，从而使德国能够集中其全部舰队，迎战我方舰队。

若只考虑战列舰，则大舰队实力明显强于公海舰队……[10] 在考虑这一优势时，应牢记敌方掌握着决定进行舰队对战时机的主动权这一事实。敌方因此可以从容布置潜艇伏击，并在我方舰队的接敌航线上提前布设水雷，敌方指挥官及其麾下将领们必然早就认识到，在双方舰队实际发生接触，展开战斗前，这一类伏击造成的我方损失便是可以预见的……

在战列巡洋舰方面，我方拥有9艘，而德方拥有6艘，即"马肯森"号（Mackensen）[①]、"塞德利茨"号、"毛奇"号、"兴登堡"号（Hindenburg）、"德弗林格"号、"冯·德·坦恩"号。尽管纸面上我方占据优势，但在英国战列巡洋舰中，仅有3艘，即"狮"号、"大公主"号和"虎"号能够与5艘（原文如此）德国战列巡洋舰匹敌。"声望"级战列巡洋舰装甲性能不足，无法承受主力舰主炮的伤害。"新西兰"级和"无敌"级则在航速、防护和火力三方面都存在缺陷……

---

[①]译者注：事实上，该舰直到第一次世界大战结束也仍未建成，但英方一直估计该舰已经服役，且因此对自身战略考量产生了重要影响。

贝蒂继而指出，大舰队在轻巡洋舰方面的优势太弱，甚至已经达到危险的程度——"船团任务对该舰种的需求或许会使得我方在海战中反处于劣势"——最大的劣势则体现在潜艇，以及令人绝望的驱逐舰状况上。[11] 由于反潜战的需要，大量驱逐舰被分散出去执行额外的任务，因此大舰队无法期待在舰队对决中，仍能保有名义数量上的驱逐舰（1 月间最多曾有 15 艘驱逐舰被抽调，但在此之后直至 8 月，每月月初总有 3 ~ 9 艘被调走）。贝蒂接着强调了舰队所使用炮弹在性能上的缺陷：直至 1918 年夏，性能有所改善的炮弹才能运抵大舰队。"在那之前，大舰队只能带有极其重要的缺陷迎战对手。我希望着重强调这一点……"

从以上论述中，贝蒂推导出如下结论：

**对大舰队而言，正确的战略不再是不惜一切代价尝试诱敌，接受交战，而是继续将其封锁在其基地中，直至总体态势变得对我方更为有利。**

**但这并不意味着在条件对我方有利的情况下也回避交战，也不意味着我方应该扮演被动和纯防御性的角色。**

在敌方基地附近海域实施进攻性布雷能给我方提供一定主动性；且敌方舰队出海前，必须提前进行扫雷，这将给予我方一定预警，并使得我方有机会召回派出执行其他任务的分遣队，从而做好迎敌准备……

此外还应对敌方位于弗兰德斯沿岸的基地展开进攻性作战。如能坚定地加以执行直至获得成功，则此类行动以及封闭多佛尔海峡可能一道扭转整个局势，并使其对我方有利。另外，还可释放出一些急需的轻型舰艇，并将敌活动范围限制在更为狭小的空间内。

前文所主张的政策将持续对敌施加压力，袭扰敌军并削弱其士气，直至更多驱逐舰出现，以及我方炮弹更换完毕，从而将整个局势转变为对我方有利。[12]

简言之，贝蒂认识到，受当时情况所迫，大舰队不得不从"索敌求战并将其摧毁"的政策退回到"采取近乎全然被动防御"这一政策。正确的政策不再是不惜一切代价，尝试诱敌并使其接受交战；而是将敌舰队限制在其基地内，直至总体局势对己方更为有利。从根本上说，贝蒂的立场变化并不如表面看来那般剧烈。事实上，这就是整个 1917 年间他采取的政策。新的内容首先明确了大舰队战略的来龙去脉，其次则是海军部和战争内阁对于贝蒂战略的正式批准。

奥利弗对贝蒂的观点表示赞同："他对自身政策做了明确的表达，仅第 19 节（有关弗兰德斯沿海和多佛尔海峡部分）的内容非常含糊。"维密斯则更进一步："大舰队总指挥撰写的这份颇有分量的文件……完全印证了自我本人在海军部任职以来形成的观点……尽管正如总指挥所指出的那样，目前尚无发出警告的理由，但现有事实的确说明我方需要对当前政策进行一定修订。在向大舰队总指挥官进行深入咨询后，我已经采取一些步骤实施上述修订，以期有效延迟并持续延迟公海舰队的大规模出击。我建议坚持这一政策，直至总指挥官指出的诸多弱点逐一得到弥补。"[13]1 月 17 日，海军部委员会讨论了贝蒂的备忘录，进而撰写本机构的备忘录；该备忘录内容紧随贝蒂的主要论点，并就应对当前局势提出了具体计划：

海军部委员会认为眼下应遵循，并在未来进一步深入的政策是尽一切努力，将德国海军舰队封闭于该国海军基地内。

尤其需要指出的是，采取这一政策仅是因为当前局势的紧急程度而成为必须，且应当被认为纯粹是一项临时措施……驱逐舰数量不足这一点的确存在，并反映了在大舰队的战斗力上，从而导致我们有必要采取如上所述的临时措施，以应对由此缺陷造成的局势。随着目前还在建造的驱逐舰逐渐建成，未来几个月内，海军部预期英美两国海军中的轻型舰艇实力将实现可观增长。一待这一条件达成，本备忘录中列出的临时性防护措施就会被放弃，同时在赫尔戈兰湾实施的布雷政策也可能发生改变，以扩大我方针对敌舰队及其基地的进攻作战范围。

海军部委员会已经就为实现此目的需采取的方案进行若干时间的考察，并且已形成成熟方案，其内容如下——

（1）布设雷场，从而构成从苏格兰北部一直延伸至挪威海岸的完整的北方拦阻网体系；

（2）在赫尔戈兰湾增设雷区；

（3）在多佛尔海峡布设雷场，从而构成一个完整的屏障，阻止敌水面舰艇和潜艇穿过该海峡。

根据海务大臣委员会观点，通过布设上述雷区实现的防御作用将严重地阻碍敌潜艇和水面舰艇的行动，并至少击伤甚至击毁部分试图穿越雷场的敌舰船……与此同时，由此可以释放出部分当前在多佛尔海峡执行防御性任务的驱逐舰和辅助舰艇；并可使得执行一些小规模进攻作战成为可能；还可释放出舰艇执行潜艇猎杀任务；并减轻目前大舰队下属驱逐舰队承受的压力；另将极大地改善往返于英法之间的航运状况。由俄国之溃败而导致德国舰队从波罗的海被释放出的现实，使得我方有必要竭尽所能通过增加大舰队所辖驱逐舰数量的方式，对其实力进行加强。这可通过新建和削减因护航和其他任务，向大舰队总指挥提出的抽调要求实现……

在当前形势下，尽管尚无发出警告的理由，但根据海军部委员会的观点，仍有必要尽早采取本备忘录中提出的防御性措施……[14]

1 月 18 日，战争内阁对海军部和贝蒂各自提出的备忘录进行了讨论。麦登事后听说讨论期间内阁成员"看起来非常阴郁"，但最终内阁还是接受现状，并批准海军部委员会在备忘录中提出的政策。1918 年大部分时间内，海军部对此政策的声明构成了英国在本土海域采取的海军政策的蓝本。本卷第三章已经讨论了该政策实施的情况。

正如本章开头的引言之一所示，杰利科对此变化持高度批判态度："观点的改变或许出自战争内阁对危险略显迟缓的认识，这种危险则是伴随着在商船航运中采用船团系统而产生。敌方动用水面舰艇对斯堪的纳维亚船团展开攻击的危险导致了这一观点转变。"[15] 他还在别的地方写道："如果我仍在海军部，那么我永远不会接受这一观点。"杰利科的主要理由是与日德兰海战时期相比，大舰队现在的实力要强得多。1918 年初大舰队拥有 34 艘战列舰，而日德兰海战时仅有 28 艘；轻巡洋舰的数量则相应为 25 艘和 23 艘；此外，驱逐舰的数量对比为至少 100 艘对 70 艘。"至于战列巡洋舰，即使'马肯森'号和'兴登堡'号加入公海舰队，双方在该舰种上的实力不平衡也难称严重，且在实际舰队对决中这也并不重要，尽管这种不平衡无疑将在一定程度上增加我方实施侦察的难度。"另外，关于斯堪的纳维亚船团这一考量：

即使贝蒂派遣一整个战列舰中队（实际上他永远不会这么做）以保卫船团，也没有理由认为若大舰队出海，则该中队无法与其会合。该中队显然仍将保有大量燃料；而且与从罗赛斯出发的大舰队相比，该中队抵达某一海域，例如北纬56° 30′，东经3° 位置的时间至少不会比前者晚。对于两者而言，它们与该海域的距离大致相当，且执行船团任务的战列舰中队拥有已经生火的优势。唯一的劣势则是承担护航任务的驱逐舰或将略感油料不足，但除非战列舰中队已经执行护航任务2～3天，否则这一短缺情况并不会多么严重。显然，若海军部预计公海舰队有所行动，那么对船团而言，撤走承担保护任务的战列舰中队也不会造成什么危险；同时，除非公海舰队做出了行动，否则大舰队总指挥官也不会"主动求战"。事实上，发生于1918年4月23日的公海舰队实际尝试对船团展开攻击一事，并未与我方试图寻求舰队对决之事同时发生[16]。[①]

杰利科的理由当然不容辩驳。尽管如此，这仍然无碍于所谓新战略与其本人所主张的战略基本一致的事实，以及和他自己所主张战略一样，乃是基于一种明智而审慎的克制。正如麦登以一种近乎愉悦的态度声称的那样，当贝蒂的想法获得正式批准时：

贝蒂也曾向海军部委员会致信，且随后向战争理事会（即战争内阁）致信，指出由于在可随大舰队一同出海的轻巡洋舰、驱逐舰和可用潜艇方面的缺陷，在决定是否于公海舰队打算的时间和地点与其交战一事上，必须持审慎态度；同时在前往敌预备海域途中，己方可能承受相当程度的损失。贝蒂还指出，直至新式穿甲弹可用之前，我方在炮弹方面的劣势……海军部当然撰写了一篇附言笔记。当后世之人撰写历史时，这些文件无疑将成为对您作为大舰队总指挥和第一海务大臣所采取的政策的充分辩护。[17]

---

① 译者注：该文即杰利科针对科贝特与纽博尔特合著的《第一次世界大战史：海军作战》提出的反驳意见。

然而，我们应当注意到，杰利科主要是基于水雷和鱼雷的威胁得出其政策；而贝蒂是基于对大舰队主力舰以及驱逐舰数量是否足够抱有怀疑，从而得出自己的政策。

## 3. 数字游戏和攻势构想

### （参见资料图 1A）

至少在纸面上，大舰队对比公海舰队的优势依然非常明显。作战计划处 1918 年 7 月给出的双方实力对比数据为（德国方面数据列于括号中）：战列舰 34 艘（19 艘），战列巡洋舰 9 艘（5 艘），轻巡洋舰 37 艘（32 艘），驱逐领舰 13 艘（0 艘），驱逐舰 134 艘（200 艘），潜艇 35 艘（100 艘）。但只要德国方面仍存在缴获驻波罗的海的大规模俄国舰队的可能，那么英方在战列舰上的优势就可以说不够安全。这种可能性最初在当年 1 月的战略讨论中出现，并导致了英国方面不断增长的担忧。

德国人于 2 月 26 日占领塔林（Reval）[1]，4 月 3 日占领汉科（Hangö）[2]，又于 4 月 13 日占领赫尔辛弗斯（Helsingfors，今赫尔辛基）[3]。从上述港口撤离的俄国舰船纷纷前往喀琅施塔得（Kronstadt），并于 4 月底在该港完成集结；其实力为 4 艘无畏舰、3 艘前无畏舰、9 艘巡洋舰、70 艘驱逐舰和 26 艘潜艇。海军部希望的是，如果德军继续进攻并占领彼得格勒（Petrograd）[4]，那么俄国人至少会自毁驻喀琅施塔得各舰中最有价值的那些。英国驻莫斯科间谍洛克哈特（Lockhart）曾于 4 月 3 日报告称，托洛茨基（Trotsky）的声明表明，为防止落入德国人之手，如有必要，位于黑海和波罗的海的俄国舰队均会被摧毁。4 月 26 日，英国方面向洛克哈特发出电报，其主要内容经战争内阁批准，向他指示称："海军部对必要时将摧毁波罗的海舰队一事非常重视。阁下应尽一切认为必要的方法，提醒托洛茨基采取行动。"5 月 11 日，有情报称德军距离彼得格勒仅有 150 公里，

---

① 译者注：Reval 为德语拼法，Tallin 为俄语拼法。
② 译者注：此处为瑞典语拼写，英语拼写为 Hanko，芬兰南部港口，与塔林隔海相望。
③ 译者注：赫尔辛弗斯为瑞典语拼法。
④ 译者注：即圣彼得堡。

再经过 3 ~ 4 天行军即可抵达该城城下。鉴于托洛茨基没有展露出任何将要有所动作的迹象，英方必须迅速采取行动。

战争内阁曾在 5 月 10 日和 11 日 [18]，就一个旨在摧毁波罗的海舰队的特别计划进行讨论，其大纲见于海军部曾在此前 5 月 9 日提交的一份备忘录。该计划由英国驻彼得格勒海军武官克罗米（Cromie）上校起草，其中不仅涉及情报人员，还包括一些俄国人。这些人员将使用 3 艘英国籍蒸汽船阻塞喀琅施塔得港，并爆破 4 艘无畏舰和 14 艘 "诺维克" 级（Novik）驱逐舰[①]。该计划纯粹是件雇佣兵买卖，俄国人总共开价近 30 万英镑，其中实施阻塞要价 48758 英镑，炸毁无畏舰要价 107420 英镑，炸毁驱逐舰要价 135900 英镑；此外还就 "为完成计划，需要实施鼓动宣传" 要价 9677 英镑。付款方式为先付 5% 作为定金和雇佣人员开销；10% 在开始行动后支付；剩余 85% 则在行动完成后支付。克罗米急需一份回复，就他是否应继续推进这一方案实施，抑或在其基础上扩大行动范围，将较老旧的舰只和建造中的舰只也列为破坏目标得到指示。战争内阁就此方案展开辩论的核心问题是，采取一项将会激怒俄国人的行动是否明智，毕竟一旦采取这一行动，英国方面在其中所起的煽动作用即使不被人发现，也会明显遭到怀疑。正如英国首相指出的那样，海军的提案 "迫使战争内阁就未来的对俄方针做出重要决断。实际需要做出决定的问题是，未来是否有希望从俄国获得物质协助；或者说如果不驱使俄国投入德国怀抱，是否能有所得"。时任外交大臣的贝尔福对驱使俄国加入德国阵营的后果颇为担忧，而这恰恰是对波罗的海舰队实施爆破非常可能导致的后果。格蒂斯则表示，虽然不触怒俄国（这件事）非常重要，但英国确实应该催促托洛茨基摧毁波罗的海舰队，同时指示本国海军武官继续进行其准备活动，并为执行破坏计划做好准备；必要时，无论是否获得俄国方面同意，都应该果断采取行动。他对德国方面可能获得 70 艘驱逐舰一事尤为警惕，尤其考虑到该舰种在本国大舰队中 "略感短缺"。战争内阁批准

---

①译者注：首舰于1911年下水，共建造52艘，为世界第一级燃油驱逐舰，建成时也是世界上航速最快的驱逐舰。

克罗米继续就摧毁波罗的海舰队做准备，且指示破坏目标的范围应包含在建舰船；但同时也指示他仅在德军抵达彼得格勒，且驻喀琅施塔得的舰队落入敌手的可能"迫在眉睫"之时，才能采取破坏行动。克罗米被授权"为执行上述任务支付任何开销，但需注意不应无必要地疏远俄国政府"。5月27日，战争内阁进一步授权克罗米，为防止俄国战舰落入德国之手，"可采取任何必要的行动"，但同时应"尽可能延迟采取行动的时间"。[19]

由于德军并未继续向彼得格勒推进，加上英方又了解到如果德方继续进军，托洛茨基将按自己的布置对舰队实施爆破，因此克罗米实际没有采取行动。自此之后，在第一次世界大战剩余时间内，波罗的海舰队相关问题不再是海军部和战争内阁关心的对象。

与1917年间的情况类似，战列巡洋舰的情况最让海军部和大舰队总指挥官烦恼。战争内阁曾于9月4日，就海军部提交的一份文件进行讨论[20]，该文件中就战列巡洋舰给出的数字如下：当前英德双方各自拥有的数量为9艘对6艘，至1919年中期将为10艘对6或7艘；1920年将为10艘对9艘。与此前相似，海军部对德国方面的估计中包括了那些实际并未建成的舰只；同时认为德国战列巡洋舰拥有更完善的装甲防护，尤其是与"反击"号和"声望"号相比，后两者被认为"仅被单枚炮弹命中即被摧毁的可能性非常大"。不过，英方换装的新式穿甲弹据称足以击穿德方舰艇装甲，并迫使其退出战斗。由此，"鉴于双方舰只在面对对方攻击时几乎同样脆弱"，英方在战列巡洋舰实力对比上"形势得到了可观的改善"。[21]在战争内阁对此文件进行讨论的过程中，格蒂斯指出至1919年，德国可能在战列巡洋舰实际实力上实现与英国相当，到1920年甚至可能占据优势。于是，他希望内阁批准继续建造其余三艘"胡德"级战列巡洋舰，并在1919年完工：这三艘战舰的建造已经暂停很久。三舰直至1921年方能完工一事在政治家们的考量中占据了不小分量；类似重要的问题还包括陆军的人员短缺，但更重要的考量则是皮里勋爵的估计，他认为建成两艘战列巡洋舰所需的人力可建成总吨位达45万吨的商用船舶。劳合·乔治提出了一个颇具说服力的论点，即内阁成员"需要谨记一点，那就是从战后角度来看，使用美国商船航运以扩充我国航运，以及我国船舶损失总吨位几达50万吨一事将对我国福祉有何影响"。战争内阁在此次会议上的决定是，将是否建造两艘战列巡洋舰的事情延至 12 月再做决定。

对大舰队实力的不确定和疑虑曾在 1 月间让贝蒂颇为烦恼，并且促使其采取防御性的战略，还得到了海军部和战争内阁的批准。然而，此事并未对大舰队和海军部内进攻计划的提出造成打击。时任"征服者"号战列舰（隶属第 2 战列舰中队）舰长的里奇蒙德仍继续信奉其原先提出在地中海采取进攻性海军战略的想法。他认为己方可以利用携带鱼雷的飞机展开攻击，从而摧毁或瘫痪驻普拉的奥地利舰队；同时，若不能以登陆作战夺取普拉，那么也可通过炮轰、布雷和悬挂带有水雷的反潜网，使奥地利无法继续使用该港作为舰队和潜艇基地；如此一来，协约国一方自然能够夺取亚德里亚海的制海权。随着该海域制海权的获得，地中海同盟国潜艇战的进行自然会遭到阻碍。协约国方面则可顺畅地在该海域展开登陆作战，并进一步威胁奥地利人在阿尔卑斯山脉进行的战斗。里奇蒙德还提出了他自 1916 年以来最钟情的进攻计划，即叙利亚沿海计划：在该地区展开两栖登陆袭击，切断土耳其人的交通线。[22] 尽管得到了贝蒂的支持，但海军部仍然以过于危险，或是以从物资角度而言代价过于高昂的理由，甚至两者皆有的考量否定了里奇蒙德的方案。里奇蒙德对此倍感厌恶："他们是多么胆怯！……任何风险都被否决，仿佛可以不冒风险进行战争一样！……一旦嗅到任何一丝危险的气息，他们就和小猫一样怂了……"[23]

大舰队内部提出的攻击计划主要以利用飞机载舰展开的空中攻击为核心。与正在海军部内接受仔细考察的那些五花八门但尚未引发任何结果的方案不同，大舰队总指挥官在 1918 年春曾认为使用大舰队所辖飞机，对敌海军基地和在港舰船展开一次海空攻势颇有可能。除了可能造成的物质破坏外，这一攻势还将对敌方造成心理上的影响。以防守措施为主要考量的敌人自然会限制其攻击性行动，例如对英国沿岸地区的袭击和对船团的攻击。贝蒂的乐观看法主要基于他对"布谷鸟"式（Cuckoo）鱼雷机[①]的信心。鉴于该种武器能"对整场战争，

---

①译者注：索普威思"布谷鸟"式双翼鱼雷轰炸机，第一种专门针对舰载起降任务设计的飞机。但由于设计完成太晚，其未能赶上第一次世界大战。

尤其对我方向公海舰队展开积极进攻的能力产生深远的影响"，因此亟须迅速完成研发。[24]贝蒂曾屡次在致海军部的信件和他与海军部人员的会议中表达自身这一观点，例如 1 月 2—3 日间在海军部召开的会议上、与海军副总参谋长的会谈中（2 月 25 日），以及与第一海务大臣举行会谈时（3 月 5 日）。

然而，海军部的冷淡反应（除作战计划处外）打消了贝蒂的一切希望。基于其本人在法国的观察，以及对历次轰炸袭击中投掷的数吨爆炸物所导致破坏进行的分析，格蒂斯认为"由于缺乏'载机母舰'，以及由此导致无法以足够数量的飞机执行作战以取得实际战果，因此任何从海上展开的类似行动都不太可能取得成功"。弗里曼特尔和杜夫也赞同这一观点。维密斯解释称，主要的困难在于就届时可动用的物资和装备进行估算一事。[25]2 月晚些时候，在向驻敦刻尔克的海军航空单位指挥官拉姆上校进行咨询后，弗里曼特尔得出如下结论：除非轰炸能持续实施，否则其破坏效果将非常有限，"考虑到目前载机母舰的状况无法展开连续进攻，兹决定，当前应否决有关轰炸进攻作战的提议"。这一决定否决了贝蒂展开春季海空进攻的希望。贝蒂对轰炸需持续进行方能达成有效破坏一事并无异议，但他不认为这足以构成妨碍鱼雷轰炸机研发和使用的理由，而该机种被贝蒂认为会在执行舰队任务上大有作为。弗里曼特尔对此表示同意，并声称前述决定不会对鱼雷轰炸机造成影响。[26]最终，海军部决定不再继续探讨贝蒂对德国基地和舰船展开空中攻击的问题。事实上，直至第一次世界大战最后几天，大舰队也从未获得哪怕一架"布谷鸟"式鱼雷轰炸机。加上载机母舰数量不足，在 1919 年春之前展开空中攻击的一切希望都将破灭。

海军参谋部门在寻找海军攻势方案方面同样活跃。海军副总参谋长后来曾将海军参谋们提出的若干计划总结如下：

海军参谋们曾经绞尽脑汁搜寻有成功可能的进攻方式，但所获不多。任何试图强行突入波罗的海的构想都因下述理由之一被否决：波罗的海入口海域无疑布有雷场，但其位置不明，而任何舰船一旦因触雷失去动力，都将面临距离我方基地过于遥远而难以返回的窘境；同时，基尔运河的存在又使得敌方可以在较短时间内在北海和波罗的海之间随意调度其战列舰队，从而享有极大的战略优势，因此突入波罗的海的前景并不是特别诱人。出于类似原因，并考虑到德国方面严密的岸防配置，攻击某一德国海军基地的构想也被认为难以实现。大舰队不时出动扫荡北海，将此作为阻止敌舰队活动，并训练己方官兵的一种手段。天气条件许可时，哈里奇舰队倒是能执行一些颇为有效的任务，比如利用轻巡洋舰吊艇柱搭载的40英尺（长约12.2米）小型海岸摩托艇攻击德国扫雷舰艇；以及罗杰·凯斯爵士对泽布吕赫港的攻击，并在一番英勇奋战之后，成功地一度阻塞从该港通往布鲁日敌潜艇基地的运河。然而，无论是待在海军部的我们，抑或是在大舰队、哈里奇舰队及多佛尔舰队的官兵，虽然都对他们（这些海军参谋）寄予厚望，却都无法提出任何更进一步的可行进攻方案，从而只能自我满足于遵循这支曾经涌现出圣文森特伯爵、纳尔逊、康沃利斯（Cornwallis）和科林伍德①的舰队中前人的做法，将我方海军主力集结于最佳战略位置，并且一直保持临战状态，从而期待我方的封锁或许能迫使敌舰队出航，寻求与我方决战，就像特拉法尔加海战的经过那样。与此同时，还要保证制海权牢牢处于我方手中。[27]

## 4. 公海舰队出击

（参见资料图7）

大致说来，海军部和大舰队中的主流想法仍然是"等待"——等待公海舰队具体有何行动；并且枕戈待旦、严阵以待，只要公海舰队或其一部胆敢出击并远离其基地，则当即对其施以迎头痛击。不仅是再一次的战列巡洋舰奇袭，或配备重型舰只提供支援，并由轻型舰艇展开的袭击让海军部颇为担忧；而且该部门估计，德国人可能动用整个公海舰队，对多佛尔海峡舰队展开奇袭，进而突入英吉利海峡——这一猜测简直让海军部人员夜不能寐。根据海军部的评估，德国舰队整体或其一部出击的目标或为下列之一或若干：通过切断英国跨英吉利海峡的交通线，协助其陆军攻势；瓦解多佛尔海峡拦阻网体系；诱使大舰队出击，并将其诱入由潜艇和提前布设的雷场构成的伏击圈，从而实现对大

---

①译者注：分别为独立战争、法国大革命或拿破仑战争时期的英国著名海军将领；其中康沃利斯是指威廉·康沃利斯，他是纳尔逊的好友之一，曾在拿破仑战争期间担任海峡舰队总指挥。

舰队的杀伤。无论是哈里奇舰队，抑或驻希尔内斯[1]且实力有限的第3战列舰中队（下辖"无畏"号和2艘"英王爱德华七世"级前无畏舰[2]）均被认为实力不足，无力对抗一次强袭。1月底，海军部就此提出的解决方案为组建一支强大的南方战列舰中队：即从大舰队中抽调3艘无畏舰（"上乘"级）[3]，与"无畏"号一同驻扎于泰晤士河河口，2艘前无畏舰则暂时退出现役。相关讨论一直持续至当年3月。考虑到大舰队中常年有4艘战列舰处于接受整修状态，且常常需要派出一支战列舰分队执行支援船团任务，因此，贝蒂极力反对在此时继续削弱大舰队战列舰队的方案。海军部的提案可能导致在爆发决战的关键时刻，大舰队的实际战列舰数量较其编制内数量减少11艘，这将"对能否取得决定性战果产生不利影响"。贝蒂甚至进一步辩称，如果德国人试图通过一次海军攻势支援其陆军攻势，"则其出动的舰队实力必将足够强大，足以使驻希尔内斯的我方4艘战列舰难以有所作为。同时，我也不喜欢这种分散兵力的策略"。如果海军部认为来自敌方重型舰艇的威胁颇为严重，那就应该将整个大舰队移驻罗赛斯。[28]第一海务大臣完全赞同贝蒂的主要观点：任何可能导致大舰队失去被其总指挥官认为必要优势的分兵计划都不合理，且无论如何，这一问题都应留待总指挥官认为美国战列舰（即第6战列舰中队）形成有效战斗力之后再加以考虑。

与此同时，大舰队战列舰队于4月12日移驻罗赛斯。此前四次错失拦截并摧毁敌突袭舰队良机（即1914年德方突袭斯卡伯勒、1915年多格尔沙洲之战、1916年德方突袭洛斯托夫特，此外1916年8月公海舰队几乎倾巢出动一事或许也可视为机会之一）中经历的教训终于得到弥补：如果当时驻斯卡帕湾的舰队主力——或至少是承担拦截任务的舰队一部——能驻在不那么偏北的位置，那么这四次机会最终的结果或将迥然不同。鉴于福斯河口五月岛（May Island）以内水域面积较小，无法使用重型火炮进行全口径弹射击，此后，斯卡帕湾仍被大

---

①译者注：原文为Swin，但该地名未查到。第3战列舰中队当时驻地应为希尔内斯，位于泰晤士河河口南岸，亦位于梅德威河河口，沿该河上溯即可到达查塔姆。对比资料图1，应为同一位置。下文亦将Swin翻译为希尔内斯。

②译者注："英王爱德华七世"级级于1903—1905年间先后下水。

③译者注：原文如此，实际应为"柏勒洛丰"级，即"柏勒洛丰"号、"上乘"号和"鲁莽"号，分别于1907年7—11月间先后下水，为英国建造的第二级无畏舰。1918年1月时均隶属第4战列舰中队。

舰队用作进行全口径弹炮术训练和其他训练的场地 [ 次口径弹练习，即在 12 英寸，约合 304.8 毫米火炮或更大口径火炮炮膛内安装 3 磅或 6 磅炮进行射击训练。后两种火炮口径分别约为 47 毫米和 57 毫米。这种训练在福斯湾展开。若有反潜掩护，则全口径弹射击训练将在彭特兰湾及霍伊岛（Hoy）<sup>①</sup> 以西进行 ]。

德国人在西线的攻势于 3 月 21 日展开。此次攻击中，德国方面孤注一掷、全力一搏，力求取得决定性胜利。这一攻势在大舰队中引发流言，即如果德方的进攻不够顺利，德国总参谋部或许会命令公海舰队出海，按照贝莱尔斯的说法，"这将作为德国人的最后一搏。毕竟从根本上说，要是公海舰队可以与大舰队交战并战而胜之，那么协约国方面的整个事业就会自动瓦解……我们或能重现拿破仑强令维尔纳夫（Villeneuve）出海的情况<sup>②</sup>，而德国总参谋部同样可能以类似的理由命令公海舰队出海"。<sup>29</sup> 贝莱尔斯这一推断自然也体现了贝蒂的想法。在后者看来，敌方：

> 受制于一个强大的陆军团体，这个团体视危险和损失如无物，犯下了和拿破仑相同的错误，并且会毫无顾忌地就本国海军取得胜利进行一场豪赌。鉴于以上考虑，我认为不应冒险，毕竟任何未与敌主力舰队之间达成决定性结果的海战都将被认为是德国人的胜利。因此，我方必须不惜一切代价实现一场全歼。达成此目的确实颇为困难。北海是如此狭小，而我方舰只分布又相当分散，以至于几个小时之内，恶棍们就能安全撤退至己方海域内，他们自己布置的雷场和潜艇屏障之后。我经常思考纳尔逊将如何面对这个问题——在如今这个时代，他标志性的高昂攻击精神会把他自己折磨致死。<sup>30</sup>

不过，在写下上述信件时，贝蒂和海军参谋们已经一致预见到斯堪的纳维亚船团及其掩护舰队将成为公海舰队眼中最为诱人的目标，并将因此成为敌方以压

---

倒性优势兵力，最有可能实施袭击的目标。这一可能性早已成为贝蒂和白厅<sup>①</sup>的心头之患。德国方面完全可以较为准确地预计斯堪的纳维亚船团的路线和时间表。在以往的船团系统下，该船团出发的频率为每日一次，并配有驱逐舰进行护航。在生效于 1 月 19 日的新系统中，船团每三天发出一次；但在冬季受限于天气条件，有时船团出发时间间隔可能增至四或五天。即使如此，德国人也可能猜到船团出发时间会延后 24 小时，从而计算出应把突袭舰队置于何处。此外，假设敌方可确定我方掩护舰队大致的规模——即一个轻巡洋舰中队和一个战列舰分队或战列巡洋舰中队——此事绝非无稽之谈；于是，德国方面可相应派出一支实力足够强大的舰队。与此同时，贝蒂又极不愿意部署一支实力更强大的舰队承担掩护任务：在他看来，这将意味着自身兵力更为分散。如果确实采取这样的做法，一旦德方的攻击规模比突袭一支船团所需更为庞大，他就会很难应对。

通过贝蒂与维密斯之间的数次通信，以及贝蒂和弗里曼特尔（2 月 25 日），与维密斯（3 月 5 日），与迪尤尔（3 月 7 日）甚至可能与海军情报处长之间的历次会谈，大舰队和海军部确定了当前面临的问题，并就解决方案进行了协商。似乎存在两个可使德方实施攻击更为困难的方法，其一是改变船团出航间隔，另一则是改变船团航线。就前者而言，贝蒂认为"确有必要避免出现同时需要部署两支掩护舰队的情况。如将船团系统中起航的正常间隔改为四天，且可根据需要灵活进行改变，如削减至间隔为三天或拖延至五天，则将带来极大的益处。这意味着有时船团出航将延后 24 小时，有时又提前 24 小时，导致敌方无法预计我方船团出发的准确时间。而在目前的三天间隔系统下，由于派遣支援舰只上的困难，我方难以将其间隔缩短 24 小时，达到两天的间隔"。<sup>31</sup> 海军部的看法则是，为满足交通运输需求，不至于造成堆积，有必要采取三天间隔。尽管如此，海军部仍决定从 3 月初起，尝试以四天作为船团起航的标准间隔。不过，海军参谋们还是不认为这一间隔的运行状况将如三天间隔那般令人满意。为执行与斯堪的纳维亚国家的合同，日后将不得不再次采用三天间隔。

---

① 译者注：指海军部。

就改变船团航线一事而言，海军部已于 2 月底开始实施。作战计划处希望更进一步。该部门于 4 月初提出一份计划，将船团航向改为更偏北，从而不仅降低船团掩护舰队面临的风险，也使得大舰队更易于切断袭击己方船团的敌舰队退路。但海军部否决了这一方案，其理由是这将缩小航运规模。海军参谋们则考虑了这一因素，并认为出于节约时间的考虑，有必要让船团采取直接穿过北海的航线。正是因为这一理由，一直认为直穿航线不够理想的贝蒂接受了相关提议。然而，作战计划处中被视为异端的迪尤尔和富勒则"继续与商船航运处（Mercantile Division）一道，试图制定船团路线的细节；并发现通过精密的组织体系，新船团航线仅会将年运输量降低 2%，而所需护航兵力仅增加 4 艘驱逐舰"。[32] 4 月中旬，一次举行于贝蒂与富勒两人间的会议中，双方决定一旦北方拦阻网体系布设完成，斯堪的纳维亚船团便应在该拦阻网体系之后海域航行；同时，大舰队将撤回其由战列舰组成的掩护舰队。不过，读者应当注意的是，贝蒂对船团安全负有全责。

保护船团安全，以及歼灭公海舰队的突袭舰队一事非常依赖于情报系统的工作效率。如果海军能及时接到德国方面计划袭击船团的情报，并了解奇袭舰队实力，则大舰队可以从容派出足够的兵力，甚至整支大舰队，前去保护船团。然而，到 1918 年，相应困难之处恰恰在于海军部不再能通过拦截的无线电电报，以及第 40 室的破译获得有关德国舰队动向的预警。自第一次世界大战爆发以来，这一情报来源曾实际地向海军部和大舰队提供大量帮助。不过，德国方面已经怀疑其无线电通信被破译，因此极大地限制了己方对无线电的使用，更别说不时更改密码。从一定程度上讲，那些在赫尔戈兰湾承担警戒任务并装备有大功率无线电发送装置，能够将电报发往英国的潜艇弥补了机密情报的断绝。但英方显然无法确保，这些前出执行侦察任务的潜艇就足以发现公海舰队的一切重要动向。另有两个迹象可以得出有关公海舰队出击的预警。其一，海军部认为，公海舰队出击前必定会在赫尔戈兰湾展开大规模扫雷行动；其二，海军部还认为敌方承担侦察任务的齐柏林飞艇的异常调动，亦可表明公海舰队试图有所行动。实际上，德国方面已经做好不提前进行扫雷或飞艇侦察，便展开攻击的准备。不过，贝蒂和海军部依然觉得防止遭遇突袭的最佳保障是第 40 室的工作效率。

在贝蒂看来，其重要性甚至达到了如果情报失灵，斯堪的纳维亚船团系统就会瘫痪的程度。那么他是否能就德国海军动向，获得足够的警报呢？"我们在赌能否获得准确的情报，但就当前处境而言，我们并无其他选择"。[33] 不过，正如他对迪尤尔坦诚表示的那样，贝蒂自身对此并无信心：

　　总指挥官称，他已经就无法及时获得情报这种可能，做出了所有他能设想的安排，并强烈反对眼下全然依靠情报的这套系统。他认为有关斯堪的纳维亚船团支援系统的设想就是错误的，并表示船团的船舶数量及船团的重要性，都不足以证明我军有必要冒遭遇敌军动用足够强大的舰队对其展开奇袭，并造成我方支援舰队失败的风险。不过，他曾从海军参谋部门获悉，问题的关键是迅速跨越北海，完成货物在我国和斯堪的纳维亚国家之间的往来。这一点必须享有高优先级，并因此接受了支援舰队所承担的风险。[34]

　　实际上，贝蒂长期以来担心的事情即将发生。1918年初好几个月里，德国海军参谋部利用通过潜艇获得的情报，向舍尔指出斯堪的纳维亚船团不再每日起航，而是改为每周出发1~2个船团，且大致在每周初或周中起航。每个船团中的船舶数量也随之增加。舍尔还通过潜艇部队所获的情报得知，近期斯堪的纳维亚船团已经得到重型舰只护航，有时其中会包括美国战列舰。如上所示，德国方面有关船团起航和抵达的时间并不准确。实际上，只要天气允许，船团总会以四天的标准间隔起航，而不是在一周里某几个固定日期；且这一时间间隔现已采用一个多月。不过，上述带有误导性的情报已经足以使舍尔决定，以整个公海舰队进行一次大胆的出击。做出这一决定时，他的主要错误在于过分依赖潜艇指挥官发回的情报，而这种情报无法使他获得足够的数据，正确得出船团的行动日程。纽博尔特对舍尔并未通过德国驻挪威领事获得此类情报颇感好奇——后者无疑很清楚相邻船团的起航间隔为四天。但由于某些未知原因，舍尔并未询问领事的意见，这也将导致其付出沉重代价。

　　德国官方历史对舍尔提出这一计划的理由描述如下：

对配有重型舰只护航的船团实施打击可获得令人瞩目的军事成功，这一优点远非针对单纯商船航运所展开攻击达成的效果能够相比。不过，在当时可预期的条件下，这意味着我方必须投入重型舰只，并且需要整个公海舰队为其护航。向北出击无疑符合此前已经与海军总参谋长（霍岑多夫）达成一致的指导性原则，即利用强大舰队的出击，有效降低在英吉利海峡及英国附近海域活动的潜艇所承受的压力。这一行动预计还将从英吉利海峡转移一部分压力。在我国陆军于西线展开的攻势中，该海域一直是英国方面重点关注所在。[35]

舍尔将攻击日期选定为 4 月 24 日，星期三。根据计划，公海舰队将在挪威以西的作战海域活动一天时间。实际上，大部分驱逐舰队和部分巡洋舰的燃油携带量并不足以支持三天以上时间的战斗。负责攻击船团及其掩护舰队的单位包括希佩尔指挥的战列巡洋舰（即第 1 侦察群）、轻巡洋舰（第 2 侦察群）和一个驱逐舰队。公海舰队其他部分由舍尔指挥，位于希佩尔编队西南偏南方向 60 海里处，随时准备支援前者。由此，舍尔麾下将包括第 1、第 3（不含"边境总督"号）和第 4 中队（均为无畏型战列舰），第 4 侦察群（不含"斯特拉尔松"号，均为轻巡洋舰）和 4 个驱逐舰队。以计划于次日在赫尔戈兰湾展开演练和机动演习为借口，公海舰队所有可出动的单位均于 4 月 22 日晚集结于希利格锚地。所有于 23 日执行巡逻任务的潜艇则奉命在未来 24 小时内，在福斯湾附近海域索敌。由于稳定且猛烈的东风影响，23 日和 24 日里，德方均未进行飞艇侦察。公海舰队最终于 4 月 23 日晨 5 时起航。

由于在展开行动前和行动期间严格限制无线电使用至绝对最低频率，舍尔使第 40 室无从得知其麾下舰队出航一事，这自然极大增加了行动成功的可能。除上述措施外，英国潜艇近乎令人难以置信的错误也使得公海舰队驶出赫尔戈兰湾的动向未被英方发现。当时共有四艘英国潜艇作为侦察哨，在赫尔戈兰湾进近航道海域巡逻；其位置大致在已知雷区边缘，构成一个从西向北的四分之一弧区域内，其中 V-4 号潜艇位于泰瑟尔岛，E-42 号在泰瑟尔岛东南侧海域，J-4 号处于多格尔沙洲东北，J-6 号则在合恩斯礁以西。由于浓雾弥漫，J-6 号潜艇［艇长为沃伯顿少校（G. Warburton）］一直未能观察到任何目标；直至 23 日晚 8 时许，才发现若干轻巡洋舰和驱逐舰经过。实际上，公海舰队的出击航线正穿过其巡逻区域。然而，对于观察到的轻巡洋舰和驱逐舰，该潜艇艇长认为其隶属为己方布雷任务提供掩护的英国舰队，且根据此前收到的通知，他应预料到有这样一支舰队出现在自己的巡逻海域。然而，尽管该艇官兵又于半小时后观察到五艘在驱逐舰护卫下的战列巡洋舰，另外在午夜前后发现作为战列舰队先头编队的几艘战列舰向北航行，但该艇长仍不作他想，且坚信自己观察到的对象是在执行某些任务的英国舰队，因此未发出任何电报！贝蒂当时对此的评论如下："这真是令人难以置信的愚蠢，着实令人心碎。"[36] 克雷斯维尔上校的评论则较为平和："此事体现出的玩忽职守显而易见；然而，判断此事应在多大程度上归咎于 J-6 号潜艇艇长的个人错误，以及在多大程度上应归咎于高级指挥官未能向其下级——例如资历较浅的将官及独立执行任务的舰艇指挥官——明确指出行动要求则比较困难。比如人们无法获悉，是否曾有军官最近因报告了实际为己方舰艇的情报而遭到斥责。"[37]

笔者无法接受德国官方战史中的如下论断，即"鉴于贝蒂坚持对决定性海战采取规避策略，且其主要担心的是活动在北海北部海域的独立舰队的安全；因此，即使 J-6 号潜艇及时发出情报，也很难引发一场战列舰对决"。[38] 请读者回忆前文第 129 页的加粗字体部分。对于此次能够在距离敌方基地如此遥远的海域逮住公海舰队，贝蒂无疑会将其视为"条件对我方有利的机会"，且显然不会在敌舰队漫游北海时被动地扮演一个旁观者。毫无疑问的是，率舰队从福斯湾冲出迎战的贝蒂既不胆怯也不犹豫。至于所谓"活动在北海北部海域的独立舰队"，后文将表明，德国方面实际上"驶向了空无一人，似乎同时被战舰和商船抛弃的海域"（摘自纽博尔特）。

当希佩尔率领攻击舰队往卑尔根方向索敌航行时，一起意料之外的紧急事件使得整个行动偏离轨道。24 日晨 5 时 10 分，战列巡洋舰"毛奇"号在斯塔万格（Stavanger）①西南偏西方向 40 海里海域发生严重的机械故障。该舰右舷内侧

---

① 译者注：位于挪威南部，卑尔根以南。

推进器脱落，且在相应涡轮机停止空转前，位于涡轮机外壳以外的一个齿轮（用于在港进行养护工作时以低速运转涡轮）就已经破碎。部分齿轮碎片飞入了辅助冷凝器。不久之后，该舰主机舱进水，同时其右舷和中央轮机宣告停转。希佩尔（通过目视信令）得知这一事故后，出于不愿被一艘故障舰只妨碍作战的考虑，命令"毛奇"号转而加入战列舰队。但此后由于盐水进入锅炉，该舰的情况进一步恶化，仅能以极低航速航行。早晨 6 时 43 分，"毛奇"号通过无线电向舍尔报告称："发生严重故障，仅能达到 4 节航速"；此后又于 8 时 45 分发出无线电报，宣称"已无法控制"。这导致舍尔率队接近"毛奇"号。上午 10 时 50 分（此时贝蒂正准备出航），战列舰"奥尔登堡"号开始拖曳"毛奇"号，同时舰队主力实施转向，计划以 10 ~ 11 节航速，经由赫尔戈兰湾返航（"毛奇"号的左舷轮机能够半速运转）。与此同时，依然保持镇定的舍尔向希佩尔下令，让后者继续按原计划展开作战（希佩尔此前已经返航，并于上午 9 时 40 分目视接触舰队主力）。希佩尔遂率队于 10 时 23 分转回西北偏北航向，以 18 节航速航行。由此，希佩尔穿过并侦察了船团路线所经海域，其航线最北点大致位于北纬 60°。下午 1 时前后，德国海军总参谋部通过设于新明斯特（Neumünster）的无线电站发出报告，声称有 30 艘船舶正集结于弗莱克（Flekkerö）[1]，并计划于 4 月 23—24 日夜间组成船团起航。此后不久，该无线电站进一步发出的情报称，相应船团将于 24 日起航。当日能见度颇佳，成功截击该船团的概率很大。根据这一情报，第 2 侦察群向东展开扫荡，直到出现在于特西拉灯塔（Utsire Lighthouse）[2] 视野之中。由于未发现任何向西运动船团的迹象，同时自身又对在当日晨 6 时 30 分，从福斯湾梅西尔（Methil）[3] 向东航行的船团情况一无所知，希佩尔于下午 2 时10 分下令返航。第 2 侦察群于下午 4 时 30 分前后与他所率本队会合。事实上，希佩尔毫无拦截船团的机会。24 日当天并无船团起航。此前曾有一个规模为 34 艘船舶的船团于 4 月 22 日从卑尔根起航，其航线途经塞尔比约恩峡湾（Slebjorns

---

① 译者注：此处应指相关船舶位于挪威南部弗莱克岛。
② 译者注：位于挪威特西拉岛，该岛为斯塔万格以北一岛屿。
③ 译者注：位于福斯湾北岸。

Fjord）<sup>①</sup>，护航兵力包括一艘武装登船检查艇和两艘驱逐舰；此外，第 7 轻巡洋舰中队和第 2 战列巡洋舰中队亦位于船团以南海域，作为掩护舰队。该船团于 4 月 22 日下午 1 时 15 分驶出塞尔比约恩峡湾，23 日清晨便已位于奥克尼群岛以东 140 海里海域，并于 24 日晨晚些时候抵达梅西尔。至 4 月 25 日黎明，希佩尔分队已经向公海舰队主力靠拢。

德方公海舰队在海上游荡的同时，英方海军部和大舰队又有何作为？实际上，有两个特别的理由使海军部有必要在这一时刻，密切关注敌舰队动向。首先是此前于 4 月 22—23 日夜间展开的泽布吕赫—奥斯坦德阻塞行动；另一个理由则是此前已有迹象表明，公海舰队将有所动作。"由威廉港发往赫尔戈兰湾德国扫雷舰队的电报不仅特别，同时其内容的全面程度超出以往。"<sup>39</sup> 此外，德国方面就飞艇巡逻下达的命令（但此后受风向影响撤销）也表明某些大事件即将发生。在由第一海务大臣亲自掌握的战情室（War Room）内，尽管维密斯本人完全保持冷静并掌握着全局，可这里仍然弥漫着一种高度焦虑的气氛。不过，由于已知关于赫尔戈兰湾的任何情况均无法说明舰只动向，因此海军部并不清楚德国舰队将向何方出击。直至"毛奇"号为报告其故障和位置而打破无线电静默时（4 月 24 日晨 6 时 43 分），随着相关电报和此后希佩尔与舍尔因交换意见而发出的无线电信号先后被英国方面的无线电测向组织截获，海军部才终于得知一支大规模德国舰队正在远离其基地的北海海域活动。贝蒂并不相信己方截获的第一封电报（由第 40 室于晨 8 时 40 分发出，"伊丽莎白女王"号则于 8 时 58 分收到），原因在于电报指出的"毛奇"号位置——挪威中部——显然不正确（"毛奇"号所发送电报中给出的自身位置便已错误，这一问题并非第 40 室造成）。但在之后，当贝蒂又于 9 时 55 分收到第 40 室的进一步报告时，他确信某些重大事件已经发生："敌无线电往来表明某些重要行动正在进行。'新明斯特'报告称英国方面尚不知晓德国舰队已驶出海。"于是，贝蒂先后于 9 时 58 分和 10 时 26 分，分别致电战列巡洋舰队和战列舰队，下令提高备航状态。10 时 47 分，海军部下

---

① 译者注：应为 Selbjørn，位于卑尔根以南。

令大舰队出海，并于四十英寻滩（Long Forties）海域<sup>①</sup>集结（前文所提及从挪威卑尔根出发的船团，在此时前后抵达梅西尔）。当天下午早些时候，大舰队以最高速度穿过豆汤似的浓雾，从福斯湾出发，其规模为 31 艘战列舰、4 艘战列巡洋舰、2 艘巡洋舰、24 艘轻巡洋舰和 85 艘驱逐舰。这是大舰队自 1916 年 8 月以来，首次以全部实力出海作战，但也是整个第一次世界大战期间的最后一次。

贝蒂率队向东航行，驶向林讷角（the Naze）<sup>②</sup>以南可拦截公海舰队的海域。然而他行动得太晚了。一整天里，公海舰队都在南撤，并于当晚从大舰队前方约 100 海里海域，穿过该舰队的航线。现在的问题是，实际上大舰队是否真正有机会实施拦截？根据克雷斯维尔的分析："舍尔大致于 24—25 日夜间的午夜时分，从前方穿过大舰队航线，当时双方的距离约为 150 海里（注意贝蒂麾下的轻巡洋舰与公海舰队之间的距离要近得多）。如果打算在 24 日昼间拦截舍尔，则大舰队应不迟于前一晚午夜起航，而此时福斯湾正被浓雾笼罩。由此看来，即使 J-6 号潜艇及时汇报，声称观察到了敌重型舰艇（见前文第 144 页内容）；并假设海军部和大舰队均根据这一报告及时采取行动，舍尔仍然很有可能安全返回威廉港。"<sup>40</sup>

不过仍有最后两个机会，可对公海舰队造成伤亡。25 日晨，不走运的 J-6 号潜艇仍位于合恩斯礁附近其巡逻位置实施侦察。拂晓 4 时前后，该艇观察到位于其北方的若干轻巡洋舰和驱逐舰正向南航行。这是希佩尔麾下前出的轻型舰艇编队，它们正从舰队主力后方位置加速赶上。J-6 号随即下潜，并在约一个半小时后又发现若干舰艇，该潜艇艇长判定此为战列巡洋舰和轻巡洋舰。然而，这名艇长就这样眼睁睁地看着敌舰队安然向南通过自身所处位置，等到敌舰从己方视野中消失后才发出报告。晨 6 时 30 分，该艇长通过无线电报告称："发现 5 艘战列巡洋舰、4 艘轻巡洋舰及（在另一版本中，此处带有修饰语'数量不详的'）驱逐舰位于我艇南偏东 60°方位，航向西南偏西。我艇位置为北纬

---

① 译者注：该海域位于北海，大致与阿伯丁同纬度，距离阿伯丁约 90 海里；因该海域水深几乎固定为 40 英寻（约 73 米）而得名。

② 译者注：The Naze 在英国特指本国东南部、哈里奇以南一块突入北海的海岬，并设有灯塔。但此处显然不可能指这一位置——挪威的林讷角位于本国最南端，应该更有可能。

56°10′，东经5°50′。"

4月25日下午6时37分，在脱离"奥尔登堡"号拖曳约一小时后，"毛奇"号在赫尔戈兰以北约40海里海域被E-42号潜艇[艇长为艾伦上尉（C. H. Allen）]发现。此时，"毛奇"号仍然只能缓慢航行。E-42号向位于其后方的"毛奇"号发射了一枚18英寸（约合457.2毫米）鱼雷，命中目标舰船左舷轮机舱位置。此次命中导致约1800吨进水。尽管一度失去控制，但"毛奇"号最终还是依靠自身动力抵达亚德湾。当晚，公海舰队所有舰只均在亚德湾集结。

E-42号潜艇展开攻击时，大舰队早已在返回罗赛斯途中。24—25日夜间，大舰队一直向东航行；但在25日上午10时，J-6号潜艇发出的情报（"伊丽莎白女王"号于晨7时56分收到相关电报）已经清晰表明大舰队错过其对手。此后，贝蒂继续向北航行至午前11时30分，然后返航。约2小时后（下午1时41分），贝蒂收到海军部的命令："自行决定是否返回基地。"

此次出击堪称第一次世界大战爆发以来，公海舰队抵达距离最远的一次出击，其计划和实施都堪称熟练；但这次出击并未达成原定目标，主要原因自然是情报错误和"毛奇"号发生的机械故障；其中前者导致了在向西航行的斯堪的纳维亚船团的起航时间上，德国方面的估计与实际情况相差24小时。事实上，无论舍尔向北出航时间提前或延后一天，他都有可能成功摧毁一个船团及其掩护舰队：即22日从卑尔根出发，或24日从梅西尔起航的船团。不过，我们也能认为舍尔颇为幸运。他并不清楚大舰队正集结在位于其侧翼位置的罗赛斯，而不是如他假设的那般仍位于斯卡帕湾。因此，在向北抵达公海舰队前所未至的海域时，他实际冒的风险要比此前其自身估计的更高。纽博尔特曾以如下方式总结此事的重要性："事实上，与舍尔希望进行作战的海域同斯卡帕湾的距离相比，该海域和罗赛斯相距更远；然而，这片海域正位于大舰队新基地以北，因此大舰队战列舰队主力只需进行18小时的航行，就可抵达斯塔万格与合恩斯礁海峡之间的海域实施截击——请注意，实际航行时间甚至可能比18小时更短。"[41]

整个英国海军都对此次事件的结果大感失望，但就这种情绪的程度而言，无人更甚于总指挥官本人："我们再一次失望而归。前景起初看似光明，但和此前很多次一样，最终以失望收尾……我们必须就如下前景加以考虑，即未来公海舰队确实可能以规模相当可观的兵力，在我方毫无察觉的情况下出航。如果忽视上述前景，我方就完全可能因为可恶的船团支援舰队这一体系，而蒙受相当程度的灾难。"[42] 此战中海军部出现了情报失灵，并由此导致贝蒂和相关部门进行通信，以讨论在何种程度上他可以依赖海军部的情报。

多年之后，海军上将威廉·詹姆斯爵士曾对第40室的情况给出如下回忆：

在当时，甚至可以确定地说在任何时间，情报工作都不可能在准确性方面给出绝对保证。我们收到有关敌舰队有所行动的唯一迹象，便是一艘潜艇母舰的特殊广播，这种广播被德国方面称为"标语"。每艘德国潜艇均配备一张"标语"表，其内容通常仅为一个单词，但足以说明水面舰艇部队即将展开的行动是何性质。值得注意的是，德国方面被迫采用这一通信方式的原因在于，其潜艇每次出海时间通常长达28～30日，因此任何时候总有一些潜艇处于从北海返航途中。这就导致有必要向这些潜艇发出预警，告知其己方一些舰只正在活动。在1918年公海舰队出击一事中，敌潜艇供应舰发出了若干组电报（我认为大致在半夜班①期间发出），但我们完全无法理解其内容。不过，我们仍向作战处通知了此事，声称敌方发出一些反常的信息。根据既定政策，我方应尽量避免派遣舰队出海，除非有较为肯定的情报表明德国水面舰艇已经离港。之所以制定这一政策，是因为我们希望避免大舰队总是出海进行徒劳而漫无目的的搜索，然后不得不返航补充燃料。当然，事后看来，发出这一情报的时间堪称战争中的关键时刻。不过，直到截获"毛奇"号的无线电呼号出现在挪威沿岸，这一切都不甚清晰。

一切结束之后，我们在第40室内部组建了一个非正式的调查庭，试图查明除这份由潜艇供应船发出的电报外，此前是否有任何可疑迹象被忽视。应该承认，我们事后才证明该潜艇供应船所发出电报的性质为"标语"。[43] 各监听台总是

---

① 译者注：半夜班时间为午夜0点至凌晨4点。

向第 40 室提交大量截获的电报，所有这些电报都被一一查验。然而，其中仅有一封电报与德国舰队出击一事有关。公海舰队中担任前哨警戒的一艘舰船报告称观察到飞机，该船此后收到回复称这是"己方飞机"。的确，德国方面习惯于在水面舰艇出航时，派遣飞机前出观察雷区中已扫除的通道；但我们从不认为从这份电报本身，就足以得出任何结论，甚至仅凭此电报都很难怀疑是否有水面舰艇运动。直到事后得知其他事件已经发生，再回过头来阅读该电报时，我们才发现它具有一定重要性。

从中得出的教训至今依然成立。这些美妙的现代发明，例如飞机、无线电、密码系统，在收集情报方面，它们可能有所帮助。但任何一种手段，其可靠程度都比不上往日停留在敌沿岸海域的一艘"巡防舰"。[44]

调查完成后，詹姆斯上校立刻致信贝蒂的参谋人员，报告一切经过。此事发生后，贝蒂方才认为在防止斯堪的纳维亚船团遭遇攻击一事上，他无法依靠第 40 室提供的预警。

由于无法绝对信赖情报部门的信息来源，而海军当局又不可能让整个战列舰队一直保持出海状态；因此，德国人以较强兵力成功对斯堪的纳维亚船团展开奇袭，并由此消灭执行掩护任务的大舰队重型舰只中队一事，依然是海军部和大舰队所担心的威胁。同时，鱼雷和水雷的威胁也使得这种让整个战列舰队一直保持出海状态的战略无法实现。但对于海军而言幸运的是，舍尔并未就袭击船团一事进行再次尝试。

舍尔 1918 年 4 月的出击是第一次世界大战中最后一次，英德双方舰队主力同时参与的事件，尽管这一次双方并未向敌方射击。至于公海舰队下一次驶入北海，那就是 1918 年 11 月 21 日才发生的事情了。

## 5. 入侵和其他威胁

尽管公海舰队此次出击不曾获得任何战果，但海军部和大舰队并未因此减轻对德国舰队其他可能动向的担忧。作战计划处当时又在考虑，德国方面或许会派遣一艘以上的战列巡洋舰进入大西洋，随后展开袭击。为对抗这一威胁，该部门建议派出战列舰对大西洋船团进行护航。海军副总参谋长并不接受这一方案。首先，对于作战计划处设想的德国海军新作战方式，他认为变成现实的可能性不高。此外，他"坚信以下三点成立——（1）鉴于设想中执行袭击任务的战列巡洋舰在其出发和返航过程中，都有可能得到公海舰队的支援，为追杀一艘已经出航的袭击者而分散大舰队的兵力是不可容忍的；（2）降低船团损失的方式并非为其配备足以抵抗重型舰只的护航舰队，而是采取措施，尽力避免敌方发现船团；（3）若一艘敌战列巡洋舰出海，且其位置未知，那么直到其出海时间超过自身携带燃料允许的最大续航时间之后，才应考虑（为船团）提供战列舰护航"。换言之，这将假设该舰有煤船伴行。[45]

5月间，海军部一度需要应对德国武装力量在爱尔兰登陆的可能——参与登陆的部队大约由一或两艘快速运输船运送。这一担心似乎出自帝国总参谋长[①]。海军副总参谋长再次拒绝接受这一恼人的任务。"在英格兰，以如此规模的部队进行登陆将构成一次袭击。海军无法防止这种袭击，且它应由陆军对付。不过，若是在爱尔兰展开登陆，那就可能造成足够严重的后果；因此可尝试由海军派出巡洋舰队，对运输船进行拦截，但我们永远无法保证这种拦截的成功率。"[46]

4月底及5月初，随着德国人在法国的攻势一度威胁到法国人在多佛尔海峡海域港口的安全，英国海军部和多佛尔司令部曾陷入极大的恐慌之中。总参谋长宣称（4月23日），若协约国方面不得不在部队被分割（指英军和法军之间的联系被切断）与海峡海域诸港口失守之间做出选择，"诸港口失守一事的危害更低，因此在最坏情况下必须被迫接受。一方面应当准备对上述港口进行破坏，另一方面应加速在英国制造远程火炮，其射程应足以覆盖上述港口"。[47]根据从总参谋部收到的一份指令，黑格开始为在必要时放弃敦刻尔克、加莱（Calais）和布伦（Boulogne）做准备。在维密斯和凯斯看来，上述港口的失守会导致一场灾难：这将意味着无法维持多佛尔海峡拦阻网体系。布设在海峡中的雷区将不再安全；德国舰艇可沿法国沿海实施迂回，绕过雷场，而德国驱逐舰可以对拦阻网体

---

①译者注：即英国陆军总参谋长。

系中的巡逻舰只造成重大杀伤。这将进一步导致海军无法对跨海峡运输，或需要穿越多佛尔海峡的运输实施保护。第一海务大臣向英国政客们警告称："若加莱失守，他（第一海务大臣）就只能抱歉地提出我方反潜战将迎来何等的后果。"[48]5 月 2 日，在召开于阿布维尔（Abbeville）的一次最高战争理事会秘密会议上，维密斯重复了这一观点："如加莱和布伦沦陷，我们几可确定，对我方而言，海上的战争已告失败。这是因为我方海战战略完全建立在维持海峡巡逻的基础上。这些港口对于我方运输及反潜战的进行至关重要。如果没有多佛尔海峡巡逻力量的存在，故方无疑能够对海峡内我方运输展开攻击；如此一来，伦敦的贸易便无法保持当前水平。如果失去这些海峡海域的港口，我方就不得不在非常恶劣的条件下继续进行海上战争。"法国海军总参谋长德邦亦支持维密斯的观点。福煦则向海军将领们保证，他已经认识到情况严重性，且不认为需要放弃这些港口："永远不会放弃。"[49]贝蒂要求维密斯必须保持立场坚定。在他看来，"海峡海域诸港口的失守无疑会导致一场极大的灾难"。[50]最终，协约国方面在至关重要的亚眠（Amiens）地区挡住了德军攻势，协约国海军所恐惧的场景实际并未出现。

1918 年春还爆发了另一次对于入侵的恐慌，不过这也是整个第一次世界大战期间的最后一次。对此事件，笔者有必须回溯此前的日期。鉴于对入侵的极大恐惧仍然困扰着很多人，1916 年 8 月，一个诸军种联合委员会对入侵问题进行了重审。此次重审的结论实际上与 1916 年 1 月并无二致[51]，并获得战争内阁的批准。当时，因为参与重审各方均赞成德国方面的运力可投送 16 万人，且德国人有可能在未来抽调出这一数目的兵力（实际上，索姆河战役、凡尔登战役，以及东线诸战役使德国方面在当时已经无法集结足够的部队实施入侵）；又考虑到本国海军如以往一样无法保证在敌突袭舰队横跨北海前实施拦截，英国陆军应做好准备，迎击这一入侵。[52]

根据战争内阁的要求，陆海两军于 1917 年 3 月 16 日再次重审入侵问题。导致内阁提出这一要求的原因是费希尔勋爵致劳合·乔治的一封危言耸听的信。费希尔在信中断言称，"他经过反复考虑并坚信"德国方面正准备在近期集结 50 万兵力展开入侵，且由于"大航程"潜艇已大量建造，这一入侵现已变得可行。[53]导致这一重审进行的另一原因是英国陆军部希望加强在法的英军实力，而这仅在海军部可以就阻止敌部队跨过北海，并被运往英国一事作出保证的前提下方可实现。在两军联合会议上，帝国总参谋长估计德国方面能拼凑出 16 万人实施入侵；这些兵员可在运输船队抵达英国沿岸之后 36 个小时内完成卸载。海军部认为德国方面仍拥有足够的商船吨位，以完成 16 万人的运输任务；但鉴于这一行动面临的风险极大，因此德方真正采取该行动的可能性很低。尽管如此，海军将领仍然不愿作出任何保证。[54]

与战争中此前阶段相比，海军部并不认为德国人在 1917 年尝试入侵的可能会更高或更可行。不过，只要公海舰队未被彻底击败，海军部便不会承认德方尝试入侵的可能完全不存在，或入侵成功的可能绝对为零。导致海军部这一顾虑的主要原因是大舰队主力位置（斯卡帕湾）与预期中德国入侵部队可能的登陆场之间相距过远。此外，德国方面总能实施奇袭，且难以防范，这才是真正的问题所在。

有关入侵问题的讨论再次引出了若德国人做出入侵尝试，海军应如何运用大舰队这一问题。海军部并未就此场景定下明确的战略。在贝蒂看来，海军部似乎会命令大舰队取最短航线全速南下，以干扰登陆入侵的进行。这倒与海军部 1916 年 9 月 23 日做出的决定相符，根据该决定内容，大舰队仅会在德国人尝试入侵，或面临绝对有利的机会，可将公海舰队诱入一场昼间舰队对决时选择南下。[55] 但这一决定并不能让贝蒂满意，正如他向海军部提出的那样：

这一决定将导致敌方自行决定，在其自己选择的海域进行舰队交战，而这意味着战斗可能在敌方提前布雷的水域展开，且条件有可能对英国舰队极端不利；也就是说，上述政策给予了敌方完全的主动权。1916 年 8 月 19 日的经验或可表明采取这一策略可能导致的灾难性后果。

我认为大舰队的机动应该总以切断德国公海舰队退路，并将其歼灭作为目标进行；且上述机动应尽可能保证海战在北海北部，德国方面不可能提前准备埋伏的海域展开。

任何入侵的可能都应由陆军当局加以应对，且应该尽可能早地明确提出：即使入侵实际发生，大舰队也不会被用于应对这一情况。[56]

1917 年 12 月，英国军方再次就入侵问题进行重审；这一次召开了两军种联合议，对入侵问题展开研讨。在陆军表示希望从英国本土抽调更多兵力前往法国后，海军部掌握了会议主动权。随着一个新的因素，即美国人加入战争这一有利于协约国方面的变化出现，英国海军的资源得以大大增加。此外，英国在赫尔戈兰湾附近海域布设的雷区范围、英国潜艇巡逻的范围均得到扩大，航空侦察技术也获得显著发展。鉴于上述新因素，会议达成如下结论（12 月 17 日）："为了在可用的时间窗口内完成运输 16 万人的任务，敌方需要集结相当数量的船舶。然而，集结和调动上述船舶的困难极大，导致相关问题从实际上讲不可能克服。"尽管如此，海军部仍不能保证运输敌军的单个船团——其最大规模为 32 艘船舶，可运送 3 万人的部队——不会抵达英国本土。然而，后续船团一定无法在不经历海战的情况下抵达英国海岸，但这种海战本身"又将确保远征入侵的失败"。由此，陆军方面需要对付的德军部队最大规模约为 3 万人。"尽管加里波第登陆战中，海军方面条件对我方极为有利，但根据此次登陆战的经验，海军舰炮火力对战壕仅能造成非常有限的破坏；且该战役相关经验表明，若目标海滩设有带刺铁丝网进行防御，并得到所处位置经过精心设计的炮位，以及设置妥当的战壕系统保护，那么舰炮也难以对在开阔海滩上展开的登陆造成影响。"[57] 对海军而言，此次会议的主要成果就是承担起对付规模超过 3 万人敌军部队的任务。

维密斯（时任副第一海务大臣）是此次会议中海军部主要发言人。他曾向大舰队指挥官列出自己的如下立场：

如果我方舰队占有极大的优势，且同期世界各个角落的事件发展都按照我方预想顺利进行，使得海军部可以满足于在英国本土仅需保留四个师的兵力以应对入侵，我就不会如此坚持我现在的观点；然而现实是，战争内阁诸公希望从英国向法国抽调部队，且这一要求非常紧迫，同时我认为在当前形势下，海军部应挺身而出，承担一些原本不应承担的风险。然而我又真诚地相信，这种风险其实很小，因此无须为应对这种风险，以及接受委员会观点而付出过多努力，何况接受这种风险亦将有助于陆军当局。[58]

贝蒂赞同本国领土遭到入侵的风险确实"非常小"，甚至到了"难以置信"的程度相关观点；他也相信就承担这一风险一事，现实将证明战争内阁的意见是正确的。

若此次会议的结论被战争内阁接受，那就会导致若干陆军师能从本土防御任务中释放出来，并被用于增援法国。然而，时任第一海务大臣的杰利科对于 3 万这个兵力数并不赞同。在他看来，这一估计数过低；海军实际无法保证其拥有足够能力，阻止人数达 7 万的敌方官兵登陆。他还认为无法准确计算德国方面在单个船团中可组织的船舶数量。大舰队无法确保阻止任一船团抵达英国海岸。杰利科上述计算背后的逻辑如下："我不会最小化德国方面在展开入侵时可能遭遇的困难，但我认为，如果我们自己承担起确保最多不超过 3 万人可登上英国本土的责任，那必然会妨碍我们自身的作战行动。这是因为此举将导致我们认为有必要针对预防入侵，就海军兵力分布做出安排；为此，我们会因为最微末的危险迹象，而付出影响海军其他行动的代价。"应对能力更强的空中防御、改善后的滩头防御手段，以及将更多潜艇投入巡逻任务等变化，使得英方对入侵敌军规模最大值的估计可恢复至战前相关数值的水平，即 7 万人。[59]

杰利科于 1917 年圣诞节从海军部离职。海务大臣委员会建议（在 12 月 27 日）准备一份海军部 - 陆军部对于此次会议所持观点的报告，并提交战争内阁。这一报告以第一海务大臣和帝国总参谋长联名报告的形式呈报，其内容实际背书了杰利科意见中的要点。海陆两军"认为尽管海军部无法就规模为 16 万人的敌军部队不会被运至我国海岸给出绝对保证，但考虑到以 16 万人规模的部队展开入侵在陆海两方面存在的困难，我们认为遭到如此规模部队入侵的风险很小，足以让海军部和陆军部建议战争内阁接受这一风险"。该报告还承认，与登陆入侵性质截然不同的偷袭才是目前需要防范的最大危险。海军将负责挫败由 7 万人以上规模部队实施的入侵，而抵抗这一规模以下部队所实施偷袭的责任主要由陆军承担。[60] 海军部于 1918 年 1 月 10 日批准上述报告，陆军部亦于同日批准。此时，战争内阁已经决定"承担削减负责本土防御任务部队的规模这一风险，将其人数降至能够阻止规模为 3 万人的部队在我国登陆"，并批准罗伯逊在一份备忘录中提出的削减本土防卫部队规模方案：将承担上述任务的部队数量从 8

个师削减至 5 个师，把剩余的机动部队人数从当时的 190045 人降至 152000 人。[61]

1918 年春出现了对于登陆威胁的最后一次焦虑。导致这一情况的原因之一是德国对荷兰施加外交压力，可能"有意使德国一方处于挑起争端的地位，从而在他们认为适当的时候获得斯海尔德河（Scheldt）河口地区。有观点认为，如果德国人同时据有英吉利海峡东岸和荷兰，那么英国人便需要就入侵问题进行非常慎重的考虑"。[62] 此时，英方考虑的问题是，德国人可能在英国东海岸以约 10 万人的规模进行登陆，作为"孤注一掷的最后一搏"。因此，陆军部认为应当继续在英国本土保留数量可观的部队，以应付敌军入侵的情况；海军部则认为毫无必要。海军副总参谋长曾就此事写道："战争内阁要求海军部和陆军部就这一问题进行报告，我们在召开一次参谋联合会议之后告知战争内阁，当前局势并未使得敌军以如此规模的兵力实施偷袭可行或可能；恰恰相反，在我们认为的最坏情况下，敌军也只能派出规模为 5000 人的部队，进行一次针对特定目标的突袭。"[63] 现在，英国陆军已将原先承担本土防御任务的大部分兵力释放出来，用于支援法国前线；在英国国内仅保留一支足以应对德国人奇袭的小型机动部队。

当陆军部正为西线前线的局势而烦恼不已，并希望进一步削减本土防御部队时，入侵问题于 6 月 12 日被再次提出。海军部对此没有表现出任何兴趣：从海军角度来看，自 1917 年 12 月联合会议后，便没有任何足以推动再举行一次联合会议的新因素产生。

整个第一次世界大战期间，入侵问题一直是个完全假想式的问题。如今，我们很难理解为讨论入侵可能而消耗的无数多个珍贵的小时，更遑论理解其必要性。正如时任帝国总参谋长的罗伯逊在很久之后承认的那样，遭遇入侵的可能性"一直非常低，与其受到的关注完全不相称"。尽管如此，陆军部依然是入侵问题的主要煽动者，且在此过程中频繁得到媒体的协助。

# 最终结算

## （1918年7月—1918年11月）

## 第七章

（参见资料图1）

我们只能以下列两种方式之一了结公海舰队：迫使其投降，或在舰队对决中将其击败。就这一点而言，大舰队内部并不存在另外的意见，您也会承认这一事实本身就具有重要性。

——贝蒂致维密斯，1918年10月2日

大舰队总指挥及其参谋人员中存在一种认为战争的高潮（即停战）并无价值的倾向。他们一直渴望能实现一场特拉法尔加式的胜利——在击败德国舰队的过程中，他们将扮演不可或缺且值得骄傲的角色。然而，他们实际获得的是一场比特拉法尔加海战更具决定性的胜利；而且在此过程中，舰队在我方阵营里扮演的角色并不逊色——但同时也没有带来任何可以加诸幸存者身上的个人荣誉。毕竟……这是一种能够轻易理解的思维模式……

——维密斯，未发表的回忆录

德国舰队的投降对于我们很多人来说都是一件颇为痛苦但也很戏剧性的事情。看到巨大的战列舰逐渐驶入眼帘，且其主炮炮口分别指向舰艏和舰艉；看到此前我们曾两次在迥异的环境下遭遇的那些战列巡洋舰缓缓向我们驶来，仿佛两腿间夹着尾巴一般丧气，都让我们切实感到恶心……无疑，往昔水兵的所有精神都在这一悲剧的沮丧感中遭到扭曲。这显然是一切航海传统的耻辱。

——查特菲尔德，《海军与国防》

我希望自己不曾生为德国人。这一可耻行为将成为德国盛名之上永远的污点……尽管我国陆军依然享有别国相当的尊重，但公海舰队的行为必定会在历史上永远与耻辱相关联。

——无畏舰"赫尔戈兰"号上的水兵理查德·施通普夫（Richard Strumpf）日记

## 1. 结局的开始

随着当年夏天炮弹问题得以解决，以及驱逐舰问题的改善，贝蒂也更加倾向于诱出敌舰队交战。不过老问题依然存在：如何才能使德国舰队突入北海较远海域。当年初夏的一封信足以反映他的心态：

眼下我们唯一的任务便是保卫我方弱点（见下文），并在敌方海域尽一切可能对敌展开袭扰，这也正是我们目前所做的事。如有可能，则设法引诱敌方出击，但这需要承担相当的风险。敌方迟早会使出错招。此前，他们已经犯了两次错，完全有可能犯下第三次。与此同时，我们必须继续耐心等待，尽管等待是如此难熬而又令人不满。但我们必须牢记以往战争中也出现过相同问题。在以往每次战争中，虽然总有大致相似的情形，但我们最终都收获了应有的奖赏（此处无疑是指特拉法尔加式的海战）；因此，我坚信我们这次也能收获属于我们的奖赏……潜艇依然是我们心中的一根刺，且这个问题相当令人不快，但已经不像以往那般危险；而且从食物状况来看，相较此前一年半的情形，现状早已有所改善；与此同时，美国部队正毫无阻碍地加入战场，且其规模正不断增长。因此总体说来，眼下我们对于很多方面都值得欣慰。[1]

针对舍尔于 8 月 11 日接替霍岑多夫，出任德国海军部总参谋长一事（希佩尔则接替舍尔，担任公海舰队总指挥），当时英方认为这表明德方将在海军政策上有所改变。得出这一推断的理由是，舍尔被认为支持更主动的海军战略。英国海军圈子里由此出现了一种相当期待的氛围。军方的头号喉舌——《陆海军记录》（*Naval and Military Record*，8 月 21 日刊）期待英国舰队再一次就击败德国舰队做出大规模尝试："很多人的眼睛已经转向北海，除非眼下的证据全不作数；否则，我们很快就会目睹海上战争中最激动人心事件的发生。"维密斯在一封信中表达了类似观点，这封信引发了此后他与贝蒂之间的一系列观点交换：

同样可以假设德国海军部的人事变动会导致其政策上的改变。然而，敌方政策将发生何种改变则很难预测。

长期以来，我都坚持如下观点，且如今也不认为有任何理由改变这一观点，即唯有心理作用可能促使德国舰队怀抱着与我方舰队作战的目的出海，同时很难相信冯·舍尔[①]愿意主动求战。不过从另一方面看，他可能会展开更多的水面舰艇袭击等活动，并且可能在布雷方面更加活跃……

确实存在敌方将其布雷活动全部集中于某一海域实施，同时布雷与对我方沿海地区展开袭击有所关联的可能。当然，对你我而言，这并非一个新的问题，而且我不认为我们需要在这方面做出任何新的应对。

上述所有讨论实际都不能说明敌方政策上的改变，尽管有可能说明敌方海军会更加活跃。[2]

贝蒂回复称，此前确认的"危险点"并未因此次人事变动而发生变化：大西洋船团（敌方或许认为值得派出战列舰或战列巡洋舰，协助潜艇对其展开攻击）、东海岸及斯堪的纳维亚船团，对多佛尔海峡巡逻舰队的攻击或对英吉利海峡港口的袭击，以及对英国东海岸地区的袭击。然而，贝蒂认为德国方面最有可能采取的行动是布雷，其形式为利用水面舰艇，在英国舰队主要基地附近海域布雷，尤其随着黑夜时间的延长，实施这一行动的可能性也愈发提高；此外，敌方可能尝试对在遥远水域执行扫雷任务的轻巡洋舰中队进行攻击，或干扰我方的布雷作业。第一种方式是最可能变得更加活跃的敌方活动，但大舰队总指挥官最担心的是德国舰队对北方拦阻网体系展开袭击。

---

①译者注：原文如此，但误以为舍尔是容克出身并非一个罕见的错误。

以往我们设伏时总是以船团作为诱饵，并布置规模为一个战列舰中队到一个轻巡洋舰中队不等的伏击兵力。在此过程中，我们不仅承担了可观的风险，而且时刻保持警惕，希望能收获巨大成功，然而正如你所知的那样，我们在1918年4月25日差一点就成功了。

随着北方拦阻网体系的建立，以及船团航线改由经拦阻网体系以北海域通过北海，前述伏击方式不再有意义；然而，拦阻网体系的建立本身就构成了一个新的诱饵；这一次，拦阻网的支援舰队将扮演伏击者的角色。你应能认识到，支援舰队的实力及其组成也让我颇为踌躇。新的德国指挥官或许会以更活跃的方式处理问题，而我们将在前线迎来一段颇为忧虑的时光。

不过这种忧虑终将获得回报。一旦机会出现，我方情报部门或许能够提供比上一次更多的信息；而我们的前哨，比如执行巡逻任务的潜艇也不会让我们再次失望。[3]

维密斯并不认为德国人会试图阻碍北方拦阻网体系的布雷行动，其理由如下：敌方"无法获得与针对斯堪的纳维亚船团类似的机会，得到有关布雷行动的情报；且布雷舰艇的航速远高于船团；此外，敌方或许会假设布雷行动在拦阻网体系的南界限展开，这意味着为了袭击布雷舰艇，公海舰队需要经过雷区早已布设完成的水域。自4月28日起（原文如此），我们已经仔细审查了情报问题。尽管此后在某些小的方面对情报组织施以改进，但我们仍然无法预计，未来是否可对相关情报提供预警一事抱有更大的希望"。他同意贝蒂认为由水面舰艇实施的布雷乃是德国海军提升活跃度最有可能的选项，"且除非我们能从我方潜艇部队获得更多的早期情报，否则迫使像'布鲁默'号（Brummer）和'布雷姆斯'号（Bremse）这样的舰艇（高速布雷轻巡洋舰）交战的概率将会非常低"。[4]

有关驻基尔的德国舰队内部混乱不安，以至于需要德国皇帝亲自到场安抚一事的流言，也曾让贝蒂抱有一定期望："如果水兵确有不满，消除不满的最佳方式就是派其出海执行任务。从另一方面讲，如未出现不满情绪，德国皇帝前往基尔一事或许就是德国海军实施某些行动的前奏……"不过，贝蒂仍保持着足够现实的认知，他承认"总体而言，前景不佳。如果想象经历了这一切令人疲倦的数月等待之后，我们依然得不到向公海舰队挥出沉重一击的机会，那么这一前景无疑非常可怕"。此后，在一处情绪较为乐观的笔记中，他又提醒自己说，协约国陆军正在法国展开反攻。这可能导致德国设在弗兰德斯的基地被彻底摧毁，进而"可能导致德国海军有所行动，因此我可能在任何时候南下"。[5] 然而，维密斯无法鼓励贝蒂的这种期望："尽管我希望自己能将这一系列陆上的胜利视为一场海战的前奏，但我还是无法诚实地说我确信如此……"[6] 在维密斯看来，即将发生的是德国人把驻弗兰德斯地区的驱逐舰转调至德国北海海域基地。维密斯决定仍将大舰队部署在英国北部：海军在本国南部已经掌握足够的兵力，足以应对敌驱逐舰——即足以对敌驱逐舰的行动展开拦截。大舰队的首要目标依然是德国公海舰队。10 月 5 日，德国请求停战之后，维密斯的论调也随之改变："事态正在迅速发展……眼下已经到了这样一个时刻，即战争可能中止；但最可能的是关键时刻——如果确实存在的话——已经到来，公海舰队将不得不有所行动。"[7]

事态的发展确实很迅速。东线的战争已经进入最后阶段。协约国方面于 9 月 15 日，从萨洛尼卡展开攻势，几天之内，同盟国在保加利亚方向的战线即告崩溃；30 日，保加利亚政府请求停战。同月，在巴勒斯坦方向作战的英军进展迅速，看上去土耳其人很快就会步保加利亚人后尘。海军部认为，"戈本"号和若干驻黑海的海军单位很可能试图冲出达达尼尔海峡，遂于 10 月间派遣"上乘"号和"鲁莽"号战列舰前往爱琴海。10 月 20 日，土耳其请求停战。双方于 27 日开始谈判。10 月 30 日，高夫 - 考尔索普（此前，他拒绝了法国海军上将在此事件中对其提供协助）作为协约国方面代表，与土耳其代表在驻穆兹罗斯的"阿伽门农"号上签署了一份停战协议。这堪称高夫 - 考尔索普一生中最光辉的时刻之一。根据戈弗雷将军的描述，高夫 - 考尔索普在谈判过程中表现出了"极其强大的坚定意志和外交上的敏锐"。停战协议的主要条款由协约国最高战争理事会起草，其中包括协约国占领达达尼尔海峡和博斯普鲁斯海峡诸要塞的条款。在海峡的雷区中，清理通道的工作立即展开，并于 11 月 11 日完成；法国方面曾希望由本国人出任即将进驻君士坦丁堡的舰队总指挥，但英国海军部坚定地反对"任何不在英国指挥下的舰队沿达达尼尔海峡上溯"的主意。英方的主要论据是在爱琴海海域，英国海军的实力远强于法国海军，并完成了一旦在必要时进攻海峡，所需的全部准备工作。此外，英方还承担了与土耳其人作战的重担。法国方面不得不让步，高夫 - 考尔索普遂被选定，获得进入君士坦丁堡这一荣耀。11 月 12 日，协约国联合舰队 [ 包括旗舰 "上乘"号，"鲁莽"号、"纳尔逊勋爵"号、"阿伽门农"号；2 艘法国战列舰和 1 艘意大利战列舰；希腊装甲巡洋舰"阿弗罗夫"号（Averoff）；6 艘英国巡洋舰和 18 艘驱逐舰，飞机载机"皇后"号，以及上百艘辅助舰艇 ] 趾高气扬地驶入达达尼尔海峡，驶过 1915 年间令其难忘并名扬世界的战场，并于次日在土耳其首都下锚。

因篇幅所限，笔者无法在本卷中叙述直到 1919 年底，或是 1920 年中期的种种事件，以及从里海的撤退。这支小小舰队的总指挥官，为人最是谦逊的高夫 - 考尔索普突然发现自己不仅是地中海方面的总指挥官，而且负责西至圣文森特角（Cape St. Vincent）[①]的一部分大西洋海域、黑海、红海、多瑙河、里海及所有注入黑海的河流相关事宜，并担任驻土耳其高级专员，甚至能向艾伦比（Allenby）元帅[②]等人下令！

10 月 29 日，意大利与奥匈帝国签订停战协定。当月，德国和公海舰队也迎来了其最后时刻。截至 9 月下旬，德国军队在法国的战线几近崩溃。被占四年后，奥斯坦德和泽布吕赫先后于 10 月 17 日和 19 日被德军放弃。然而，随着保加利亚退出战争，德国最高统帅部在放弃上述港口之前便认为战争已经失败，并建议皇帝威廉二世请求停战。10 月 5 日，德国向威尔逊总统请求立即停战。10 月 20 日，新任首相、巴登亲王马克斯为加速停战谈判进程，接受了威尔逊于 10 月 14 日提出的条件，命令潜艇停止攻击客轮。由于其本人认为该条款等同于完全停止潜艇战，因此舍尔曾坚决表示反对。他提出只有以停战作为交换，才能接受这一条件，而不是像威尔逊承诺的那样，仅将其作为开始停战谈判的先决条件之一："如果接受此条款，就意味着我们放弃了手中的主要武器；而敌方仍能继续其敌对行为，并且凭其意愿肆意拖延谈判。"[8] 然而，鉴于德国政府已做出决定，舍尔遂命令（10 月 20 日）所有出海针对商船运输展开战斗的潜艇返航；受此命令影响的潜艇共

---

①译者注：位于葡萄牙西南角，其北与里斯本隔海相望，向南与卡萨布兰卡隔海相望。
②译者注：艾德蒙·艾伦比元帅，第一任艾伦比子爵，时任埃及远征军司令，上将军衔。在其领导下，英军取得了中东地区对土耳其人的胜利，先后攻克耶路撒冷、大马士革。

计17艘。潜艇曾长期执着于针对协约国航运的战斗无法脱身，这种战斗终告结束；现在，潜艇已经集中于公海舰队总指挥官之手，可用于对付大舰队。上述潜艇返航后，公海舰队终于获得展开一次大胆行动所需的侦察兵力。10月22日，德国海军总参谋部作战部门总参谋长冯·莱韦措（von Levetzow）海军上校在威廉港与希佩尔见面，并向后者口头传达了舍尔的命令："公海舰队各部将被用于向英国舰队展开全力一击。"莱韦措还补充说，上述命令应立即得到执行。

希佩尔就此制定的计划含有以下要点：（1）整个公海舰队都会从赫尔戈兰湾出航，且在整个昼间，这一动向都应避免被荷兰沿海地区发现。（2）在霍夫登（Hoofden）海域（北海南部海域）实施夜间突击，攻击在开阔海域发现的敌方舰艇，并以驱逐舰和轻巡洋舰攻击弗兰德斯沿岸和泰晤士河河口海域的航运。战列舰队负责掩护攻击弗兰德斯沿岸地区的战斗群，攻击泰晤士河河口海域的战斗群则由战列巡洋舰提供掩护。（3）这一作战意在吸引大舰队立刻出港，并前往霍夫登海域。（4）第4侦察群（由轻巡洋舰构成）和一个驱逐舰队应自由实施布雷；同时，潜艇应在苏格兰东海岸至泰尔斯海灵岛（Terschelling）①之间英国舰队可能的接近线附近巡逻（潜艇部队收到指示，将利用一切机会，向英国战列舰和战列巡洋舰发射鱼雷）。（5）希佩尔试图在此次出击第二日到第三日的夜间与英国舰队交战：如果夜间双方舰队未发生接触，公海舰队驱逐舰就会对福斯湾方向展开扫荡攻势。⁹舍尔于10月27日批准这一计划，该计划原定于30日实施。

海军部很清楚德国海军已有所打算。截获的无线电报，以及各无线电测向站所发回报告中锁定的很多出海前往指定战位途中的潜艇在北海的位置、潜艇停止攻击商船一事，还有规模反常的扫雷行动（海军副总参谋长曾于10月27日写道："过去10天里的扫雷行动次数比此前6周的总和还多。"）都使得海军部到27日已经确信，某些重大行动的发动已经迫在眉睫。早在23日，海军部就警告贝蒂称，北海的局势并不正常。当天，海军部命令驻哈里奇和班克拉纳的驱逐舰出发，增援大舰队驱逐舰部队。弗里曼特尔认为："与今年任何时刻相比，此刻发

---

①译者注：该岛位于荷兰北部，纬度大致与以东的荷兰陆瓦尔登和以西的英国诺丁汉相当，因此这条警戒线大致呈西北至东南走向。

生值得一提的舰队运动的可能性都要高得多……历史经验促使我们相信，在战争结束阶段，为了顾及未曾接受海上战争教育的公众和陆军观感起见，较弱一方的舰队都倾向于被迫出航 [ 如维尔纳夫、塞尔韦拉（Cervera）和罗日杰斯特文斯基（Rodjestvensky）的例子 ]。[①] 敌方无疑识别到了停战及议和条件必然会要求其交出部分舰队，而敌方又可能认为在完全失去给我方造成损失的能力前，还能尝试凭借手头的舰队发挥这一能力……"[10] 在德国方面展开行动前夜，英国海军副总参谋长又报告称："……现在似乎可以确定，敌方正希望贵部出航南下，并经过潜艇伏击圈。"他认为公海舰队将驶出其布设的雷区保护范围，在未来几小时内实施无线电佯动，然后返回其基地。[11] 海军部对情况的评估仅在一点上出现错误，即该部门确信德国方面不会在停战谈判进行的过程中，冒险进行舰队对战。就如纽博尔特所言："事实上，冯·希佩尔上将和舍尔上将正以极其强大的动力，力求在谈判期间引发一场舰队对决；他们所计划行动的目标与第二次英荷战争末期，荷兰人对梅德韦（Medway）的攻击（1667 年）相似，后者对当时在布雷达（Breda）[②] 进行的谈判造成了重大影响。"不过，德国方面的意图还不仅如此。

实际上，德国海军的计划未及展开便告流产，舰队甚至未能离开港口。公海舰队在威廉港外的希利希锚地集结的命令于 10 月 29 日下午下达。与以往一样，此次行动仍以在次日展开演练和机动演习为借口。然而，舰队的集结在 29 日，以及29—30 日夜间激起了水兵的反抗，甚至发展为相当程度的动乱。值得注意的是，水兵的抗命主要发生在大型舰只上，而小型舰只——如扫雷舰艇、潜艇和驱逐舰完全未受影响。很多上岸休假的水兵在 29 日未能及时自行返舰报到，随后于当晚被

---

①译者注：维尔纳夫是特拉法尔加海战中法西联合舰队指挥官，奉拿破仑命令被迫出航，迎战英国舰队。塞尔韦拉在美西战争期间，奉命指挥西班牙海军舰队前往古巴。尽管明知前途不祥，他仍按照命令抵达古巴南岸的圣地亚哥港，但立即遭到优势美国海军的严密封锁。随着西班牙陆军在古巴的败退，这支海军舰队的安全亦受到威胁。7月3日，塞尔韦拉决定冒险出航，但在由此展开的古巴圣地亚哥海战中全军覆没。罗日杰斯特文斯基在日俄战争中指挥俄国第二太平洋舰队，绕欧亚大陆抵达东海，由于旅顺已经陷落，因此只能前往海参崴。在由此展开的对马海战中，俄国舰队几乎全军覆没。

②译者注：梅德韦位于英国东南部，泰晤士河河口河岸。1667年6月19—24日，荷兰舰队驶入泰晤士河，对停泊于梅德韦锚地的英国舰队大肆攻击，不仅给英国海军造成重大损失，还纵火破坏查塔姆军港，甚至俘获皇家海军旗舰"皇家查理"号，在伦敦引发了恐慌。指挥此战的便是荷兰海军名将德·鲁伊特，2015年荷兰拍摄的电影《Michiel de Ruyter》中亦提及此战。此战导致英王查理二世不得不认真对待和谈，数周之后战争宣告结束。布雷达位于荷兰，1667年7月31日，《布雷达和约》的签订标志着第二次英荷战争结束。

警卫部队驱赶集中并送回各舰，其身份主要是"德弗林格"号和"冯·德·坦恩"号上的司炉。第 3 中队的战列舰"国王"号、"威廉王储"号和"边境总督"号上发生了不同程度和形式的兵变（各舰乘员聚集在艏楼上，大吵大嚷，并高声为和平及威尔逊欢呼），"图林根"号、"皇后"号和"赫尔戈兰"号则爆发水兵反抗事件；停泊在库克斯港（Cuxhaven）[①]的轻巡洋舰"雷根斯堡"号也报告称发生类似事件；此外，战列舰"巴登"号乘员的情绪非常危险同样得到证实。"主流意见认为，舰队实际将会出海，在英国沿海寻求一次光荣的解决。"[12] 或者按照舍尔事后的说法："这一想法在水兵们头脑中根深蒂固：他们将被毫无意义地牺牲掉。"

这一担忧并非全无依据。特罗塔曾在公海舰队战争日志"10 月 6 日"条目下写道："如果我们的人民没有作为一个民族而失败，那么舰队进行的一场荣誉之战——即使舰队需要战斗至自身毁灭为止——也将洒下未来新的德国舰队的种子。一支为可耻的和平所束缚的舰队没有未来。"德国官方战史称这一条日志"生动阐述了公海舰队指挥官在关键时刻对时局的评估"。[13] 对于舰队实施一次攻击能有何所得这一问题，舍尔本人也曾在 10 月 16 日给出如下表述："在停战之前总会出现的最后一战中，舰队不可能保持无动于衷。舰队必须承担义务。即使无法期望对事态走向造成决定性影响，从道德角度讲，为了自身的荣誉和存在，舰队也应在最后一战中尽其所能。"[14] 这自然是计划执行的海军作战的内在理由，而潜艇的召回又使得实际展开这一作战成为可能。然而，此次作战对公海舰队而言不仅仅是一次"死亡冲锋"。德国方面仍然保有微弱的希望（从舍尔就威尔逊 10 月 14 日提出的停战先决条件的评论中便可见一斑）[15]，期待一场战术胜利或许能扭转整体军事形势，甚至避免投降。此外，德方还希望一场海上的胜利至少可能对停战条件造成较大影响。然而，在水兵们看来，即将实施的行动更像是有意尝试破坏进行中的停战谈判，而这一谈判的目的正是终结一场德国已经输掉的战争。一位著名德国历史学家写道：

---

①译者注：德国港口，位于拉贝河河口，威廉港以东，赫尔戈兰湾东岸。

难道他们真认为，一次进攻可能对战争结果产生有利影响吗？所有德国水兵都知道英国舰队的优势有多大，而且掰掰手指就能算明白，哪怕每一艘德国战舰都能在沉没前击沉一艘英国战舰，英国方面仍能保有一支强大的舰队。那么，难道出击看起来不更像是军官们单纯追求一次海军准则上反复强调的"荣誉的死亡"吗？但是，海军准则是否向军官们授权，使其有权裹挟着数千名优秀水兵一起死去？需要注意的是，这些水兵已经忍受多年海上生活之苦，又明明知道仅需再忍耐几天，就能获得自由重返家园！[16]

迅速了解情况后，希佩尔于 10 月 30 日取消行动，并将各中队派往不同地点，例如第 3 中队就被派往波罗的海。该中队于 11 月 1 日抵达基尔。当晚，此地爆发骚乱，且影响范围迅速扩大。到 11 月 4 日，革命的红旗已经在所有海军军港中飘扬。

笔者或许可以引用冯·特罗塔当年就"崩溃为何会发生，以及官兵之间如此尖锐的对立是如何产生"相应问题所得出的结论，来结束这一令人遗憾的事件：

似乎有很多证据表明，能够振奋士气的胜利一旦消失，尤其是贫穷和匮乏在大后方造成了如此巨大的苦难之后，我国武装部队便无法忍受如此长时间的战争。前线部队中，原先存在的年轻热情和能力在官兵双方身上持续消耗，直至耗尽；补充官兵通常因年龄较大或太年轻而缺乏经验，前者已经承受家庭烦恼的重担，而后者长期蒙受在大后方挣扎求存所导致的腐蚀性影响——这一无穷无尽而不可避免的趋势为日后的不满产生了无稽的思想基础，并向其提供了重要原料。

尽管海军承受的伤亡要轻得多，但这一过程仍然缓慢影响到该军种。无数小规模部队的建立使得海军军官团的人力被利用到极限。随后展开的潜艇战及其巨大需求，又带走了那些能力最为出众的军官；而且就像在陆军中发生的情况那样，较为严重的损失导致军官团内的中层军官缺额日趋严重，这一趋势甚至在大型舰只上造成了不利影响。事实上，或者可以说在战列舰上，要想找出一名真正有能力且仍然适合服役于潜艇部队的中层军官可谓非常困难。

由此，海军被剥夺了那种具备维护官兵间良好关系的重要资质的军官。随着资深军官不复存在，这一缺乏导致的影响愈加严重。我们缺乏前途无量的年轻军官，正是从他们中间，我们才能选出适合担任高级职位的人员。此外，值得一提的是，恰恰是这种基层军官需要承受长期战争给水兵们带来的影响。

动员时，我国预备役人员曾满怀热忱地抛却一切个人得失，积极加入部队。当时一切都出自爱国主义。战争后期，其他因素逐渐渗入人们的考量中。人们对生活方式的变化，以及独立自由权利的丧失越来越敏感。对家庭的担忧、年龄、是否能习惯部队生活、不得不接受命令等，这一切的心理负担都变得愈发沉重，而且需要全部忍受。现役军官变得愈加稀少，况且情况通常是这样：哪怕现役军官担任指挥人员，其麾下军官也变得越来越年轻，同时缺乏那些足以让后者取信于其指挥官必要的训练。

这一情况在士官群体中同样很普遍。战争导致的影响在大龄士官中的体现就是这一群体人数逐渐减少，直至其不再可靠。个人失败及个人犯下的错误应对此负很大责任。

上述所有因素都导致了我们如今面临的官兵对立。当然，分歧自然在未受战争直接影响且对立最严重的地方体现得最为剧烈：也就是战列舰上。[17]

直到 11 月 6 日或 7 日，海军部才得知兵变的范围，并确定公海舰队不再会出击。与此同时，协约国海军当局正起草海军停战的细节。

## 2. 海军停战协定

1918 年 10 月之前，海军部内对于停战条款的讨论事宜一直处于无人问津的状态。当年春，海军部明确提出"从海军角度看，停战对大陆中央列强最为有利""使用优势海上力量的基本原则就是施加从不停歇的压力，即使这种压力只停止施加一周，局势也可能对我方不利。哪怕受公众舆论影响，强行推动停战（但我们应尽全力，通过一切可用的手段阻止此事发生），也不能允许停战影响到海上战争"。[18] 然而，这一立场到当年 10 月已经不再现实。自 10 月 8 日协约国海军理事会和协约国最高战争理事会的陆军代表齐聚凡尔赛，起草停战条件草案以来，情况的发展就急速向高潮迈进。海军将领们提出建议，称 60 艘"特别指定型号"的潜艇应立即前往指定协约国港口，并在停战期间停留于上述港口；同时，"所有敌水面舰艇"都应按规定前往指定的海军基地，并在停战期间停泊于港口内。当时海军方面认为，考虑到任何时刻总有大量潜艇在接受整修，因此 60 艘是德国可投入出海作战的最大潜艇数量。副第一海务大臣霍普将军在不清楚海军部委员会观点的情况下，前往凡尔赛参加了会议。

当战争临近结束时，皇家海军和海军部的情绪却是阴冷的。按照第一海务大臣的说法，这是一种"缺憾感"。海军的确赢得了一场比特拉法尔加更伟大的胜利，但远不如前者壮观——从未发生一场决定性的海战——正是这一点让海军苦恼。在此情况下，贝蒂和大舰队很难为预示着一场特拉法尔加般胜利的停战提起任何热情。一场壮观的胜利不仅能使英国海军的荣耀得以维持，并且能给整个舰队及其总指挥官带来光荣。皇家海军还因陆军能独占打败德国皇帝的成就，而本军种所做贡献未能得到应有的认可而愤愤不平。如果停战势在必行，（英国）海军坚持认为德国海军战舰的投降应该作为停战的一大必要条件。海军副总参谋长事后给出如下解释："在海军部，我们认为，鉴于德国海军从未（除日德兰之外）在公平的战斗中与我们交手，因此不放弃我们的猎物也合情合理——总的来说，我们有权要求其全部作战舰艇投降。"[19] 在表达自己希望海军停战条款"应极大地刺激敌方陆军和海军，使其别无选择，唯有战斗到底"时，凯斯这一观点实际也代表着海军中相当的一部分人。[20]

另一方面，关于战争第五个冬天的前景，维密斯的想法同样不比政客和在法国作战的将军们乐观。他尤其为英国水兵们严重的不满而感到忧虑。[21]10 月中旬，英国海军起草停战条款期间，维密斯据称"正在努力平息海务大臣们极端的热情"。海军部委员会某些成员认为应考虑占领基尔或基尔运河这一问题。10 月 14 日和 16 日，海军部委员会考虑了有关**整个**德国舰队投降的问题，"但基于各种理由，这一要求被否决，其中主要理由是这一要求会引发过多的争论"。[22]

海军部于 10 月 19 日和 21 日，向战争内阁通报皇家海军就停战的海军相关条款所持意见。[23] 海军部的意见与协约国海军理事会不同，但与贝蒂的观点基本相同，仅在一个重要的方面出现分歧：海军部认为应继续实施封锁。贝蒂已经就停战条款与各战列舰中队高级将官进行讨论，并得到了后者的明确支持。海军方面提出的停战条款包括：德国三个战列舰中队里的两个，即第 3 和第 4 中队应向协约国方面**投降**。上述两个中队辖有德国最新式的战列舰（10 艘）。其他必须投降的舰艇包括舰队旗舰"巴登"号、全部 6 艘战列巡洋舰（列表中包括"马肯森"号，协约国方面认为该舰已经建成）、8 艘指定的轻巡洋舰、50 艘最新式驱逐舰，以及**所有**可飘浮水面的潜艇。维密斯就海军部在潜艇一事上的立场给出了解释——潜艇与水面舰艇的情况毕竟不同："敌人藐视国际公法规定和主宰人性的道德，悍然发动潜艇战。有鉴于此，出于国际道德考量，我方必须牢牢抓住出现的首个机会，彻底剥夺敌人继续使用这一其曾以如此错误的方式，施以运用的武器的机会。"[24]

基于以下两个假设，贝蒂提出了他本人对于德国舰队的处理意见：(1) 我方的目的是彻底摧毁德国的海军和陆军力量。否则，德国只要恢复元气至一定程度，战争就将继续进行。德国必须被削弱至二流海上强权的状态，以保证英国在海上的地位。(2) 与维密斯的观点类似，贝蒂也认为，鉴于在宣布停战后重启战端的可能性不大，停战条款应非常接近于协约国方面希望在和约中达成的条款。[25]

贝蒂也解释了他是如何得出需要移交的无畏舰数量："如果大舰队遭遇公海舰队，他希望并预计己方能够实现对后者的彻底歼灭。但为达成这一目的，他估计大舰队会付出重大损失——据其估计，损失可能多达 8 艘或 9 艘主力舰。他的建议是让敌方保留与我方可能损失的数量相当的主力舰，然后夺走敌方其他主力舰。"此外，即使夺取德国全部潜艇，德方仍然可能，并且能够在决定继续展开潜艇战后立即完成补充。如果德方依然保留其 26 艘主力舰，德国战列舰队便会成为其继续进行潜艇战的一股强势支持力量，从而使协约国一方无法实现封锁德国潜艇一事。

19 日和 21 日的战争内阁会议上，仅有帝国总参谋长亨利·威尔逊爵士支持海军的强硬立场。劳合·乔治抗议称，海军的条件实际相当于"卑贱的投降"。这些条件"只可能被彻底粉碎的国家所接受"，且"如果条款过于苛刻，荣誉感将压倒（德国一方的）理智"。黑格震惊于贝蒂有关无畏舰的要求背后明显的不合逻辑，亦对首相的担忧表示支持。他认为"要是协约国方面提出非常苛刻的条件，那么对德国陆军士气造成的影响，可能导致战争继续拖延下去，这很糟糕"。维密斯承认海军停战条款相当苛刻，以至于德国方面很难接受；但在他看来，如果接受了停战条款应与和约条件相近这一前提，那就无法对海军提出的停战条款施以削弱。他和贝蒂都对所谓"海军的胜利无法与陆军的胜利相媲美，因此海军无权坚持与陆军相当的条款"这一论调进行了驳斥。维密斯宣称："海上的胜利并未因不够壮阔而逊色分毫，海军部声称正是通过其制定的战略，才能让敌人屈服于我方意志。"贝蒂承认道："的确，我们未能获得任何决定性胜利，但我们依然取得一场消极的胜利。因为胜利的消极性质，所以我国绝无理由放弃参与战争时所抱有的目标，即摧毁德国军国主义。"[26]

战争内阁担心停战协定含有看起来对敌人进行不必要羞辱的内容。随着威尔逊总统披露他对于任何过分的海军停战条款的反对态度（此人或许赞成德国人移交其全部潜艇的条件，但不会同意要求德国大型水面舰艇投降），内阁立场也得以加强——10月26日，战争内阁做出决定，他们不会在批准下述规则的基础上提出更进一步要求，且下述规则将作为即将在巴黎展开的谈判中，本国首相和外交大臣应遵循的指导原则："停战的海军条件应表明德方承认在海上被击败，陆军条件应表明德方承认在陆上被击败。其中，海军条件所表明的承认程度不应超出陆军条件所要求的同类程度。"[27]感到厌倦的维密斯向贝蒂报告称："正如你可以轻易想象的那样，从战争内阁那里很难得到任何令人满意的结论。他们总是倾向于避免做出任何明确决定，从而总是把问题保持在模糊状态……"[28]在对海军停战条款展开的讨论中，战争内阁对贝蒂-海军部联合提案作出了一处修改：劳合·乔治反对使用"所有"这个词，为此，维密斯将德国方面需要交出的潜艇数量定为160艘。他确信这一数字刚好相当于当时德方所拥有的潜艇总数。

由此，讨论的主要场所转移到了10月28日至11月4日期间，在巴黎和凡尔赛举行的协约国海军理事会（第六次会议）上；在此期间，讨论以英国海军部提出的海军停战条款草案为基础，并根据其他国家海军部的意见进行添加和修改。10月29日做出的基本决议包括对英国提案的一项实质性修改——160艘德国潜艇和贝蒂列出的水面舰艇应向协约国方面投降，**但舰队旗舰不在此列**——"是否纳入这艘战舰被认为对于停战无足轻重，但该舰的纳入可能被视为对德国的过度羞辱"。所有被认为需要投降的舰艇都将得到托管，直至和平会议决定其最终归宿。"现有封锁条件……将继续保持不变，所有在海上的德国籍商船一经被发现，都会继续由协约国方面俘虏。"一份附件声明解释称，停战条款基于若干前提起草，其中一项前提为协约国方面面对的是已被击败的敌国。

格蒂斯于 11 月 1 日晨，向协约国最高战争理事会提交协约国海军理事会决定的海军停战条款。[29]他还解释称，被要求投降的舰艇乃是基于以下标准选出：如果大舰队与公海舰队遭遇并爆发海战，后者可能损失的舰艇；确保条件对于德国而言优于当前时，德方也无法再发动战争；鉴于德国在战列巡洋舰方面相对协约国阵营的优势，如德国不交出该种战舰，则协约国必须新建同种战舰。海军停战条款甫一提出就引发了麻烦：出席的政客们在福煦元帅有力支持下，明显表达出了希望放松海军条件，使其更容易为德国方面所接受的倾向。政客们担心存在这样一条底线，一旦越过底线，德国人就不会继续求和。因此，如果协约国方面要价太高，例如按照协约国海军理事会所建议的舰只列表要求相应舰只投降，德国方面可能断然拒绝条件，从而导致又一年的血腥大战。相应问题的核心是，协约国方面缺乏有关德国在多大程度上被击败，以及如果停战条件过于苛刻，德国将为继续战斗做何准备的信息。鉴于陆军的条件同样苛刻，所以正如维密斯汇报的那样："政客们因此希望能在某些方面略显宽纵。"福煦坚持认为应在海军条件上实现这种宽纵。贝尔福以其一贯的敏锐，充分理解了福煦的动机。他曾这样写道："我对德国停战条件中的海军相关部分略感焦虑。福煦和陆军士兵们对此毫不关心，这很自然。他们希望一场荣耀的胜利？是的，不过是在**陆上**。**海上**的任何胜利都将影响其功绩——或者更广泛地说，影响除英国外任何一国的功绩。因此，他们厌恶承担任何风险，只要这种风险可能不识时务地导致其成功延迟哪怕一天，无论这种风险是如何微小。当然，这同样非常自然。"[30]当天上午的会议中，福煦表示能够理解要求德国人交出潜艇的理由，且对此并无异议——毕竟潜艇给协约国方面造成的损失最大——但他无法理解的是，为何德国水面舰队也需要被移交给协约国。水面舰队又有何可惧？整个第一次世界大战期间，它们都没有造成什么麻烦。福煦并不认同格蒂斯的论点，即公海舰队的存在便意味着极大危险，而这种危险是因为大舰队的存在才并未成为现实。

"如果这些舰只不投降，大舰队在停战期间仍需保持某种紧张状态，类似于敌对两军需要在战壕中保持作战阵型"。福煦认为，将公海舰队封闭在波罗的海，同时协约国方面占领赫尔戈兰和库克斯港"作为抵押"便已足够。格蒂斯反驳称，如果这么做，那就需要严密监视大小贝尔特海峡[①]，"这便意味着海军必须继续处于战争时期的紧张状态"。

此时，劳合·乔治横插一脚。他表示协约国海军理事会提出的条款"过于苛刻"；但另一方面，福煦在相反方向上也走得太远。英国首相提议道，潜艇、战列巡洋舰（在该舰种方面，协约国当时的实力无法与德国匹敌）及部分轻巡洋舰必须投降，但战列舰可被拘禁于某个或某几个中立国港口。会议接受了这一折中方案。

协约国海军理事会在 11 月 1 日下午，就最高战争理事会的意见进行讨论。除一人外，所有出席的海军将领们均反对修改海军理事会此前提出的建议。正如维密斯所言，最大的反对意见是："若未在停战条款中规定移交这些舰艇，一俟它们抵达中立国港口，在后续的和谈中，德国人必然会把这些舰艇视为质押品，而且能在和谈达成后将其索回。"格蒂斯还追加了以下警告："如果德国仍然保有足够强的舰队，战争便总有可能发生。应当记住，战争爆发的主要原因是以相对实力而论，德国的各种武装都对其邻国构成了可观的对比——如果这些舰艇在结束拘禁后返回德方之手，同一情况就可能再度出现。"法国海军总参谋长德邦上将则更加直率。他认为如果采用政客们提出的方案，德国最终将收回其战列舰，并仍然保持一流海军强国状态："依照我方停战条款实现最终胜利一事必须得到绝对保证，没有任何理由在制定停战条件时表现出怯懦。"只有美国海军代表本森将军支持政客们的观点，并重复后者的理由。本森未曾言明的动机是，美方担忧英国舰队将在日后处理投降舰只的过程中，成为最大受益方。拘禁将保证对于这些舰艇的处置留待和平会议决定。他希望以此挫败协约国内

---

① 译者注：两海峡位于日德兰半岛（包括丹麦的大部分领土）和丹麦首都哥本哈根所在的西兰岛之间，被菲英岛分为两个海峡，其中东部海峡较宽，被称为大贝尔特海峡；西部海峡较窄，被称为小贝尔特海峡，其北经萨姆索海峡通往卡特加特海峡，是从北海进出波罗的海的重要航道。

部任何旨在瓜分德国舰艇的秘密协定。贝蒂恳求维密斯（前者认为后者"不够强硬，也不是一个有力的说客，因此可能轻易被别人说服"），希望他不要让协约国海军理事会的决议被否定：

> 无论现在还是未来，我都对大舰队对付敌舰队的能力满怀信心。
>
> 然而必须承认，对敌舰队取得胜利必将以付出重大伤亡为代价，另根据过往经验，如果敌方能非常幸运地获得有利雾气条件，从而实现对能见度的干扰，那么其实力较弱的舰队所处于的劣势将很可能在相当程度上得以抵消。
>
> 无论海战后幸存的德国舰队实力如何，其都将迫使我方继续加强自身武装。
>
> 因此，我们应极力避免为加速和平的到来而采取短视行为，即取消那些我们知道对大英帝国的安危至关重要的条款。
>
> 如果错失眼下这个能有效削弱对我国海军产生威胁的机会，历史将永远不会赦免我们的罪过。[31]

然而在贝蒂发出此信前，结局就已经在 11 月 4 日的协约国最高战争理事会上注定。[32] 列席的霍普将军坚信，正是在会议上宣读的一份由本森撰写的备忘录，以及其中声称拘禁 10 艘战列舰和 6 艘战列巡洋舰将加大停战条件为德国所接受的可能这一论断，"极大地影响了"会议的最终决定，即所有德国舰艇都应拆除武装，并在协约国的监视下被拘禁（劳合·乔治则引述本国海军部的建议，即如果决定对德国舰艇实施拘禁，那么所有水面舰艇均应被纳入拘禁范围）。政客们向海军将领们明确表示，最终决定现已做出：他们只希望协约国海军理事会在要求拘禁一事上表示支持，并起草拘禁的具体条件。海军将领们在当天下午屈从于强大的政治压力，尤其是英国海军代表霍普将军声称将领们必须服从政客后。直到劳合·乔治在战争内阁向维密斯保证协约国最高战争理事会已经决定，所有遭到拘禁的舰艇均不会交还给德国，海军部才心有不甘地赞同首相的立场。出于同一谅解，协约国海军理事会接受了在凡尔赛做出的决定——"这仅仅是停战条件，而且在停战期结束后或任何其他时间，这些舰艇在任何情况下都不会被交还给德国"。最高战争理事会并未驳斥这一"谅解"。

有关处置德国舰队的海军条款从而定稿如下：第二十二款——160艘潜艇投降。第二十三款——10艘战列舰、6艘战列巡洋舰，以及其他舰艇应在中立国港口接受拘禁；如无法在中立国港口实施，则应转至协约国港口实施。被拘禁舰艇名单应由协约国方面制定，且德国在各舰上应仅保留养护和维修团队。该条款所称的"协约国港口"乃是在草案定稿前最后时刻追加的修改，原因是协约国方面意识到欧洲的中立国政府可能拒绝接收德国舰队。第三十一款——在人员撤离各舰，移交并展开拘禁或归还之前，禁止对舰船或物资进行任何破坏。第三十六款重复了协约国海军理事会对继续实施封锁的声明，第三十九款则指定了德国应归还的夺取于黑海的俄国战舰。11月11日签订的停战协议包括了上述海军条款[33]。停战时间为36天，且该时限可在固定时间点延长：12月13日、1月16日各可延长一个月，2月12日则可无限期延长。为保证停战协定中的海军条件实施，停战实现后将组建一个协约国海军停战委员会（主席为英国海军中将蒙塔古·勃朗宁爵士）。

11月8—11日，协约国与德国双方代表在贡比涅（Compiègne）就停战条件谈判期间，德国海军代表范泽洛（Vanselow）上校评论称，鉴于德国舰队未被击败，因此无法同意其应遭到监禁。对此，维密斯曾记录称："对此论点的答复显而易见，在看到对方代表只得同意时，我多少获得了一些快感！"[34]当范泽洛告知维密斯，德方手中的潜艇数量不到160艘时，后者立即发现了获得自己一直梦寐以求的条件的机会：交出**所有潜艇**，从而修改了停战协定第二十二条的文本。另外，在此期间，协约国方面得知战列巡洋舰"马肯森"号至少还需要10个月的工期方可完工，且以目前状态无法拖曳，因此只有5艘战列巡洋舰可实施拘禁。在停战协定规定的首个延长期，即12月12日，英国海军部提出用"巴登"号取代"马肯森"号接受拘禁，德国方面同意了这一要求。由此，海军部有关潜艇和德国舰队旗舰的要求最终得到了满足。

对于10月29日在公海舰队内爆发的兵变，海军部直至很晚才对其重要性拥有较为彻底的认识，但彼时已经无法影响最终海军条件的确定。到11月4日，德国舰队作为一支部队已明确地不复存在。尽管德国舰队中发生混乱的消息很快就传到海军部，但后者并无任何手段，判断公海舰队内的瓦解现已发展到何种程度。直至11月5日，第一海务大臣还曾写道："有关公海舰队的事态发展尚不清晰。"如果能更早了解基尔河与易北河的真实情况，英国海军将领们或许就能拥有充足的"弹药"，有效抵抗政客们、福煦及本森希望放宽停战条件中海军条款的想法；虽然在新的条件下，海军方面的这种争辩或许已经不再必要。

尽管对海军条款并不算完全满意，但格蒂斯和维密斯依然认识到，考虑到当时的政治环境，现有海军条款已经是能够期待的最好结果。不过对于贝蒂而言，拘禁德国舰艇的决定使他分外震惊。他曾反复重申自己的观点，即应当消灭德国公海舰队。如果不能在战场上实现，那也应该通过强迫其投降达成这一目标。当然，他更喜欢前一种方案：

另一个萦绕于我脑海中的问题——大舰队里的我们是否被狡猾地剥夺了永远打垮德国海上力量的奖励？如果在凡尔赛夸夸其谈的衮衮诸公没有让我们失望，我自然不会这么想。如果他们立场坚定，公海舰队必然会在绝望中发动最后一击，且这一击可能在任何时候出现，但这自然是其最后的手段，同时也是争取改善和谈中地位的绝望手段。如果我方庞大的舰队永远不再有机会，以较此更为公开的方式展示其威力，对我们的国家而言，这将是非常糟糕的一件事。公众非常短视，如果他们没有目睹海上力量是如何保持海权，便会对花费巨额经费以维持海权一事啧有烦言。[35]

11 月 7 日，贝蒂又表达了如下希望："敌人或许不会接受停战条件，但我担心他们接受。"

既不会进行舰队决战，也不会出现敌舰队投降的双重失望本就几乎让贝蒂难以接受，然而在 11 月初，他还需要面对另一重失望。他曾认为将赫尔戈兰岛的投降纳入停战条件一事非常重要，并在达成停战几周前，数次让海军部了解这一观点。因此，在得知停战条款未提及赫尔戈兰岛时，贝蒂的愤怒可想而知：

在实行首相定下的政策纲要，即停战条款应大致等同于和平条件的过程中，我认为赫尔戈兰岛被移交给协约国方面应作为停战条件之一。很难设想和约条件会比停战条款更为苛刻；此外，只要德国人的暴行逐渐被公众淡忘，眼下能获得公众支持的条件就可能被认为太过咄咄逼人。

若和平条件依然允许德国保留设在赫尔戈兰湾中的前进海军要塞基地，那么无疑会令人愤慨。对于英国舰队在德国海军最主要基地附近的活动来说，赫尔戈兰岛显然是一个绝对的障碍。如果还是允许德国保有这个要塞化的基地，那么一旦重启战端，该基地就将导致协约国方面无法对敌舰艇，尤其是潜艇的出入实施有效控制。这意味着和此前四年相似的战略态势将会再次出现。[36]

不过，格蒂斯无法满足贝蒂的期望。停战条款此时已被提交给德国，因此无法对其加以修改；然而在日后考虑和平条件时，贝蒂的观点将会得到相当程度的重视："我们必须放弃停战条件应包含我们希望在和约中获得的一切这一思路，否则停战条款便会过于严苛和冗长，从而超出仅就达成停战而言必须的程度。如此一来，只要德国拒绝停战条款，我们就可能在全世界面前，背负提出不合理停战条件的罪名。然而，向德国提出的海军和陆军停战条件应使得协约国在日后的和会中坚持任何……（协约国方面有可能）认为应当提出的条件。"[37]

此外，还有第四个让贝蒂不快的因素：在决定修改原始海军条件中有关舰船和赫尔戈兰的条款过程里，相关方面一直未曾征询他的意见，就好像他已经亲自参与了上述修改。贝蒂曾根据种种迹象，认为海军条件中任何有关大舰队意见的改动都必须告知自己。的确，贝蒂认为此举表明在商讨停战条件的实际过程中，维密斯对他不够信任，且除了有关水面舰艇投降的内容外，完全未曾咨询他本人的意见。对此，维密斯曾和善地给出解释："至于征询您的意见——那么，最后的几天，我似乎一直都在汽车或是火车上度过……情况变化非常剧烈，而我在实际上又无法更频繁地让您了解最新情况……无论发生什么，你我之间都不应该出现任何误会的阴影。我们俩彼此……在过去10个月里曾如此忠实地一同工作，彼此之间不应出现任何龃龉……此外，我对您的友谊是如此深厚，如此真诚，我怎会容许出现如此忽视您的事情呢！"[38]不过，令后人遗憾的是，拘禁战舰问题、赫尔戈兰岛问题，以及对没有咨询意见这一问题的归罪，导致了自维密斯出任第一海务大臣以来，他与贝蒂之间一直维持的亲密而和谐关系第一次出现严重裂痕。读者将在后文发现，两人关系的结局是如何令人扼腕叹息。

\* \* \*

11月11日停战正式宣布后，大量人员聚集在海军部附近，极力呼吁海军大臣发表公开演说，并要求海军部委员会成员出面。人们在海军部老建筑前搭建临时讲台，要求海军部的要员们发表演说。格蒂斯回应了这一要求，并请求人们为戴维·贝蒂爵士欢呼三次。欢呼声随之而来，毫无犹疑，格蒂斯又要求人们为英国水兵欢呼三次。在人群的欢呼声中，海军部委员会成员先后露面。当停战的消息传到大舰队时，贝蒂很快就发出如下命令："庆祝场合的传统习惯，即'接合大桅操桁索'，可于19时进行。""接合大桅操桁索"这一命令的实际含义是在每日朗姆酒配给之外，额外再发放一份朗姆酒配给；而且与日常配给不同，这一份额外的朗姆酒配给不仅会发给水兵，也会发给军官。[①]此前两次执行这一命令的情形分别是英王爱德华七世和乔治五世的加冕礼。

当晚7时，水兵们准点领到了额外份额的朗姆酒，他们高声欢呼，互相祝贺。随后又响起一片名副其实的喧哗聒噪。大型舰只率先使用其声音低沉的雾笛鸣笛，很快大小舰只……都先后加入了鸣笛……被皎洁月光照亮的水面上，回荡着震耳欲聋的喧哗声。汽笛的尖叫声划破夜空，尖锐的警报声在周围接连响起，深沉的雾笛声亦加入这一片混乱的喧哗。从晚上7点到10点整整3个小时内，各种声音毫无间断地此起彼伏，且音量逐渐升高；刺耳但欢乐的胜利赞歌在水面上回响，并跨过水面，远远传播至岸上，之后又在午夜时分再次迸发出来。水兵们在甲板上纵情欢歌舞蹈，高声喊叫欢呼，直至声音嘶哑，筋疲力尽……[39]

---

①译者注：每份朗姆酒配给为1份1/8品脱（约合70毫升）酒精含量为47.75%的朗姆酒配上3份水。风帆时代，由于"接合大桅操桁索"这一操作非常辛苦，舰长通常会下令在完成该操作后加发朗姆酒，以奖励水兵。进入蒸汽时代后，这一命令的含义便转化为加发朗姆酒。军官通常需要为酒水付账。

然而，舰队中有很多军官并未被如此狂欢的气氛所感染。贝蒂本人就曾写下这样的字句："舰队，我的舰队啊，她的心碎了。但她依然华丽，堪称全宇宙中最美妙的事物。尽管看起来官兵们已经永无实现其心愿的机会，但他们仍然保持着非凡的快乐情绪……所有人都因一种比失望更深刻的情绪有所感染，其所受压抑程度难以形容。"[40]维密斯也承认，弥漫于海军部内的情绪并不见得更加欢乐："在看待战争就此结束一事时，任何海军军官都会感到一种缺憾感，而这种缺憾感并非源自任何挫败感。我们在海军部强烈感受到了这种情绪，并意识到你和大舰队应该同样有此感受。海军赢得了一场比特拉法尔加更伟大的胜利，只是不如那场海战壮观……"[41]此处所说的"缺憾感"无疑是因为缺少一场现代的特拉法尔加式的海战胜利。公海舰队精华部分的投降并不能削弱英国海军上下普遍存在的缺憾感和消沉感。

### 3. 那一日

在各中立国政府均对由本国负责拘留应被拘禁的公海舰队舰艇一事表示兴趣寥寥后（协约国方面曾试探挪威和西班牙的态度），协约国海军理事会于11月13日在伦敦召开紧急会议，并接受维密斯的建议，即被列入公海舰队待拘禁舰只列表中的水面舰艇，应在大舰队总指挥官的监督下，在斯卡帕湾接受拘禁；而潜艇应前往大舰队总指挥官指定的英国港口，以接受拘禁。

做出这一决定前后不久，愤怒的贝蒂曾以如下语句结束一次演讲："我很乐意亲自去把它们（德国舰队舰艇）逮回来，我才不在乎别人是否知道这件事呢。"不过，德国方面倒是主动免去了他亲自前往的麻烦。11月15日晚间，希佩尔的代表莫伊雷尔海军少将搭乘"柯尼斯堡"号轻巡洋舰，抵达福斯湾五月岛。他此行的目的是安排拘禁事宜的细节。莫伊雷尔和随行的四名参谋登上"伊丽莎白女王"号，并进入贝蒂本人的住舱。英方参与谈判者还包括布罗克、麦登、蒂利特，以及贝蒂的若干参谋。德国代表团进入舱室时，英方全体代表起立。贝蒂的信号官拉尔夫·西摩尔中校当时也在场，他曾对谈判场景进行如下描述：

德国将军面如死灰，其惨白程度为我平生所仅见。我当时甚至认为他随时可能一头栽倒。

贝蒂爵士直视着他，问道："来者何人？"

德国将军打起精神回复道："鄙人胡戈·莫伊雷尔（Hugo Meurerr）海军少将。"

贝蒂又问道："你是否受冯·希佩尔上将派遣，作为其全权代表安排执行停战条件，即德国舰队投降一事的具体事宜？"

莫伊雷尔回答道："是的。"

贝蒂再问道："你的证明文件何在？"

德方提交证明后，贝蒂说道："请坐。"双方代表随即开始谈判……

我从未见过他（贝蒂）处于更加有利的地位。他严守礼仪规范，但自身立场坚如磐石。在没有额外参考任何文件的情况下，他讨论了涉及英国和德国舰队的相关细节；与此同时，双方的参谋们却需要频繁翻阅参考文件，以查阅细节。

谈判过程中，贝蒂的态度大约只有两次变得严峻，他的语调低沉而清晰，但极其高效。[42]

麦登亦赞同贝蒂此时正处于其巅峰状态的观点："贝蒂以高贵的态度，出色地完成了此次谈判。德国代表安静而驯服……"[43]16日，双方又先后举行三次谈判。当晚，他们商定潜艇应前往哈里奇，向蒂利特投降；水面舰艇则前往福斯湾向贝蒂本人投降，并在投降后前往斯卡帕湾接受拘禁，直至和约决定其最终命运。

11月21日黎明，整个大舰队都从罗赛斯起航出海，前去护送投降的公海舰队至其位于福斯湾的指定锚地——此次行动代号为"ZZ"，对其性质而言，倒是颇为恰当。① 很多参与过第一次世界大战的英国海军官兵曾提到，战争中比大舰队在港更美的景象只有一个，那就是大舰队出海。这一次，大舰队的身姿之壮美堪称战争期间之最。从舰队兵力的完整程度上讲，此次出海前所未有。所有

①译者注：ZZ 具体含义不确，可能是指呼号序列的最后一个，以对应此次出击是战争中的最后一次。

舰只都参与了行动——它们分别来自多佛尔海峡、哈里奇、斯卡帕湾、英吉利海峡，全部舰只汇聚到一起，构成了最终的壮观景象：共计370艘大小舰艇，9万名官兵。除此之外，在场的还有代表法国海军的1艘装甲巡洋舰、2艘驱逐舰，代表美国海军的第6战列舰中队。上至战列舰，下至潜艇都悬挂着尽可能多的皇家海军旗，一如投入战斗前的习惯。这也是自日德兰大海战以来，舰队第一次如此挂旗。舰队在五月岛以东约40海里海域完成集结，首先构成了一条横跨水天线的庞大战线；然后分开构成两条相隔6海里的战线，每条战线都包括不少于30艘战列舰、战列巡洋舰和巡洋舰，每艘旗舰旁还配有1艘驱逐舰。英国舰队于当日晨8时30分抵达与德国舰队预定会合海域，并于9时30分和德国舰队建立接触；后者排成单列纵队，依次为9艘战列舰、5艘战列巡洋舰、7艘轻巡洋舰和49艘驱逐舰，囊括了公海舰队的精华，并由搭乘"腓特烈大帝"号的冯·罗伊特指挥。赶来途中，1艘德国驱逐舰在赫尔戈兰湾触雷沉没；无畏舰"国王"号和轻巡洋舰"德累斯顿"号此时仍处于入坞修理状态，因此将延后至12月初接受拘禁。冯·罗伊特曾希望海上的雾气能遮掩德国舰队，从而避免英国方面留下宏伟影像记录。但这一愿望并未完全实现：尽管当天有雾，阳光却非常灿烂。由此前奉命与若干驱逐舰队一同前出的轻巡洋舰"加的夫"号引导，德国舰艇顺从地沿着大舰队和其他协约国代表海军所构成的两列纵队之间行驶，时人曾将这一场景中的德国舰队形容为"在全世界面前表现得就像由一个小家伙引领的一群巨兽"。当时，无畏舰"君主"号的舰长[德鲁里-洛（S. R. Drury-Lowe）]曾一边不无遗憾地喃喃自语"多好的目标啊"，一边就己方的33艘战列舰需要多久才能击沉德方9艘无畏舰进行着快速估算。当德国舰艇编队末端通过后，两列协约国舰艇纵队各自调转航向，在德国舰艇编队两侧就位。各舰官兵均以临战状态处于自己的战时岗位，并保持炮弹上膛，但主炮仍然指向舰艏或舰艉方向。尽管考虑到按照之前商定的细节，德国舰艇应把所有火炮的炮闩和弹药卸下留在母港，因此协约国方面的这一预防措施显得并没有什么必要，但毕竟没人能够确定到底会发生什么，且存在德国方面直到最后仍保持反抗姿态的可能。不过，迎接德国舰艇投降的整个过程并未发生任何意外。双方舰队在沉默中一同驶向福斯湾。中午前后，德国舰艇抵达其位于因奇基斯岛

（Inchkeith）<sup>①</sup>的指定拘禁锚地，周围环绕着奉命执行监视任务的舰艇。各种各样的船舶，如汽船、桨船、游艇等满载平民，在锚地附近四处游荡，船上的人们亲眼见证并纵情享受着英国武装力量的凯旋（贝蒂夫人曾搭载属于她的一艘小型游艇，抵达非常靠近"塞德利茨"号的位置，并就此遭到该舰船员的嘲笑，这让贝蒂夫人非常生气）。随着"伊丽莎白女王"号驶入其泊位（大舰队各舰在福斯桥上下游位置停泊），大舰队各级官兵纷纷热情地一再向贝蒂欢呼。一张日后广为流传的照片显示，贝蒂站在舰桥上，手握着军帽接受部下的欢呼。然而，拉尔夫·西摩尔事后回忆道："除此之外，整个场面一片死寂，几如一场葬礼。"

当天上午 11 时前后，贝蒂通过信号旗发出如下通令："德国方面的旗帜将于今日，即周四日落时降下。此后未经允许，不得再次升起。"德国人的军旗在日落时（下午 3 时 57 分）准时降下。"伊丽莎白女王"号上所有官兵聚集在后甲板上。当军乐队的军号吹起"日落礼"时，所有人转向军旗方向并敬礼。仪式结束后，人群中随即爆发出一阵震耳欲聋的欢呼声，向大舰队总指挥官致敬。贝蒂接受了欢呼，并带着微笑向众人说道："我一直在说，他们总有一天得出来。"不久之后，贝蒂又发出了当天最后一份命令，其内容不禁让人追忆起纳尔逊在尼罗河之战<sup>②</sup>后的所作所为："我打算在今晚 18 时举行感恩礼拜，感谢全能的上帝将胜利赐予我王的军队，并建议各舰都如此行事。"该电还附有一条附文，贝蒂在文中就"在与敌方展开海权争夺中获得的胜利"向大舰队官兵表示祝贺，并认为"尽管未能以舰队对决的形式告终，但这分毫无损于这一成就的伟大……通过回避与我方交战一事，（敌人）实际上证明了我们舰队的传统和战斗力前所未有、举世无双……"

---

　　①译者注：该岛位于福斯河河口，所处经度与爱丁堡大致相同，与两岸的距离大致相等。

　　②译者注：爆发于1798年8月1日，又称阿布基尔湾之战，堪称此前三个月中，英法两国海军在地中海展开的一系列追击搜索战的高潮。此前，拿破仑试图通过入侵埃及，威胁英国方面的交通线和印度。在得知法国方面计划派出由拿破仑指挥的强大远征军后，海军部指示圣文森特派纳尔逊率领一支分舰队，前往土伦侦察法军动向。6月初，法国舰队躲过纳尔逊的侦察封锁，并攻占马耳他，之后前往埃及。晚到一步的纳尔逊于8月1日，在位于尼罗河三角洲的阿布基尔湾发现法国舰队。尽管距离天黑仅剩几个小时，且法国舰队的部署利于防御，但纳尔逊仍然下令立即进攻。激战中，纳尔逊本人头部受伤。战至当晚10时，法国人的旗舰爆炸，英国人大获全胜。此战为纳尔逊著名战役之一。

充满戏剧性而又极富历史意义的一天就这样结束了。这一投降仪式——如果可以如此称呼的话——堪称英国海军光辉历史上最具决定性和戏剧性的事件。如果海军当局能邀请杰利科和费希尔这两位缔造英国海上胜利的主要人物出席投降仪式，这无疑会更加仁义和适当。然而，他们被遗忘了。至少费希尔深切感受到了其中的轻慢。

英王乔治五世在 11 月 20 日的日记中写道："一大强权就这样陨落了。"然而，对于协约国方面而言，这种"陨落"发生的环境却是完全出乎意料的。过去四年里，大舰队上下一直估计在战争结束前，会发生一场规模宏大的决定性海战。直到最后一刻，维密斯都还怀疑德国舰队是否会出现：他推测德国舰艇将实施自沉。

大舰队上下又是如何看待这将永载史册的一天的经历呢？蔑视公海舰队是最主流的想法。一位曾在"皇家橡树"号战列舰上目睹整个过程的报刊通讯员这样写道："望着幽灵一般的敌舰，水兵们的眼神中混杂着轻蔑、怜悯和哀悼的奇怪感情。他们告诉笔者，直到现在，一切看来似乎都是一场梦幻，事态发展太违背常理了。"[44]11 月 24 日，在"狮"号和第 1 战列巡洋舰中队奉命从福斯湾起航，护送公海舰队到达斯卡帕湾之前，贝蒂曾对参与此项任务的官兵发表演说。演说中，贝蒂曾以极度轻蔑的语气，提及公海舰队舰艇未经一战便投降一事：

以前我总说，公海舰队早晚必须出航，面对大舰队。事实证明，我并不是一个失败的预言家；他们确实出航了对吧（听众笑），而且他们现在又入港了（听众爆发出更响亮的笑声）。他们已经落入我们手中，第 1 战列巡洋舰中队即将负责执行看管他们的任务。若论与公海舰队的交情，第 1 战列巡洋舰中队，事实上不如说战列巡洋舰舰队，比大舰队其他任何部分都深。该部曾非常幸运地数次目睹对手，而且总体来说收到了不错的效果。不过我们从未指望过，对方最后一次以庞大舰队形式和我们见面时，居然会像羊群一样由大舰队护送着。这显然是一个颇为可悲，我甚至可以说成非常可怕的场景。长期以来，我们一直期望，他们能像那些在大洋上讨生活的人们一样拥有勇气——我的确希望他们能为自己国家的荣誉而战——此外我也认为，看到他们在一艘英国轻巡洋舰的引领下出现，而他们的老对手英国战列巡洋舰就在一旁凝视着他们一事，无疑是个非常可悲的场景。我可以确定，我自己脚下这艘"英勇老兵"的侧舷——尽管在此前的战斗中，它承受过惨重的打击，但其必然渴望，当然我也如此渴望，所有人都如此渴望——能够给他们（敌人）一次，以我们希望中和他们相遇的方式再见的机会。但我同时必须说的是，敌舰队确实与其耻辱结局相匹配，对于一个如此缺乏骑士精神，缺乏我们期待从一个拥有荣誉感的对手身上能够发现的一切特性的对手来说，如此下场可谓恰如其分。其战略、战术和所作所为从一开始就令人鄙视；考虑到敌国挑起战争的方式，任何一个以类似方式挑起战争的国家都配得上如此耻辱结局。

现在，敌舰队即将被带走，并被带到斯卡帕湾，在大舰队执行监视任务的舰艇看管下接受拘禁。他们肯定会喜欢斯卡帕湾（听众笑），正如我们曾享受那里的一切乐趣一样（听众笑）。但和我们不同，他们早已无可期待。"期待"曾经帮助我们保持士气振奋，保持作战效率。然而除了堕落腐化之外，敌人现在无可期待。

西摩尔也表达了类似感受："我必须承认，敌舰投降的场景堪称可悲而病态，甚至有些令人反感。我觉得我就像在战争爆发前的时代里，习惯于在那些因遭受谋杀而丧生的下流坏子的葬礼上，作为凑人头者而出席的人一样。"[45]当时还在"马来亚"号上服役的军官候补生耶茨（Yates）则认为，敌舰投降一事难以置信："世界第二强海军未开一炮，就这样在第一强海军面前俯首帖耳一事，真正堪称举世无双……你们可能曾这样认为，就敌国水兵如今面临的情况而言，他们或许更加倾向于死亡。"[46]瓦尔特·科万一直希望在与大舰队再一次相遇时，德国舰队能枪炮齐鸣，而非驯服地接受可耻投降带来的耻辱。他曾经写道："当我真实地看到这些完美的舰船出现并默默接受如此的耻辱，我所感受到的却只有悲伤。"[47]对于一度如此骄傲的一支海军落得如此悲惨结局一事，报界的反应也与军界类似。各媒体纷纷指出在海上战争史里，还从未出现过一支舰队如此自愿、平静和非常屈辱地选择投降。《陆海军记录》表示震惊："没有任何一个真正伟大的国家能忍受它的旗帜承受如此的堕落。"《曼彻斯特卫报》则将投降一事称为"如此可耻的投降"，《每日电讯报》将其称为"一度强大的强权的堕落和耻辱"；《环球报》准确有力地指出："德国舰队不止被击败，而且永远失去了其荣誉。其在战斗中的下流程度，与其今日的怯懦程度倒是颇为相称。"此后几天内，报界对德国舰队投降之日的回顾"历数了德国人违背海上骑士精神的行为"，包括炮轰不设防的城镇，以及对旅游船舶开火等。

德国海军内部对于投降一事的感受，我们从一名军官的伤感记录中便可见一斑："如果在此前的某次海战中，一枚慈悲的英国炮弹能使我免受最近几周的遭遇，以及如此可悲的结局，那该有多好啊！"

\* \* \*

停战期间，海军部依然忙碌，眼下需要处理的问题包括海军的战后重组，建立新的海军实力标准，与美国和日本刚刚萌芽的海军展开竞赛，以及最为重要的，也就是敲定与德国所签和约中的海军方面条款：上述问题消耗了英国海军的绝大部分精力和思考，并将构成本书第二部分的主旋律。

在此，笔者并不打算讨论波罗的海的战斗。部分原因是我考虑到，这一题材已经由乔弗里·贝内特（Geoffrey Bennett）和史蒂芬·罗斯基尔在各自作品中[依次为《科万的战争》（Cowan's War）和《两次世界大战之间的皇家海军政策》（第一卷）]进行了详尽且出色的阐述；同时我考虑到无论是停战前后，该海域的战斗都游离于皇家海军的主要关注点之外。不过值得一提的是，在停战达成后几个月内，很多海军军官都希望获得在即将前往波罗的海舰艇上担任职务的机会，且这一想法并不限于低级军官。毕竟只有在波罗的海战场上，仍然有"真正的战斗"发生。1918—1920年间，英国海军曾直接或间接地卷入在俄国北方地区（以及沿俄国边界地区）展开的若干战斗。这构成了协约国干涉俄国问题复杂经过的一个侧面。协约国方面干涉俄国问题的初衷包括将尽可能多的德国陆军拖在东线，并防止储存于阿尔汉格尔斯克（Archangel）①的大量军用装备和补给落入德国之手。停战达成后，当海军少将瓦尔特·科万爵士率第1轻巡洋舰中队前

---

①译者注：此处为英文常见拼写方式。阿尔汉格尔斯克位于俄国西北部，北德维纳河出海口位置，白海东南岸，圣彼得堡东南方向。

往波罗的海接替亚历山大 - 辛克莱尔时，协约国方面的目标已经发生改变。此时，协约国关注于如何支援俄国的反布尔什维克军队，并帮助新生的波罗的海国家抵抗俄国布尔什维克政府在上述国家重建俄国统治的尝试，从而维护其初生的独立。尽管前一目标未能实现，但后一目标最终宣告达成。在前往波罗的海之前，科万从弗里曼特尔处获得了简报。前者随即指出，局势的混乱程度几乎令人绝望："我从未见过如此程度的混乱，我的大脑都迷糊了。一支未尝失败的德国陆军，两个互相敌对的俄国政府，列特人 ①、芬兰人、爱沙尼亚人、立陶宛人；冰雪、水雷——数量竟然高达 6 万枚！只待冰雪消融，俄国潜艇，德国小型舰艇，俄国战列舰、巡洋舰和驱逐舰便会在波罗的海展开厮杀。我觉得我最好尽快赶到现场，在芬兰湾解冻之前了解情况。" [48]

笔者亦不打算在此讨论战后大英帝国的海军问题，毕竟这一问题将超出笔者给自己定下的本书时间范围。这一问题与杰利科 1919—1920 年间的帝国特使（Empire Mission）任务紧密相关，该特使任务的目的是帮助各自治领制定各自的战后海军政策及海军组织。1918 年 5 月，海军部曾就海上防务准备一份简短的备忘录，并将其提交给帝国战争内阁。为实现统一领导和指挥，该备忘录提议组建一支统一的海军（以及统一的帝国海军参谋组织），各自治领和英国的舰艇及人员都应纳入其中，并可实施交换。各自治领总理在 1918 年 6 月的帝国会议上 ② 拒绝了上述提案。第一次世界大战结束后，首先需要处理的问题是如何整合各自治领独立的海军，并建立统一的战时作战指挥系统。最终，自 1909 年以来一直苦苦追求联合帝国海军这一幻想的海军部终于在 1919 年承认，上述构想无法实现，并转而接受了各自治领独立的海军与皇家海军实施合作的构想。

---

①译者注：主要分布在波罗的海东岸附近的一个民族，其主要聚集地为拉脱维亚。

②译者注：此处实际指的是1918年6月11日召开的帝国战争会议，为期两周。帝国会议是指由英帝国各自治领及自治殖民地首脑参加的会议，1837—1937年间不定期召开，会议地点以伦敦为主。1944年更名为英联邦总理会议，1975年更名为英联邦政府首脑会议。

# 第二部

———————————— ★ ————————————

# 后续，
# 1918 年 11 月—1919 年 6 月

# 分歧和改革

—————————— 第八章 ——————————

今日，贝蒂海军上将的将旗降下之时，一个伟大的时代也宣告终结。在这个时代，新一代的无敌舰队在上帝的保佑下挽救了人性……对于所有自由国家的每个人民而言，他们都应向这支伟大舰队的全体官兵致敬——毕竟宣告战争最终胜利的那些战斗，最终都取决于该舰队保持海上航行畅通的能力。

——《每日快报》，1919年4月7日刊

早在战争爆发前，国内大多数人便已经准备好要求建造更多的战舰；但海军官兵们正因遭到普遍性的忽视而战栗不已……好在战争终于迫使人的因素得到了适当的重视……

——《观察家》，1919年2月23日刊

## 1. 守卫的更替

劳合·乔治曾试图说服格蒂斯，在停战后的舰队复员和重建期间继续担任海军大臣。此后，首相又进一步扩大其诉求范围，要求格蒂斯负责协调海陆两军复员与工业恢复进程。格蒂斯本人则希望集中精力处理航运情况，而这一重要工作只有当他不再负责海军部工作之后方可进行。他于1918年12月11日离职，并在劳合·乔治次年1月新组建的联合政府中担任运输大臣一职。在1月16日决定新的海军大臣前，第一海务大臣一直代行海军大臣之职。担任海军大臣的一年半时间里，格蒂斯取得的成就堪称完美；尽管在处理杰利科退休 事上的笨拙方式，以及其直接且常常不够圆通的处事方式曾使得很多高级军官不满。

新任海军大臣（一直担任此职到1921年2月）是65岁的沃尔特·朗。之前，他曾在1916—1919年间执政的第二届联合政府中担任殖民地大臣，此次任命是他在从政生涯中首次和海军打交道（1905年时，他曾拒绝出任海军大臣）。和蔼的朗是个"典型的英国西部绅士"。不过，即使是其最狂热的仰慕者，也难以用"聪明"对其加以描述；但他具备相当的常识，也是一名颇有能力且细心的行政人员，同时还能与其专业顾问和谐共处。然而，此次任命在媒体中引发的反响并不友善。《泰晤士时报》认为这一任命"坦率地说令人费解"；《每日邮报》直白地称其为"纯粹的政治任命"；《观察家》则称朗对于出任海军大臣这一职位"缺乏任何相关的资历"；《威斯敏斯特公报》（*The Westminster Gazette*）评论称："在所有（内阁）任命中，没有哪个比海军大臣的任命更明显地表现出了对'老家伙们'的妥协，也没有哪个比这一任命更能激发对未来可能后果的质疑。"[1] 此处未曾提及的其他报刊所持态度也难称友善。不过，海军倒是做好了让新任海军大臣试一试的准备。例如贝蒂就这样表示："我觉得分到朗尚属幸运，好歹他是一位直率的绅士。"[2] 毕竟丘吉尔将接替格蒂斯出任海军大臣的流言此前颇有市场，而在得知不必忍受丘吉尔之后，海军甚至长出了一口气。《陆海军记录》（1月8日刊）刊登的文章承认丘吉尔"无疑颇为适合海军大臣一职，这从他在邓迪（Dundee）发表的竞选演说中可见一斑。然而，在即将召开的和会中，为完成维护我国海权这一无比重要的任务，参与谈判者必须拥有坚定的心理素质，可这恰恰是丘吉尔缺乏的"。[①] 维密斯决定，一旦丘吉尔出任海军大臣，他便会立即辞职；其理由为"我想我自己无法与一个我认为一旦在海军部出现，就会引发国家危机的家伙共事"。[3] 维密斯的担忧几乎成为现实：事实上，劳合·乔治曾让丘吉尔在陆军大臣和海军大臣中择一就职，后者选择的是海军大臣一职。然而次日，劳合·乔治就改变了主意，主要原因是他需要态度强硬的陆军大臣，以应对此时已在陆军中广泛造成影响的动荡局势——这个烂摊子主要因不甚公平的复员过程导致。由此，丘吉尔便身兼陆军大臣和空军大臣两职，加入了内阁。

停战达成后不久，因接替埃弗雷特出任海军秘书一职，鲁道夫·本廷克海军准将交出了第4轻巡洋舰中队的指挥权。本廷克是各方面能力都很出众的军官，并曾于1915—1916年间任贝蒂的参谋长。维密斯、杜夫和巴托洛梅仍然分别担任第一海

---

①译者注：认为丘吉尔缺乏坚定的心理素质这一评论无疑略显奇怪。或许就该评论而言，此文作者仍未忘记战争初期进攻达达尼尔海峡失败后，丘吉尔要求去比利时指挥陆军部队一事。

务大臣、助理海军总参谋长、第三海务大臣兼海军审计长职务。霍普继续担任副第一海务大臣一职，直至该职位于 1919 年 8 月撤销。1919 年春的新任海务大臣委员会名单如下：海军中将蒙塔古·勃朗宁爵士担任第二海务大臣（3 月 31 日接替希斯），海军少将杰姆斯·弗格森担任海军副总参谋长（5 月 1 日接替弗里曼特尔），以及海军上校厄内尔·查特菲尔德出任第四海务大臣（6 月 18 日接替托西尔）。

上述新任命中，有关勃朗宁的任命无疑最为重要。从军生涯早期，他曾在一次火炮事故中失去一只手，此后在残肢上安装了一个巨大的铁钩，他也由此得到"钩子"这个绰号。勃朗宁有个令人不安的习惯，也就是用他作为假肢的铁钩拍打桌子！有流言称，如果看到他轻轻击打铁钩，这意味着去见他的话还算安全；但如果看到他粗暴地摩擦铁钩，那么最好别出现在他眼前。勃朗宁的格言之一是："在亲自考验过某人之前，我不会对其施以完全的信任。"传说有个未及时返舰销假者曾经自作聪明，在被勃朗宁问道"你还有什么要说的"时候这样回答："没有了，先生，除了犯错乃人之天性，而宽恕是神圣之举，引自莎士比亚①。"[4] 然而他得到的回复是："十四天禁闭，出自勃朗宁！"尽管毫不通融、为人高傲且为下属所畏惧，但勃朗宁终究是一位能力出众，并拥有相当判断力的军官。里奇蒙德曾认为他可能"过于反动"："他的观点都与审查，以及其他粗鄙之举有关；不过除此之外，他倒是称得上高级军官中最有学问的。"[5] 如果说勃朗宁，以及堪称全能的出色军官查特菲尔德加入海务大臣委员会是对该组织的加强，那么对于平庸的弗格森的任命就显得令人费解了。在海军的改革派军官中，里奇蒙德对此任命的反应并非个例："而吉姆·弗格森则被任命为海军副总参谋长！贝蒂得知这一消息后可以说大发了一场脾气。可怜的老吉姆，无知的老吉姆，他堪称海军中最蠢的家伙之一；此人或许是一名出色的舰长，但他从此需要处理的是总参谋长应该处理的一切事宜。这其中的荒谬程度难以形容，且足以使我们中最乐观的人士也对改革前景感到失望。"[6]

霍尔的助理休·辛克莱尔（Hugh F. P. Sinclair）海军中校于 1919 年 1 月 18

---

① 译者注：17—18世纪之交的英国诗人，原文为 "To err is human, to forgive, divine"，引自其1711年所作《An Essay on Criticism》。皇家海军在一定程度上鼓励军官旁征博引，第二次世界大战期间，某舰长在执行反潜任务后撰写的报告中使用了一个出自希腊语的拟声词，还得到过海军部的表扬。

日接替前者，出任海军情报处处长。辛克莱尔是个性格古怪而又独特的人，他头脑聪颖，且指挥能力出众（他的绰号"嘎嘎"源自其说话时明显的缓慢鼻音，这很容易让人想起鸭子的嘎嘎叫声）。

＊＊＊

海军部认识到，其战前制定的海军实力标准现已过时，需要重新加以考量。制定当时标准的主要背景是德国海军实力的迅速扩充。然而，第一次世界大战结束后，英国国内民意自然地期待对海军及军费开支的大规模削减成为战争胜利结束的后果之一，这必然与海军部重新制定海军实力标准的目标相矛盾。停战时，皇家海军官兵人员数额总计 41.5 万；至 1919 年 6 月，分别有 1.36 万名军官和 20.2 万名水兵复员。就舰队本身而言，辅助巡逻队（Auxiliary Patrol）自停战后已经解散，曾承担船团护航任务的庞大舰队则先后复员；其他小型舰艇也大致如此。自停战达成到 1919 年 6 月签订《凡尔赛和约》，在此期间，"有必要在本土水域保持非常完整的实力，这一方面是出于作战需要，尤其是在波罗的海海域作战（在该海域执行任务的舰艇必须从本土水域抽调）；另一方面，或许存在以施加压力的形式，迫使德国人在和约上签字的需要"。[7]但就算如此，现在也已经没有继续保留大规模战列舰队的必要。

4 月 3 日，贝蒂和杰利科一同被特别晋升至海军元帅军衔。鉴于传统上最多只能同时有三位海军元帅，因此实际上当时并无空缺。[①]一个多世纪以来，两位

---

①译者注：此句评论看似比较古怪。以仍在世者计算，除去作为荣誉军衔获得者的德国皇帝威廉二世、普鲁士王储之外，尚有本土舰队前总指挥官乔治·卡拉汉爵士（他的去职与杰利科的继任参见本书第二卷，此人于1917年晋升相应军衔，后于1920年去世），海德沃斯·缪克斯爵士（1915年3月5日晋升，1929年去世，他与费希尔的纠葛参见本书第一卷），大西洋舰队前总指挥官威廉·梅爵士（1913年3月20日晋升，1930年去世），格林尼治皇家海军学院前院长亚瑟·范肖（1907年3月1日晋升，1920年去世），海峡舰队前总指挥官、前第一海务大臣亚瑟·威尔逊爵士（1907年3月1日晋升，1921年去世），约翰·费希尔爵士（1905年12月5日晋升，1920年去世），前八国联军指挥官爱德华·西摩尔爵士（1905年2月20日晋升，1929年去世），前第一海务大臣沃尔特·科尔勋爵（1904年6月16日晋升，1927年去世）。其中仍未完全退休的有威廉·梅爵士，此外乔治·卡拉汉爵士担任王室荣誉职位。所谓"三位的限制"似乎是指英国海上力量被分为三个部分，即皇家海军（挂白色海军旗）、商船船队（挂红色商船旗）和海军预备役及辅助舰艇舰队（挂蓝色船旗）。

海军上将同时接受特别晋升，这在英国海军中还是首次；应注意的是，海军元帅军衔通常被视作对于某人战时贡献的承认而授予。48 岁的贝蒂由此成为皇家海军历史上最年轻的海军元帅。[①] 在四天时间内，贝蒂的旗舰"伊丽莎白女王"号飘扬着海军元帅的将旗，而这位元帅又同时担任着舰队总指挥官——《陆海军记录》曾对此评论道（4 月 9 日刊）："这在海军历史上独一无二，与贝蒂无可比拟的光辉生涯的顶点交相辉映。"（诺里斯曾于 1744 年做到这一点，但此人当时 84 岁）[②] 4 月 7 日，贝蒂最后一次降下他的将旗，大舰队也就此撤编：它已经完成了自己的历史任务。如此强大的实力，世界历史上最庞大的海上兵力集结（包括美国舰艇在内，共有 380 艘舰船）再也不会重现。

改组后的皇家海军主力为新建的大西洋舰队（包括 11 艘战列舰和 5 艘战列巡洋舰），在本土海域进行二线防御的则是本土舰队（包括 6 艘战列舰）。两支舰队均由麦登指挥。此外，欧洲海域还部署有地中海舰队（包括 6 艘战列舰）。

大舰队的解散早在 1919 年 1 月便已宣布，因此并不出人意料。但与此事同时发生的则是逐渐浮现出来的争执，这种争执将在 1919 年上半年，给海军蒙上一层阴影。

## 2. 维密斯与贝蒂

在格蒂斯 - 维密斯体制中，和谐统一曾是主要特点之一；但在朗和维密斯为首的海军部委员会时代里，与之类似的和谐则极度匮乏。导致这一结果的主要原因是维密斯与贝蒂关系急剧恶化。早在战争结束前，由于协约国内部确定对德海军停战条件时的分歧和误会，两人芥蒂已生。在其本人致海军部的信中，自称遭到忽视不仅是贝蒂所写内容的主旨之一，且直至巴黎和会谈判期间，这一点仍不时被他提起。然而就这一指控而言，维密斯在很大程度上可以

---

[①] 译者注：前提是不考虑荣誉授衔，否则末代沙皇尼古拉二世在 1908 年被授予这一荣誉军衔时仅 40 岁，单从年龄上看就比贝蒂更年轻。

[②] 译者注：此处应是指约翰·诺里斯，于 1734 年晋升海军元帅，并率领一支舰队前往伊比利亚半岛，防止葡萄牙遭到西班牙进攻。1744 年西班牙王位继承战争期间，法国计划入侵英国，诺里斯受命全权负责英国本土防务，但法国方面为入侵集结的船队后陷风暴吹袭，伤亡惨重，入侵计划遂被取消。请注意，18 世纪时皇家海军中海军元帅一职实际相当于海军总司令；此外，诺里斯的生卒时间为 1670 年或 1671 年至 1749 年 6 月 13 日。

辩称自己无罪。[8] 引发矛盾的另一个问题则是任命。维密斯曾对任命上的困难给出如下阐述：

> 我的前任（杰利科）非常自然，也非常正确地在此类问题上总是征求他的意见；但由此又造成了大舰队总指挥官习惯于这种处事方式，并认为征求他的意见乃是属于他的特权，之后甚至不止一次地试图行使否决权。这种做法曾一再让我陷入困境，不过我现已……下定决心，如果大舰队总指挥官需要出海指挥一场大规模海战，那么他就需要全身心地投入指挥，无须因诸如麾下将领是否适合其职位之类的小事而分神……但现在战斗已经结束，我便告知海军大臣，在我看来，恢复海军部的权威和特权是当务之急；战争期间，对于海军部权威和特权的分享早已进行得太严重，几乎达到转授他人的程度。依我之见，恢复海军部的权威和特权的最佳方式便是在不征求大舰队总指挥官意见的前提下，发布有关海军将领的任命。[9]

格蒂斯对此表示赞同。海军部于 1919 年新年到来时摊牌，在维密斯的建议下指派凯斯出任战巡中队指挥官，然后才告知贝蒂这一任命。此举正式颠倒了此前对于类似任命的处理流程，也就是在计划发布的某项任命上，海军部首先会征求大舰队总指挥官的意见。维密斯接着写道："不幸的是，早在收到海军秘书的书面通知前，贝蒂爵士便已通过非正式渠道得知了这一消息，并认为海军部此举是对他本人的怠慢。"此外，维密斯亦未能成功说服贝蒂使其相信，这一任命并不包含任何对他的冒犯；而且后者拒不承认，他在此事中所受的待遇与其职务应得的礼遇相符。

对于贝蒂而言，导致矛盾的第三个因素则是造成他发作的"最后一根稻草"。他曾野心勃勃地希望在不久之后，自己接替维密斯出任第一海务大臣。随着战争结束，以及随之而来在战后世界出现的大量截然不同的问题，维密斯无意恋栈。然而，他计划在一个"预期能取得最佳效果"的时间卸任，即和约签署之后。他也希望到那时，自己曾决心实现的两项改革，即改善海军官兵收入及海军参谋架构重组两事已经实现。那么，随着战争的结束，贝蒂又计划有何作为？

早在 1918 年 12 月，维密斯就曾在贝蒂位于伦敦的住所，即汉诺威旅社（Hanover Lodge）与此地主人展开的一次友好交谈中，向后者询问这一问题。贝蒂直白地表示，他希望出任第一海务大臣。维密斯对此并不反对，且给贝蒂留下了在不久的将来，交接即可进行的印象：海军部的工作对维密斯并无吸引力，一俟巴黎的和谈结束，他就希望离开本土，出任马耳他总督和当地海军总指挥官；而且他估计和谈将于次年春结束（在总督和总指挥官的双重任命下，维密斯不会出海指挥，但可以任命其麾下的一名海军中将负责指挥舰队。在维密斯看来，担任第一海务大臣后，他便很难仅仅以海军总指挥官的身份外放）。然而，1919 年 2 月底，维密斯的这一打算落空，这让他相当失望。[10] 此后，维密斯在致贝蒂的信中写道："因此，眼下情况与当日（即发生上述交谈时）相比发生了很大变化；我确信你不会试图表现得急于迫我去职。"但事实上，维密斯对此并不确定。

就在维密斯计划离开伦敦，以英国海军首席代表身份前去参加巴黎和会前（维密斯实际于 1 月 24 日动身），1 月 6 日的《泰晤士报》刊登了该报国会通讯员的一篇报道："据信，戴维·贝蒂爵士几乎很快就会前往海军部任职——这一任命可消除就艰难的过渡阶段，由于海军控制权这一问题引发的广泛焦虑。"海军部立即发出一份直截了当的否认声明——于 1 月 7 日见诸报刊——该声明否认了所谓"第一海务大臣人事变更已经决定，且即将公布"一事。维密斯被此事激怒了："我并没有打算因媒体煽动而仓皇辞职，而且就算离职，我也会选择一个对海军和我本人而言合适的时间，而非对媒体而言合适的时间。"[11] 他随即向《泰晤士报》发去一份公报，否认了该报的报道。当晚，维密斯与该报总编乔弗里·道森（Geoffrey Dawson）见面，当面询问后者为何发表这样一份声明。道森回复称，他得到了最高权威人士的授意，但拒绝透露其姓名。朗则向维密斯保证，报道并非出自他的授意。在维密斯看来，一场阴谋显然正在展开："这无疑是一件非常令人厌恶的事情，我只能推测贝蒂本人——直接或间接地成了他（道森）的信息来源。"[12]

与此同时，贝蒂又列出他前往海军部任职的条件，这无疑使得危机进一步复杂化。他的条件是同时担任第一海务大臣和舰队总指挥官，并有权不经海军部委员会副署，独立签字向海军下达命令。尽管对海军而言，合并第一海务大臣和舰队总指挥官的提案堪称前所未有，但这一思路倒谈不上从未耳闻：在 1904 年被伊舍委员会（Esher Committee）[1]彻底消除之前，类似系统曾在陆军中以不同形式反复出现。海军部随即否决了这一提案。维密斯断言称，这种体制创新断无得到考虑的可能："这一构想显然对现行体制，即海军部委员会成员共同合作，负责决定海军事宜，且委员会每个成员都根据海军大臣指定的职务专门履行某一类职责的做法构成了根本性的挑战。此前曾特别决定，应由一个屈从于（原文如此）以往的海军最高上将（Lord High Admiral）的委员会行使职权，且该委员会成员应为海军部专员（Lords Commissioner）。因此，任何与当前提案类似的安排都将与现行体制矛盾，并在之后导致前述由委员会行使的职权落入一人之手。"除体制方面的考量外，贝蒂的提案既不可行，也缺少支持："总指挥官部门乃是一个执行部门，因此无法由职责为研究并制定战争计划的海务大臣委员会成员担任[13]。"[2]朗对上述观点表示赞同，并通知贝蒂无法对其提案表示赞同。

在维密斯与贝蒂矛盾演进的过程中，维密斯一直保持着头脑清醒、判断理智和适当礼貌。在此前曾引用的一封 2 月 28 日写给贝蒂的信中，维密斯逐一回顾了两人之间的种种分歧：

我想，若是地位如你我这样的两人间尚且需要以面对面，直视对方双眼的形式处理（我们之间）出现的任何矛盾，那这就显然超出了人性所应期待的程度。尽管如此，这也不应是在争论中引入任何个人感情的原因。至少我能向您保证，迄今为止，我从未引入过个人感情……然而，我希望我们作为多年以来且关系密切的好友，不应就任何问题进行争吵，更别说因为这一相对次要的问题（即对凯斯的任命）展开争吵；况且，鉴于大舰队总指挥官和第一海务大臣的

---

①译者注：1899—1902年间的第二次布尔战争中，尽管英国一方最终获胜，该国陆军却暴露出了大量缺陷。为此，陆军部成立委员会，研究陆军改革问题，并由伊舍勋爵担任主席。该委员会的调查报告先后于1904年2月和3月发布，建议对英国陆军进行大规模改革，例如组建陆军总参谋部并设立总参谋长，取消陆军总指挥，改组陆军部，建立与海军部委员会类似的陆军委员会（Army Council）等。请注意，费希尔亦曾作为海军改革家，出任该委员会成员。

②译者注：可参见本书第二卷，描述费希尔的野心相关部分。当然，尽管在后人看来，费希尔的地位远高于贝蒂，但毕竟贝蒂才是战争英雄。

冲突一旦广为人知，那么海军将会因此遭受损害，而我确定你和我抱有相同的决心，应避免海军遭受这种损害……那么，你能来见我，并开诚布公地谈论和解决这些矛盾吗？

贝蒂的回复却依然显得很顽固。他声称自己"在很大程度上被忽视了。这一论断乃是对于事实的总结，而且可被大量事实证明，因此不需要在此信中一一说明"。至于前往海军部任职一事，他声称自己的要求是基于格蒂斯的消息，即维密斯希望离职，而格蒂斯希望贝蒂接任第一海务大臣一职，接任时间大致为和约草签期间。如果草签时间延后，格蒂斯便打算要求贝蒂直接前往海军部任职，"首先作为额外成员，以免对海军重组问题的解决造成额外延误"。尽管格蒂斯卸任海军大臣一职太早，尚且来不及确认上述任命，但他曾通知贝蒂，将向自己的继任者说明这一计划。维密斯 12 月同日[1] 对贝蒂的访问亦使贝蒂"确认了从海军大臣处得知的消息，且邀请我前往海军部任职一事并不会导致你的反对。因此，此事并非我在其中投机，而是一份具体的提案"。（下文总结自贝蒂的回复）朗接任海军大臣后曾告诉贝蒂，他把指派贝蒂出任第一海务大臣一事视为"既成事实"。在对"伊丽莎白女王"号的某次访问期间，朗再次确定了这一点，并声称贝蒂接任的时间取决于和约签署的时间，维密斯需要一直任职到那个时候。

因此，先后两位海军大臣都邀请我出任第一海务大臣，而现任第一海务大臣又曾告知我他不愿恋栈……你抛弃旧爱，但未能拥抱新欢一事[2]并未改变这一情况，而我又认为对于我这样地位的军官而言，应有出任第一海务大臣的资格。而且我不应无限期地总是处于"踌躇"状态，等到对你而言合适的机会再接任，更遑论这种等待将对海军造成不利影响。要知道，军队中有很多人都已经了解到预期的人事变动。

---

① 译者注：原文如此，推测此处是指格蒂斯通知贝蒂"自己（前者）将向其继任者说明其计划"的同日。
② 译者注：此处似指维密斯希望外放出任马耳他总督一事未获批准。

　　至于有关凯斯的任命一事，贝蒂认为这纯属海军大臣独自负责的决定，且该大臣在决定一项任命前，理应"征求那些可能受此任命影响的人员的意见。在战争爆发前，以及战争期间，人事任命无一例外，均按这一方式实施。不过，与战争爆发前的情况相比，在战争期间，那些可能受此任命影响的人的意见所受重视程度要多得多。无论如何，即使在战争爆发前，舰队总指挥的意见也是在任命发布前，而非之后被咨询，尽管总指挥的意见并不是毫无例外地总被接受。我应该提醒你，我曾任海军秘书一年时间（即 1911—1912 年）。因此我很熟悉这一流程。此事仅与常识和惯行礼仪有关"。就对于凯斯的任命而言，等任命正式确定后再咨询贝蒂的意见一事，在最后者看来实在是"无谓之举"。而海军部在贝蒂亲自和凯斯面谈前就告知帕肯汉姆①，凯斯将接任其职务一事，也让贝蒂颇为苦恼："我所提出有关海军部未遵循礼仪，且忽视我意见的抱怨因此确有依据。我当然接受您关于（您在）上述事件中并无个人因素的保证，但这使得我所受到的不公待遇更加严重。鉴于上述事件显然无法继续按现状搁置，我将按您的提议，亲自前去见您……"14 我们现在已无法确定维密斯和贝蒂此后是否真的进行过面谈，但即便发生这样的谈话，其间显然也未达成任何实质成效。

　　通过这封信，维密斯才首次得知格蒂斯曾向贝蒂给出保证。他遂向海军大臣致信："于是，我或许能就他为何将我的建议（即 1918 年 12 月谈话中的意见）视为几乎确定的事情一事，达成比以前更加完整的理解。由此看来，自去年 12 月至今，他和我看待他出任第一海务大臣一事的角度可谓截然不同。"15

　　心烦意乱而又恼怒不已的海军大臣急于将贝蒂带到海军部任职，从而结束此前不确定和争吵不止的状态。和很多军官一样，他也不认为维密斯能在巴黎处理海军事务的同时，完成以平时基础重建海军的任务（就希望出现一个事实上的海军首脑一事，麦登曾指责说"海军部把事情弄糟了"）。朗于 3 月 7 日向首相提议，"格蒂斯曾预期的第一海务大臣人事变更一事"时机已经成熟。16 然而，直到摆脱自己在巴黎需要承担的职责之前，首相并不准备讨论这一问题。朗曾

---

①译者注：前任战列巡洋舰中队指挥官。

向国王的私人秘书透露，维密斯"立场坚定，寸步不让，我确信你也同意的是，我们无法把他'赶出去'。因此，我认为眼下我们只能暂时收手……此事堪称最为不幸的一大遗产"。[17]朗曾试图将维密斯外放地中海就职，但不出任总督；也曾尝试说服后者前往某个本土港口就职。不过两种方案均未引起维密斯的兴趣。同时，维密斯本人又无法辞职：除非还是担任第一海务大臣一职，否则他无法继续待在巴黎谈判。

朗在贝蒂那里同样碰了一鼻子灰。3 月 13 日，他向贝蒂提出让后者携其全部参谋人员前往海军部，并负责主持一次对于舰船设计和建造计划进行的调查；且此次调查应从战时对炮弹、鱼雷及飞机的实战经验出发，试图以此安抚贝蒂。贝蒂回复称（3 月 15 日），除非"担任带有实际职责的职务，而非单纯的顾问成员"，否则他不会前往海军部任职。

舆论的攻击，以及朗对现任第一海务大臣延后辞职可能造成后果的担忧，固然导致维密斯的处境愈加困难，但也使其立场更加坚定。"起初，舆论攻击曾使他感到困惑而吃惊；他曾相信自己多少应该能获得同胞们的感激；他并未认识到，在别人失败的地方取得成功一事本就往往是一种罪过。"[18]首先开火的是 3 月 15 日的《标准晚报》（Evening Standard）。攻击性煽动很快扩散开来，并以诺思克里夫旗下的媒体最为激烈。媒体公开而强烈地要求维密斯向贝蒂让贤。4 月 7 日，《泰晤士报》亦加入攻击行列，并成为主要攻击者。该报声称，鉴于贝蒂刚刚降下其将旗，因此"很难想象"在贝蒂假期结束归来后，发现自己处于无任命状态——"毫无疑问，贝蒂在海军部的存在将极大地加强后者的力量……"4 月 24 日，《泰晤士报》又声称："本报此前和现在都未曾试图弱化他（维密斯）的贡献；可就算这样，人们往往还是这样认为，他们之所以会感受到一个人的存在，是因为只有此人能出任某一特定职位，且他的出任会得到大家一致的满意……"立场亲贝蒂的媒体声称早在几个月前，他（贝蒂）就已经收到出任第一海务大臣的明确邀请。可他迄今仍然未能履新的唯一困难，便是难以为维密斯找到一个合适的职位（基于朗撤销了格蒂斯邀请贝蒂出任第一海务大臣职务的假设，亦有媒体发出呼吁，要求朗辞职）。这些媒体描绘了（语出自立场亲维密斯的《陆海军记录》）"一幅戴维·贝蒂爵士渴求工作而不得，坐在雅典的废墟中，啃食自己心脏充饥的可怕画面"。5月7日，在议会下院提出的一个问题导致了论战的公开化，并接着导致至少一件事情的确定：朗不得不宣称自己并无更换第一海务大臣的意图。对于这场正在激化的麻烦，他只能咬紧牙关，"恶毒地"抱怨"在海军中制造观点分歧，并制造出与此前费希尔 - 比尔斯福德问题相类似麻烦的意图[19]"。①

到6月中旬，媒体的躁动早已在相当程度上有所缓和。朗相信，导致维密斯处境改善的原因之一是"他本人在面对这些最为粗鄙的攻击时高贵的忍耐态度"。确实，朗此时已经成为维密斯的热心拥护者："无论对和约条件的不满是否公正，其中的海军条件绝对令人满意，对此，我们应该比任何人都更衷心地感谢维密斯的贡献。此外，我还想说，我发现他堪称最完美的第一海务大臣。我想我们很难在他身上再苛求任何改善，而我们又很容易找到一位（较他而言）相形见绌的第一海务大臣。无论如何，我都不打算仅仅因为某些人认为贝蒂应来海军部就职，就把他（维密斯）'弃之一边'。"与此同时，贝蒂的表现则"愚蠢可笑"。[20] 在致本国首相的一封值得注意的信中，这一观点得到了进一步阐述：

贝蒂的把戏玩得很糟糕。眼下我并不认为他与媒体的躁动有关，但他显然对此洞若观火。可就算这样，他依然束手旁观无动于衷，全无制止相应骚动之举。与此同时，公众普遍认为他的夫人在此事上极为活跃。但正如我前文所提，他们的把戏玩得很糟糕。贝蒂打算前往各种盛大集会场所 [比如他曾在市政厅（Guildhall）和伦敦市长官邸（Mansion House）发表演说，尽管"反响非常平淡"]，而且以目前无职务为借口身着便服。很难想象他此举确实不是有意提醒旁人他现在的无职务状态，并以此作为攻击当局的信号。通过特许他在出席此类场合时身着军装，并提醒他注意与此相关的一道古老的海军部命令，我们在海军部对他的这种把戏进行了预防。然而，在圣保罗大教堂（St. Paul's

---

①译者注：有关费希尔 - 比尔斯福德问题，参见本书第一卷。

Cathedral），他依然拒绝了安排给他的座位——按照安排，他应与其他海军元帅一道就座，并坚持自己应该在很靠后的位置就座。按他自己的话说："作为独立个人就座。"此类行为当然伤害了他在自己最亲密的朋友，即水兵们心目中的形象，且今日他的地位必然已经不如三个月前那般稳固。与此同时，贝蒂夫人还曾两次在不同场合公开中伤我本人——就不理智的人行事的愚蠢程度而言，这倒是未出意料的。[21]

　　有证据表明贝蒂变了。他曾经几乎不受海军部限制地行使海上舰队的最高指挥权，这使得他坚信海上战争乃是通过大舰队赢得，并且这种想法为他灌输了过多的傲慢和自大。

　　贝蒂或许并未意识到，在获得伯爵爵位一事上，自己应该感谢维密斯。自从在地中海的假期巡游结束归来，各种荣誉称号如雨点般地洒在贝蒂头上：伦敦市荣誉市民（Freedom of the City of London）、功绩勋章（Order of Merit）、英国诸大学荣誉学位，以及册封于 8 月 6 日的伯爵爵位。首相原先只打算推荐贝蒂获得子爵爵位，但在维密斯的强烈推荐下升级为伯爵。维密斯已经下定决心，绝不在任何事情上给公众留下这样的印象，即因为没有赢得一场引人瞩目的海战胜利，海军在协约国的最终胜利中便只扮演了次要角色。出于这一考虑，鉴于黑格被授予伯爵爵位，那么贝蒂也应被授予同一荣誉。"很难达成正确的平衡，海军的贡献无疑在任何方面都无法单独与道格拉斯·黑格爵士相比——但毫无疑问，若戴维·贝蒂爵士仅被授予子爵爵位，则海军上下皆会认为这是对整个海军的羞辱。"[22] 8 月 7 日，国会又颁给贝蒂 10 万英镑奖金；杰利科获颁 5 万奖金，斯特迪、德·罗贝克、麦登、凯斯和蒂里特各获颁 1 万英镑，且均被册封为准男爵（除已经获得准男爵爵位的斯特迪外）。①

　　战争功勋名单公布后，维密斯正式辞职。朗曾告诉他称后者将获颁奖金，并被册封为子爵。尽管如此，"在所有战争领导者中，他是唯一既未被感谢，也

---

　　①译者注：杰利科受封的是斯卡帕子爵。

未被册封，甚至未获奖金者。这堪称对他所施行政策整体性的否定……"名单公布一小时后，维密斯就向海军大臣递交辞呈："……我把自己获得了多少成功一事留给国家判断；但显然，我未能获得政府的欣赏……"无论出自何种理由，朗都拒绝接受维密斯的辞呈——后者必须继续担任第一海务大臣。这也是海务大臣委员会和维密斯朋友们的意见，他们的依据是"若维密斯辞职，那么他的动机会被外人曲解，并招致例如出于私愤而辞职的怀疑"。维密斯仅仅同意在未来几个月内不再提出辞职。"此外，他也不希望以一场丑闻结束自己的事业，并因此成为矛盾的中心人物，或者引发报界更多的争论。"[23] 8 月 28 日，维密斯提交正式辞呈，该辞呈将在两个月后生效。对他而言，适合离开的"预期能取得最佳效果"的时刻已经到来。"战争已经成功终结：和约已经签订；海军参谋组织已经基于合理的逻辑重组，海军官兵收入水平也已经令人满意。因此我认为，我在被召往海军部任职时所承担的任务已经令人满意地完成。"[24] 辞职于 11 月 1 日正式生效——贝蒂接替维密斯，出任第一海务大臣——当天，维密斯也被升为海军元帅。他不情愿地接受了册封，并于 11 月 22 日被宣布册封为男爵。尽管他才 55 岁，且"仍有能力承担大量工作"，但他的海军生涯显然已经结束：对于这名前第一海务大臣而言，海军中已无其他合适的职务可以担任。

### 3. 人事变动和海军参谋重组

早在 1917 年下半年，焦虑情绪便在水兵中与日俱增。尽管并未引发任何严重不满，且各战舰上既未出现任何有组织或有预谋，足以引发改变的活动，也未出现对军官的不满情绪，但水兵中仍然存在动荡情绪。第一次世界大战期间，直到 1917 年，二等水兵（Able Seaman）的每日基本薪水也仅比 19 世纪中叶（1852年标准）增加 2 便士，即从每天 1 先令 6 便士增至 1 先令 8 便士。导致问题更加尖锐的是，在与平民收入标准进行比较时，这一标准愈发显得低下。其他不满情绪的源头还包括政府扣押部分水兵退休津贴的行为，这些水兵早在战争爆发前就已经完成服役期，可以领取退休津贴，但受政府邀请继续在海军服役。水兵们还相信俘获敌国舰船后应得的奖金中，有相当部分早已被政府积累起来，却并未发放：水兵们希望至少发放部分奖金。依照贝蒂的意见，问题的核心就是收入水平，他也曾写信向海军部反映："亟须立刻提高收入水平。"[25]

　　1917 年 10 月 1 日，海军部在收入、退休津贴、伙食津贴[①]、装备养护津贴方面做出一些勉强的让步，但这并不能阻止水兵中不满情绪的扩散。格蒂斯所做出督促财政部采取行动的尝试也未获成功。在战争最后几个月里，形势急剧恶化并发展至高潮。下层甲板[②]刊物《舰队》（The Fleet）的主编莱昂内尔·耶克西来（Lionel Yexley）曾向格蒂斯提交一份机密备忘录，其主题有关"眼下水兵中严重的不满"。这种不满在战争期间已经逐渐滋长，直至"眼下各舰下甲板的状况就如同充满可燃物。一旦不满情绪到达爆点……它（不满）就会在整个海军中爆发出来"。他在备忘录中列举了不下 16 条水兵们对于收入、退休津贴、假期安排及其他方面的不满原因："尽管其中很多条就其本身而言实属琐碎，但累积起来便造成了非常危险的烦心事的集合。"根源问题还是出现在收入上："现在整个舰队中都存在着对收入不满的情绪。水兵们关注着外界工人们正在执行的罢工，以及罢工造成的威胁，并注意到这些都导致了收入或奖金的增加。然而，由于紧随收入增加而来的物价上涨，民间工人的每次收入增加，也都意味着对水兵及其妻儿的损害。"

　　军舰在港期间的假期安排同样引发了极大不满。以朴次茅斯港为例。战争爆发时曾下达一道港口命令，终止一切周末假期，且晚间假期仅会每两日安排一次 [ 不过最近军士长们（实为军士们）的晚间假期得到了增加，改为每三天安排两次 ]。这意味着结了婚，且家在港口的水兵们只能每隔一天回一趟家，而且周日他们必须返舰参与朝圣行军[③]。对于那些需要长期出海服役，但又仅能在各自母港停留很短时间的水兵而言，他们认为应获得一切便利，以便自己和家人共度时光，尤其考虑到现行假期安排已导致各港口兵营非常拥挤的情况下。

---

　　①译者注：在"胡德"号战列巡洋舰服役前，皇家海军的习惯是向各水兵中队（以住舱舱室为单位）发放伙食津贴，各中队自行采购食材并由中队内水兵轮班进行预处理。由此便产生了伙食尾子这一结余，可供水兵分享。

　　②译者注：此处可理解为"水兵之间的"。

　　③译者注：指全舰官兵整队行军前去教堂参加礼拜。此举亦有展示军容军纪之意图。

耶克西来还指出了计划在三个本土军港举行的"大规模示威游行",并给出如下结论:"这就是目前的情况。海军官兵们并不是像1797年那样心怀叛意[①]:**总体而言**,官兵之间关系仍堪称良好(但就"良好"这一点来说,长久以来的一些麻烦其实依然存在),水兵们也并非'倦于战争'……出于各种各样的原因,下甲板内已经积累了大量'可燃材料',一旦在某个特定点上爆发某些突发事件,就有可能导致那种无法将影响控制在局部,而不流传开来的结果。"[26]

面对这些警告性的陈述,海军部又有何作为?海务大臣委员会曾为"测试耶克西来观点的可靠程度"调查海军中的感受。他们的发现如下:

尽管下甲板中确实存在一定不满情绪,但并不像所谓的情况那样,严重到了足以影响海军军纪或引发任何严重事件……迄今为止,不满主要由琐事引发,我可以向您保证在过去一段时间内,相关人员已经对这类问题给予足够的重视。已经对水兵们做出相当程度的让步,同时还有一些让步正由各委员会等机构加以斟酌。

不过,为彻底消除导致抱怨的各种琐碎缘由,我们仍需要做很多事,但导致不满的最主要因素依然会是与民间工人所获得的收入优势相比,海军水兵在收入上的劣势。[27]

---

①译者注:指1797年发生的若干次兵变,其中最著名的包括5月12日至6月13日在诺尔的兵变、4月16日至5月15日在斯皮特海德的兵变,以及9月21日夜在加勒比海域的"赫尔迈厄尼"号上发生的兵变。当时英法处于战争状态,皇家海军仍然负责阻止法国人入侵。然而在此前140多年里,水兵们的收入从未增加,且为了防止水兵开小差,军饷还常常被克扣;另还完全不向伤病员发放军饷。同时,各舰在港期间也不允许水兵上岸休假,饮食条件亦很糟糕。再加上军官残暴以及大量罪犯被强征入伍,海军的士气受到极大削弱。4月16日,驻扎在斯皮特海德的16艘战列舰拒绝出海。水兵们选出了自己的代表和海军部谈判,要求提高收入及改善生活条件。期间水兵们保持军纪,并一再承诺对国王和国家的忠诚;最终在4月23日,水兵们的要求得以满足,且国王下达特赦令,赦免参与兵变水兵依照海军军法应受的绞刑。不过,一个月后在诺尔爆发的兵变结局并不是这般平和。诺尔兵变的首领为一名前军官理查德·帕克,水兵们希望结束强制征召、不公平的薪饷制度、糟糕的配给质量和不佳的假期制度;并免除各舰上部分为人残暴或不受欢迎的军官职务,且禁止他们再次回舰服役。兵变中,水兵们驾驶舰艇封锁伦敦,并阻止该港的航运出入。此后,兵变被激进派代表所裹挟,后者毫无让步的态度和要求进行社会革命的倾向使英国政府决定从严行事,中断了各舰的补给。水兵们最终投降。有30名水兵被吊死,多人遭鞭挞、入狱或流放。"赫尔迈厄尼"号上的兵变则由舰长休·皮戈特(Hugh Pigot)的残酷刑罚所引发,30名水兵当晚刺死了皮戈特,并接着用短剑和战斧砍杀舰上其他军官。此后,变兵们把其他军官拖上主甲板,赦免了其中一些,然后将其他军官扔下大海。先后有10名军官遇难。之后,水兵们驾驶"赫尔迈厄尼"号前往各委内瑞拉,以交出该舰为代价换取庇护。约有120名参与兵变的水兵逃脱英国政府此后的追捕。系列小说《霍恩布洛尔》(Hornblower)及改编的电视剧亦从不同侧面展现了上述兵变的背景。

停战达成后，战争期间还仅是不满的情绪进一步发酵，几乎到达爆点。海军的"罢工"似乎已近在咫尺。此时媒体也卷了进来，要求吝啬的政府在工资、津贴、休假，以及增加"通过锚链筒"前往后甲板透气的机会[①]等方面公正地对待那些"隐藏在北方雾气中"的人们。《观察家》曾责问道（12月22日刊）："现状还将继续维持吗？抑或是政府将从实际角度认识到，海军沉默地向国家提供了怎样的服务，并展示国家的感激姿态，且这一认识是否能在问题酝酿发酵，直至引发足以使警察罢工丑闻黯然失色的麻烦，迫使我们面对这一问题之前得到重视？"一时间，政治领袖、各种评论文章和来信充斥报端，报上的一切内容都支持官兵**两方面的**要求，并呼吁政府正视这些要求。

自1869年以来，政府和海军从未对军官的收入进行系统重审；即使在当时（具体是1870年），也仅仅是对收入水平进行某些方面的微调。将官们的收入标准可追溯到1816年；海军上校们可追溯到1864年；出纳中校的最高收入标准则定于1854年。海军上尉的起始薪水于1854年被固定为每日10先令。这一标准一直持续至第一次世界大战爆发，到战争结束时仅提升至每日12先令。自1864年以来，海军中校的收入一直保持在每日20先令，到战争结束时仅提升至每日23先令。随舰牧师和海军教官1918年的收入水平几乎与1870年时相同，仅低级人员的收入曾在1917年进行小幅度提升。相对地，其他人员分支（例如轮机军官、医疗军官和海军陆战队）的收入则是从1903年以来，得到了一定提升。最后，退休津贴的水平实际与1870年水平完全相当。[28]

发表于停战达成后的相关报告基调颇为沉重，该报告迫使海军部于12月27日向舰队发出通电，宣布"全部官兵的收入水平问题已经引起海军部重视，海军部将就此提出建议，并尽早提交英国政府"。麦登曾证实此时问题的严重程度。他在第1战列舰中队内部所做的调查显示，战时临时征召的军官和小兵几乎没有人自愿继续在海军服役，其理由是"官兵两方面均认为，薪饷和

---

①译者注：但事实上，前往后甲板并不需要通过锚链筒。

津贴水平不足以应对如今高昂的生活成本，且回到岸上工作后，自己能达到的工资水平要高得多"。[29]维密斯则指出了整个困境的关键所在："事实上，我国官兵们曾与澳大利亚和美国的水兵并肩作战，而后两者不仅收入颇高，还让我国官兵了解到如下事实，即英国海军官兵们的收入水平明显低于市场水平。如今，官兵们各自放假回家，从而能够亲身感受到社会工资水平上涨幅度有多高，以及如今物价水平上涨了多少，这自然使得官兵们的不满情绪更加真切。"[30]

海军部此前曾组建一个以海军中将马丁·杰拉姆为首的委员会（海军人员委员会），就薪饷和津贴水平进行修正的各种方案展开推敲。该委员会于 1919 年 1 月 6 日被改组为海军薪饷委员会。后者的新职责是就各级官兵的薪饷、津贴及退休津贴水平进行调查。与该委员会一道工作的还有 12 名水兵出身的"顾问代表"。此后又单独成立了以海军少将莱昂内尔·哈尔西爵士为首的委员会，专门负责处理军官的薪饷、津贴和退休工资问题。2 月 1 日，政府同意了杰拉姆委员会提议的临时性薪饷增加方案；待前述两委员会的正式报告出炉，再考虑有关收入水平提高的永久性措施。

杰拉姆委员会的调查报告于 3 月 27 日提交。海军部的提案基于该委员会的建议提出，并于 4 月 11 日提交财政大臣。4 月 29 日的战争内阁会议上，海军大臣强烈要求立即接受杰拉姆委员会的报告。"当前局势已经足够严重，无法再作夸大……他坚持认为海军不会接受任何在当前提案基础上有所削减的方案。"战争内阁却做不到如此坚决。不仅首相的态度未曾转变，而且丘吉尔和博纳·劳（Bonar Law）[①]更倾向于采用渐进式的方案，其主要理由是若接受提高海军收入水平的提案，那么此事也可能对陆军和空军造成影响。尽管战争内阁在当天的会议上并未做出任何决定，但仍然同意在收到空军部和陆军部关于若采纳海军收入水平提高提案，对各自军种的薪饷可能造成何种影响的报告后，再对海军的提案加以考虑。[31]5 月 6 日，海军大臣不仅收到了有关水兵感受、措辞严厉的

---

①译者注：时为保守党领袖和下院领袖，并于1916—1919年间任财政大臣，1919年1月10日转任掌玺大臣。

报告，还收到维密斯发来的一份强烈抗议，他声称如果次日战争内阁还不接受杰拉姆委员会提出的薪饷和退休津贴提案，自己就会立刻辞职。于是，朗在 5 月 8 日，即周四通知战争内阁称："若有关海军收入水平提高提案的决定拖延至周末之后，就可能导致最为严重的危险……然而，若能在周六宣布接受杰拉姆委员会的报告，他便认为事件会趋向缓和。" [32] 次日，战争内阁决定接受杰拉姆报告的主要部分：60 条建议中有 42 条被直接接受，另有 10 条内阁给出承诺，会在日后进行进一步考量。若非如此，维密斯可能会直接选择辞职：他出席此次内阁会议时，口袋中就装着辞职信。新的薪饷标准将二等水兵的基本薪饷水平提升至每日 4 先令。长期服役退休津贴得到了增加；其他津贴水平也得到提高。不仅是水兵，整个海军和国家都表达了对政府此举的完全满意。《每日电讯报》宣称（见于 5 月 10 日刊）："一场可能对我国造成沉重影响的长期丑闻，终于得到了解决。"《陆海军记录》则认为（见于 5 月 21 日刊）："对于军官们提出的同样正当的要求，水兵们的要求被慷慨接受一事或许是一个好兆头，尽管军官们仍在以堪称典范的耐心，等待对他们命运的裁决。"哈尔西委员会的报告于 5 月 9 日提交。该报告中有关提高薪饷和津贴的建议大部分被海军部于 6 月期间接受，并于 7 月公布。与水兵们的薪饷增加类似，军官们的薪饷也早该增加。以一名海军上尉的薪饷为例，在新的薪饷标准下，他每日可获得 17 先令收入（旧标准为每日 11 先令）。对其他更高级的军官而言，其薪饷增长比例也大致相当。[33]

然而，新薪饷标准中的一个严重疏忽在当时并不明显：对官兵而言，薪饷等方面收入的提高并未与生活成本的水平挂钩。这将在未来几年之后，财政部试图以生活成本下降为理由，削减福利水平时引发新的困难。此外，结婚津贴直至 20 年代中期才向水兵们发放；而军官们要等到 1938 年，才开始享受这一津贴。①

收入问题的解决意味着维密斯已经完成其为自己制定的两大主要战后任务之一。另一任务便是对海军参谋组织进行合理重组。这　重组于 1919 年 8 月完

---

①译者注：随着大萧条的来临，政府和海军部在之后又决定削减官兵薪饷。削减起初并不波及老兵，但在1931年扩展到所有官兵。削减方案的内容和通知方式引发了水兵的不满，进而导致1931年9月的因弗戈登兵变。译者拙作《从开始到未来——因弗戈登兵变前后的"胡德"号》一文即以此次兵变的前因后果为题材。

成。[34] 建立于 1917 年 9 月的作战委员会（Operations Committee）现包括海军部委员会的下列成员：海军大臣、第一海务大臣、海军副总参谋长和助理海军总参谋长。"该委员会负责处理海军战略问题，并探讨与供给、训练、装备、作战效率有关，以及如何将海军作为一支作战部队加以运用的课题，并按照需要定期开会。"作战委员会下辖海军参谋，后者又包括八个部门：由海军副总参谋长负责指导的情报处、作战计划处、训练和参谋作业处，以及航运处；由助理海军总参谋长负责指导的通信处、作战处、地方防御防务处，以及枪炮和鱼雷处。每个部门的职责都得到明确而又精心的描述，并绘制有图表，以说明各种情况下应由哪个部门管辖相应事务。此外还制定有"程序说明"文件，以明确正确流程的基本原则，且附有一些特别范例。

另外，战争经验还表明在海军参谋工作中，那种接受了适当训练的军官的重要性。1912 年，战争学院开设课程，专用于训练这些军官。到 1919 年 6 月，海军部在格林尼治建立了独立的海军参谋学院，提供为期 12 个月的训练课程。至少现在看来，海军参谋的未来一片光明：海军部已经认识到这一类人员所受训练的重要性。

**海军参谋架构演进 [35]**

| 原文 | 译文 | 原文 | 译文 |
| --- | --- | --- | --- |
| 1887 | 1887 年 | Naval Intelligence Dept.（D.N.I.） | 海军情报分部（缩写为 D.N.I.） |
| | | Mobilisation | 动员 |
| | | Foreign Intelligence | 外国情报 |
| 1905 | 1905 年 | Naval Intelligence Dept.（D.N.I.） | 海军情报分部（缩写为 D.N.I.） |
| | | War & Coast Defence | 作战与岸基防御 |
| | | Trade | 航运 |
| 1909<br>（August） | 1909 年<br>8 月 | Naval Mobilisation Dept.（D.N.M.） | 海军动员分部（缩写为 D.N.M.） |
| | | Mobilisation | 动员 |
| | | War | 战争 |
| | | Naval Intelligence Dept.（D.N.I.） | 海军情报分部（缩写为 D.N.I.） |
| | | Foreign（Intelligence） | 外国（情报） |
| | | Coast Defence | 沿海防务 |
| 1912 | 1912 年 | Admiralty War Staff | 海军部作战参谋 |
| | | Chief of War Staff（C.O.S.） | 战争总参谋长（缩写为 C.O.S.） |
| | | Operations Division（D.O.D） | 作战处（缩写为 D.O.D.） |
| | | Intelligence Division（D.I.D.） | 情报处（缩写为 D.I.D.） |
| | | Mobilisation Division（D.M.D.） | 动员处（缩写为 D.M.D.） |

| 原文 | 译文 | 原文 | 译文 |
|---|---|---|---|
| 1914<br>（August） | 1914 年<br>8 月 | Chief of War Staff（C.O.S.） | 海军总参谋长（缩写为 C.O.S.） |
| | | Operations Division（D.O.D） | 作战处（缩写为 D.O.D.） |
| | | Intelligence Division（D.I.D.） | 情报处（缩写为 D.I.D.） |
| | | Mobilisation Division（D.M.D.） | 动员处（缩写为 D.M.D.） |
| | | Trade Division（D.T.D.） | 航运处（缩写为 D.T.D.） |
| 1916<br>（December） | 1916 年<br>12 月 | Chief of War Staff（C.O.S.） | 海军总参谋长（缩写为 C.O.S.） |
| | | Operations Division（D.O.D） | 作战处（缩写为 D.O.D.） |
| | | Intelligence Division（D.I.D.） | 情报处（缩写为 D.I.D.） |
| | | Mobilisation Division（D.M.D.） | 动员处（缩写为 D.M.D.） |
| | | Trade Division（D.T.D.） | 航运处（缩写为 D.T.D.） |
| | | Signal Section（H.S.S.） | 信令处 |
| | | Anti-Submarine Division（D.A.S.D.） | 反潜处（缩写为 D.A.S.D.） |
| 1917<br>（May） | 1917 年<br>5 月 | Naval Staff | 海军参谋 |
| | | First Sea Lord, Chief of Naval Staff（C.N.S.） | 第一海务大臣兼海军总参谋长（缩写为 C.N.S.） |
| | | Operations Division（D.O.D） | 作战处（缩写为 D.O.D.） |
| | | Intelligence Division（D.I.D.） | 情报处（缩写为 D.I.D.） |
| | | Mobilisation Division（D.M.D.） | 动员处（缩写为 D.M.D.） |
| | | Trade Division（D.T.D.） | 航运处（缩写为 D.T.D.） |
| | | Anti-Submarine Division（16.12.16）（D.A.S.D.） | 反潜处（1916 年 12 月 16 日创立，缩写为 D.A.S.D.） |
| | | Mine-sweeping Division（23.5.17）（D.M.S.） | 扫雷处（1917 年 5 月 23 日创立，缩写为 D.M.S.） |
| | | Signal Section（H.S.S.） | 信令处 |
| 1918 | 1918 年 | First Sea Lord, Chief of Naval Staff（C.N.S.） | 第一海务大臣兼海军总参谋长（缩写为 C.N.S.） |
| | | Policy & General Direction | 给出政策和总体指导 |
| | | Deputy Chief of Naval Staff（Board）（D.C.N.S.） | 海军副总参谋长（海务大臣委员会成员，缩写为 D.C.N.S.） |
| | | Asst. Chief of Naval Staff（Board）（A.C.N.S.） | 助理海军总参谋长（海务大臣委员会成员，缩写为 A.C.N.S.） |
| | | Deputy 1st Sea Lord（Board） | 副第一海务大臣（海军部委员会成员） |
| | | Home Waters | 本土海域 |
| | | Trade Protection | 护航 |
| | | Policy & Overseas | 政策和海外海域 |
| | | D. of P. | 作战计划处长 |
| | | Director of Plans Division | |
| | | D.O.D.（H） | 作战处处长（本土海域） |
| | | Director of Operations Division（Home） | |
| | | D.A.D. | 航空处处长 |
| | | Director of Air Division | |

| 原文 | 译文 | 原文 | 译文 |
|---|---|---|---|
| | | D.S.D. | 通信处处长 |
| | | Director of Signal Division | |
| | | D.N.I. | 海军情报处处长 |
| | | Director of Naval Intelligence | |
| | | D.T.S.D. | 训练与参谋作业处处长 |
| | | Director of Training and Staff Duties Division | |
| | | D.A.S.D. | 反潜处处长 |
| | | Director of Anti-Submarine Division | |
| | | D.M.M. | 商船机动处处长 |
| | | Director of Mercantile Movement | |
| | | D.M.S. | 扫雷处处长 |
| | | Director of Minesweeping Division | |
| | | D.T.D. | 航运处处长 |
| | | Director of Trade Division | |
| | | D.O.D.（F） | 作战处处长（外国海域） |
| | | Director of Operations Division（Foreign） | |
| | | D.O.D.（M） | 作战处处长（布雷） |
| | | Director of Operations Division（Mining） | |
| 1919 | 1919 年 | POST-WAR ORGANISATION | 战后组织架构 |
| | | First Sea Lord, Chief of Naval Staff（C.N.S.） | 第一海务大臣兼海军总参谋长（缩写为 C.N.S.） |
| | | D.C.N.S. | 海军副总参谋长 |
| | | A.C.N.S. | 助理海军总参谋长 |
| | | Intelligence Division（D.N.I.） | 情报处（缩写为 D.N.I.） |
| | | Plan Division（D. of P.） | 作战计划处（缩写为 D. of P.） |
| | | Training and Staff Duties Division（D.T.S.D.） | 训练与参谋作业处（缩写为 D.T.S.D.） |
| | | Trade Division（D.T.D） | 航运处（缩写为 D.T.D.） |
| | | Communication Division（D.O.C.D.） | 通信处（缩写为 D.O.C.D.） |
| | | Local Defence Division（D.L.D.D.） | 地方防御防务处（缩写为 D.L.D.D.） |
| | | Gunnery & Torpedo Division（D.N.A. & T.） | 枪炮与鱼雷处（缩写为 D.N.A. & T.） |

# 海军政策：不确定性和新的对手

对于国际联盟，我满怀希望，且衷心拥护……然而，国际联盟并非英国舰队霸权的替代品。

——温斯顿·丘吉尔在邓迪的演讲，1918年11月26日

首相指出，战争中给人印象最深刻的事实是英国海军压倒性的优势。我们的盟友在认识到其价值的同时，也在某种程度上对其心生警惕。

——劳合·乔治在战争内阁会议上的发言，1918年10月25日

……它还利用其超强的海军实力维持其商业霸权。由于海上霸权遭受威胁，英国先后打垮了西班牙、荷兰和德国。英国对我国造船计划的反对同时体现在商船和军舰建造两方面，这种反对乃是出于英方坚信如今我们可能构成对其海上霸权的威胁。

——本森将军致威尔逊总统，1919年4月28日

## 1. 海军预算

在 1919 年 3 月 12 日发表于下院的演讲中，海军大臣公布了 1919—1920 财政年的海军预算。当然，此时公布的预算案必然仅是一个概要。海军大臣表示，在和会确定未来的世界军备水平前，海军部无法给出详细的预算。大致来说，预算总额为 1.492 亿英镑，请注意第一次世界大战爆发前的最后一次海军预算总额为 5100 万英镑，而战争期间各年的预算额分别为：1915—1916 财政年 2.05 亿英镑，1916—1917 财政年 2.09 亿英镑，1917—1918 财政年 2.27 亿英镑；1918—1919 财政年（预算额）3.25 亿英镑，但到停战达成时，实际年度海军开

支总额超过了 3.5 亿英镑。朗的演讲中最值得注意的部分，亦是其中给出的唯一正面信息，便是海军部已经削减了新建舰只数量。自停战达成以来，大量舰只的建造已被取消，取消建造舰只的清单上包括三艘战列巡洋舰"豪"号（Howe）、"罗德尼"号（Rodney）和"安森"号（Anson）[1]。[①] 唯一在建的主力舰便是 1918 年 8 月便已下水的"胡德"号（Hood）战列巡洋舰。此次演说中，朗拒绝就未来的海军政策加以讨论。他给出的理由是海军中最出色的头脑已经因承受战争的压力而筋疲力尽，因此需要短期休息，等到恢复之后才能投入对战后问题的处理上来；同时，英国海军政策的制定也必须等待和会具体的结果。

针对朗就过去、现在和未来的海军政策均未能给出解释一事，保守派媒体提出了尖锐的批评。自由派媒体则被所谓"放纵无度"的海军预算吓了一跳，在他们看来，德国舰队已经不复存在，而其他所有规模可观的舰队都属于英国的盟国。这样一来，如此数额的预算又有何必要？例如《曼彻斯特卫报》（*Manchester Guardian*，3 月 13 日刊）便宣称：

> 有关海军现正在俄国远征军中从事的工作；有关杰利科（指杰利科所著《大舰队，1914—1916》一书，1919年初出版）和其他人披露的那些战争初期我国面临的严峻危险，以及由此引发的重大问题；有关海军部在过去、现在和将来的战争组织架构问题；有关我们的严重缺陷曾在何等程度上阻止我们抽调国家中最出色的头脑为海军效力，以及上述错误将在多大程度上继续保留，抑或在未来重现的问题——对于这些意义重大且吸引全国上下关注的问题，海军大臣平静地保持着沉默，他更倾向于就海军的历史成就大肆吹嘘；而对于海军的成就，并没有任何人缺乏认识。

至当年 7 月，1919—1920 财政年海军预算的雏形已经比 3 月清晰得多。此时，预期的预算总额已经升至 1.709015 亿英镑。"海军部委员会充分认识到下述

---

① 译者注：三舰亦为"胡德"号的姊妹舰，与"胡德"号的设计稍有不同。然而，"胡德"级的基本设计早在1916年6月前就已确定，此后的任何改动都只属于修改性质，而非重新设计。

事实，即预算中要求的拨款总额非常庞大，且委员会对仍然不得不向国库申请下拨如此庞大的款项一事深表遗憾……"海军部就与第一次世界大战爆发前最后一年预算相比，新一年预算总额增加1.19亿英镑一事解释称，这"实际上完全出于"因战争承诺而导致必须实现的一次性支出，以及最近的海军薪饷、津贴和养老津贴水平上涨等需要。海军大臣在声明中提到："我当然深知自己将被问及如下问题：你打算对付哪个可能的敌人？"[2] 尽管朗并未明确作出答复，但对这一质问的回答将把我们引入对一个更大问题的讨论，即停战期间并未明确定义的海军政策中去。

首先，对于主力舰的未来，英国人曾出现短时间的不确定。某些军官坚信战列舰的时代即将结束，未来任何海上战争的胜败都可能在这些巨舰不参与的情况下决定，而在日新月异的海军技术面前，主力舰已经显得过于脆弱。这一学派坚持称，下一次海上冲突将主要由小型和快速的水面舰艇、潜艇和飞机决定胜负——其中飞机（轰炸机）将成为最致命的武器。发表于《陆海军记录》（1919年4月2日刊）的一份通讯员文章预言称，在面对不久之后就会问世的超级轰炸机时，即使最庞大的无畏舰也无甚胜算："这些轰炸机将以每分钟四海里的速度接近，然后投下大量炸弹，足以保证取得极大比例的命中。注意，仅仅单枚带穿甲弹头的半吨重炸弹直接命中，或许便足以造成比两枚鱼雷命中更严重的破坏……一旦战舰被一队大型轰炸机发现，那么无论是高航速机动还是采取Z字形航线，都无法使得该舰逃脱必然被击毁的命运。"第三海务大臣兼海军审计官巴托洛梅的观点则代表了另一学派。他认为鉴于至少目前火炮仍能击败装甲，海军应放弃建造主力舰，转而全力发展潜艇和飞机。

其他军官则辩称，尽管主力舰已经变得更为脆弱，但迄今为止，并没有一种武器能削弱主力舰的重要性。如海军副总参谋长曾简洁总结的那样，主力舰的意义存在于"摧毁小于其自身大小的水面舰艇的能力，从而使主力舰支援上述舰种的战略作用依然存在。如果将无畏型战列舰投入这一用途，正如在此次战争中被广为接受的观点那样，它们就必须做好与同一舰种交战的准备，而主力舰在面对同一舰种时变得更加脆弱的事实，则应促使我们努力通过设计新的战术手段及修改设计方案，缩小这种易损毁性的影响"。[3]

弗里曼特尔的思路也正是海军部在战后时期采取的方针。被第一次世界大战的现实证明后,"制海权属于主力舰实力最强的舰队"这一论断仍被当作公理信奉,且在此后所有的海军舰队实力比较中,海军部都在强调无畏型战列舰和战列巡洋舰的实力。海军部对鱼雷的威胁并没有太过担忧:毕竟在整个第一次世界大战期间,英德双方的现代化主力舰均无被鱼雷击沉的记录;[①] 同时,水下防御体系的设计也得到了进一步发展。1919 年 6 月,海军就战后舰队提出的规划中包括 33 艘无畏型战列舰、8 艘战列巡洋舰、多达 60 艘轻巡洋舰和 352 艘驱逐舰。

有关战后海军政策的决定中,更为重要的部分则有待巴黎和会的结果出炉方能形成,而这些决定又围绕着国际关系里的一个新因素,即萌芽中的英美海军竞赛。

## 2. "巴黎的海上之战"

第一次世界大战结束时,皇家海军实力之庞大堪称前所未有:拥有超过 1300 艘大小战舰,排水量总计超过 325 万吨,几乎与除英国外世界其他国家海军的总吨位相当。[4] 其主力为 42 艘无畏型战列舰和战列巡洋舰、109 艘巡洋舰、13 艘飞机载舰、527 艘驱逐舰和鱼雷艇,以及 137 艘潜艇。英国公众乃至英国政府和海军部都开始假设,伴随着如此庞大的优势,以及德国舰队的实际消灭,英国和全世界的海军造舰速度都将有所放缓。然而,早在停战达成一个月后,海军部就已经开始担心皇家海军可能会拱手让出长期以来所享有的海上霸权。

主要的挑战者是美国。第一次世界大战结束时,美国海军的实力相当于法国、意大利和日本三国海军之和,共辖有 16 艘无畏舰,且无一艘舰龄高于 8 年;另有 3 艘无畏舰已接近建成。被列入美国 1916 年造舰计划的 16 艘主力舰中(10 艘无畏型战列舰和 6 艘战列巡洋舰),有 4 艘已经开始铺设龙骨。一俟该造舰计划完成,美国海军在几年之内就会拥有 35 艘现代化主力舰;且鉴于英国海军的 42 艘主力舰中,有 13 艘性能已显过时,因此就质量而言,美国海军甚至将超过英国海军。

---

①译者注:前无畏舰除外,例如日德兰海战中被英方驱逐舰所发射鱼雷击沉的"波美拉尼亚"号。

在英国海军部看来，这一情况已经相当糟糕。雪上加霜的是，1918 年夏，美国海军部又宣布将在 1919 年实施新的造舰计划；该计划为期 6 年，准备再建造 12 艘无畏型战列舰和 16 艘战列巡洋舰。美国海军委员会（General Board，是一个顾问性质的团体，其成员包括功勋卓著的高级海军将领，负责研究造舰计划等问题）解释称（1918 年 9 月 10 日公布），新造舰计划的目标是在 1925 年，为美国打造一支至少就实力而言与其他任何国家相当的海军。实际上，该委员会计划针对的对象乃是英国与日本海军的联合，但仅使用与英日同盟海军舰艇数量相当这一指标"作为一个粗略的指标。其实际目的是为美国创造一个伟大的未来，在这个未来中，美国将成为世界主导性的商业强国。尽管这一命运已经几乎朦胧地实现，但在拥有一支足够强大的海军，足以控制遥远的海域前，美方还无法期待这一命运真正降临"。[5] 后来，美国政府将造舰计划中无畏型战列舰和战列巡洋舰的数量分别削减至 10 艘和 6 艘，相当于重复了 1916 年造舰计划的规模；而且与前一计划相似，新计划也准备在 3 年内完成。1918 年 10 月，美国海军部要求国会批准这一计划。如此，未来美国战列舰队将包含 39 艘无畏型战列舰和 12 艘战列巡洋舰，且全部为现代化新舰。在这样一支舰队面前，即使是正值巅峰状态的英国大舰队，也同样会相形见绌。

一份权威研究声称，就美国政府所奉行的海军政策而言，其实际目的在于"迫使大英帝国支持创建国际联盟的计划，然后以该机构协调各国合作，展开普遍裁军，最终实现以英美两国海军实力相当作为目标的裁军"。[6] 正如席林教授富有说服力地指出的那样，美国的大海军计划可被视为一桩划算的交易，而非仅仅用来讨价还价的筹码。这是一张足以在和会期间拖住英国的牌。美国方面的态度是认真的。1918 年 10 月 23 日，美国海军作战部长（相当于英国第一海务大臣）向众议院海军事务委员会表示称，第二份造舰计划将"至少在我们可见的未来，把我国海军置于同世界任何国家海军相当的地位"。 停停战实现，美国海军部长丹尼尔斯便催促国会批准完成 1916 年造舰计划。此前由于利用造船厂建造反潜舰艇的迫切需求，该计划里大型舰艇的建造曾被中断。1918 年 12 月 2 日致国会的年度咨文中，威尔逊总统声称在他看来，继续执行 1916 年造舰计划一事已经得到保证，而 1918 年造舰计划"并非一个全新的计划，它仅仅是

1916 年得到确定的海军政策的延伸和继续"。12 月 30 日，丹尼尔斯向众议院海军事务委员会声称，如果和会未能采纳一项裁军计划，那么美国将需要一支"比世界其他任何国家都更庞大的海军"。按照豪斯上校（House）①的说法，本森（更无须提及驻伦敦海军规划部门的态度，该部门由本森于 1917 年 12 月创建，作为西姆斯海军少将的参谋部门一部分）已经"沉迷于"英美海军实力相当的构想中。尽管本森深知由于美国舰艇总体而言更为先进和现代化，因此 1916 年造舰计划的完成即可实现上述目标，但他依然希望实现**数量上的相当**，这自然也等于美国海军**占优**。1918 年造舰计划将确保实现这一最高目标。然而，美国国会中新造舰计划的反对势力能量颇为可观，因此其通过国会审议的概率并不高。[7]

对于美国提出的如此野心勃勃的造舰计划，在对其背后动机进行分析时，我们的起始点应是美国海军对意料之外战争的恐惧。作为传统对手，美国人认为他们与英国人的战争并不出乎意料，但如果出现新的对手呢？正如驻伦敦海军规划部门所宣称的那样："历史上先后有四个海上强国奋起，与大英帝国竞争海上商业霸权——依次是西班牙、荷兰、法国和德国。但上述四国先后被英国及其变化无常的盟友所击败。现在，第五个商业强国，也是迄今为止最强大的那个强国奋起展开竞争，试图至少获得与英国相当的商业份额。如今，有关猜忌心理的迹象已经在英国可见。历史先例警告我们，必须密切关注我们做出，以及被允许做出的一举一动。"更为直白的表述则是："成功的商业竞争将动摇英国的根本利益和英国繁荣的根本原因，甚至可能危及大英帝国自身的存在。如果本国的商贸遭到严重威胁，英国人民或许会认为发起战争乃是正当之举——这将被他们视作实施自我保护的一种手段。"[8] 在提及英国政府与英国海军都从未有过任何因商业竞争而与美国开战的想法之前，笔者计划以美国海军中的上述观点作为讨论的起始点。

驻伦敦海军规划部门 11 月 23 日的备忘录中将英国在战时的海上行为定为引发战争的第二种可能。因此，美国需要一支"与其他任何国家相比都同样强大"的海军，来进一步推广"美国关于公正和公平交易的理想"。但随着在"海

---

①译者注：即爱德华·曼德尔·豪斯，美国外交家、政治家，曾任威尔逊总统的顾问，拥有很大的政治影响力。尽管被昵称为"豪斯上校"，但实际上他从未出任军职。

上自由"这一话题上的矛盾（参见下文）逐渐消散，这一观点将越来越少地出现。无论如何，这一因素都不会严重恶化英美关系。除非英国已经与第三国交战，否则该因素不会引发（英美之间的）战争。

其次需要考虑的则是国际联盟这一机构造成的影响。按照相关设计，任何一个强国都不应以其压倒性的陆军或海军力量主宰国际联盟决议。丹尼尔斯坚持称，如果美国在国际联盟海军中的贡献低于"其他强国中的最强者"，那将是相当"不适当的"。但如果巴黎和会失败，美国便需要一支世界上最为庞大的海军。[9]本森与丹尼尔斯的立场相同，尽管某些学者会质疑前者的诚意。本森断言称："为实现国际联盟的稳定，并将其发展为我们期待其成为的机构，美国需要增强本国海军实力至相当的程度，至少达到能够阻止英国对国际联盟中其他国家颐指气使、发号施令这一程度。"[10]

尽管日本正在远东磨刀霍霍，但大多数美国海军规划者们此时仍然没有将日本舰队视为独立的威胁。他们认为更需要注意的可能是日本与英国在舰队方面的合作。这也是导致他们认为需要打造一支实力至少与皇家海军相当的美国海军的额外原因。

无论怎样判断美国的动机，英国的自由派和保守派报刊都会以一种大致算作同情的态度看待美国的海军野心，并拒绝认为美国海军将构成对英国安全的威胁。英国媒体认为，无论是否有国际联盟指引，两国海军都会携手共进，保卫和平；因此，就美国拥有强大海军力量一事，英国应表示欢迎。出于上述逻辑，自由派报刊《威斯敏斯特公报》曾宣称（见于 1919 年 1 月 4 日刊）："对于此事，我们毫无嫉妒之心，我们并不将美国视为可能的敌人，而是将其看作在保卫海上和平一事上有力的同袍。"与此类似，保守派报刊《每日电讯》则表示（见于 5 月 2 日刊），鉴于在赢得和平的过程中两国海军曾如此紧密地实施合作，"因此在未来的岁月里，他们必然也能继续诚心合作，保卫和平，使其不被出现于任何地方的威胁所干扰"。英国海军大致保持类似的冷静意见，认为美国海军当局计划在未来与英国合作，充任海上警察的工作，而非成为在海军强权方面的重要竞争对象。确实，看上去的情况是这样：美国方面有更多观察家将英国海军视为对美国安全的严重威胁，而英国方面并不认为美国将对本国构成威胁。

然而在这一问题上，英国海军部的观点与主流民意不同。他们怀疑美国人计划打造世界第一强海军，且实现这一目标的时间节点正处于英国实际上停止建造主力舰的时候。美国现有21艘无畏型战列舰和5艘战列巡洋舰已经建成或在建，更遑论美方计划建造的可观舰船数量。海军副总参谋长曾警告称："从规模上讲，这支舰队现在堪称我国舰队唯一的潜在对手，且之后可能成为对我国舰队的威胁，因此应引起我们的高度重视，也应成为制定我国未来造舰计划的主要考量。"[11]对于身为国际联盟主要发起人的美国总统选择在此时催促国会通过一项海军舰船建造计划，且考虑到这是一份即使处于英德海军竞赛最激烈时期的英国海军部也会认为庞大的造舰计划，现在的英国海军部对美方动机颇感困惑。格蒂斯曾表示（1918年10月24日）："国际联盟这一构想似乎并未包含军备扩张，而应该包括裁军。"根据他的要求，作战计划处准备了一份文件，以说明美国执行第二个造舰计划可能造成的影响：

**表格 9-1**

| 舰种 | 在建或计划建造 | 执行第二个造舰计划后增加数量 | 总数 |
|---|---|---|---|
| 无畏型战列舰 | 13 艘 | 10 艘 | 23 艘 |
| 战列巡洋舰 | 6 艘 | 6 艘 | 12 艘 |
| 轻巡洋舰 | 10 艘 ⎫ 258 艘 | 合计 140 艘 | 合计 398 艘 |
| 驱逐舰 | 248 艘 ⎰ | | |

作战计划处还给出了有关美国海军提出这一扩充方案背后动机的两个猜测：一、保卫美国利益免遭日本侵害。海军扩充"可能针对日本，坚信必将与日本人展开最终决战的思想已经在很多美国人心中根深蒂固，且两国利益必将在若干点上发生冲突"。例如美国在远东秉持的"门户开放"政策与日本截然相反的政策、菲律宾问题、加利福尼亚日本移民问题，以及日本对"东亚或西伯利亚"秉持的侵略政策：这些都可能在未来导致美日之间爆发战争。至1924年底，日本舰队可能辖有8艘无畏型战列舰、8艘战列巡洋舰、7艘现代化轻巡洋舰，以及数目不定的驱逐舰。二、美国可能希望拥有一支强大海军，以协助国际联盟。"……本部门大体同意下述论断，即关于国际联盟还有废止战争的任何现实可行的计划，都取决于建立一支多国联合部队，其中应包括各大缔约国的陆军和海

军。希望在这样一个联盟中获得与其国力和财富相当的话语权，或许是导致美国提出海军扩充方案的原因。"[12]

与美国扩充其海军实力的动机一事相比，海军部更关心扩充本身。格蒂斯坚信："美国总统的目的和决心是削弱英帝国在海权上的相对优势。"实现这一目标的手段包括：美国建造新的海军舰艇，分配那些按照和约规定德国注定要损失的原公海舰队舰船，与其他嫉妒英国海权的海军列强联合。[13]在下文引述的这封新任海军大臣致首相的信中，朗提出了海军部就海军局势最为关心的若干问题：

出于很多原因，我不打算陷入和美国的军备竞赛——首先，由于我坚信一旦美国选择投入一切资源，组建一支比我国更为庞大的海军，那么我国最终将无力与之竞争，仅仅考虑经济因素，就可确定在这样一种竞争中我国必然落败；其次，我也自然地不愿假设美国将与我国为敌。

美国国内最出色的公民，尤其是其中的共和党人，对我国持友善态度，但我国的秘密情报清晰表明，一场鼓动对英敌视态度的运动即将蓬勃展开……而且我确信阁下能认识到，我们或许会发现自己处于美国人的敌视，甚至威胁中。正如阁下在和会期间明确指出的那样，海军乃是我国人民作为自由人存在的根基，因此我国无法将自身海军实力视若儿戏。美国也许在虚张声势，但就算如此，按照我的主张，我国也无法这样行事（陷入军备竞赛），因此我建议采取外交手段。对于这种完全与国际联盟精神不符，且对我国和美国而言都十分危险的政策，我认为可通过外交手段达成对它的终结。[14]

新任海军大臣在这封信中并未提及传统和骄傲，即所谓"不列颠尼亚统治四海"的观念，抑或是丹尼尔斯曾嘲讽地称为"他们的国家宗教信仰——控制上流"之类的东西。但这种传统和骄傲曾构成面对美国海军的计划和前景时，英国人非常敏感和苦恼感受的一个极为重要的方面。

危险的英美海军竞赛不仅是巴黎和会谈判的主题之一，也成了英美双方代表团在1919年3月和4月之间，大量私人会谈的话题之一。这场事后被丹尼尔斯称为"巴黎的海上之战"的交锋于丹尼尔斯抵达巴黎之后不久，3月末一个早晨开始进入其高潮阶段。受劳合·乔治指派，维密斯匆忙奔赴巴黎，并在这一天早上对美国海军部长进行了一次并未提前通知的访问。得知这一情况后，本森立即赶赴丹尼尔斯处，帮助后者把握关节，以应对这一突然袭击。他赶到时恰逢维密斯直白地请求丹尼尔斯，就美国计划建造新舰只的目的给出一个解释。本森立刻插入其中，声称这个问题实属粗鲁，且本国海军部长不应回答。得到这个冷淡的回复后，双方一直休会到当天下午。[15] 那天下午的会议气氛堪称爆炸性。丹尼尔斯回忆称：

> 我从未见过地位这么高的两个人表现得如此愤怒，就像本森将军和维密斯将军在此次会谈中所展现的那样。他们之间的对话是如此尖锐，以至于我一度担心双方会越界，采用另一种方式解决问题。不过幸运的是，除了非常严厉的表达方式和措辞外，没有发生更糟的事情；且我认为这应归功于我一直试图让双方冷静下来，尽管毫无疑问，双方都实现了自我克制。英国海军上将认为英国应有权建立世界上规模最庞大的海军，同时我们应对这一点表示赞同。但对本森而言，这就意味着对他自己祖国的背叛。由此可见，双方所持立场的差距非常之大。[16]

在这次著名会谈期间，本森的偏见及其个性显然丝毫无助于减少火药味。他不仅持激烈的反英态度（劳合·乔治曾称其具备"双份的反英成分"），且对英国海军部持敌视态度。朗曾将其形容为"一个拥有执拗性格的人，而且在别人观点与自己不同时，无法很快掌握对方观点"。尽管如此，此次会谈暴露出的英美双方观念的巨大差异还是与个人性格特征无关。双方立场差别既无法，也显然不会由两国海军的专业首脑协调。

如此一来，政客们便需要下场解决这一问题。在提到自己与朗的会谈时，丹尼尔斯曾将其称为"持续数周的混战"。在其中一次，即3月29日举行的会谈中，朗从丹尼尔斯处得到了如下印象，即如果和约条件让美国满意，那么美方便打算对其造舰计划进行相应调整。然而，一直陪伴丹尼尔斯的本森在一次有关美国海军政策的坦诚交谈中，彻底粉碎了朗的幻想：本森建议打造一支"50对50"的海军，换言之，他希望美国海军的实力与英国皇家海军相当。事后，朗在一份备忘录中透露："我告诉他，如果这就是他正式的，并且经过深思熟虑的提议，那么他就会造成一个几乎无法解决的困境。英国方面的立场是，本国海军在未来仍有绝对必要继续掌握霸权，这不仅事关大英帝国的存亡，甚至关乎世界和平。此外，这不仅是负责就英国海军政策建言者的意见，也是英国下院乃至英国国家的意见。"然而本森并未有所触动，他进而断言称，美国人民的自尊要求美国海军与英国海军平等地承担维护文明世界和平的重任。如此一来，双方都无法理解对方立场。朗评论称，他本人"不相信英国会签署任何不能使本国海军获得满意地位的国际联盟协定"。[17] 这一论断让丹尼尔斯当晚彻夜难眠，他深知国际联盟在威尔逊总统心目中占据多么重要的地位。而在朗这边，他也因本森在 3 月 31 日会议上的一次反驳而深受震动。当时，朗曾断言称英国将"不惜一切代价"维持其海上霸权。本森对此的回复是："那么，朗先生，如果阁下和贵国政府其他成员继续坚持你们今天早上的立场，我可向你保证，这只会意味着一件事，那就是英美两国之间爆发战争。"[18]

紧随维密斯 - 本森僵局之后，朗和丹尼尔斯之间的谈判也陷入僵持。受此影响，威尔逊总统要求丹尼尔斯征求劳合·乔治的意见。在 4 月 1 日两人的早餐会上，丹尼尔斯发现那位英国领导人的态度"和沃尔特·朗以及维密斯将军一样有力而坚定"。[19] 劳合·乔治问道："如果作为国际联盟倡议者的美国坚持建造一大批主力舰的规划，那么将世界组织起来谋求和平又有何意义？"他坚信仅是 1916 年造舰计划的完成，美国海军便能较英国占据优势，并因此希望美国方面同意停止这一造舰计划。然而，丹尼尔斯"指出对方将会发现的是，美国已做好准备，一旦国际联盟正式运作，就带头实施裁军。但除非永久和平得到保证，否则美国不会停止其造舰计划"。

"为何英国需要一支比美国更加庞大的海军呢？"劳合·乔治这样询问道，紧接着又这样回答他自己这个问题——英帝国的范围延伸到各个大陆，因此需要一支规模更大的海军，以保卫这个势力范围广布全球的帝国。他接着说道："美国则处于两个大洋之间，没有任何帝国需要保卫，因此理应满足于拥有一支规模较小的海军。"当他强调美国因缺乏殖民地，所以对海军的需求并非那么强烈这一事实时，我（丹尼尔斯）已经严阵以待。

丹尼尔斯随身携带着两份由美国海军顾问参谋团准备的地图。其中一份说明了皇家海军需要保卫的海上交通线，另一份则说明美国海军需要保卫的海上交通线。[20] 从后一张地图上看，美国海军实际需要保卫的海上交通线里程更长。丹尼尔斯接着指出：

我国需要保卫的海上交通线从缅因州北部沿海开始，由大西洋沿岸一直延伸至巴塔哥尼亚（Patagonia），然后沿南美洲西海岸一路向北，经中美洲、北美洲，直至皮吉特湾（Puget Sound），接着跳过加拿大，指向环绕广袤的阿拉斯加的海岸线。除此之外，我还声称我国需要保卫夏威夷、关岛、萨摩亚（Samoa）和菲律宾群岛，更不用提古巴、波多黎各（Puerto Rico）、圣多明各（San Domingo）、海地（Haiti），以及维尔京群岛（Virgin Islands）①。为完成上述义务，美国需要一支世界第一的海军。

劳合·乔治勃然大怒。他又问道："你是否打算宣称贵国控制了墨西哥、中美洲，以及整个南美洲？"我给出了否定的回答……然而根据英国早已默许的门罗主义原则……我国需要保护上述国家的主权免遭任何侵犯，或落入任何其他国家之手。

---

①译者注：巴塔哥尼亚地区位于南美洲大陆最南端，分属今智利和阿根廷两国，人烟稀少，西临太平洋，东临大西洋，南接南大洋。皮吉特湾位于华盛顿州西北沿海，该州地处美国西北，北部与加拿大接壤。萨摩亚位于南太平洋，斐济西北方向。此处的丹尼尔斯指美属萨摩亚，即东萨摩亚，根据1899年《柏林条约》，美德两国瓜分萨摩亚，其中美属萨摩亚位于东部。第一次世界大战爆发后，新西兰占领了作为德国保护国的西萨摩亚。美属萨摩亚今为美国的无建制领土。波多黎各位于加勒比海地区东北部，其西为多米尼加，以东为美属维尔京群岛，曾为西班牙殖民地。1898年美西战争之后，波多黎各与关岛、菲律宾和古巴一同被转让给美国。美国一度在该岛建立总督府，1917年间美国国会通过法案，宣布所有波多黎各人自动拥有美国国籍，同时美国有权向该国男性征兵。从理论上讲，波多黎各至今仍为美国的自治邦。圣多明各为多米尼加首府和最大城市，位于加勒比海东北，在1844年独立，但仍与海地冲突不断，并曾被西班牙占领。1914年巴拿马运河正式通航后，美国担心欧洲列强以多米尼加为基地攻击该运河，因此对该地加的影响不断深滋，直至1916—1924年间占领该国。海地与多米尼加共和国同处加勒比海东北部的伊斯帕尼奥拉岛，1804年从法国统治下独立，成为继美国之后美洲第二个独立的国家。1862年，美国承认海地独立，但在20世纪初，鉴于海地长期政治不稳定、经济危机，以及遭受欧洲列强蚕食的状态，美国海军曾多次干涉该国。1915年7月，以国内动乱可能导致有人对该国总统行刺，美国需要保卫在当地的经济利益和公民安全为借口，美国海军陆战队前往该国并实施占领，并于1916年进而占领多米尼加，直至1934年才撤离。此处的维尔京群岛指美属维尔京群岛，位于加勒比海，西邻波多黎各，原为丹麦殖民地，美国一直希望购买丹麦属西印度群岛，以防止德国在此建立海军基地。最终在1917年3月31日，丹麦将三座岛屿出售给美国，同时岛上的所有丹麦人归国。这三座岛屿便构成了美属维尔京群岛。

讨论再度陷入僵局。

"巴黎的海上之战"或许可以被认为终结于 4 月 10 日。当天，两位和善的绅士，即代表劳合·乔治的罗伯特·塞西尔勋爵（Robert Cecil）① 和代表威尔逊总统的豪斯上校交换了备忘录，达成非正式的一般性协定。谅解的内容包括美国将考虑推迟批准被列入 1916 年造舰计划，但尚未铺设龙骨的舰船建造工作，直至和约达成——按照塞西尔的话说，如此一来，"我们或许有时间一同讨论和考虑这一问题"；同时，美国会做好和约签订且国际联盟建立后，"放弃或修改"其"新海军造舰计划"（豪斯上校将其解释为 1918 年造舰计划）的准备；此外，"就两国舰队的相对实力一事，需达成某些双方同意的安排"；以及两国将每年就各自海军造舰计划征求对方意见。除此之外，豪斯重申了威尔逊 1918 年 12 月 21 日发表在《泰晤士报》上的声明，表示他完全理解"由于英国作为一个岛屿帝国的特殊地位这一事实，引发的特殊国际问题"。[21] 不过，这一安排并未给予劳合·乔治最希望得到的东西，即关于削减 1916 年造舰计划的特别保证：豪斯拒绝在谅解备忘录中提及此事。对美方而言，他们从这一谅解中获得了一些实在的保证。英方将放弃此前对于将门罗主义修正案纳入国际联盟盟约一事的反对态度，且英方的确履行了这一谅解内容。席林教授曾对这一系列会谈给出如下令人信服的分析：

> 在最终的谅解案中，劳合·乔治获得美国作出将就未来海军造舰计划与英国政府商讨一事的承诺（这大致与英国通过其他外交手段可能取得的成果相当）；获得美国对威尔逊总统此前声明的重申（就英方是否有权获得海军优势一事，该声明内容非常含糊，美方是否暗示其真正理解亦在两可之间）；以及 1918 年造舰计划将被放弃或修订的承诺（鉴于美国国会自身就在努力达成这一结果，这无非只是一个空洞做作的姿态）。为此，他（英国首相）放弃了阻止美国建造 16 艘主力舰的意图。劳合·乔治的失败乃是其不利谈判地位的结果。在最终分析中，

---

① 译者注：即埃德加·阿尔杰农·罗伯特·加斯科因 - 塞西尔，第一代切尔伍德的塞西尔子爵，英国律师、政治家和外交家，国际联盟的缔造者之一，并因在国际联盟的贡献于 1937 年获得诺贝尔和平奖。

他无法承受为阻止门罗主义修正案纳入盟约，自己需要负责的结果，即使他未能达成哪怕一项海军协定；若成功阻止门罗主义修正案纳入盟约，那么英国不仅在实际上毫无收获，反而还会招致美国的恶感。对于未来的谈判而言，这种恶感很难被认为是一种令人向往的催化剂。另一方面，一旦威尔逊决定拒绝就1915年（实为1916年）造舰计划进行妥协，从而揭穿劳合·乔治首相的虚张声势，那么他在谈判中便已经胜券在握。[22]

谅解达成或许可被视为美国人的大获全胜。但谅解本身的确缓和了局势，毕竟英国人同样有理由认为，他们在其中至少有所收获。

随着丹尼尔斯对伦敦的访问（4月30日至5月4日），处于萌芽状态的英美海军竞赛得以进一步缓和。他于5月1日在卡尔顿酒店（Carlton Hotel）发表午餐会演讲，极大地消除了那些担心将出现庞大规模造舰竞赛的人们的疑虑。美国海军部长抨击了造舰竞赛，表示任何形式的造舰竞赛都难以想象。"无论美英两国各自海军的规模是大是小，鼓舞他们的精神都将是合作而非竞争。"朗打算以字面含义接受这一保证。

……在造舰竞赛这一点上，他（丹尼尔斯）态度坚决，说的似乎是真心话。不过，当然存在这样的可能，也就是在谈及不要竞争时，他实际是指美国将按自身意愿建造尽可能多的舰船，而我国无须以造舰作为回应——尽管这将成为对其言论的一种非常不幸的解读。除我自己之外，其余曾在巴黎见过他的人也肯定了我的观点，即他现在已经非常注意自身语气和举止；一些曾在他访问我国期间一路陪同的人，包括他本人的参谋及海军部人员，则一致认为他已经被其所见所闻深深感染，且改变了念头，即不打算加入任何与英国海军展开的竞赛。[23]

哪怕英方对美方的意图仍然存在一些疑虑，随着5月27日丹尼尔斯向一个国会委员会作出如下声明，即国会已经授权建造的战舰将继续相应工作，但此后海军不会建造新的战舰，这些残留的疑虑也随之消散。这一声明听起来似乎敲响了补充三年造舰计划的丧钟：该计划自1918年秋以来，便一直被放在国会面前。但正如日后事实所表明的那样，这只是暂时的海军休战而已；在英国制定海军政策及未来的英美关系中，英美海军竞赛一直都会作为一个关键因素出现。

按照当时情况，英美两国都未能从对方那里取得对己方最渴求的条件的承认：对英国而言，这一条件是海上霸权；对美国而言则是两国相当的海军实力。更令人遗憾的是，双方实际上并不存在战略利益层面的冲突——冲突的产生原因仅是国家的自负和骄傲。

引自一位学者的公正总结："巴黎的海上之战"乃是基于英美双方各自的错误前提爆发。英国方面，论战建立在一种无法澄清的担忧之上，即担心美国一旦获得与本国相当乃至更强的海军实力，就可能对大英帝国的安全构成威胁；甚至可能基于一种沙文主义式的骄傲，即认为以大舰队形式取得的海上霸权乃是帝国荣耀的关键象征之一。美国方面，海军问题同样建立在一种无法澄清的担忧之上，即担心英国获得海上霸权一事将构成对美国安全的威胁；然而事实上，百年以来，英国的海上霸权几乎就没有对美国造成任何威胁，甚至可能充当了保护屏障的作用，将美国隔绝于欧洲的纷争之外。[24]

此次海军纷争最明显之处在于，此事掩盖了两大盎格鲁 - 撒克逊民族强权的共同利益——在由国际联盟保证的法律所确定的世界秩序下，两国的共同利益所在。在国际联盟框架下，该联盟的最终裁判权将由这两大强国压倒性的海军和经济实力所主导。

整个停战期间及此后时期，英国海军部都认为，英帝国和美国之间最不可能发生战争。第一海务大臣认为："无须严肃考虑在不久的将来与美国开战的可能。"[25] 此外，作战计划处的下述声明也可被视为海军部想法的代表："这样一场战争发生的概率非常低，而且会明显违背两国的基本利益，因此仅出于这一考量，建造海军基地是否明智便仍然存在疑问。"[26] 当 1919 年 8 月海军部向战争内阁询问，在考虑本国海军规模相对美国海军及"任何可能组合"的对比，何种标准将成为决定性因素一事时，该部得到了暧昧的回复："除非内阁授权，否则不应对战前决定海军规模的标准做任何改动。"[27] 这一决定的意图在于"避免引入与美国海军的比较。首相已经声明在制定战前的海军预算时，本国从未将美国纳入考量"。[28] 尽管海军部的确制定过应急计划，但很明显，这些计划的起草时间从未早于 1919 年 6 月。

事实上，日本海军正隐隐成为未来几年中，对英国而言更有可能的海上战争对手。日本对华所提出臭名昭著的《二十一条》（1915 年 1 月 18 日）便已显露出其在亚洲大陆上有关领土的贪婪野心。早在 1916 年，海军部就发现日本的态度"并不完全令人满意……毫无疑问的是，他们希望建立一个更庞大的日本，这个日本可能包含东亚大陆一部分、通往东方的门户[①]、荷属东印度群岛、新加坡及马来联邦。但目前这仅仅是部分日本政客的梦想"。[29] 日本在亚洲的野心不仅会对英国在远东的航运安全及领土利益构成威胁，也会导致英日同盟的未来充满不确定性。此外，日本人正在构建的强大舰队（即在 1923 年前拥有 8 艘无畏型战列舰和 8 艘战列巡洋舰，且其舰龄全部低于 9 年）亦使得海军部在第一次世界大战结束后，需要在东方水域维持一支强大的海军舰队。海军部所计划的舰队包括 1 艘战列巡洋舰、5 艘轻巡洋舰、8 艘驱逐领舰、18 艘驱逐舰和 12 艘潜艇。另外，澳大利亚皇家海军亦会部署 1 艘战列巡洋舰、4 艘轻巡洋舰、1 艘驱逐领舰、11 艘驱逐舰和 6 艘潜艇。

如果与日本爆发战争，应采取何种战略——英方曾就此事进行相当完整的讨论。上述讨论显示，海军部预计，鉴于东方的英帝国舰队实力逊于日本在太平洋方向部署的舰队（海军部希望这种己方实力较弱的情况只是暂时的），因此将不得不采取一种多少带有防御性质的战略，尤其是在战争初始阶段。日本人可能对香港展开远征。有鉴于此，又考虑到在展开对日经济封锁时，香港堪称最为合适的基地，海军部决定（1919 年 6 月 10 日做出）加强该岛的防御力量，"直至足以抵御战列舰攻击的程度"，并在当地驻扎一支强大的潜艇队，还将香港打造为英国在亚洲海域的主要海军基地。三天之后，作战计划部领导富勒上校建议"考虑在与日本和美国同时开战这一场景下，帝国应采取的海军政策；

---

①译者注：所谓"通往东方的门户"可能是指印度或中南半岛。

并考虑在这一情形下，应向各位总指挥官下达的基本指令等问题"。[30] 几个月后，作战计划处副处长声称"现在可以非正式地假设，未来我国最可能的对手是日本而非美国。鉴于美国强大的战略和经济地位，我国对美政策应是不惜一切代价维护两国良好关系。另一方面，考虑到其自身在太平洋方向的侵略倾向，我国与日本的利益冲突便总有可能存在"。[31]

英美海军分歧对和会召开之前及和会期间，很多重要议题的讨论造成了影响。和会甫一召开，与会各方就在"海上自由"这一问题上爆发了激烈争吵。

## 3. "海上自由"

由威尔逊总统提出的十四点和平纲领（1918 年 1 月 8 日）——值得注意的是，在提出之前，他从未征求协约国盟国对这一纲领的意见——第二点内容如下："在各国领海之外，无论战时还是平时，应实现海上绝对的航行自由，除非因执行国际盟约而采取国际行动，导致相关海域整个或部分地封闭。"正是基于十四点和平纲领的文本，德国方面同意商谈停战条件（1918 年 10 月 12 日）。直至那时，英国方面才开始仔细审阅十四点和平纲领的文本。事实证明，在第二点上，英美两国的立场无法协调。

美国方面是如何阐述"海上自由"这一概念的呢？在格蒂斯 1918 年 10 月访问华盛顿期间，威尔逊总统曾就此问题与他进行讨论。格蒂斯事后如此汇报了威尔逊的观点："美国总统表示，很多国家无论其自身大小，都因认为唯有在英国海军的允许和阴影下，其海上航运和海上发展才得以实施，这让他们颇感愤怒。他一向认为，导致眼下这场战争的最深层次原因乃是德国的不平衡感受——对于英国海军不公正的恐惧和妒忌，且这种感受无论如何都是真实存在的。"[32] 如此看来，威尔逊总统试图表达的观点是，根据美国的传统立场，交战国不应干涉中立国船舶在公海上的行动——也就是战争期间中立国航运通航的完全自由。皇家海军曾屡次违背这一点：战争期间，皇家海军一直拦截中立国货船，并将其中英方怀疑携带着利于敌国继续从事战争的货物的船只，带往英国港口实施检查。

海军部就这一问题的结论于 1918 年 10 月 17 日呈交战争内阁，内容如下：

（1）如果接受这一提案，那么对于一个自身生存依赖于海权的国家来说，争取制海权几乎是毫无价值的；与此同时，这将为一个陆军强权提供自由的海上交通线；

（2）在这类影响我国关键利益的问题上，决定权一定不能交给任何联盟或国家联合。一旦对此提案表示赞同，这就意味着我国过去几个世纪以来一直掌握，且从未被错误使用的制海权被他国"名副其实"地一笔勾销。正是在掌握这种制海权的基础上，大英帝国才得以建立；而在任何其他基础上，英帝国都是无法维持的。[33]

贝尔福支持海军部的立场，其出发点是如果该原则被采纳，则"唯有军国主义者能从中有所收获"。在国际联盟本身足够强大，足以维持和平之前，"任何试图限制行使海权的尝试都只能加强大陆强权的相对实力"。[34]

根据帝国战争内阁的要求（11月20日），海军部以起草备忘录，以及给出口头声明的形式阐明了自身立场。此处引用备忘录中论证的关键部分章节："前述论证或许可总结如下，即在海上战争中，限制敌方海上贸易乃是最为关键的一部分行动；交战国利用中立国船舶或中立国港口继续进行贸易，有可能彻底规避海权的影响；因此，对任何被设计为保护那些协助交战国贸易的中立国的交战规则而言，一旦牵扯到关键问题，或敌对方海军处于就该规则彼此争议的立场，上述规则就会无可避免地被打破。"[35]口头声明则由海军部额外政务次官李顿勋爵（Lytton）①于12月24日给出。他在声明中强调：

……海军部的立场在很大程度上取决于"海上自由"这一概念的准确含义。如果这一概念指战时中立国贸易完全免遭交战国捕获或搜索，即在事实上等同于交战国贸易的自由，那么它就意味着我国制海权的瘫痪，难以想象我国能赞同这样的结论。如果这一要求被强加于我国，那么在战时，这将成为一条形同虚设的规则。在生死搏斗中，我国将不可避免地采取任何符合人性的手段。因

---

①译者注：此处应指第二任李顿伯爵，也就是九·一八事变后，国际联盟派出调查中国东北问题的"李顿调查团"主席，维克多·亚历山大·乔治·罗伯特·布尔沃－李顿，1916—1920年间曾在海军部工作。

此有必要对这一概念的阐述进行一定程度的修改，如此一来，对任何有价值的讨论而言，我们才能找到讨论的基础。他（李顿勋爵）认为这种讨论最可能发展为制定海上战争规则的尝试，从而将《巴黎公约》（Paris Convention，1865年）和《伦敦宣言》（London Declaration，1909年）的涵盖范围向着保护中立国的权益进一步发展。对于此类规则，海军方面的反对意见非常强烈，尤其是考虑到随着作战方式和条件的持续改变，任何此类规则都将迅速过时。然而，如果我们（英国方面）必须就此类规则进行讨论，我们便必须决定自己的立场：究竟是维护中立国权益，抑或维护交战国利益。海军部认为，我们的立场应是维护我国作为交战国的利益。然而，在未来的任何海上战争中，我国都可能需要为维护自身作为中立国的利益，从而向交战国施压，一如美国作为中立国时向我国施压的情形。此外，作为最后手段——两害相权取其轻之下——我国可能选择成为交战国之一。从另一方面讲，如果我国接受了一个可能妨碍本国在战时行使海权的立场，那么我们遭受的损失可能根本无法弥补。[36]

显然，英国绝对不可能接受一项可以使其海权优势化为乌有的原则：这项原则将剥夺该国海军长期以来一直被认可的交战权，即搜索并掠获战时禁运品。这也将否定并删除英国海军长期扮演的历史角色。劳合·乔治对于该原则的态度坚不可摧，他甚至做好准备（法国总理克莱蒙梭也是如此），宁可在美国退出的情况下把战争继续打下去，而非拱手让出实施海上封锁的权力——最后者正是他坚信的威尔逊和平纲领第二点的意旨所在。[37]以首相为首，战争内阁于10月26日做出决定："首相和贝尔福先生应向和会明确声明，我国绝不接受海上自由这一学说，且在我国加入和约谈判前，这一点必须以某种形式明确通知德方。"[38]英国方面决定采取的策略是通过从一开始就明确表示不会接受这一学说，从而阻止在和会期间讨论这一话题。这一立场为英国的欧洲盟友们所惊愕，并通知了美国总统威尔逊：如果在和会期间涉及"海上自由"问题，协约国方面对这一问题的态度将保留"完全自由"。劳合·乔治明确无疑地指出，英国人民不会容忍接受十四点和平纲领中的第二点——即使他个人接受，他亦会立即作为首相下台。的确，英国媒体的观点也几乎一样激烈地反对接受这一"自由"原则。

各报刊均宣称，如果接受了这一原则，那么英国的制海权在战时便将毫无价值；对于实施封锁或者威胁将这样做而言，这一点尤为明显（从非技术角度来说）。

起初，威尔逊仍然坚持必须接受十四点和平纲领中的第二点，并威胁称如果这一点未被接受，那么美国"将会打造一支我国资源所容许的最强大的海军"。[39] 这就是说，美国将如此行事，以保卫本国贸易。英美两国政府间随即展开了尖锐的讨论。结局便是由劳合·乔治提出的一项折中方案："海上自由"这一原则的含义及其运用将在和会上加以讨论。11月5日，威尔逊向德国政府发去一份通牒，这也是停战前他发往德国政府的最后一份。这份通牒称，由于观察到协约国方面各政府"必须指出，十四点和平纲领中的第二点，即通常被简称为'海上自由'的条款仍存在不同解释，且其中的某些解释前述政府无法接受。因此他们决定，在参加和会时，各国在这一点上保有完全的自由立场"。由此，英国政府认为在和会期间，他们将不再受十四点和平纲领中第二点的束缚；他们已经下定决心，在和会里仅仅对相关问题进行**讨论**。

巴黎和会期间，整个"海上自由"问题一直被搁置，尽管这一问题曾经恶化英美两国海军的关系，且对美国方面而言影响更深刻。至1919年4月底，很明显的是，这一问题甚至不会被提出讨论。此后，威尔逊总统在1919年9月19日于加利福尼亚州圣迭戈发表的一次演讲中，阐述了造成这一结果的原因：

> 我在前往巴黎时，最坚持的原则之一是海上自由。现在，海上自由意味着这样的明确定义——当其他国家处于战争状态时，中立国使用海洋的权力。但在国际联盟架构下，中立国是不存在的。因此，被我本人事后自嘲地称为"恶作剧"的是，它原本是我曾经大力鼓吹的原则，到头来，我自己却发现再无定义海上自由的必要……所有国家都将成为同志和伙伴，和衷共济。在使用大海一事上，所有国家享有平等权利。[40]

换言之，国际联盟这一理念实际上使得中立和中立国权力的概念过时了。

"海上自由"之争几乎在一瞬间向英国显示了美国在获取海上霸权一事上日

益明显的野心。与此同时，有关国际联盟的讨论似乎也指向了同一方向。

## 4. 国际联盟和限制军备

在威尔逊提出的十四点和平纲领中，最后一点便是国际联盟。格蒂斯相信，威尔逊总统"怀抱这样的想法，即以某种方式将英国海军的庞大实力与国际联盟相联系，从而消除（其他国家）对英国海军感到妒忌和愤怒的原因"。[41] 尽管美国海军内部对国际联盟的可行性和价值仍存在观点分歧，但其中较有影响力的一部分已经决定接受建立一支由国际联盟领导的永久性国际舰队的构想，当然前提是这支舰队不应由任何一个强国主导，这自然是针对英国。罗斯基尔上校曾声称，毫无疑问的是"美国海军高级将领从国际联盟这一提案中看到了如下可能，即一支国际联盟海军（League Navy）不仅可作为一种武器，以进一步推进他们所鼓吹的'世界第一海军'的构想，也可以作为阻止英国人继续获得海上绝对优势的方式"。[42] 美国海军此后完全放弃了建立国际联盟海军的构想，认为其毫不现实：一支国际联盟海军最终会导致"司空见惯的无常的矛盾"，其舰队指挥官无疑将遵循其母国的利益指挥作战；况且无论如何，英国都不会将其安全托付于一支国际联盟海军。于是，美国海军转而鼓吹建立一支根据国际协议组建的国家舰队，但这种舰队必须是临时性的。

海军部——尤其是维密斯——对国际联盟一事毫无信心。如果没有一支实际有效的部队支持国际联盟决议的实施，那么国际联盟的实际性质绝不会高于一个大型辩论社。而在建立一支真正有效的国际海军一事上，维密斯也看不到任何希望。"国际舰队只是在战争爆发后临时拼凑而成，这样一支舰队囿于其面临的困难和自身缺陷，很可能被一支规模仅有其一半，但训练有素、指挥得当的单一国家海军击败……"如果集结而成的国际舰队所辖各舰能一道工作训练，那么在海战中的协调问题亦可大为简化。换言之，英美两国应提供国际联盟所辖海军部队的大部，并在两国中选出舰队最高指挥官。然而，实际上维密斯认为完全不需要国际联盟这一机构，遑论国际海军舰队。大英帝国无法将自身安全放心地交给一个国际组织和一支国际舰队负责，这种安全必须由一支足够强大，足以保证战时帝国的海上交通线安全的舰队保障。[43] 几乎与此同时，海军部从更高的角度，对国际联盟这一构想进行了咒骂：

> 海军部无法忽视这样一种可能，即国际联盟在削减军备上的成功（据信这一目标的重要性与防止再出现战争一样重要）可能会拖延，而非加快成员国对于这些绑定盟约的立即采纳。在海军看来，当前列强之间存在的双边互信状态乃是构建维护和平的有效组织的先决条件，而在这种互信随着时间推移而逐步建立之前便成为讨论对象的盟约，反倒有可能阻碍互信的发展。海军部对英帝国的海上交通，以及其领土免遭来自海外的攻击一事负有明确责任。海军部认为（除非终有一天，国际联盟框架内的国际交往创造了新的国际环境），从任何角度看，这一责任都未曾有分毫减轻。除此之外，根据盟约约束，英国政府在某些场景下可能因自卫之外的动机加入战争；如此一来就无法对国际联盟其他成员在海军上的有效合作抱有全然的信心——这样的话，海军部所负的职责实际有增无减，而对海军所需实力的估量可能也会随之增加。作为世界最强海军，英国在这方面或许处于一个多少有些例外的地位；然而，鉴于类似的考量在各国普遍存在，因此一系列绑定盟约的存在就有可能导致其自身目标的失败。[44]

威尔逊提出的十四点和平纲领中，第四点规定"（应作出）足够的保证并加以履行，使各国军备水平削减至足以维持国内安全所需的最低标准"。不过，威尔逊从未就如何实施这一点提出任何进一步的专门提案。停战达成后两个月内，他便认定在和会期间就普遍性裁军达成协议一事尚不现实。他预测说，国际联盟日后将提出相应方案。美国海军当局一直认为裁军不现实，在这一点上，皇家海军亦有共识。海军部则顽固地从原则上反对限制军备。在下文引用的文档中，海军部这样强调了自身立场：

> （1）保有一支强大的英国海军完全是一种防御性的政策。因此，英国海军从未构成对世界和平的威胁……英国海军的存在完全是出于保护性目的，而且其实力从未强于实现这一目的所需。英帝国的地理分布使得其存续完全取决于海上交通线的维持，以及对其实施防御，以抵挡海外攻击的能力……

（2）英帝国的地理形势和经济状况堪称独一无二……没有任何一个国家能像英帝国那样宣称，海权对其存续而言不可或缺；而一旦失去海军，实际上就意味着其国民生计的断绝……

……海军部无法赞同任何有关事实上将导致从英国手中剥夺海军，并将其置于某种国际法庭的裁判下，且上述国际法庭有权决定保卫帝国所需的海军力量的裁军提案……

同时，海军部对削减世界海军总军备的希望抱有完全的理解。海军部所希望为英国海军保有的绝对优势纯粹是出于应对较有可能出现的情况这一需求，而应当保留的足够优势，绝对不是过于富余的实力优势。[45]

相应地，海军部还考虑了限制海军军备，以及确定海军相对实力标准的四条可能原则：也就是基于海外贸易总额、远洋商船总吨位、战前或现存海军实力，还有海岸线总长度。尽管上述任何一条原则都可能保障英国在海上的统治地位，但海军部依然认为全部四条原则"不合逻辑且困难重重，或是因种种理由难以实施"，并得出如下结论："任何希望就相对实力或对国家出自本能以及合理决心，对于判断如何以最佳方式实现自我保护上的自然表达进行限制，转而建立专断和人为的标准的尝试都将注定失败。"[46]

最终结果表明，海军部既未取得彻底的胜利，也未遭受完全的失败。不顾其海军顾问们的担忧，英国政府还是接受了国际联盟这一构想。国际联盟的盟约，或者说其章程（采纳于1919年4月28日）成了对德和约的第一部分内容。但其中并未提及任何形式的国际部队。尽管其中第十、第十一和第十六条设想了国际联盟成员遭受侵略或遭受侵略威胁时，即"任何战争或战争之威胁"，或"国际联盟任一成员不顾盟约第十二、第十三或第十五条（即国际仲裁相关条款）的规定，悍然诉诸战争"时，国际联盟应采取一致行动，但盟约中甚至都没有包含任何有关联盟陆军和海军参谋的条文。

尽管海军部对限制军备持反对态度，但这并未使英国首相在继续强调获胜列强需就军备达成谅解一事上有分毫气馁。英国代表团甚至做好了讨论限制海军这一议题的准备。在1919年3月10日与克莱蒙梭和豪斯上校的会议中，劳合·乔治谈到了有必要签订英美海军协定，以阻止双方在海军造舰计划上的竞争。列强能实现的最好方式是，首先，在《凡尔赛和约》中有关陆海空三军部分条款（和约的第五部分）的序言里作出如下声明："为使所有各国之军备可以普遍限制起见，德国允诺严格遵守下列陆军、海军及航空条款。"[①] 在 1919 年 6 月 16 日协约国方面就德国对和约条件观察评论的回复中，协约国方面声称有关陆军、海军和空军的条款乃是"迈向普遍削减和限制军备方向的第一步，协约国方面试图将此作为对再度发生战争一事最有效的防范手段，且将成为国际联盟成立后推动的首项工作"。国际联盟在限制军备这方面的工作定义于国际联盟章程的第八条中，该条文表达了对削减军备的真诚希望，也就是将军备削减至"适合保卫国家安全及共同履行国际义务的最少限度。行政院应在估计每一国家之地理形势及其特别状况下，准备此项减缩军备之计划，以便由各国政府予以考虑及施行"。这一条款（其中第二句的措辞稍微有所出入）最早在 1919 年 2 月 14 日提出的草案中出现。海军部亦加入其他武装部队行列，提出鉴于该条款的采纳"将导致性质如此重要的后果，其可能对本国和其他国家的利益严重不利"，要求对第八条给出更深入和更全面的考量。海军部认为：

　　有责任指出的是，在目前阶段，即国际联盟尚未建立起足以保卫其成员安全的力量之前，贸然引入限制军备的提案反而可能拖延，而非加快削减军备的进度。原因是采纳这一条款势必导致很多复杂和微妙的问题，而用以解决这些问题的手段最好留待建成安全和平的大环境后再展开。

　　此外，接受限制军备提案一事必然会引发严重的宪法性后果，而面对这种后果，海军部、陆军委员会（Army Council）和空军委员会（Air Council）又不可能在不提出最强烈抗议的前提下接受：这便是就废除宪法对三军所规定的义务，或者说是就海军、陆军和空军实力向政府提出建议。[47]

---

①译者注：即包括国际联盟盟约在内的《凡尔赛和约》第五部分。

在停战达成当月或者说之后两个月里，国际裁军一事一度在政府高层圈子内被认为已经确定。然而到 1919 年春，此事的前景却变得一如既往地相当渺茫。从任何方面看，这件事面临的相关问题都被认为无法解决，至少是在国际联盟成立前无法解决。至此，一度喧嚣的气氛已经消失，海军部可以静坐等待了。

若是比较海军部考量中各项事宜的重要性，国际海军舰队及海军裁军的分量几乎和对于美国和日本海军实力的考量相当；此外，就令人烦恼的程度而言，上述问题又与可能被列入和约条文的"海上自由"即将造成何种影响这一问题类似。整个停战期间，皇家海军最关心的问题是达成一份可明确保证削减德国海上力量的和约。对此问题的探讨将是本书下一章的主题。摆在海军部面前的主要障碍是威尔逊总统的海军顾问们所奉行的政策。美国海军顾问们的主要代言人是本森，他反对实际清除德国海上力量。其表面理由是此举将严重损害德国主权，甚至可能鼓动德国人在未来某个时候再次选择战争。实际上，本森希望将德国保留为一个拥有一定实力的海军强国，从而使其扮演一个英国海军平衡者的角色，并对后者施加限制性的影响。相反地，任何以削弱德国为代价，加强英国海上霸权的举动都将不利于美国海军利益。或许是因为深知威尔逊总统和美国和平事务专员（Peace Commissioner）对自身立场并不持同情态度，本森亦未对他的立场太过坚持。本书第十章将引出那些总会被理想主义者遗忘的教训，即每个国家都会将自身利益列在首位加以考虑，而将危害放在最后考虑。

### 有关相对海军实力的备注[48]

若是在就各国海军主力舰方面的相对实力进行统计时，不予考虑早于"猎神"级的战列舰（被列入 1909—1910 年造舰计划，于 1912 年建成）或别国海军中与此性能相当的战列舰，那么 1923—1924 年间的统计结果将如下列各表所示：

表 9-1:1923—1924 年间预计相对实力

| 国别 / 军舰类型 | 无畏型战列舰 | 战列巡洋舰 | 总计 |
|---|---|---|---|
| 英国 | 24 艘 | 6 艘 | 30 艘 |
| 美国 | 21 艘 | 6 艘 | 27 艘 |
| 法国 | 12 艘 | – | 12 艘 |
| 意大利, 1921 年 | 4 艘 | – | 4 艘 |
| 日本 | 8 艘 | 8 艘 | 16 艘 |

　　上述估计中包括美国已被国会批准的造舰计划，但未包括此时仍在构思和考察的造舰计划。后者一经采纳，就将使皇家海军的地位对英方而言更加令人不快。

表 9-2：相对实力对比，1919 年 1 月

| 国别 / 军舰类型 | 无畏型战列舰 | 战列巡洋舰 | 总计 |
|---|---|---|---|
| 英国 | 33 艘 | 9 艘 | 42 艘 |
| 美国 | 16 艘 | – | 16 艘 |
| 法国 | 7 艘 | – | 7 艘 |
| 意大利 | 5 艘 | – | 5 艘 |
| 日本 | 7 艘 [a] | 7 艘 [b] | 14 艘 |

a. 包括"萨摩"级，每舰装备4门12英寸（约合304.8毫米）火炮和12门10英寸（约合254毫米）火炮；

b. 其中3艘实为战斗力颇强的巡洋舰，各装备4门12英寸（约合304.8毫米）和8门8英寸（约合203.2毫米）火炮。[1]

---

　　①译者注：严格来说，"萨摩"级并非无畏型战列舰。该级舰原计划效仿"无畏"级理念，以4座双联装炮塔和4座单一火炮炮塔的方式装备12门12英寸（约合304.8毫米）主炮。然而一方面，日造12英寸（约合304.8毫米）火炮产能不足；另一方面，由此产生的造价过高，因此最终设计方案装备4门12英寸（约合304.8毫米）火炮和12门10英寸（约合254毫米）火炮。事实上，该级舰全12英寸（约合304.8毫米）主炮设计方案的诞生甚至早于"无畏"号。有观点认为，该级舰堪称性能最强的前无畏舰。该级舰中，"萨摩"号于1906年11月下水，"安芸"号于1907年4月下水，两舰此后都被用作靶船，于1924年被击沉。注释"b"所提及的巡洋舰似为"筑波"级装甲巡洋舰的幸存者"生驹"号，以及其改进型"伊吹"级装甲巡洋舰，后者又被称为"鞍马"级战列巡洋舰。"筑波"级装甲巡洋舰订购于日俄战争时期，原有4艘，装备4门沿中线以双联装炮塔形式布置的12英寸（约合304.8毫米）主炮和12门6英寸（约合152.4毫米）副炮。首舰"筑波"号1905年12月下水，1917年1月14日在横须贺湾发生发射药殉爆沉没，日本官方给出的理由是遭到破坏；二号舰"生驹"号1906年4月下水，后于1923年被拆解。"伊吹"号和"鞍马"号原作为"筑波"级的3号及4号舰，但在开工建造前接受了重新设计，将12门单装6英寸（约合152.4毫米）副炮更换为安装在4座双联装炮塔内的8英寸（约合203.2毫米）副炮。这自然导致了舰体的加大，以及主机功率的提高，由此被单独划分为"伊吹"级。该级舰的防护达到了战列舰水平，并承担着海战时加入战列线的任务。尽管"无敌"级战列巡洋舰的出现使得"伊吹"级立即过时，但两舰仍在1912被重新划分为战列巡洋舰。两舰后来均在1923年被拆解。

**表 9–3：预计相对实力列表，1923—1924，列入了已经铺设龙骨和批准建造的舰只**

| 国别 / 军舰类型 | 无畏型战列舰 | 战列巡洋舰 | 总计 |
| --- | --- | --- | --- |
| 英国 | 33 艘 | 10 艘 | 43 艘 |
| 美国 | 29 艘 | 6 艘 | 35 艘 |
| 法国 | 16 艘 | – | 16 艘 |
| 意大利 | 6 艘 | – | 6 艘 |
| 日本 | 11 艘 [a] | 11 艘 [b] | 22 艘 |

本表 "a" "b" 注释内容同上表。

# 对德海军协议

我（英国首相）所希望看到的是，所有德国舰艇都从斯卡帕湾被拖出，一直被拖曳至大西洋中央，最终四周环绕着协约国各国战舰，且各舰演奏着本国国歌的场景下，以一种炫耀的方式使全部德国舰艇选择自沉。

——劳合·乔治与乔纳森·丹尼尔斯的一次会谈，1919年4月初

## 1. 殖民地、基尔运河、赫尔戈兰、波罗的海和潜艇

自海军停战条件确定后，协约国海军理事会便宣告了其存在的终结。此后组建有一个协约国海军顾问委员会（Committee of Allied Naval Adviser），即海军和平条件委员会（Naval Peace Terms Committee），其成员包括维密斯、本森及其他早前协约国海军理事会的成员，他们的任务是起草和约中有关海军的条款。

除德国舰队的问题外，海军部主要关心如何处置德国殖民地，以及基尔运河与赫尔戈兰岛的状况。就上述问题，海军部在经过频繁的讨论和备忘录往来之后，于1919年1月起草了一些建议。在此过程中，贝蒂曾直接参与。海军部对于殖民地的处理最为关注。第一次世界大战期间，海军部起草并提交的首批"可能和平条件"便包括德国向协约国方面割让其所有海外领地，且注明这主要是出于"我方一个自私的预防措施，以削减可能的敌对海外海军基地数量，这些基地可以实现庇护潜艇等舰艇的功能，从而供其对我方航运进行绞杀"。[1] 在这一点上，海军部从未有过任何动摇，同时公众意愿也将强烈反对任何比此更宽松的条款。1919年1月，海军部在就政策的声明中给出强有力的论据，支持不向德国归还殖民地。该声明指出，世界贸易航线的安危在很大程度上取决于这一点。敌方水面破袭舰主要以德国本土港口为基地展开活动，该类舰艇先后击沉了总吨位达60万吨的船舶。如果这些破袭舰能够从德国的海外基地，例如

拉包尔（Rabaul，位于新几内亚）、达累斯萨拉姆（Dar-es-Salaam，位于德属东非）[1]和"Duala"[2]出发活动，则其战果必定会更加辉煌。对于协约国而言幸运的是，英国和日本在战争初期就夺取并占领了德国殖民地。[3]然而，在未来的战争中，协约国方面显然无法指望继续拥有这样的好运。

如果向德国交还其殖民地，那么我们将面对这样的麻烦，即不仅需要在本土水域保持足够的海军实力，其规模可参考此次战争；与此同时，我们还要分出若干分舰队以应对水面破袭舰；此外还需要在每一个大型殖民地港口建立庞大的反潜组织，其中需要包括巡逻舰艇、猎潜艇、飞机、水雷、反潜网等武器。为此将付出的开销，以及必须为本国储存可满足3~6个月需求的粮食和原材料，还有为确保各种反潜措施正常运转和派出远征舰队所需的时间，都将给本国的资源造成难以承受的压力。2

此外，经济和其他非战略性考虑因素当然也影响了英国政府的决策。

就确定不归还殖民地原则一事，举行于巴黎的谈判并未遇到多少困难。然而，一旦谈判涉及如何分配从德国夺取的殖民地，问题便随之产生。根据和约第一百一十九条，德国宣布放弃其殖民地，并转交列强。[4]四人委员会3于5月7日做出的决定，就原德国殖民地的托管问题在各国之间进行了划分，相应国家分别根据托管授权（参见国际联盟盟约第二十二条）对分配的殖民地实施行政管辖。德属东非和德属西南非被列为B类托管地，分别划归英国和南非联邦托管［卢旺达-乌隆地（Ruanda-Urundi）从原德属东非分出，后归为B类托管地/领地，被交由比利时托管］；多哥兰（Togoland）和喀麦隆由英法两国共同托管，英法两国此后将上述两殖民地分割，并归为B类领地。德国在太平洋上占据的岛屿被列为C类领地，其中位于赤道以北部分的岛屿均由日本托管；新西兰负责托

---

①译者注：今坦桑尼亚首都。

②译者注：似应为Douala，即杜阿拉，喀麦隆西部港口城市。

③译者注：日本抢占了德国在太平洋上的殖民地，另有部分德属殖民地被新西兰占领。

④译者注：《凡尔赛和约》第一百一十九条：德国将其海外属地所有之权利及所有权名义放弃，以与主要协约参战各国。

管德属萨摩亚；[①] 瑙鲁由英帝国托管（后划归澳大利亚托管）；德国其他位于赤道以南的领土均由澳大利亚托管。出于现实考虑，B、C 两类领地被定义为殖民领地。这与 A 类领地截然不同：该类领地位于中东，其最终的独立已在设想之中。

将基尔运河继续保留在德国手中将导致战略威胁：该运河的存在使公海舰队可同时威胁北海和波罗的海。战时，海军部偏好的解决方案是将基尔运河区国际化，其标准可参考苏伊士运河，其中所有的北海国家均享有控制权。彻底损毁该运河虽然被英方认为是最完美的方案，但实际上并不具有可行性，理由是"损毁一条具有可观商业价值的运河或许会被评价为野蛮行径；美国可能发起强烈抗议；就我国盟友而言，此举亦有可能影响我们的国际形象"。[4]

战争结束后，海军部重新审视了基尔运河问题。然而，没有人能就如何从德国手中抢夺这一宝贵资产提出任何可行建议。虽然存在把该运河转交丹麦的可能，此举将导致该国领土一直向南延伸至运河区。然而，丹麦方面对于上述领土没有提出任何要求。此外，一旦发生战争，德国显然能迅速收复上述领土。彻底摧毁该运河也没有意义——鉴于该运河对各国而言的商业价值，相应提案显然会被立即否决。海军部还考虑了其他可能：比如将运河国际化；运河自由化，但规定不得设防。最终，海军部认识到，如果德国被剥夺海军，而且就海军角度来说处于被阉割状态，那么基尔运河对德国的战略价值亦将不复存在。这也是海军部最终所采取立场的关键所在："在未来，基尔运河将永远以同等条件，向各国商业运输和战舰通行开放。"[5] 在接受了细微修改后，这一立场被纳入海军协定"初步条件"（Preliminary Terms）第二部分第四条，于 3 月 6 日供十人委员会讨论。本森并不赞同这一提案，其理由是该提案仅能被视为一项惩罚性措施。贝尔福从战略角度出发，对其进行了辩护。如果德国以当下条件保有基尔运河，"德国舰队的实力将翻倍，波罗的海将成为德国的内湖，瑞典、丹麦、芬兰、拉脱维亚和爱沙尼亚，乃至俄国的自由都会受到威胁，除非俄国能再度成为一大海军强国。由此，

---

①译者注：乌隆地为今日布隆迪的旧称，位于东非；多哥兰包括今日多哥和加纳一部分，其中法国托管部分成为多哥，英国托管部分加入加纳；德属萨摩亚为萨摩亚群岛西半部，后于1962年独立。该群岛东部仍为美属萨摩亚，为美国无建制领地。

从国际角度出发，这一问题非常重要。以纯战略的理由使用运河的做法必须加以限制，正如对使用巴拿马运河及苏伊士运河所施加的限制一样；对于这两条运河，我方提案中建议的条款实际已经生效"。美国国务卿兰辛（Lansing）[①]表示承认基尔运河对德国而言巨大的战略价值，但他认为通过摧毁运河区的要塞，并阻止德国再度在该地区建设要塞，便可实现协约国方面的目标。"此外，他未能看出为何其他国家的所有商船在通过基尔运河时都应获得特殊许可。而当别国商船使用位于美国的科德角运河（Cape Cod Canal）[②]时，就可能需要申请这种特殊许可。"显然，正是这种可能存在的先例让美国方面感到不安。劳合·乔治认为，在基尔运河采用已经运行于巴拿马运河和苏伊士运河的法规系统并无任何不公。"实际上，采用这些法规后造成的航运交通对德国港口而言将极其有利可图，而远非对德国不利或不公。"法国代表亦表示支持英方立场。然而，在豪斯上校的推动下，各方最终同意将基尔运河问题提交国际港口、航道和铁路委员会（International Ports, Waterways and Railways Commission）裁判。[6]最后，英国接受了较为缓和，但可能也比较含糊的条款（四人委员会于4月25日决定），这一条款后来构成了《凡尔赛和约》的第三百八十条："基尔运河及其入口均应永久开放，所有与德国和好各国之军舰、商船，一律平等自由出入。"

至于赫尔戈兰岛，该岛的存在使德国有能力在赫尔戈兰湾内保持有效的巡逻；而且对于尝试渗透入赫尔戈兰湾的英国水面舰艇而言，它会妨碍其行动自由。然而在战争进行期间，海军部并未决定应对其如何处理。另一方面，早在1916年，第三海务大臣（图多尔）和第四海务大臣（兰伯特），以及战列巡洋舰舰队指挥官（贝蒂）便强烈建议称，赫尔戈兰岛在平时应归英国所有。在图多尔看来，"我们最大的麻烦之一便是可供我们攻击的目标是如此之少。但如果我国掌握赫尔戈兰岛并对其实施要塞化，那么德国就只有两个选择：要么对其置之不理——如此一来，我们就获得了一个宝贵的前哨基地；要么向我们持续提供可供攻击的目标，且无疑会承受可观的损失"。贝蒂则从舰队角度出发，希望

---

①译者注：1917年11月日美关于中国的换文，即所谓《兰辛-石井协定》的当事人。

②译者注：科德角运河位于美国马萨诸塞州、大西洋西海岸，呈东北—西南走向，1914年时长约11公里。

掌管赫尔戈兰岛，"不仅仅是出于海军战略考量，更为重要的是，当我们在不久的将来考虑空中战略的需要时，可以将其用作立足点"。不过在另一方面，第一海务大臣（杰克逊）、第二海务大臣（高夫-考尔索普）、海军部战争总参谋长（奥利弗）及大舰队总指挥官（杰利科）都认为总体而言，占有赫尔戈兰岛将导致的弊端明显多于由此带来的好处。因此，尽管其承认一旦赫尔戈兰岛落入英国之手"将把我国的观测侦察基地向德国海岸前推300海里"，并成为"敌人眼中的一根刺"，但杰克逊仍然认为与此同时，赫尔戈兰岛会成为"我方非常巨大的焦虑来源"，因为对其实施防守将非常困难。杰利科则强调了一座由英国占据的赫尔戈兰岛"对我国而言会构成极其沉重的负担，并把整个舰队拖住，而且将舰队暴露于极大的危险之下（来自敌方水雷和潜艇），同时无法带来相应的好处。除非要塞化的赫尔戈兰岛足以完全实现自持，且完全不需要依靠舰队"——即无需向供应该岛的船只提供保护。[7]

战争结束后，海军部就赫尔戈兰岛问题进行了更详细的研究。他们考虑过如下五种方案：

（1）将赫尔戈兰岛转交国际联盟管辖，并在拆毁岛上所有防御性建筑后，由荷兰或丹麦托管。这一方案仅得到副第一海务大臣的支持，且他更偏好直接将该岛转让给丹麦的方案。海军部的反对意见主要是如果再次发起战争，德国就有可能夺回该岛。

（2）由英国占领赫尔戈兰岛。鉴于除非英国计划在该岛建成无法攻克的要塞，并保有相当强大的守备部队，否则该方案将导致过于困难的供应和防守问题，因此，这一方案没有得到任何人的支持。

（3）德国继续保有赫尔戈兰岛，但拆除所有防御工事。该方案将剥夺该岛的军事价值，这一价值主要体现于其坚不可摧的火炮防御工事。一旦上述工事被毁，那么岛上的港口便会相对而言无足轻重。

（4）德国继续保有赫尔戈兰岛，但岛上港口和所有防御工事均被摧毁。然而，对于该岛的要塞化可在相对短的时间内"拼凑"而成；而港口一旦也被破坏，那么将火炮运上该岛的困难就会极大地增加。

（5）德国继续保有赫尔戈兰岛，但将该岛夷平至高潮位高度。这一夷平工作乃是唯一可确保该岛未来不会再度被投入军事用途的方式。这也成了贝蒂、海军副总参谋长，以及助理海军总参谋长偏好的方案。

将赫尔戈兰岛归还英国 [1890 年，德国以桑给巴尔岛（Zanzibar）[①] 作为交换，从英国那里获得赫尔戈兰岛 ] 的方案则得到了海军部队的拥护。一位老水兵曾提出如下要求："那条疯狗狗窝的钥匙必须掌握在我们的口袋里，否则我们无从得知邪恶的野兽何时将再度狂犬病发作，接着发动攻击……"[8] 海军部委员会则倾向于一种在（4）号方案基础上稍作修改的方案：使用德国劳动力并由德国出资，摧毁赫尔戈兰岛上的防御工事和港口设施，而该岛的归属则留待和谈决定。这一方案在1919年2月底得到协约国方面，除本森外其他海军将领的赞同——杜纳岛（Düne Island）便会按这一方式进行处理。[②] 本森反对拆除赫尔戈兰岛上的港口设施。赫尔戈兰岛问题于3月6日转由十人委员会讨论，相应的条文则出自英国方面支持的提案："赫尔戈兰岛和杜纳岛上的工事、军事设施和港口应在协约国特使监督下，利用德国劳动力并由德国出资拆除，具体期限应由前述特使决定，但不应晚于本盟约签订后一年……上述岛屿的归属则应由和约最终条文决定。"[9] 劳合·乔治和维密斯陈述了其反对将该岛归还德国的理由，同时本森亦提出此前曾提出的保留意见。此次会议决定将赫尔戈兰岛相关条款留待之后考虑。

海军部并不打算背离其已经公开的立场，且得到了贝尔福的坚定支持。"总而言之，赫尔戈兰岛上港口的重要性取决于该岛的工事能赋予其何种程度的保护；而且，除非该岛被拆除至这样一种程度，即再也无法在岛上设立任何工事，否则就应该摧毁港口，以避免其对于一个富有侵略性的德国而言，再度成为一个刺激性的目标。"[10] 在四人委员会4月15日的会议上，正是贝尔福颇有说服力地为海军部拆毁赫尔戈兰岛的方案进行辩护，提出"显然我们无法让赫尔戈兰岛继续维

---

①译者注：桑给巴尔岛为今日坦桑尼亚一部分，与坦桑尼亚位于非洲大陆的部分隔海相望。

②译者注：杜纳岛为赫尔戈兰群岛中的一岛，请注意该群岛中的另一岛即为赫尔戈兰岛本岛。杜纳岛原与赫尔戈兰岛相连，但1721年的一场风暴将一部分沙丘与赫尔戈兰岛分隔开，该部沙丘因此得名"Düne"，音译为杜纳岛。

持其战前状态。对于所有在北海有利益存在的国家而言……该岛构成了一种威胁。战争期间，该岛是潜艇和布雷舰艇使用的一个防御森严的基地"等观点。威尔逊尽管仍未完全信服有必要摧毁赫尔戈兰岛的观点，但表示"如有绝对必要"，他将不会对此表示反对。尽管可能因为没有书记在场，当日并未正式就赫尔戈兰岛问题达成决定；但此后官方渠道（四人委员会，4月29日）宣称，相关决定于4月15日做出。《凡尔赛和约》第一百一十五条内容和3月6日十人委员会讨论的条款非常相似，从而展示了英国立场的再一次胜利："赫尔戈兰岛和杜纳两岛所有要塞、军事设备和港口，应在主要协约及参战各国政府监督下，以德国的人工及经费拆毁。拆毁期限由主要协约及参战各国政府决定……此种要塞、军事设备、港口，以及类似工程，此后德国不得重新构筑。"但德国获准保留该岛。

涉及有关德国的沿海防御设施的讨论时，美国对英国所持立场的反对愈加坚定。在3月6日提交十人委员会讨论的条文内容为海军部提案（本森和日本海军代表对此的保留意见亦被记录其中）："距离德国海岸线50公里以内，或位于德国近海的岛屿上的所有强化工事或要塞均应被解除武装，并且被拆除。禁止在上述范围内建造任何新工事。"美国方面的海军顾问参谋团对是否有必要让德国的海疆保持如此不设防的状态表示质疑，同时美国国务卿兰辛也在此次会议上对本国的立场进行辩护："……会议已经丧失理智……应允许德国实施自卫。"他的立场遭到了贝尔福的驳斥，后者认为作为讨论主题的海防工事"可被用作发起攻击性海上作战的中心"。在这一问题上，美国方面可获得的最有利结果便是3月17日的十人委员会相关决定（由劳合·乔治提议），即对工事进行一种表面上的分类，将其分为攻击性工事和防御性工事，分别进行处理。具体内容为："除第三十五条和第三十六条所涉及的工事 [ 相应条款分别为《凡尔赛和约》第一百一十五条和第一百九十五条，其内容包括摧毁赫尔戈兰岛和杜纳岛上的工事等设施，并且禁止北纬55°27′以南、北纬54°以北、以及东经9°（大致相当于库克斯港以东10英里处，约合16公里）以东、东经16°以西范围内存在工事；此外禁止设置足以威胁北海和波罗的海之间航路的火炮炮位 ]，所有现位于距德国海岸线不足50公里范围，或位于德国沿海岛屿上的强化工事或要塞均被认为是防御性设施，可保持现状。另外，上述范围内不得建造新的工事。"[11] 最终，有关工事问题的决定成为《凡尔赛和约》第一百九十六条，其内容如下：除赫尔戈兰岛和杜纳岛上的工事外，北海方向另外的所有工事均被认为是防御性设施，因此可保持现状。但德国在波罗的海方向上的工事应被拆除。本森不情愿地同意了这一决定，尽管该决定将导致德国舰队在波罗的海方向上无法获得安全的庇护所，因此在战时会被迫以北海为基地，这将有利于英国海军更加轻松地对付德国海军。此外，德国的波罗的海沿岸将对第一流的海军强权，比如英国来说近乎并未设防，后者因此可同时在北海和波罗的海展开作战。在海防工事这一点上，海军部的确干得漂亮。

停战协定第二十二条要求所有德国潜艇投降。此事导致了协约国内部严重的矛盾：英美为一方，法意为另一方，双方相持不下。英美两国认为最好设立国际公法，彻底废止潜艇。这一立场遭到协约国中拉丁系国家的反对。英国对于自身立场给出的理由是潜艇战尤其针对本国。无论是在协约国内部还是与中立国相比，英国因潜艇战蒙受的损失都是最惨重的，以至于该国一度接近战败。不管英国官方或是民间，这样一种感受可谓普遍存在，即潜艇并未被彻底击败，因此仍会构成对英国而言可能的危险来源。按照贝蒂的说法："一旦潜艇落入相对较弱的一方手中，那么这一方在战争中对于潜艇的应用便容易导致对文明世界法律和人道的违背……"[12]1919 年 1 月，海军部委员会决定争取"在国际公法及国际联盟的有效保证下，在世界范围内禁止未来继续建造潜艇，同时基本销毁现存潜艇"。如果无法实现，则"应当明确潜艇对商船实施攻击时应遵守与水面舰艇相同的交战法则"。[13]在这一点上，英国得到了美国的坚定支持。在表达对潜艇的反感态度时，丹尼尔斯的态度与英国任何海军将领一样激烈："我坚信当国际联盟成立后，所有潜艇都应被击沉，且任何国家都不应该再建造任何潜艇。该舰种最多不过是与匕首一样险恶的武器，而且和毒气类似，应当被排除在合法武器范围外。"[14]

然而，此时海军部大部分部门领导的意见已经不再倾向于彻底废除潜艇。导致这一立场改变的理由是海军造船部门所提出的论点，即这种禁止"无法实施"（事实上，要想发现某国的小型潜艇在建一事非常困难，此外战时肯定有一个甚至多个交战国会建造潜艇），以及允许建造潜艇可能带来的好处（如果己方建造的潜艇比潜在敌对国的型号性能更优越更"危险"，那么这同样有助于避免战争发生）。[15]另外，导致英国立场转变的其他原因中，更为重要的可能是法国对废除潜艇所持的反对态度。

1919 年 5 月 1 日，协约国各海军将领就禁止潜艇战问题进行了长时间讨论。德邦指出潜艇乃是弱势一方倾向使用的武器，而对其加以禁止的做法则来自可以从中获得好处的国家：那些拥有强大海军，并且富裕得足以建造和维持一支作战舰队的国家。此外，他还指出，某一国家以非人道的方式使用潜艇一事并不构成禁止一种武器的理由，何况在战争爆发前，所有人都认为使用潜艇交战完全合法。最后，法国民意调查显示，在经历了一场如此具有破坏性的战争后，同时在法国国会正就批准重建法国舰队一事进行讨论，尤其考虑到法国舰队的规模已大大缩小，而且没有任何补充时，该国反对一切对于军事武器 / 物资的拆解。法国海军部长声称："没有任何一种武器可被称为'奸诈'，只有使用武器的方式可能被称为'奸诈'。"总体而言，那些较弱的国家并不愿意放弃一种造价相对低廉，并在一定条件下展现其自身能与最大和最昂贵的重甲舰艇相匹敌能力的武器。

无论出于上述何种理由，到 1919 年春，海军部已不再谋求全面禁止潜艇。然而，在如何处理德国潜艇一事上，英国方面从未犹豫。

有关潜艇未来的问题很难与如何处置德国潜艇的问题相分割。按停战协定第二十二条规定，德国潜艇应向协约国方面投降。最终共有 176 艘德国潜艇投降。投降行动始于 1918 年 11 月 19 日，从当日起，德方潜艇分批前往哈里奇，抵达后各潜艇乘员返回本国。蒂利特不希望向一个已被击败的对手显露出任何洋洋自得的迹象，因此下令当德国潜艇经过哈里奇舰队各舰时，各舰应严格保持静默。到 1919 年新年来临时，已有 114 艘潜艇抵达英国。协约国海军停战专员（Allied Naval Armistice Commission）在 1918 年 12 月对德国诸港口的巡回走访中发现，仍有 64 艘潜艇处于可依靠自身动力或经拖曳出海的状态，另有 125 艘处于在建状态。这意味着德国仍然保留了相当数量的潜艇，可供其继续实施潜艇战。1 月 16 日停战延期时，协约国方面要求德国立即将所有可依靠自身动力或经拖曳出海的潜艇派往协约国港口。其他潜艇，包括处于建造状态的那些，则需将其尽数摧毁，且从此终止潜艇建造。

作为全面禁止潜艇这一"阴险"武器计划的一部分，海军部希望最终和约会规定在和约签署三个月内，摧毁所有已投降、在建、不能出海或在中立国接受拘禁的潜艇。此举将"防止大陆中央强权在不久的将来再度发起潜艇战；同时，该举动不仅会扫除协约国及其他参战国就分配上述潜艇时发生矛盾的可能，也可作为对敌人在战争中使用潜艇实施的种种暴行的一种审判"。[16]

在海军将领们于2月5日进行讨论之前，出于宣传目的，已有约40艘潜艇先后被分配给美国、法国、意大利和日本。1月21日，为缓解哈里奇港的拥挤状况，协约国最高战争理事会授权出售了超过80艘潜艇，但前提是这些潜艇会被拆解。出售潜艇所得将在协约国内部实施分配，各国分配数量会在此后决定。鉴于克莱蒙梭在得知这一授权后的呼吁（十人委员会2月6日会议），该授权被中止。不过，此时已有55艘潜艇先后被售出。截至当年4月，剩余的德国潜艇均已投降；当年3月，法国同意了接收一定数量潜艇。

2月5日海军和平条件委员会首次会议上，所有出席将领均未提出任何德国舰艇应加入协约国方面各国现有舰队一事。相反，与会将领们一致同意这些潜艇应"被摧毁或拆解"——这自然是英美立场的一次胜利。本森强调了"对整个世界而言，对潜艇所实施的彻底且立即的毁灭将在道德和心理两方面造成意义深远的积极影响"。[17]"被摧毁或拆解"这一观点意图缓和法国和意大利两国代表的意见，上述两国均从实际角度出发，看待这一问题。拆解潜艇将获得可观的利润，并为工人提供就业岗位。对于意大利而言，这一点尤为重要。最终，出现在初步和平条件里（第一部分，第三条），供十人委员会于3月6日商讨的相关条款内容如下：

（a）所有德国潜艇无一例外，所有潜艇打捞船只和服务潜艇的船坞（包括管形船坞在内）均应向协约国方面和美国投降。其中可依靠自身动力航行、或可被拖曳航行者应由德国自行送往协约国方面港口，并在那里被摧毁＊或拆解。

德国应通知所有相关中立国，授权将所有停留在中立国港口的德国潜艇送往协约国或美国。

（b）无法送往协约国方面港口的德国潜艇，以及那些仍在建造过程中的潜艇应在协约国和美国专员的监督下，由德国方面自行完全拆解。

上述潜艇的拆解应在自当前国际联盟盟约签署之日起，不超过3个月时间内完成。

（c）由协约国方面和美国指定的专员应负责监督此前停战条件的执行，决定哪些潜艇应自行或被拖曳前往协约国港口，哪些应由德国自行拆解。专员的决定应被严格执行。

此时，法国方面已经改变主意，德邦对上述条款中标有"＊"部分内容"持保留意见"（见原始会议纪要脚注）。由此，十人委员会决定暂时不就 3（a）条款做出决定，也就是对即将投降潜艇的处理方式展开进一步考虑。不过，规定了禁止在德国建造潜艇，或德国从外国收购潜艇一事的第 9 款第 I 项则被十人委员会接受。在四人委员会进行于 4 月 25 日的会议上，威尔逊表达了他对"所有潜艇"的反对态度，并表示"希望认定潜艇违背国际公法的时机已经成熟。在他看来，潜艇应被认定为非法"。劳合·乔治"并不认为海军必须得到潜艇的加强……他也希望摧毁所有德国潜艇"。然而，德邦则希望永久性保留 50 艘已经由法国看管的德国潜艇，作为对法国舰队的加强。这一立场亦得到克莱蒙梭的支持。面对这一异议，四人委员会同意就有关潜艇条款中的第二句进行修改，即删去"等待摧毁或拆解"；同时，各位海军将领会进一步考虑有关如何处理潜艇的问题。[18]海军将领们的报告于 5 月 7 日提交，其内容为："无论潜艇战的未来如何，我们认为在当前德国舰队的威胁已被消除，且普遍裁军已是众望所归的情况下，没有必要以分配德国潜艇的方式扩充各国的潜艇武装。"[19]德邦对此报告表示反对。直至和约条件最终版本起草时，这一争端仍未得到解决。

《凡尔赛和约》第一百八十八条要求所有可依靠其自身动力或经拖曳航行的潜艇，应在和约生效后一个月内向协约国方面投降。其余潜艇及尚在建造的潜艇则应在协约国方面的监督下，在三个月内由德国自行拆除。第一百九十一条禁止德国建造或从他处获得潜艇。然而，如何处置投降潜艇的问题依然悬而未决。仅法国坚持该国应获准，将部分投降的德国潜艇纳入本国舰队。这一问题直至 1919 年 12 月 2 日才最终尘埃落定。当天，由各代表团首脑构成的理事会［对德和约签订后的主要管理机构，即五巨头（the five Great Power）]①开会，法国最

---

①译者注：包括英、法、意、日、美五国，但美国参议院于 1920 年 3 月 19 日投票反对批准《凡尔赛和约》，因此，美国在后来并未加入国际联盟。

终获得如下判决：为补偿战争期间法国停止潜艇建造导致的损失，该国将接收10艘船况良好的潜艇；其他所有德国潜艇（包括43艘已因宣传目的分配的潜艇）均应于一年内，在协约国内部海军委员会（Inter-Allied Naval Commission）的监督下拆解。由此，之前为未分配潜艇定下的处理原则得以保留。

## 2. 对公海舰队的处理

在停战达成直至签订合约之间的时段里，亟待解决的问题中的一大难题便是德国水面舰艇的命运，无论其仍在德国手中或是在斯卡帕湾接受拘禁。1919年1月，海军部最终下定决心：如果希望彻底摧毁德国作为一个重要海军强国的能力，那么所有正在接受拘禁的舰船和剩余9艘无畏舰（实为8艘）均应向协约国方面投降，并在签订合约后三个月内沉没于深海。在中立国港口接受拘禁的舰船也应以类似方式处理。此外，一俟合约签订，需要尽快投降并沉没的还应包括那些尚未建成，但已经处于能够下水状态的舰船；不能下水的舰船则应在和约签订后三个月内，在协约国方面的监督下进行拆解。由此，剩余舰艇大多处于老旧过时或已经应该废弃的状态；德国可继续保有这些舰艇，以实施自卫和警察任务，但无法在波罗的海海域争夺海上霸权。海军部就推行这一政策的原因陈述如下："1. 削弱敌海军实力；2. 阻止敌国再次获得这些舰艇；3. 避免协约国和参战国之间就舰艇分配一事产生异议。"[20]

协约国海军将领们采纳了英国方面建议的实质精神。至于尚在德国人手中的舰艇，除前述8艘未交出的无畏舰外，还有8艘轻巡洋舰、42艘现代化驱逐舰、50艘现代化鱼雷艇需要自沉。未来的德国远洋舰队规模将被限制于6艘前无畏舰、6艘轻巡洋舰、12艘驱逐舰、12艘鱼雷艇这一范围内，且不得包括潜艇。德国新建舰艇则仅限于待上述单位到达特定舰龄（主力舰和轻巡洋舰为20年，驱逐舰和鱼雷艇为15年）后进行替换。各舰种的吨位限制如下：装甲舰艇1万吨，轻巡洋舰6000吨，驱逐舰800吨，鱼雷艇200吨。海军员额总数不得超过1.5万人。除上述海军条件外，协约国方面还添加了一条附注："本森将军不同意在最终签订合约后，仍对德国舰队施加除国际联盟规定外的限制。"[21]

十人委员会于3月6日批准上述海军条款：对未来德国海军的限制如上文

所述（最终构成《凡尔赛和约》第一百八十一条）；摧毁在建战舰（最终构成《凡尔赛和约》第一百八十六条）；以及建议应摧毁的舰艇向协约国投降，但"处理方式"有待此后决定（最终构成《凡尔赛和约》第一百八十四条和第一百八十五条，不过仍未提及究竟如何处理）；更换条件同上所述（构成《凡尔赛和约》第一百九十条）；德国海军员额总数如上所述（构成《凡尔赛和约》第一百八十三条）。

在意大利的支持下，法国鼓吹在协约国之间分配德国舰队，并提出了一些理由，主张法国在分配中应获得较大份额——分配比例应参照战争损失比例；另外还需考虑法国因集中于履行其陆军义务，因此不得不拖延本国的造舰计划。列强均可按照自己认为适当的方式处理各自分到的德国舰艇。法国希望通过将部分德国舰艇纳入本国舰队，并拆解其名下的其余德国舰艇，回收材料加以使用，从而补偿其战争损失。起初，法国并未对瓜分德国舰队一事表示任何兴趣；但在 1919 年 2 月，克莱蒙梭和法国海军部长莱格（Leygues）决定追求瓜分德国舰队，还打算将并不全心全意支持此举的本国海军总参谋长德邦裹挟进来。在 3 月 6 日的十人委员会会议上，莱格表示了对有关彻底毁灭投降舰艇条款的严重关切，并提议日后再单独决定应如何处理这些舰艇。鉴于意大利人也跳出来要求类似的权利（意大利方面更倾向于拆除舰艇，而非将其纳入本国海军），十人委员会决定推迟决议。

为引诱美国人同意削减其造舰计划，劳合·乔治试图利用本森担忧的一种可能，即英国方面或许会尝试将德国水面舰艇的绝大部分纳入皇家海军。在 3 月 7 日由劳合·乔治、豪斯和克莱蒙梭参与的一次秘密会议上，劳合·乔治表示他打算接受法国提出的瓜分要求。豪斯事后通过电报向威尔逊总统报告了自己的应对——他"告知乔治，美国永远不会同意英国如此大幅地加强其海军；如果此事成真，那么必然会引发英美两国在这 方面的对抗"。[22] 一项丢协由此决成："尽管将对德国舰队进行瓜分，但英国、美国和日本应保证会把各自分配到的舰艇沉没。"[23] 基于英美两国在未来不再针对彼此造舰，劳合·乔治同意了英美两国分别击沉各自分到的德国舰艇份额这一提案。"鉴于劳合·乔治威胁称，除非美国削减其海军造舰计划，否则英国不会击沉瓜分德国舰艇后己方分到的份额；而豪斯反过来威胁称，除非英国击沉其分配的份额，否则美国将扩大其造舰计划。因此，很明显的是，只要双方都相信对方确实被威胁，此前的非正式协定便仍然能被双方同时接受。"[24] 有关两国的谅解实际上未能解决任何问题。

抵达巴黎后（3月25日），丹尼尔斯便公布称，美国海军对瓜分德国舰艇中己方所获多少毫无兴趣，但并不反对其他海上列强依照其喜好进行瓜分。"这让我们的众多盟友大吃一惊，他们认为我真慷慨。"然而，此举与慷慨无关。丹尼尔斯确信"这些德国舰艇中任何一艘都无法融入我国海军组织，因此这与慷慨毫无关系，无非是对局势有所认识而已……德国舰艇与美国舰艇的建造方式和风格不同，所以对我们而言，其更像是一种负债而非资产"。[25] 在本森和海军顾问参谋团激烈地向自己表达他们的立场后，丹尼尔斯改变了主意。此后，他希望击沉所有德国舰艇，不再进行任何瓜分。相应理由正如其在致威尔逊总统的信中所言："真诚信奉削减军备一事的最切实证据，便是彻底消灭这一庞大舰队，相关行动必将令人印象深刻。"全部击沉将成为"对整个世界而言具有极大重要性的……道德课程"。[26] 丹尼尔斯的潜台词则是最为重要的考量，即如果这些舰艇未被摧毁，英国显然会获得其中最大份额，并因此有利于加强其海军霸权。根据海军顾问参谋团的估计，若瓜分德国舰队，那么英国可能获得10 ~ 20艘德国主力舰；而且无论以海上战事损失或贡献为标准进行分配，美国都可能无法获得任何主力舰。实际上，英国海军部基于战时损失准备的主力舰分配数目如下：英国获得13艘无畏型战列舰、4艘战列巡洋舰；法国获得4艘无畏型战列舰；意大利获得3艘无畏型战列舰；

战时海军中将罗杰·凯斯爵士
多佛尔海峡巡逻指挥官，1918年
（经帝国战争博物馆托管人许可，根据格林·菲尔波特绘制的肖像翻印）

日本获得 1 艘无畏型战列舰和 1 艘战列巡洋舰；美国获得数量为零。[27]

维密斯曾以下述方式总结英国在此问题上的立场："对于这些掠获品的瓜分显然存在明确而有分量的反对意见，对其实施瓜分将直接违背已被普遍接受的削减军备原则，对全世界而言亦无法构成良好的道德效果，甚至很可能在协约国内部因分配基础而造成不和……英美两国海军倾向于认为将其彻底击沉乃是迄今最令人满意的方案；无论对德国还是对全世界，此举都将产生良好的道德效果，且可以避免协约国内部发生不和的一切可能。"[28] 在这个问题上，劳合·乔治至少原则上完全赞同其海军顾问的意见。

和美国的情况类似，抛开道德作用方面的考量外，英国方面亦有其他重要考量。海军部自身对德国舰艇并无期望——英国不需要这些舰艇，而且要是对其进行改造以适应本国要求，那么相应的要价亦被他们认为会高得吓人——但他们也不愿看到任何一大海军强国的舰队得到加强。正如朗向德邦将军和莱格指出的那样，"如果美国决心推进其庞大的造舰计划，我国就必定重新考虑自身立场；如此一来，我国便有可能被迫对分配所得的德国舰艇按其设计目的进行使用。事实上，整个局势都将取决于美国方面如何行事"。[29] 此外，由海军参谋下属的作战计划处得出的分配数字显示了任何分配方案都固有的困难。若以战时海军损失为基础进行分配，那么相较按照法国方面的提案进行分配，即各国应获得舰艇以弥补战时各种原因无法扩充其海军实力导致的实力不足（也就是说分配应基于战时损失，加上执行平时造舰计划本应建成，但战时受种种因素影响而未能建成的舰只数额），前者显然对英国有利得多。[30] 法国方面当然偏爱他们自己提出的方案。维密斯的谆谆耐心遭到了法国方面的严重怀疑。"就我个人而言，我非常喜欢法国，但和法国人打交道实在太可怕了——他们贪婪得可怕，而且总是在疑神疑鬼……"[31]

海军部不仅需要与法国人搏斗，还需要说服呈家海军内部反对摧毁德国舰队的观点，而海军内持这一观点者不乏高层人士。麦登（大舰队副总指挥，自1919 年 4 月起任大西洋舰队总指挥官，该舰队即为新的英国主力舰队）便带头在海军内部，发起了一场要求按战争损失分配德国战舰的活动；若按该方案分配，英国无疑将获得最大份额。[32] 若是在正被拘禁的德国主力舰上加装作为防护鱼雷破坏措施的突出部，并加装英制指挥仪火控系统，这些军舰便能在数年内继续成为第一流的战舰；若是获得轻巡洋舰及驱逐舰和潜艇中的精华，那么自然不需要针对美国方面野心勃勃的造舰计划建造相应舰艇，且此举可使得英国以较少开销，继续保持相对所有国家的海上霸权。麦登还给出了希望获得德国战舰的另一个理由：英国海军可借此对德国战舰的防护及英国新式炮弹（"德雷尔的药丸"）进行测试，也就是将各级德舰中性能最佳者重新入役，然后在正常交战距离对其射击；同时，每一级德国战舰也应向与其类似的英国战舰进行射击，以测试德国弹药的性能和英国战舰的防护能力。这些试验无疑将耗费巨资，但可在未来为海军节省上百万镑资金，并使海军在消化了战争中得到的物质和战术两方面教训后，得出在未来应该怎样造舰的经验。麦登坚持认为（3月28日），美国方面倾向于彻底摧毁德国舰艇的理由是这有助于其"在最短的时间内，成为首要的海上强国"。在他看来，唯有当美国同意取消或修改其新造舰计划，并停止与英国就海上霸权展开竞争后，才可以接受对德国水面舰艇的击沉或拆解。[33]

　　贝蒂则对麦登观点中有关海上霸权的方面表示"完全赞同"。"如果我们试图避免在不久的未来发起规模庞大的造舰计划，与此同时又实现与美国的抗衡，那么就有必要追求以协约国各方蒙受的海军损失为基础，瓜分德国舰艇。这一瓜分方案将使我国度过今后几年的困难时期，同时集中精力于训练人员，以及开发新舰种。"[34] 麦登也获得了来自海军部委员会和海军参谋的有力支持 [ 包括海军副总参谋长、作战计划处处长、作战处处长（本土海域），依次为弗格森、富勒和庞德[①]]，更不用提保守派报刊及钢铁贸易组织提供的支持。《每日邮报》曾建议称（刊登于3月1日刊），在根据协约国战时损失对德国舰队实施瓜分后，若英国希望如此，它当然可以把分得的舰艇沉没，但更明智的做法是将其拆解：这不仅能产生工作岗位，而且不会浪费舰艇上的钢材。颇具影响力的《陆海军记录》则表达了如下观点（3月13日刊）："但事实上，我们自己对这些舰艇并无期望一事，并不能构成我们应当阻止盟友们分得德国舰艇的理由。"

---

　　①译者注：庞德即为第二次世界大战期间的第一海务大臣达德利·庞德。

海军中将萨默赛特·高夫－考尔索普爵士
地中海总指挥官，1917—1919
（经帝国战争博物馆托管人许可，根据菲利普·康纳德绘制的肖像翻印）

海军上将刘易斯·贝利爵士
爱尔兰海军站指挥官，1915—1919
（照片由拉斐特公司拍摄）

　　当然，海军部的立场在海军部队和国内也获得了相当的支持。例如比尔斯福德就坚决认为，对于德国战列舰，应首先从中拆下有价值的金属，然后将其沉没于大西洋中央。"如果在协约国内部对其实施瓜分，那么必然会在德国埋下仇恨和激愤的种子，一如阿尔萨斯—洛林的损失在法国人心中留下的影响一样 ①。"[35] 自由派报刊也认为，相比在协约国内部进行瓜分，彻底击沉德国舰艇是更为理想的方案。《每日新闻》（Daily News）曾宣称（2月26日刊）："（瓜分德国舰艇的）唯一后果便是让我国纳税人承担起维护相应的更庞大舰队的负担，而又无法获得明显的收益；作为眼下所有人都在讨论的裁军的初步行动……就让这些战舰被拆解，实现其商业价值，按着再进行分配吧。"在《曼彻斯特卫报》的想象中（3月10日刊），真相乃是"海军部希望通过彻底消灭德国海军，从而

---

　　①译者注：普法战争之后，新生的德意志第二帝国从法国割走了阿尔萨斯—洛林地区。此举固然有防务上的考量，但它不仅在法国引发了仇恨心理，即使在德国国内也存在不少反对意见。

降低整个世界范围内海军军备水平，并认为将其沉没乃是实现消灭的最可靠手段。这一目的颇为正当……"

当发现美国无意放弃其构建一支"50 对 50"海军，也就是与英国海军实力相当的海军相关构想后，海军部的立场动摇了。若美国坚持执行其庞大的造舰计划，海军部便打算重新考虑其立场。最终，政治考量——即有必要维护英美关系和谐，以及不愿做任何可能导致与美国的海军竞赛这一意义深远的考量，毕竟在这种海军竞赛中，英国永无获胜希望——占了上风，海军部决定不改变其此前已经公布的立场，也就是更偏向于将所有德国舰艇沉没。美国决定放弃其第二个造舰计划（即 1918 年造舰计划）一事或许对此决定亦有影响。

与此同时，法国人方面的问题依然存在，他们可不会轻易被说服。举行于 4 月 25 日的一次四人委员会会议上，本森将军迫切要求就处理公海舰队舰艇一事做出明确决定，以防签订和约时仍然存在误解。本森个人的立场非常直白："除将其击沉外，其他任何决定都会导致各国军备增加。"此时，劳合·乔治再度利用了美国方面对如果采用瓜分方案，英国不会击沉其分配到的主力舰的担忧。鉴于就处理公海舰队舰艇问题的讨论可迁延一至两天，他建议和约中仅需声明德国舰艇需要向协约国方面投降。德邦将军重申了法国立场，其关键点在于："尽管不怀任何侵略性欲望，但法国不愿意放弃任何可弥补其损失的机会。"劳合·乔治对法国的立场表示同情。他认为："法国应获得部分舰艇，并自沉本国舰队中相应数量的旧式舰艇；若法国不愿自沉，亦可对其实施拆解……"在这一连串钩心斗角中，威尔逊能取得的最大成果不过是达成下述协议，即如果德国提出如何处理舰艇这一问题，协约国方面应向其保证，处理方案将在和约签订前确定。[36]

对于公海舰队的处理问题从此被搁置。就此问题，协约国方面无论在海军将领层面，还是在政客层面都无法达成一致。僵局一直持续至 6 月，此时"四巨头"甚至已经不愿就此问题进行进一步讨论。维密斯曾向副第一海务大臣作出如下坦率的表达："你我都知道，若获得任何一艘德国舰艇，此事将带来怎样的麻烦；且你我同样深知，我们希望看到这些舰艇沉没。但我的确认为在谈判中，它们堪称一种抵押物。"[37]直到 6 月 28 日和约在凡尔赛签署，协约国方面仍然未就处理方案做出最终决定。但在此时，局势已经发生了惊人且戏剧性的变化。

# 诸神的黄昏
## （1919年6月21日）

（参见战场形势图 B：斯卡帕湾自沉事件，1919 年 6 月 21 日，第 263 页）

对于德国舰队在斯卡帕湾沉没一事，我表示由衷庆祝……由投降一事带来的玷污已经从德国舰队的盾形徽章上一扫而空。舰艇沉没一事证明，舰队的志气尚未消磨殆尽。舰队给出的这最终一击堪称德国海军优良传统的最佳体现。

——舍尔海军上将，接受美国报纸采访时宣称，刊登于《泰晤士报》，

1919 年 7 月 1 日刊

……这一行动堪称愚蠢但狡诈，亦透露出了力不从心的傲慢。

——《泰晤士报》，1919 年 6 月 23 日刊

忠诚于其"安全第一"的格言，德国水兵直至确定对他们的人员风险最低时才对其名誉扫地的舰队实施了自沉……如果有头脑的德国人能从其舰队的结局中找出任何值得骄傲的理由，那便是作为一个民族，他们可能比我们想象的更堕落。

——《陆海军记录》，1919 年 7 月 2 日刊

## 1. 拘禁

1918 年 11 月 22 日，协约国方面开始对拘禁在福斯湾的德国舰艇展开调查，以确定各舰上均未携带弹药。此后，各舰分批前往斯卡帕湾，并先后于 11 月 25 日和 27 日抵达，分别停泊于指定泊位。驱逐舰和其他小型舰艇成对地停泊在位于霍伊岛和法拉岛（Fara）① 之间的格特沙洲（Gutter Sound）；战列舰和巡洋舰

---

① 译者注：位于霍伊岛以东。

则停泊于卡瓦岛（Cava）<sup>①</sup>北侧和西侧水域。遭受拘禁的德国舰队规模为 11 艘战列舰、5 艘战列巡洋舰、8 艘轻巡洋舰和 50 艘驱逐舰。抵达斯卡帕湾后，它们得到的首道正式命令便是拆除各舰上的无线电设备，并通过拆除火炮炮闩的方式使火炮失能。之后，随着同舰抵达斯卡帕湾的各舰乘员逐渐返回德国，各舰上的人数也不断减少。抵达时，每艘战列舰上约有 400 名官兵，其他各类军舰上官兵数量也大致与各自额定乘员成比例，总计约 4700 人。最终仅保留执行养护任务所需的人员后，各舰留有的官兵人数从主力舰上的 175 ~ 200 人到每艘驱逐舰上留有 20 人不等。按照德方指挥官冯·罗伊特海军少将的要求，德方在 1919 年 6 月 17 日实施了最后一次人员削减，共撤出约 2200 名本国海军官兵。至此，每艘主力舰上仅保留约 140 人，其他各舰种上的官兵数量大致与此比例相当，剩余的官兵总计约 1800 人。

德国舰队内部的状况可以说是士气完全溃散，这一情绪早在 11 月 21 日便已出现。一位在战列舰"拿骚"号上服役的水兵曾对此情况进行简单的概括："那一天里隐藏了整个海上历史中最耻辱的种子。德国舰队自愿投降。"<sup>1</sup> 拘禁中出现的四个严重问题更是恶化了士气涣散的程度，它们分别是：（1）军纪。德国官兵中的军纪几乎荡然无存，军官实际上已无任何权威。"军官发出的所有命令都将首先由水兵们自发组成的委员会进行考虑和副署，然后才会被执行。且这一方式已被认为是常态。"<sup>2</sup> 诸如四处闲逛、当着德国军官的面吸烟，以及迟到等违纪行为在德国水兵中司空见惯。一位英国军官曾在拘禁开始最初几天内前往德国舰队公干，返回时他表示因自己的所见所闻而感到极其沮丧："有关纪律和战斗力的迹象都已荡然无存。住舱甲板污秽不堪，狼藉程度令人吃惊，当我们的人登舰时，德国军官们纷纷因羞耻感而沉默寡言。"<sup>3</sup>（2）食物。这一方面的供给每个月会从德国送来两次。尽管食物的数量充足，但其内容非常单调，且质量不高（其中包括大量白兰地酒）。鉴于德国国内的情况，这一点本在意料之中，然而这并不能使食物的情况更容易被官兵们忍受。在海上捕捉的鱼和海鸥构成

---

①译者注：位于霍伊岛以东，法拉岛以北。

了他们对食物的补充。鉴于有时甚至会因分配补给而引发打斗，英国方面不得不亲自监督分配过程。（3）娱乐。德国水兵们有大量时间处于无所事事的状态，但除了钓鱼，他们几乎没有其他打发时间的方式。尽管德国方面常常请求批准让水兵上岸，但英国当局从未同意此类请求，即使是登临斯卡帕湾内的岩石岛屿，或者前往姊妹舰只串门，乃至仅仅以任何形式交流都一律遭到禁止。英国官兵（除下文提到的例外）也不准前往德国舰只。桑德森曾在一封家书中写道（1919 年 1 月 26 日）："我们被禁止与德国船只进行任何交流。对待他们的方式就如对待麻风病人那样。当然，鉴于他们从事战争的方式，这倒是他们应得的。"导致英国方面采取如此严厉的禁止联谊政策的主要原因，或许是英方担心德国舰队中已经颇为猖獗的颠覆倾向也会感染皇家海军。然而，英国当局实际上无法阻止两国水兵之间的一系列联系。例如易货贸易便存在于双方之间，德国方面用烈酒（皇家海军在斯卡帕湾地区不供应酒精饮料）、个人财物（如照相机或望远镜）、包括铁十字勋章和德国舰船部件在内的纪念品，同英国方面交换食物及其他日常用品，比如香烟和肥皂。（4）迟缓的邮政业务和某些舰艇上难以言传的猥琐行径同样无助于振奋士气。

海军中尉安德鲁·耶茨曾于 5 月 11 日写道："大型舰艇上的水兵们已经没有任何活力。他们堪称我所见过最浑浑噩噩的一帮人。我不认为他们愿意主动做任何事。驱逐舰上的水兵们则仍然颇具攻击性，军官们的言行依然带有普鲁士风格。"耶茨曾因表演扳腿的滑稽把戏为人所知，他曾在战列舰"皇帝"号的后甲板上请求该舰的乐队为他演奏一首《仇恨之歌》（The Hymn of Hate）。关于对方的反应，他回忆称："他们告诉我，鉴于上帝和英格兰已经给予了他们如此沉痛的'斥责'，他们现在已经不再演奏《上帝斥责英格兰》（Gott strafe England）了。"

对于被拘禁舰艇的管理通过冯·罗伊特少将进行，后者的将旗飘扬在"腓特烈大帝"号上（日德兰海战期间，他曾指挥公海舰队第 4 侦察群）。他负责指挥德国舰队遵从停战协定中的海军条款，以及贝蒂和麦登向其下达的命令。冯·罗伊特获准访问其麾下各舰，并发布任何通信；但仅可因必要和紧急的事件实施，且这种通信仅能通过一艘供其使用的英国漂网渔船进行。他还获准偶尔会晤自己的参谋军官，以便安排遣返官兵回国事宜。德国舰艇之间的通信通常仅依靠目视方式，而非人员接触方式进行。仅在特殊情况下，且在提前获得英国现地舰队最高军官的批准后，德国舰艇上的高级军官方可搭乘三艘英国籍"联络拖网渔船"之一，前往另一艘舰艇。英国看守舰艇和德国人之间唯一的定期交流便是，每天均有一名来自英国旗舰的参谋军官拜访冯·罗伊特少将，询问他是否有任何请求或抱怨。除此之外，除了少数高级军官之间的会议、医疗官和牧师在必要情况下的访问，以及英国籍导航军官登舰以便移动脱锚的德国战舰的位置等情况，英德双方高层之间只会进行书面联络。冯·罗伊特与负责看管的英国海军将领之间的一切必要联络，都会通过与冯·罗伊特座舰并舷停靠的一艘漂网渔船进行。这艘漂网渔船还负责收集和分发信件。

最初负责看管被拘禁德国舰队的单位，是由帕肯汉姆海军上将指挥的战列巡洋舰舰队。当年11月，奥利弗接替帕肯汉姆，其本人又被凯斯于1919年3月21日接替。此时，战列巡洋舰舰队已经更名为战列巡洋舰中队——其规模下降为一个中队，下辖"狮"号、"声望"号、"大公主"号和"虎"号。5月1日，由海军中将亚瑟·莱韦森（Arthur Leveson）爵士指挥的大西洋舰队第2战列舰中队接手了看管德国舰艇的任务；同月18日，负责看管的单位又更换为大西洋舰队第1战列舰中队，其指挥官为海军中将悉尼·弗里曼特尔爵士（旗舰为"复仇"号）。武装拖网渔船和漂网渔船在锚地内巡逻，它们奉命监视德国舰艇动向，一旦发现其有下沉或沉没迹象，就必须立即报告。此时，英国方面已对德国舰艇可能实施自沉一事有所警觉。尽管在当时看来，此事发生的概率很小。

冯·罗伊特堪称一名理想囚犯——此人性格直率，在所有方面都乐于合作，并且准确执行下达给他的任何命令。弗里曼特尔曾经写道："冯·罗伊特身处一个极不令人艳羡的地位，因为他负责对这些由兵变水兵们驾驭的舰艇实施名义上的指挥。这让人很难不对他产生相当的同情之感。[4] 我们规定的种种限制使得他几乎没有机会对麾下舰艇行使指挥权，同时德方希望从我方获得任何协助的请求都必须通过他传达。他是个容易打交道且相当通情达理的人，也是个守信用的人。除了一次重要事件外，他从未有意违背停战条款。"冯·罗伊特表现得如此合作，以至于他的看守们似乎都认为无须担忧。德国官兵们唯一一次不适当行为发生在5月31日，即日德兰海战三周年之际。当天，部分德国舰艇（根据位置进行推断，应是德国战列巡洋舰）发射了红色和白色的维利焰火，同时

"塞德利茨"号、"毛奇"号和大部分驱逐舰都使用德国国旗和红旗进行了装点。这一行为的动机之一无疑是让英方感到烦恼。弗里曼特尔遂下令，规定德国国旗和红旗均不得悬挂在可从舰体外部观测到的位置，还下令德方不得装点舰船。在进行了短时间的武力示威后，德国方面执行了上述命令。弗里曼特尔总结称："不过，总体而言，德国方面表现出了以顺从和平静的态度接受他们的命运，但直至最终都带有一定不满情绪。"

由于德国舰艇缺乏足够的燃料，无法在北海中远航，因此并不存在其起锚返航的风险。可能的危险则是德方违背停战协定第三十一条实施自沉，该条内容规定"禁止对船只……进行任何破坏"。[①]对此，英方应当如何防范？只要德国方面仍然继续遵守停战协定相关规定，英方就无权在德国舰艇上设置警卫。在担任执行看管任务的舰队指挥官期间，奥利弗坚信德国人会耍一些花招。由此，他制定了一份计划，即派遣武装登舰队搭乘拖网渔船，于天明时分与德国舰艇并舷停靠，然后逮捕舰上所有官兵，并将其送往位于尼格（Nigg）的一座空兵营看管，该地位于克罗默蒂湾（Cromarty Firth）[②]北岸。继贝蒂出任舰队总指挥官之后，麦登批准了这一方案，但海军部对此毫无兴趣。奥利弗的继任者凯斯则提出一个以奇袭方式夺取德国舰艇的方案，并计划一旦收到命令就立即执行。当时，英方预计和约条件将要求德国舰艇立即投降，因此凯斯可能会收到相应命令。凯斯的继任者莱韦森建议在和约签字即将进行时发起颠覆行动，并将所有德国官兵送往尼格关押。对于该建议，海军部再次置若罔闻——可能是因为当时海军部无人看家——维密斯和霍普常常滞留巴黎，以便对和约中有关海军的条款进行讨论。

弗里曼特尔曾这样写道：直至德国代表被要求在和约上签字的最后时刻之前，我都不担心德国官兵会做出严重违反停战协定条款的行为。

不过，我的确担忧德国方面可能在下列两个-时间段之-对其舰船造成破坏；

---

① 译者注：《对德停战协定》第三十一条具体文本如下：在撤退、移交和归还之前，禁止对船只和物资进行任何破坏。

② 译者注：克罗默蒂湾为默里湾的一支，位于苏格兰东北部，距离斯卡帕湾约100公里。

（1）若德国方面签署和约，则是在和约签署后至德国官兵被遣返回国之间；

（2）若德国方面未签署和约，则是在我可确保这些舰艇投降之前。[5]

让弗里曼特尔感到惊讶的是，他此后并未就停战期结束后应如何处理被拘禁德国舰只及其乘员一事，从麦登或海军部那里收到任何指示；而按照此前约定，停战期中止时间应与签订和约的时间相同：后一个时间已经确定，为6月21日中午。[6]鉴于预计到时候的处理方案将包括要求被拘禁舰艇投降，并意识到冯·罗伊特极有可能命令德方各舰抢先自沉，弗里曼特尔在6月16日向麦登提交了一份有关从己方战列舰上抽调大量部队，在6月21—22日夜间发动突袭，夺取被拘禁各舰的方案。弗里曼特尔事后表示，登舰队"将负责禁闭所有德国官兵，并在各舰上展开搜查，寻找一切有关为自沉做准备的迹象，并尽可能保证各舰处于漂浮状态"。麦登于19日批准这一计划。

## 2. 自沉

对于只要政治局势许可，便集结整个大西洋舰队（下辖两个战列舰中队和一个战列巡洋舰中队）进行一次巡航一事，麦登期盼已久。鉴于在这一巡航期间，执行若干小规模演练和训练的机会有限；而对于达到完整的战斗力而言，此类训练和演练又不可或缺，因此弗里曼特尔决定自行完成这些项目。至6月下旬，第1战列舰中队已经完成绝大多数科目，仅剩一项，即大群驱逐舰于昼间对编队状态的战列舰中队实施攻击尚未完成。进行该项目需要良好天气条件，否则难以在波涛汹涌的海上回收练习用鱼雷。此前，该项演练已因恶劣天气两次推迟。6月20日夜，天气预报显示明日天气良好，适合展开训练，弗里曼特尔遂命令麾下战列舰中队于次日晨出海。然而，他并未因此放松警惕。前一日晚间，他已经从一份报刊声明中得知停战的中止时间将延长至23日上午10时（实际上，在6月20日下午5时，四人委员会于巴黎便已授权在停战期中止之后夺取德国舰艇，此时确定的停战期中止时间为6月23日下午7时）。弗里曼特尔并未从海军部接收到对此变动的任何确认信息，但他假设的是变动消息为真。因此，他计划于23日返回斯卡帕湾，并于当晚展开夺取德国舰艇的行动。

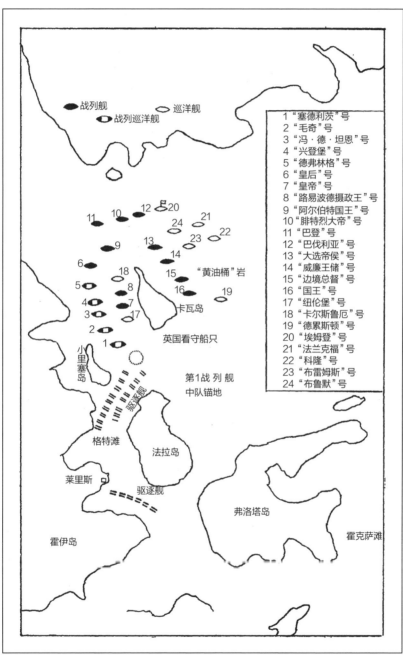

战场形势图 B: 斯卡帕湾自沉事件，1919年6月21日

出航之前，弗里曼特尔向冯·罗伊特少将非正式地通知了停战期限延长一事。后者在之后声称自己直到 21 日晚，才收到这一消息。鉴于冯·罗伊特于 21 日上午 10 时下达自沉的命令，而原先的停战期限被设定为当天中午，因此这完全是诡辩。按照他以战俘身份在"复仇"号上对弗里曼特尔所作陈述，在这个宿命般的 6 月 21 日周六早晨，他曾读到一份英国报纸，上面刊载着原有海军方面条件不变的消息。因此，一方面由于并未得知在和约上签字的最后期限已经延长，另一方面由于相信停战将在当天中午结束，此后协约国阵营会继续与德国处于敌对状态，并展开夺取被拘禁舰只的行动，他才下令各舰自沉，以防其落入协约国敌人之手。他还表示，即使英国战列舰中队在港，自己也将下达这一命令。

然而，这并非全部的事实。早在 1919 年 1 月，冯·罗伊特就已经向其参谋长提及向整个舰队下令，实施自沉的想法。[7] 不过，直到 5 月 11 日通过报纸得知协约国方面已于当月 7 日在凡尔赛向德国提出的和平条件具体内容，他才真正思考了和平条件对海军的影响，并着手制订麾下各舰自沉的详细计划。[8] 那么，他执行自沉计划之举是否曾获得德国政府或海军当局的影响、鼓励或命令呢？答案为"是和否"。根据雷德尔（Reader）海军上将[①]的官方说法，德国海军司令部总参谋长冯·特罗塔"曾私底下再三向冯·罗伊特少将的参谋长、初级上校（即海军中校）奥尔德科普（Oldekop）嘱托，称应当不惜一切代价实现各舰自沉。这一重要信息通过负责维持冯·罗伊特少将和德国方面联系的公文递送船指挥官、初级上校夸特 - 法斯勒姆（Quaet-Faslem）告知了少将"。[9] 我们还知道的是，冯·特罗塔曾于 5 月 9 日致信冯·罗伊特，前者在信中含蓄地请求后者实施自沉。

从报刊新闻和英国上院的言论看来，我们的对手似乎正考虑在和平结束后，从我们手中夺取被拘禁舰艇一事。对于这些舰艇的具体处理方式，他们仍然在将其摧毁抑或在他们之间进行瓜分两者中踌躇不决……这一敌对性质的意图无

---

① 译者注 20 世纪 30 年代直至二战期间的 1943 年 1 月，雷德尔曾任德国海军管理局局长和德国海军总司令。

疑违反了迄今为止德国方面对这些舰艇无可争议的所有权……你可以放心，我们在凡尔赛的海军代表们将会把尽一切手段保护受监禁舰艇的命运，并取得一个符合我们传统和德国明确权利的结果一事视为其清晰无误的职责。在这一点上，第一个条件便是这些舰艇仍属于德国……它们向敌人投降一事无疑是不可设想的。[10]

冯·罗伊特在事后有意地独立承担了一切责任，在此，笔者无意怀疑他的诚实。我相信，自沉这一构想最早就来自他本人。在德意志第二帝国海军的军官中，宁可对公海舰队实施自沉，也不能将其转交给德国的敌人这一想法广为流传，因此我们很难想象冯·罗伊特做出这一决定还需要任何教唆或鼓励，遑论命令。因为坚信任何德国政府都不会在《凡尔赛和约》上签字，而拒绝签字又将导致战争状态的恢复，他自然会准备在规定签字的最后期限当天实施自沉。

自沉的命令按照一份精心准备的计划得以执行。由于按照英国方面的规定，除特殊情况外，英方不得登上德国舰只，因此在德方为实施自沉做准备的过程中，冯·罗伊特没有遭遇任何困难。他成功地让这一命令传达到麾下每一艘舰艇的舰长手中。整个自沉计划早在一个月前就已经完成。在其 6 月 17 日的命令中，冯·罗伊特少将确认了一旦人员削减实施，则各舰应尽一切可能确保在他发出执行自沉的信号时，均能立即采取相应行动。各舰上所有舰体内部的水密舱门、舱口盖板、通风开口、舷窗在任何时候都应该保持开启状态。每艘舰艇的指挥官均可自行决定是否需要采取额外措施，例如清理水下鱼雷发射管舱门，仅保留一颗紧固螺栓固定，打开冷凝器，打开海水注入系统中的几乎所有阀门（仅保持其中一个处于关闭状态）——简而言之，尽可能使每一艘舰艇变得"不水密"。此外，德国方面还就自沉开始后官兵的迅速撤离，以及如何迅速将少将的命令传达至各舰准备了相应方案。整个方案以娴熟而秘密的方式完成了相应准备。6 月间，人员削减一事反而简化了冯·罗伊特所面临的困难：他可以将那些被认为不可靠，或是可能阻止自沉方案实施的人列入遣返名单。

冯·罗伊特下达于 6 月 17 日的命令中，第 5 段内容如下："仅在下述情况之一发生时实施自沉：（a）英方试图强行干预；（b）从我处收到特别命令。"第 11 段内容如下："我打算仅在敌方未经我国政府批准的前提下，试图夺取舰艇时实施自沉。如果我国政府在和平条件中同意各舰投降，则各舰会被移交给敌方，这将导致那些让我们沦入如此境地的人永远蒙羞。"[11]

6月18日，冯·罗伊特向其麾下的各舰指挥官下达书面命令（经由转送信件的英国籍漂网渔船传达），要求各舰在他发布行动信号时，已为实施自沉做好一切准备。这一信号大约发布于6月21日上午11时20分（之前在上午10时发布了第一道信号，要求各舰做好准备，等待正式自沉的信号。11时20分的信号即是承接这一信号）。表面看来，这是一道完全没有恶意的信号旗信令，但冯·罗伊特在6月17日的命令中就已经规定暗号："致所有舰艇舰长及鱼雷艇（即驱逐舰）指挥官。今日日期第11段。确认。被拘禁中队指挥官。"此命令要求各舰立即实施自沉行动。鉴于德国海军少将享有向其麾下各舰发布信令的特权，因此这一举动并未引发英方的怀疑。随着冯·罗伊特所下达命令的传递而导致的异常信号活动也未能引起英方警觉。各艘德国舰艇上，乘员们打开了通海旋塞、水密舱门等设施。直至中午前后，英方才发现反常迹象，此时他们观察到"腓特烈大帝"号已经出现严重的右倾（该舰约在中午12时16分沉没，是第一艘沉没的德国舰艇）。当正午钟声敲响时，每艘德国舰艇都在主桅上升起了德国国旗。秘密已经泄露；显然，一些异常事件正在进行。

此时弗里曼特尔又在何处？当天上午9时，第1战列舰中队（下辖5艘战列舰和9艘驱逐舰）起锚驶出港口，前往距离港口约8海里的彭特兰海峡。留在港内看管德国舰艇的英国海军力量仅为2艘驱逐舰（其中1艘发生故障）、1艘驱逐舰供应舰及若干拖网渔船和漂网渔船。起锚时，"复仇"号收到了发自冯·罗伊特的一条消息。直至战列舰中队出发后，弗里曼特尔才读到该消息的译稿。冯·罗伊特要求立即将该消息转交德国的海军当局，其内容如下："通过英国报纸，我今日察觉到，在德国的反建议中，政府打算利用被拘禁舰艇作为交易对象。然而，即便今日的经济困难是如此严重，我的爱国之心和荣誉感仍无法同意政府如此对待被拘禁的德国舰队。在这一点上，我确信自己可以获得被拘禁德国中队全体军官的支持。因此，我要求对和平条件进行新的修改；此举若不可行，那就要求本国海军当局确保我们所有军官和士兵在投降前被解职。"[12] 有人或许会认为，这一重要信息可能导致弗里曼特尔取消原定演练计划，并加速返航。但他并未做此决定：他准备按计划完成演练，等返回港口后再处理这一问题。事实上，他没有从中看到任何值得自己焦虑的理由。冯·罗伊特不会违反停战协定的规定：因为他在此前表现得如此乐于合作。事后，麦登澄清了弗里曼特尔在处理此事上的责任："我并不认为从冯·罗伊特将军处发来的消息……需要第1战列舰中队的中将指挥官在自己心中引起任何怀疑，抑或引出取消演练的必要。"[13]

当弗里曼特尔于下午12时20分收到从担负看管任务的驱逐舰之一发来的紧急无线电报时，演练中的首次驱逐舰攻击已经完成，且各驱逐舰正在回收训练用鱼雷。该电报内容为："德国战列舰正在下沉。"不久之后，斯卡帕海军基地指挥官亦发来电报："德国舰艇正在下沉，部分已经沉没。"弗里曼特尔当即取消演练（12时35分），并率队全速返回斯卡帕湾。第1分队于下午2时30分在斯卡帕湾下锚，第2分队则是于下午4时下锚。途中，海军部亦发来指示，要求弗里曼特尔麾下各舰采用一切手段阻止德国舰艇下沉；若有可能，便对尚处于漂浮状态者实施冲滩。

执行看守任务的舰只和其他小型舰艇从各自基地匆忙赶到，尽管它们竭尽

海军上将戴维·贝蒂爵士
摄于公海舰队举行投降仪式期间，1918年11月21日
（照片出自影像照片协会）

围观投降仪式的英国水兵
（照片出自《星球报》，1918年12月7日刊）

自沉于斯卡帕湾的德国战列舰"巴伐利亚"号
（经帝国战争博物馆托管人许可，根据照片翻印）

在斯卡帕湾中沉没的德国驱逐舰。照片中 G101~104 号中的一艘仍系泊于浮标上
（经海军中将弗雷德里希·鲁格允许，根据照片翻印）

捕鲸船"拉姆那"号 * 停泊于自沉的德国战列巡洋舰"毛奇"号的装甲带上，摄于斯卡帕湾
（经帝国战争博物馆托管人许可，根据照片翻印）

---

　　* "拉姆那"号当时被归类为警戒拖网渔船，尽管该船实际为捕鲸船。"毛奇"号在下沉过程中出现侧倾。自沉事件次日海水高潮时分前后，"拉姆那"号无意间滑上了"毛奇"号的舷侧船体，且这一状况一直未被发现。因此退潮时，该船不出意料地依然停留在"毛奇"号的船体上，脱离了水面！

所能，却还是无法阻止或拖延德国舰艇的下沉。等到弗里曼特尔亲自赶到现场（下午 2 时 30 分），只有那些大型舰只仍处于漂浮状态。映入第 1 战列舰中队官兵眼帘的是一幅可怕而奇异的景象：大小舰艇均处于下沉的不同阶段，某些舰艇的舰艉几乎已经垂直立于水面之上。一名目击了这一场景的德国驱逐舰军官曾在事后写道："这堪称一幅不可思议的景象。各舰艇散布在广阔的海湾中，分别处于下沉的不同阶段……到处都是小艇、捕鲸艇和救生艇，官兵们或是正在登船，或是已经驾驶着它们驶离或漂离现场。承担看守任务的英国驱逐舰和漂网渔船来回奔波，用哨音发出紧急警报。其间甚至能听到开火声。"[14]点缀着这一画面的是爆炸产生的水柱，以及大型舰只下沉时出现的大片油迹。其间还发生了一些滑稽的插曲，例如一名德国军官坚持举行一个适当的仪式，才能交出他的佩剑。

如前所述，英国舰艇曾为阻止德国舰艇无可避免的沉没做出不顾一切且长时间的努力，然而这种努力注定会失败。德国舰队中大多数舰艇都沉没了。一切在下午 5 时宣告结束：40 万吨金属和价值 7000 万英镑的机械沉入了斯卡帕湾的海底。16 艘德国主力舰中，共有 15 艘沉没。唯有德国最新的战列舰"巴登"号（Baden）固执地拒绝沉没：该舰以浸满水的状态搁浅，后被起浮。8 艘轻巡洋舰中，有 4 艘沉没；"埃姆登"号、"法兰克福"号、"布雷姆斯"号和"纽伦堡"号坐沉。50 艘驱逐舰中，有 32 艘沉没，14 艘搁浅，另有 4 艘以部分进水状态保持漂浮。整个自沉行动中，德国方面的人员损失为 10 死 16 伤——所有伤亡均发生于英国舰艇向德国舰艇开火，以阻止仍在舰上的德国官兵放下各舰小艇逃生过程中，此举的目的是督促德国官兵放弃自沉行为。其中，有一名死者是战列舰"边境总督"号的舰长舒曼（Schumann）中校，他因为拒绝执行英方登舰队的命令而遭射击身亡。[15]英方打捞起了所有搭乘救生船只或仍在水中的德国官兵，并将其作为战俘看管。无人遭到枪决。当时，一位在场的英国军官记录道："德国人全都带着一种非常好斗的脾气登舰，尤其是军官，他们双手插兜，以最粗野的方式懒洋洋地溜达。这当然不被我方允许。因此，鱼雷少校和我站在合适的位置，并且逐一纠正了他们缺乏礼貌的行为，之后才让他们继续前进。"

下午 4 时许，冯·罗伊特被带上"复仇"号。弗里曼特尔事后陈述称："我按照正常方式亲自接见了他，但没有向其作出正常情况下一名外国籍海军将官应受的敬礼；然后告诉他，鉴于他下达自沉令的时间比原定停战中止时间早了两小时，而且可能比此前已经正式通知他的最终中止日期提前大约 48 小时，因此在我看来，自沉命令违反了德国政府已经签署的停战协定。[16] 于是，我认为这一奸诈行为有罪。当然，我无法阻止自己对冯·罗伊特抱有同情之心——即使违背其本人意愿地被安排到这么一个极其令人不快且惹人反感的职位上，他依然保持着尊严。"当天下午晚些时候，德国官兵就会被送往因弗戈登（Invergordon），当地附近位于尼格的一个陆军战俘营已经准备妥当，即将接收这些德国官兵（约有 1800 人，分别搭乘 5 艘战列舰）。出发之前，弗里曼特尔发布了一份一般性命令，向德国官兵宣布，鉴于他们违反了停战协定相关规定，因此将被作为战俘对待。他无视了冯·罗伊特对此提出的抗议。22 日晨，弗里曼特尔将这些俘房转交给因弗戈登的陆军当局。但此事发生前，在旗舰"复仇"号的后甲板上，还会出现一件戏剧性的事情。在向冯·罗伊特及其参谋（弗里曼特尔的德国口译者负责当场翻译）进行了一番演讲后，弗里曼特尔的愤怒得到些许发泄。当时，他的脸上浮现出些许轻蔑之色：

冯·罗伊特少将，在我就阁下违背普遍荣誉规则及所有国家水兵们通行的荣誉传统一事，向阁下表达我本人对此违背方式的感受前，我不允许阁下和阁下的军官脱离皇家海军羁押。

在停战仍正常生效期间，阁下曾通过在被拘禁舰只上悬挂德国旗帜，并遂行自沉进而将其摧毁的方式，不经事先通知而重启敌对状态。

阁下曾告知我的口译员，阁下认为停战期已经结束。

但阁下没有任何理由作出上述假设。

阁下应当由我告知停战中止，以及贵国代表是否签署和约的消息。

事实上，一俟我从我国政府处接到官方告示，我就已经把即将交予阁下并完成上述告知的信准备就绪。信件已经起草完毕，并已经签字。

此外，难道阁下认为存在这样一种可能，即我的中队在停战中止时仍会离港外出吗？

阁下的行为再度增添了德国违背信仰和荣誉的罪证，而这种行为已经使德国在战争中犯下无数罪行。

德国以违背军事荣誉的方式入侵比利时，因此以违背海军荣誉的方式结束战争倒也公平。

阁下已经证明了少数人持有的怀疑，即字面上的新德国并不比老德国更值得信任。

我并不清楚你的国家将对你的行为作何感想。

以上就是我仅能表达的感受。同时我坚信，这一感受不仅将为英国海军附和，也将得到除贵国外所有国家水手的赞同。

现在，我将把阁下以战俘，并负有断然违背停战协定之罪者的双重身份移交给英国陆军当局。

弗里曼特尔事后回忆道："他们面无表情地站在那里，在我简短的演讲结束后，仅仅碰了碰他们的脚跟致意，然后一言不发地沿舷梯而下。"[17]

海军部一度考虑过召开军事法庭，根据《领土保卫法案》[①]对冯·罗伊特进行审判。当舰队的军法官（Judge Advocate）给出裁决，称海军部无法如此审判后，该部又打算在民事法庭上对冯·罗伊特进行审判，罪名为（实施）不法行为。检察官（Law Officer）显然也否决了这一可能。

回顾此事，我们可以发现弗里曼特尔并不是一位能力非常出众，且受到幸运之神垂青的舰队指挥官。换作其他同类军官，比如亚历山大-辛克莱尔[②]就可能会找到充足理由，于关键时刻（即6月21日）保持在港。然而，即使弗里曼特尔所率的中队在港，该部也无法起到遏止冯·罗伊特或德国官兵的作用。一旦德方官兵开始自沉，英方便很难找出阻止冯·罗伊特完成其计划，且避免德国舰艇沉没的办法。德国方面为实施自沉所做的准备非常彻底，而英方人员又无权

---

①译者注：1914年8月8日，即第一次世界大战爆发四天后通过的法案。该法案向英国政府授予了战争期间的广泛权力，包括征用建筑和土地及审查等权力，以防英国遭受入侵，并保持国内的民心士气。

②译者注：日德兰海战时任第1轻巡洋舰中队指挥官。5月31日下午14时许，该部在发现一艘丹麦货轮并前去进行例行搜查时，发现了公海舰队的先头部队。亚历山大-辛克莱尔遂发出"敌舰在望"的信号，并首先向德国驱逐舰开火，打响了日德兰海战的第一炮。

登舰展开定期检查。因此，即使当日英方能够在发现德方舰艇的下沉迹象已经颇为明显后，及时派出登舰队进行干预，笔者亦对他们是否能够及时完成必需的行动，"拯救"大部分德国舰船一事表示怀疑。要想达成上述目标，便意味着登舰队需要努力拯救那些他们实际上对其内部结构和布置一无所知的舰船。在此前便被打开以供海水涌入的阀门被关闭前，登舰队首先必须找出这些阀门的位置！哪怕登舰队以"强硬手段"行事，用手枪迫使德国官兵来到甲板以下实施操作，笔者也很怀疑在有限的时间内，即使德国人自己都难以足够快地取消他们此前通过精心努力所获的"成果"。例如事后调查就发现，至少在某些最终免于沉没命运的舰船上，一些重要的水密舱门已经被严密捆扎，以确保其处于打开状态。事实上，由于沉没一艘舰船仅需要极短的时间，因此，一旦德国官兵开始执行他们将军下达的打开通海旋塞的任务，自沉的任务便可以说已经完成。以"伊丽莎白女王"号为例，根据英方自身的估计，该舰从收到打开通海旋塞的命令开始计算，仅需 25 分钟至 1 小时时间即可实现自沉。"腓特烈大帝"号在冯·罗伊特发表命令 50 分钟后便告沉没。"对于一艘舰船而言，只要进水时间超过上述时间的一半，便很可能已经无法挽救。"即使留在港内，恐怕弗里曼特尔最多也只能做到让大量舰只及时冲滩搁浅。

麦登"深信除直接夺取德国舰艇，并撤走所有该国船员外，其他任何办法都不能完全保证德国舰艇的安全。事后看来，当初英国人理应提前采取这一行动；一旦冯·罗伊特得知无论德国政府是否在合约上签字，德国都会失去这支舰队，他必然不会无动于衷。正是那时（17 日，周二），他就已经决定采取行动，或已经收到命令并奉命行动"。[18] 致命的错误显然是停战协定条文中作出规定，德国舰只在接受拘禁期间，仍由其本国船员留在舰上负责日常操作，而非要求舰只直接投降，就像对德国潜艇所提的要求那样。麦登和弗里曼特尔已经采取了他们可以想象的一切预防措施，以保证被拘禁舰只的安全，唯一没有采取的便是在各舰上布置警卫，或是对这些舰只实施定期检查。然而，在各舰上永久性布置警卫实际与直接夺舰无异：根据国际法相关规定，"拘禁"意味着对舰船以适当方式处理，以防其采取任何敌对行为，但除此之外不得干涉其行动自由。换言之，拘禁意味着德国方面有权照看其所辖舰艇，亦使得英方在德国舰艇上布置警卫的做法非法。值得一提的是，定期检查同样无法防止德国舰艇自沉。

此后，弗里曼特尔一直未曾就此事从其总指挥官处，或是海军部那里收到任何批评、认同或斥责，尽管海军部曾"非常确信如果德国方面下定决心实施自沉，那么我方事前无法做任何准备，以免此事发生"。[19]他此后的升迁亦未受到影响，且继续担任着重要职务。

在对英方可能采取的预防措施进行讨论后，现在笔者将再次回到之前的叙事上。23 日，麦登愤怒地向海军部发电，提出德国方面应当因此受到如下惩罚：仅允许该国保留 2 艘轻巡洋舰、6 艘驱逐舰和 6 艘鱼雷艇；在德国低级海军官兵完成对斯卡帕湾的清理之前，冯·罗伊特和被拘禁各舰上的官兵均应继续作为战俘关押；若此后发现冯·罗伊特奉德国当局命令实施自沉，则应以占领赫尔戈兰岛和博尔库姆岛（Borkum）①作为报复。就第三种惩罚而言，后一座岛屿最终还可以考虑割让给荷兰。

23 日一早，四人委员会就德国舰队自沉一事开会商议。会议决定，法学专家应于当天准备文本，"陈述协约国和参战国可根据哪些法学原理采取行动"；同时指示协约国海军将领们就德国仍保有的舰艇给出报告，并指出其中哪些或全部适用于要求投降以顶替已沉没的德国舰艇。当天晚些时候，法学顾问团体所准备的文本出炉，其内容直言不讳地宣称：摧毁德国舰船的行为明显违反了停战协定第二十三款，从而使协约国方面有权索取赔款；并有权在军事法庭上，向此事件中负有责任者发起诉讼。同日下午，海军将领们在法国海军部举行会议，会后按照四人委员会要求提交了德国舰艇列表，并指出除列入 1908—1909年造舰计划的 5 艘现代化轻巡洋舰、14 艘驱逐舰及 8 艘鱼雷艇外，列表上的其他舰艇（包括 21 艘前无畏舰、15 艘轻巡洋舰、3 艘巡洋舰、59 艘驱逐舰、64艘鱼雷艇和 8 艘岸防舰只）的军事价值都极低或为零，只适合拿来拆解。由此，海军将领们提议，"若确实需要采取惩罚措施"，那就应当要求列表上的全部舰只投降。即使这些舰只"完全不足以补偿已沉没舰只造成的损失"。[20]6 月 25 日，在致德国和谈代表团的一封信中，协约国方面援引了停战协定第二十三款和第

---

① 译者注：位于德国西北部，临近德国与荷兰陆上国境线的一座岛屿。

三十一款，严正谴责德国方面对其内容的违反，并警告德国政府"一俟调查结束，无论其结果如何，该国政府都需要支付必要的赔偿"。[21] 德国政府则于 27 日声称，其并未下令实施自沉，且事前对自沉一事毫不知情。

大体而言，美国方面对自沉事件的反应是"不错的解脱"。至于英国方面，保守派报刊大为愤怒。自沉事件被指责为"卑鄙可耻""可鄙的"和"无耻"的行为，但确实是种与德国人相称的举动——此举再次证明了德国人低劣而奸诈的品格。"从此次有意藐视庄严的道义约定的事件中，我们唯一可以看出的便是一种将相应约定'视若废纸'的气质，这种不变的气质将永远成为德国鬼子身上的烙印"（《每日快报》6 月 23 日刊）；"德国人有一种天赋，能在适当的时候提醒我们其性格中根深蒂固的背叛心"[《帕尔默尔公报》（*Pall Mall Gazette*），6 月 23 日刊]。该公报还尖锐地呼吁应就此事对德国征收罚金，赔偿金额应与沉没舰只的价值相当，从而使德国人"明确知晓背叛约定的代价"。《每日邮报》（6 月 23 日刊）的观点与此相同。《笨拙》（7 月 2 日刊）则刊登了一幅画，题为"完美'一日'的终结"（The End of a Perfect 'Tag'）；画中描绘的各艘舰艇正在下沉，同时旗舰打出如下旗号："德国希望所有人今日恪尽卑劣。"① 《晨邮报》（*The Morning Post*，6 月 24 日刊）和《星期六评论》（*Saturday Review*，6 月 28 日刊）则对其他问题表示了抨击。前者认为负责起草停战协定中海军条款的人士忽视了"基础常识。除了蠢货之外，任何人都能看出让德国舰艇继续留在德国人手中的危险性"。《星期六评论》对此表示赞同，但其批判更进一步："自沉一事……遭到了如此激愤的公开谴责，但在我们看来，这似乎是整场战争期间德国人做的唯一一件有胆识而且正当的事情。若英国舰只在德国港口接受拘禁，那么英国水兵们一定会做出相同举动。"尽管如此，英国实际遭受的损失可谓相当轻微："这些舰船对我国而言毫无用处；甚至当局也一筹莫展，不知对其应该如何处理。"这同样是有关英国海军对此事所持立场的正确写照，尽管仍有部分军官，如里奇蒙德向皇家海军发泄了怒火："现在，一整个轮回完成了；海军在

---

① 译者注：原文为 Germany expects that every man this day will do the dirty，此处显然化用了纳尔逊勋爵在特拉法尔加海战前打出的著名信号旗：England expects that every man will do his duty，即"英格兰希望所有人恪尽职守"。

战争结束时就如开始时那样毫无防备。就在我们的眼鼻子底下，德国人居然能完成对其舰艇的自沉，而这仅仅是因为我们完全缺乏想象力，且完全没有就防止他们实施自沉做出任何防备。"[22]

自由派媒体这边，《每日纪事报》（*Daily Chronicle*，6 月 23 日刊）表示了"极大的愤慨"，并宣称英国完全有权判处实施自沉的德国官兵长期劳役拘禁。《新政治家》（*New Statesman*，6 月 28 日刊）则表示自沉事件是"对于信用的明显破坏"。不过，其他的自由派报刊将德国舰队的自我终结视为一件好事：他们一直希望把这些舰船击沉，且此举无疑将和会争论的焦点问题之一化为了无形。

6 月 24 日，针对议会下院此前提出的质疑，朗就"拘禁"和"投降"两个概念的区别给出了明确解释。协约国政府采取"拘禁"这一方式的决定实际使得英国舰队毫无可能防范德国舰队自沉的发生。"如德国舰艇投降，则它们将转由其拘禁所在港口的所属国负责控制，随后该所属国会通过本国军官，保障上述舰艇的安全。但事实上，鉴于它们仅是被拘禁，因此德国方面有权在舰上设置自己的警卫……对我国海军部而言，除正式方式外，其甚至没有登舰的权力，同时无权在前述舰艇上安排警卫。自沉的动作实践起来非常简单，仅包括打开通海旋塞，且可在任何时间实施。"朗拒绝就英国政府是否曾要求这些舰艇投降，但被威尔逊否决一事作出答复。海务大臣这一断然声明证明了海军部在此事上的无辜，同时缓解了公众情绪。媒体和国会就此事对海军部的批评戛然而止。

英吉利海峡的另一边，公众情绪一开始同样很激愤——但原因不同。以克莱蒙梭为首，法国方面曾因假想中英国方面松懈的安全保卫措施而愤愤不平。法意两国的报刊上甚至出现过一些令人不快的说法，指责英国政府可能参与了自沉事件，作为避免分配德国舰只，导致英国海上霸权被削弱的一种狡猾手段。这种暗示——或者说指控是否确有实据？肯沃西少校（但他的意见最多能作为一个不完全可靠的信息源）认为有。在此之后，他曾这样写道：

得知法国和意大利将坚持获得德国舰只作为战利品……以及美国方面会支持这一要求以削弱英国在海上的优势，从而通过外交手段削弱英国后，英国海军部就以下意见达成了共识：应让柏林的德国海军部，还有名义上在斯卡帕湾指挥公海舰队的德国海军将领得知这一情况。由此,英国人向德国人放出信号,暗示英方将对一支勇于选择对海军实施自我摧毁,而非选择投降并作为战利品,进而蒙受被两支从未在战场上相见的拉丁国家海军瓜分之辱的敌人表示同情。对德国人来说更糟糕的是,即使是此前一直作为内陆国家的波兰和塞尔维亚,竟然也有资格分得一些他们战痕累累的骄傲战舰作为战利品。[23]

对于这一明确论断,肯沃西少校从未给出任何证据,事实上也不存在相应证据。乔弗里·库赞曾指出:

以下中肯的问题从未得到令人满意的答复:

1. 为何当日所有可用的舰只都会出海,从而导致斯卡帕湾没有配置适当的"守卫力量"?

2. 为何弗里曼特尔当天会选择出海进行鱼雷演练,而非在斯卡帕湾内进行?毕竟在斯卡帕湾内,回收这些珍贵的训练用鱼雷更为容易。

3. 为何弗里曼特尔麾下的舰船要深入到北海如此遥远的海域,进行上述鱼雷演练?

4. 为何没有通过官方渠道,告知冯·罗伊特停战期限已经延长一事?

5. 如果弗里曼特尔怀疑德国方面可能实施自沉,为何他没有在德国舰船上设立严密的监视,并准备好一旦出现意外,便立即率部返回处理相应问题的预案?[24]

对于上述问题,可逐一回复如下:

1. 无论在当时还是事后,此事都被当作英国方面"有意纵容"的最主要证据。麦登曾经承认,此事"看起来的确像是守卫脱离岗位"。然而,库赞的说法也绝非严格意义上的事实。至少有一艘驱逐舰被留在斯卡帕湾,此外还有若干拖网渔船和漂网渔船作为其支援力量。

2. 尽管这一点应当承认,即斯卡帕湾内的水域颇为开阔,但鱼雷演练之类科目所需要的海域远比斯卡帕湾内水域宽广。

3. 对于这一问题只能进行猜测。答案可能与问题2所给答案有关:即弗里曼特尔希望相应海域足够开阔，以确保演练顺利进行；并保证演练过程和进行编队变换时不会遭到任何干扰，无论这种干扰出于有意或是意外。为此，舰队进行演练的海域需要离陆地足够远。

4. 此事确实令人困惑。英国海军部可能持有这样的想法：德国海军当局会通过"适当的军内渠道"，告知冯·罗伊特停战期限延长的消息。

5. 该问题最后一部分的答案可参见上文对问题1的回答。实际上，当时仍有一艘驱逐舰执行看守任务。可事实是，一旦德国方面开始实施自沉，事态的发展便显得极为迅速。当执行看守任务的驱逐舰舰长终于"恍然大悟"，弄清楚实际发生了什么，他立即向出海指挥演练的弗里曼特尔发去一份内容恰当的电报。此处还应注意的是，在21日前不久，第1战列舰中队所辖各舰就收到指令，选拔登舰队，并做好了在收到通知后迅速采取登舰行动的准备。

库赞的质询显然无法构成对弗里曼特尔、麦登或海军部的指控。麦登和弗里曼特尔均对德国方面"粗暴违反停战协定"的行为表示了由衷的愤怒。此外，即使存在任何与德国方面的共谋，那么无疑维密斯将牵扯其中并扮演关键角色，可他完全不会有意置身于类似纵容德国舰队自沉一事的瓜田李下之境，或是直接参与到此类阴谋之中。当然，应该承认的是，他乐于见到事态如此发展；然而，在他写给当时仍处于巴黎的副第一海务大臣的信中，我们完全无法找到海军部实际纵容德国方面进行自沉的迹象：

对于德国舰队沉没一事，我认为此属幸事。此举一劳永逸地解决了如何瓜分这些舰只的棘手问题，并且帮我们解决了一个大麻烦。

目前看来，德国海军将领似乎认为停战时间将于周六正午之时到期，并据此认为他的行为并未违反停战协定。事实上，他们随时可以实施自沉，而我应当承认，我曾经逐渐认为他们再不会实施自沉。我们已经做好了在必要时直接夺舰的准备，但他们在我们动手前48小时先行下手了。

我并不清楚巴黎方面对此将有何意见；或许他们会对此事颇为不快。但正如我此前说过的那样，这是一个令人欣慰的结局……我估计，巴黎方面起初会提

出强烈抗议。但只要真相大白于世，我想所有人最终可能都会同意我的观点："感谢上帝，他们真的这么做了！" [25]

的确，德国海军舰船自沉一事消除了协约国内部的一大裂痕——瓜分战利品已经在协约国成员之间造成大量摩擦和尖锐争论——以至于某些人觉得，是英国方面在纵容此事。笔者个人认为，尽管德国舰队自沉一事无疑导致了很多国家（尤其是拉丁国家）对于英国的不满，但因为此举解决了一个危险而棘手的问题，所以此事实际上避免了其他国家对英国更大和更长时间的不满。对英国而言，德国舰队的自沉还带来了另一个好处：若非此举，皇家海军内部也很有可能从分歧发展为分裂。

6月21日事件的最终责任人可谓毫无疑问。正如劳合·乔治在6月24日四人委员会会议上所言：

在英国海军部看来，停战时英法两国的海军代表均要求德国舰队投降。然而，本森将军则强烈建议不寻求投降，并提出不应该因为这一要求影响停战的实现。福煦元帅也强烈支持本森将军的意见。他曾说自己不希望为了获得一些从未参与过一场决定性海战的糟糕舰船，而冒牺牲大量优秀士兵生命的风险。由协约国各国总理和豪斯上校组成的协约国最高战争理事会驳回了英法两国海军部的意见，一致同意仅要求德国（水面）舰艇接受拘禁……英国海军部由此得出结论，鉴于将德国官兵赶下其舰船将违反停战协定规定，因此除德国官兵外，其他国家人员均不得登上该国舰艇。于是，英国海军只能对德国舰队实施监视，而无法施展其他手段。

就未曾在所有被拘禁的德国舰只上设置英国武装警卫一事，法国和美国两国海军部均认为不可理解。[26]

英国海军部对此勃然大怒。[27] 朗曾向劳合·乔治抗议称："当我们回忆过去，就会发现主要是由于本森将军的努力，才导致我们对德国海军的处理意见未被接受。因此，如今看到其继任者竟然试图把责任归咎到我们头上时，这对我们来说简直是一种侮辱。"随此抗议一同送到首相桌前的还有一份出自维密斯之手的备忘录，其中列出了一些关键点，作为日后首相辩论时的"弹药"：

针对协约国海军理事会会议记录报告的研究显示，本森将军的真正意愿是在中立国港口对德国舰队实施拘禁，这一意见本身便排除了在德国舰只上布置武装警卫的可能。

将协约国方面人员与德国海军官兵混合，一同接受监禁一事全无实现可能。因此，防止德国方面实施破坏的唯一方式便是将德国官兵彻底从其舰只上撤出，可这又等同于要求其投降，从而违背了停战协定条款……

（英国方面）仍有必要指出下列事实：

a. 针对这些德国舰只，协约国方面最初的打算是在中立国港口对其实施拘禁，在此情况下，显然完全没有在舰上布置英国警卫的可能。事实上，直到发现无法找到一个中立国港口对德国舰队实施监禁，协约国方面才接受在斯卡帕湾实施拘禁的方案。对于相应舰只仍归德国所有这一状态，前述事实当然不能构成其有所改变的理由。

b. 在德国官兵仍处于舰上的同时，在上述舰只上布置英国警卫无疑是一种完全无法成立的情况。英国警卫的存在将实质性地剥夺德国方面对其舰只的指挥权，并转由英国方面掌握这一指挥权。鉴于这些德国舰船仅是处于监禁状态，仍为德国所有，故此举明显不当，并且会违背停战协定规定。

c. 除非在德国舰只的每一个通海阀处都永久性布置英国警卫，否则后者即使存在，也不能确保德国方面无法实施自沉。然而，在每处阀门都布置警卫显然是无法做到的，因为此举将导致这些警卫被敌人所环绕。

根据目前我们所知，按照法律的推论，任何时候在任何一艘德国舰只上布置武装警卫的任何尝试恰恰都会导致布置警卫一事本身试图阻止的结果出现，且一旦冯·罗伊特将军认为在德国舰队抵达英国港口后将会发生此事，那么他就很可能在前往英国港口途中，直接下令实施自沉。[28]

除了过分归罪于本森，并忽视劳合·乔治本人也加入了豪斯、克莱蒙梭和奥兰多（意大利总理）的阵营，坚持反对要求德国舰艇投降并认为拘禁更为适当一事外，维密斯的上述论断可谓完美无瑕。应当注意的是，劳合·乔治当时对于上述立场的选择并非全心全意，而且受到了来自福煦和本森的压力。

笔者认为，鉴于在德国舰队自沉一事中的难堪处境，无论在此事中对其的非难实际上有多么不公，英国政府及海军部或许永远都无法彻底洗清纵容德国方面实施自沉的嫌疑。对于"永远无法追上谎言的制造速度"这一古老格言来说，此事堪称一个出色的佐证。

## 3. 结语

所有在斯卡帕湾实施自沉的德国舰只中，有 4 艘大型舰只先后被打捞起来："巴登"号战列舰被移交给英国，并被用于一系列试验，后来在 1921 年沉没；"埃姆登"号轻巡洋舰被转交给法国，并用作靶船，最终于 1921 年沉没；"纽伦堡"号轻巡洋舰被分配给英国，最终被拆解；"法兰克福"号轻巡洋舰则为美国所有，最终被一枚炸弹击沉在深水区。其他沉没舰只此后逐一被打捞和拆解——仅剩 7 艘由于位置过深，因此仍留在斯卡帕湾中，分别为 3 艘无畏型战列舰和 4 艘轻巡洋舰（前一类分别是"国王"号、"边境总督"号、"威廉王储"号；后一类分别是"科隆"号、"布鲁默"号、"德累斯顿"号和"卡尔斯鲁厄"号）。被打捞出水后，"腓特烈大帝"号和"德弗林格"号的船钟曾一直由位于克劳兹代尔（Clydeside）[①] 的一所拆船厂保存，后来在 1965 年 6 月 30 日，于当地举行的一次仪式上隆重归还给德国海军。仪式上还宣读了一封由波恩的海军司令部发来的电报："我们认为此事代表了令人高兴的事态发展，苦难的过去已经被两国克服，现在德国海军和英国皇家海军在北约体制下联合起来，共同保卫和平。"两座船钟现被珍藏于德国，一座位于海军司令部，另一座位于设在弗伦斯堡（Flensburg）[②] 的海军学院。

德国于 6 月 23 日接受协约国对德和约条款，《凡尔赛和约》于 6 月 28 日

---

① 译者注：位于格拉斯哥附近，克莱德河沿岸。
② 译者注：位于德国北部石勒苏益格-荷尔斯泰因州北部。

正式签订。和约第一百八十四条规定，被拘禁舰只现可认定终于投降；只是自沉一事显然加大了执行该条款的难度。和约第一百八十五条规定德国剩余的 8 艘无畏型战列舰和 8 艘轻巡洋舰也应向协约国方面投降，但上述舰只并未被纳入接受拘禁舰只之列。此外，还有 42 艘驱逐舰和 50 艘鱼雷艇应向协约国方面投降。上述所有舰只都将为协约国所有，并由后者决定其处置方式。未来的德国海军规模不得超过 6 艘前无畏舰、6 艘轻巡洋舰、12 艘驱逐舰、12 艘鱼雷艇，并不得拥有潜艇（和约第一百八十一条规定）。所有尚在建造的舰只均应被拆解（和约第一百八十六条规定）。[①] 对奥匈和约 [1919 年 9 月 10 日签订于圣日耳曼（St. Germain）][②] 中的海军条款内容亦与此相似。

包括那些已于 6 月 21 日自沉的该国舰只，如何处理投降德国舰只这个难题依然存在。法国方面还是坚持本国应获得部分德国舰只——他们特别指定了 5 艘主力舰、6 艘轻巡洋舰和 32 艘驱逐舰。意大利方面则声称，如果法国方面获得任何舰只，那么本国也会要求获得同等待遇。此外，若实施瓜分，就连日本亦有兴趣分一杯羹。为安抚法国和意大利，而且可能是为了弥补对德国舰只自沉一事中英国方面名义上应负的责任，劳合·乔治打算部分满足两国的要求。他在 11 月 14 日提议称，按照战争损失比例，对所有将要投降的德国舰只进行分配，被分配的对象亦包括已经沉入斯卡帕湾海底的舰只。各国因德国军队在斯卡帕湾自沉而损失的吨位可从英国分得的份额中扣除。美国方面依然坚持此前的立场，并反对该提议。他们仍然希望摧毁所有德国舰船，至于具体方式为沉没抑或拆解，美方表示均可接受。经历了冗长而艰苦的谈判后，五大列强的代表团首脑最终于 1919 年 12 月 9 日达成一致。

最终的方案规定按照战争损失比例，对德国水面舰艇实施瓜分：由此，英国分得 70% 份额（尚未除去各国因自沉而损失的吨位）；法国和意大利各分得 10%；日本分得 8%，美国则分得 2%。之后，由于获得比例太低，美国直

---

① 译者注：《凡尔赛和约》第一百八十一条、第一百八十四条、第一百八十五条和第一百八十六条具体文本参见附录相关内容。

② 译者注：即《圣日耳曼和约》。

布放弃其份额。各国均应在瓜分后 18 个月期限内，将分得的吨位自沉，或是在协约国内部海军委员会的监督下进行拆卸，使相应舰艇无法作为战斗力量使用，并在 5 年内完成拆解。[29] 不过，法国和意大利各将获得的 5 艘轻巡洋舰和 10 艘驱逐舰不在此列，这些舰只可被两国并入本国舰队，或投入其他用途。此外，协约国五大主要成员国各将以租借形式获得 1 艘主力舰和 1 艘轻巡洋舰，同时英国、美国和日本分别可额外获得 3 艘驱逐舰，上述舰只可用于试验或宣传用途（根据这一条款，英国获得了"巴登"号战列舰）。最后，作为对德国违反停战协定条款的惩罚——相关违反行为包括该国舰队在斯卡帕湾自沉，UC-48 号潜艇在费罗尔（Ferrol）[①] 及其他若干潜艇在前往英国投降途中自毁等——德国方面应根据 1920 年 1 月 10 日在巴黎签署的一项协议，向协约国方面移交 5 艘轻巡洋舰和总吨位达 40 万吨的浮动船坞、浮动起重机、拖轮和挖泥船作为赔偿。

1920—1921 年的《布拉西海军和船运年鉴》包括一份颇有价值的摘要，其记录有德国水面舰队的最终瓜分情况：

| | 战列舰 | 战列巡洋舰 | 轻巡洋舰 | 驱逐舰及驱逐领舰 | 鱼雷艇 |
|---|---|---|---|---|---|
| 在斯卡帕湾自沉 * | 10 艘 | 5 艘 | 5 艘 | – | – |
| 移交英国 | 5 艘 | – | 6 艘 | 39 艘 | 38 艘 |
| 移交法国 | 1 艘 | – | 5 艘 | 12 艘 | – |
| 移交意大利 | – | – | 3 艘 | 3 艘 | – |
| 移交日本 | 2 艘 | – | 1 艘 | 4 艘 | – |
| 移交美国 | 1 艘 | – | 1 艘 | 3 艘 | – |
| 其他 | – | – | – | – | 12 艘 |
| 总计 | 19 艘 | 5 艘 | 21 艘 | 61 艘 | 50 艘 |

* 后被捞起的那些军舰被列入了"其他"一栏

①译者注：西班牙城市，位于该国西北部的大西洋沿岸。

\* \* \*

对于《凡尔赛和约》，英国的海军部和海军有无数理由感到高兴。英国更大的海军利益由此得到保障。条约中并未提及"海上自由"，抑或是由国际联盟领导的国际海军舰队，仅在其中几处无关痛痒地提到了海军裁军。德国不仅失去其殖民地，也失去了将赫尔戈兰岛和基尔运河用于攻击性目的的可能。此外，德国还被剥夺所有潜艇，以及几乎全部主要水面舰艇，使其在未来不确定的期限内只能沦为三等海军国家。瓜分德国舰艇这一棘手的问题也得到颇具手腕的处理，使得英国方面在 1919 年 6 月就已经可以确定，无论最终解决方案为何，其海上霸权都不会遭到动摇。至于德国舰只自沉一事对此的影响，可以将其称为锦上添花。海军大臣完全可以向英国国王报告称：和约条款"绝对令人满意"。当然，新的海上对手亦在不断发展，这便是美国和日本。然而，对于英国的海上霸权而言，上述两国暂且不会构成紧迫和直接的威胁。美国此时还处于沉寂状态，且无论如何，该国海军的扩充永远不会像德国的海上野心那样，对英国的安全构成威胁。与此同时，1919 年日本所构成的威胁也仅仅是一片阴云。就这一年而言，最为重要的事实是德国舰队的自沉和《凡尔赛和约》条款实际构成了德国历史上拥有的最庞大舰队的终结——至少在英国看来，该舰队一直象征着德国主宰世界的野心。由此，在其漫长的历史中，英国人可以再一次骄傲地宣称：

> 英格兰敌人的舰队，
>
> 最终只找到了无数的坟墓；
>
> 英格兰将对其编号并标注，
>
> 以其姓名和海浪的传说编号。

# 对这一时代的反思

——— 第十二章 ———

　　鉴于战争中我们的种种缺陷在很大程度上直接源自我军缺乏教育，因此在战争结束后，海军教育应得到极大的重视。然而，我并不认为这一点已经被海军意识到。

——里奇蒙德，1917年3月撰写的一份文件

　　至于舰队战备一事，无疑在很多方面上，吸取于战争中的新的实际经验很快就改变了此前对一些关键要求的固有看法。然而，这一点不仅对我们自身成立，亦对我们的敌人成立。在没有实际证据证明时，便假定敌方比我方更有远见之举不能体现出任何良好意图。

——摘自1919年初，维密斯撰写的一篇备忘录

　　尽管曾经犯下错误，但在英勇和作战效率两方面，英国舰队可能都远胜于其历史上任何时期的标准；此外，毫无疑问的是，舰队实现了其存在的目标。

——摘自厄斯本海军中将所著，《冲击与反冲击》(Blast and Counterblast)

## 1.1914—1918年间海军的表现

　　任何人都无法说服福煦元帅，使其同意1914—1918年间海权曾对协约国方面的事业起到多么关键的作用。蒂鲁·乔治曾屡屡就此努力尝试。"他（法国元帅）认为将如此多适合服役的人力分配给海军，而非将其派往陆军完全是一种浪费，甚至完全是出自一大海上强国对于传统的迷恋。他总是反问道：'海军究竟干成了什么？他们进行了任何战斗吗？'我们自己的陆军将领们在其撰写的各种备忘录里，也几乎完全忽视了海军对我国人力的需求。然而，若非我们的

水兵，以及他们在陆地上的辅助助手们如此成功地掌握并保持着对海权的掌握，陆军将领们就无法在战场上得到任何军队，而英国人民也将为了避免遭受饥馑，被迫选择求和。"[1] 在发表于 1918 年 12 月 9 日的一次竞选演说中，前自由党首相阿斯奎斯曾宣称："尽管我对我国的陆军士兵保有一切尊重，但这场战争完全是依靠海权打赢的。正是依靠舰队持久的、不懈的甚至持续增强的努力，以及商船船队高贵而有效的支持，我国方能一步步地将敌国军队的资源耗尽。"此言无疑表明他更愿意站在那些陆军将领的对立面。贝蒂对英国海权的赞词（1918 年 11 月 24 日，在"狮"号上对第 1 战列巡洋舰中队的官兵宣读）则给予了陆军一定程度的肯定。他宣称"这场战争……乃是依靠海权打赢的……陆军亦获得了巨大的成功……但倘若海权未被掌握在英格兰之手，这一切都毫无价值"。依笔者之见，里奇蒙德对海权角色的评价最接近现实："……若未得到陆权的支持，那么海权无力保卫欧洲的自由。两者相互依赖一事真实无误，而那些将成功单独归功于其中之一的论断，无疑是最具误导性和争议性的。"[2]

就英国海军政策的"最终目标"，海军部曾作出如下陈述：

首先，向敌国人民施加压力，迫使其政府进行妥协；其次，抵挡敌国政府所施加的压力，从而使我国可以不受打扰地从事战争。为实现上述目标，应通过如下渠道行使英国海军军力：

（A）保卫协约国方面陆军的海上交通线，尤其是协约国主攻方向所在的法国方面海上交通线。

（B）以切断敌方贸易的方式阻碍敌方陆军行动，并对其广大国民施加压力。

（C）保卫英国和协约国盟国的海上贸易，此事攸关协约国方面陆军和国民的弹药补给与食物供应。

（D）阻止敌方入侵和袭扰。[3]

简而言之，英国海权发挥的作用便是保证协约国方面对海路的使用，并阻止敌方对其使用。英国的海权由四大主要部分构成——舰队、基地、商船队和造船工业。上述所有部分都各有贡献——更不用提英国在地缘上享有的巨大的天然优势：该国的位置恰如位于北海出入通道的一道防波堤——但首先还是大舰队通过充分发挥其有利的地理位置，并持续实现对于公海舰队的压制，从而支撑着协约国方面的整个战争努力。

在从事其四大主要任务过程中，英国海军取得了彻底的成功。海军的基本战略，即远距离封锁——18世纪中对敌舰队实施的近距离封锁虽然堪称经典，但在鱼雷、水雷和远射程岸防火炮存在的时代已经不再现实——达成了其目标。整个第一次世界大战期间，英国从未出现大范围的贫困状态，仅在1917—1918年间有过物资短缺和排队采购的现象。但德国的情况堪称天壤之别。受到封锁影响，1918年间，德国大后方民众情绪低落的现象愈演愈烈，最终导致革命的爆发，形成了对德国军事行动的致命一击。事实证明，食物和衣物短缺的累积作用（食物短缺主要由饲料和肥料进口断绝导致），以及对上述短缺达成实际性改善的一切希望破灭，最终超出了德国人民的承受范围。此外，由封锁导致的影响还包括交通系统逐渐中断，工厂因缺乏原材料或可供更换的机器而关停或削减工作时间。

以最终的决定性结果判断，皇家海军异常出色地完成了其任务。尽管如此，还是有很多对于他们的批评，且大多出自海军内部——代表性人物即所谓"少壮派"（也就是里奇蒙德及其追随者）——在一战期间和两次世界大战之间大部分时间内，这些人时常大肆宣扬，仿佛海军进行海上战争的方式在很大程度上就堪称失败。[4]这种失望以及真实的愤怒乃至愤恨，主要集中在三个方面，即他们所宣称的：（1）舰队采取了被动的战略，并由此导致未能与公海舰队进行一场激烈的大规模海战——日德兰是唯一的例外；（2）缺乏战备；（3）曾经犯下严重且愚蠢的错误。

对于英国海军在战争中所采取的谨慎战略，即依靠远距离封锁实现对德国海上交通线的控制，并拒绝面对不可接受的风险一事，海军中更具攻击精神的一派认为这是一个巨大错误。他们坚持认为，海军部和大舰队不应满足于压制公海舰队，而应该准备冒险，将公海舰队诱出进行舰队决战。"通航和海上交通"的学说被"决定性胜利"这一学说的支持者大加指责，这些人从未疲倦于指责海军领导人采取保守的战略战术，并认为他们实际上否定了"纳尔逊的精神"。仅有少数海军领导人可免遭这一指责。如果能消灭公海舰队，那么随之而来的巨大战略利益确实毋庸置疑。此事**或可**使得海军突入波罗的海，同时使得针对德国沿海展开的陆海军联合攻击成为可能。笔者在此需要强调"可能"一词，毕竟德国潜艇和水雷带来的威胁依然有能力导致上述战略不可行。如能对德国舰队取得决定性胜利，那么毫无疑问，协约国一方能够更快地控制德国无限制潜艇战的威胁。这可以通过削减大舰队实力，并将海军资源集中于反潜战实现。此外，这一胜利还能释放出大量经过训练的人员参与反潜战；同时，在那些原先维持大舰队所需的物资装备中，也有相当比例可转用于反潜战的实施。另外，一旦摧毁公海舰队，英国舰队便可进入赫尔戈兰湾作战，并对德国潜艇的出入形成束缚。最后，击败德国舰队还很有可能对德国的士气造成极大冲击，进而促使其领导人考虑和谈事宜。简而言之，由于实现对公海舰队的决定性胜利能够促使战争更早结束，因此大舰队应该勇于面对更大的风险。

然而，这一政策从未得到海军部或大舰队总指挥官的赞许。对大舰队的战略选择而言，潜艇和水雷的威胁构成了极大束缚。前者的威胁导致战列舰队的活动范围大致仅限于北海北部的开阔海域（尤其是1916年8月的那次公海舰队出击之后），并迫使主力舰和巡洋舰的每一次出航都需要配备大量驱逐舰保护。驱逐舰问题是长期困扰皇家海军的问题之一。在大舰队总指挥官与海军部的通信中，就显著性而言，几乎没有什么问题能和要求获得更多的驱逐舰或请求不要削减现有驱逐舰规模这一话题相当。大舰队方面认为，如果能保持标准的驱逐舰保护幕——按照杰利科要求，仅战列舰队便至少需要配备40艘驱逐舰——方能保证重型舰只的安全；否则那些重型舰只几乎注定会沉没。应当注意的是，此时的驱逐舰并未装备潜艇探测装置（少数驱逐舰仅装备有效果不佳的水听器），而且只能利用深水炸弹攻击潜艇。受困于无法获得完整的驱逐舰保护幕，大舰队有时甚至只能选择将部分大型舰只留在港内，而非全体出击。与此同时，驱逐舰对燃料补给的需求———一般而言，驱逐舰凭借自身续航能力仅能出航三天左右时间——导致战列舰每次出海的时间都有着明确限制，除非重型舰只可如战争初期那样，在不配置驱逐舰保护幕的前提下留在海上。一旦遭遇恶劣天气，鉴于驱逐舰无法在此条件下跟上舰队主力的行动，因此大舰队会面临两个选择，其一是留在港内，其二是配备驱逐舰保护幕，但以较低的航速出航。应当注意，这并不意味着对于保护己方战列舰队免遭德国潜艇攻击而言，驱逐舰发挥的用处不大。[5] 此外，在海战中，驱逐舰的地位也极为重要，它们既可使用鱼雷攻击敌方战列线，亦可使用火炮和鱼雷保卫己方舰队免遭敌方驱逐舰攻击。然而，的确有观点认为即使驱逐舰数量更少，大舰队也可正常作战，且大舰队的战略不应如此严重地依赖驱逐舰这一因素。亦有观点认为，为了满足大舰队的需要，海军无法分出足够多的驱逐舰保卫船团，此举几乎导致英国在第一次世界大战中失败。

另外，就德国水雷而言，从某种程度上说，其产生的心理方面威胁要远远超过实际上对英国战舰造成的威胁。1914 年 10 月 27 日，大舰队中最新式的无畏舰之一"大胆"号，在爱尔兰北部沿海仅触雷一枚后便沉没。该雷为德国辅助巡洋舰布设的一串水雷里的一枚。此事或许对皇家海军造成了极为难忘的影响，海军自此之后对水雷的担忧程度便同他们对鱼雷与潜艇的担忧程度相当。然而，等到 1917 年扫雷卫（用于在高航速条件下，从雷区中清理出一条航道）在整个舰队中普及后，这一担忧便不是那么易于理解了。不过，直至 1918 年初战列巡洋舰在福斯湾附近海域成功穿越雷区，并在此过程中利用了扫雷卫割断了若干水雷的系泊索，扫雷卫的作用才得到实战证明。由此，大舰队才得以重建在没有已知雷区的海域自由行动的信心。尽管如此，扫雷卫的存在显然还是无法构成下述活动，即有意在已知密布水雷的海域进行机动的正当理由，尤其是在需要以高航速满舵展开机动的场合中——在此条件下，位于转向航线外侧的扫雷卫与舰体的距离将大大缩短，而舰舷又将扫过较宽的水域，例如舰体长度的一半，这将非常有利于水雷躲过扫雷卫，随后发生爆炸。

战略上保守的同时，英方在战术上的保守程度亦不遑多让。其中最为明显的特点之一就是指挥系统中极大的集中化：战斗中，由舰队总指挥官直接指挥其庞大的舰队实施机动，仅允许各舰采取非常有限的自主行动。这也导致日德兰大海战及其他海战中，英方都表现出了一种在未收到总指挥官命令前束手待命的倾向。对于战斗中发挥主动性的价值评价可被视为战术的一个方面，德国海军在该方面表现得非常出色，而皇家海军直至较晚阶段才对其价值有所认识，且认识程度并不完善。英方 1914—1916 年间采用的严格单列纵队编队战术在 1917—1918 年间得到修改，允许"在敌舰队的失败已经注定时"采用分队战术。在指挥权集中化和笨拙而刻板的长单列纵队阵型背后，是英方对于丧失舰队各部协同，从而导致敌人有机会集中兵力攻击大舰队一部的担忧。换言之，这种担忧的权重压倒了采用更富攻击性战术可能带来的战术机会的考量。至少这就是大舰队战术的批评者们对于这一问题的观点。尽管笔者从个人观点出发，总体上对此立场表示同情，但在回顾了日德兰大海战的经验后，如果采用大为分散的指挥体系是否会对海战结果造成明显影响，这一问题的答案可以说仍然不够清晰。[6]

1914—1918 年间，如果海上航空兵，尤其是飞机载舰和可携带鱼雷的飞机这方面的发展能够更为迅速，那就有可能为采用更富攻击性的战略和战术带来一些值得注意的机会。那么，在尽快发展海上航空方面是否存在重大疏漏呢？第一次世界大战爆发时，海军部委员会的成员彻底忙于舰队和其他舰船相关事项，因此希望其能详细了解飞机——请注意，飞机的发明还是晚近时期的事情——并研究可能以何种方式对其加以应用无疑是不合理的。同时，显然也不存在这样的战例，足以使委员会成员思考可能存在一种能够有效影响海上战争进行的手段。造成这一局面的主要原因是当时可用的飞机数量非常有限。在进行于法国的战斗中，岸基飞机的确发挥了重要作用，但海军面临的问题截然不同。水上飞机不仅需要完成很长的航程，还需要携带沉重的浮筒。这自然对其功率不足且可靠性不佳的引擎构成了极大考验，同时极大限制了其可携带的炸弹重量。此外，水上飞机在起飞和降落时均要求海面平静。

当战争第一年结束时，海军航空兵的未来在于以"飞机"取代"水上飞机"——大舰队中，这一取代进程在 1917—1918 年间大致完成——以及需要提供有效的航空母舰两件事已经清晰可见，这种航空母舰应该能搭载飞机，并与大舰队保持编队阵型。1915 年夏，皇家海军的确曾经错失一个不错的发展航空兵的机会。当时担任飞行中尉的威廉姆森（H. A. Williamson）曾向海军部提出飞机母舰的"岛式设计"方案（所有后继航空母舰均基于该设计建造）。他的构想是由海军部征购远洋邮轮，并尽快按他的设计构思对其实施改造。日后的空军上校威廉姆森坚信，如果这一构想能实现，并且由如比弗布鲁克（Beaverbrook，第二次世界大战期间任飞机制造大臣）[①]一般充满活力的人推进，那么在日德兰大海战时，皇家海军便可能拥有一艘真正有战斗力的航空母舰。然而在实际历史中，威廉姆森的设计惨被否决，直到战争晚期才被采纳 [ 即 "竞技神" 号航空母舰（Hermes）][7]。[②]类似地，在第一次世界大战期间，英国人对于可携带鱼雷的飞机也未能实现有力的推动发展。鉴于鱼雷的重量——除战斗部外，其重量已经相当于一枚炸弹——也需纳入飞机设计考量，从而使得在设计水上飞机时遭遇的有效载荷问题更为突出。理论上，若干具备真正战斗力，且可携带鱼雷的飞机或许能够在战争最后一年中获得更为突出的战果：这些飞机不仅可能在舰队对战中发挥重要的作用；在攻击停泊于敌方基地内的舰艇时，人们也可以设想，这些飞机能发挥出可观的作用（正如贝蒂所建议的方式那样），可以在合适的舰队航空母舰上作战。然而，在日德兰大海战之后，一场真正的舰队对决就再也没有发生；对于这些飞机发挥作用而言，至关重要的飞机载舰亦不存在；此外在战争期间，军队也没有获得足够数量鱼雷轰炸机的可能。总的来说，1914—1918 年间的海军航空兵状态并不足以鼓励英方利用现有装备，采用更富攻击性的舰队战略或战术。

现在回到前文的主题，即在采纳海军高层权威对潜艇和水雷威胁的评估，并考虑下述两个最主要因素之后，是否仍能得出可采取更为大胆的战略和战术的结论。这两大因素是：（1）一旦大舰队实力被严重削弱，便有可能对整个协约国方面的战略态势造成灾难性影响——这一可能将导致德国打破所谓对德封锁，并反过来扫清大西洋上协约国方面的运输和补给船只，切断英国与其部署在海外陆军的联系，且在英国本土造成饥馑；（2）事实上，对德封锁本身即可实现与一场伟大的海战胜利相同的目标，尽管前者的过程要慢得多。包括大舰队历任总指

---

① 译者注：即麦克斯韦·艾特肯，第一代比弗布鲁克男爵，亦称比弗布鲁克勋爵；出生于加拿大，英国金融家、政治家、作家、出版商。1940年5月至1941年5月任飞机制造大臣，他在自己任期内，具体是不列颠之战前后的关键时期大幅提高了英国飞机尤其是战斗机产量，尽管其工作风格相当反常规。

② 译者注：关于英国航空母舰发展史，可参见 D. K. Brown 的《The Grant Fleet》，即《大舰队》一书；或是 David Hobbs 所著《British Aircraft Carriers》，以及 Norman Friedman 所著《British Carrier Aviation》两书。实际上，海军造舰总监部门还是在通过风洞试验后，才最终确定航空母舰的舰岛布置方案。采用其他船舶改造的尝试一直不甚成功，由邮轮改装而成的飞机载舰包括参与了日德兰大海战的 "坎帕尼亚" 号水上飞机母舰，和日后的航空母舰 "百眼巨人" 号，请注意岛式上层建筑的试验也是在 "百眼巨人" 号上完成。而 "竞技神" 号则是第一艘按航空母舰设计建成，而非改装而成的航空母舰。

挥官在内，海军中最主要的权威均认为采取更激进策略得不偿失，而这一决定的明智之处从未遭到舍尔的质疑。后者曾在第一次世界大战结束后提到："就其本身而言，杰利科将军采用的缓慢封锁战略无疑非常正确，且实现了自身目标。只要他能把将舰队用途限制于实施封锁一事与英国海军传统保持一致，那么采取这一战略便是无可挑剔的。"[8]然而，舍尔评论中的注文实际上是基于对英国传统的一种误解。

鉴于海军历史被撰写和教授的方式，公众在很大程度上自然期待着会发生一连串激战，并以己方取得一场压倒性的胜利告终。但在海军中，训练和传统都造成海军思维过分聚焦于海战，而对控制交通线或保卫商业航运关注太少。一位海军将领曾指出："（海军）存在的倾向是将海上战争仅仅视为双方舰队之间一种类似角斗士肉搏式的，没有任何最终目标或目的的争斗，而其真实目的——即控制海上交通——则被忽视。"所谓纳尔逊传统，抑或是被很多人假定的纳尔逊传统，则是这种"倾向"的一个重要方面。

海军沉迷于其过去的光辉历史。第一次世界大战爆发前，所谓"纳尔逊风格"和"纳尔逊传统"已是老生常谈。此举的实际后果便是，他们认为海上战争的本质就是海战——即海军存在的最主要理由便是在一场新的特拉法尔加海战中，迎战公海舰队并将其歼灭。传统的印象是在纳尔逊时代，或整个风帆时代，英国舰队的指挥官都不会容忍己方回绝来自敌方的挑战；如果敌方不愿出海作战，那么英国将领们便会率领舰队杀入敌方基地，并将其歼灭。然而，一个简单的事实是，包括纳尔逊本人在内，过去的海军将领们并不会头脑发热，或是按照上述鲁莽方式行动，也没有取得公众认为他们曾取得的战果——即按照纳尔逊的说法，"不只是胜利，而是歼灭"。海军历史学界先驱约翰·诺克斯·劳顿（John Knox Laughton）曾准确地描述这一问题："对纳尔逊的战斗和他那些信件的研究愈加深入，我们便会愈加清晰地发现，其思维一直萦绕的主题并非单纯的'向敌冲锋'，而是以何种方式'向敌冲锋'才最为有利；此外，在每一个战例中，实际引导着大众普遍幻想的那种气魄和冲动的恰恰是纳尔逊出自其天赋，以及以审慎和预见性，对这种攻击施加的控制。"[9]历史上，英国实际指挥战斗的海军将领们曾屡次——或者说长期地——承担监视敌舰队，并等待敌舰队出海的任务。事实上，在皇家海军的历史里，还从未出现过一次海上的决定性战斗——即通过一场最终的海战结束战争。对海权在水雷和潜艇问世之前如何影响战争结局的错误理解应归咎于对历史的错误解读，尽管这两种武器的问世的确对海战造成了革命性的影响。

在英国海军内部，还有其他原因导致对海战决定性地位的迷恋。这也是20世纪内对于海上战争不确定性的一个投影。在这种不确定性的影响下，很多海军军官认为"最好尽快了结战事"。同时，大舰队中的无聊情绪自然也产生了对不惜一切代价求战的渴望。此外，还有一种观点认为，对比大陆上西线前线的激战和牺牲，海军舰队的贡献相形见绌。甚至曾经出现海军军官主动辞职，转投陆军的多起事例！在此，我们有必要回顾马汉的教义 [ 在其著作《海军战略》（Naval Strategy）中曾着重强调，并在他另外的作品中给出过类似暗示 ]，即海军的首要功能便是进行海战。而科贝特虽在其著作《七年战争中的英格兰》（England in the Seven Year's War）和《海上战略的若干原则》（Some Principles of Maritime Strategy）里提出了相反教义，但产生的影响相当有限。事实上，科贝特甚至曾因此遭到"战列舰派"海军将领们的攻击。在其前一作品中，科贝特这样写道："……应牢牢记住的是，轻易赢得海战的机会并不总是在需要时出现。海军战略中最激动人心的时刻往往需要多加谋划，方能使其出现；且对于一支舰队而言，其当务之急几乎总是由敌军事和外交安排导致的冲突所引发。"[10]

必须时刻牢记的是，只有两支舰队共同运动，才会造成一场海战。自从战争爆发，公海舰队便采取了一种防御性战略。对于该舰队来说，这种选择非常自然，且在意料之中。正如杜夫将军所评论的那样："对我而言，任何一个掌握全部情况的人为何会期待公海舰队主动出击，并接受海战都堪称一个谜。我们组织了一支舰队与其抗衡，这支舰队的强大实力使得公海舰队没有任何机会获胜，哪怕对方由一个纳尔逊式的指挥官进行领导。"[11]

除了"彻底的海战派"军官外，还有大量英国军官对所谓"被动战略"持批判态度，其中包括那些远比上述派别聪明的军官，例如里奇蒙德 - 迪尤尔 - 德拉克斯（Drax）这一类型军官，以及"少壮派"的信徒们。然而，**在已被接受的战略限制范围内**，很难说大舰队能在哪个方面实施更多活动。除非像"少壮派"喋喋不休争论的那样，以更富攻击性和想象力的方式运用飞机，或是在地中海战场展开两栖登陆作战。不过，随着时间的推移，这一派别中至少一名成员的观点此后发生了深刻转变。德拉克斯曾是里奇蒙德的信徒之一。对于自己在第一次世界大战期间曾作出的"被动防御战略体现了近乎犯罪的愚蠢"这一苛刻评价，他在一代人的时间之后进行过如下反思：

> 我现在觉得，那种认为1914—1918年间我国海军所采取的战略缺乏主动性和攻击性的观点完全错误。对于我方在外海的一切行动，例如反潜战、反破袭战、反敌巡洋舰战争等而言，大舰队堪称其主要掩护力量。而那些战斗总是会以极大的攻击性和主动性实施……
>
> 大舰队拥有大量进攻精神溢于言表的将官及其他军衔军官：例如贝蒂、蒂利特、斯特迪、布罗克、帕肯汉姆、亚历山大·辛克莱尔、科万、勃朗宁，以及其他很多人……
>
> 某次，杰利科曾因为敌方潜艇日趋严重的威胁，不得不率领大舰队驶出北海并前往苏格兰西海岸。大舰队中若干军官曾认为这一调动过于谨慎，并说服了杰利科，使其在几天后率舰队返回斯卡帕湾。从此之后，大舰队便持续在各种天候里巡航于北海，对于同任何可能在北海发现的敌舰队交战一事严阵以待。
>
> 没有比贝蒂在赫尔戈兰湾和多格尔沙洲的战斗，抑或其在其他战例中猛烈追击敌舰队更富攻击性的战斗了。值得注意的是，在某些战例中，贝蒂追击的敌舰队实力甚至超过其本人所率舰队。
>
> 也没有比蒂利特对哈里奇舰队的完美指挥更富攻击性的运用。该舰队曾经多次在距离敌方主基地不远处与敌方交战。蒂利特为麾下各舰舰长立下的规矩之一便是"牢记这一点，一旦发起攻击，各位便可自由展开攻击，但永远不要撤退"。[12]

1919年初，杰利科所著《大舰队》一书出版，他在书中披露了作为纳尔逊后裔的皇家海军，在1914年间对于战争的准备不足曾处于何等令人震惊的状态，这在整个英国引发了轰动。英国国民由此第一次了解其间种种内幕，尤其是性能堪忧的炮弹，探照灯、水雷和鱼雷等各自的问题；以及英国北部诸海军基地缺乏反潜防御措施，东海岸地区缺乏可容纳大型舰只的合适船坞等缺陷。由大舰队前总指挥官亲自披露的严重问题构成了对海军部乃至整个海军的严峻控诉，尽管海军被英国公众普遍认为"无所畏惧"。当时首要的问题是：为何没有提前预见到战争爆发后才被揭露出的种种缺陷？国会和媒体都曾多次要求展开调查，尽管这一要求并未实现。此外，两者（即国会和媒体）还对德国方面在战争早期阶段并未追求一场大规模海战感到庆幸不已。

诸多原因导致了战争爆发时，海军在装备方面不尽如人意的状况。首先必须提及的便是战前的英国内阁。内阁不仅将所谓"膨胀的"海军军备视为敌人，且执着于社会重建应优先于军备的理念。由此，鉴于缺乏资金构建大型船坞，英国海军造船师们不得不设计可进入规模稍小的船坞的主力舰。和德国海军面临的情况类似，规模更大的船坞可使得设计舰体更宽的主力舰成为可能，而这种主力舰在遭遇水雷或鱼雷攻击时被毁的概率将大幅下降。然而，就对于国民想象的吸引力而言，船坞的表现远逊于无畏型战列舰，而其建造过程又会耗费大量资金。尽管如此，缺乏资金供应并不能解释海军暴露出的所有准备不足。皇家海军背后承载着延续几个世纪的光荣传统，而这种传统反而导致他们形成保守倾向，并对任何基本性质的改变持怀疑态度。战前水雷研发进展缓慢一事即可归咎于此。英国海军军官并不重视水雷：它被视为采取防御姿态的较弱一方使用的武器。海军部划拨资金研究如何扫除敌方水雷，但对于为皇家海军自己配备有效的水雷以供战时使用缺乏兴趣。然而，鉴于战时经验很快就已经证明这种水下武器的实战价值，因此皇家海军对于 1914—1916 年间缺乏有效的水雷一事并无太多托词可用。

诸多战备不足的情况可归因于在现代海战条件剧烈变化的时代，海军的具体需求在很大程度上并不明确。当时负责决策者也仅仅是常人而非先知。曾任第二海务大臣的弗雷德里克·哈密尔顿这样写道："必须指出的是，相关官员并非全能全知，而预言术又是一门极难掌握的艺术，即使对于一个能力和经验都与费希尔勋爵类似的人来说也是如此。"[13] 仅举一例就足以说明，英国舰队显然缺乏驱逐舰。对此，培根将军曾给出一个颇为合理的解释："导致相应缺乏的原因是，除非人类被赋予富有洞见的预言能力这一天赋，否则完全无法预见未来战争的趋势。尽管对于大舰队需要驱逐舰一事已经有了充分认识；但比利时沿海地区的沦陷，以及由此造成的后果则是完全未曾预见的变化。"[14] 还应考虑的是，无限制潜艇战的出现进一步加大了对英国造船业资源的需求，而这种需求也是完全出乎意料的。

下文将对第一次世界大战爆发时斯卡帕湾近乎不设防的状态，且该状态本可轻易导致无法挽回的灾难这一问题进行考察。1914 年时，绝大多数海军高级军官均持这一观点——由于潜艇航速过慢且可靠性不佳，同时比较脆弱，因此很难认为其足以构成对舰队的威胁。即使德国自身也不认为潜艇这种通常需要"母船"随行的武器，可以在没有其他舰只伴行的条件下进行远距离巡航。于是，战争爆发前的英国海军当局不仅未能预测到潜艇在战争期间实际采用的运作方式，也未能评估出由此导致的对反潜设施的需求；此类设施便包括自 1914 年秋以来，在斯卡帕湾逐渐布置的各类设施。战争爆发时，海军部仅提出了当大舰队出海，如何针对敌水面舰艇实施的袭击进行陆上防御这一问题，且该问题一度成为众人关注的焦点。

笔者在此认为，引述针对第二次世界大战期间美国海军行政部门的一份学术研究，或许对正确看待前述问题不无裨益。随着珍珠港事件爆发被卷入战争，美国方面"在反潜和防空方面的种种缺陷被逐一标注。很多大型舰只缺乏现代化的侦听设备，而且除了驱逐舰伴行外，他们在面对潜艇威胁时没有其他任何真正有效的防御手段。就有关承担护航任务所需的小型舰船而言，海军没有为其建造工作准备任何计划。应保护舰队免遭空袭的航空母舰及相应飞机数量也远远不足。各舰不仅缺乏防空武器，此外有关这种武器的需求数量也被大大低估。甚至当美国潜艇投入战斗时，其携带的鱼雷中也有很多出现故障"。[15] 1914—1918 年间，皇家海军最严重的错误在于为弥补一些显而易见的弱点花费了过长时间。例如只有在经历了日德兰大海战的震撼后，舰队和海军部才着手解决炮弹、探照灯等方面问题。

从另一个层面看，还存在着就英德两国军备情况，将其进行比较的倾向，且这种倾向在第一次世界大战结束后愈加明显。这种比较虽令人不快，但总体而言尚属准确。事实上，出于种种原因，德国在冶金、造船、工程学和化工等方面高度发达，其技术水平甚至远超英国。导致这一情况的原因之一是相对来说，英国对于科技，还有对科学训练和技术教育的忽视。对德国在军备总体水平方面呈优势的另一解释，则是其卓越的预见性和对细节的关注。此处仅举一例——多格尔沙洲之战中（1915 年 1 月 24 日），"布吕歇尔"号最终沉没时共有400 ~ 500 人落水，但每位落水者均携带实用有效的救生圈，这足以使落水者在海中保持正直姿态。直至"布吕歇尔"号沉没一段时间后，英国海军部才向本国水兵供应了救生圈（由软木制成）；且直至此时也仅有承担特殊工作的人员，例如浮筒带缆工才会配备救生圈。部分军官自行购置了由君皇仕（Gieves）生产的可充气式救生背心；海军部仅为舰队航空兵的飞行员发放同种救生装备（这种救生背心配有用于盛放白兰地的细颈瓶，军官在发现瓶中酒水一空后，甚至曾怀疑是其仆人偷喝）。有关救生装置的故事并未就此结束，在对海军部所设计的一款可充气衣领式橡胶救生圈进行试验时，一名参与者从甲板上往下跳，然后摔断了颈骨！为展示当时英方面临的问题，笔者将再次引用另一个有关英德两国思维的比较，相应内容出自一名将官的回忆：

战争爆发前几个月，"布雷斯劳"号和我所在的战舰，即一艘非常老旧的巡洋舰，一同停泊在伊斯肯德伦（Alexandratta）①。在此期间，我与"布雷斯劳"号的航海长冯·蒙茨（von Muntz）交好，他可以说是一位非常出色的军官。某天，我们决定出去走一走，攀登城后一座顶峰覆盖有积雪的大山。我穿着便服，带着一根手杖和一包三明治就上了岸。而蒙茨出现时的打扮恰如一棵圣诞树，另外他背着一个巨大而沉重的软式背囊，其中盛放有充足的食物、一张防水布、一件羊毛毛衣、备用的袜子、一盒巧克力和一个火把。他还携带了一把猎刀和一把小型步枪，以防途中被村中危险的看门狗攻击。他向我解释称，羊毛毛衣是在我们抵达雪线时使用，而巧克力和火把则是为了逗小孩。尽管没有遇见任何孩子，但我们的确遇到了一些恶犬。这些恶犬向我们冲来，我差点没能阻止蒙茨向它们开枪。幸好他没开——毕竟在希腊地区，如果你向狗开枪，那么狗主人便有权向你开枪。[16]

---

①译者注：旧名亚历山大勒塔，今属土耳其。此地是地中海沿岸著名港口，也是亚历山大大帝东征征服波斯过程中沿地中海建立，并以自己名字命名的一系列城市和要塞之一。它位于地中海东北角伊斯肯德伦湾东南岸，恰好处于叙利亚以北。

德国有关炮弹、引信、探照灯、水雷、鱼雷等方面的技术水平领先于英国。对于大落角条件下的炮击效果，以及仅在正碰条件下对炮弹和装甲板进行测试的价值有限这两点而言，英国一直未能获得清楚认识。总体而言，德国舰艇的建造情况更为优良，且比英国舰船更加结实，正如纳尔逊时代法制舰只的性能优于英制舰只那样。英制主力舰较弱的防护乃是在评估之后有意接受的风险，以此保证其获得更强大的攻击力。此外，英国舰船在设计时便需考虑服役于全球范围，且作为水兵们实际的住处；而德国舰只则仅需针对短距离作战这一场景设计，同时水兵的居住舒适性也并非重要考量之一[17]。[①]这导致德国造船师在设计时可节约出可观的重量，并转用于设置装甲，以及对舰船进行更细密的分舱，从而形成许多小型水密舱。德国方面由此建造出了几乎不会沉没的舰船。令笔者诧异的是，英国方面的自我贬损实际上言过其实。日德兰大海战中，英制战列舰的表现堪称出色，尽管在就近距离长时间交战中，英制舰只究竟能承受多严重的损伤这一问题展开讨论时，没有人能给出确定答案。[18]然而，对英制主力舰设计的诋毁在很久以前便形成了一种近乎信条的状态。

如果要说什么是海军中最受批判者"钟爱"的抨击目标，那么此"殊荣"非战列巡洋舰莫属。很多评论家就这一舰种的引入对费希尔大加诋毁，并指出日德兰大海战暴露出了该舰种的脆弱。这些战列巡洋舰遭受损失的真正原因是与对方主力舰交战，而这**从来都不是**该舰种的设计应用场景。对于这种最初被称为"**装甲巡洋舰**"**而非**"**战列巡洋舰**"的舰种而言，其首要任务是扮演超级侦察巡洋舰的角色，即航速足够快同时火力足够强，能够在敌方大型装甲巡洋舰存在的场景中完成侦察任务。根据现有资料来看，费希尔似乎从未认为英国的潜在对手也会发展出类似舰种，否则英国战列巡洋舰将与性能和自身类似的舰只，而非战斗力较弱的舰只交战。费希尔未能预见的是，可能会出现他所设想的战列巡洋舰需要承受沉重打击的场景，这一误判乃是批判费希尔的主要论点之一。"无敌"级和后续各级战列巡洋舰都十分脆弱，且难以承受重型炮弹的攻

---

①译者注：尽管与德制舰艇相比，英制舰艇的居住性显然更好，但后者仍然难称舒适，尤其是小型舰艇。

击。即使如此，1916 年 5 月 31 日的沉重损失也可能完全是因为药库没有实现防闪火，而非装甲防护上的缺陷[19]。①

舰队战备不足不仅仅体现在有关军备的诸多方面。海军还曾犯下很多错误，其中有大量细节直至战争结束才广为人知。当然，海军自身对此一直非常清楚：这些错误构成了战争期间批判主义者们哀叹的主要理由。这类悲惨的实际工作错误的代表中，最为臭名昭著的一些包括"戈本"号自墨西拿一路逃往达达尼尔海峡且途中未遭攻击；三艘旧式巡洋舰"克雷西"号、"霍格"号和"阿布基尔"号的沉没；克拉多克在科罗内尔海战期间，最终迎来悲惨结局的经历；斯卡伯格袭击战中笨拙的错误；海军部过于匆忙地投入在达达尼尔海峡的冒险；在多格尔沙洲之战中，对希佩尔编队所展开追击无法解释的中止；日德兰大海战中英国海军炮术发挥（或可加上战术）遭到的种种限制；在英吉利海峡和爱尔兰海历次战役中表现出的种种弊端，包括敌方驱逐舰冲入英吉利海峡并展开大胆袭击，采用在广阔大海上"猎杀"潜艇和破袭舰，而非依靠船团系统实现对上述对手的杀伤，以及未能在 1918 年 1 月"戈本"号的出击中将其摧毁等。

笔者一直将下述论断视为公理，即任何战争中哪怕出现一点搞砸的情况，它都会在事后被解读为军事上的愚蠢错误。无疑，其中很多时候确实可以归结于此。然而正如克劳塞维茨所言："战争中的一切都很简单，然而其中最简单的就是困难本身。"批评家们通常不会考虑"偶然和未预见因素的影响"（语出费希尔）②，而这几乎从未在海战中缺席。此外，在经历了一个世纪的和平后，人们又如何能期待军队在战争这一难度惊人的活动中，真正做到表现完美呢？由于缺乏晚近的经验，很多困难、不确定性和错误实际都难以避免。战斗带来的考验使人筋疲力尽，这自然会暴露出一系列缺陷——包括装备、战术条令、指挥系统诸方面的缺陷。在情绪平复，能够对战争中本军种表现进行冷静分析时，海军内最尖锐的批评者之一曾写道，"除了日德兰一战带来的震撼和失望之外，我

---

①译者注：费希尔对于战列巡洋舰真正和完整的设想至今仍是争议话题之一。此外，为主力舰设计完善的防火系统非常困难，更何况英制发射药不够稳定，与德制发射药相比更容易发生爆炸。

②译者注：此"费希尔"为赫伯特·阿尔伯特·劳伦斯·费希尔，英国历史学家、教育家和政治家，1916—1922 年间曾任教育委员会主席。

认为海军（在战后）已经觉得我们有很多值得骄傲之处。如果任何人试图证明任何他国海军在承平一百年之后，能在类似条件下做得更好，那么此人都将遭到我的藐视。"[20] 尽管如此，在考虑了种种客观因素和人之常情后，海军在行政管理和前景展望方面依然存在弱点，这些弱点严重影响了战争的有效进行，且导致了各种愚蠢错误的最大化。

## 2. 基本弱点

皇家海军不仅在人员素质方面拥有极大优势（见下文），同时无论如何也在军备——例如舰只——数量方面占据优势。他们缺乏两个重要因素：一是在海军部层次设置的组织良好且能力出色的海军参谋；二是一支在其专业中那些更宏大的方面，即战术与战略方面接受过完善训练的军官团。笔者将在本节逐一回顾上述问题。

就其实际工作而言，海军情报处直至 1912 年都一直扮演着海军参谋的角色；然而海军部委员会中并无该部门代表，且该部门缺乏接受过适当训练的成员。尽管有少数军官极力呼吁引入特设的参谋训练课程，并组建真正的参谋部门，但他们遭到了强烈反对。反对理由是战争的准备和实施乃是高级军官的专属领域，军衔在将级以下的海军军官仅仅应该关注技术和日常任务。1911 年，第二次摩洛哥危机（阿加迪尔危机）表明参谋系统的缺乏可能导致全面崩溃这一结果，英国政府由此决定设立战争总参谋长，并开始培训参谋军官。不过，由丘吉尔于 1912 年创立的参谋一职在海军中遭到相当程度的反对，在此后数年内也没有体现出任何价值。海军部战争总参谋长几乎没有执行权，在工作与作战的实际执行方面，作战处与上述方面几乎没有任何关系，该部门的业务仅限于日常行政工作。此外，在当时，可供军官们接受参谋职责训练的海军参谋学院也并不存在。一名批评者曾注意到"海上老油条们几乎总是不受作战参谋束缚"。

缺乏专门机构负责陆军部队向法国的运输任务（此类任务的执行之所以没有出现意外，完全是因为德国方面从未尝试对其展开攻击），1914 年 8 月 28 日在赫尔戈兰湾的混战（当时"命令的起草是如此糟糕，甚至某些重要的经纬度都给错了，完全是由于运气，我方才避免了潜艇和战列巡洋舰舰队的相撞事故"）[21]，科罗内尔的灾难，达达尼尔海峡的混乱，直至战争后期依然缺乏关于保护航运的任何合理原则，战争初期对于布雷的忽视，有关驱逐舰的错误战术构想——在因为缺乏组织合理、工作有效的参谋团队而导致的诸多危险中，上文提及的仅仅是少数例子。换言之，没有人在当时的海军部拥有足够的权威和适当的组织，来达成不仅从总体上对海军各种问题进行调研并提出解决方案，且保证各种会议纪要和为实现目的而采取的种种手段达成总体的互相关联这一目标。

直至 1917 年 5 月，海军参谋才逐渐建立起合适的基础。第一海务大臣兼任海军总参谋长。尽管曾对海军参谋组织实施进一步重组，例如 1917 年 9 月建立作战计划部，该部负责就海军战略计划进行考察和起草；但无论在当时还是战争结束，这一阶段海军参谋组织仍然难称适当。同时，英方在整个战争期间也一直缺乏接受过相应训练，并且能够胜任相应职务的军官，以执行海军参谋相关作业。直至战争结束，英国人才建立起一套培训参谋军官的有效系统。如果排除那些临近战争结束方才加入海军参谋，并担任相应职务的若干年轻而聪明的军官（例如雷金纳德·亨德森、费希尔、德雷尔、詹姆斯，以及其他一些杰利科出任第一海务大臣时，从大舰队内调入的军官；当然还有 1918 年加入海军参谋的里奇蒙德和富勒），那么历任海军参谋成员几乎仅仅是一群平庸之辈的集合。其中很多都已是退役军官，战争爆发后才被重新征召。这些军官不仅对参谋作业的基本原则一无所知，而且对战术和作战所知甚少。按照一位英国海军军官的话来说（1951 年）："……任何从参谋作业角度对战争进行任何真正研究的军官都将被视为怪胎或疯子，甚至被认为只想从事一份轻松的工作；至于'杜松子酒'派 ①，他们非常乐于见到自己不受参谋指挥，仅凭其堪称完美但并不总是训练有素的直觉引导行事。"[22] 出于这类原因，即使不考虑其自身刚问世不久，海军参谋组织也面临着不仅缺乏传承，还缺乏与其功能重要性相当的影响力之类问题。

迪尤尔虽然仅仅在海军参谋系统中任职过几个星期，但在此期间，他依然指出了若干严重问题："对于现行组织，我所见越多，便越能确定它不曾源自任何良好意愿。各类摘要在不同部门内缓慢而庄重地来回转手；与此同时，舰船

---

① 译者注："杜松子酒"派应是指代资深老派军官。

在战场上则是一艘接一艘地迅速被送入海底。"[23] 若干年后，他具体指出了当时海军参谋的缺陷：

第一次世界大战爆发前，海军中几乎没有军官对海军参谋系统的存在是否有必要或其实现目标持有明确认识，而海军参谋系统的组织被迫陷入当时的行政系统一事也未曾遭到任何反对。海军部秘书所属部门对收到的各种文档和电报进行标记，标明与其内容直接或间接相关的所有处或分部。单份摘要上可能会被标注多达十个部门。相应的各个部门则是独立撰写相应纪要，且在撰写之前从不经过任何初步讨论。协调如此多种彼此独立甚至常常彼此矛盾的观点，抑或在相应部门组织讨论，以澄清矛盾的陈述一事从未被明确归类为某人员或某部门的责任。可能在经历了几个月后，摘要最终会回到通常负责撰写最终纪要的常务官员手中。尽管这份最终纪要应当包括其他各种纪要的大致内容，并就主题提出应采取何种行动的建议，但实际上负责撰写的常务官员对上述问题几乎一无所知。此后，最终纪要会被该官员提交给海军副总参谋长（V.C.N.S）①或海军总参谋长，以供其做出决定。

提交多个不同部门征询意见，以及未能明确何人应负责向海军部委员会建言这两件事意味着，为解决一个问题需要浪费数月乃至数年光阴，而这个问题本应在几天或几周内得到解决。[24]

海军参谋还受到了其他缺陷影响，从以下两个事例中即可管中窥豹。第一个事例展现出了各参谋部门之间合作的缺乏。1918年3月，反潜处处长曾就反潜政策这一课题起草一篇文档；几乎与此同时，作战计划处也独立就该课题起草了一篇文档。然而在此过程中，反潜处处长不仅完全没有和作战计划处合作，甚至没有咨询后者的意见。贝蒂曾"单纯地为这种工作流程竟然能够存在而惊异不已"。[25] 第二个例子有关作战计划处在战争最后一年里的工作。隶属海军参

---

①译者注：实际应为 D.C.N。

谋的该处曾一再提交题为"1918 年反潜战""在卡特加海峡布设深海雷区""对唐斯和多佛尔海峡等地的袭击""荷兰与战争""斯堪的纳维亚船团及其掩护兵力"等提案。然而，对于这些提案，海军部当局往往无法得出任何结论；或者说即使对相关课题得出结论，也未曾征求作战计划处的意见。训练与参谋作业处处长里奇蒙德先后检查过 64 份此类文档，并发现其中有 24 份提案获得批准或被执行，有 8 份未被批准，另有 28 份属于作战计划处未得到是否获得批准的后续通知，最后还有 4 份文档仍在传阅中。"我现在已经完成了对作战计划处所提交文档的检查。检查结果展现出了一种几乎无法理解的状态。杜夫、弗里曼特尔和霍普对上述由作战计划处提交的文档的态度几乎一直不变，不是持自卫态度，就是反对其中的建议——这表达出了一种怨恨，即对于任何提出现有执行方式存在任何改进空间者的怨恨。海军部内不存在任何检视这些提案，抑或向各个方向求助，以便在这场战争中促进我方目标实现的尝试。整体而言，其工作态度不仅琐碎，还充斥着各部门的各行其是和互相猜忌。"[26]里奇蒙德曾建议由第一海务大臣直辖作战计划处，但该建议未被接受。

最后，海军部内还存在迪尤尔所谓的"伪装成纪律的压制"，这种压制阻止了"第一海务大臣和作战参谋成员正常的建议交流渠道的畅通"。由此还引出另一个更大问题，即关于本书所关注的时代里，海军军官的教育和大体观念问题，并因此带来了若干相关问题。

里奇蒙德曾顽固坚持下述观点，即海军中的很多缺陷均由同一原因导致，而其根源可追溯到海军部长期以来对海军教育，以及该部对于向军官们提供担任各自专业中更高级别职务所需教育的忽视。受"恶劣的"军官教育方式影响，军官团体呈现出"一种智力上破产的状态"。在其 1917 年撰写的一份私人备忘录中，德拉克斯海军上校对此信念表达了赞同："战争中，经过糟糕训练培养出的那些人可能会犯下，以及确实犯下的错误数量之多，简直令人惊讶。"

尽管曾有很多委员会对于教育方面的问题应作何改进有所考虑，但在战争期间，该问题并没有得到任何根本性的改变。1918 年初担任训练与参谋作业处处长时，里奇蒙德曾负责就教育和训练相关问题的原则向第一海务大臣建言。他曾经希望借此机会重塑军官训练方式。对于此类问题，他已经考虑了好几年。

为了将教育建立在更牢固和更开阔的基础上，里奇蒙德曾推动扩充海军从公共学校吸纳人员的特招系统（1913 年建立），同时削减幼龄加入海军者的数量。此举在战争期间带来了极大好处。他还希望废除此前的教育体系，即原先试图在军官候补生出海后，继续使其在承担军官职责的同时接受一般性教育的系统——尽管英国方面先后组建过多个委员会对此系统进行研究，且相应结果均对该系统表示批判，但这一系统仍然得以保留。针对从公共学校吸纳的学员，里奇蒙德希望对其进行为期 9 个月的课程教育，具体内容包括炮术、轮机和航海。"此后若是作为军官出海，他们将有能力在舰上承担相应职责，无需持续接受指导，而是通过实际操作学会如何完成自身职责。"他还鼓吹为水兵晋升为军官候补生设立明确的方案，并对"坚信考试是对军官最好的测试"这一观点大加驳斥。作为教育专业的一员，笔者对里奇蒙德的观点，即考试并非评价军官（或任何学生）能力的可靠标准深表赞同："今天在第二海务大臣的办公室举行了一次会议，就战后对年轻海军上尉们的教育问题进行讨论……希斯向我（里奇蒙德）问道，我难道不认为一名持有五张一等证书的学员比那种持有五张三等证书者更加出色？我回答说，我本人并不这么认为。前者并不一定是个更出色的军官。我曾查阅贝蒂、凯斯和蒂利特这三名战争中表现出色的海军指挥官的档案。他们三人一共也仅获得过一张一等证书。战争或许永远不会按照希斯等人所学的那种方式进行。"[27] 考试不仅不能作为未来职业生涯成功与否的可靠标准，而且可能导致临时抱佛脚。由此获得的知识通常不会被记住很长时间。更值得批判的是，为反刍知识而进行的临时抱佛脚并不能教会人如何思考，抑或运用其推理能力。当然，笔者并不打算提出取代考试的其他方案，尽管这类方案确实存在。

然而，里奇蒙德在每条战线上都遭遇了挫败。对于自己身处的时代而言，他的思想过于超前。由此，因为受到海军部委员会施加的阻力，由水兵晋升军官的政策直至 1929 年才最终得以确立。对于里奇蒙德的观点，以及海军教育系统中准确具体的错误所在的最佳总结，可见于一篇在战后写就的长篇备忘录。笔者将其摘录如下：

并未对海军通识教育投入足够的注意，这导致海军军官的眼界普遍有限，且经常不适于处理那些需要抽象思维和推理的问题。海军也未曾尝试培养推理能力。

技术教育开始的时间太早，同时其教授的内容过多……

出海时，学员们的学校教育尚未完成，这导致各舰需要配备海军教员，以指导军官候补生……军官和学员这两个身份无法兼顾。

僵硬的考试系统还使得海上训练效果进一步恶化。考试的内容过于广泛，这导致负责培训的军官不得不把精力聚焦在训练学员们掌握通过考试的技巧上，而留给他们用于训练学员如何成为工作高效的军官、水兵和战斗人员的时间就很少了——哪怕这种时间还不至于说是完全没有……

通过这些考试后，海军教育（除了以经验作为教育外）便就此停止。除非该军官选择某专业方向，否则不再需要他进行脑力劳动。而选择专业方向的军官又仅仅构成了军官团体中的一部分，且其工作完全是技术性的……因此，在早期教育阶段的教学未能培养起学员思考习惯的同时——取代这一习惯的则完全是机械记忆的过程——在晚期阶段，相应教育又未能培养出推理能力或对此进行训练。

直至军官前往参谋学院（Staff College，当时即将建立）或战争学院（War College），他们都完全不会接受有关战争问题的教育。在大多数情况下，直至军官晋升为上校军衔，甚至获得将级军衔，他们才会接受此类教育。从此，他们需要思考一系列全新的问题，其性质与他们此前处理的问题截然不同。很多海军上校和将官甚至从未前去上述学院进修——毕竟鉴于他们的年龄，或可认为他们并不会因此错过太多。然而，未能在思维尚未定型，同时求知欲很强的年龄段向年轻军官教授战略和战术基本原理依然是一个严重问题。这一问题造就了所谓"一门没有任何确定的学说的学说"。如今的海军中存在如此多的军官和如此多的观点。就战争将如何进行这一问题，无人持有清晰且得到他人普遍赞同的观点，这导致该军种对于战争缺乏准备。这一批评在战略和战术两方面均成立。这正是教育系统的直接结果。例如，尽管战争中部分年轻军官曾被赋予登船检查的任务，但他们对于商船及其运载货物或相关文件，还有如何进行检查一无所知。此外，船团护航舰队的指挥官应熟知船团防御的战术原则；哪怕这一原则现在已经不再处于无人灌输的状态，但为了学会该原则，英国人曾经付出沉重代价，例如"玛丽·罗斯"号（Mary Rose，也称"玛丽玫瑰"号）和"强弓"号（Strongbow）的沉没（1917年10月）……

除少数专业分支外，贯穿整个教育系统的特点便是完整性不足。所有基础之中，实践性最强的船艺通常是以课本之外的方式教学。尽管教育系统对于炮术和鱼雷较为注重，然而在一线人员的各种抱怨中，对那些年轻军官在这两方面无知程度的抱怨依然最为常见。这大部分应归咎于教育内容的散漫、缺乏良好的基础知识和通识教育，以及过分沉重的考试系统导致的麻痹效应。

海军也未曾鼓励军官们将其思考内容付诸笔端。与此相反，海军通过各种方式，阻碍军官们对海军存在的种种问题进行讨论；其中有些是通过规章规定，有些则是通过此种讨论可能产生的后果加以威胁。这直接导致了军官思维和讨论能力的窒息。不习惯于推理或书写，未曾就海上战争和政策接受训练——于是，海军高级军官们常常在担任管理机构领导后发现工作颇为棘手：他们必须对自己所持有的观点进行解释。[28]

笔者需要指出的是，对于任何教育系统而言，无论其缺陷如何显著，非常之人依然可能由其脱颖而出并取得成功。里奇蒙德自身就是个最好的例子。不过这一点并不能构成对里奇蒙德上述观点的驳斥。

令人遗憾的是，尽管很多海军高级军官都拥有非常出色的思考能力，但海军从未要求他们运用这一能力。由此不禁会引出下述疑问，即为何只有少数军官对其专业的高级知识表现出任何真正的兴趣，例如参加相关讲座或自行阅读海军史，并以聪明的方式对因此学到的知识加以运用。里奇蒙德认为，一般的军官对海军史的认识大概"仅相当于'给小亚瑟讲述的英国史'[①]这一程度，甚至有所不如。他们常常只是进行阅读而不求甚解，不对其内容展开分析，或是从历史中得出任何教训。他们不知道历史的价值便存在于对事件因果的分析。因此，我们那些所谓'明智的'朋友会鹦鹉学舌般地重复宣称，外敌对英国实施入侵是不可能的：

---

①译者注："给小亚瑟讲述的英国史"为玛利亚·考尔科特撰写的有关英国史的儿童读物，其口吻为向一名叫作"小亚瑟"的男孩讲述一系列有关英国历史的故事。

但这些人中无一能够清晰阐述出他为何持此观点，或对此观点进行充分论证"。[29]
这不仅是因为军官们所受的海军教育从未向他们传授海军史的价值，比如从海军
史中可得出经验教训的价值；根据一名高级军官的说法（1951 年），在很多海军
军官看来，对海军史展开细致研究一事并无吸引力的原因是"他们认为蒸汽和科
学进步对海上战争产生了如此革命性的影响，以至于自己从早已消亡的往昔岁月
中没什么可学的"。很多高级军官对研究海军史一事的态度亦不鼓励其他人关于这
一研究的兴趣。那些沉浸于海军史研究，或是对战争进行研究的军官往往被视为
怪胎。迪尤尔曾记录下列故事，从中即可对上述情况有所了解：

　　一名叫作库珀（Cooper）的上尉曾以一篇有关塞缪尔·胡德（Samuel Hood）
生平的出色论文赢得一个历史奖项。科贝特对此大加赞赏。杰利科则非常高兴
地向里奇蒙德声称，他查阅了库珀的档案，发现其舰长曾对他给出很糟糕的评
语。由此得出的推论是，只有彻底的笨蛋才擅长于历史！当里奇蒙德向霍尔（准
将）致信，请求加入海军学社 [Naval Society，该组织会出版《海军评论》（*Naval
Review*）这一期刊 ] 时，霍尔回复称自己可同意里奇蒙德加入，但鉴于从事写作
将对他有百害而无一利，因此希望里奇蒙德不要继续这样做。另外值得一提的是，
甘布尔（Gamble，时任海军中将）在听了费希尔（W. W. Fisher）的讲座后给出评
论："非常出色的讲座，但我确信他这个人在任何一艘船上都毫无用处。"[30]①

　　毫无疑问，军官们可以从对海军史的学习中获得智慧。尽管里奇蒙德及其
追随者们有时并不承认历史学家们坚持的黄金定律——历史从不会以完全一致
的方式重演，因此类比历史的做法自有其局限性。正如阿诺德·汤因比（Arnold
Toynbee）②所言，历史学家"从不处于这一立场，即保证为其研究目的而提出进
行比较的实体，完全适合进行比较"。历史学家可对过去进行抽象化，并从中得

---

　　①译者注：威廉·雷金纳德·霍尔因健康原因无法担任舰上指挥官后，于 1914 年 10 月出任海军情报处处长，
直至 1919 年 1 月。甘布尔时任第 4 战列舰中队指挥官。

　　②译者注：英国著名历史学家和哲学家，曾提出将历史现象放大到文明范围进行研究，代表作为《*A
Study of History*》，中译本为《历史研究》。

出基本原理和宽泛的教训，但并不能获得更多结果。然而，这已经足以证明研究海军史或任何相关历史问题的重要性。

导致对战略、战术及指挥的研究受限的原因，实际上和海军教育系统的缺陷毫无关系。维多利亚时代承担"炫耀武力"和"海上警察"任务的旧式海军以极快的速度转化为战争迫在眉睫时，集结于斯卡帕湾和福斯湾的庞大舰队，海军在此过程中经历了一个动荡的时代。这一期间，几乎所有海军军官都被卷入改进炮击和鱼雷攻击效率的工作——可以说这是一项全职工作——或是在主力舰上对那种需要大量人员进行的工作实施组织和指挥。里奇蒙德、迪尤尔兄弟、德拉克斯、瑟斯菲尔德（H. G. Thursfield）、韦布（Webb）及其他很多年轻军官，还有以斯莱德（Slade）为代表的若干高级军官的意见固然言之有理；但在那些忙碌的岁月里，无论军官本人如何天才，几乎也没有一名军官能在完成其应执行的任务之余，抽出时间研究战争。尽管如此，战略和战术知识竟然被认为是仅需由将官们考虑的内容！然而问题在于，即使是这些高级军官，他们也沉浸在有关军备的问题上。为修正这一倾向，海军部自 1900 年起开办了面向高级军官的"战争课程"（War Course，可将其视为今天的海军战争学院的前身），其基本大纲包括海军史、战略和战术。尽管有着各种缺点（此处仅举一例，即该课程反复灌输了一个已经被接受的策略：不鼓励学生申请该课程的关键教职），但至少可将其视为走往正确方向的第一步。然而，该课程引入的时间太晚，已经无法影响 1914 年的情况。丘吉尔曾对战争爆发时的情况给出如下广为人知的评论："我们拥有干练的行政人员、各种卓越的专家、无可比拟的航海长、良好的纪律维持者、出色的海上军官，以及英勇而忠诚的信念：然而在战争之初，相较那种适应战争的舰长，我们实际拥有更多的是指挥舰船的舰长……为了让皇家海军在战争问题和战争局势方面实现视野的极大拓宽，也就是一种一旦缺乏便会导致船艺、炮术、各种工具主义、对最高命令的忠实执行都无法实现其应有结果的那种视野，我们需要执行至少 15 年坚定不变的教育政策，方能收获成果。"[31]

第一次世界大战期间，曾在某些方面遭遇失败的将官数量很多——例如斯特迪、奥利弗、克里斯蒂安、米尔恩、摩尔、杰克逊、杰利科、贝蒂、杜夫、莱韦森、杰拉姆、巴滕贝格、特鲁布里奇、沃伦德、古迪纳夫，以及其他人——

但没有必要继续列举。考虑到第一次世界大战的强度及其持续时间，还有海上战争中引入的新因素数量，前述人数或许并不令人惊讶。无论如何，我们显然无法断言称不存在胜任自己职位的高级军官。尽管拥有各种缺点——其中自然包括他过于注重细节、事必躬亲，以及希望自己承担过多工作的倾向——并且曾犯下种种错误，但杰利科依然拥有"所谓'马汉式'，也就是从实践中有所收获，能迅速掌握情况的直觉"，而这一特质是伟大舰队指挥官的特征之一。对于指挥官的这一珍贵资质，在法语里其被称为"coup d'œil"，即"一眼即知"（下文将对此展开进一步阐述）。贝蒂则属于那一类，旁人对他似乎不存在中庸评价的人。他要么被人极端尊崇，要么情况完全相反。笔者个人认为，时间的流逝并未增加其1914—1916年间作为战列巡洋舰舰队指挥官的名望：贝蒂在很多方面堪称伟大的领袖，但并不属于最顶尖的那一部分。然而，他无疑拥有日后被皇家空军元帅约翰·斯莱瑟（John Slessor）爵士描述为"大人物那种直指最关键点的天资"[原句是用于描述在第二次世界大战期间蜚声全球的美国空军上将"哈普"·阿诺德（"Hap" Arnold）]。这一惊人资质与其异常开阔的思维、对才华横溢的青年军官们观点的同情一道，使其作为大舰队总指挥官获得了巨大成功；对此职位而言，上述令人敬畏的资质拥有最大的价值。作为总指挥官，贝蒂最重要的成就实际上被忽略了：在很大程度上，正是他的个人作为，才使得大舰队的士气直至战争结束也一直保持着非常高昂的状态。笔者倾向于认为，蒂利特在很多方面同样堪称战争期间英国方面出色的海军军官之一，正如希佩尔可以说是德国方面出色的军官之一那样。维密斯，即"世界级思维开阔而狡猾的人"，在第一海务大臣任上的表现堪称卓越。笔者心目中的"五大最出色军官"中的最后一位是"雷吉"·霍尔，里奇蒙德对他的评价为"在他自己的世界里可谓天才"，并在任职期间取得了极大成功。在另一个层面上，笔者将提出凯斯和杜大两人。就前者而言，丘吉尔曾在设于圣保罗天竺教堂的凯斯纪念牌揭幕时，自己发表的演讲中这样说道："在很多方面，他（凯斯）的精神和榜样似乎堪称纳尔逊本人的鲜明个性和无可抑制的英勇精神，在我们这个严峻而悲剧的时代的重现。"至于杜夫，毫无疑问，船团系统使得大英帝国乃至整个协约国方面避免了灾难性的结局，并有助于最终打赢海上战争。尽管与杰利科和海军部其他高级指挥官一样，杜夫认识到船团系统的价值和可行性的速度很慢；然而，由于其在组织和扩展船团系统覆盖范围等方面的工作，此人依然有资格获得最高级的赞誉。在此期间，他对船团系统相关工作背后真正的大脑，即他的海军助理亨德森中校的坚定支持尤为突出。还有一些胜任其职位的高级军官，此处仅举两例，即奥斯蒙德·德·伯瓦尔·布罗克和古迪纳夫。不过，对于很多更重要的任命而言，担任该职位的人员很难称得上完全胜任。

对于这些任命，迪尤尔将军从未给出过比下文更明智的描述："在人类各种形式的事业中，将正确的人选置于正确的地位乃是取得成功的秘诀。然而，困难之处不仅在于发掘这样的人，更在于将其放到合适的岗位上。"这一论断本来非常明显，是一种正确的说法。然而，第一次世界大战期间选拔军官流程中的缺点曾使得皇家海军和英国付出沉重代价。为什么在重要职位上会做出如此多的糟糕选择？讨人喜欢的约克郡乡绅布里奇曼怎么会成为第一海务大臣（1911—1912 年间在任）？在战争最初几个月里，为什么会由卡登担任东地中海分舰队的指挥官？多格尔沙洲之战期间，为什么是摩尔担任贝蒂的副指挥官？伯尼为什么会成为杰利科的副指挥官？海耶斯－萨德勒为什么能在 1918 年成为爱琴海中队指挥官？为什么历任海务大臣的总体素质无法获得进一步提升？此类问题源源不断，几乎无穷无尽。在讨论这些问题之前，笔者有必要对当时的选拔机制加以简述。从体制的角度上看，对海军将官和上校的任命乃是海军大臣的特权，他的海军秘书负责保存好所有人选的档案，并向他提出建议。实际上，第一海务大臣对于任命也有着巨大影响力。当然，任命在很大程度上取决于海军大臣、第一海务大臣和海军秘书的个性。一个如丘吉尔般强硬而固执的海军大臣可能会否决第一海务大臣和海军部委员会的意见，正如 1911 年他指认贝蒂出任他的海军秘书这一行为那样。出于实际考虑，战争期间对于其麾下将官的任命有必要得到舰队总指挥官的赞成。任命一名总指挥官并不信任或不喜欢的将官，指挥总指挥官麾下的某个中队自然不可行。海军秘书常常就战列舰的新舰长人选和总指挥官进行交流，但这并非定例。

为何会出现这么多不合时宜的任命？首先，当时其实并不存在排除不胜任将领的机制。其次，海军中还存在着论资排辈的传统。费希尔在担任第一海务大臣期间曾对此进行艰苦的斗争，但在其离开海军部后，这一传统便死灰复燃。"鉴于斯潘瑟勋爵 ① 跳过若干资历更深的海军将领（实际是两位）提拔纳尔逊，并因此赢得尼罗之战的胜利，因此在将正确的人选置于正确的位置，而不顾其他任何考虑一事上，我们不应出现任何犹豫……**战争中只有一条人事规则成立，那就是'以不对资历进行任何考量为前提，选出最合适的人'**。"[32] 然而，这一"规则"实际并未得到遵守。此处仅举一例：1917 年，海军大臣卡森曾希望将蒂利特从准将军衔晋升为少将，然而他发现"存在一种对任何按次序不应轮上者提前进行拔擢的反对，且这种反对根深蒂固"。[33] 尽管蒂利特的战斗履历堪称非凡，但他还是直到 1918 年才获得晋升。

同时，撤销在当前职务上犯下错误者的职务一事也会遭到极大阻力，这种阻力或是源于对私谊的顾虑，或是对此类军官撤职或转任后有可能导致的灾难性后果的顾虑，或是担心有损舰队士气。依笔者之见，正是出于上述顾虑，杰利科和贝蒂在处置让其失望或并未取得特别成就的军官时才会表现出无法原谅的宽大。就杰利科而言，我们自然会联想到他对沃伦德和伯尼的处理；谈及贝蒂时，西摩尔则是一个类似的例子。这种对实践已经证明对于特定职务难称胜任的军官继续留任的处理方式并不限于海军。此外，费希尔还犯下了另一个极端的错误：他总是倾向于将犯下任何一个错误的军官解职，丘吉尔甚至不得不对此加以限制。

另一个选拔人选上的难题则是如下假设的存在：一名军官既然已经在某方面工作上展示出了相应的能力，那么他在从事其他的性质截然不同的工作时也能取得成功；或者反过来说，假如一名军官未能在担任某些职位，例如战舰的副舰长时表现出色，那么他同样不会在其他或更广阔的方面取得成功。对于发掘不同军官天分，并使其能以最佳的方式进行发挥这方面的工作，海军几乎没有做出过任何尝试。第一次世界大战爆发前有这样一个例子，具体人物是海军上将查尔斯·布里格斯爵士。他堪称一名无懈可击的出色军官，深受海军敬重；

---

①译者注：指乔治·约翰·斯潘瑟，第二代斯潘瑟伯爵、辉格党政治家，1794—1801 年间任海军大臣。

但在1910—1912年任海军审计官期间，他并未取得显著的成功——行政管理工作并非其专长。

就战争期间在海军部任职的高级军官来说，总体而言他们才能平庸。不过，考虑到当时的实际情况，有一个因素使得这一结果在一定程度上情有可原：战争期间被召回的很多大龄军官更偏好出海指挥职务，而不喜欢在海军部的工作。前者可以带来冒险、刺激和荣耀的种种可能，而后者仅代表着单调无聊的工作，以及与遭受轻视的政客之间的复杂关系。蒂利特就是那种持有厌恨在海军部任职的想法，并成为"海军部麾下的勇士"之一的典型高级军官。但需要指出的是，蒂利特所处职位倒是非常适合发挥他自身的特长。

对于向特定职务分配资质最佳的军官一事的另一障碍则是对独立思考能力的偏见。这种偏见在海军中普遍存在，且无疑存在于海军部内。尤其对年轻军官而言，如果他质疑海务大臣或海军部委员会的决定，或是与其上级意见不同，那就会被视为异端——类似于犯下了对抗圣灵之罪。由于这种做法很可能带来毁掉自己职业生涯的风险，提出上述反对意见自然需要非凡的道德和勇气。至于提出独立或非正统意见的军官，他们往往会被当局以怀疑的态度对待。下文仅举一例：1911年，本土舰队的一名枪炮官向其舰长报告称，炮击技术的改变将导致若干炮术训练内容显得过时，且无异于浪费时间和弹药。因此，他建议引入一些更贴合实战的射击训练，包括可能在实战中发生，处于不利风向和天气条件中的分队射击训练。对此提议，本土舰队总指挥官威廉·梅爵士表示了大体上的赞同，但私下告知这位枪炮官，称第一海务大臣（威尔逊）希望保留那些过时的射击训练，如果提案文件被提交海军部，就可能被海军部认为这是对海军部政策的批判，从而影响枪炮官本人晋升中校军衔的机会。梅因此建议这位枪炮官撤回其提案。[34]这种做法的实际结果便是少数能独立思考，并拥有分析批判能力的才华横溢的军官并未得到海军部充分利用，反而被该部视为"不切实际的空想家"。

实际上，"智力"本身就被海军视为可疑之物，而"性格"和"勇敢"被海军赋予了更高的价值。性格、领导力，以及身体和精神两方面无限的勇气固然是对高级军官而言重要的个人素质，且费希尔时代的海军对这一切都有较为公正的认识。然而，潜藏在这一切素质之后的则是一项非常重要，但海军上下各个层次都极其缺乏的素质，也就是出众的智力水平。正如德拉克斯于 1917 年哀叹的那样，"精湛的战略能力、对战争艺术的深入了解、敏锐而迅速的脑力劳动——这一切都不存在，实在是令人哀叹"。即使智力出众者从某些方面讲确实存在，但他们通常也不会得到来自高级军官全面的赞赏。

关于海军对独立思考以及高超智力的态度，最好的例子便是赫伯特·里奇蒙德本人的经历，他堪称那一代军官中智力最为出众者。作为一个天生的反叛者，他不仅在 1914—1918 年间毁掉了自己获得与其能力相当任命的机会，而且限制了自己在战争结束后能获得的最高任命，而这一切都源自他对海军种种问题的直率观点。例如在 1915 年 1 月，原任作战计划处处长莱韦森离任并离开海军部时，里奇蒙德不仅从素质上讲胜任该职，而且他当时担任作战计划处处长助理，因此从这两方面来说都堪称最合逻辑的继任者。然而，尽管获得了贝蒂的支持，里奇蒙德还是没有得到作战计划处处长的任命，且在四个月后被派往意大利，担任驻意大利舰队的联络官一职：这无疑是对其才能的浪费。那么，接替莱韦森出任作战计划处处长之人又是谁呢？托马斯·杰克逊（Thomas Jackson）上校——事实将证明这是一个完全堪称灾难的任命。1918 年，维密斯曾在里奇蒙德进入海军部时告知后者，他（后者）"被视为'危险人物'，充满了各种自发性的荒唐计划"。1918 年末，里奇蒙德在日记中提到："格蒂斯对我非常不满，而且已经决定甩掉我……他曾（对另一位军官）说过，我惹恼了所有人——这话倒是不错，对此我毫无异议——当一个人的观点在根本上就与其身边所有人相左时，这是非常自然的结果。"除此之外，他还提到：

维密斯昨天下午把我叫去，并通知我将被解职……他说做此决定的原因是我不称职……我回答称，有证据说明我完全称职——我持有非常坚定的观点，而这一切都源自八年来的学习和思考。他则回答道："是的，就是这个。这就是你的错误。你是一个专家。你们这些专家都一个样。"我反问称，从哪方面看我是一个"专家"。他没有回答这个问题，转而继续痛骂专家之类的人物……这事可真是有趣得紧……我作为训练与参谋作业处处长的缺陷竟然是我在研究这些问题上花费了若干年时间。在这个国家里，我们是多么崇拜那些外行啊！ 35

肯尼斯·迪尤尔则是另一个拥有极高知识素养和独立观点，同时又几乎在一潭死水中经历了整场战争的例子（战争期间，他先后担任一艘旧式战列舰舰长、德文波特枪炮学校校长等职务）。直至 1918 年，他才被任命为作战计划处处长助理。当然，也有少数例外——即少数聪明、理性的年轻军官，如奥斯蒙德·德·伯瓦尔·布罗克曾在战争期间担任重要职务，并在此后一直晋升到其职业的顶点。

尽管迪尤尔和其他一些与他类似的军官作为执行军官并不成功——这种成功体现在组织和管理一艘战舰的乘员，并赢得舰上官兵忠实而全身心的回报上——然而毫无疑问，他们拥有头脑，且与同事们相比，这些人对战争的思考更为深远。里奇蒙德则是一个例外——他也是一个第一流的指挥官和舰长，他麾下的官兵愿意尽其所能，为自己的指挥官效力。

海军中有个根深蒂固的诅咒被称为"高级军官崇拜"：也就是对上级的盲目服从和盲目信任。这种"高级军官总是对的"症候显然相当无助于独立思考能力的培养。一名将军认为，这一观念可追溯到维多利亚时代的那种普遍态度："……仅因军衔高低，便把高级军官的观点视为神圣智慧，以及高级军官对允许任何级别低于上校舰长者思考一事可能导致后果的担心，无论如何都非常普遍。这一观点并不局限于海军，在家庭、陆军、商业乃至工业中也颇为常见。家庭中，父亲绝不会被当面质疑。"[36]这一观念的存在也与那些高级军官较早加入海军有关。年轻的学员们被灌输了将其上级军官所说的一切视为真理的观点。"高级军官崇拜"的典型范例便是 1893 年的"维多利亚"号（Victoria）灾难。在的黎波里（Tripoli）①附近海域进行的一次编队训练中，"有证据显示，乔治·特赖恩（George Tryon）爵士②当时显然有些异常，误判了两列纵队之间的距离。海

---

① 译者注：此处是指地中海东岸、黎巴嫩北部的的黎波里，而非地中海南岸的利比亚首都。

② 译者注：乔治·特赖恩海军中将时任地中海舰队总指挥官，旗舰即为"维多利亚"号。特赖恩中将反对过于僵化和事无巨细皆做规定的指挥和信令模式，主张引入一定的自由度。相应事件发生于1893年6月22日，当时参与演练的11艘英国战舰分为两列纵队，计划通过机动变换队形，构成6个相邻距离为2链（约合36.6米）的纵队在锚地泊位。为此，特赖恩下令两列纵队各自向内转过16个罗经点（即180°）。由于实施这一机动的转向半径大致为1.9链（约合34.7米），因此当时两列纵队的距离实际上不足以进行这一转向。对于这一点，在场的大多数指挥官心知肚明。"维多利亚"号后与"坎伯当"号相撞沉没。杰利科当时担任"维多利亚"号副舰长，当天因发烧请了病假。因此，他也幸运地从这次事故中逃生。

军思维是如此固执于所谓对'谦恭礼节'的狂热，以至于当相关信号旗升上横桁，死亡已经逼近时，尽管舰桥上的军官都来自一个拥有不顾一切的勇气和独立精神的民族，但还是无一人敢于上前，以耳语、高呼乃至喊叫的方式指出'长官，你不能这么做；我们之间的距离只有6链（约合120.7米）！'由此，'维多利亚'号、中将和他的将旗一同沉入了海底"。[37]贝蒂深知这一观念对海军的危害："我们必须铲除现存的如下迷信，即一位制服胳膊上有四道杠的军官一定比胳膊上只有三道杠[①]的军官更加出色。"[38]

　　海军部采用的过分集权的管理方式，使得将各指导机构集中于讨论有关政策的较大课题一事极度困难。我们曾经读到如下的例子，即一艘巡洋舰需要接受若干改造，其中包括切割若干层甲板。海军副总参谋长奥利弗竟然亲自介入了所有相关问题。[39]所有相关文档，事无巨细，均会提交给第一海务大臣或海军副总参谋长。深陷"文字工作"的洪流之中一事，对海军参谋的工作造成了极大妨碍。

　　迪尤尔将军曾根据亲身体会给出如下描述：制定计划、提前考量，或是对巡逻及船团的相对优缺点进行调查从来都不是作战计划处或海军参谋部所辖任何部门里任何一人的责任。这一类工作未能完成的原因是高级军官从不向下放权，让部下去做事。他们将自己卷进大量的日常工作和当前事件里，尽管其中大部分内容都可以在不咨询海军部意见的前提下做出决定。这自然导致他们无法将自己的注意力集中于处理重要的政策问题，或是关于其他事务的一般性指示上。人类的思维一次仅能对一件事进行高效处理，然而在此情况下，高级军官们不得不持续将注意力从一个课题转向另一个课题，如此才能跟上电报和文档流入的节奏。因此，那些需要思考和讨论的问题便不得不被其回避，或是在对相关事实及问题了解不足的情况下匆忙做出决定。

　　类似的过于集中化的特点也体现在了海军指挥方式上。如果说战争实践经

---

验指出了一个最重要的教训，那么就如德拉克斯所表述的那样："信任现任人员。**不要视其为愚蠢而没有思维的机器：只有通过总部发出的详细指令，他们才能做出明智的举动。"**第一次世界大战期间，先后有约两百万份作战电报经由海军部战争登记处（Admiralty War Registry）之手收发。海军部还频繁越过相关负责主官，直接向各舰队或中队下达非常详细的命令；然而相比海军部，现地主官无疑处于更有利的位置，去判断需要做什么。我们不妨回顾科罗内尔海战前克拉多克的例子，以及"戈本"号逃脱事件前米尔恩勋爵的例子。海军部甚至曾向某艘驱逐舰或潜艇下达非常详细的命令；在一般情况下，该部还会对进行于北海的作战实施直接指挥。在德方袭击斯卡伯格的战斗中（1914 年 12 月 17 日），如果将指挥权交给舰队总指挥官，那么整个大舰队都可能在斯卡伯格和赫尔戈兰之间水域集结，从而迫使航速较慢，实力也较弱的德国舰队在昼间交战。总指挥官亦不会冒着被敌方各个击破的风险，只派出四艘战列巡洋舰和仅仅一个战列舰中队（六艘无畏型战列舰），去迎战规模可能为整个公海舰队的对手。而这正是海军部指定杰利科去做的事情。大舰队极其勉强地避免了一次可能扭转整个战争走向，导致形势有利于德国方面的沉重损失。当时双方舰队正在迅速靠近，且双方驱逐舰已有接触。幸运的是，德国总指挥官当时以为己方已经与整个大舰队接触，遂决定转向撤退。

德国方面则采用了一套完全不同的系统。德国海军最高司令部仅负责为各个下属司令部制定战略性政策，并以简短的战争令的形式传达。除了情报汇编工作和偶尔发出指示外，海军最高司令部并不会下达作战令。作战的发起和执行均由执行机构决定。对于英德两国指挥系统中哪一种更有效率这一问题，答案应该是显而易见的。

若对上述所有观点进行概括，笔者将指出如下四条人类关系的基本"定律"或原则，其明智之处早已由费希尔时代海军的经验充分证明：一、选拔的原则，即不顾及个人偏爱或年资序列的影响，为某一职务从手头可用的人选中选出最佳者。但这一原则必须由融洽原则（见下文）证明其适当性；二、分权化原则，即应为那些责任更重者留出时间和精力，使其思考和处理与战备和战争相关的更宏大问题；三、鼓励原则，即对拥有个人观点和想象力的下级进行鼓励；四、融洽原则，对此，笔者并没有试图隐晦：海军大臣和第一海务大臣的人选应在气质上相合，且可实现互补。这一点非常重要。诚然，事先决定相关人员是否能相处融洽有时非常困难，甚至不可能。不过，只要遵守这一原则，便能取得非凡的效果，正如麦肯纳 - 费希尔组合（1908—1910 年）与格蒂斯 - 维密斯组合的成功范例所展示。在违背这一原则，或对其考虑不够充分时，结果便可能非常糟糕，正如丘吉尔 - 布里奇曼组合、丘吉尔 - 费希尔组合、贝尔福 - 杰克逊组合及格蒂斯 - 杰利科组合所表明的那样。当然，融洽原则的重要性并不会高过其他原则。对我们所关注的时代而言，如果对上述四项原则均以适当程度的常识进行运用，就可能导致奇迹的发生。这并非仅仅是从任何老生常谈的角度强调人类首先是理性的存在。按历史学家艾伦·内文斯（Allan Nevins）的说法，人类事实上"首先是一种感性的存在，即使在最理性的情况下，他的思考过程也会不知不觉地受到主观感受的影响"。[1]

## 3. 人的因素

那些在战争期间及其结束后，利用海军种种战备不充分的例子，以及那些堪称可怕的错误和缺点去嘲讽政客和海军高级司令部的人们从一开始就会为以下事实所困扰，即英国实际打赢了战争，且尽管未曾取得任何一次惊人的战斗胜利，但海军最终赢取的胜利仍是如此的彻底。那些指出战争的最后一幕，也就是公海舰队实际上被拘禁一事者所掌握的论据更加充分。那么，应该如何解释英国海军的胜利呢？显然，海军确实做对了一些事！被海军内部少壮派所偏爱的解释方式可由里奇蒙德日记（1918 年 11 月 3 日）的摘录加以总结："昨晚和霍尔丹勋爵共进晚餐……他充分认识到海军最高司令部在战争中的表现是何等失败，以及我方在海上的胜利完全是由于数量方面的巨大优势，反而与作战技能毫无关系。"[40] 鉴于皇家海军在大多数舰种上巨大的数量优势的确威吓了德国海军，因此这一论断并不只是真相的某个微不足道的侧面。更大的侧面则反映在《每日电讯报》的一

---

①译者注：艾伦·内文斯为美国历史学家和新闻工作者，其代表作主要与美国南北战争相关。他是商业史和口述史的主要鼓吹者之一。

则头条消息中（1919 年 2 月 19 日刊），其中援引了摘自杰利科作品中的一条依据："与德方相比，我方拥有的主要优势存在于我方水兵的性格、船艺和勇气之中。"

人的因素在英国海军的胜利中所做贡献需要得到强调。日俄战争中的糊涂虫、俄国陆军总司令库罗帕特金（Kuropatkin）上将同样拥有这般洞察力："仅靠战舰无法构成一支舰队，也无法构成帝国的一个强大军种。一个国家的力量并不存在于装甲、火炮和鱼雷中，而体现在这一切背后的官兵们的精神里。"的确，众所周知，海战是靠人而非战舰打赢。马汉曾写道，18 世纪的英国海军乃是依靠其官兵，而非军备屡屡凯旋。这一论断在 20 世纪同样成立。1918 年圣乔治日泽布吕赫的战斗中，"怀恨"号的官兵英勇奋战，其舰长在战后写出下述颂词："那些迷恋装备者追随了一个伪神。所有战斗的关键都在于'人'——这一事实不仅被以往的整个历史一再证实，也在这一夜得到证实。"[41] 从杰利科所著《大舰队》一书中能得到的最主要结论是，英国海军的胜利并非由于较德国海军更好的战备，抑或是性能更好或数量更多的装备，而是由于人员高昂的精神使其获得了无与伦比的主动性、即兴发挥能力以及最为重要的**信心**，并由此收获了无价的力量。自伊丽莎白时代的老水手以来，皇家海军真正的力量便存在于其极度的自信——一种对自己无敌于天下与生俱来的坚信，1914—1918 年间，这种坚信不仅建立在装备资源的重大优势上，也建立在伟大指挥官和伟大胜利的传统上——以及其团队精神和对于职业骄傲的强烈感受上。奥斯本主礼堂[①]的一端饰有纹章，其上铭文为"没有什么是海军做不到的"，援引自某位海军将领的名言。海军军官们或许曾像德克拉斯坚称的那样成为"英国式气质中最可憎的缺点，即世袭遗传的缺乏想象力"的牺牲品，但他们的专业技术能力和活力、勇气、决心、毅力及永不动摇的信心无可否认。这一巨大资产乃是延续数世纪之久的绝佳航海传统、卓越的船艺和纪律的共同产物。[42]

英国海军官兵的素质同样出众。海军上将威廉·詹姆斯曾就水兵们写道：

---

①译者注：奥斯本主礼堂为四星级酒店维多利亚谷仓（The Victorian Barn）的一部分，位于英国南部。

希望加入海军的男孩需要获得适当的推荐。他即将加入的是一支要求长期服役的部队，并有机会签署合同，在作为成人服役12年后获得退休津贴。士官和士官长大多签署了养老金合同，他们堪称水兵的中坚。至于皇家海军陆战队，他们是本国唯一的——在我看来也是世界上唯一的——长期服役团队。皇家海军陆战队一直因其士气高昂闻名于世。在那些燃煤舰只上，司炉工构成了船员总数的相当一大部分。此类人员的招募来源并不像水兵和海军陆战队那样优良，且他们平时也会偶尔出一些小麻烦；但只要战争爆发，这些人同样能够保持良好的纪律。战争前两年里，我曾担任"玛丽女王"号的中校副舰长。在此期间，我很少需要处理"违反军规者"。上至舰长，下至最年轻的见习水兵，所有人都贯彻着一种决心坚持到底的精神。我们会尽一切可能避免产生任何令人厌烦之事。无疑的是，整场战争期间，我们的纪律一直维持在一个很高的水准上。[43]

商船水手和渔夫们的勇气、技能及献身精神同样高昂。他们拥有所谓的"航海天性"：

回想渔民们纷纷赶来加入舰队，承担一些他们在此前海上生活中已经习惯的繁重工作的情景（值得注意的是，海军既无合适的舰艇，也无相应的人员实施此类工作），就如历史上面临法国人或西班牙人的入侵威胁时，隶属古老的五港同盟（Cinque Port）[①]的船只及志愿者船队蜂拥至海军旗下那样；第一次世界大战期间，我们的渔民及商船船队、皇家海军预备队和皇家海军志愿预备队[②]的官员与水兵们团结一致，在手无寸铁的情况下坚持在战争中履行辅助性工作。唯有

---

①译者注：五港同盟为中世纪时期，由英格兰东南部英吉利海峡沿岸的若干海口和城镇组成的战邦，一开始只包括最早作为核心的五港，即黑斯廷斯、罗姆尼、海斯、多佛尔和桑威奇，另有2座"古镇"拉伊和温奇尔西，以及8～23座其他村镇。从11世纪起，其成员城市以提供海防服务换取自治权；到13世纪，自治联邦逐渐成熟。在1208年和1216年，五港同盟的舰队曾两次击退来自法兰西、佛莱芒、神圣罗马军队的侵略；13—14世纪间一度是英国海军主力；但在16世纪西班牙无敌舰队入侵前夕，其地位已经下降；后来除了多佛外，其他港口逐渐衰落。

②译者注：皇家海军预备队和皇家海军志愿预备队均创设于20世纪初前后，创设目的便是打造海军的预备役。相对来说，皇家海军志愿预备队人员的志愿程度更高。

流传已久的传统方能激励商船队的成员坚持持续出航，且一直保持冷静：尽管他们深知在公海上，不可见的水雷或鱼雷可能在任何时刻出现，并决定他们的命运；与此同时，任何可能的救助实际上他们都无法期待。[44]

德国海军最终的崩溃应部分归因于其忽视了一条基本真理，即人的因素总是最具决定性的那个因素。德国水兵们忍受战争压力的能力已被现实证明举世无双。然而，德国海军系统的真正弱点是官兵之间存在的鸿沟。因此，当公海舰队的水兵们在停泊于威廉港期间上岸休息时，他们的军官却不像英国军官那样，不怕麻烦地为水兵们创造娱乐的机会，并为他们培养业余爱好。此外，德国海军的军官们一直对水兵们保持着一种冷漠态度。一位经历过第一次世界大战的英国海军军官，曾就两国海军军官的态度进行比较：

德国军官在对待其水兵时态度过于严厉。对德国军官而言，"战争就是战争"，容不下其他东西。没有板球，没有拳击，没有橄榄球，没有音乐会，或是任何可将水兵们的思维暂时从其困境中解救出来的东西——官兵之间不存在任何同情和理解——唯一存在的是"战争"。

与此相反的是英国海军军官们对于纪律的观念。官兵们一起娱乐，在拳击中互相击打，一起赛跑，一起划船，一起欣赏音乐会，或是以其他方式一起自娱自乐——即使"战争仍在进行中"。"总是工作而毫无娱乐，这会让英国水兵变成沉闷的小伙。"这就是两国海军之间的区别——非常重要的区别。[45]

漠视人的因素还体现在严酷的军纪、糟糕的食物，以及总体而言对人类感情的漠视上。到1917年，德国水兵已经对其军官表现出了严重的不信任，对其生活条件也表示出极其严重的怨恨，并高声呼吁和平。这一切难道有何值得意外的吗？此外，在导致第一次世界大战后期德国水兵士气急剧下降的原因中，我们还需要加上乏味无趣的日常作息，以及舰队长期无所作为所导致的单调感。然而，士气的涣散并未发展到潜艇乘员当中，毕竟该部队一致保持着活跃行动的状态，而且在潜艇上，水兵们一直与自己的军官亲密地共同生活和战斗。

尽管从根本上说，一直折磨德国海军的因素是缺乏航海传统。海军上将查特菲尔德曾对此作出如下分析："德国从来都不是一个海洋国家；尽管德国人行事高效，但缺乏真正的水手精神或性格。尽管威廉皇帝和冯·提尔皮茨打造的海军非常庞大，尽管这支海军的战备水平、舰只的设计水平、必然展开的试验性工作，以及德国工业工人的技术均堪称熟练，但他们仍然缺乏一些东西。到底是传统、性格还是一些更深层面的东西，导致在与我方接触之后，他们的第一反应无一例外皆是撤退返航呢？"[46] 提尔皮茨海军上将曾承认："德国人民并不理解海洋。在那种决定自身命运的关键时刻，他们并不会选择使用本国舰队。"以及"我们是被英国古老的传统海军声望所击败……这种声望使得我们的统治者害怕在还有时间进行战斗时，派出舰队接受战斗"。[47]

由于缺乏关于海洋的本能，以及对皇家海军的声望和压倒性实力的敬畏，德国人在第一次世界大战中任何时间都未能以富有进取心或朝气蓬勃的方式运用其舰队。他们对胜利毫无信心，且担心本国舰船蒙受损失（培根上将曾在战后提出这么一个观点，即德国人担心蒙受舰船方面损失的心理乃是"源自厌恶损失军备的陆军本能。毕竟'保卫大炮'一直是所有陆军的传统"）。在损失一艘战舰，即在多格尔沙洲之战中损失装甲巡洋舰"布吕歇尔"号后，德国方面一度放弃对英国东海岸实施"打了就跑"式的袭击，而且这一作战方式的中止时间长达15个月。德国方面也未曾全力坚持以驱逐舰深入多佛尔海峡，展开袭击的作战。此外，德国方面还从来不曾有意接受，与大舰队进行一次大规模舰队交战的风险。的确，除了提尔皮茨之外，再也没有人曾主动地愿意接受海战的考验。公海舰队的任务便是回避这样的交战。该舰队采用的战术乃是游击战，完全依赖于突然性和速度。战争爆发时，尽管英国方面在主力舰这一舰种上具有相当优势，但这种优势远谈不上压倒性。如果德国方面选择以手头所有舰只全力一搏发起突击，他们便有可能取得可观的成功；这一做法的效果远胜于一直等待机会，逐渐消耗敌方和对其展开破袭的战略。1918年初春，德国方面还曾有一次对战争走向施加重大乃至决定性影响的完美机会，即大胆使用其舰队，中断英国陆军向法国的增援。同样地，因为担心风险而导致的犹疑使德方再次失去了一个在西线实施决定性打击的完美机会。德国方面从未完全发挥其主要优势。当英国舰队一直枕戈待旦，并因此导致该国官兵上下承受着极大压力时，德国舰队却一直掌握有主动权：他们完全可以选择在合适的时间求战，然后在战斗结束后休息、训练和整修；尽管由此将导致舰队需在漫长的战斗间隔期间驻港备战，而且会不可避免地影响士气。

以上论述并非意味着公海舰队对德国而言毫无用处。事实绝非如此。哪怕仅仅作为一支"存在舰队"，公海舰队也为德国的总体战争努力做出了不可或缺的贡献。舰队的存在实现了保护德国沿海免遭入侵，使波罗的海一直可被视为德国的内湖——从而保护来自斯堪的纳维亚国家的重要战争物资运输；并在1917—1918年间作为德国在北海海域一系列扫雷行动的后盾，而且正是这种扫雷行动，才使得德方潜艇出发和归航的航道畅通无阻。此外，笔者还需要加上不应被视为马后炮的一个观点，即德国海军一旦接受战斗，便会以堪称典范的英勇同敌人交战。这类战例可参见福克兰群岛海战和多格尔沙洲之战中"布吕歇尔"号的表现。

若是对第一次世界大战爆发前的若干年进行反思，那么笔者会提出这一疑问：就决定与英国在海军方面展开竞赛一事，德国在多大程度上堪称明智？笔者在本书第一卷中曾对较为显著的后果进行如下总结："海军竞赛本身并未导致战争，但保证了一旦战争爆发，英国就会站在德国的敌对一边。"这一结果早在1906年11月，便为弗雷德里希·冯·荷尔斯泰因（Friedrich von Holstein）所预见。同年4月退休前，荷尔斯泰因曾长期担任德国外交部（German Foreign Office）政治处（Political Section）的强力领导。[①] 在一封相当具有预见性的信中，他就德国方面追求的构思拙劣的海军野心，准确指出了如下破坏性结果：

---

①译者注：荷尔斯泰因是冯·俾斯麦的政敌，俾斯麦被解职后，由于继任宰相的卡普里维将军不熟悉外交，曾作为俾斯麦智囊的荷尔斯泰因便在德国外交方面发挥了重要的作用。然而，由于不可避免地缺乏俾斯麦的权威，荷尔斯泰因难以在外交事务上做出最终决断。荷尔斯泰因的种种外交策略反而使德国一步步迈入外交危机，尽管应该承认，他在此时面临的国际局势确实比俾斯麦当政时期更加复杂险恶。

（1）我国的海上武装越强大，那就越会把英国推向法国的怀抱；

（2）即使将本国现行税率提高三倍，我国也无法建造一支与英法联军，甚至仅仅与英国海军规模相当的舰队；

（3）在单独与法国进行的战争中，正如1870年战争经验所示，海军发挥的作用微乎其微；

（4）公开宣称——正如海军联盟数年来，每当为海军提出新的需求时一直鼓吹的那样——发展武装的目的正是针对英国，将构成对英国公开的挑战和威胁……

马沙尔 [ 即马沙尔·冯·比贝尔施泰因（Marschall von Bieberstein），时任德国驻君士坦丁堡大使 ] 在去年夏天曾花了整整一天，和我讨论外交政策中的种种问题；在此之后，他向我提到："没错，舰队，这里面存在极大的危险。"由于下述事实的存在，即在造舰（如制造装甲板等）过程中，存在着数百万马克的利润，这远超任何殖民地可实现的利润，因此这种危险的程度也大大增加。并非每个强烈要求造舰的人都是无私的爱国者。

德国的存亡取决于其陆军，为此应不惜一切牺牲。舰队的存在只是增加了我们敌人的数量，但舰队的实力永远无法做到击败这些新增敌人。无论现在还是将来，我们都无法期待在海上进行一场势均力敌的战斗。因此，陆军必须补偿海军方面与敌方的不平衡——就像1870年战争经验所表明的那样。

单纯的经济竞争并不会使英国成为我国的敌人。这种竞争同样存在于英国与美国及日本的关系中。使英国惊恐的是我国加速进行的舰队构建计划，以及其背后的反英动机。我国实际上已经不止一次地宣称——而且并非总是通过非官方渠道——我国海军军备的发展正是针对英国，以及我国应成为大海的主宰。一旦作出这种声明，德国便会孤立于世界。哪怕到最后，英国方面开始认真地把我国当成对手，那么我们也无法怨天尤人。[48]

对于后人而言无限遗憾的是，历任德国当局都未曾表现出如此的智慧。提尔皮茨未能理解英国观念中，该国对海上霸权的依赖有着如此透彻的理解，因此绝不会容忍在欧洲出现一个敌对的海上挑战者；尤其是这个挑战者已经阐明其自身立场，公开宣称将挑战英国在国际关系中现有地位的情况下。尽管在提尔皮茨看来，海军仅会被用作一支遏阻力量；但在英国人看来，这纯粹是一种挑衅，并由此将英国人推向了和提尔皮茨所希望完全相反的方向。

存在于海军竞赛背后的则是英国方面的恐德思想，以及对德国海军的怀疑——一位外交部高级官员曾将其称为"在与其他各国关系上，德国方面总体而言永不满足的、爆发性的和令人不安的行动"，也就是深信德国的目的首先是获得大陆霸权，然后就是谋求世界霸权。德国海军的迅速扩充便是一种证明，这足以证实被格雷称为"渴望支配权"的心态。如果不这样解释，那么对于德国在已经拥有一支令人生畏的陆军这一情况下，还打算创建一支庞大舰队一事又应当作何解释呢？对比 1914—1918 年间德国不切实际的战争目标，英国在第一次世界大战爆发前，对德国方面渴望获得世界霸权的担忧便是不无道理的。

当然，就激化海军竞赛这一问题，英国方面并非完全没有责任。此处，笔者需要特别提及英国媒体上尖锐的反德论调，这种论调使德国皇帝、提尔皮茨，以及德国其他高级领导人愤恨于英国对德国扩充海军背后的侵略性目的的反复唠叨，即便这种唠叨有时是出于善意。当提尔皮茨哀怨地向英国海军武官吐露称，他认为"如果英国媒体能多多少少不那么随意地评价德国，那么英德关系无疑将更加温和"时[49]，人们完全可对此观点表示同情。依笔者之见，由于自由党关于社会改革的承诺，这导致海军部越来越难以获得其认为对于保卫英国及英帝国安全而言至关重要的预算，因此，海军部及其支持者下意识地夸大了德国海军的威胁。

英德问题的关键在于，两国中任何一方都不打算在对方最重视的方面让步：德国方面希望和英国达成一项政治协议，以保证一旦发生大陆战争，英国将严守中立；英国方面则希望达成一项海军协定，以确保本国的海上霸权。双方都打算就对方期望的问题进行**谈判**——但仅仅将其视为**次要**问题。即使如此，英国似乎也不太可能愿意破坏其外交联合，进而对德持孤立立场；而德国也不太可能接受一项可能限制其军备发展自由的海军协定。由于无法在海军或政治任何一方面达成谅解，英德双方便只能听从现实中政治的裁决，并继续在海军军备方面展开竞赛。

对笔者而言，鉴于德国缺乏资源和决心在陆海两方面同时取得优势，因此该国真正希望实现的目标一直都不够清晰。当然，促成 1898 年和 1900 年海军法案通过的背后动机之一无疑是一支强大的战列舰队将加强德国作为盟友的价值，但在三国协约形成后，这一点就不再有意义。英国则按照下列古老谚语行事："以战备求和平。"如果能取得压倒性的海军优势，这一做法倒是不无道理——这样的一支海军可对敌方攻击起到遏止作用。但不幸的是，根据这一思路迈出的第一步（即 1909—1910 年间庞大的战列舰建造计划）仅仅导致了以加剧恐惧的方式，再一次验证现代史经验的结果。相应地，德国方面也提出了海军军舰建造计划；这一结果在英国造成的影响可想而知。两国的决策层都缺乏想象力、智慧和道义勇气去打破这一恶性循环；然而我们也应该注意到，自此之后，同样没有任何决策者能在面临类似困境时表现得更好。双方的海军竞赛就这样持续下去，非但没有为各自的国家安全带来些许改善，反而进一步恶化了两国政府乃至两国民间的关系，并驱使着英国和法国在政治、陆军和海军多个层次上的关系更加紧密，最终在 1914 年 8 月实际毁掉了英国的行动自由。

＊ ＊ ＊

　　领导艺术是最难定义的艺术之一。罗斯基尔上校曾在《领导艺术》（*The Art of Leadership*）一书中做出了勇敢尝试。他在书中对领导魅力资质并未多加考量，尽管当这一资质确实存在时，它可能对领导水平产生重要影响。贝蒂便是一个典型例子。此外，罗斯基尔试图说服读者，使其相信军官可将自己塑造为领导者。笔者则认为，领导特质（对于任何角度的最高水平而言）都是与生俱来的，并不能通过后天的努力习得，尽管海军（在英美两国中）一直强调这种再好不过的能力可通过教育、训练和经验获得。就笔者观点而言，上述手段均可发展且提升领导素质，但前提是相应人员**已经拥有**一定领导能力。当然，笔者并不否认，对于所有级别的军官而言，即使有些人毫无领导能力天资，其中一部分依然能掌握一定程度的领导能力。

　　当然，伟大的领导者可能以不同形式出现。圣文森特和纳尔逊的个性便截然不同，对于 1914—1918 年间的卓越领导者们而言，也存在类似的情况。因此，尽管杰利科和贝蒂在外貌、个人特有习惯、性格、扮演角色等方面堪称迥异，但两人都有资格被称为相当出色的领袖。在各自担任大舰队总指挥官期间，他们两人均能在大舰队上下激发部下的忠诚，并对整个大舰队造成影响。

对于某军官在什么前提下，才有资格被视作一名优秀领袖一事，我们很难进行精确分析。如笔者上文所述，"优秀领袖"更像是一种天赋，或是某种魔术。笔者曾在另一篇有关作为领袖的纳尔逊的文章中，列举了在研究卓越海军和陆军职业生涯中，最常出现的 12 条领导能力特质，也就是：（1）人性和认同感，而且这种认同感出自其部下对其发自内心的敬爱；在领导人及其追随者之间，存在两种形式的紧密认同感，即（2）关切，以及（3）领导可作为团体对外的代表，换言之，他可以担任所在团体的正式发言人；（4）忠诚，即在任何情况下，都能和自己麾下的官兵同甘共苦；（5）机智；（6）当其麾下军官之间发生矛盾和争执时，领导人将扮演仲裁者和调解人的角色；（7）对于认可感的满足，例如赞扬应获得赞扬之人等；（8）无私；（9）以身作则——从某种意义上说，这堪称被团体其他人员尊崇的行为的典范；（10）个性——那种可以极大地激发有关个人忠诚的个性：展现自身能力、喜欢耍派头均有可能构成领导人个性的元素；[50]（11）精通专业：领导人必须在其所属领域堪称专家，从而成为信息、技巧及群体信心的来源；（12）信任下属。笔者在此还希望加上第（13）条，即道义勇气，这堪称伟大领袖的特质；另外希望特别强调第（12）条。领袖和其他军官之间最根本的差异如下：真正的领袖会假设其属下的官兵都会竭尽所能，并且会在发现有人未能如此尽力时感到诧异和悲伤。其他军官则不会进行任何假设，仅会坐待其麾下官兵给出已经尽力的证明。水兵们在察觉自己是否被信任时反应很快。当他们确定自己被信任时，便会对一切要求给出回应。

早年间，如果一名军官已经赢得"英勇"这一声誉，其他官兵便认为在其麾下不会错失任何展开攻击的机会，因此乐于任其驱驰。以科万为例，在平时，他作为舰长令人讨厌：此人曾不止一次地几乎导致兵变。然而在战时，官兵却乐于任其指挥。[①] 当然，一位成功的指挥官不仅必须拥有在激战正酣时做出正确决定的能力，也应该拥有作为其部下的优良领袖的能力。这是两种彼此不同，

---

①译者注：第一次世界大战之后，科万曾任战列巡洋舰中队指挥官；在此任上，其严苛冷酷的性格使其堪称和平时期该职历任指挥官中最糟糕的一位。然而，在之后的第二次世界大战期间，科万曾亲临位于巴尔干半岛西岸的达尔马提亚群岛，指挥皇家海军在这一战场与德国人展开的沿海战争；同时支援铁托领导的南斯拉夫游击队，得到了这个战场上的英国部队的广泛爱戴。

却又存在紧密关联的能力：一个不成功的领导人显然无法长期担任领袖。

从另一个角度看，战争期间的领导能力可能与和平时期的领导能力截然不同。查特菲尔德曾写道："在平时，智力将显现出更大的重要性，比如像象棋棋手那样制订战争计划，设计或驱动他们设计出可用于战斗的新材料；在办公室进行的行政活动，或是学校的教学活动中的辛勤工作。对于上述容易令人厌烦，而且需要耐心、坚持和注重细节的工作而言，那些仅依靠性格获得拥戴的战争领袖往往既没有天资，也缺乏意愿。"[51]

1914—1918 年间的经验表明，一般来讲，专修某分支的军官通常不会成为出色领袖。过于注重细节的倾向妨碍了其视野宽度。到第一次世界大战结束时，所有重要的海军指挥岗位均呈现出一种由"老黄牛"式的人物担任的倾向：例如海军部的维密斯、大舰队的指挥官贝蒂、哈里奇舰队的指挥官蒂利特；多佛尔海峡司令部的指挥官凯斯；地中海的指挥官高夫 - 考尔索普。

里奇蒙德曾拿杰利科直至战争中期的 1917 年，才读过马汉的作品一事打趣。然而，笔者无法找到可在出众的智力（包括海军历史方面的渊博知识），与战时领导能力之间建立明确联系的任何证据。马汉曾就实际经验与历史知识给出如下富有洞察力的评论：

纳尔逊在某个时候曾经写道，在处于战争中的新手看来，对哥本哈根局势的描写可能比实际情况更令人生畏。这可被视为根据个人经验，对当前局势及眼前问题进行评估的描述和示例。这也是对于通过练习实现掌握当前局势的直觉能力的一般性描述。法语中将此能力称为"coup d'œil"，即"一眼即知"。拿破仑曾经说过：在战场上，最幸运的灵感——同样被称为"coup d'œil"——往往不过是一串回忆。这可被视为对历史上的成例，也就是被记录并流传下来的经验所具价值的证明；也即，无论这种回忆是对自身曾目睹或回忆起的其他人的所作所为，还是对于其本人往日行为的回忆，它都基于过去；此外，尽管并不普遍，但在某些特定的紧急时刻成立的是，能一望而知全局的原因仅仅是对当时局势感到熟悉。

两种说法是互补的。纳尔逊确认了经验——这种经验在历史中形成——对于培养迅速而准确地评估当前局势这一能力的价值。拿破仑则指出了历史——可将其视为有关经验的记录——在提供先例，以供某人在特别紧急的情况下进行特定应用的价值。[52]

实践经验和历史知识的确互补。科贝特认为"对战略理论的研究"绝不可以被认为是"对于判断和经验的替代品，而仅可被视为滋养上述两者的方式……"[53] 如果笔者对马汉和科贝特的上述格言理解正确，那么海军史便仅仅是所谓"历史成例"的两种主要形式之一；经验和历史学知识并不**必须**同时具备；此外，无论如何（科贝特在这一点上表达得更加清晰），对于一名战时领袖而言，经验是最为主要的因素。[54] 换言之，一个类似于杰利科或贝蒂的指挥官可能基于其自身经验具备一望而知全局的能力，以及在机会出现时，当即乃至近乎直觉式地回忆起以往教训的能力。

＊　＊　＊

英国指导战争的实践中，最为灾难性的弱点乃是在水兵和军事及政治领导人之间，建立相互信任的渴望。这堪称一种无法改变的事实，并往往被总指挥官评论称，在战争期间，一个人大量的时间都花在了和自己人的斗争上。

尽管总体而言，专业人士和民众之间的关系、陆海两军军官之间的关系，以及各作战单位之间的合作关系均堪称出色（这体现在一次重要的陆海军联合作战，即达达尼尔海峡之战期间），海军部与陆军部之间的关系却谈不上尽如人意。双方在总体战略上几乎不存在任何共识，比如在应对德国入侵意图的正确战略这一问题上，双方几乎持有截然不同的立场。导致这一状况的原因应部分归咎于战争前和战争期间一直缺乏任何常设的军种间组织，可供讨论并形成总体战略。弗里曼特尔曾写道，海军部"与陆军部的关系么，除了在战争内阁的最高层次上，该部极少与我们展开交流"。

更为严重和有害的是，海军将领们对政客们——或者按照陆军元帅亨利·威尔逊（Henry Wilson）[①]的称呼，即"穿礼服的"——持有严重的不信任

---

①译者注：亨利·威尔逊于1910年出任陆军作战处处长，并制定了一旦与德国开战，英国远征军便会在法国展开的计划。1917年11月，其由劳合·乔治提名担任英国在协约国最高战争理事会中的代表。1918年2月出任帝国总参谋长，巴黎和会期间担任英国陆军总顾问，1922年2月退休并被授予陆军元帅军衔。

感和厌恶感。此类情绪在记录中俯拾皆是，以下仅举几例即可说明。维密斯曾表示"这些该死的政客全部都该下地狱。是时候出现一个海军军官出身的独裁官了！""我感觉我和首相的关系还算不错，但对于这些滑不溜手的绅士们，你永远不可能得知他们的真实想法""我讨厌劳合·乔治，但我认为内阁其他成员还要比他差劲得多"。[55] 贝蒂表示："这些政客都差不多，都是令人生厌，并无真实爱国心的玩意儿。"[56] 亨利·杰克逊爵士曾在离开海军部时表示："如果能摆脱政客，我将得到最大的慰藉。如果我们能打赢战争，那也一定是在他们的干扰下，由我们获得的胜利；而非因为他们取得的胜利。"[57] 海军上将斯坦利·科尔维尔（Stanley Colville）爵士（1916—1919 年间任朴次茅斯港总指挥）曾写道："哦，我是多么地痛恨和厌恶这些政客啊！他们实际上并不具有爱国情操或是关心战争。他们在乎的不过是选举和职位。"[58] 类似的例子数不胜数。想要找到这种严苛的评论，甚至将其整理成集可谓一项轻而易举的工作。导致这种憎恶和不信任感的根本原因在于，海军方面对"所谓的封锁"这一"闹剧"的不满，这种"所谓的封锁"使德国可经由海运从中立国获得重要的物资。在他们看来，政客们对工会卑躬屈膝，他们还坚信政客们（贝尔福通常被认为是一个例外）缺乏对海战战略，以及海上战争艺术的正确理解。最后，丘吉尔在海军战略和具体作战上极为烦人的指手画脚，对阿斯奎斯作为战争领袖的种种缺点的蔑视，对劳合·乔治种种狡猾手腕的不信任，也导致了海军对政客的不满。政客们坚持在重要问题上掌握最终决定权，同时仅将海军将领们视为顾问，尤其是在政治考量被引入的情况下。

　　在海军看来，对此长期性分歧的恰当解决方案乃是政客们在有关大战略的问题上听从海军的意见；或者换句话说，在战争期间由海军军人出任海军大臣。就政客们而言，他们则倾向于赞同法国政治家白里安（Briand）①的格言，即"战争是一件过于严肃的事情，无法完全交由士兵和水手处理"。劳合·乔治则采用

---

①译者注：阿里斯蒂德·皮埃尔·亨利·白里安，法国政治家，先后担任过11届法国总理。两次世界大战之间，他以秉持理想主义外交及主张政治和解闻名，1926年因签署《洛迦诺条约》与德国外长施特瑞斯曼共获诺贝尔和平奖。在其主持和推动下，多国于1928年8月签署《凯洛格-白里安公约》，又称《非战公约》，尽管该条约实际并未对列强实现有效约束。

了一种符合常识的解决方案——"无论在平时还是战时，除非专业人士和门外汉之间达成了一种互信的合作——一种双方均可自由提议，且得到双方诚挚欢迎的合作——否则任何伟大的国家事业都不可能真正完成"。[59]

* * *

到1919年6月21日，一个时代已经临近尾声。过去近20年间，无论平时还是战时，皇家海军一直享有如此压倒性的优势——但这种辉煌即将成为皇家海军的绝唱，此后再未能重演。在某种意义上，那个可被视为这个时代海上霸权代表的人物恰恰有幸见证了这一终结，并在一年后去世。[①]对于这一次有关费希尔时代皇家海军的研究，笔者或许能够以若干对这个令人敬畏且难以将其抑制的人物——"杰基"·费希尔本人的若干想法作为一个适当的结尾。他拥有被一名作家称为"伟大军事领袖的六大关键素质"，即"勇气、魅力、无情、远见、力量和头脑"。他在海军最需要的时候给海军带来了相当程度的剧变。无疑，唯有像费希尔勋爵这样的天才，方能完成将后维多利亚时代自大和昏沉的海军转变为1914年的大舰队这一艰巨任务。当然，他的所作所为并非无懈可击，尤其是对于设立海军参谋顽固的否定态度，以及他对海军历史上严重程度前所未有的分裂一事的责任：他的好战个性、不容妥协，以及可疑手段均对导致这一分裂有所"贡献"。不过，在打断纳尔逊式的"兄弟情"传统一事上，费希尔所处的情况使得他的行事情有可原。其一是来自比尔斯福德的协助。此人如风暴中的海燕一般富有反抗精神。作为一个天生的反叛者，反抗官方权威对于比尔斯福德而言可谓天性，尤其是针对海军部（当然，某些反抗的名义非常正当）。更重要的事实是，当时的海军并不符合笔者认为的适应性社会这一标准。容纳改变并非其特长。正如比尔斯福德曾经声称的那样，实际结果便是，海军中大量的改革者就好像早期基督教的改革家。对于一个如第一次世界大战前的皇家海

---

①译者注：费希尔海军元帅于1920年6月10日去世。

军一般，保守而又深受传统束缚的军种而言，以温和的手段引进剧烈改变的尝试注定不会取得成功。时间紧迫，而需要完成的任务又多得令人惊讶。对于费希尔采用的种种手段，值得一提的是，不管对其作出何种批评，其激进程度都并不像他人常常声称的那样超出那个时代的范围。读者只需观察工会、鼓吹妇女参政论者，以及爱尔兰的反抗军组织在第一次世界大战爆发前最后一年的直接手段，便可了解当时的情况。请注意，上述组织采取的直接手段往往会退化为暴力行为。此外，我们或许还可加上在国会辩论中变得愈加尖锐的言辞。

关于费希尔最常见的一种批判观点认为，在其掌权时期，他对海军的唯武器论思想贡献良多。的确，对第一次世界大战爆发前的海军部而言，其注意力集中于解决"硬件"问题上，对如何运用舰队，以及对于以鱼雷和水雷为代表的新式或性能大为改善的武器如何影响战术这一问题关注不足。在本章前文部分，笔者曾试图说明，执迷于装备完全是一种自然发展的结果。在此，笔者还打算补充一个观点，即20世纪初这批专注于装备的军官实际上取得了伟大成就。这一成就不仅在于给舰队带来战舰数量方面的压倒性优势，还在于通过向官兵灌输对其自身、对其领导者和对其手中武器的信心，加强了纳尔逊时代无敌于天下的传统。即使在第一次世界大战期间海上战争出现灾难性的变化时，这个时代的官兵也从未对其最终将击败对手产生过丝毫怀疑。

费希尔对海军效率的追求近乎偏执。那支尽管存在种种缺陷和过失，但面对公海舰队依然战而胜之的舰队，在很大程度上堪称由其一手创建。战争最后一年中，伊舍勋爵（Lord Esher）[①] 曾在致费希尔的信中表示："我们能取得现在的地位，难道不是出自您的先见，和您大胆的决心吗？"[60] 类似地，伟大的编辑

---

①译者注：伊舍勋爵，即雷金纳德·布雷特，第二代伊舍子爵，英国历史学家和自由党政治家。他曾在幕后对第一次世界大战爆发前自由党实施的诸多改革施加影响，并支持英法和解。布尔战争之后曾担任研究陆军改革问题的委员会主席。第一次世界大战期间，尽管并未正式任职，但伊舍勋爵实际担任了英国驻法情报部门领导，并向英国战争内阁报告法国国内和政治局势，对于1917年英国陆军部的改组亦有贡献。此外，他还承担过润滑英法两国政府与报界关系的任务。

加文（J. L. Garvin）[1]也曾写道："如果他不曾拥有力量和勇气对一支保守的海军进行彻底改变，并打造一支以无畏舰为核心的舰队在海上对抗德国，那么当战争爆发时，我们只能祈求上帝保佑了。"[61]培根上将的评论堪称公允："……若不是费希尔勋爵的贡献，我们并非没有输掉战争的可能。尽管他并未率领海军打赢战争，但通过在重组英国海军这一任务上的全身心投入，他无疑为我们赢得战争铺平了道路。"[62]被丘吉尔召回海军部后，费希尔在战争期间最主要的贡献则是其一手打造的造舰计划；若非这一计划，英方1917—1918年间的反潜战或许无法获得胜利。

在评论费希尔时，我们无法忽视其非凡的远见。伊舍勋爵曾于1908年对他表示："预言家们的能力远不及你。"著名外科医生弗雷德里克·特里夫斯（Frederick Treves）[2]则在1919年说道："作为一名先知，您与耶利米（Jeremiah）[3]相比拥有一大优势，也就是您能亲眼看到自己的预言应验。而那个可怜的人并不能。"费希尔曾于1911年预见第一次世界大战将于1914年秋爆发；曾在飞行还处于萌芽阶段时，预言称飞机在航海条件下的运用将导致一场革命；曾在第一次世界大战爆发数年前，预言了针对航运的无限制潜艇战（但并未预见到反制手段）；以及在第二次世界大战期间D日[4]的三十年前，预见到两栖登陆载具（即"河马般的两栖船舶爬上海滩"）。在有关两栖作战战略给一个海上强权带来的巨大优势，即把陆军作为"由海军射出的一枚炮弹"，打在出乎敌方意料位置的认识上，他同样超越了自身所在的时代。直至生命最后，这位老水兵可怕的预言天赋也未曾损失分毫。1918年12月31日，在罗赛斯参观"暴怒"号航空

---

①译者注：詹姆斯·路易斯·加文，英国著名记者、编辑和作家。在《每日电讯报》任编辑和记者期间，曾预言（革命后的）俄国和美国将成为新的世界性列强之一，尽管这两个预言在当时并未被大众接受。1908年接手《观察家》总编一职，并从此担任该职34年，期间重塑了《观察家》的名气和发行量，成为英国历史上最具影响力的编辑之一。

②译者注：英国著名外国医生、解剖学专家，以阑尾炎手术闻名，并被认为于1902年，在加冕礼之前两天，通过排出阑尾脓肿，拯救了英王爱德华七世的生命，因此受封男爵。值得注意的是，在20世纪初进行阑尾炎手术被认为风险很高。

③译者注：耶利米为《圣经》中的人物，公元前6—7世纪之间的希伯来先知。

④译者注：对于第二次世界大战这一语境而言，D日泛指大规模登陆战的发起日。但此处应是特指1944年6月的诺曼底登陆战。

母舰[①]时，费希尔给出了他一生中最令人惊讶的一个预言。当时，费希尔指着安放在该舰机库侧墙上的小型鱼雷问道："这是什么？""暴怒"号的舰长巴克尔（H. C. Buckle）答道："鱼雷，长官，用于装备鱼雷轰炸机。"费希尔当即说道："把这玩意儿拆了，或者将其保存在脱脂棉里，等到下一次战争爆发再拿出来！"对此，巴克尔追问道："长官，那么下一次战争将在什么时候爆发呢？"费希尔答道："20 年后！"[②]

尽管此前曾经提及，但笔者仍希望再次重复下述观点：费希尔这个名字将永远与实力巅峰时代的皇家海军联系在一起。同时，历史学家可以坦然接受费希尔去世后，《泰晤士时报》刊登的雄辩悼词（刊登于 1920 年 7 月 14 日）中最后一节的评论："让那些不谙世事的学究们就易地以处而言，他们将如何行事去喋喋不休吧……这个人（费希尔）的名望将永垂不朽。人们了解并热爱他。他的身躯已被安葬，但他的名字会万古流芳。"

---

①译者注：由战列巡洋舰"暴怒"号改装而成，1916 年下水，但并未以战列巡洋舰状态建成便改建为航空母舰；其前炮塔已被拆除，艏楼搭建有一座机库，其上为飞行甲板。1918 年第二次改建完成后，其后部炮塔也被拆除，并被另一座用于降落的飞行甲板取代。请注意，此前该舰的前后两段飞行甲板尚不连续，两者之间为上层建筑。

②译者注：《凡尔赛和约》签订后，福煦也曾说过："这不是和平，这是 20 年的休战。"当然，福煦比费希尔作出此预言更晚，已知条件也更明确。

# 参考书目 [1]

## 未发表文献

笔者在准备五卷本的本作过程中，所参考的最为重要的材料是一系列未发表文献，也就是（括号内信息为其当前保存地点）：

*Admiralty Record Office MSS*（公共档案馆）。这些档案当然具有最高的价值。尽管历任海军大臣和第一海务大臣都曾经带走与其相关的大部分档案，但遗留部分也足以让学者感到满意。根据 1958 年通过的一项国会法令，保存 50 年以上的档案应向学者开放。有关第一次世界大战及战后直至 1922 年的档案于 1966 年向公众开放查阅，此次开放的形式是"一次性而非逐年"；请注意，根据前述的 50 年规则，逐年开放才是预期的方式。根据 1967 年通过的一项国会法令，保存 30 年以上的档案应开放将会成为新的规则，并从 1968 年开始生效。不过，仍有部分档案据称因"公开政策"原因被列入未命名分类，且未开放。这些档案包括军事法庭纪要——其遵循 100 年后方可开放的规则。公共档案馆收藏的海军部档案数量惊人，同时海军部随意的归类方式也使其变得难以整理。

其中尤为重要的是以下几类：Adm.I（Papers），包括在海军部秘书部门登记，并得到永久性保存的文档；Adm. 116（Cases），包括由海军部登记处从注册文档的主要序列中遴选出来，特别装箱存放的注册文件，作此分类的原因完全是其拥有庞大体积；Adm. 137（1914—1918 War Histories），其中同时包括有注册和未注册文档，以及由海军历史部转交的各种战斗文档；Adm. 167（Board minutes and memoranda）；还有各站记录（通信），包括 Adm. 121（地中海）、Adm. 125（中国）、Adm. 128（北美和西印度群岛）、Adm. 144（海峡舰队）和 Adm. 145（大西洋舰队）。以下是上述档案在诸搜索室文献架上的文献编号，且包括各类内容的分解：

## 战前

| | |
|---|---|
| 自 1889 年起海军情报分部和其他部门的杂项备忘录： | Adm. 116/899B |
| 英德海军关系，1902—1914： | Adm. 116/940B |
| 1909 年帝国会议就帝国防务的会议纪要： | Adm. 116/1100B |

## 第一次世界大战期间

| | |
|---|---|
| 1914 年 8 月 28 日在赫尔戈兰湾的战斗： | Adm. 137/1943, 1949,2139 |
| "戈本"号的逃脱，1914 年 8 月： | Adm. 137/2165 |
| 斯卡伯格袭击战，1914 年 12 月 16 日： | Adm. 137/1943, 2084 |
| 科罗内尔海战，1914 年 11 月 1 日： | Adm. 137/1022 |
| 福克兰群岛海战，1914 年 12 月 8 日： | Adm. 137/1906, 1950, 1989 |
| 多格尔沙洲之战，1915 年 1 月 24 日： | Adm. 137/1943, 1949, 1989, 2134, 2135, 2138, 2139 |
| 达达尼尔海峡之战，1915 年——达达尼尔委员会会议纪要： | Cab. 19/33 |
| 洛斯托夫特袭击战，1916 年 4 月 25 日： | Adm. 137/1944, 2088 |
| 日德兰大海战，1916 年 5 月 31 日—6 月 1 日： | Adm. 137/1906, 1945, 1946, 1988, 2089, 2134, 2137, 2139, 2141, 2142, 2151 |
| 公海舰队出击，1916 年 8 月 19 日： | Adm. 137/1947, 2089 |
| "玛丽·罗斯"号船团事件，1917 年 10 月 17 日： | Adm. 116/1599A |
| 赫尔戈兰湾之战，1917 年 11 月 17 日： | Adm. 137/583, 585（信令记录），586（航迹图） |
| 第二次船团事件，1917 年 12 月 12 日： | Adm. 137/625 |
| "戈本"号出击，1918 年 1 月 20 日： | Adm. 116/1807, Adm. 137/630, 2182 |
| 泽布吕赫—奥斯坦德突袭，1918 年 4 月 22—23 日： | Adm. 137/1950, 1990, 2090, 2151, 2276, 2760, 2707, 2708 |
| 公海舰队出击，1918 年 4 月 23—25 日： | Adm. 137/1988 |
| 大舰队作战训令： | Adm. 116/1341（1914—1916） |
| | Adm. 116/1342（1916—1918） |
| | Adm. 116/1343 |
| | （日德兰大海战期间有效） |
| 以及： | Adm. 116/288, 289 |
| | （1914—1915） |
| | Adm. 116/1965 |
| | （1916 年到 1918 年间修订） |
| | Adm. 116/341 |
| | （大舰队作战指示，即 G. F. B. I. s，以及机动命令）[2] |
| 海军部委员会作战理事会会议纪要： | Adm. 1/8564 |
| 作战计划处的工作成果，1917—1918： | Adm. 1/8524 |
| War Operations and Policy, 1914—1918，一座有关若干互不相关但非常值得研究课题的富矿： | Adm. 116/1348-1351 |

## 战后

| | |
|---|---|
| 公海舰队自沉： | G. T. –7674（Cab. 24/83） |

  *Asquith MSS*（牛津大学博德利图书馆西方部 MSS）。包含由 1908—1916 年担任首相的自由党领袖阿斯奎斯（日后被册封为牛津和阿斯奎斯伯爵）留下的不计其数的文件。其中海军相关材料主要包括其与海军大臣的通信，以及大量内阁文献，后者现已开放，可在公共档案馆内阁办公室记录中查阅。

*Balfour MSS*（英国博物馆，Add. MSS. 49683-49962）。包括贝尔福（后被册封为第一代贝尔福伯爵）的个人和官方通信，具体涵盖范围分别为1902—1905年任首相期间，第一次世界大战中1914—1915年任战争理事会成员期间和1915—1916年任海军大臣期间。其中尤其有价值的部分是任海军大臣期间与第一海务大臣（杰克逊）和大舰队总指挥官（杰利科）的通信，以及1912—1915年间与丘吉尔（时任海军大臣）的通信，上述两部分通信分别保存于编号为49714号和49694号档案中。与杰利科从第一海务大臣任上被解职一事相关的通信保存于编号为49709号的档案中。

*Berley-Waters MSS*（国防部海军历史分部），出自沃特斯海军少校和日后的海军中校巴利（F. Barley）之手，大量有关第一次世界大战期间航运护航的珍贵文献和原始材料。国防部海军图书馆亦保有一套副本（但并不是很完整）。

*Battenberg MSS*\*[由Boardlands Archives Trust的高级信托员，布雷博恩勋爵（Lord Brabourne）保管]。该文献集在几年前刚被发现。除少数文件外，大部分记录都有关第一次世界大战爆发前的时代。至少在路易斯亲王传记的授权作者约翰·特兰尼（John Terraine）完成该传记前，该文献集不会对其他学者开放。

*Beatty MSS*（由第二代贝蒂伯爵收藏）。该文献集包括海军元帅贝蒂的官方和私人通信，以及大量珍贵的战时海军备忘录；堪称未发表的文献集中，最有价值者之一。见下文Barnes, John条目。

*Bellairs MSS*\*（麦基尔大学图书馆，McGill University）。费希尔最著名的批判者之一，海军中校卡莱恩·贝莱尔斯的文献集，收藏内容包括中校的通信，文献数量很多。对于研究整个费希尔时代都很有用。

*Bellairs MSS*（国防部海军博物馆）。包括罗杰·贝莱尔斯海军少将1917—1918年间有关大舰队的文档。少将曾任贝蒂的作战参谋。该文献集内存在不少数量的缺漏（可能是遗失或被错误存放于他处）。

*Bethell MSS*（Mrs. Agatha Marsden-Smedley, 31 Draycott Place, London, S. W. 3）。其中包括1917—1918年间杜夫和杰利科致海军上将亚历山大·贝瑟尔爵士的重要信件。

*Bradford MSS*（可通过国家海事博物馆安排查阅）。其中包括45封杰利科

致海军上将爱德华·布拉德福德爵士的信。

　　*Cabinet Office Records*（公共档案馆）。对诸多海军课题的研究而言非常重要的文献，这一系列文献中大部分编有序号。其中尤其具有价值的是1902—1939年间帝国国防委员会（Committee of Imperial Defence, C. I. D.）的会议纪要（第2箱）、战争理事会会议纪要（1914年11月—1915年5月）、达达尼尔委员会（Dardanelles Committee, 1915年6—10月）会议纪要、战争委员会（War Committee, 1915年11月—1916年11月）的会议纪要（第22箱），以及战争内阁和帝国战争内阁的会议纪要（1916年12月—1919年10月，第23箱）；I. C. 系列文献为战时会议纪要，其中包括协约国海军理事会，以及巴黎和会期间十人委员会的会议纪要（第28箱）；C. F. 系列文献包括巴黎和会期间四人委员会的会议纪要（第29箱）；收藏于皇家档案（Royal Archive）中，1868—1916年间的内阁信件（第41箱）；帝国国防委员会文档（第3箱至第6箱，尤其是收藏于第3箱中的"本土防务"系列）；战争理事会、达达尼尔委员会和战争委员会文档（第24箱）；达达尼尔调查委员会（Dardanelles Commission）文档（第19箱）。对于高效运用内阁官方档案而言，有着不可或缺价值的工具书包括：*List of Cabinet Papers, 1880—1914*（P. R. O. Handbook No. 4），*List of Papers of the Committee of Imperial Defence to 1914*（P. R. O. Handbook No. 6），*List of Cabinet Papers, 1915 and 1916*（P. R. O. Handbook No. 9），以及 *The Records of the Cabinet Office to 1922*（P. R. O. Handbook No. 11）。以上工具书均由马布斯（A. W. Mabbs）及其同事以娴熟的技术起草。

　　*Carson MSS*（爱德华·卡森先生收藏）。不过，卡森绝大部分现存的海军部文档均保存于北爱尔兰的公共档案馆（Law Courts Building, May Street, Belfast），共计约200份，归类于D.1507/4号下保存。有关杰利科被解职一事（1917年12月）的文档则归类于D.1506/1/2号下保存。保存于贝尔法斯特的文档中包含若干值得研究的材料，但就卡森与海军相关的文档里，其精华部分似乎已在第二次世界大战期间不列颠空战中被毁。幸运的是，卡森传记的授权作者伊恩·科尔文（Ian Colvin）曾阅读过这部分文档。

　　*Churchill MSS*\*（丘吉尔信托会，The Churchill Trust）。该文档预计会在其

授权传记完成后开放（有可能移交给剑桥的丘吉尔学院图书馆）。

*Corbett MSS\**（Mr. W. C. B. Tunstall, Coaters, Bignor, Sussex）。对于 1900 年至 1918 年英国海军政策研究，尤其是对费希尔以及无畏舰政策的研究而言，朱利安·科贝特爵士的文档构成了一个重要的信息源。

*Crease MSS\**（国防部海军图书馆）。在费希尔两次出任第一海务大臣的大部分时间内，以及他担任发明与研究委员会主席的第一年间，克里斯（T. E. Crease）海军上校一直担任海军部秘书。本文献集便是克里斯的记录。其中颇为冗长的一卷包括了 1915 年 5 月费希尔辞职一事的内幕；另一卷包括 1909 年比尔斯福德调查委员会的会议记录。

*De Robeck MSS\**（丘吉尔学院，剑桥）。海军元帅约翰·德·布罗克爵士的文档对于达达尼尔海峡之战的研究具有特别的价值。在丘吉尔学院查阅文献需提前向图书管理员提出申请。

*Dewar MSS*（国家海事博物馆）。肯尼斯·迪尤尔海军中将珍贵的日记和通信。

*Domvile MSS*（海军上将巴里·多姆维尔爵士收藏）。前后延续 70 年之久的日记；对于哈里奇舰队的研究而言，该文献具有特别的价值。这些文献已经确定最终被移交给格林尼治的国家海事博物馆。

*Drax MSS*（丘吉尔学院，剑桥）。其中包括很多关于大舰队战术的原始材料。

*Duff MSS*[ 由已经退休的皇家海军少校彼得·多尔芬（Peter Dolphin）收藏, Road Farm Cottage, Churt, Surrey]。包括海军上将亚历山大·杜夫爵士 1914—1916 年重要的大舰队日记，以及有关船团系统引入的若干材料。杜夫将军的大部分文献（包括有关船团系统引入的文件和通信）收藏于国家海事博物馆。

*Dumas MSS\**（由杜马女士收藏, Woodpeckers, Snakey Lane, Preston Park, Brighton, Sussex）。其中包括海军上将杜马 1905—1914 年间的日记；尽管其中 90% 的内容有关英国国内，但亦不乏有关第一次世界大战爆发前费希尔在海军部的统治，以及德国海军的内容（杜马于 1906—1908 年间在柏林任海军武官）。

*Esher MSS*（第四代伊舍子爵收藏）。极富影响力的第二代伊舍子爵的通信。他曾担任英王爱德华七世的侍从，以及第一次世界大战爆发前的帝国国防委员会成员。鉴于第一次世界大战期间伊舍子爵全身心投入纯陆军问题，因此对于

研究战争期间海军史的历史学家而言，该文献集的价值大减。从中摘出的若干文献被编纂为四卷本 *Journals and Letters of Reginald*, Viscount Esher 出版，编者为第三代伊舍子爵奥利弗·布雷特和其弟莫里斯·布雷特陆军中校。

*Evan-Thomas MSS*（英国博物馆，Add. MSS. 52504-52506）。其中包括海军中将休·埃文-托马斯爵士的通信和文档。日德兰大海战期间，埃文-托马斯担任第 5 战列舰中队的少将指挥官。该文献集中，战时信件颇有研究价值。然而其中最有价值者还是第一次世界大战结束后，有关日德兰大海战的信件（其中包括与杰利科的信件）。

*Fisher MSS* 收藏于基尔维斯顿礼堂（第三代费希尔男爵领地），该文献集主要包括简报和家族内通信。价值远远超过此文献集的档案集则收藏于莱诺克斯洛夫（Lennoxlove，第十四代哈密尔顿公爵领地）。该档案集出色的总目可在英美两国很多顶尖大学，以及莱诺克斯洛夫当地获得。

*Foreign Office MSS*（公共档案馆）除了自 1905 年起的"一般性通信"（例如德国部分，F. O. 30；法国部分，F. O. 27 等）及其后续的"一般性通信，政治"（收录于 F. O. 371）之外，还包括外交部私人文档（收录于 F. O. 800 系列）。后者中最值得一提的是贝尔福、格雷、哈丁、兰斯当、拉塞尔斯，以及尼科尔森等人的文档，其在诸多方面极具价值。该文献集主要用于研究与德国的海军竞赛。其中明显是最重要的格雷文档可参见下文独立的 *Grey MSS* 条目。关于该文献集的一本有用工具书是 *P. R. O. Handbook No.13, The Records of the Foreign Office, 1782—1939*，由罗珀（M. Roper）先生撰写。

*Fremantle MSS*（国家海事博物馆）。包含海军上将悉尼·弗里曼特尔爵士 1918 年任海军副总参谋长时的海军参谋文件及摘要。

*Frewen MSS*（莉娜·弗鲁文女士收藏，Sheephouse, Brede, Sussex）。包括奥斯瓦尔德·弗鲁文海军上校行文优美的 55 卷日记（1903—1957 年），其中前 44 卷已经编纂索引。此外还包括杰利科于第一次世界大战后撰写的若干重要信件，其主题与日德兰大海战有关（收藏于英国博物馆，Add. MSS.53738）。

*Geddes MSS*（公共档案馆，Adm. 116/1804-1810，其中第一卷包括一份所有文件的出色索引）。该文献集为埃里克·格蒂斯爵士 1917—1918 年任海军大

臣期间的通信。

*German Ministry of Marine MSS*（Bundesarchiv-Militärarchiv, 7800 Freiburg im Breisgau, Wiesentalstrass 10）. 这部分档案中，较有价值的是 1890—1918 年间的"帝国海军内阁法案"[Akten des Kaiserlichen Marine-Kabinetts. 该部门由海军上将格奥尔格·冯·穆勒（Georg von Müller）领导]、海军少将马格努斯·冯·莱韦措（在舍尔的参谋团队中任作战处主管，自 1918 年 8 月起转任海军总参谋部作战处总参谋长）的大量文件，以及由德国海军历史局（German Office of Naval History）在两次世界大战之间时期，就每一次大规模海战撰写的文档，分别收入不同文件夹保存；此外还包括远洋海军司令部（Kommando der Hochseestreitkräft）的战争日志、信件和作战报告。华盛顿国家档案馆收藏有德国海军部（Ministry of Marine）所有档案的微缩胶卷副本；英国国防部海军博物馆则收藏有部分"法案"、莱韦措所有文件，以及远洋海军司令部战争日志的微缩胶卷副本。

*Godfrey MSS*（国防部海军博物馆）. 包括海军上将约翰·戈弗雷在海军参谋学院任职期间有关日德兰大海战的讲座，以及对讲座的补充材料文件；此外还包括若干有关 1917—1918 年间地中海海域活动的文献。

*Grey MSS**（公共档案馆，F. O. 800/61, 62 系列：有关德国的文件，分别涵盖 1906—1909 年和 1910—1914 年两个时间段；F. O. 800/87, 88 系列：有关海军部的文件，分别涵盖 1905—1913 年和 1914—1916 年两个时间段）. 该文献集包括爱德华·格雷爵士的外交部通信。其中最有价值的是第 61 卷，第 87 卷和第 88 卷（该部分时间范围的结尾事件大概是丘吉尔辞去海军大臣一职）也很有价值；第 62 卷的内容几乎都可在古奇（Gooch）和坦珀利（Temperley）的作品中找到（见下文，第 351 页）。

*Hall MSS**（由退休的皇家海军中校理查德·A. 霍尔保存，18 Rivermcad Court, London, S. W. 6）. 海军少将雷金纳德·霍尔爵士的文件数量较少，且其中仅有 5 章自传打字稿最有价值（杰姆斯海军上将对其进行了充分的使用），该自传原定篇幅大约为 15 章或 20 章。但霍尔中校（即雷金纳德·霍尔）的回忆对于研究者或许有一定价值。

*Hamilton MSS*（国家海事博物馆）. 弗雷德里克·哈密尔顿的私人和官方通

信，以及其珍贵的日记，其时间覆盖范围为 1915 年 10 月—1916 年 6 月。哈密尔顿时任第二海务大臣。

*Hankey MSS*\*（第二代汉奇男爵）。莫莱斯·汉奇爵士（后受封为第一代汉奇男爵）的庞大文献集，其中包含他的战时日记（包括一系列颇有研究价值，甚至非常重要的章节并未被用在其撰写的《*The Supreme Command*》一书中）、家庭通信、他写给若干著名人物的信件副本，以及他收到的信件中较为重要的部分。该文献集或许会在汉奇传记的授权作者史蒂芬·罗斯基尔海军上校完成该传记后，转交给丘吉尔学院图书馆，并由最后者公开。笔者曾得到特许，查阅日记中 1917—1918 年部分。

*Harper MSS*（英国博物馆，Add. MSS. 54477-54480）。包括海军中将哈珀在起草海军部的日德兰海战官方战史期间（1919—1920 年）的通信，*Harper Record* 的原始文稿（打字稿和一系列未发表的证据），以及非常具有研究价值的哈珀备忘录，"*Facts Dealing with the Official Record of the Battle of Jutland and the Reason it Was Not Published*"。该备忘录曾以附录形式收入 *Jellicoe Papers*（由 A. Temple Patterson 主编）第二卷。互补性质的文件，即贝蒂委员会的会议纪要则将收录于 *Beatty Papers*（由 John Barnes 主编）出版。对于哈珀文件的分析，可参见乔弗里·贝内特海军上校撰写的 "*The Harper Papers*" 一文，该文刊登于 *Quarterly Review*，1965 年 1 月刊（第 16—25 页）。注意上述论文未考虑当时还未公开的哈珀备忘录。

*Jackson MSS*（国防部海军图书馆）。海军元帅亨利·杰克逊爵士任第一海务大臣期间（1915—1916 年）的文件：包括从杰利科、贝蒂及其他海军军官处收到的信件。

*Jellicoe MSS*（英国博物馆，Add. MSS. 48989-49057）。该文献集堪称最为重要的第一手文献来源，涵盖了杰利科职业生涯的各个阶段。其中最值得研究的章节分别收录于 48990-48992（包括任大舰队总指挥官期间与海军部的通信）、49006-49009（从费希尔、麦登、贝蒂、杰克逊等人处收到的信件）、49014、49027-49028、49040-49042（日德兰大海战相关材料）和 49038（自传的注释）。第二代杰利科伯爵则保管着其父少量通信（然而其中大部分信件已经在过去数

年间先后散佚），以及杰利科对丘吉尔所著《*The World Crisis*》一书第一和第二卷的评注。详见下文 Patterson 条目，第 387 页。

*Kelly MSS*（国家海事博物馆）。海军上将霍华德·凯利爵士的文献集，对于 1914 年地中海战事及 1917—1918 年间北冰洋战事的研究非常有益。

*Keyes MSS*（暂借给剑桥的丘吉尔学院图书馆）。包括海军元帅凯斯勋爵的大量珍贵文件，主要是通信。

*Kitchener MSS*（公共档案馆）。包括第一次世界大战初期有关入侵可能，以及达达尼尔海峡 - 加里波利战役海军部分的一些值得研究的通信。

*Lansdowne MSS*（第八代兰斯当侯爵收藏）。包括 1902—1905 年间任外交大臣的第五代兰斯当侯爵在任期间与海军部的通信。这些信件揭露了英德海军竞赛初期的情况，因而颇有价值。此外，在公共档案馆所保存的 *Lansdowne MSS*，即 F. O. 800/129 号档案中也保存着一系列对于 1902—1904 年间英德海军事件的研究颇有价值的信件。

*Lloyd George MSS*[ 比弗布鲁克图书馆（The Beaverbrook Library），33 St. Bride Street, London, E. C. 4]。该文献集包括有关海军事件的若干零散材料——大部分为 1917—1919 年间的通信。查阅该文献需至少提前一周向该图书馆管理员提出申请，并给出希望安排的时间。

*McKenna MSS*（剑桥，丘吉尔学院博物馆）。该文献集包括 1908—1911 年间任海军大臣的雷金纳德·麦肯纳的私人及官方通信。尽管该文献集包含的文件不多，但内容已经过筛选。

国家海事博物馆附属图书馆（格林尼治，London, S. E. 10）。除本章节其他条目中已经注明的更为重要的文献集外，该图书馆还收藏有曾于 1911—1917 年间任海军部秘书的格雷厄姆·格林爵士的文件（有关诸多题材的回忆录）、杰姆斯·瑟斯菲尔德爵士（1880—1923 年间曾是《泰晤士报》的领军写手之一，并从 1887 年起担任该报海军通讯员）与其子瑟斯菲尔德海军少将，以及费希尔时代其他海军军官的文件，其中最值得注意的是路易斯·哈密尔顿爵士（战争日记）、查尔斯·麦登爵士（大舰队战时日记，用于记录舰队机动和活动，但不包括大舰队采取的作战政策）、马丁·杰拉姆爵士（最值得研究的是其有关在华经历的内容；此外还包括若干有关日德兰大海战的内容）、W. W. 费希尔爵士（第一次世界大战期间有关攻击德国沿海的计划，一篇有关如何击退敌方驱逐舰攻击的论文，以及 1917—1918 年间有关反潜战的文件）、威廉·坦南特（William Tennant，战争日记，以及战后有关日德兰大海战的讲座材料）、杰勒德·诺埃尔、威廉·梅爵士、伯克利·米尔恩爵士（有关 1914 年 "戈本" 号事件的材料）、瓦尔特·科万爵士，以及海军上将德蒙德·斯莱德爵士（1908 年任海军情报分部领导期间的日记）。

国防部海军图书馆（Empress State Building, Earls Court, London, S. W. 7）。除本章节其他条目中已经注明的更为重要的文献集外，该图书馆还保存着大量颇有价值的材料，包括：*Newbolt Papers*（包括海军部审核亨利·纽博尔特爵士所著《第一次世界大战史：海军作战》第四、第五卷期间，与海军部就此事的通信和纪要），若干 *Corbett Papers*、*Tweedmouth*（九卷本）、*Selborne*（两卷本）、*Cawdor*（单卷本）和 *Robinson MSS*（两卷本）。其内容主要为有关费希尔改革年代海军部文件的印刷版，但其中有颇多重复。不过 *Robinson MSS* 第二卷中包括费希尔的通信（1917 年罗宾逊改名为乔弗里·道森，他曾于 1912—1919 年间和 1923—1941 年间两度担任《泰晤士报》的编辑）。除印刷文件外，还有三盒特威德茅斯的通信文件。海军博物馆还收藏有费希尔撰写的四卷本 *Naval Necessities*（有关他推行的项目和改革的文件）和杰利科针对海军部编纂的 *Narrative*[①]（见下文）的完整评论。

*Oliver MSS*（国家海事博物馆）。包括海军元帅亨利·奥利弗爵士有关对达达尼尔海峡展开海军炮轰一事的参谋记录和通信，以及一份详细和珍贵的两卷本 "回忆" 打印稿，其内容覆盖的时间段为 1880—1939 年。

*Richmond MSS*（国家海事博物馆）。海军上将赫伯特·里奇蒙德爵士大量的日记和通信。

*Roskill MSS*（已退休的皇家海军上校罗斯基尔保存）。有关日德兰大海战的重要未出版文件和通信，以及针对第一次世界大战其他课题的杂项通信和文件。

---

①译者注：即 *Narrative of the Battle of Jutland*。

皇家档案（温莎城堡）。包括爱德华七世和乔治五世两位国王与政界和海军高层人士的通信，并附有完善的索引。即使考虑到英王爱德华七世去世后，他的大量文件已遭焚毁，这仍是一个非常重要的材料来源。

*Sturdee MSS*（皇家海军上校 W. D. M. Staveley 收藏）。一份杂录，其重要性体现在从杰利科和比尔斯福德处收到的若干信件上，以及有关大舰队战术的材料。

*Sydenham MSS*（英国博物馆，特别是其中的 Add. MSS. 50836 号）。包括1904—1907 年间任帝国国防委员会秘书的西登汉姆勋爵（即日后的乔治·克拉克爵士）的备忘录。其中仅有少数与海军事务有关。

*Troubridge MSS\**（由已经退休的皇家海军少校彼得·特鲁布里奇准男爵收藏）。其中包括若干发自当时著名人物的信件，但几乎都是社交性的信件。此外还包括一本笔记本，特鲁布里奇上将曾在其中起草若干回忆文章，包括一篇有关"戈本"号事件的指控证据集。

*Tyrwhitt MSS*（Lady Agne, Pinehurst, South Ascot, Berkshire）。其中包括若干贝蒂发来且值得注意的信件。此外，第一次世界大战期间，蒂利特曾对其家族成员发出上百封信，并在其中给出坦率的评论，这些信件也颇有价值。

美国海军部档案（华盛顿特区国家档案馆）。该档案中，最有价值的包括如下部分：1917—1918 年间西姆斯少将发自伦敦的报告，收藏于 *Record Group 45*；本森将军的个人文件，以及作为海军作战部长期间的通信，同样收藏于 *Record Group 45*，此外还有收录于海军作战部长记录中的 1917—1918 年间各种材料，该档案收藏于 *Record Group 38*。有关美国海军记录的归类和内容，可参见沃纳·席林所著《海军将领与外交政策，1913—1919》（耶鲁大学未刊发博士论文，1953 年），第 345—348 页的讨论。

*Wester Wemyss MSS*（the Hon. Mrs. Frances Cunnack, Saint-Suliac, Ille et Vilaine, France）。其中最有价值的是海军元帅罗斯林·维密斯爵士的第一海务大臣（1918—1919 年）文档。其中包括大量与大舰队总指挥官（贝蒂）的通信，这些通信中大部分亦收录于 *Beatty Papers* 中，以及维密斯未刊发的回忆录，其内容的时间范围是 1917—1919 年（分别题为"Admiralty I"和"Admiralty II"）。

设于欧文（Irvine）的加利福尼亚大学图书馆保存有 1918—1919 年间通信及回忆录的微缩胶卷副本。

*Williamson MSS\** （剑桥，丘吉尔学院图书馆）。海军航空兵先驱之一、空军上校威廉姆森的文档。

*Yexley MSS\**（Commander H. Pursey, R. N., 43 Farnaby Road, Bromley, Kent）.水兵之间的组织报刊《舰队》总编的文档。对于研究水兵中的问题非常重要。亦包括与费希尔的通信。

## 英国官方文献——未发表部分

（除特别标注者外，其余部分均收藏于国防部海军图书馆）[3]

发明与研究委员会（B. I. R.），报告及历次会议纪要，1915—1917 年（六卷本；亦收录于前文提及的 *Lennoxlove*）。

"*Chronological List of German U-Boats Sunk in First World War, 1914—1918*"，未标注日期。该表为最终批准版本，与打印版的 "*Final Return*" 内容在某些战例上稍有出入，后者收藏于 C. B. 1292。

海军部造舰部门，*Records of Warship Construction during the War, 1914—1918*（1919 年编成）。

海军部统计处，"*Statistical Review of the War against Shipping*"（最终编成于 1918 年 12 月）。

海军部鱼雷与水雷处（D.T.M.），*Mining Manual*（1922 年到 1924 年间先后编成，三卷本）。

航运部，*The System of Convoys for Merchant Shipping in 1917 and 1918*（未标注日期；战后）。Lord Salter's papers 中收录了一份该报告副本。这份报告文件堪称对于船团系统组织和运作情况的完美记录。

航运部，*A Report of Shipping Control during the War. The Work of the Transport Department and Ministry of Shipping up to the Armistice, 11th November, 1918*（未标注日期）。Lord Salter's papers 中收录了一份该报告副本。它是有关船团各方面信息的一份珍贵总结。

*Technical History Section, Admiralty*：50 卷专论（先后于 1919—1920 年编成），被统称为"技术史专论"。对于笔者的研究而言，其中最有价值的分卷如下：

TH 1　*Submarine v. Submarine*

TH 4　*Aircraft v. Submarine. Submarine Campaign, 1918*

TH 7　*The Anti-Submarine Division of the Naval Staff. December 1916—November 1918*

TH 8　*Scandinavian and East Coast Convoy System, 1917—1918*

TH 13　*Defensive Arming of Merchant*

TH 14　*The Atlantic Convoy System, 1917—1918*

TH 15　*Convoy Statistics and Diagrams*

TH 21　*Submarine Administration, Training, and Construction*

TH 23　*Fire Control in H. M.*

TH 24　*Storage and Handling of Explosives in Warships*

TH 28　*Guns and Gun Mountings*

TH 29　*Ammunition for Naval*

TH 30　*Control of Mercantile Movements. Part I*

TH 31　*Control of Mercantile Movements. Part II. Appendices*

TH 32　*Control of Mercantile Movements. Part III*

TH 37　*Inception and Development of the Northern Base*（即斯卡帕湾）

TH 39　*Miscellaneous Convoys*

TH 40　*Anti-Submarine Development and Experiments Prior to December 1916*

TH 51　*Development of the Paravane*

其他各卷内容大多偏向于更专业的课题，例如 *Naval Medical Transport during the War*（TH 3）, *The Development of the Gyro-Compass Prior to and during the War*（TH 20）, *Admiralty Air-ship Sheds*（TH 43）等。TH 38 则空缺未使用。

**海军参谋研究**

海军反潜处，*Monthly Reports*（1917 年 5 月至 1918 年 11 月）；

海军反潜处，*R. N. A. S. Anti-Submarine Reports*（逐月发布，1917 年 6 月至 1918 年 3 月）。上述时间之后的部分则见于：

海军航空处，*Naval Air Operations*（逐月发布，1918 年 4—10 月）；

枪炮处，*Grand Fleet Gunnery and Torpedo Memoranda on Naval Actions, 1914—1918*（1922 年编成）；

枪炮处，*Reports of the Committee Appointed to Investigate the Attacks Delivered on and the Enemy Defences of the Dardanelles Straits. 1919*（1921 年编成），又被称为"米切尔委员会"（Mitchell Committee）报告。

历史处，*History of the Second World War. Defeat of the Enemy Attack on Shipping, 1939—1945*（1957 年编成，两卷本）。其中 IA 卷的第一章题为"*Some Lessons from the First World War*"，IB 卷则收录有完善的图表和表格。仅内部发行。

沃特斯海军少校，"*Notes on the Convoy System of Naval Warfare, Thirteenth to Twentieth Centuries*"第二部分，"*First World War, 1914—1918*"（1960 年编成）。第一部分涵盖更早时期的内容，于 1957 年编成。

情报处，*German Navy Tactical Orders*（1920 年编成），"*Translation of orders recovered from various ships sunk at* "。

利斯，洛克哈特海军上校（Lockhart），*The History of British Minefields*（1920 年编成，两卷本），*Operations off the East Coast of Great Britain, 1914—1918*（1940 年编成），*Review of German Cruiser Warfare, 1914—1918*（1940 年编成）。

鱼雷处，*Remarks of the Naval Staff on Anti-Submarine Operations*（1927 年编成）。

训练与参谋作业处，*Addendum No. 1 to Naval Tactical Notes, Vol. I, 1929*（1931 年编成）。

训练与参谋作业处，*History of British Minesweeping in the War*（1920 年编成）。其作者为 1917—1919 年间任海军部扫雷处处长的莱昂内尔·普雷斯顿（Lionel L. Preston）海军上校。

训练与参谋作业处，"*Monographs (Historical)" on the war* [4]：在这套三十九卷（包括此后曾被撤销的一卷）的专论中，对于本书所做研究而言最重要的分卷如下：

| 专论编号 | 标题 | 出版时间 |
|---|---|---|
| 8 | *Naval Operations Connected with the Raid on the North-East Coast, December 16th, 1914* | 1921 年 |
| 11 | *The Battle of Heligoland Bight, August 28th, 1914* | 1921 年 |
| 12 | *The Action off Dogger Bank. January 24th, 1915* | 1921 年 |
| 13 | *Summary of the Operations of the Grand Fleet, August 1914 to November 1916* | 1921 年 |
| 18 | *The Dover Command, Vol. I*（第二卷未编成，理由是相关问题已经在官方战史，即《第一次世界大战史：海军作战》中得到充分阐述） | 1922 年 |
| 19 | *Tenth Cruiser Squadron, Vol. i*（覆盖范围是 1914—1916 年 2 月，第二卷未编成） | 1922 年 |
| 21 | *The Mediterranean, 1914—1915*（取代了原先 1920 年编成的第四卷，*Goeben and Breslau*） | 1923 年 |
| 23 | *Home Waters—Part I. From the Outbreak of the War to 27 August 1914* | 1924 年 |
| 24 | *Home Waters—Part II. September and October 1914* | 1924 年 |
| 27 | *Battles of Coronel and Falkland Islands*（取代了原先 1920 年编成的第一卷，*Coronel*；以及第三卷，*Falklands*） | 1922 年 |
| 28 | *Home Waters—Part III. From November 1914 to the End of January 1915*（其中包括修订后的第八卷） | 1925 年 |
| 29 | *Home Waters—Part IV. From February to July 1915* | 1925 年 |
| 30 | *Home Waters—Part V. From July to October 1915* | 1926 年 |
| 31 | *Home Waters—Part VI. From October 1915 to May 1916* | 1926 年 |
| 32 | *Lowestoft Raid. 24th—25th April 1916* | 1927 年 |
| 33 | *Home Waters—Part VII. From June 1916 to November 1916* | 1927 年 |
| 34 | *Home Waters—Part VIII. From December 1916 to April 1917* | 1933 年 |
| 35 | *Home Waters—Part IX. 1st May, 1917, to 31st July 1917*（此后未再对 1917 年 8 月至 1918 年 11 月间的本土水域战斗发表专著） | 1939 年 |
| 未编号 | *Mediterranean Staff Papers relating to Naval Operations from August 1917 to December 1918*（此后未再对 1916 年至 1917 年 7 月间的地中海海域战斗发表专著） | 1920 年 |
| 未编号 | *The Naval Staff of the Admiralty. Its Work and Development* | 1929 年 |
| 未编号 | *Naval Staff Appreciation of Jutland*（于 1928 年前后回收，且大部分被销毁。可参见《从无畏舰到斯卡帕湾》第三卷相关内容）。海军博物馆并未藏有该卷副本。除英国博物馆收藏的 *Harper MSS* 中存有一本副本外，*Roskill MSS* 及位于欧文的加利福尼亚大学图书馆亦存有副本① | 1922 年 |

　　其他各卷专著则分别有关 1914 年在太平洋海域作战的德国巡洋舰中队（第二卷），1914 年喀麦隆地区的战斗（第五卷），1914 年 8 月英国远征军的输送（第六卷），战争爆发时的巡逻舰队（第七卷），海军白海站（the White Sea Station，第九卷），1914—1915 年的东非战斗（第十卷），1914 年的第一支澳大利亚船团（第十四卷），1914—1916 年间在美索不达米亚（Mesopotamia）和波斯湾的战斗（第十五卷），1914 年的中国分舰队（第十六卷），1914 年的东印度分舰队（第

---

①译者注：2016 年，该卷英文版曾重印出版。

十七卷），1914 年的海军好望角站（the Cape of Good Hope Station，第二十卷），1914 年大西洋的战斗（第二十二卷），1914 年的波罗的海（第二十五卷），从福克兰群岛海战之后至 1915 年 5 月间大西洋上的战斗（第二十六卷），1919 年的阿尔汉格尔河舰队（未编号）。

海军参谋学院（位于格林尼治）讲座，由时为海军中校军衔的约翰·克雷斯维尔讲授（1931—1932 年间，克雷斯维尔任该学院分管演习导演的校长），包括：

"Mediterranean, 1914"（前后三堂讲座，1932 年）

"The Battle of Heligoland Bight, 28th August, 1914"（1932 年）

"The Scarborough Raid, 16th December, 1914"（1932 年）

"The Dogger Bank Action, 24th January, 1915"（1932 年）

"The Operations of 19th August, 1916"（1931 年）

"The Grand Fleet, 1917—1918"（1931 年）

上述所有讲座材料均由克雷斯维尔上校保存（Ellernslie, Cattistock, Dorchester, ）。

戈弗雷海军上校（1928—1930 年间任海军参谋学院副校长），"Jutland"（前后七堂讲座，于 1929—1930 年间讲授。该讲座可被视为下文拉姆塞讲座的修订版。收录于海军图书馆收藏的 *Godfrey MSS*）。除此之外，戈弗雷将军的讲座材料还包括重要的补充资料，"*Papers for reference purposes by lecturer*"。

坦南特海军中校（1931—1932 年间任海军参谋学院分管演习导演的校长），"Jutland"（前后七堂讲座，其内容可被视为戈弗雷讲座的修订版；收录于国家海事博物馆保存的 *Tennant MSS* 中）。

海军参谋学院（位于格林尼治）讲座。海军上校拉姆塞（1927—1929 年间任高级军官战争课程教员），"Jutland"（前后五堂讲座，收录于英国博物馆保存的 *Jellicoe MSS* 中）。

## 官方文献——已发表部分

英国

海军部，*Narrative of the Battle of Jutland*（London, H. M. S. O.,1924 年）。该

文献可被视为在 *Naval Staff Appreciation of Jutland* 的基础上，删去评论和批判的版本 [ 另可见下文第 352 页提及的 Cmd. 1068（1920），*Battle of Jutland*]。

塞西尔·阿斯皮诺尔 - 奥格兰德陆军准将所著，*History of the Great War. Military Operations. Gallipoli*（London, Heinemann, 1929—1932，两卷本）。

克里斯托弗·贝尔所著，*A History of the Blockade of Germany and of the Countries Associated with Her in the Great War, Austria-Hungary, Bulgaria, and Turkey, 1914—1918*（London. H. M. S. O., 1961）。该书作者贝尔为帝国国防委员会历史科成员，他于 1931 年完成这份印刷出版的官方史料。该书内容原计划被包含在科贝特和纽博尔特合著的《第一次世界大战史：海军作战》中。

朱利安·科贝特爵士和亨利·纽博尔特爵士合著《第一次世界大战史：海军作战》（London, Longmans, 1920—1931, 五卷本；其中有关 1914 年事件的第一卷修订版于 1938 年出版，涵盖日德兰大海战内容的第三卷修订版于 1940 年出版）。科贝特为其中第一至第三卷的作者，纽博尔特为第四和第五卷作者，修订版则由皇家海军陆战队丹尼尔（E. Y. Daniel）中校完成。除单独附有地图包的第二卷外，其他各卷都附有地图卷。地图卷一和卷三包含在修订版中。该战史详细而权威，其评价较为克制。作为 "*History of the War*" 的一部分，《第一次世界大战史：海军作战》由帝国国防委员会历史科起草，撰写工作起初由科贝特指挥，其去世后由纽博尔特指挥。该书的定位是就第一次世界大战期间海战问题，面向公众的中间式和半通俗式的解读，而海军参谋部历史分部撰写的参谋史与此相反。

陆军准将 Edmonds, Sir James E. 爵士所著，*History of the Great War. Military Operations. France and Belgium, 1917, Vol. ii*（London, H. M. S. O., 1948）。

欧内斯特·费勒所著《第一次世界大战史：海上贸易》（London, Murray, 1920—1924, 三卷本）。这是一部对于研究海域战及其防御而言不可或缺的作品。

古奇和坦珀利主编，*British Documents on the Origins of the War, 1898—1914*（London, H. M. S. O., 1926—1938, 11 vols. in 13），第三、第六、第七、第十卷（第二部分）。对于研究英德海军关系来说，该作品尤为重要。

阿奇博尔德·赫德爵士所著，*History of the Great War. The Merchant Navy*（London, Murray, 1921—1929, 3 vols.）。该著作一大特点是不带任何感情地讲述一段激

352

动人心的历史。

沃尔特·罗利爵士和琼斯所著《第一次世界大战史：空战》（Oxford, Clarendon Press, 1922—1937, 6 vols.）。第一卷由罗利撰写，其余五卷由琼斯撰写。此外，该书第一和第三卷还附有地图卷，以及一卷附录。值得注意的是，在有关皇家海军航空兵的问题上，该书的内容并非完全可信。

Salter, J. A., *Allied Shipping Control: an Experiment in International Administration* ( Oxford, Clarendon Press, 1921 ).

*Command and Parliamentary Papers* ( published by H. M. S. O. ).

256 ( 1909 ). *Report of the Sub-Committee of the Committee of Imperial Defence appointed to inquire into certain questions of Naval Policy raised by Lord Charles Beresford, 12 August 1909.*

Cd. 8490 ( 1917 ). *Dardanelles Commission. First Report, 12 February 1917.*

Cmd. 371 ( 1919 ). *Dardanelles Commission. Final Report, 4 December 1917.*

Cd. 9221 ( 1918 ). *Mercantile Losses.* 标题简短。

199 ( 1919 ). *Merchant Shipping. War* .

200 ( 1919 ). *Navy. War* .

Cmd. 1068 ( 1920 ). *Battle of Jutland, 30th May to 1st June, 1916.* Official Dispatches, with Appendices.

Cmd. 2870 ( 1927 ). *Reproduction of the Record of the Battle of Jutland*，由哈珀和其他人一同起草。在相当程度上，可将其视为 1919 年完成但未发表且颇具争议的 *Harper Record* 的翻版，但不附图。

Cmd.270 ( 1919 ). *Navy. Pay, Half Pay, Retired Pay, and Allowances of Officers* （诸委员会建议案）。简明的标题。

Cmd. 149 ( 1919 ). *Navy. Pay, Half Pay, Retired Pay, and Allowances of Officers* （以杰拉姆上将为主席的委员会建议案）。简明的标题。

## 德国

*Lepsius, Johannes, Mendelssohn-Bartholdy, Albrecht and Thimme, Friedrich* （eds. ）, *Die Grosse Politik der europäischen Kabinette, 1871—1914*（ Berlin, Deutsche Verlagsgesellschaft für Plitik und Geschichte, 1922—1927, 40 vols. In 54 ）. 其中第二十卷和后续各卷涵盖了第一次世界大战爆发前十年的内容，对于研究英德海军竞赛非常重要。

德国海军部《海上战争, 1914—1918 》。共由七套组成（ Berlin，Mittler），对于笔者在本作中的研究而言，其中前三套的内容更为重要：

《北海海战》（1920—1965, 7 vols. ）。其中，第一至第五卷由奥托·格罗斯海军上校撰写，第六和第七卷则由瓦尔特·格拉迪施海军上将撰写。此外，还有一卷补充卷，内有第五卷所包含的日德兰大海战的海图。

*Der Handelskrieg mit U-Booten*（ 1932—1966, 5 vols. ）. 由海军少将阿诺·施平德勒（ Arno Spindler ）撰写。其中第一卷（的内容）涵盖至 1915 年 1 月的战争；第二卷涵盖 1915 年 2 月至 9 月部分；第三卷涵盖 1915 年 10 月至 1917 年 1 月部分；第四卷涵盖 1917 年 2 月至 12 月部分；第五卷涵盖 1918 年部分。

*Der Krieg in den türkischen Gewässern*（ 1928,1938, 2vols. ），由海军少将 Herm ann Lorey 撰写。第一卷题为 *Die Mittelmeer-Division*，第二卷题为 *Der Kampf um die Meerengen*。

*Der Kreuzerkrieg in den ausländischen Gewässern*（ 1922—1937, 3 vols., 其中第一卷的修订版于1927年出版）。第一卷和第二卷由时任海军上校的雷德尔[①]撰写，第三卷由海军中将 Eberhard von Mantey 撰写。

*Der Krieg in der Ostsee*（ 1922—1964, 3 vols. ）. 第一卷由海军上校 Rudolph Firle 撰写，第二卷由海军上尉 Heinrich Rollmann 撰写，第三卷由海军上将 Ernst von Gagern 撰写。

*Die Kämpfe der kaiserlichen Marine in den deustchen Kolonien*（ 1935 ），由海军中将 Kurt Assmann 主编。

*Die Überwasserstritkräfte und ihre Technik*（ 1930 ），由海军上校保罗·柯本

---

①译者注：即日后第二次世界大战期间的德国海军元帅和德国海军总司令。

（Paul Köppen）撰写。[5]

## 美国

美国海军部，*Office of Naval Records, The Northern Barrage and Other Mining Activities*（1920）。

美国国务院，*Papers Relating to the Foreign Relations of the United States; The Paris Peace Conference, 1919*（Washington, United States Government Printing Office, 1942—1947, 13 vols.）。其中第三至第五卷包括巴黎和会期间（1919 年 1 月 12 日至 6 月 28 日）十人委员会和四人委员会的会议纪要，第七至第九卷则包括各代表团首领会议纪要（1919 年 7 月 1 日至 1920 年 1 月 10 日）。另可参见下文第 384 页 Mantoux 条目。

## 已发表作品

若一部作品存在一个以上的出版商，则其中英国出版商通常会被列在此处。本列表中包括那些出版时间太晚，以至于笔者在本书中无法使用的分卷，以及笔者在起草本列表时还未出版的作品。

Aberdeen, Countess of, Edward Marjoribanks, Lord Tweedmouth, Kt., *1849—1909: Notes and Recollections*（London, Constable, 1909）. 简短的生平事略记载。特威德茅斯任海军大臣（1905—1908 年间）的经历仅在几页中进行了描述，且效果只能算作差强人意。

Agar, Captain Augustus, *Footprints in the Sea*（London, Evans, 1959）. 一部自传，其中包括若干有关海军航空兵早期阶段，以及第一次世界大战结束后该部在波罗的海地区作战的有趣经历。

Alboldt, E., *Die Tragödie der alten deutschen Marine*（Berlin, Deutsche Verlagsgesellschaft für Politik und Geschichte, 1928）。参见下文第 399 页 Das Werk 等条目。

Altham, Captain Edward, *Jellicoe*（London, Blackie, 1938）. 一部内容简短但堪称出色的传记。

Appleyard, Rollo, *Charles Parsons: His Life and Work*（London, Constable,

1933）. 船用蒸汽涡轮的发明者，在 20 世纪初海军军备革命中，他扮演了一个不容忽视的角色。

Arthur, Sir George, *Lift of Lord Kitchener*（London, Macmillan, 1920, 3 vols.）. Vol. Iii. 这是有关基钦纳，以及达达尼尔 - 加里波利战役海军部分的资料，但后来被马格努斯（Magnus）和杰姆斯的作品取代。

Ashmead-Bartlett, Ellies, *The Uncensored Dardanelles*（London, Huntchinson, 1928）. 这是一位出色通讯记者"对这一系列震撼人心的事件与阴暗场面（1915年 4—9 月）的精彩描述，宛如它们重现在笔者眼前一般。笔者也在努力尝试，发掘这一宏大事件中主要角色的性格，并调查其行为背后的动机"。

陆军准将塞西尔·阿斯皮诺尔 - 奥格兰德所著《罗杰·凯斯》（London, Hogarth Press, 1951）。准将不仅是凯斯官方传记的作者，也是加里波利战役官方战史的作者。本书不含批判意味——对于 1918 年突袭泽布吕赫的作战而言，这堪称荒谬。

陆战队少将 Aston, Sir George 所著, *Secret Service*（London, Faber, 1930）。一本由海军陆战队军官撰写的作品，其内容透露了第一次世界大战期间秘密作战部队所执行的任务。读者在其中能够不时地发现值得注意的内容。

海军上将雷金纳德·培根所著, *The Dover Patrol, 1915—1917*（London, Hutchinson, 1919, 2 vols.）。这是一部有关培根任指挥官期间多佛尔巡逻舰队部队，颇有说服力且非常详细的记录。但自我辩护的语气贯穿全书。凯斯所著的海军回忆录第二卷则可被视为对本书必须的修正。

海军上将雷金纳德·培根所著, *The Jutland Scandal*（2nd ed., London, Hutchinson, 1925）。本著作是对于海军部的 *Narrative*[①] 和其他诋毁杰利科者的严厉驳斥，"献给眼下已被忽视，只在英格兰神殿中某个阴暗角落接受崇拜的两位神祇，即正义之神和真相之神"。亲杰利科的倾向不仅在这本书中颇为明显，且在培根的其他作品中同样如此。但无论如何，我们不应当因此将其视为垃圾作

---

①译者注：即 *Narrative of the Battle of Jutland*。

356

品：实际上恰恰相反。

海军上将雷金纳德·培根等人所著，*The World Crisis by Winston Churchill: a Criticism*（London, Hutchinson, 1927）。其中第一和第五章（分别由 Lord Sydenham of Combe 和培根撰写），尤其是后者——堪称对丘吉尔有关日德兰所持观点的毁灭性批判。

海军上将雷金纳德·培根所著，*The Life of Lord Fisher of Kilverstone*（London, Hodder & Stoughton, 1929, 2 vols.）。这是第一本费希尔的授权传记：总体而言，本书论调对费希尔持同情态度，但并非事事遵从后者。尽管在某些重要问题上，本书内容已经过时，但还是非常有价值。培根曾深入参与所谓"费希尔革命"[①]。

海军上将雷金纳德·培根所著《多佛尔海峡巡逻简史》（London, Hutchinson, 1932）。本书堪称前述两卷本 *The Dover Patrol* 一书的结晶。

海军上将雷金纳德·培根所著，*The Life of John Rushworth, Earl Jellicoe*（London, Cassell, 1936）。这是杰利科的官方授权传记，尽管培根在写作过程中未能参阅有关杰利科的全部文件，但此著作仍然堪称一本出色传记（培根并不允许杰利科的遗稿继承人"检查"自己的手稿）。

海军上将雷金纳德·培根所著《1900 年以来》（London, Hutchison, 1940）。这是一部单卷本回忆录。由于作者曾担任重要职务，因此从历史研究的角度而言，其价值高于其他单卷本回忆录。书中包括对费希尔、丘吉尔、杰利科和威尔逊等人简短精彩的介绍。

海军上将雷金纳德·培根和 McMurtrie, Francis E. 合著，*Modern Naval Strategy*（London, Muller, 1940）。书中对海上战争中最庞大的若干问题——如争夺制海权、两栖登陆战、船团等——进行了颇有说服力的论述，并根据第一次世界大战经验，提出了大量例证。不过书中很多论断都有可能遭到质疑。

"巴夫勒尔"（Barfleur，实为海军上将雷金纳德·卡斯腾斯爵士）所著，*Naval Policy: a Plea for the Study of War*（London，Blackwood, 1907）。这实际是

---

①译者注：例如曾担任"无畏"号战列舰的首任舰长，以及作为杰利科的继任者，担任海军枪炮处处长。

该书出版两年前即已印刷问世的若干文章合集。总体而言，它是对所谓"装备学派"观点的抨击。

巴恩斯（Barnes, John）主编，*The Beatty Papers, Vol.i*（1908—1919；London, Navy Records Society, 1970；巴恩斯正在准备撰写贝蒂的授权传记）。

Barnes, Eleanor C.（Lady Yarrow），*Alfred Yarrow: His Life and Work*（London, Arnold, 1923）. 阿尔弗雷德·雅罗（Alfred Yarrow）爵士是一位伟大的船用轮机师和造船商，其主要工作成就体现在对小型舰艇，尤其是对驱逐舰和炮舰性能的改良上。书中较后章节与第一次世界大战时期有关，具有一定价值。

科雷利·巴尼特所著，*The Swordbearers, Studies in Supreme Command in the First World War*（London, Eyre & Spottiswoode, 1963）。此作品研究的唯一海军人士即为杰利科，相关章节基于标准公开信息源写作；在将日德兰大海战中不尽如人意方面归咎于所谓第一次世界大战前"堕落而缺乏创造性"的社会系统一事上，其给出的理由较为牵强。

海军上将赫尔曼·鲍尔所著，*Reichsleitung und U-Bootseinsatz, 1914—1918*（Lippoldsberg, Klosterhaus, 1956）。鲍尔的作品中，以本作及下一条目中的作品较为重要，并与米克尔森和盖尔的作品一道，堪称潜艇战相关作品中的关键。第一次世界大战爆发直至1917年6月，鲍尔一直担任潜艇部队高级指挥官。

海军上将赫尔曼·鲍尔所著，*Als Führer der U-boote im Weltkriege, 1914—1918*（2nd ed., Leipzig, Koehler & Amelang, 1943）。

海军上将刘易斯·贝利爵士所著，*Pull Together! The Memoirs of Admiral Sir Lewis Bayly*（London, Harrap, 1939）。一本直白的自传，其最佳部分便是对爵士在任西部进近航道海域司令部指挥官期间，即1915—1918年间的记述。

比弗布鲁克勋爵所著，*Politicians and the War, 1914—1916*（London, Butterworth, 1928）。本书与其更有价值的续篇[①]一样，"笔者试图以此强调所谓战争指导中平民方面因素的巨大重要性——这种因素往往为各类战争相关书籍所忽略"。该书提供

---

①译者注：即下一条目所列作品。

了一些有关 1915 年 5 月危机，以及达达尼尔海峡作战的材料。

比弗布鲁克勋爵所著，*Man and Power, 1917—1918*（London, Hutchinson, 1956）。

卡莱恩·贝莱尔斯海军中校所著，*The Battle of Jutland*（2nd ed., London, Hodder & Stoughton, 1920）。尽管该著作堪称第一本对日德兰海战进行详细研究的作品，但由于反杰利科立场这一偏见，以及明显的信息不准确这两大缺陷严重影响了其价值。

Beloff, Max, *Imperial Sunset: Britain's Liberal Empire, 1897—1921*（London, Methuen, 1969）。该书基于最晚近的学术作品及原始档案研究，从英国本身和英帝国两方面，对海军防务问题进行了出色而简洁的讨论。

海军上校 Benn, Wedgwood 所著，*In the Side Shows*（London, Hodder & Stoughton, 1919）。这是一份有关第一次世界大战期间，英国方面在亚德里亚海和近东地区实际使用海军航空兵的材料。

海军上校乔弗里·贝内特所著，*Coronel and the Falklands*（London, Batsford, 1962）。它是一部标准的从英国视角出发，有关这两场海战的作品。

海军上校乔弗里·贝内特所著，*Cowan's War: The Story of British Naval Operations in the Baltic, 1919—1920*（London, Collins, 1964）。基于科万本人和海军部相关文件撰写的一本详细记录。首先需要指出的是，窥一斑而知全豹往往难以实现。其次，书中谬误甚多，由此导致的问题几乎与作为其描述对象的复杂事件本身一样多，更无须提及本书复杂程度堪称骇人的历史背景。

海军上校乔弗里·贝内特所著，*The Battle of Jutland*（London, Batsford, 1964）。一部直白且非常生动的记叙，但同时回避了各种争论。此外，书中使用了某些较新的材料。

海军上校乔弗里·贝内特所著，*"Charlie B": the Life of Admiral Lord Charles Beresford*（London, Peter Dawnay, 1968）。本书堪称第一本关于比尔斯福德的完整传记；一本基于重新发现的 *Beresford Papers* 撰写，合格且公正的作品（对于费希尔时代的研究而言则用处不大）。

海军上校乔弗里·贝内特所著，*Naval Battles of the First World War*（London, Batsford, 1968）。这是第一本有关第一次世界大战海军这一侧面且令人满意的概论。

海军上将查尔斯·比尔斯福德勋爵所著, *The Betrayal* ( London, P. S. King, 1912 )。"本书乃是对事实的陈述……有关海军行政管理和 1902 年以来采取的海军政策的真相……" 这是针对费希尔改革的一部尖锐但并非不带偏见的批判作品。

海军上将查尔斯·比尔斯福德勋爵所著, *The Memoirs of Admiral Lord Charles Beresford* ( 2nd ed., London, Methuen, 1914, 2 vols. )，第二卷。这是一部关于勋爵 1859—1909 年间海军生涯的记录。其中包含有关于其最后两个任职，即 1905—1909 年任地中海舰队和海峡舰队总指挥官期间的章节。其间仅简单提到他最大的敌人，即费希尔一次——而且是对后者任地中海舰队总指挥官期间（1899—1902 年）所取得成就的慷慨赞赏！

海军中校 Bingham, the Hon. Barry 所著, *Falklands, Jutland, and the Bight* ( London, Murray, 1919 )。作者曾作为枪炮官，随战列巡洋舰 "无敌" 号参与福克兰群岛海战和第一次赫尔戈兰湾海战，并以驱逐舰分队指挥官身份参与日德兰大海战。本书即为这位英勇军官的个人回忆录。

Birnbaum, Karl E., *Peace Moves and U-boat Warfare: a Study of Imperial Germany's Policy towards the United States, April 18, 1916—January 9, 1917* ( Stockholm, Almqvist & Wiksell, 1958 )。该书提供了一些有关最终做出采取针对航运的无限制潜艇战这一决定前九个月中，德国潜艇战政策演进过程，以及最终采取无限制潜艇战经过的有用细节。该书主要基于未公开发表的德国官方资料撰写，包括德国海军部记录。

Blake, Robert ( ed. ), *The Private Papers of Douglas Haig, 1914—1919* ( London, Eyre & Spottiswoode, 1952 )。从海军历史研究角度而言，多次涉及杰利科是该书的主要价值。

Blake, Robert ( ed. ), *the Unknown Prime Minister, the Life and Times of Andrew Bonar, Law, 1858—1923* ( London, Eyre & Spottiswoode, 1955 )。对于笔者本作而言，该书仅对于 1915 年 5 月危机的内容有价值。

Bone, David W., *Merchantmen-at-Arms: the British Merchant Service in the War*

（London, Chatto & Windus, 1919）. 一本引人共鸣的迷人记述，由官方战争艺术家
（Official War Artist）Muirhead Bone 绘制的绝佳插图亦为该书增光添彩。

Bonham-Carter, *Victor, Soldier True: the Life and Times of Field-Marshal Sir William Robertson*（London, Muller, 1963）. 美国版题为 *The Strategy of Victory, 1914—1918: the Life and Times of the Master Strategist of World War I, Field-Marshal Sir William Robertson*（New York, Holt, 1964）。一部翔实而可靠的研究，但对笔者本作而言，其价值仅在于对海军和水兵的极少涉及。

Bonham-Carter, Lady Violet, *Winston Churchill As I Knew Him*（London, Collins, Eyre & Spottiswoode, 1965）. 相较已经发布的各种记录，本书内容并未超出太多，但的确加入了若干有关丘吉尔和费希尔的趣闻。

Bowman, Gerald, *The Man Who Bought a Navy: the Story of the World's Greatest Salvage Achievement at Scapa Flow*（London, Harrap, 1964）. 本书描述了公海舰队自沉的背景，并且非常详细地介绍了打捞沉没舰只的过程，这部分内容也更有价值。"The man who bought a navy" 实际指的是工程师欧内斯特·考克斯（Ernest）。

安德鲁·博伊尔所著，*Trenchard*（London, Collins, 1962）。本书描述了一位性格迷人的人物，且堪称一本阅读性非常强的传记。其中包括一些有关第一次世界大战期间海军航空兵，以及 1918 年皇家海军航空兵和皇家飞行队（R.F.C.）合并，构成皇家空军的材料，尽管并非所有材料都称得上准确。

海军中将爱德华·布拉德福德爵士所著，*Life of Admiral of the Fleet Sir Arthur Knyvet Wilson*（London, Murray, 1923）。作为 20 世纪早期伟大的战略家和水兵，威尔逊的传记本应得到更完整和更专业的对待。然而，鉴于其留下的文件很少，这一要求或许过高。

莫里斯·布雷特和奥利弗·布雷特（即伊舍子爵）合著，*Journals and Letters of Reginald, Viscount Esher*（London, Nicholson & Watson, 1934—1938, 4 vols.），第二至第四卷。其中涉及了整个费希尔时代的诸多海军事件和人物。

海军上将 Bridge, Cyprian 爵士所著，*The Art of Naval Warfare*（London, Smith, Elder, 1907）。"本书的主题是表明掌握海军历史的价值——或者不如说，必要性……"这是一本有关战略和战术，堪称完美的作品。其作者是当时曾深

入关注海军专业更崇高方面的少数高级军官之一。

海军上将 Bridge, Cyprian 爵士所著，*Sea-Power and Other Studies*（London, Smith, Elder, 1910）。这是作者在 1898—1908 年间打印发表的若干论文合集，其主题主要关于历史上和当时的海军战略。

Brodie, Bernard, *Sea Power in the Machine Age*（rev. ed., London, Oxford, 1943）. 一本有关 19 世纪和 20 世纪海军装备演进方面卓越功绩，及其对战略和战术方面影响的标准性作品。不过对于其中第十六章，"The Undersea Arm in the World War" 应该有所保留；此外，在某些关键问题上，该书对船团系统的讨论亦有失准确。

Brodie, C. G., *Forlorn Hope 1915: the Submarine Passage of the Dardanelles*（London, W. J. Bryce, 1956）. 本书副标题即显示了这本颇具可读性的小册子的内容，有关 1915 年春英国 E 型潜艇的英勇事迹。

海军少将 Brownrigg Douglas 爵士所著，*Indiscretions of the Naval Censor*（London, Cassell, 1920）。作者便是该书所讨论的海军检察员。该书有关海战的脚注值得注意。

Bruce, J. M., *British Aeroplanes, 1914—1918*（London, Putnam, 1957）. 该书与塞特福特（Thetford）的作品可被并称为这一领域的标杆性作品。其文字简明，规格详细，插图优良。

Bywater, Hector C., *Cruisers in Battle: Naval "Light Cavalry" Under Fire, 1914—1918*（London, Constable, 1939）. 一本有关那些英德两国轻巡洋舰曾扮演显著角色的战斗的详细记录。本书不仅基于作者与曾亲身经历上述战斗的军官的通信，也基于英德双方的官方战史。

Bywater and Ferraby, H. C., *Strange Intelligence: Memoirs of Naval Secret Service*（London, Constable, 1931）. 由两位海军记者在未能接触到海军部记录的前提下撰写的有趣作品。

陆军少将 Callwell, Charles E. 爵士所著，*Experiences of a Dug-Out, 1914—1918*（London, Constable, 1920）. 作者卡尔韦尔曾在第一次世界大战第一年，在陆军部担任陆军作战处处长。该书对于有关达达尼尔海峡战斗的研究具有一定价值。

海军少将戈登·坎贝尔所著，*My Mystery Ships*（London, Hodder & Stoughton,

1928 ）。作者是 Q 船最著名的指挥官之一，本书即是其根据个人经历撰写的一个令人着迷的故事。

海军上校卡彭特所著，The Blocking of Zeebrugge（London, Herbert Jenkins, 1922 ）。作者为"怀恨"号的舰长，本书为其对此次战斗经过的详细描述。

海军上尉 Carr, William G. 所著，*By Guess and By God: The Story of the British Submarines in the War*（London, Hutchinson, 1930 ）。一本关于若干潜艇主要英勇壮举的迷人小书。

海军上尉 Carr, William G. 所著，*Brass Hats and Bell-Bottomed Trousers: Unforgettable and Splendid Feats of the Harwich Patrol*（London, Huntchinson, 1939 ）。本书副标题准确地描述了全书内容。尽管卡尔无疑不会撰写一部乏味作品，但他仅强调了哈里奇舰队的历史理应得到更权威性的作品描述。

海军上尉 Carr, William G. 所著，*Good Hunting*（London, Hutchinson, 1940 ）。一部由这位专业的小说家，就第一次世界大战后期反潜战中的种种轶事创作的作品。

海军少将威廉·查默斯所著《戴维·贝蒂伯爵生平与通信》（London, Hodder & Stoughton, 1951 ）。本书是贝蒂的授权传记，且质量颇高（与后续作品一样），其作者自 1915 年 8 月起至第一次世界大战结束期间，一直担任贝蒂的参谋。尽管本书同情贝蒂的基调并不出人意料，但在某些问题的判断上仍然堪称明智。

海军少将威廉·查默斯所著，*Max Horton and the Western Approaches*（London, Hodder & Stoughton, 1954 ）。该作品是有关最伟大的潜艇指挥官在第二次世界大战期间经历的传记，这位艇长在第一次世界大战期间便以其对波罗的海的远征而闻名于世。对于霍顿（Horton ）这样的人来说，此作略显简短。

海军少将威廉·查默斯所著，*Full Cycle: the Biography of Admiral Sir Bertram Ramsay*（London, Hodder & Stoughton, 1959 ）。拉姆塞上将的官方传记，上将曾因第二次世界大战期间指挥本土舰队[①]而最为人熟知；但在其第一次世界

---

①译者注：这一叙述不够准确。拉姆塞上将在第二次世界大战中的卓越贡献包括组织并指挥敦刻尔克大撤退，以及在北非、西西里和诺曼底登陆战中作为海军指挥官，指挥协调盟军海军各部队的战斗。1945 年 1 月 2 日，他因飞机失事逝世。

大战期间的经历中，亦有一些材料值得研究。本书对拉姆塞的日记和通信进行了充分运用。

Chaput, Rolland A., *Disarmament in British Foreign Policy*（London, Allen & Unwin, 1935）. 基于当时可用的材料，作者对第一次世界大战结束后德国海军军备削减，以及巴黎和会期间的海军军备裁减问题进行了完美处理，因此本作品颇有价值。

海军元帅查特菲尔德勋爵所著《海军与国防》（London, Heinemann, 1942）。本书为英国20世纪最伟大的海军将领之一的两卷本自传，其中第一卷覆盖范围为1886年至1932年间查特菲尔德的海军生涯。大体而言，本书回避了很多有争议的话题，但针对第一次世界大战期间及此后的海军，提供了一些新材料和值得研究的观察。

Chatterton, E. Keble, *Q-Ships and Their Story*（London, Sidgwick & Jackson, 1922）. 与这位在海洋方面多产作者的几乎所有后续作品相似，本书可读性极高，而且是基于目击者回忆撰写，堪称一份值得研究的记述。

Chatterton, E., *The Auxiliary Patrol*（London, Sidgwick & Jackson, 1923）.

Chatterton, E., *Gallant Gentlemen*（London, Hurst & Blackett, 1931）. 一本有关海上战斗的杂集，其中包括"戈本"号事件、科罗内尔海战，以及福克兰群岛海战。

Chatterton, E., *The Sea-Raiders*（London, Hurst & Blackett, 1931）. 本书是一部记述德国水面破袭舰作战经历的作品。

Chatterton, E., *The big Blockade*（London, Hurst & Blackett, 1932）. 本书讲述了第10巡洋舰中队的经历，"试图根据来自这个自人类乘船出海以来，规模最大也最具毁灭性效果的封锁行动的第一手信息，编撰一部可信的记录"。

Chatterton, E., *Danger Zone: The Story of the Queenstown Command*（London, Rich & Cowan, 1934）.

Chatterton, E., *Dardanelles Dilemma: the Story of the Naval Operations*（London, Rich & Cowan, 1935）. 该书的最佳部分是对于达达尼尔海峡之战中陆海两军联合作战开始前，纯海军战事的记述。

Chatterton, E., *Seas of Adventures: The Story of the Naval Operations in the*

*Mediterranean, Adriatic, and Aegean*（London, Hurst & Blackett, 1936）.

Chatterton, E., *Fighting the U-Boats*（London, Hurst & Blackett, 1942）."本书是对 1914—1916 年间相关战斗的详细记录，对每一起击沉敌潜艇的战例，对其击沉方式、沉没地点和沉没原因都进行了逐一审查"。

Chatterton, E., *Beating the U-Boats*（London, Hurst & Blackett, 1943）. 本作品完成了自 *Fighting the U-Boats* 一书开始的潜艇击沉战例记述，展示了 1917—1918 年间导致潜艇被击败的"方式和方法"。

Childers, Erskine, *The Riddle of the Sands*（London, Smith, Elder, 1903；其他出版社版本先后于 1905 年、1908 年和 1910 年问世）。本书讲述了一个富有想象力的故事，即德国方面正在为把英国海峡舰队诱开，然后德军突然出现在英国本土这一计划进行秘密准备。其在问世时曾颇具影响力。

Chivers, T. A., *The Anglo-Japanese Alliance, 1902—1911, with particular reference to British Naval and Military Opinion* [ 未发表的硕士论文，威尔士大学（University of Wales）, 1961 年 ]。

Chrisman, Herman Henry, *Naval Operations in the Mediterranean, during the Great War, 1914—1918*（未发表的博士论文，斯坦福大学，1931 年）。

伦道夫·丘吉尔所著，*Winston Churchill*（London, Heinemann, 1966—1967, 2 vols.）。第二卷，以及三卷包括各种原始资料的"参考卷"（1969 年出版）涵盖了 1900—1914 年这一时间段。马丁·吉尔伯特（Martin Gilbert）正在撰写第三卷，其涵盖范围是第一次世界大战爆发至 1916 年（计划于 1971 年出版；该卷的两卷"参考卷"则计划于 1972 年出版）。后续的第四卷涵盖范围是 1917—1922 年（计划于 1973 年出版，其三卷"参考卷"计划于 1974 年出版）。伦道夫·丘吉尔非常倾向于让材料自己说话；吉尔伯特则倾向于将上述方式和更传统的方式，即对原始材料进行评论和解读（这一方式）相结合。

温斯顿·丘吉尔所著，*The World Crisis*（London, Butterworth, 1923—1931, 5 vols. In 6），第一至第三卷。本书第一卷涵盖范围是 1911 年至 1914 年；第二卷涵盖范围是 1915 年；第三卷（分为两部分）涵盖范围是 1916—1918 年。丘吉尔在书中对自己 1911—1915 年任海军大臣期间的作为进行了娴熟的辩解，尽管并不完全可靠，但仍堪称研究这一时期海军问题绝对不可或缺的资料。第三卷中包括了丘吉尔对日德兰大海战的看法，应当注意的是，这一见解受到了海军中将肯尼斯·迪尤尔反杰利科立场的强烈影响。迪尤尔当时担任丘吉尔的顾问。

温斯顿·丘吉尔所著，*Thoughts and Adventures*（London, Butterworth, 1932）。其中若干章节与反潜战和多佛尔海峡拦阻网体系有关。

温斯顿·丘吉尔所著，*Great Contemporaries*（London, Butterworth, 1937）。本书包括有关贝尔福和费希尔的简短论文，关于后者的内容质量尤高。

"Civis"（威廉·怀特爵士），*The State of the Navy in 1907: a Plea for Inquiry*（London, Smith, Elder, 1907）。本书堪称针对费希尔改革流传最广的攻击，作者曾任海军造舰总监。本书大多数章节内容曾以来信形式，刊登于《旁观者》上。

Cobden Club, The, *The Burden of Armaments: a Plea for Retrenchment*（London, Unwin, 1905）. 这是一本在当时鼓吹小型海军的代表性小册子。

伊恩·科尔文所著，*The Life of Lord Carson* [London, Gollancz, 1932—1936, 3 vols；其中第一卷由爱德华·梅杰里班克斯（Edward Majoribanks）撰写]，第三卷。这是卡森的授权传记。其中若干章内容与其担任海军大臣时期（1916 年 12 月—1917 年 7 月）有关。由于科尔文可以参阅卡森所有的海军部文件，因此该作品具有特别意义，尽管这种意义不宜夸大。可参见前文 *Carson MSS* 条目内容。

朱利安·科贝特所著《海上战略的若干原则》（London, Longmans, 1911）。本书是科贝特这位多产而天赋甚高的海军学家的主要理论著作。"该书代表着科贝特有关海军战略观点的系统梳理。"然而，该书的影响力并不如科贝特本人所希望的那么大。

海军元帅，科克与奥雷里伯爵所著，*My Naval life, 1886—1941*（London, Hutchinson, 1942）。该书曾被很好地评价为"一篇直白的记叙，颇具幽默感地讲述了具体清晰的海军生涯"。

乔弗里·库赞所著，*The Story of Scapa Flow*（London, Muller, 1965）. 一个非常流行的记叙作品。

海军上校 Cowie, J. S. 所著，*Mines, Minelayers and Minelaying*（London, Oxford, 1949）。本书对水雷及布雷的历史进行了高效但不太具有专业性的阐述，本书作者在两次世界大战期间均有布雷经历。

约翰·克雷斯维尔海军中校所著，*Naval Warfare: an Introductory Study*（2nd ed., London, Sampson, Low, 1942）。这是一本根据历史经验，对于海军战争基本原则的阐述合理且周到的陈述性质作品。

Cronon, E. David（ed.），*The Cabinet Diaries of Josephus Daniels, 1913—1921*（Lincoln, Nebraska, University of Nebraska Press, 1963）. 第一次世界大战期间，美国海军部长在这些日记中曾零星地提及皇家海军，但各处都比较简洁。

海恩德霍普（Hyndhope）子爵，海军元帅坎宁安所著，*A Sailor's Odyssey*（London, Hutchinson, 1951）。这位日后第二次世界大战期间皇家海军的头号水兵于1897年加入海军。他曾乘坐驱逐舰参与1915年的达达尼尔海峡之战。对笔者本作而言，书中有关这一经历的记叙具有极大的价值。

海军上将雷金纳德·卡斯腾斯爵士所著，*The Ship of the Line in Battle*（London, Blackwood, 1912）。本书为1910—1912年间，在设于朴次茅斯的皇家海军战争学院宣读的若干论文的合集：作者在这些论文中，对于从特拉法尔加海战至对马海战的历次海战中，主力舰的战斗经历进行了回顾，并试图"展示一些应着重思考，达成稳定观点，乃至引导海军造船师设计工作的军事原则"。然而，论文中的很多论点实际都是对无畏舰这一类型舰船的否定。

海军上将雷金纳德·卡斯腾斯爵士所著，见前文"巴夫勒尔"条目。

约瑟夫斯·丹尼尔斯所著《威尔逊时代：战争和此后的年月》（Chapel Hill, University of North Carolina Press, 1946）。本书为前美国海军部长的回忆录，对于研究1917—1918年间的英美海军关系、船团系统的引入，以及巴黎和谈过程中有关海军的方面等课题颇为有用。

海军中将Davies, Richard Bell所著，*Sailor in the Air*（London, Peter Davies, 1967）。这是一份有关英国海军航空兵形成年代（及其后）历史的可读性很高的记录，作者为英国海军航空兵先驱之一。

海军上校Lionel Dawson所著，*Flotillas: A Hard-Lying Story*（London, Rich & Cowan, 1933）。作者在其职业生涯期间大部分时间里专注于鱼雷艇指挥，本书即为他的一本有趣回忆（主要是在1900—1918年期间）。作者堪称出类拔萃的讲述者（"Hard Lying"一词指发放给在驱逐舰、拖网渔船及其他并不舒适的小型舰艇上服役人员的特别津贴）。

海 军 上 校 Lionel Dawson 所 著, *Gone for a Sailor*（London, Rich & Cowan, 1936）。另一本颇有娱乐性但信息量较多的自传，本卷主要涉及作者服役早期阶段，即 1900—1914 年的经历。

海军上校 Lionel Dawson 所著, *Sound of the Guns: Being an Account of the Wars and Service of Admiral Sir Walter Cowan*（Oxford, Pen-in-Hand, 1949）。这是一本海军中最具进攻精神的军官职业生涯经历的记录，文笔相当出色。主角的职业生涯涵盖范围为 1884—1945 年；有关第一次世界大战结束后，科万在波罗的海地区战斗的经历最有价值。

海军上将 Dudley De Chair 爵士所著, *The Sea is Strong*（ed. Somerset de Chair, London, Harrap, 1961）。作者曾于 1914—1916 年间在北方巡逻期间表现卓越，但或许除 1917 年 12 月杰利科被解职一事相关内容外，上将的这本自传既没有披露什么新内容，也无甚研究价值。

海军中将肯尼斯·迪尤尔所著, *The Navy from Within*（London, Gollancz, 1939）。就针对 20 世纪前 30 年的皇家海军的研究而言，本书具有非常重要的价值。书中含有大量信息和内幕；但应注意的是，其对机构的批判过于严厉。

海军上将卡尔·邓尼茨所著《回忆录：十年和二十天》（London, Weidenfeld & Nicolson, 1959）。书中较少地涉及了第一次世界大战期间的潜艇战。

D'Ombrain, Nicolas, *The Military Departments and the Committee of Imperial Defence, 1902—1914: a Study of the Structural Problems of Defence Organisation*（牛津大学未发表博士论文, 1969）。这是一部非常出色的作品，基于大量未发表文献完成。该论文的修订版正在准备中，且即将出版。

海军上将 Domvile, Barry 爵士所著, *By and Large*（London, Hutchinson, 1936）。一个回忆性质的书籍，其中最出彩的部分是有关哈里奇舰队的活动。整个第一次世界大战期间，作者曾以枪炮官的身份在该舰队服役。

Domville-Fife, Charles W.（ed.）, *Evolution of Sea Power*（London, Rich & Cowan, 1939）。该论文集各章节由不同作者撰写，各章节分别关注某个范围较大的课题，例如反潜战、主力舰等，且屡次提及第一次世界大战的经验。

海军上校 Dorling, Taprell 所著，*Men O'War*（London, P. Allan, 1929）。本书包括五篇个人传记，其中两篇有关现代海军人员，即费希尔和比尔斯福德。

海军上校 Dorling, Taprell 所著，参见下文 "Taffrail" 条目。

海军上将弗雷德里克·德雷尔所著，*The Sea Heritage: a Study of Maritime Warfare*（London, Museum Press, 1955）。这本由杰利科在第一次世界大战期间的旗舰舰长撰写的研究不仅内容冗长，而且组织得很差——尽管如此，鉴于其提供了有关第一次世界大战前和战争期间一些值得研究的材料，因此仍颇具价值。有关日德兰大海战的部分堪称全书最出色之处。

Dugdale, Blanche E. C., *Arthur James Balfour, First Earl Balfour*（London, Hutchinson, 1936, 2 vols.）. 由贝尔福外甥女撰写的这本授权传记至今仍是该题材的标杆性作品。尽管其中有关贝尔福任海军大臣期间的记载非常概略。

海军少校 Edwards, Kenneth 所著，*We Dive at Dawn*（London, Rich & Cowan, 1939）。关于第一次世界大战爆发前英国潜艇发展，以及战争期间潜艇运用这一课题的一部可读性很强的作品。

Ehrman, John, *Cabinet Government and War, 1890—1940*（Cambridge, The University Press, 1958）. 本作品是 1957 年在剑桥大学所作李斯 - 诺尔斯讲座（Lees-Knowles Lecture）[1] 的内容。对与战争有关的高级组织的演化过程进行了简洁而值得赞美的回顾，其内容可上溯至 19 世纪 90 年代出现的帝国国防委员会原型。在四章内容中，前三章回顾了第一次世界大战爆发前的历程。

Everitt, Don, *The K Boats*（London, Harrap, 1963）. 本书对活跃于第一次世界大战期间（及战后初期）的英国 K 级潜艇进行了严厉批判。该书包含很多信息，但缺乏反面意见。

阿尔弗雷德·尤因爵士所著，*The Man of Room 40: the Life of Sir Alfred*

---

①译者注：创立于1912年，在三一学院进行的讲座，其主讲人为陆军史或海军史方面的知名专家。被选中成为该讲座主讲人被视为军事史专业研究中最高的荣誉之一。该讲座的设立得益于三一学院校友、军事历史学家李斯 - 诺尔斯的遗产。

*Ewing*（London, Hutchinson, 1939）。该书第八、第九章分别描述了作者 1902—1914 年任海军教育处处长期间，以及 1914—1917 年任著名的"第 40 室"，即海军秘密情报科领导期间的经历。

海军少校 Fawcett, H. W. 与海军上尉 Hooper, G. W. W.（eds.）, *The Fighting at Jutland*（London, Macmillan, 1921）。该书亦有删节版（1921 年）。该书乃是参与日德兰大海战官兵生动个人回忆的合集，且按时间顺序排列。堪称无价之宝。

海军元帅费希尔所著, *Memories*（London, Hodder & Stoughton, 1919）。该书与下一条目中的作品一道，构成了费希尔火爆但组织结构不甚理想的回忆录：其内容包括事件、个人观察和思考，以及轶事。书中亦包括有关达达尼尔海峡之战的一章，以及有关费希尔对海军作战参谋观点的一章。

海军元帅费希尔所著, *Records*（London, Hodder & Stoughton, 1919）。在费希尔的两卷本回忆录中，本卷价值更高，其内容主要与这名海军元帅的政策有关。

Fraser, W. Lionel, *All to the God*（London, Heinemann, 1963）. 由这位伦敦著名的银行家撰写的本书中，第五章内容包含其对于在第 40 室工作期间的回忆。

Freiwald, Ludwig, *Last Days of the German Fleet*（London, Constable, 1932）. 这本小书主要与第一次世界大战最后阶段，德国公海舰队内部军纪涣散的情况有关；书中对舰队精华部分的投降及其后的自沉亦有描写。作者曾是"拿骚"号战列舰上的一名水兵。

海军上将悉尼·弗里曼特尔爵士所著, *My Naval Career, 1880—1928*（London, Hutchinson, 1949）。本书堪称海军人物自传中，信息量最多的一本。书中对海军领导人物进行了精彩描述。

奥斯瓦德·弗勒旺所著, *Sailor's Soliloquy*（ed. G. P. Griggs, London, Hutchinson, 1961）。弗勒旺有关其海军生涯早期，即 1887—1910 年的回忆。该书主要基于作者的口记，可被视为一名聪明的年轻军官对费希尔改革时代的海军进行的颇有价值且有趣的描述。

海军中校 Frost, Holloway H., *The Battle of Jutland*（London, B. F. Stevens & Brown, 1936）。尽管仍然堪称有关日德兰大海战的第二手资料作品中最为完整的一部，但对于英方采取的战略战术，该书的评论比较吹毛求疵，且存在"事后诸葛亮"这一倾向。

Gamble, C. F. Snowden, *The Air Weapon*（London, Oxford, 1931）. 该书记叙了英国航空兵直至第一次世界大战爆发时的发展历程。书中对英国海军（及陆军）航空兵的发展进行了精彩描述（本书应被视为第一卷。按照原计划应有后续两卷，回顾航空兵的历史直至 1929 年；然而后两卷一直没有问世）。

海军少校阿尔伯特·盖尔所著，*Die deutschen U-Boote in ihrer Kreigführung, 1914—1918*（Berlin, Mittler, 1930）。此作品共包括四本小册子，乃是一套关于德国潜艇的第一手资料。作者在第一次世界大战期间曾任潜艇队指挥官，之后（1918 年）转调德国海军部潜艇处，担任部门领导。

格蒂斯男爵所著《一个家族的锤炼》（London, Faber, 1952）。本书第 16 章，"Eric's Record"——即埃里克·格蒂斯 1917—1918 年先后担任海军部审计官和海军大臣期间——包含了若干页他在海军部任职的经验，以及对他为人处世方式的洞察。

兰霍恩·吉布森和海军中将哈珀合著，*The Riddle of Jutland*（London, Cassell, 1934）。本书试图供大众读者阅读，但书中不乏偏见。

吉布森与莫里斯·普雷得加斯特合著，*The German Submarine War, 1914—1918*（2nd ed., London, Constable, 1931）。作为有关该题材的第一本完整记述作品，该书到现在仍然堪称相关题材的标杆之作。本书基于作者写作时可用的最新材料。该书附录中的表格非常有用。

海军上将约翰·戈弗雷所著，*The Naval Memoirs of Admiral J. H. Godfrey*（1964—1966 年间私人印刷，7 vols. in 10；副本收藏于海军图书馆）。作者在海军中的职业生涯时间段为 1903—1945 年。与一般的海军回忆录相比，本书在若干方面更胜一筹。第一和第二卷的内容到 1919 年为止。其中有关 1915 年达达尼尔海峡之战，以及作者 1917—1918 年间地中海经历的内容尤为精彩。

Gollin, Alfred M., *The Observer and J. L. Garvin, 1908—1914*（London, Oxford, 1960）. 本书最为重要之处是有关费希尔与媒体的关系和利用，尤其是其通过《观察家》一刊亲费希尔的主编加文的关系，与该刊进行互动的内容。

Gollin, Alfred M., *Proconsul in Politics: a Study of Lord Milner in Opposition and in Power*（London, Blond, 1964）. 此作不甚重要。但某些材料与杰利科及船团系统的引入有关：而且是非常正统的解读。

海军上将威廉·古迪纳夫爵士所著，*A Rough Record*（London, Hutchinson, 1943）。本书堪称这位一战期间伟大巡洋舰指挥官的思考和回顾，以及自传。

Gordon, Donald C., *The Dominion Partnership in Imperial Defense, 1870—1914*（Baltimore, Johns Hopkins, and London, Oxford, 1965）. 英国与英联邦国家在海军方面的伙伴关系在这部出色作品中得到了应有的评价。本书基于大量英国、加拿大和澳大利亚档案材料撰写。

Görlitz, Walter（ed.）, *The Kaiser and His Court: the Diaries, Note Books and Letters of Admiral Georg Alexander von Müller, Chief of the Naval Cabinet, 1914—1918*（London, Macdonald, 1961）. 本书价值体现在其对德国海军高级指挥体系的见解上。

Graham, Gerald S., *The Politics of Naval Supremacy*（London, Oxford, 1966）. 由伦敦国王学院（King's College, London）历史系的帝国历史罗兹教授（Rhodes Professor of Imperial History）[1]在贝尔法斯特大学（University of Belfast）主讲的怀尔斯讲座（Wiles Lecture）[2]。其中，第四章有关 19 世纪的"大英帝国"概念，对于有关费希尔时代的研究来说构成了绝佳的背景资料。

罗伯特·格兰特所著《潜艇已被摧毁》（London, Putnam, 1964）。本书对于第一次世界大战期间沉没的 178 艘潜艇各自沉没的经过进行了简洁审查，因此非常重要。该书及下一条目中书籍均是根据德国方面记录撰写。

罗伯特·格兰特所著，*U-Boat Intelligence, 1914—1918*（London, Putnam, 1969）。该书强调了海军情报处在击败潜艇中发挥的巨大作用，书中对"U-boats sunk"一表的内容进行了修订，使其变得更加准确。

海军中校 Grenfell, Russell 所著，*The Art of the Admiral*（London, Faber,

---

①译者注：该职位是伦敦国王学院历史系的高级教授职称之一，由罗兹信托会（Rhodes Trust）于 1919 年资助创立。该教职堪称全球关于英帝国殖民地史第二古老的职位。

②译者注：1953 年由奥斯汀·博伊德夫人，为纪念其父托马斯·怀尔斯而创立。根据当时贝尔法斯特大学校长，以及剑桥彼得豪斯学院院长的建议，博伊德夫人捐献了一个信托基金，用于每年在贝尔法斯特大学开设一系列讲座，以"推进对文明史的研究，并鼓励将历史思考延伸至一般性概念领域"。每年，贝尔法斯特大学都会邀请一名历史学方面特殊领域的专家学者，进行连续几天的四堂讲座；具体内容与该学者的研究方向有关，并且会反映其作品在历史理解方面更广泛的运用。

1937）。本书主要描述了战略和高级指挥部的原则，并大量引用了第一次世界大战期间的例子。

Grenfell，参见下文"T. 124"条目。

海军中将彼得·格莱顿爵士所著，*Former Naval Person: Winston Churchill and the Royal Navy*（London, Cassell. 1968）。这是一部利用部分新材料，并提出新解读的出色研究作品。

Grey, C. G., *Sea-Flyers*（London, Faber, 1942）. 一部有关海军航空的非正式、杂乱且并非总是可靠的作品，本书重点关注从第一次世界大战爆发前，直至第二次世界大战期间英国方面的经验，作者是一位资历老且颇具影响力的航空专业记者。

Grey of Fallodon, Viscount, *Twenty-Five Years, 1892—1916*（London, Hodder & Stoughton, 1925, 2 vols.）. 作者曾担任外交大臣（1905—1916 年间），本书包含有以外交大臣视角，看待第一次世界大战爆发前英德关系的相关材料。

Gröner, Erich, *Die Deutschen Kriegsschiffe, 1815—1945*（Munich, Lehmanns, 1966—1967, 2 vols），第一卷。第二卷则是有关特殊舰船、辅助舰船等。本书堪称对德国舰船统计的权威性汇编，并附有大量线图。

海军上尉 Guichard, Louis 所著，*The Naval Blockade, 1914—1918*（London, Philip Allan, 1930）。作者为法国海军部历史科的军官，该书对协约国的封锁作战进行了简洁但清晰的记述。

Guinn, Paul, *British Strategy and Politics, 1914—1918*（London, Oxford, 1965）. 本书对于政治 - 军事因素如何影响英国的战略选择，以及政界、陆军和海军高层人士在其中扮演了何种角色这两个问题，进行了学术性的审视。不过军事方面的阐述更为完整。

霍尔丹子爵所著，*Before the War*（London, Cassell, 1920）。作者曾于 1905—1912 年间任陆军部长。书中包含有其在 1912 年，对柏林所进行的那次著名出访的描述。

霍尔丹子爵所著，*Richard Burdon Haldane: an Autobiography*（London, Hodder & Stoughton, 1929）。对于研究 1911—1912 年间海军问题，如海军参谋问题、霍尔丹访问等课题而言，本书堪称一部重要参考，尽管有关访问柏林一事的大部分内容已经在作者前一作品中提及（见上一条目）。

Hale, Oran J., *Publicity and Diplomacy, with Special Reference to England and Germany, 1890—1914*（New York, Appleton-Century, 1940）. 有关英德关系的一本学术性很强，但可以在阅读过程中收获不凡的书籍。

Halpern, Paul G., *The Mediterranean Naval Situation, 1908—1914*（Cambridge, Mass., Harvard University Press, 1970）. 本书基于英国、法国、德国、意大利和奥匈帝国档案，对地中海地区所有列强各自的地中海海军政策进行了检视。

Halpern, Paul G.,（ed.）, *The Keyes Papers, Vol. I*（to 1928；London, Navy Records Society, 1972）.

陆军上将伊恩·哈密尔顿爵士所著，*Gallipoli Diary*（London, Arnold, 1920, 2 vols.）。加里波利地区协约国方面部队总司令（截至1915年10月中旬）的日记；其中大量内容涉及当时位于战场的英国高级军官，以及海军在此次作战中所扮演的角色。

Hammond, J. L., *C. P. Scott of the Manchester Guardian*（rev. ed., London, Bell, 1934）. 作为本书主角的这位著名编辑是费希尔的狂热支持者，在1916年曾组织多方努力，试图促成费希尔重返海军部。本书对此事也进行了简略描述。

Hampshire, A. Cecil, *The Phantom Fleet*（London, Kimber, 1960）. 两次世界大战中，此类假舰船——用于模拟现代化主力舰的商船模型——均被用于实施海上欺骗，由此构成了一个值得研究的海军课题。

汉奇勋爵所著，*Government Control in War*（Cambridge, The University Press, 1945）. 本书包含1945年李斯-诺尔斯讲座内容，对于在最高层面指挥第一次世界大战所进行的政府机器的内部工作方式，显然没有人比主讲人更加了解。这是一本短小但颇有价值的书，其中第二章和第三章有关费希尔时代。

汉奇勋爵所著，*The Supreme Command*（London, Allen & Unwin, 1961, 2 vols.）。作者历任帝国国防委员会助理秘书（1908—1912年）、该委员会秘书、战争委员会秘书，以及战争委员会这一组织的后继者，即最终的战争内阁的秘书，因此对于贯穿这一时期所有防务机密均很了解（甚至很了解防务之外的机密）。本书基于其战时日记和会议写成，在大战略和陆军方面的价值更高，但对于很多海军问题同样是重要参考。

汉奇勋爵所著，*The Supreme Control at the Paris Peace Conference 1919*（London, Allen & Unwin, 1963）。作者前一作品的后继作品。不过其中关于海军的内容并不如一般人所期待的那么丰富。

Hargreaves, Reginald, *The Narrow Seas*（London, Sidgwick and Jackson, 1959）. 本书就英吉利海峡对英国历史的影响这一问题进行了娴熟的阐述。

海军少将哈珀所著，*The Truth about Jutland*（London, Murray, 1927）。这是一部非常流行的有关日德兰大海战的作品，但亲杰利科的偏见过多。

Harris, Wilson, *J. A. Spender*（London, Cassell, 1946）. 本书主角为《威斯敏斯特公报》的著名编辑，自 1904 年起，他曾频繁与费希尔接触，书中也曾多次提到费希尔。

海军中校 Hase, Georg von, *Kiel and Jutland*（London, Skeffington, 1921）。作者曾以"德弗林格"号战列巡洋舰枪炮官的身份参加日德兰大海战，本书即为他的亲历记录，堪称一本有关日德兰大海战的标准参考书。

海军中校 Hashagen, Ernst, *The Log of a U-Boat Commander*（London, Putnam, 1931）。本书相当擅长介绍有关潜艇作战的"内幕"，例如战术、在作战中面临的问题等。

Hassall, Christopher, *Edward Marsh, Patron of the Arts: a Biography*（London, Longman, 1959）. 主人公马什在 1905—1915 年间曾任丘吉尔的私人秘书。本卷曾几次略微提及丘吉尔担任海军大臣期间的事件。

海军中将亚瑟·赫兹利特爵士所著《潜艇与海权》（London, Peter Davies, 1967）。由一名前（潜艇）将官撰写的颇有深度的综述。

海军中将 Hickling, Harold 所著，*Sailor at Sea*（London, Kimber, 1965）。一本颇具娱乐性的自传，其中包括对科罗内尔海战和福克兰群岛海战的第一手记录。

Higham, Robin, *The British Rigid Airship, 1908—1921*（London, Foulis, 1961）. 有关这一课题的最佳作品。

Higham, Robin, *Armed Forces in Peacetime: Britain, 1918—1940, a Case Study*（London, Foulis, 1962）. "本书的目的之一在于说明军事史并非单纯对战役的研究，而是对战役所包括和反映的……国家组织和生活的研究"。针对第一次世

界大战后期，从停战达成直至签订和约之间时期的转变，本书第一章进行了值得玩味的讨论。

Hilbert, Lothar W., *The Role of Military and Naval Attachés in the British and German Service, with Particular Reference to Those at Berlin and London and Their Effect on Anglo-German Relations, 1871—1914*（未发表的博士论文，剑桥大学，1954）。

海军出纳中校 Hisrst, Lloyd, *Coronel and After*（London, Peter Davies, 1934）。一本有关科罗内尔海战和福克兰群岛海战的出色原始记录。作者曾搭乘"格拉斯哥"号参与上述两次海战。

Hislam, Percival A., *The North Sea Problem*（London, Holden & Hardingham, 1914）。一本广为流传的小书，其内容有关"德国海军力量蓬勃发展中孕育的危险"，以及英国海军实力相对德国海军的衰落。作者为知名海军记者。

Horn, Daniel（ed.），*War, Mutiny and Revolution in the German Navy: the World War I Diary of Seaman Richard Stumpf*（Brunswick, New Jersey, Rutgers University Press, 1967）。一本独特的作品，其独特价值体现在对于 1917—1918 年间，公海舰队中日趋高涨的厌倦感和低落士气的生动刻画，以及对其背后原因进行的分析。

Hough, Richard, *Dreadnought: a History of the Modern Battleship*（London, Michael Joseph, 1965）。书中包括图解、剖面图、技术数据及系统评论。对于下文奥斯卡·帕克斯（Oscar Parkes）的作品而言是一份很好的补充材料。

Hough, Richard, *The Big Battleship: the Curious Career of H. M. S. Agincourt*（London, Michael Joseph, 1966）。美国版题为 *The Great Dreadnought: the Strange Story of H. M. S. Agincourt*（New York, Harper & Row, 1967）。对于这艘曾先后隶属巴西、土耳其，最终在第一次世界大战初期被英国方面接收的庞大无畏舰，本书很好地回顾了其经历。整个第一次世界大战期间，该舰一直是海上火力最强的战舰。

Hough, Richard, *The Pursuit of Admiral von Spee: a Study in Loneliness and Bravery*（London, Allen & Unwin, 1969）。本书以非常平衡的布局，戏剧性地讲述了科罗内尔海战和福克兰群岛海战的故事；且主要是以德国方面视角叙述，并

利用了新材料。

Hough, Richard, *First Sea Lord: an Authorised Biography of Admiral Lord Fisher*（London, Allen & Unwin, 1969）．本书以鲜活的文笔，使费希尔的形象跃然纸上。书中利用了一些有关费希尔个人生活的新材料。

Hovgaard, William, *Modern History of Warships*（London, Spon, 1920）．尽管本书成书较早，但仍未过时。书中对铁甲舰时代各国海军中所有产生了影响的舰种都进行过描述；此外，亦有单独章节涉及舰体、动力系统、火炮、水雷和鱼雷，以及防护系统的设计和建造。作者是麻省理工海军设计与建造系的一名教授。

Hoy, H. C., *40 O. B.*（London, Hutchinson, 1932）．这是一部轶事集。作者霍伊（Hoy）曾担任海军情报处处长霍尔将军的私人秘书，但他本人并非"第40室"的成员。

Huatsch, Walther, *Die Ära Tirpitz: Studien zur deutschen Marinepolitik, 1890—1918*（Göttingen, Musterschmidt, 1955）．对于理解费希尔时代的德国海军而言不可或缺的作品。在德国海军历史研究方面，作者胡巴奇（Hubatsch）教授无疑是德国领军式的权威人物。

Huatsch, Walther, *Der Admiralstab und die obersten Marinebehörden in Deutschland, 1848—1945*（Frankfurt-on-Main, Bernard & Graefe, 1958）．有关德国海军部参谋的演变及其扮演角色。

Hughes, E. A., *The Royal Naval College, Dartmouth*（London, Winchester Publications, 1950）．海军公立学校校史，该校最初是作为塞尔伯恩 - 费希尔体制的一部分创立。作者曾作为员工，在该校长期工作，书中内容亦对该校表达出了颇多好感。

阿奇博尔德·赫德爵士所著，*Who Goes There?*（London, Hutchinson, 1942）。本书主要关于费希尔时代的若干海军大臣及著名将官，尤其是麦肯纳、丘吉尔、费希尔和杰利科。作者是当时最出色的海军记者之一，此后又成为第一次世界大战时期商船船队的官方史作者。

Hyde, H. *Montgomery, Carson*（London, Heinemann, 1953）．本书对 1917 年间卡森任海军大臣时的经历进行了出色概述，而且使用了一些新材料。

海军少校 Irving, John 所著，*Coronel and the Falklands*（London, Philpot, 1927）。本书是第一本对这两场海战进行完整记述的英文书籍，至今仍颇为有用。

海军少校 Irving, John 所著，*Jutland*（Kimber, 1966）。作为日德兰大海战的亲历者，作者基于标准材料来源，对海战的经过进行了生动记述。

James, David, *Lord Roberts*（London, Hollis & Carter, 1954）. 在这部不错的作品中，作者曾短暂提及第一次世界大战前的海军相关事件。

James, Robert Rhodes, *Gallipoli*（London, Batsford, 1965）. 本书堪称对加里波利战役的出色描述——文笔华美、叙述敏锐；不过相比该战役的肇始，该书对战役经过（尤其是陆军方面的战斗）的描写更为出色。

海军上将威廉·杰姆斯爵士所著，*Blue Water and Green Fields*（London, Methuen, 1940）。本书是作者此前发表的若干富有吸引力的速写及海军历史论文合集，其中涉及了 1914 年赫尔戈兰湾之战、"戈本"号的逃脱，以及日德兰大海战等事件。

海军上将威廉·杰姆斯爵士所著，*Admiral Sir William Fisher*（London, Macmillan, 1943）。本书是威廉·费希尔将军的授权传记，尽管其篇幅很短（威廉·费希尔留下的文件相当有限）。威廉·费希尔是两次世界大战间这一时期的卓越海军将领之一，早在 1917—1918 年担任海军部反潜处处长期间便声名大噪。

海军上将威廉·杰姆斯爵士所著，*The Sky Was Always Blue*（London, Methuen, 1951）。一名高级海军军官的回忆录，"在大多数海军将领回忆录构成的枯燥沙漠中，本书堪称一片宜人的绿洲"。作者于 1895 年加入海军，并先后担任过一系列值得注意的职务，其中之一便是在 1917—1918 年间担任"第 40 室"的领导。

海军上将威廉·杰姆斯爵士所著，*The Eyes of the Navy: a Biographical Study of Admiral Sir Reginald Hall*（London, Methuen, 1955）。美国版题为 *The Code Breakers of Room 40: the Story of Admiral Sir Reginald Hall*（New York, St. Martin's Press, 1956）。霍尔上将职业生涯的所有授权记载中，本书堪称可读性最高的一本，其关注点自然为霍尔将军 1914—1918 年任海军情报处处长时期的出色表现。

海军上将威廉·杰姆斯爵士所著，*A Great Seaman: The Life of Admiral of the*

*Fleet Sir Henry F. Oliver*（London, Witherby, 1956）。一本短小的授权传记，其主角在海军中的服役时间为 1878—1927 年，个人性格堪称传奇。本书主要基于奥利弗在第一次世界大战结束后撰写的回忆录（打印稿）。

海军少将 Jameson, William 爵士所著，*The Fleet that Jack Built: Nine Men Who Made a Modern Navy*（London, Hart-Davis, 1962）。本书可被视为一本面向一般读者的一系列论文集，其中对亚瑟·尼维特·威尔逊、比尔斯福德、费希尔、斯科特、杰利科、贝蒂、蒂利特、凯斯，以及一位早期海军将领凯佩尔上将的职业生涯都进行了同情性的描写。自然，本书标题中的 "Jack"，也就是费希尔，得到了最大的关注。

海军少将 Jameson, William 爵士所著，*The Most Formidable Thing*（London, Hart-Davis, 1965）。一部有关潜艇的完美作品，其内容上至潜艇刚刚问世的时代，下至第一次世界大战结束。本书不仅对潜艇的历史进行了彻底研究，还进行了清晰的描述。作者本人便是潜艇兵出身。书中有关第一次世界大战期间德国潜艇战的部分尤为出色。

海军少将 Jameson, William 爵士所著，*Submariners V. C.*（London, Hart-Davis, 1962）。本书描写了 1914—1918 年间的若干潜艇战先驱。其中特别值得注意的是对 1915 年达达尼尔海峡之战期间霍尔布鲁克、博伊尔纳和史密斯沿海峡上溯航行这一壮举的描写。

Jane, Fred T., *Heresies of Sea Power*（London, Longmans, 1906）. 本书对照海军历史，对海权的原则进行了检视。本书问世后便在海军中得到了广泛的阅读和讨论——尤其是其中 "Guerre de Course" 和 "The Invasion of England" 两章。

Jane, Fred T., *The British Battle Fleet*（2nd ed., London, Library Press, 1915, 2 vols）. 本作品，尤其是其中第二卷清晰地陈述了 "战斗爆发时我国海军的真实状态"，主要有关装备的状态。

海军元帅杰利科伯爵所著，*The Grand Fleet, 1914—1916: Its Creation, Development and Work*（London, Cassell, 1919）。尽管很难称之为一部杰作，但它仍是最重要的第一手材料。"记述中必然地包括了有关大舰队组织和发展的内容，其基地……以及舰队以何种方式满足了不断演进中的海上战争条件。"书中对日德兰大海战进行了详细叙述。

海军元帅杰利科伯爵所著，*The Crisis of the Naval War*（London, Cassell, 1920）。本书介绍了 1917 年德国潜艇的威胁，以及在杰利科担任第一海务大臣那一年间（英国方面）采取了何种应对方式。在下一条目所提到书籍的序言中，杰利科曾写道："然而，当时并不希望给出我们采取的各种方式的全部细节，且如今（1934 年）我们在这一课题上已经掌握的全部信息在当时还不完备。"

海军元帅杰利科伯爵所著《潜艇威胁》（London, Cassell, 1934）。这是一部在关键的 1917 年，关于反潜战经过的权威作品，其中包含有船团系统引入的延迟如此之长一事背后的考量。此外，本书还可被部分地视为对劳合·乔治（*War Memoirs*, 第三卷）的驳斥，后者指控称海军部拖住其舰队不放手，且最终在外界的压力——来自首相本人的压力——推动下才引入了船团系统。

Jenkins, Roy, *Asquith*（London, Collins, 1964）. 一本出色的传记，其内容基于 Asquith Papers，且多处提及海军相关事件。对于就战争领袖这一角色而言阿斯奎斯的种种弱点，书中并未进行全面阐述。

Jerrold, Douglas, *The Royal Naval Division*（London, Hutchinson, 1923）. 本书是一部有关"海军师"出色行动过程的编年史记。

Johnson, Franklyn A. *Defence by Committee: the British Committee of Imperial Defence, 1885—1959*（London, Oxford, 1960）. 本作品是对于帝国国防委员会的第一部详细研究成果。尽管作者撰写本书时大部分相关记录尚未开放，且作者本人存在放大第一次世界大战爆发前帝国国防委员会作用的倾向，但本书仍然堪称一部出色作品。

Kahn, David, *The Codebreakers*（New York, Macmillan, 1967）. 其中第九章，即有关"第 40 室"部分对公开材料进行了娴熟运用。

海军少校肯普所著，*H. M. Submarines*（London, Jenkins, 1952）。一部语言简练但出色的作品。其中最出色的章节乃是对两次世界大战中英国潜艇的作战经历的描写。英国驱逐舰则在下一条目所列作品中得到了类似处理。

海军少校肯普所著，*H. M. Destroyers*（1956）。本书描述内容为截至第二次世界大战，英国驱逐舰的缘起、发展和扮演角色。其中用了三章篇幅，对日德兰大海战中的驱逐舰进行了出色描述。

海军少校肯普所著，*Fleet Air Arm*（London, Jenkins, 1954）。本书对海军航空兵从 1911 年创建时，到第二次世界大战期间的历史进行了简短但清晰的叙述。

海军少校肯普编辑，*The Papers of Admiral Sir John Fisher*（London, Navy Records Society, 1960—1964, 2 vols.）。其中最主要的文件记录了 1904—1906 年间的费希尔改革。

海军少校肯沃西（斯特拉博尔吉勋爵）所著，*Sailors, Statesmen—and Others: an Autobiography*（London, Rich & Cowan, 1933）。作者曾于 1901—1919 年在海军中服役，并曾在第一次世界大战期间作为"少壮派"的一员。书中包含作者服役期间有关海军的大量信息。本书带有极强的偏见，在使用时需要分外小心。

海军少校肯沃西（斯特拉博尔吉勋爵）所著，*The Real Navy*（London, Hutchinson, 1932）。本书涉及有关海军的一切——纪律、日常作息、基地等；一些对于海军的回忆；还有两章有关战争中总结的教训。

海军上将马克·科尔所著，*Land, Sea, and Air: Reminiscences of Mark Kerr*（London, Longman, 1927）。这是一本回忆和观察混合的闲聊式作品。其中最出色的部分为作者于 1916—1917 年间，担任亚德里亚海的英国分舰队指挥官的经历。作者于 1877 年至 1918 年间在海军服役。

海军上将马克·科尔所著，*The Navy in My Time*（London, Rich & Cowan, 1933）。"本书并不打算自称可被视为路易斯亲王一生的完整记录，而只是打算作为一系列速写的集合……"作者严重受限于巴滕贝格的路易斯亲王所遗留文件明显不足这一事实。参见上文第 337 页 *Battenberg MSS* 条目。

海军元帅罗杰·凯斯爵士所著《海军元帅罗杰·凯斯爵士海军回忆录》（London, Butterworth, 1934—1935, 2 vols.）。其中，第一卷的涵盖范围为 1910—1915 年——书中曾对该卷的隐藏主题进行如下非常贴切的总结："如果德·布罗克听从了我的建议。"第二卷的涵盖范围为 1916—1918 年。本书主要基于凯斯致其妻的信件。书中有大量值得研究的材料和情感强烈的观点。本书可被视为对培根所著 *Dover Patrol*（见此前条目）的一个有用修正。

海军元帅罗杰·凯斯爵士所著，*Adventures Ashore and Afloat*（London,

Harrap, 1939）。本书时间范围是作者海军生涯的早期阶段，截至 1905 年。

海军元帅罗杰·凯斯爵士所著，*Amphibious Warfare and Combined Operations*（Cambridge, The University Press, 1943）。本文为 1943 年李斯 - 诺尔斯讲座内容。其中两章有关达达尼尔海峡之战和突袭泽布吕赫之战。

海军上将 King-Hall, Herbert 爵士所著，*Naval Memories and Traditions*（London, Hutchinson, 1926）。作者的海军生涯跨度为 1874—1919 年。其中有一些零星的事件值得注意，尤其是 1906—1912 年间。

King-Hall, Louise（ed.），*Sea Saga: Being the Naval Diaries of Four Generations of the King-Hall Family*（London, Gollancz, 1935）. 一个海军世家中四位海军成员的日记摘抄，其时间跨度上至特拉法尔加海战，下至第一次世界大战。该作品的最后一部分，即 1906—1919 年间海军中校斯蒂芬·金 - 霍尔（Stephen King-Hall）的日记和书信，与费希尔时代的皇家海军联系最为密切。

海军中校斯蒂芬·金 - 霍尔所著，*A North Sea Diary, 1914—1918*（London, Newnes, 1936）。该书最初出版时题为 *A Naval Lieutenant, 1914—1918*，作者为"艾蒂安"（Etienne；London, Methuen, 1919）。本书和下一条目所列书籍一道，堪称对于第一次世界大战期间，北海海域各主要海战最值得注意的记述。作者曾作为轻巡洋舰"南安普顿"号的一员，亲身经历上述所有海战。

海军中校斯蒂芬·金 - 霍尔所著，*My Naval Life, 1906—1929*（London, Faber, 1952）。

海军上尉 Langmaid, Kenneth 所著，*The Sea Raiders*（London, Jarrolds, 1963）。关于两次世界大战期间，德国水面破袭舰艇活动的一部语言凝练的作品。

海军上尉 Langmaid, Kenneth 所著，*The Approaches Are Mined*（London, Jarrolds, 1965）。有关海上布雷的发展，以及水雷在两次世界大战期间扮演角色的作品。

海军中校 Laurens, Adolphe 所著，*Histoire de la guerre sous-marine allemande*（1914—1918；Paris, Société d'Éditions Géographiques, Maritimes et Coloniales 1930）。这一较早出版的书籍至今仍具有一定价值。

Le Fleming, H. M. *Warships of World War I* [London, Ian Allan 1962（但年份这一数据并不确定）]。可将其视为一本参考书籍：包括英德双方所有舰只的基本数据，并带有插图。

Legg, Stuart, *Jutland*（London, Hart-Davis, 1966）. 一本英德双方亲历者目击记录的合集，组织编辑水平较高。

Le Queux, William, *The Invasion of 1910: With a Full Account of the Siege of London*（London, Eveleigh Nash, 1906）. 一本以德国入侵为题材的幻想小说。本书意在将全国注意力聚焦在所谓"英国最大的危机"，即该国"对于战争毫无防备"一事上，激起了相当程度的骚动。

沙恩·莱斯利爵士所著，*Long Shadows*（London, Murray, 1966）。本书包含若干回忆录，构成了对贝蒂及其在日德兰大海战中的作为的敏锐速写。

Lewis, Michael, *England's Sea-Officers: the Story of the Naval Profession*（London, Allen & Unwin, 1939）. 对于理解费希尔 - 塞尔伯恩在海军教育方面的改革背景，以及相关讨论而言颇为有用的一本书。

Lewis, Michael, *the Navy of Britain*（London, Allen & Unwin, 1948）. 这本经典著作（更贴切地说，它是一部有关皇家海军史，而非英国海军史的作品）主要着眼于 20 世纪之前的历史。对于 20 世纪的海军，该书可被视为一本颇为有用的"背景读物"，不过书中多次涉及费希尔时代。

戴维·劳合·乔治所著，*War Memoirs of David Lloyd George*（London, Nicholson &Watson, 1933—1936, 6 vols. ）。其中涉及海军内容最多的是第三卷和第四卷，尤其是前者：有关船团系统的引入。

戴维·劳合·乔治所著，*The Truth about the Peace Treaties*（London, Gollancz, 1938, 2 vols. ）。美国版标题为：*Memoirs of the Peace Conference*（New Haven, Conn., Yale University Press, 1933, 2 vols. ）。其中有关海军的内容不多。

朗子爵所著，*Memories*（London, Hutchinson, 1923）。其中第十七章含有朗担任海军大臣期间（1918—1921 年）的经历，不过内容有限。

空军元帅亚瑟·朗莫尔爵士所著，*From Sea to Sky, 1910—1945*（London, Geoffrey Bles, 1946）。这是一部海军航空兵先驱之一的回忆录：对于皇家海军航空兵成立第一年的历史而言，它也是一份颇有价值的材料。

Lowe, Peter, *Great Britain and Japan, 1911—1915: A Study of British Far Eastern Policy*（London, Macmillan, 1969）。一本非常完善的研究专论，并且对英日同盟

的海军相关方面进行了一定讨论。讨论主要集中在英帝国对外关系背景，以及第一次世界大战爆发的背景这两个课题上。

海军中校 Lowis, Geoffrey L., *Fabulous Admirals and Some Naval Fragments*（London, Putnam, 1957）。一份有关 20 世纪前十年间，那些个性鲜明的海军人物相关轶事的珍贵宝藏。

Lumby, E. W. R.（ed.）, *Papers Relating to Naval Policy and Operations in the Mediterranean, 1911—1915*（London, Navy Records Society, 1971?）.

海军上校 Macintyre, Donald, *Jutland*（London, Evans, 1957）。一部内容明晰的流行作品，基于标准材料写作。以下诸条目中同一作者的作品也有类似特点。

海军上校 Macintyre, Donald, *The Thunder of the Guns: a Century of Battleships*（London, Muller, 1959）。一部有关现代战列舰的战斗，即美国南北战争至第二次世界大战期间战斗的作品。

海军元帅 Macintyre, Donald, *Wings of Neptune: the Story of Naval Aviation*（London, Peter Davies, 1963）。一本通史，简明地总结了皇家海军航空兵的早期历程，即第一次世界大战爆发前及战争期间。

拉多克·马凯所著，*Fisher of Kilverstone*（Oxford, Clarendon Press, 1971?）。

McKenna, Stephen, *Reginald McKenna, 1863—1943*（London, Eyre & Spottiswoode, 1948）. 1908—1911 年间海军大臣的授权传记。其中有关海军事务的描写相当令人满意。

Magnus, Philip, *Kitchener: Portrait of an Imperialist*（London, Murray, 1958）. 有关基钦纳这位令人敬畏的陆军元帅的完美传记。1914—1916 年间，他与海军的关系总体而言并不算和谐友好。

Manning, Frederic, *The Life of Sir William White*（London, Murray, 1923）. 这本传记中的主角曾于 1885—1902 年间任海军造舰总监，书中侧重第一章便记录了 1906 年起，有关无畏舰设计理念的矛盾。

海军上校 Manning, T. D. 所著，*The British Destroyer*（London, Putnam, 1961）。尽管下文马奇（March）就同一题材写作的作品中，细节要比本作丰富得多，但对于囊中羞涩，或者说无法购得马奇作品的读者而言，本作品仍不失为这一题材的出色参考书。

Mantoux, Paul Joseph, *Les Délibérations du Conseil des Quatre* ( 24 Mars—28 Juin 1919; Paris, Éditions du Centre National de la Recherche Scientifique, 1955, 2 vols. ). 对于若干次四人委员会会议而言，本书收录的纪要为唯一留存版本。

March, Edgar J., *British Destroyers, 1892—1953* ( London, Seeley Service, 1966 ). 对于这一题材而言，本书堪称一本真正的百科全书和经典作品。

亚瑟·马德尔所著，*British Naval Policy, 1880—1895: the Anatomy of British Sea Power*( London, Putnam, 1941 )。美国版标题为 *The Anatomy of British Sea Power: a History of British Naval Policy in the Pre-Dreadnought Era, 1880—1905* ( New York, Knopf, 1940 )。

亚瑟·马德尔所著，*Portrait of an Admiral: the Life and Papers of Sir Herbert Richmond*( London, Cape, 1952 )。本书包括聪明而尖刻的里奇蒙德所遗留文件——主要为日记形式，但也包括若干通信和备忘录，后两类文件被穿插放入日记中，文件涵盖时间段为 1909—1920 年。

亚瑟·马德尔所著，*Fear God and Dread Nought: the Correspondence of Admiral of the Fleet Lord Fisher of Kilverstone* ( London, Cape, 1952—1959, 3 vols. )。本书摘选了若干信件，并对其进行注释。此外，每一个章节前还附有一篇传记式的短评。

亚瑟·马德尔所著，*From the Dreadnought to Scapa Flow: the Royal Navy in the Fisher Era, 1904—1919*( London, Oxford, 1961—1970, 5 vols. )。本书各卷涵盖范围如下：第一卷：1904—1914 年；第二卷：第一次世界大战爆发至日德兰大海战前；第三卷：日德兰大海战至 1916 年末；第四卷：1917 年；第五卷（本卷）：1918—1919 年。

陆军少将 Maurice, Frederick 爵士所著，*Haldane*( London, Faber, 1937—1939, 2 vols. )。有关霍尔丹这位伟大陆军大臣的一部传记，但其中各部分质量参差不齐。书中有关 1912 年 "霍尔丹使团" 部分的内容涉及了第一次世界大战爆发前的海军相关问题。

陆军少将 Maurice, Frederick 爵士所著，Lessons of Allied Co-Operation:

Naval, Military and Air, 1914—1918（London, Oxford, 1942）。一部有关协约国在战争努力方面的协作，或者不如说缺乏协作的珍贵研究作品。

海军中将安德列亚斯·米克尔森所著，*Der U-Bootskrieg, 1914—1918*（Leipzig, Koehler, 1925）。本书作者曾作为鲍尔的继任者，于 1917 年至战争结束期间担任潜艇部队高级指挥官。

Middlemas, Keith, *Command the Far Seas: a Naval Campaign of the First World War*（London, Hutchinson, 1961）。本书记述了 1914—1915 年间，德国水面破袭部队的传奇故事，及其最终被消灭的经过。"戈本"号的战斗、科罗内尔海战，以及福克兰群岛海战都是书中的重点内容。尽管本书的文笔和记述都堪称出色，但也存在技术方面的若干错误，而且并未利用太多新材料。

海军上将伯克莱·米尔恩爵士所著，*The Flight of the "Goeben" and the "Breslau"*（London, Eveleigh Nash, 1921）。本书可被视为米尔恩的自辩书，但具体内容难以令人信服。

Monger, George, *The End of Isolation: British Foreign Policy, 1900—1907*（London, Nelson, 1963）。本书基于相当数量未发表的新材料撰写；尽管确实牵涉到了海军问题，但本书主要的价值还是对于外交背景的阐述。

Moon, Howard, *The Invasion of the United Kingdom: Public Controversy and official Planning, 1888—1918*（伦敦大学未发表的博士论文，1968）。

Moore, E. Marjorie, *Adventure in the Royal Navy: The Life and Letters of Admiral Sir Arthur William Moore*（私人出版，利物浦，1964）。本书乃是作者舅舅、海军上将亚瑟·摩尔爵士（1847—1934 年）的生平传记，主人公于 1860 年加入海军，后于 1912 年退休。本书主要基于摩尔于 1932 年完成的自传，并增补了摩尔的若干信件，以及先后讲述给本书作者的故事和转交的其他材料。

陆军少校 Moor, Geoffrey 所著，*Early Bird*（London, Putnam, 1963）。这是一本第一次世界大战期间皇家海军航空兵上尉的回忆录，其内容颇具吸引力。其中最值得注意的是飞机载舰上飞行作业的发展历程。

Moorehead, Alan, *Gallipoli*（Hamish Hamilton, 1956）。本书含有颇多（尽管整体而言比例较小）不确之处，且可被罗伯特·罗兹·杰姆斯（James, Robert

Rhodes）有关整场战役的单卷本作品所取代。尽管如此，得益于叙事上极其高超的技巧，该书仍是这一题材的标志性作品之一。

Morison, Elting E.,《西姆斯将军与现代美国海军》（Boston, Mass., Houghton Mifflin, 1942）。一本授权学术传记，对于研究 1917—1918 年间的海军史颇为重要。

Morison, Elting E., *Menm Machines and Modern Times*（Cambridge, Mass., M. I. T. Press, 1966）。本书第二章题为"Gunfire at Sea: a Case Study of Innovation"，尽管其研究对象是 20 世纪初的美国海军，但对于理解费希尔改革的反对派亦有重要意义。

海军上将 Mountevans 爵士所著，*Adventurous Life*（London, Hutchinson, 1946）。一名派头十足的军官——"'布罗克'号的伊万斯"——笔调轻松的自传。其中最为出彩的是有关多佛尔海峡巡逻舰队内容，以及"布罗克"号难忘的战斗经过。

海军上校芒罗所著，*Scapa Flow: a Naval Retrospect*（London, Sampson Low, 1932）。作者曾任英王港务监督长，在此任上，其与第一次世界大战期间防务设施的改善一事关系甚大。本回忆录较为无趣，更值得关注的则是其续篇（见下一条目）。

海军上校芒罗所著，*Convoys, Blockades and Mystery Towers* [London, Sampson Low（1932?）]。时间涵盖范围为 1917—1918 年的战争回忆录，内容主要与主人公担任船团准将指挥官的经历有关。

Murray, Lady（Oswyn）, *The Making of a Civil Servant: Sir Oswyn Murray, G. C. B., Secretary of the Admiralty, 1917—1936*（London, Methuen, 1940）。主人公奥斯温·默里或许堪称现代海军部常务秘书中最为出色的一位，然而这本传记难称尽如人意。本书对海军部组织结构和工作方式的描写很是单薄。

Nicolson, Harold, *King George the Fifth: His Life and Reign*（London, Constable, 1952）。英王乔治五世的授权传记：在涉及第一次世界大战前和战时的海军人物及事件时，本书屡次援引过皇家档案中值得研究的材料。

Nish, Ian H., *The Anglo-Japanese Alliance: the Diplomacy of Two Island Empires, 1894—1907*（London, The Athlone Press, 1966）。该作品对英日联盟及 1905 年续约中的海军部分进行了出色记述。

North, John, *Gallipoli: The Fading Vision*（London, Faber, 1936）。有关加里波

利战役的第一本较为详细的记述；文笔出众，且带有浓厚的批判立场；该书主要关注战役的纯陆军方面。已被罗伯特·罗兹·杰姆斯的作品所取代。

Olson, Mancur, Jr., *The Economics of Wartime Shortage: a History of British Food Supplies in the Napoleonic War and in World War I and II*（Durham, North Carolina, Duke University Press, 1963）. 本书第四章对英国成功打破德国潜艇封锁一事，进行了堪称高效的叙述。

Owen, Frank, *Tempestuous Journey: Lloyd George, His Life and Times*（London, Hutchinson, 1954）. 尽管该书作者可以接触到 *Lloyd George Papers*，但该书仍是一本完全不令人满意的生平传记。

阿斯奎斯所著，*Memories and Reflections, 1852—1927*（London, Cassell, 1928, 2 vols.），第二卷。大部分对本书而言有用的材料都列在索引"费希尔"和"丘吉尔"条目下。

Padfield, Peter, *Aim Straight: a Biography of Admiral Sir Percy Scott*（London, Hodder & Stoughton, 1966）. 本书主人公斯科特曾与费希尔一道，作为第一次世界大战前英国海军炮术革命的推动者。本书是唯一一部对斯科特进行完整研究的作品。书中包含颇多新材料。

*Papers Relating to the Foreign Relations of the United States. The Paris Peace Conference, 1919*（Washington, D. C., United States Government Printing Office, 1942—1947, 13 vols.）. 对于本文献内容，可参见前文第 354 页。

Parkes, Oscar, *British Battleships*（rev. ed., London, Seeley Service, 1966）. 该题材范围内里程碑式的经典作品，书中包括大量平面图、图表、照片，文字内容也颇为出色。

Pastfield, Rev. John L., *New Light on Jutland*（London, Heinemann, 1933）. 这本颇有价值的小册子主要关注日德兰大海战的技术部分：如装甲、炮术等方面。

Patterson, A. Temple（ed.），*The Jellicoe Papers*（London, Navy Records Society, 1966—1968, 2 vols.）. 本书所摘选的杰利科书信中，有很大一部分来源于 *Beatty Papers*。其他材料还包括收藏于英国图书馆的杰利科文件，以及收藏于公共档案馆的海军部记录。本书对这些材料进行了出色筛选。其中第一卷内容主要关于日德兰大海战。

Patterson, A. Temple（ed.），*Jellicoe: a Biography*（London, Macmillan, 1969）. 一部出色的对杰利科展开研究的作品，书中对有关杰利科的第一手材料进行了出色运用。

Pears, Commander Randolph, *British Battleships, 1892—1957*（London, Putnam, 1957）. 一本流行的主力舰发展史，附有插图。但本书全方位逊于前文条目中奥斯卡·帕克斯的作品。

海军上将亨利·佩利爵士所著，*300,000 Sea Miles: an Autobiography*（London, Chatto & Windus, 1938）。这本自传中最有价值的部分是有关"虎"号战列巡洋舰在第一次世界大战期间（包括日德兰大海战）的材料；在此期间，佩利任其舰长。

海军中校 Penn, Geoffrey 所著，*"Up Funnel, Down Screw!" The Story of the Naval Engineer*（London, Holiis & Carter, 1955）。本书对 19 世纪 20 年代以来直至现代，海军轮机分支、轮机军官的角色和地位进行了细致研究，且文笔非常出色。

海军中校 Penn, Geoffrey 所著，*Snotty: the Story of the Midshipman*（London, Hollis & Carter, 1957）。本书对塞尔伯恩 - 费希尔体制及其后续发展的记述尤为出色。

Petrie, Sir Charles, *Walter Long and His Times*（London, Hutchinson, 1936）. 本书倒数第二章有关朗任海军大臣时期（1919 年 1 月至 1921 年 2 月）的经历。其内容并无太多揭露性。

巴里·皮特所著，*Zeebrugge*（London, Cassell, 1958）。这是一部非常生动且广受欢迎的作品（下一条目中的作品亦是如此），其观点明确倾向于亲凯斯派所持观点，且书中宣称突袭泽布吕赫之战的战果高于实际战果。

巴里·皮特所著，*Coronel and Falkland*（London, Cassell, 1960）。美国版标题为 *Revenge at Sea*（Stein & Day, 1964）。本书对于已发表的标准材料进行了彻底的发掘和运用。

海军上校 Pochhammer, Hans 所著，*Before Jutland: Admiral von Spee's Last Voyage*（London, Jarrolds, 1931）。作者曾以"格奈森瑙"号装甲巡洋舰第一副舰长身份参加科罗内尔海战和福克兰群岛海战，并有幸成为福克兰群岛海战中德国方面幸存者之一。本书即为他对这两次海战的描述。

海军上将胡戈·冯·波尔所著，*Aus Aufzeichnungen und Briefen während der Kriegzeit*（Berlin, Karl Siegismund, 1920）。作者是第一次世界大战期间公海舰队四任总指挥官中的第二位，本书即为他的战时书信集。

亚瑟·亨格福德·坡伦所著，*The Navy in Battle*（London, Chatto & Windus, 1918）。美国版题为 *The British Navy in Battle*（New York, Doubleday, Page, 1918）。坡伦是著名的海军记者。[①] 本书以对海权基本原理、海军军备等的介绍作为引言章节，随后记述了战斗中的皇家海军（直至 1918 年突袭泽布吕赫作战为止）。本书展现出了作者对 1918 年主要海战的了解，或者可以说是无知程度，这一点相当值得注意。在使用该书材料时须多加小心，尤其是有关日德兰大海战的内容。

Potter, E. B. 与美国海军五星上将切斯特·尼米兹合编，*Sea Power: a Naval History*（New York, Prentice-Hall, 1960）。有关第一次世界大战期间历次海战的一本传统但有用的记述。

Pound, Reginald, *Evans of the Broke*（London, Oxford 1963）. 海军上将芒蒂文斯（Mountevans）爵士是一名颇具冒险精神且派头十足的军官，本书堪称一本关于上将的一流传记。1917 年 4 月著名的驱逐舰遭遇战乃是本书的高潮所在，正是在这场海战后，上将得到了其著名的绰号——即本书书名。

Pound and Harmsworth, Geoffrey, *Northcliffe*（London, Cassell, 1959）. 本书很少涉及海军，不得不说这相当令人遗憾。诺思克里夫在很多海军骚动中扮演了较为重要的角色。

Preston, Richard A., *Canada and "Imperial Defence": a Study of the Origins of the BRITISH Commonwealth's Defence Organization, 1867—1919*（Durham, North Carolina, Duke University Press, 1967）. 本书对各自治领（及日后的英联邦）在防务上的合作演进历程进行了详尽分析，其重点当然在于加拿大，并包括对这一合作中海军方面富有洞察力的分析。

---

①译者注：此处不够全面。坡伦不仅是海军记者和评论家，亦是商人，并且曾经发明用于战舰的火控系统，其核心部分包括亚尔古距离钟、亚尔古航线绘图仪、亚尔古陀螺稳定测距仪基座等。第一次世界大战前，坡伦与皇家海军关系恶化，且海军部最终选择了德雷尔火控平台系统。亚尔古火控平台在战后曾向美国出售。

美国海军上校 Puleston, William D. 所著，*High Command in the World War*（London, Scribner's 1934）。"笔者努力想要揭露最高指挥部为执行相关国家政治首脑们所指定的政策，而采用的手段。也就是说，首先由政治家们制定政策，然后才由海陆军将领制定战略和宏观战术。"就海军方面而言，本书并不怎么具有揭露性。

海军元帅埃里克·雷德尔所著，*My Life*（Annapolis, Maryland, U.S. Naval Institute, 1960）。本书可被视为雷德尔所著 *Mein Leben*（Tübingen, Schlichtenmayer, 1956—1957, 2 vols.）的结晶。本书对德国方面海军人物、德国视角下的北海海域主要海战，以及无限制潜艇战的描写均属出色。

Ranft, Bryn（ed.），*Defence of Trade, 1914—18*（London, Navy Records Society, 出版时间未定）。[①]

Rayleigh 勋爵所著，*The Life of Sir J. J. Thomson*（Cambridge, The University Press, 1942）。卓越的科学家汤普森曾担任发明与研究委员会主委员会成员，该委员会主席为费希尔勋爵。但书中仅几次提及费希尔和发明与研究委员会。

陆军中校雷平顿、查尔斯·考特所著，*Vestigia*（London, Constable, 1919）。值得注意的是，本书最后三章（即"Blue Water and Invasion""The Kaiser's Letter to Lord Tweedmouth""Storm Warnings"）包括第一次世界大战爆发前海军的若干材料。

陆军中校雷平顿、查尔斯·考特所著，*The First World War, 1914—1918*（London, Constable, 1920, 2 vols.）。本书根据《泰晤士报》陆军通讯记者的战时日记，反映了他的战时经验和反思。书中曾屡次提及海军相关事件。

海军中将路德维希·冯·罗伊特所著，*Scapa Flow: the Account of the Greatest Scuttling of All Time*（London, Hurst & Blackett, 1940）。本书作者便是向被拘禁的德国舰队下达自沉令的指挥官。本书亦是这名死不悔改的罪人所写的一部发人深省的记述作品。

---

① 译者注：似乎并未实际出版。

海军上将赫伯特·里奇蒙德爵士所著，*National Policy and Naval Strength and Other Essays*（London, Longmans, 1928）。本书和以下两个条目所列书籍内容中，包含有对 1914—1919 年间海上战争各方面值得思考的观察。

海军上将赫伯特·里奇蒙德爵士所著，*Sea Power in the Modern World*（London, Bell, 1934）。

海军上将赫伯特·里奇蒙德爵士所著，*Statesmen and Sea Power*（London, Oxford, 1946）。作者写作本书的目的是指出"在过去约三个半到四个世纪的时间内，我国政治家处理海权问题的方式"。书中对第一次世界大战战前及期间内的历史进行了颇有说服力，但绝对有必要简短的叙述：包括大陆战争和充分利用海权的对比等问题。

Riddell 勋爵所著，*Lord Riddell's War Diary, 1914—1918*（London, Nicholson & Watson, 1933）。本书和以下两个条目所列书籍均多次提及海军人物和相关事件。里德尔是一位报业巨头，与劳合·乔治关系亲密。

Riddell 勋爵所著，*More Pages from My Diary, 1908—1914*（London, Country Life, 1934）。

Riddell 勋爵所著，*Lord Riddell's Intimate Diary of the Peace Conference and After, 1918—1923*（London, Gollancz, 1933）。本书内容中提及海军次数不多，且大多有关海上战事。

陆军元帅 William Robertson 爵士所著，*Soldier and Statesmen, 1914—1918*（London, Cassell, 1926, 2 vols.）。书中曾零星提及战争中的海军。

Robertz, Heinrich H., *Die deutsh-englischen Flottenbesprechungen im Sommer 1908*（Bonn, Dümmlers, 1939）. 一部完全基于已发表材料写就的详细研究作品。

Robinson, Douglas H., *The Zeppelin in Combat: a History of the German Naval Airship Division, 1912 1910*（rev. ed., London, Foulie, 1966.）关于该一题材的标志性作品，作者充分运用了德国方面材料。

海军上将 Rodman, Hugh 所著，*Yarns of a Kentucky Admiral*（Indianapolis, Indiana, Bobbs-Merill, 1928）。由美国海军战列舰组成的一个中队曾隶属大舰队，作者即为该中队指挥官。本书是一部语调轻松的回忆录。

海军上校罗斯基尔所著，*Naval Policy between the Wars*（London, Collins, 1968），第一卷。本书组织混乱，堪称由诸多不同事件构成的杂乱丛林。尽管如此，鉴于大量使用英美两国的原始资料，并在其中得出精明的判断，因此该书仍堪称不容错过的作品。有关停战协定生效期间的内容见于本书前七章。

海军上校罗斯基尔所著，*H. M. S. Warspite*（London, Collins, 1957）。堪称典范式的舰船传记——皇家海军历史上曾先后有七艘以"厌战"命名的战舰（分别于1596—1947年不同时间段在役），其中最后一艘即为本书主角。书中有关其在日德兰大海战中的经历最有特色。

海军上校罗斯基尔所著，*The Strategy of Sea Power*（London, Collins, 1962）。本书基于李斯-诺尔斯讲座内容（1961年）完成。这本有关海权基本原则的发展和运用的短小作品堪称经典。其中有关第一次世界大战期间海军部分的总结尤为出色。

海军上校罗斯基尔编辑，*Papers relating to the Naval Air Service, 1906—1918*（London, Navy Records Society, 1969）。本书第二卷（出版时间未定）将包括截至1939年的文件。

海军上校罗斯基尔所著，*Hankey: Man of Secrets*（London, Collins, 1970），第一卷。其内容贯穿整场第一次世界大战。本书乃是主人公这位战争内阁秘书的授权传记。

海军中将Ruge, Friedrich所著，*Scapa Flow 1919: Das Ende der deutschen Flott*（Oldenburg, Stalling, 1969）。本书作者曾在被拘禁德国舰队中担任一名低级驱逐舰军官。尽管就内容而言，本书几无新意，但作者的叙述仍然颇为有趣。

Rutter, Owen, *Red Ensign: a History of Convoy*（London, Robert Hale, 1942）. 其内容正如本书书名所示。整书可谓"一次出色的工作"。

索尔特勋爵所著，*Memoirs of a Public Servant*（London, Faber, 1961）。作者曾在1917—1918年间任船舶征用处处长（Director of Ship Requisitioning）。书中若干章内容便与此段经历有关，涉及船团系统的引入和相关问题。

空军准将Samson, Charles R.所著，*Fights and Flights*（London, Benn, 1930）。本书作者是一位海军航空兵先驱。本书即为他的战时回忆录。其中有关1915年达达尼尔海峡之战的部分尤为出色。

海军上将莱因哈特·舍尔所著，*Germany's High Sea Fleet in the World War*（London, Cassell, 1920）。对于杰利科所著《大舰队》一书而言，本书可被视为一本信息量相当丰富的补充作品。

沃纳·席林所著，*Admirals and Foreign Policy, 1913—1919*（耶鲁大学未发表的博士论文，1953）。一篇非常出色的博士论文，其内容基于一些未发表的材料，例如美国海军记录，以及本森、丹尼尔斯和伍德罗·威尔逊文件集。其中最后五章（第6—9章）[①]有关停战期间，并着眼于这一期间有关对德和平协定起草过程中，在海军问题上的英美对抗。此后，在该论文基础上进行修订并大幅扩充的研究已几近完成，其中使用了大量新发现的档案材料，暂定名为 *Admirals and Foreign Policy, 1913—1921*（New York, Columbia University Press, 1971?）。

海军中将 Schofield, B. B. 所著，*British Sea Power in the Twentieth Century*（London, Batsford, 1967）。书中包括1914—1918年间战略的摘要。

海军准将 Schoultz, G. von 所著，*With the British Battle Fleet: War Recollections of a Russian Naval Officer*（London, Hutchinson, 1925）。作者曾于1915—1918年间任俄国驻大舰队武官，本书即为他的回忆录。若能谨慎使用，那么本书可以作为一个宝贵的资料库。

Schubert, Paul 与 Gibson, Langhorne 合著，*Death of a Fleet, 1917—1919*（London, Hutchinson, 1933）。一本有关公海舰队的流行作品，质量出色。其内容以战争后期舰队士气逐渐涣散为起始，终于该部在斯卡帕湾自沉。

唐纳德·舒尔曼所著，*The Education of a Navy: The Development of British Naval Strategic Thought, 1867—1914*（London, Cassell, 1965）。对于科洛姆兄弟[即皇家海军陆战队上校约翰·科洛姆爵士（John Colomb）和海军中将菲利普·科洛姆（Philip Colomb）]、马汉、劳顿、里奇蒙德和科贝特等人，本书以出色的解析性章节进行了描述，并评价了他们各自对海军史和英国战略的贡献。

---

①译者注：原文如此。

唐纳德·舒尔曼所著，*Sir Julian Corbett and the Royal Navy*（1970?）。基于 *Corbett papers* 撰写的一本授权传记。

Scott, J. D., *Vickers: a History*（London, Weidenfeld & Nicolson, 1962）. 一本有关维克斯公司这一武器生产巨头运作的作品，书中使用了若干新材料和授权使用材料。此外，本书大量涉及第一次世界大战爆发前和战争期间的海军舰船设计和建造。

Seymour, Charles（ed.），*The Intimate Papers of Colonel House*（Boston, Mass., Houghton Mifflin, 1928, 4 vols.），第四卷。书中有关停战期间海军方面的材料较为出色。

西摩尔夫人所著，*Commander Ralph Seymour, R. N.*（Glasgow, The University Press, 1926）。本书是作者对其子，即第一次世界大战期间贝蒂不幸的信号官的回忆。书中包含若干拉尔夫·西摩尔的战时信件。

Shankland, Peter, *The Phantom Flotilla*（London, Collins, 1968）. 本书是对于"第一次世界大战期间最奇特的水战"，即在坦干伊克湖击败德国舰队一战的生动叙述。

Shankland, Peter 与 Hunter, Anthony 合著，*Dardanelles Patrol*（London, Collins, 1964）。英国潜艇于 1915 年春渗透入马尔马拉海一战，堪称英国潜艇部队的伟大功绩之一。本书部分材料摘自此战的领导者、日后的维多利亚十字勋章获得者、海军上将马丁·邓巴 - 内史密斯（Martin Dunbar-Nasmith）爵士的"回忆与记录"。

海军少将威廉·西姆斯所著，*The Victory at Sea*（London, Murray, 1920）。对于研究 1917—1918 年间英美海军关系，以及船团系统的起源和发展而言不可或缺的一部作品。作者西姆斯少将曾担任欧洲水域美国海军部队总指挥官。

Siney, Marion C., *The Allied Blockade of Germany, 1914—1916*（Ann Arbor, Michigan, The University of Michigan Press, 1957）. 本作品可被视为对这一题材的学术研究。

海军中将 Smith, Humphrey H. 所著，*A Yellow Admiral Remembers*（London, Arnold, 1932）。本书和下一条目所列书籍的文笔都相当诙谐幽默，主要是作者对自己 37 年的海军生涯，即 1889—1926 年间各种轶事的回忆；尤其值得注意的是本书中有关北方巡逻的两章内容。

海军中将 Smith, Humphrey H. 所著，*An Admiral Never Forgets* [London, Seeley Service（1938?）]。

Snowden, Philip, *"Dreadnoughts and Dividends"*（World Peace Foundation Pamphlet Series, Vol. iv, No. 5, Boston, Mass., 1914）. 一本值得研究的小册子，其观点曾在激进派和社会主义人士圈内广为流传。

Sommer, Dudley, *Haldane of Cloan: His Life and Times, 1856—1928*（London, Allen & Unwin, 1960）. 本书充分运用了 *Haldane Papers*。对于笔者本作而言，其价值主要体现在主人公在陆军部长任上，于 1912 年对柏林的访问。

Spender, J. A., *The Life of the Right Hon. Sir Henry Campbell-Bannerman*（London, Hodder & Stoughton, 1923, 2 vols.），第二卷。这本关于自由党首相的授权传记曾数次提及与德国的海军竞赛，以及英国海军预算方面的内容。

Spender, J. A., *Life, Journalism and Politics*（London, Cassell, 1927, 2 vols.）. 对于笔者本作而言，本书主要因涉及费希尔勋爵的内容而具有价值。

Spender, J. A. 与 Asquith, Cyril 合著，*Life of Herbert Henry Asquith, Lord Oxford and Asquith*（London, Hutchinson, 1932, 2 vols.）。本书在描述阿斯奎斯首相任期内的经历时，曾偶尔涉及海军。

哈罗德·斯普劳特与玛格丽特·斯普劳特合著，*Toward a New Order of Sea Power: American Naval Policy and the World Scene, 1918—1922*（2nd ed., Princeton, New Jersey, The University Press, 1943）。一部问世已久的标志性作品，至今仍对相关研究来说非常有用。

Stanford, Peter Marsh, *Corbett's Work with Fisher at the Admiralty, 1904—1910*（未刊发手稿；海军图书馆收藏有副本）。本书运用了 *Corbett Papers* 的部分材料，现已被舒尔曼（Schurman）所作传记取代。

Steinberg, Jonathan（ed.），*The de Robeck Papers*（London, Navy Records Society，出版日期未定）。

海军少将默里·休特所著，*Airmen or Noahs*（London Pitman, 1928）。本书由海军航空兵先驱之一撰写，其最初几章构成了研究海军航空部最早时代的重要材料。

陆军上校、库姆（Combe）的西登汉姆勋爵所著，*My Working Life*（London,

Murray, 1927）。作者（以陆军中校乔治·克拉克爵士的身份）于 1904—1907 年间担任帝国国防委员会一等秘书。有关这一时期的本书第 14 章中，包含有若干和海军相关的材料。

陆军少将 Sykes, Frederick 爵士所著，*From Many Angles: an Autobiography*（London, Harrap, 1942）。本书作者赛克斯为皇家飞行队的创始人之一，且曾经担任第二任空军总参谋长（1918—1919 年）。书中大量内容涉及第一次世界大战期间的皇家海军航空兵，尤其是该部队在加里波利战役中所扮演的角色。

T. 124[ 实为海军上校罗素·格伦费尔（Russell Grenfell）] 所著，*Sea Power*（rev. ed., London, Cape, 1941）。该作品对于海军战略这一宏观问题，进行了非常具有争议性的讨论。书中许多例子取自第一次世界大战。

Taffrail[ 实为海军上校塔普雷尔·多林（Taprell Dorling）]，*Swept Channels: Being an Account of the Work of the Minesweepers in the Great War*（London, Hodder & Stoughton, 1935）。尽管就撰写一部扫雷史而言难称成功，但本书非常成功地描述了扫雷部队执行任务时的气氛。

Taffrail（实为海军上校塔普雷尔·多林），*Endless Story: Being an Account of the Work of the Destroyer, Flotilla-Leaders, Torpedo-Boats and Patrol Boats in the Great War*（London, Hodder & Stoughton, 1931）。一部有关轻型舰艇成员战斗与生活的权威而鲜活的作品。书中有关日德兰大海战中驱逐舰战斗的部分尤为出色。

Temperley, H. W. V.（ed.），*A History of the Peace Conference of Paris*（London, Oxford, and Hodder & Stoughton, 1920—1924, 6 vols.），第二卷。其中有关海军的章节由皇家海军上校，在海军部历史科任职的阿尔弗雷德·迪尤尔撰写。

Tennyson d'Eyncourt, Sir Eustace H. W., *A Shipbuilder's Yarn*（London, Hutchinson, 1948）. 1912—1924 年间海军造舰总监的自传。并非很有揭露性。

约翰·特兰尼所著，*Douglas Haig: The Educated Soldier*（London, Hutchinson, 1963）。本书为黑格的授权传记，书中包含有黑格与海军之间关系的内容，尤其是 1917 年时两者关系的相关材料。

Terry, C. Sanford（ed.），*Ostend and Zeebrugge, April 23: May 19, 1918: the Dispatches of Vice-Admiral Sir Roger Keyes and Other Narratives of the Operations*

（London, Oxford, 1919）。其中包括凯斯先后于1918年5月9日和6月15日完成的两份战斗报告、海军部新闻处发布于1918年4月26日和5月15日的两份通报，以及德国海军部的记录。

Thetford, Owen, *British Naval Aircraft Since 1915*（2nd ed., London, Putnam, 1962）。有关这一题材的一本标杆性参考书。

Thomson, Sir J. J., *Recollections and Reflections*（London, Bell, 1936）。作者曾担任发明与研究委员会的成员。本书内容包括作者在该委员会的工作，以及一些有关费希尔的趣事，因此对笔者本作而言具有一定价值。

塞斯·蒂尔曼所著，*Anglo-American Relations at the Paris Peace Conference of 1919*（Princeton, New Jersey, The University Press, 1961）。一本非常重要的专论，不过作者无法使用英国方面有关海军但未发表的材料。书中对有关德国的海军条款、公海舰队自沉，以及英美海军竞赛等问题进行了讨论。

*The Times Book of the Navy*（London, The Times, 1914）。本书对战争爆发时的英国舰队进行了描述，包括军备、人员、海军部组织等方面的内容。

海军元帅阿尔弗雷德·冯·提尔皮茨所著，*My Memoirs*（London, Hurst & Blackett, 1919, 2 vols.）。一本富有揭露性的回忆录，并反映了这位曾长期担任德国第二帝国海军国务秘书（1897—1916年间任此职）的海军元老的战略思想。

海军元帅阿尔弗雷德·冯·提尔皮茨所著，*Politische Dokumente der Aufbau der deutschen Weltmacht*（Berlin, Cotta, 1924—1926, 2 vols.）。一本有关1905—1918年间，德国海军政策相关通信和其他文件的选集，堪称无价之宝。

Toye, Francis, *For What We Have Received: an Autobiography*（New York, Knopf, 1948）。书中以较短篇幅提及了有关"第40室"及其领导——海军情报处处长霍尔将军，以及在斯卡帕湾拘禁期间的德国公海舰队的内容。作者曾是一名年轻的海军军官，后来成为著名音乐批评家。

Trevelyan, George Macaulay, *Grey of Fallodon: the Life and Letters of Sir Edward Grey*（London, Longmans, 1937）。本书基于*Grey Papers*，尤其考察了第一次世界大战爆发前的英德关系。

Troubridge, Laura, *Memories and Reflections*（London, Heinemann, 1925）。本

书作者为特鲁布里奇的弟媳，书中第九章包括有关"戈本"号逃脱，以及对特鲁布里奇召开的军事法庭的段落，反映出了特鲁布里奇家族对整个事件的解读。

海军上将雷金纳德·塔珀爵士所著，*Reminiscences*（London, Jarrolds, 1929）。作者在海军中服役的时间为 1873—1921 年。对于笔者本作而言，值得研究的是作者于 1916—1917 年任第 10 巡洋舰中队指挥官期间，有关该中队战斗和生活的内容。

Turner, E. S., *Gentlemen: a Portrait of the British Officer, 1600—1956*（London, Michael Joseph, 1956）。一本有关英国陆海两军性格和观念的一般性研究作品，尽管其内容未必很深入，但颇有吸引力。出现于 20 世纪的专业化倾向也得到了良好的展示。

海军上将休·特威迪爵士所著，*The Story of a Naval Life*（London, Rich & Cowan, 1939）。作者的海军生涯时间为 1890—1935 年。第一次世界大战期间，作者曾先后在比利时沿岸的浅水重炮舰，东地中海及大舰队中的驱逐舰上服役。此作品并非一本典型的自传。

Tyler, J. E., *The British Army and the Continent, 1904—1914*（London, Arnold, 1938）。本书内容为第一次世界大战前英国与法国和比利时两国的军事交流。尽管本书问世较早，但仍有一定价值。

美国空军学院编纂，*Command and Commanders in Modern Warfare*（ed. Lieut.-Col. William Geffen, U.S. Air Force Academy, Colorado, 1969）。本书第二部分为由亚瑟·马德尔等人所著，包括有关"第一次世界大战期间的英国海军领袖"这一课题的若干论文。

Upplegger, Fritz, *Die englische Flottenpolitik vor dem Weltkrieg, 1904—1909*（Stuttgart, Kohlhammer, 1930）。本书堪称先驱性的作品，但其内容完全基于已发表材料，现已过时。

海军中将厄斯本所著，*Smoke on the Horizon: Mediterranean Fighting, 1914—1918*（London, Hodder & Stoughton, 1933）。本书对一些摘选的战役进行了详细检视，其中包括达达尼尔海峡之战（几乎占据了一半篇幅）、反潜战、"戈本"号和"布雷斯劳"号出击事件，以及其他一次或两次战役。

海军中将厄斯本所著，*Blast and Counterbalst: a Naval Impression of the War*（London, Murray, 1935）。本书是作者的回忆与思考，主要关于以下课题：第一

次世界大战前对海军炮术效率的追求、战争早期大舰队的活动、扫雷卫的出现，以及战争后期东地中海的海军事件；其中以最后一个课题的内容最有价值。

海军上校 Waldeyer-Hartz, Hugo von（隶属德国帝国海军）所著，*Admiral von Hipper*（London, Rich & Cowan, 1933）。这本出色的传记展现出了德国方面视角下的战争。其中大部分内容有关第一次世界大战，关于日德兰大海战的部分尤其具有一定价值。

Walker, Sir Charles, *Thirty-Six Years at the Admiralty*（London, Lincoln Williams, 1934）。作者曾在海军部任职（1895—1931 年），并最终担任海军部副秘书。本书即为他的回忆录。尽管提及了一些有趣的轶事，但对海军历史学家而言，本书仅具有一些次要价值。

海军少校 Walker, Charles F. 所著，*Young Gentlemen: the Story of Midshipmen from the XVIIth Century to the Present Day*（London, Longmans, 1938）。本书面向一般读者，其内容为标题所述若干世纪间军官候补生的生活，是一部非常具有娱乐性的作品。

海军少校沃特斯所著，*"The Philosophy and Conduct of Maritime"*, Part I, 1815—1918（Journal of the Royal Naval Scientific Service, May 1958）。本作品仅内部发行。

海军上校 Weldon, L. B. 所著，*"Hard Lying": Eastern Mediterranean, 1914—1919*（London, Herbert Jenkins, 1925）。该书可被视为作者保存的一部日记。其中包括 1915 年达达尼尔海峡 - 加里波利战役相关章节。

*Das Werk des Untersuchungsausschusses der Verfassungsgebenden deutschen Nationalversammlung und des deutschen Reichstages 1919—1930.* 第四系列第十卷第一部分所载，*Die Ursachen des deutschen Zusammenbruches im Jahre 1918*（Berlin, Deutsche Verlagsgesellschaft für Politik und Geschichte, 1928）。帝国调查委员会的海军会议纪要，该会议主题是就导致德国在第一次世界大战中最终战败的原因，以及由战败导致的崩溃进行辩论。这一纪要对于研究德国视角下的第一次世界大战非常重要，特别是其中海军中将阿道夫·冯·特罗塔（舍尔的总参谋长）的证词。此外，1926 年被帝国委员会指定为海军会议纪要特别权威的阿尔博尔特（Alboldt）曾在战前任海军士官长，并在战时任船厂下级官员。对于他极具批判性的证词，在运用时需要特别小心。此后，阿尔博尔特单独发表了他的证据和其他材料。见

前文 Alboldt 条目。

海军元帅韦斯特·维密斯勋爵所著，*The Navy in the Dardanelles Campaign*（London, Hodder & Stoughton, 1924）。维密斯时任在达达尼尔海峡作战的英国海军分舰队副总指挥官。利用自己当时的信件和日记，维密斯写下了这部非常生动且极具批判性的作品。

韦斯特·维密斯夫人所著，*The Life and Letters of the Lord Wester Wemyss*（London, Eyre & Spottiswoode, 1935）。前第一海务大臣（任期为1917—1919年）信件与日记的摘抄，其夫人在其间穿插了若干存在联系的段落和评论。总的来说，这是一份颇有价值的资料。

Widenmann, Wilhelm, *Marine-Attaché an der kaiserlich-deutschen Botschaft in London, 1907—1912*（Göttingen, Musterschmidt, 1952）. 第一次世界大战爆发前德国海军武官的记录，对于当时英德两国海军关系的已知内容有一定补充作用。

Williamson, Samuel R., Jr., *The Politics of Grand Strategy: Britain and France Prepare for War, 1904—1914*（Cambridge, Mass., Harvard University Press, 1969）. 一部学界亟须的，有关英法两国陆海两军交流的研究。该作品逻辑清晰，且基于大量英法两国已发表和未发表的材料完成。

Woodward, E. L., *Great Britain and the German Navy*（London, Oxford, 1935）. 本书堪称第一部对第一次世界大战爆发前英德海军竞赛进行详细研究的作品；尽管当时海军部的记录尚未公布，但这部先驱性的作品仍具有可观价值。

Woodward, E. L., *Great Britain and the War of 1914—1918*（London, Methuen, 1967）. 本书并未假装为一部原创性学术作品；书中对第一次世界大战期间，英国在陆上、海上和本土所做的战争努力进行了出色的一般性梳理。

海军中校 Woollard, Claude L. A. 所著，*With the Harwich Naval Forces, 1914—1918*（私人印刷，安特卫普，1931）。本书不仅包括作者本人的经历，也包括其部分同袍军官的经历。

Wyatt, H. F. 与 Horton-Smith, L. Graham H. 合著，*Britain's Imminent Danger*（2nd ed., London, Imperial Maritime League, 1912）。一部帝国海军联盟鉴于"英国海军相对实力的大幅削弱"，大肆鼓吹应重建英国海军霸权的作品。

莱昂内尔·耶克西来所著，*The Inner Life of the Navy*（London, Pitman, 1908）。一本就水兵团体"内部社会生活"的出色记录，作者为水兵们的非正式发言人。书中涉及的话题包括加入海军、饮食、被服、本土服役、海外服役等。

Young, Desmond, *Rutland of Jutland*（London, Cassell, 1963）。作者为海军航空兵先驱。本书前半部分主要涉及作者海军生涯（1901—1923 年）的重要事件。其余部分为其战后的民间生活，与海军几乎无关。

Young, Filson, *With the Battles Cruisers*（London, Cassell, 1921）。一部有关1914—1915 年间战列巡洋舰舰队的流行作品，作者曾以皇家海军志愿预备役上尉身份，服役于"狮"号。

Young, Kenneth, *Arthur James Balfour*（London, Bell, 1963）。该书中有关贝尔福一生中海军相关部分，尤其是其任海军大臣期间（1915—1916 年）的内容非常令人失望。

## v. 报纸和期刊

（在研究有关海军领袖、海军文章，以及其他海军相关杂项信息时有所参考）报刊（除《曼彻斯特卫报》外，其他均在伦敦发行）

*Daily Chronicle*

*Daily Express*

*Daily Mail*

*Daily News*（1912 年 5 月更名为 *Daily News and Leader*）

*Daily Telegraph*

*Globe*

*Manchester Guardian*

*Morning Post*

*The Observer*（Sundays）

*The Times*

*Westminster Gazette*

## 期刊

*Blackwood's Magazine*

*Contemporary Review*

*Economist*

*Edinburgh Review*

*Fortnightly Review*

*John Bull*

*London Magazine*

*Nation*（1907—）

*National Review*

*New Statesman*（1913—）

*Nineteenth Century and After*

*Punch*

*Saturday Review*

*Spectator*

## 专业期刊[6]

*Army and Navy Gazette*

*Broad Arrow*（该期刊于 1917 年与 *Army and Navy Gazette* 合并）

*Journal of the Royal Naval Scientific Service*（1945—）†（内部发行）

*Journal of the Royal United Service Institution* †

*Land and Water* [7]

*Marine Rundschau* †（本刊于 1914 年 8 月—1920 年间停刊）

*Mariner's Mirror*（1911—）†

*Naval and Military Record*

*The Naval Review* †（内部发行）[8]

*The Navy League Journal*（1909 年更名为 *The Navy*）

*United Service Magazine*

*United States Naval Institute Proceedings* †

## vi. 其他

*Brassey's Annual: the Armed Forces Year-Book*（此为现在的标题；在费希尔时代题为 *Naval Annual*；且在 1915—1916 年间的标题为 *Brassey's Naval*）。

英国广播公司（BBC），有声档案：海军上将威廉·古迪纳夫爵士就日德兰大海战所作广播（1938 年 1 月 13 日，No. 719/32）、查特菲尔德爵士的广播（1941 年 3 月 14 日，No. 3789/92），以及弗雷德里克·德雷尔爵士所作广播（1955 年 8 月 3 日，No. SLP 22872）。其中古迪纳夫所作广播尤为出色。

*Dictionary of National Biography, twentieth-century supplements*（Oxford, Clarendon Press, 1912—1970）.

*General Index to Parliamentary Papers, 1900—1949*（London, H. M. S. O., 1960）. 简短的标题。其中第 504—513 页列出了海军报告和文件。

*Hansard Parliamentary Debates.*

*Jane's Fighting Ships*（此为 1916 年以来的标题。1898—1904 年间，其标题为 *All the World's Fighting Ships*；1905—1915 年间标题为 *Fighting Ships*）。

*The Navy League Annual*（1907—1908 年度至 1915—1916 年度）。

*The Navy List*（英国文书局，即 H. M. S. O.，为海军部每月出版）。其中记录有全部在役军官的军衔、年资和职务。海军图书馆保存有完整记录。位于欧文的加利福尼亚大学图书馆则保存有 1904—1919 年间较为完整的记录。

## vii. 补遗

Berghahn, Volker R.: 这位年轻学者对第一次世界大战前德国海军档案的发掘已经取得了丰硕成果。其所在单位曼海姆大学（University of Mannheim）正在准备出版其作品 *Habilitation: Deutsche Rüstungsplolitik, 1897—1908*（预计 1972 年出版？）。另可参见其作品 *"Zu den Zielen des deutschen Flottenbaus unter Wilhelm II"*，刊登于 *Historische Zeitschrift*，1969 年 12 月刊；以及他与迪斯特（Diest）合作的 *"Kaiserlich Marine und Kriegsausbruch 1914. Neue Dokumente zur Juli-Krise"*，

刊登于 *Militärgeschichtliche Mitteilungen*, 1/1970。

*Chatfield MSS*（第二代查特菲尔德男爵）。本文件集收集了一些战后出现，有关日德兰大海战之后值得注意的材料。根据这些材料，笔者完成了对本书第三卷的修订，由此构成了最终的第二版。

*History of the First World War*（London, Purnell, 1969— ）．一份富有想象力的流行性周刊，其中包括许多第一次世界大战中海军方面的插图文章。总体而言，该周刊的航迹图、照片和文字质量均很高。

*Patterson, A. Temple*：帕特森教授正在撰写海军上将查特菲尔德和蒂利特的授权传记。

*Ranft, Bryan, The Naval Defence of British Sea-Borne Trade, 1860—1905*（未发表的牛津大学博士论文，1967）。这一出色研究充分运用了英国档案材料。因此，尽管该论文完成时，费希尔时代刚刚开始，但还是应该得到学术界的重视。

*Röhl, J. C. G., "Admiral von Müller and the Approach of War, 1911—1914"*，刊登于 *Historical Journal*，1969 年 12 月刊。穆勒将军在第一次世界大战之后，曾对自己作为德国海军内阁总长的战前日记进行编辑[9]，本论文作者便对编辑后的文本与收藏于德国联邦档案馆 - 军事档案馆（Bundesarchiv-Militärarchiv）的原始文本进行了比较。作者指出，有理由相信的是，印刷出版的穆勒 1914—1918 年间日记与其印刷出版的战前日记一样不甚可靠。

# 注释

## 前言

1. 《海军将领的自白》(*Confessions of the Admirals*)，刊载于《双周评论》(*Fortnightly Review*)，1919年11月。

## 第一章　海军决策者们

1. 维密斯致英王乔治五世的信，1917年12月25日，收录于 *Windsor MSS*。

2. 摘自贝蒂致杰利科的信，1917年12月27日，该信收录于 *Jellicoe MSS*。杰利科担心维密斯不能"抵抗"格蒂斯，"因为他（维密斯）似乎被灌输了如下理念，即他的职责是实现海军大臣的愿望，而非他本人认为对海军最有利之事"。该评论出自杰利科致海军上将亚历山大·贝瑟尔（Alexander Bethell）爵士（时任普利茅斯总指挥官）的信，1917年12月28日；收录于 Bethell MSS。

3. 引自维密斯所著，*The Navy in the Dardanelles Campaign*（London, 1924），第227页。

4. 1918年3月，哈兰德与沃尔夫造船厂（Harland and Wolff）的总经理皮里（Pirrie）勋爵奉命负责商船建造 [ 即担任商船建造总审计官（Controller–General of Merchant Shipbuilding）]，直接向第一海务大臣负责。此前，从1917年5月开始，商船建造是由文职审计官（格蒂斯及其后任安德森）负责。

5. 霍普一般被认为谦逊而能干，但里奇蒙对他的看法过于严厉："非常不容易下决定的一个人——这种人在遭遇任何严重问题时都会选择求助于战争理事会的决定，而非自己勇敢地独断。"参见里奇蒙1918年6月1日日记，转引自亚瑟·马德尔所著，*Portrait of an Admiral: The Life and Papers of Sir Herbert Richmond*（London, 1952），第312页（下文中引用同一作品时仅标注标题）。

6. 里奇蒙对弗里曼特尔的评价即使不是完全失实，但也绝对称得上狭隘，比如"弗里曼特尔试图以老派指挥官指挥一条船的方式领导他的参谋部门——吊出小艇，起床擦洗甲板，亲自监督收起吊床。他并不理解参谋工作的基本原理""弗里曼特尔是个教条主义者，无法接受'其他人的观点'，从不向任何人请教，事实上堪称参谋军官的对立一面"。摘自里奇蒙1918年6月1日和1919年2月12日日记，转引自 *Portrait of an Admiral* 第312页和第333页。维密斯则在评论弗里曼特尔时显得过于慷慨，认为后者作为海军副总参谋长"无疑非常成功"。引自维密斯未发表的回忆录，收录于 *Wemyss MSS*。

7. 摘自《海军参谋专论》[*The Naval Staff of the Admiralty. Its Work and Development*（1929）]，第93页。根据设立战术与参谋作业部门的本意，该部门应承担与陆军总参谋部下属的参谋责任处（Staff Duties Division）类似的职责。

8. 海军中将珀西·斯科特（Percy Scott）和其他关注海军炮术的权威长期以来认为应该设置独立的海军枪炮部门（Naval Ordnance Division），而海军检炮处长继续负责炮术装备的供应 [ 德雷尔的后任为海军上校克鲁克（H. R. Crooke）]。德雷尔（维密斯对其的评价为"一个非凡出众的人"）在他的部门里以及就战的工作如下，就如何以最佳方式使用火炮和鱼雷向海军参谋建言。

9. 引自《海军参谋专论》(*The Naval Staff of the Admiralty*)，第91页。

10. 摘自韦斯特·维密斯夫人，*The Life and Letters of Lord Wester Wemyss*（London, 1935），第370页。出自维密斯海军上将未出版的回忆录（该书此后将被简称为"Wester Wemyss"）。

11. 维密斯致贝蒂，1918年3月26日；收录于 *Wemyss MSS*。另见本书正文第313页。

12. 格蒂斯男爵，*The Forging of a Family*（London, 1952），第243页。

13. 维密斯回忆录。

14. 贝蒂致格蒂斯，1918年4月3日；收录于 *Geddes MSS*。

15. 维密斯致贝蒂，1918年5月4日；收录于 *Wemyss MSS*。

16. 悉尼·弗里曼特尔上将，*My Naval Career, 1880—1928*（London, 1949），第244页。

17. 格蒂斯致劳合·乔治，1918年4月24日；收录于 *Gedds MSS*。第一句参见《从无畏舰到斯卡帕湾》第四卷。鉴于导致了一定的职责重合及工作重复，将海务大臣委员会分为作战和维护两大块难称全部的成功，比如装备部门便不喜欢这一分割。

# 第二章　地中海问题

1. 摘自弗里曼特尔1917年12月31日撰写的备忘录，收录于 *Admiralty MSS*。

2. 参见朱利安·科贝特爵士与亨利·纽博尔特合著，*History of the Great War. Naval Operations*（London, 1920—1931；该书为五卷本，第四卷和第五卷由纽博尔特作），第五卷第84页。

3. 这是一次在德国官方战史中饱受批判的机动："即使将'布雷斯劳'号置于'戈本'号之后，后者的火炮也应该有能力作战……在密布水雷的海域，应避免做出任何不必要的机动，更何况'戈本'号罗经失灵（因触雷导致），从而无法保证精确导航。"*Rear-Admiral Hermann Lorey, Der Krieg zur See, 1914—1918. Der Krieg in den turkischen Gewassern*（1928—1938，两卷本），第一卷（*Die Mittelmeer-Division*），第341页。

4. 海耶斯－萨德勒的最终报告，1918年2月17日；收录于 *Admiralty MSS*。导致他做出上述决定的另一因素是当时夜间无云，且海面平静，从而进一步减少取得成功的可能。另见格蒂斯致高夫－考尔索普的信，1918年2月21日；收录于 *Geddes MSS*。

5. 引自海军上校约翰·克雷斯维尔致笔者的信，1967年2月24日。克雷斯维尔上校对博纳姆－卡特的评价如下："他是我认识的所有人中，唯一一个绝对且毫不夸张地不知何为恐惧的人。这样的人当然是极少的。这主要是因为他极为虔诚，同时身体足够坚韧。他常被称为'好人博纳姆'，他的一位年纪相仿的表亲则被称为'坏蛋博纳姆'［即如今已经退休的海军上将斯图亚特·博纳姆－卡特爵士（Stuart Bonham-Carter）］。后者年轻时有点不中用，不过在突袭泽布吕赫的战斗中指挥一艘封锁船，且逐渐成为一名出色的领导者。"参见克雷斯维尔1968年12月31日致笔者的信。

6. 高夫－考尔索普致海军部，1918年2月1日；收录于 *Admiralty MSS*。克雷斯维尔上校则写道："至此，从'戈本'号出击算起已近一周时间，考虑到敌人无疑正在尽一切努力加强其反潜措施，获得出击许可的兴奋感早已大不如前。直至出发前，E-14号一直与我艇并舷停泊，而我并不认为该艇的战友们觉得自己有机会返回。当然，该艇之后的确未能返航。"引自1967年2月24日致笔者的信。

7. 上述内容分别摘自维密斯致贝蒂，2月7日；贝蒂致维密斯，2月13日；收录于 *Wemyss MSS*。

8. 杜夫致贝瑟尔，1918年1月28日；收录于 *Duff MSS*。格蒂斯曾亲自参与同年2月8—9日，在罗马召开的理事会第二次会议，并汇报称："我不认为我们能从意大利人手中获得更多驱逐舰，用来执行反潜任务，但我们至少暂时挫败了他们一再提出从我们手中获得驱逐舰的要求。意大利海军当局的心态最为离奇……"摘自格蒂斯致劳合·乔治，1918年2月9日；收录于 *Geddes MSS*。收藏于公共档案馆第28类储藏箱（I. C. 系列）中的文件包含若干协约国海军理事会的会议纪要（包括过程及结论）。

9. 高夫－考尔索普致海军大臣的备忘录，"对当前亚德里亚海局势的简单回顾"，1918年2月20日；收录于 *Geddes MSS*。

10. 格蒂斯致劳合·乔治，1918年4月6日；收录于 *Lloyd George MSS*。

11. 协约国方面在很长时间内都没有掌握所有在建或已建成俄国舰只是否被德国俘获的切实情报。由此，协约国方面只能按最坏情况进行准备。事实上，在忠于协约国或沙俄的海军军官率领下，俄国2艘无畏舰和大约15艘驱逐舰于4月30日从塞瓦斯托波尔起航，驶往位于黑海东岸的新罗西斯克（Novorossisk）。德军于5月2日进入塞瓦斯托波尔后，他们的全部所获仅为3艘旧式战列舰和2艘巡洋舰，以及1艘土耳其籍旧式巡洋舰。根据《布列斯特－立托夫斯克和约》的规定，德国人只能拆除各舰武装，无法做进一步的利用。此后，俄国水兵于6月自毁"自由俄罗斯"号。另一艘无畏舰"沃利亚"号和6艘驱逐舰则返回塞瓦斯托波尔，并被德国裁军委员会控制。德国方面从未尝试将俘获的各类俄国舰只整合为一支作战舰队。

12. 最高战争理事会于1917年11月7日设立。其任务为协调西线的军事行动，以及"关注战争进行的总体方式"。该理事会成员最初仅包括英国首相、法国总理和意大利总理（或是三人的副手），上述三国各一名次要代表，还有三国各一名常务军事代表（作为技术顾问参与会议）。美国很快也成为理事会成员之一，并指派塔斯克·布利斯（Tasker H. Bliss）将军作为军事代表。但为了保持自身政治独立性，除理事会八次战时会议中的两次外，美国一直避免其政治代表出现在理事会中。该国其他重要的陆海军人员和政客则经常出席或参与讨论。尽管协约国海军理事会并不直接隶属最高战争理事会，但前者发出的若干备忘录仍然经常在后者的议程中进行结算。

13. 维密斯致代理海军上校丹尼斯·拉金（Dennis Larking），1918年5月3日；收录于 Wemyss MSS。

14. 引自维密斯撰写的备忘录 "Note upon the Naval Situation in the Mediterranean, Adriatic and Aegean"，该备忘录曾向战争内阁宣读（409A）。维密斯这一计划是在征求了米尔纳勋爵（Lord Milner）和意大利大使的意见后提出。战争内阁和帝国战争内阁会议纪要收录于公共档案馆第23类储藏箱。来自公共档案馆的材料通常仅以"W. C."或"I. W. C."加会议编号表示。标有"A"或"B"的战争内阁会议纪要则代表更为机密的会议。

15. 摘自6月1日会议纪要；收录于 I. C. 64类。I. C. 类（收录于公共档案馆第28类储藏箱）档案包括1915—1919年间协约国会议的纪要和结论。

16. 摘自黑格1916年6月1日日记，转引自 Robert Blake（ed.）., The Private Paper of Douglas Haig, 1914—1919（London, 1952），第313页。

17. 第一次世界大战结束后，海军参谋对此的评论如下："协约国方面更好的措施是在爱琴海方面部署数量上优于敌军的舰队——若单舰质量上亦有优势则更为理想……而非布设大量水雷。保留一条通畅的水道，从而诱使敌军出击，应该能够给予协约国方面赢得一场非常重要的胜利的可能。与限制敌舰队活动相比，彻底将其歼灭无疑会更重要得多。"引自海军参谋专论（Naval Staff Monograph），Mediterranean Staff Papers relating to Naval Operations from August 1917 to December 1918（1920），第24页（下文在引用该书时将简称为"Mediterranean Staff Paper"）。

18. 摘自海军部致战争内阁备忘录，"Command in the Mediterranean"，（G. T. 4788），1918年6月8日。对于本书引用的所有"致战争内阁"的备忘录（即 G. 和 G. T. 系列），如果没有写明出处，则全部出自公共档案馆保存的内阁官方文档（第24类储藏箱）。

19. 摘自海军部致战争内阁备忘录，"Command in the Mediterranean"，（G. T. 4808），1918年6月13日。

20. 海军部致战争内阁备忘录（G. T. 5775），"Naval Situation in the Black Sea and Command in the Mediterranean"，该备忘录还附有另一份说明海军态势的备忘录。后一备忘录声称，就可构成战斗力的战舰而言，协约国爱琴海中队下辖8艘前无畏舰（6艘法国籍，2艘英国籍）、1艘巡洋舰（希腊籍）、5艘轻巡洋舰（4艘英国籍，1艘希腊籍）、17艘驱逐舰（4艘英国籍，9艘法国籍，4艘希腊籍）和11艘潜舰（2艘英国籍，9艘法国籍）。同盟国方面，除5艘德国籍潜艇和9艘可构成战斗力的土耳其籍战舰（即"戈本"号、2艘巡洋舰、6艘驱逐舰）外，德国方面还控制如下现代化的俄国籍舰只：1艘无畏舰（另有1艘在建且接近完工的无畏舰）、4艘前无畏舰、2艘巡洋舰、1艘接近完工的轻巡洋舰、21艘驱逐舰、12艘潜舰和6艘在建潜艇（其中3艘接近完工）。另有若干俄国籍战舰状态较差，亟待维修，但据信大多数可在11月底前完成修复。德国方面可利用德国籍、俄国籍和其他同盟国籍小兵舰掩护小船舰只。考虑到通常接受整修因此无法参战的协约国战舰数量，一支实力强于协约国爱琴海中队的舰队可在11月后同盟国一方"选定的时间"，冲出达达尼尔海峡，此时双方实力对比可能如下：无畏舰，同盟国1艘（或2艘）对协约国0艘；战列巡洋舰，同盟国1艘对协约国0艘；前无畏舰，同盟国4艘对协约国7艘；巡洋舰，同盟国4艘对协约国1艘；轻巡洋舰，同盟国1艘对协约国4艘；驱逐舰，同盟国23艘对协约国12艘；潜艇，同盟国20艘对协约国8艘。为恢复实力平衡，海军部于10月派遣无畏舰"上乘"号（Superb）和"鲁莽"号（Temeraire）增援爱琴海。

21. 格蒂斯致劳合·乔治，1918年9月17日；收录于 Lloyd George MSS。

22. Mediterranean Staff Papers，第99页。在海军部内部，高夫－考尔索普的观点得到了有力支持。如1918年2月9日，格蒂斯告知协约国海军理事会所言：迄今为止，地中海的船团系统"只取得了有限的成功。目前我们缺乏合适的舰只，且我们怀疑即使实施了全面的护航，也不足以消除敌潜艇导致的威胁。如今并未实现对敌潜艇的摧毁，而敌潜艇数量仍在增加，我们认为需要将我方有限的资源更多地投入到奥特朗托海峡海域对敌潜艇的攻击上，即使这将意味着在一定程度上减少执行护航任务的舰只数量……"参见本书正文第四章相关内容。

23. 厄斯本上校，*"The Anti-Submarine Campaign in the Mediterranean Subsequent to 1916"*, *Royal United Service Institution Journal, August 1924*。

24. *Mediterranean Staff Papers*，第23页。

25. 高夫－考尔索普致海军元帅查尔斯·麦登（时任第一海务大臣），1929年5月11日；收录于 *Newbolt MSS*。有关地中海1917—1918年的海军参谋专论的主要作者为曾任高夫－考尔索普中校参谋（该职务现改称为作战参谋官，即 Staff Officer Operations）的杰拉尔德·狄更斯，他得出的结论也与高夫－考尔索普相似："到1918年夏，奥特朗托机动拦阻网舰队的表现已经非常出色。该部猎杀和攻击潜艇的次数非常多，且地中海海域敌潜艇部队官兵士气的低落如今愈发明显。"摘自 *Mediterranean Staff Papers*，第10页。时任海军上校的厄斯本海军中将日后的观点同样与此相似，他曾于1918年在科孚岛为拦阻网舰队建立一个基地："众所周知，奥特朗托拦阻网为德国人所憎恶和畏惧。"摘自 *The Anti-Submarine Campaign in the Mediterranean Subsequent to 1916*。

26. *The Naval Memoirs of Admiral J. H. Godfrey*（1964—1967年间私人印刷，摘自全部10卷中的第7卷），第2章，第108页。

27. 摘自杰姆斯·皮彭少将致笔者的信，1968年3月25日。少将曾于1917—1918年间先后任高夫－考尔索普和凯利的参谋。

28. 杰拉尔德·狄更斯中校致战时上校肯尼斯·迪尤尔（时任作战计划处助理处长），1918年5月9日；收录了 *Dewar MSS*。

29. 出处同上一条注释。

30. 海军部致战争内阁备忘录，*"Command in the Mediterranean"*（G. T. -4808），1918年6月13日。

31. 狄更斯致肯尼斯·迪尤尔，1918年5月9日。

# 第三章　本土水域：拦阻网和封锁行动

1. 引自《海军元帅罗杰·凯斯爵士海军回忆录》（London, 1934—1935, 两卷本），第二卷第151页。

2. 凯斯致贝蒂，1918年2月19日；收录于 *Beatty MMS*。

3. 引自阿斯皮诺尔－奥格兰施准将所著《罗杰·凯斯》（London,1951），第220—221页。

4. 参见《从无畏舰到斯卡帕湾》第四卷。

5. 海军参谋专论第18号（1922年），*The Dover Command*，第108—109页。德国指挥官认为避免交战更为明智：他坚信对手为六艘英国驱逐舰，且己方一艘驱逐舰已经出现冷凝器故障，从而拖慢整个战斗群的航速。参见奥托·格罗斯上校和瓦尔特·格拉迪施将军合著《海上战争，1914—1918，北海海战》（Berlin, 1920—1965，共七卷，其中第六、第七两卷由格拉迪施撰写），第七卷，第194页（下文引用该书时将简称为《北海海战》）。

6. 召开于3月8日的军事法庭审判处弗格森上尉应遭到严厉申斥。就敌方对英方防线实施的冲击，凯斯和海军部倒不觉得奇怪——敌舰船常常在没有被英方提前发现并发出预警的情况下，穿过巡逻区。双方一致同意这一事件"表明了严重和令人遗憾的放纵，舰船在通过多佛尔巡逻区时常常未被询问口令，且这一情况愈演愈烈"；此外，双方都认为军事法庭作出的裁决过于宽纵。弗格森和"凶暴神"号的舰长此后均被解职，尽管后者并未遭到军事法庭审判。

7. 摘自1918年2月18日日记，转引自 *Portrait of an Admiral*，第298页。这和纽博尔特的判断不谋而合："根据以往经验判断，如果德国舰队成功地在未被发现的前提下穿过拦阻网巡逻线，则我方的漂网渔船和拖网渔船难免遭受损失。施放照明弹的拖网渔船尤其容易遭到攻击，且一旦德国方面决定进出海峡，任何的汇报系统或实际兵力部署是否足以阻止其行动实施都相当值得怀疑。凯斯将军在调查庭上承认了这一点，并表示在当时环境下，他自己能采取的唯一行动便是将所有可用驱逐舰部署在拦阻网区域，并希望在得知敌舰攻击我方雷区巡逻舰队后，于敌舰返航途中对其进行截击。然而，过往经验表明，尽管上述方案或许已经是可行的最佳方案，但其成功的可能性依然不大……如果说在夜间突袭战中，通过截击的方式对敌方造成的决定性打击颇小 [ 此前六次突袭中，1917 年 4 月 20 日"布罗克"号（Broke）和"敏捷"号（Swift）的战斗无疑是个例外 ]，那么仅仅迫使其交战的机会甚至会变得更小。"摘自《第一次世界大战史：海军作战》，第五卷，第 218—219 页。杰利科的态度则较为严厉："造成此次敌方突袭中我方蒙受重大损失的原因，是凯斯不顾培根的建议，所采用的巡逻系统。"参见杰利科所著 "Errors in the Naval Operations, Vols. IV & V"（约 1927—1929 年间）；收录于 Jellicoe MSS。培根对此的意见则参见《从无畏舰到斯卡帕湾》第四卷。①

8. 参见《北海海战》，第二卷，第 194 页。

9. 参见 W. C. 360A。

10. 1917 年 1 月至 1918 年 10 月，公海舰队潜艇部队击沉总吨位为 394 万 805 吨，驻弗兰德斯潜艇部队的战绩则为 216 万 6149 吨。当然直接比较战绩并不公允。在此期间，在作战海域巡逻的公海舰队潜艇数量一直多于驻弗兰德斯潜艇部队。以这一期间内每月 10 日处于出海巡逻状态的潜艇数量为表征，两部各月的平均值为公海舰队潜艇 22 艘和弗兰德斯潜艇 9 艘。唯一真正适当的比较则是平均每艘潜艇的战绩，相应分析结果显然表明驻弗兰德斯潜艇部队的战绩更为优越。1918 年（1—9 月）平均每艘潜艇出海每日击沉的吨位如下：公海舰队潜艇为 192 吨，弗兰德斯潜艇部队为 258 吨，驻地中海潜艇为 289 吨。

11. 蒂利特致其姐"波莉" [ Polly，即弗朗西丝·玛丽·蒂利特小姐（Frances Mary Tyrwhitt）]，1918 年 5 月 6 日；收录于 Tyrwhitt MSS。该信副本（以及 1917 年 5 月 7 日信件的副本）亦收录于 Keyes MSS，并附有凯斯 1919 年 2 月 15 日撰写的注释。

12. 海军上将雷金纳德·培根爵士所著《多佛尔海峡巡逻简史》（London, 1932），第 213 页。第三次伊普雷战役于 1917 年 7 月 31 日展开，其主攻方向最初的进展令人大失所望。9 月 23 日，协约国方面决定推迟原计划在比利时沿岸展开的作战。培根完整地参与了对奥斯坦德的作战计划。

13. 摘自贝蒂 1917 年 8 月 26 日提交杰利科的文稿 "Mining Policy"；收录于 Jellicoe MSS。

14. 摘自凯斯所著《凯斯元帅回忆录》，第二卷，第 132 页。

15. 摘自培根所著《1900 年以来》（London, 1940），第 283 页。

16. 摘自培根所著《多佛尔海峡巡逻简史》，第 213 页。

17. 出处同上一条注释，第 209、211 页。

18. 摘自杰利科所著 The Crisis of the Naval War（London, 1920），第 199 页。奥利弗（当时是他担任海军副总参谋长的最后一天）则评论称："阻塞港口仅能构成一个临时方案，由于潮汐变化，其作用很快便会消失。"摘自 1918 年 1 月 10 日对贝蒂备忘录 "Situation in the North Sea"（提交于 1918 年 1 月 9 日）的评论；收录于 Admiralty MSS。

19. 摘自培根所著《多佛尔海峡巡逻简史》，第 218 页。

20.（正文中）上述两段凯斯所写文字摘自凯斯致贝蒂的信，分别写于 1918 年 1 月 18 日和 2 月 7 日；收录于 Beatty MSS。

21. 摘自阿斯皮诺尔 - 奥格兰德所著《凯斯》，第 225—226 页。

22. 在计划起草阶段，驻敦刻尔克的休伯特·莱恩斯（Hubert Lynes）海军准将曾多次要求凯斯不要对侧向布置的封锁船的效用抱有太大希望，而应在其舰艇填充爆炸物，并以爆破船闸大门为目的。他认为这一方式更为有效。其理由如下：就比侧的船闸大门和外港之间这段返河道而言，其两侧提岸倾斜，因此封锁船沉没后仍会不可避免地留下缺口。然而凯斯并未采纳他的建议。此事参见蒂特顿（G. A. Titterton）致笔者的备忘录，1966 年 7 月 6 日。第二次世界大战期间的事件表明，英国人已经吸取了他们从突袭泽布吕赫

---

① 译者注：杰利科的前引作品可被视为其本人对《第一次世界大战史：海军作战》的批判。

中得到的这一教训：在对圣纳泽尔（St. Nazaire）①发起的攻击中，"坎贝尔敦"号（Campbeltown）以舰艏在前的方式冲入沉箱，并破坏了船坞。

23. 摘自凯斯所著《凯斯元帅回忆录》，第二卷，第252—253页。

24. 事实上，德国方面早在4月12日就缴获了作战令。4月11—12日夜间的尝试中，一艘英国海岸摩托艇在泽布吕赫入口以外区域搁浅，德国人在该艇上缴获了泽布吕赫—奥斯坦德作战计划。然而，此事对攻击突然性造成的影响非常轻微："对英国人而言幸运的是，尽管德国人提前掌握了作战令，德方对此做出的反应却非常有限，几乎限于向某些——甚至并非全部——关键区域的岸防部队提出提高警戒等级。"摘自《北海海战》，第七卷，第267页。

25. 摘自凯斯所著《凯斯元帅回忆录》，第二卷，第261页。

26. 摘自《北海海战》，第七卷，第267页。

27. 摘自培根所著《多佛尔海峡巡逻简史》，第221—224页。

28. 刊载于 *Royal United Service Institution Journal*，1932年11月。

29. 参见皮特所著 *Zeebrugge*（London, 1958），第144—145页。

30. 摘自维密斯致贝蒂的信，1918年4月24日；收录于 *Beatty MSS*。格蒂斯对泽布吕赫作战的判断如下："看起来比我们此前以客观态度，对此次作战进行谨慎评估后预期的战果更佳。"摘自格蒂斯致英王乔治五世的信，1918年4月23日；收录于 *Gedds MSS*。

31. 引自 W. C. 413。

32. 引自 W. C. 415。

33. 引自海军部致帝国战争内阁备忘录，"*General Review of the Naval Situation（April, 1917, to June, 1918）*"（G. T.-4861）。

34. 摘自凯斯，"*Reports on Zeebrugge and Ostend Operations, 22—23 April 1918, and Ostend Operation, 10 May 1918*"，1918年7月；收录于 *Admiralty MSS*。这一报告乃是对其5月9日就泽布吕赫作战，以及6月15日对奥斯坦德作战所作报告的修改版本。尽管报告并未公布，但仍会向舰队内部分发，作为信息通报。

35. 摘自《北海海战》，第七卷，第265页。下文（此注释在正文中所处位置的下一段）则引自同一书籍第265—269页。

36. 摘自蒂特顿的备忘录，1966年7月6日。

37. 摘自海军情报处处长就提交战争内阁的一份报告所提出的备忘，1919年2月19日。该报告题为 *Work of the Navy in 1918*，收录于 *Admiralty MSS*。

38. 摘自纽博尔特所著《第一次世界大战史：海军作战》，第七卷，第274—275页。

39. 摘自凯斯所著《凯斯元帅回忆录》，第二卷，第319页。

40. 摘自阿斯皮诺尔-奥格兰准将所著《罗杰·凯斯》，第247—248页。

41. 摘自杰姆斯上将致笔者的信，1962年9月28日。

42. 1918年4月1日，皇家海军航空兵转隶皇家空军，其时前者辖有103艘飞艇、2949架飞机、126个航空站，以及6.7万名官兵。海军部仍负责飞艇的制造和维护（直到1919年5月），还有飞机载舰的设计、建造、管理和运作，而舰载机的技术演进和开发转由其他部门负责。第五海务大臣和海军航空兵总监（Chief of Naval Air Service）部门随之遭到撤销，海军部航空部门也被1918年1月新建的空军部所吸收。共由八人组成的航空理事会（Air Council）中，两人来自海军，即戈弗雷·佩因（Godfrey Paine，仅于第一次世界大战结束时加入）和马克·克尔（Mark Kerr）。皇家空军所有军官均接受了陆军军衔。杰利科此前的怀疑（参

①译者注：圣纳泽尔位于法国西部、罗亚河湾右岸，临近大西洋，是著名港口和传统造船厂所在。1932年，当地的干船坞在建成时曾为世界最大干船坞。第二次世界大战期间，该船坞在法国沦陷后被德军占领，从而承担德国重型舰只的修理任务。为限制德国重型舰只的活动，英军于1942年3月28日对其展开突击，其中执行冲击船坞任务的便是"坎贝尔敦"号驱逐舰。尽管该舰搭载的炸药并未准时爆炸，但炸药在29日中午爆炸时，不仅杀死当时登舰检查的德国军方、文职人士及其他320人，还导致该干船坞直至战争结束前一直无法使用。参与行动的662名英军中，有169人阵亡，215人被俘。"坎贝尔敦"号原为美国驱逐舰。根据1940年英美之间签订的"基地换驱逐舰"协定，该舰转隶皇家海军。

见《从无畏舰到斯卡帕湾》第四卷）被证明成为现实；除此之外，作为1918年4月1日合并不可避免且可以预见的结果，令人震惊的军种竞争和争吵也随之发生。合并完成后，这样的事情立即出现："很明显，最严重的后果是，皇家海军自此失去几乎所有对于海军航空兵拥有经验的军官及其热忱鼓吹者。"参见史蒂芬·罗斯基尔上校所著《两次世界大战之间的皇家海军政策》，第一卷，*The Period of Anglo-American Antagonism, 1919—1920*（London,1968），第241页。

43. 摘自沃尔特·罗利和琼斯合著《第一次世界大战史：空战》（London, 1922—1937，共六卷正文和一卷附录；除第一卷外，其他内容均由琼斯撰写），第六卷，第389页。

44. *"Note of a Conversation at 10 Downing Street, S. W., on Tuesday, September 3, 1918, at 11 a.m.";* X–28. X系列会议纪要（收藏于公共档案馆第23类储藏箱）为一系列交谈方面的纪要，其中大多数为首相、陆军部长，以及帝国总参谋长就军事机密问题等进行的讨论。

45. 引自罗伯特·格兰特所著《潜艇已被摧毁》（London, 1964），第94页。

46. 维密斯致贝蒂，1918年8月23日，收录于 *Beatty MSS*。

47. 贝蒂致维密斯，1918年8月26日；收录于 *Beatty MSS*。

48. 贝蒂致维密斯，1918年8月10日；收录于 *Wemyss MSS*。贝蒂曾在1918年1月2—3日海军部的一次会议上，提出"有关其系泊装置耐久性，以及系泊装置破损后致水雷自由漂浮后，是否会变得无害的问题"。

49. 维密斯致贝蒂，1918年8月15日；收录于 *Wemyss MSS*。

50. 摘自巴尔弗备忘录，1918年8月22日（其副本被附入巴尔弗致贝蒂的信中，1918年9月3日）；收录于 *Beatty MSS*。

51. 摘自 I. W. C. 29。

52. 维密斯致贝蒂，1918年8月20日；收录于 *Wemyss MSS*。

53. 摘自纽博尔特所著《第一次世界大战史：海军作战》，第七卷，第349页。

54. 参考书目同上一条注释，第344页。

55. 摘自约瑟夫斯·丹尼尔斯所著《威尔逊时代：战争和此后的年月》（Chapel Hill, North Carolina, 1946），第91页。

56. 摘自罗伯特·格兰特所著，*U-Boat Intelligence, 1914—1918*（London, 1969），第109页。

57. 1917年9月下旬，鉴于海军情报处处长发现敌潜艇沿固定航向进入北海，海军部计划对敌潜艇采取一次行动。由潜艇、驱逐舰和拖网渔船组成的舰队将被用于迫使敌潜艇保持下潜状态，并将其驱赶进入布设于多格尔沙洲以东海域、跨越敌潜艇航线，配备有悬挂水雷的反潜网陷阱。尽管天气极为恶劣，但在10月上旬，海军情报处长仍汇报说在此行动中，共可确认3艘潜艇被击毁 [ 纽博尔特、吉布森（Gibson）和普雷得加斯特（Prendergast）将 U–50号、U–66号和 U–106号列为被击毁者。但根据德国官方记录，仅有 U–106号被认为在此次行动中遭击毁。格兰特亦接受后一种观点 ]。这一先驱性的方案此后再未得以实施，原因可能是海军没能找到必需的巡逻舰艇，也可能是开始布设北方拦阻网体系后，再也无法获得足够的水雷。

58. *M. Dv. 352, Mine und Seestrategie*（1935），第20页，作者为哈根（Hagen）。

59. 摘自米克尔森（Andreas Michelsen）海军中将所著，*Der U–Boatskrieg, 1914—1918*（Leipzig, 1925），第85页。另外，施平德勒作品的最后一卷并未提及北方拦阻网体系的效力。

60. 维密斯致贝蒂，1918年8月23日，收录于 *Beatty MSS*。

61. Captain Albert Gayer, *"Summary of German Submarine Operation in the various Theatres of War from 1914 to 1918"*, United States Naval Institute Proceedings, April 1925.

62. 引自《北海海战》，第七卷，第317—318页。

63. 引自罗伯特·格兰特所著《潜艇已被摧毁》（London, 1964），第107页。对海军部而言，德国潜艇采用的上述航线倒是一个有利条件："敌潜艇奉命在穿越拦阻网体系后进行汇报，这便于我方（通过第40室）对其展开追踪。"引自海军上将威廉·杰姆斯爵士致笔者的信，1966年2月7日。

64. 摘自《第一次世界大战史：海军作战》，第七卷，第337页。

65. 摘自罗斯基尔所著，*The Strategy of Sea Power*（London, 1962），第135页。

# 第四章 击败潜艇

1. 读者可自行参阅本章所附各表，其内容包含船舶损失、船舶建成吨位、船团系统和潜艇相应情况。

2. 摘自欧内斯特·费勒所著《第一次世界大战史：海上贸易》（London, 1920—1924，三卷本），第三卷，第255页。另外，本章引用的所有商船吨位数据均以长吨为单位。

3. 引自海军部统计处处长 Director of Statistics 编纂，"*Statistical Review of the War against Merchant Shipping*"（1918年12月）。本表和下表分别为附录A和附录D。这一珍贵文件的副本被收藏于国防部海军博物馆。注意两表中11月数据较为可疑。1919年6月海军参谋航运处给出的数据如下：英国籍船舶损失为10220长吨（3艘）、协约国盟国为5303长吨（2艘）、中立国为2159长吨（2艘），合计17682长吨（7艘）。

4. 引自技术史专论（*Technical History Monograph*）TH14, *The Atlantic Convoy System*, 1917—1918，第35页。

5. 摘自海军参谋编纂，*History of British Minesweeping in the War*（1920），第70页。战争第一年里，英国本土水域的这一比例为每艘船舶沉没对应扫除10.5枚水雷。1918年则增至35枚："或可作为我方在应对敌方新布设雷区时效率提升的出色佐证。"引自海军部编纂，"*Statistical Review of the War against Merchant Shipping*"，第16页。

6. 实际上，1918年在修的英国籍商船的比例较此前有所提高。因敌方攻击导致的平均吨位仍约为10万吨，与此前持平，但因船团航行条件限制（如熄灯航行和修复延期）导致的海损事故损失出现了上升：1月至10月间的月均损失总吨位为37.8万吨（协约国盟国和中立国的相应数据总和为22.6万吨）。1918年7月间，约占英国蒸汽船舶吨位8%的船舶在接受大规模维修。

7. 摘自《第一次世界大战史：海军作战》第五卷，第337页。笔者在此必须指出，此时损失的船舶几乎全部是在穿越已知有敌潜艇密集活动的海域遭受损失；与此同时，以船团形式穿越上述海域的船舶基本未受损失。

8. 出处同上一条注释，第339页。另可见"1917年3月间，公海舰队的潜艇曾能取得巡逻期间，平均每2日就击沉1艘以上船舶的战绩……而在1918年6月，平均战绩已经下降至每14天击沉1艘船舶……"摘自Rear-Admiral Sir William Jameson, *The Most Formidable Thing*（London,1965），第243页。

9. 海军部致贝蒂，1918年6月4日；收录于 *Admiralty MSS*。

10. 摘自战争日记附录V；收录于 *Levetzow Papers, German Ministry of Marine MSS*。

11. Jameson, *The Most Formidable Thing*，第242页。

12. 引自《北海海战》，第七卷，第317—318页。

13. 引自海军少将亚诺·施平德勒所著，*Der Handelskrieg mit U-Booten*（Berlin, 1932—1966，五卷本），第五卷，第341页。但笔者并不认同"投入作战的潜艇数量实现了可观增长"这一论断。

14. 笔者在此处将"损失率"定义为在给定时间段内，沉没船舶数量占航行船舶总数的比例。笔者有关船团的统计数据由以下资料得出：技术史专论 TH8（*Scandinavian and East Coast Convoy Systems, 1917—1918*）、TH 14（*The Atlantic Convoy system, 1917—1918*）及 TH 15（*Convoy Statistics and Diagrams*）；收录于 *Barley-Waters MSS* 的多份文档（特别是其中第37号，"*Analysis of Statistics of Shipping Losses, 1917—1918*"），该档案集收藏于国防部海军历史科。以及沃特斯海军少校发表的作品。注意其中一部分被发表于限制发行的期刊上。不同统计结果之间存在一定差异，尽管其程度并不十分明显。

15. 摘自沃特斯所著，"*Notes on the Convoy System of Naval Warfare, Thirteenth to Twentieth Centuries*"，第二部分："First World War, 1914—1918"，History Section, Admiralty（1960）。第一次世界大战结束时，地中海海域的护航舰艇包括92艘驱逐舰（其中10艘隶属英国）、105艘轻护卫舰、炮舰、武装检查艇和快艇（其中63艘隶属英国）和224艘拖网渔船（95艘隶属英国），总计421艘。其中不包含沿意大利岸航线执行护航任务的大量意大利籍舰艇。参见 *Mediterranean Staff Report*，第31页。

16. 摘自 "*Notes on the Convoy System of Naval Warfare*"。沃特斯的论证中有相当部分是根据 "*Statistical Review*" 第14页相关数据展开。这一数据源将A类（在以船团形式航行过程中的损失率，0.53%）和B类（发生在加入船团前和船团解散后的损失率，0.68%）损失相加，作为船团系统的总损失率，即1.21%。未纳入船团系统的船舶损失率则为4.79%。毫无疑问，更恰当的比较方式应为A类与B类和未纳入船团系统的船舶总和之间进行比较，即0.53%对比0.68%+4.79%=5.47%。由此，船团损失率约为未纳入船团系统船舶损失率的十分之一，而非四分之一（1.21%与4.79%）。两种统计方式所导致的差异非常明显。

17. 摘自亚瑟·赫兹利特海军中将所著《潜艇与海权》（London, 1967），第94—95页。另可参见《从无畏舰到斯卡帕湾》第四卷。

18. 摘自卡尔·邓尼茨所著《回忆录：十年和二十天》（London, 1959），第4页。

19. 摘自米克尔森所著，*Der U-Bootshrieg, 1914—1918*，第111—114页。不过施平德勒声称当时有第三艘潜艇，即UB-124号参与攻击，但该潜艇被深水炸弹击沉。

20. 摘自 Ernst Hashagen 海军中校所著，*The Log of a U-boat Commander*（London, 1931），第227—228页。

21. 摘自琼斯所著《第一次世界大战史：空战》，第六卷，第316—317页。对于飞艇、船身式和浮筒式水上飞机来说，即使是大航程型号，其活动也会受限于所在基地的天气状况。由于能够在地中海海域实现有效操作，对风筝气球来说，天气因素并不是那么重要。

22. 摘自海军部历史分部编纂，*History of the Second World War. The Defeat of the Enemy Attack on Shipping, 1939—1945*（1957，两卷本，其中第二卷1B包含绘图和表格），第9页。该书仅内部发行。海军参谋们则在1918年就正确使用空中航行，确立了如下原则："一架护航机应部署于紧靠船团位置。因为担心被自身发射鱼雷航迹泄露位置，潜艇艇长'通常不倾向于攻击配备空中护航的船团'。同时，理想状态下，'船团应由至少两架飞机护航，其中一架紧邻船团，另一架进行大范围巡航，防止处于水面航行状态的潜艇进入攻击阵位'。除此之外，由于潜艇可能跟在船团后方，待天黑后进入攻击范围展开攻击，因此船团后方也不应被忽视。"出处同前，第10页。

23. 摘自罗杰·贝莱尔斯（Roger M. Bellairs）海军少将致约翰·克雷斯维尔海军上校的信，1954年10月20日；该信在接受若干小规模的编辑修改后，刊登于 *Royal United Service Institution Journal*，1966年8月号。贝莱尔斯该信的最后一节提醒读者注意如下事实：第一次世界大战期间，德国方面并未采取日后在第二次世界大战中名闻遐迩并造成重大威胁的狼群战术（即潜艇以集群形式在水面航行状态下作战，仅在必要时下潜）。1917年4月，时任德方潜艇部队高级指挥官的鲍尔（Bauer）上校曾提交一份提案，其中预示了未来第二次世界大战中的狼群战术。该提案提出利用一艘装备无线电，在西南部进近航道海域活动的大型潜艇扮演无线电指挥中心的角色，调集并协同多艘潜艇，集中攻击驶向英国本土的船团。扮演指挥中心的大型潜艇还应监听协约国方面的无线电通信和潜艇发现报告，从而推测船团的动向。对协约国方面（更别说那些中立国）而言幸运的是，德国海军参谋部否决了这一充满想象力且非常合理的构想。鲍尔的构想证明，他已经理解下述事实，即船团的引入将导致分散且不受引导的潜艇更难发现目标。直到第一次世界大战即将结束时，德国潜艇部队才就对船团实施的集中攻击战术做出唯一一次尝试。两名驻波拉的潜艇艇长商定于10月3日，在西西里岛东南角50海里距离外海域汇合，并对一支从东方驶来，横渡地中海的大型船团展开夜间攻击。然而，由于需要维修未能按时出航，其中一艘潜艇并未在约定时间抵达预定海域。另一艘潜艇则在未来的邓尼茨海军上将指挥下，与一个船团卷入一场混战，且最终被击沉。受此次作战经验启发，邓尼茨"从中学到一条基本原理。我认识到，如果潜艇在夜幕掩护下从水面对船团发动攻击，则获得战果的机会颇多。另外，同时发动攻击的潜艇数量越多，每个攻击者获得成功的概率也会越大。在黑暗的夜晚，突发的剧烈爆炸和船只沉没将导致极大的混乱，这足以使护航驱逐舰发现其行动自由遭受限制，且随着意外事件的累积不得不分散开来。除上述现实考虑外，同样明显的是，从战略和一般战术角度出发，⋯⋯"摘自邓尼茨所著《回忆录，十年和二十天》，第4页。这可被视为第二次世界大战中狼群战术的真正起源。

24. 摘自琼斯所著《第一次世界大战史：空战》，第六卷，第344—345页。

25. 摘自维密斯针对贝蒂1918年1月9日提交的文档 *"Situation in the North Sea"* 所作备忘，1918年1月11日。同一时期，作战计划处再度建议重新采取商船独立航行的策略，贝蒂则是建议在斯堪的纳维亚航运中采取这一策略，其理由是："至少在白昼较短的冬季，可在一定程度上避免提供（规模足够庞大且数量充足）护航舰只的问题；从而将相应舰艇解放出来，执行更多的攻击性扫荡任务，进而剥夺眼下几乎完全由敌方掌握的主动权。"相应计划并不打算改变船团系统，毕竟"总体而言该系统已被证明相当成功，且根据以往商船独立航行的经验，几乎可以确定（假设中立国船舶也能被说服独立航行）再次采用这一方式，将不可避免地导致由敌潜艇攻击造成的重大损失"。摘自贝蒂致维密斯的信，1918年1月15日；收录于 *Wemyss MSS*。另可参见作战计划处备忘录，1918年1月20日；收录于 *Admiralty MSS*。但下文可见作战计划处改变相应想法的内容。

26. 海军部致帝国战争内阁的文件，"*A General View of the Naval Situation（April, 1917 to June, 1918）*"（G. T. -4861），1918年6月15日。

27. 摘自杜夫撰写，"*Ocean Mercantile Convoys*"，1918年8月19日；收录于 *Admiralty MSS*。有趣的是，或许是由于了解不足，在这份文件中，助理海军总参谋长对实际船团系统中的船舶损失统计有误，一些实际未被纳入船团的船舶损失也被计入其中，例如已经脱离船团或即将加入船团，即船团解散后或加入船团前因遭到攻击而沉没的船只。

28. 摘自 "*Memorandum of a Conference Held at the Navy Department on 8th October, 1918, to Discuss the Naval Situation*"；收录于 *Admiralty MSS*。

29. 摘自沃特斯撰写，"*Notes on the Convoy System of Naval Warfare*"。

30. 参见 "*Anti-Submarine Policy in the Immediate Future*"，1918年3月29日；收录于 *Admiralty MSS*。

31. 引自 "*Joint Memorandum by the British and American Planning Sections on the Occasional Use of Grand Fleet Destroyers on the Northern Patrol*"，1918年6月13日；收录于 *Dewar MSS*。文件指出，鉴于大量美国运兵船团的存在，"目前"不宜缩减船团护航兵力（文件中完全没有提及保护航线），而只要继续赋予大舰队在短时间内起航迎战公海舰队的任务，那么从该舰队（前者）抽调驱逐舰亦"不现实"。但（相应文件认为）机会总会出现。

32. 引自 "*Measures Required to Meet the Submarine Situation in the Future*"，1918年8月28日；以及 "*Future Anti-Submarine Policy with Special Reference to Hunting Tactics*"，1918年10月30日，分别收录于 *Dewar MSS* 和 *Admiralty MSS*。

33. 摘自西姆斯致丹尼尔斯的信，1918年4月5日；收录于 *U.S. Navy Dept. MSS*。加粗部分为原作者所做标记。西姆斯最后一部分论断无疑彻底错误。护航舰只正是解决潜艇问题的有效方案之一。就如此后的战争经验，以及此前的战争历史所示，护航并非"暂时有效"，而是"永久有效"。当然，西姆斯的下述观点，即"护航舰艇的效率与其数量成正比"同样存在很大的错误。事实上，船团规模越大，为船团实现同等防御水平所需的护航舰只数量越少。如果在战争结束后对1917—1918年间的船团统计数据进行分析，或是对一位皇家海军志愿预备役战时中校（罗洛·阿普尔亚德，Rollo Appleyard）于1918年初就相对护航兵力规模展开的数学研究，并印刷整理的成果进行研讨，海军部便会发现所谓"船团规模法则"，即"船团所需的护航兵力并非由船团中的船舶数量衡量，而应由船团中最外层船舶依次连线构成的边界内面积决定"。阿普尔亚德进而在数学上证明，船团周界附近的鱼雷航迹面积与直接目击航迹的护航舰只数量之比这一数据"同船团中船舶数量与近距离护航舰艇数量的比率相比，前者才是对船团防御水平更为准确的数量衡量标准"。抢救出阿普尔亚德研究成果的沃特斯少校则对这一发现的重要性给出如下总结："……鉴于船团护航舰艇实际保护的是船团周界线，而非船团中的单独船只，因此，为比较相对护航水平，船团周界线内的船舶数量实际并无用处……该研究者实际上几乎完成了对下述问题的解释，即为何1918年间航行的规模更大的船团并未遭受更重损失；或者说，与在护航规模较小船团时的表现相比，相同数量护航舰艇在为规模更大的船团护航时其表现几乎一样有效率。然而，该研究者给出的解释并不是很准确。实际原因在于，就船团中船舶所占海面而言，其面积与船团半径平方呈正比，而其周长与半径呈正比。"摘自沃特斯所撰写 "*Notes on the Convoy System of Naval Warfare, Thirteenth to Twentieth Centuries*" 中的第二部分，"First World War, 1914—1918"。

34. 引自海军参谋专论，*The Defeat of the Enemy Attack on Shipping, 1939—1945*，第11页。

35. 摘自里奇蒙德日记，1918年7月3日；另见 *Portrait of an Admiral*，第313—314页。

36. 技术史专论 TH14，*The Atlantic Convoy System, 1917—1918*，第33页。

37. 摘自 *The Defeat of the Enemy Attack on Shipping, 1939—1945*，第10页。然而，该研究的作者之一沃特斯少校曾对护航部队战绩进行修正：在其所讨论船团时期的15个月里（即1917年8月至1918年10月），单艘船舶的护航舰艇和船团护航舰艇分别击沉4艘和16艘潜艇，因此在整个无限制潜艇战期间，其总战绩为20艘或21艘（如果追加1917年2月由船团护航舰艇取得的1个战绩）。这一修正参见沃特斯致笔者的两封信，日期分别为1968年5月17日和6月16日。他修改后的数字与海军部最终版潜艇击毁表，即"*Chronological List of German U-Boats Sunk in First World War, 1914—1918*"（该文件副本收藏于国防部海军历史分部）中的记录一致。格兰特就1917—1918年间护航战给出的潜艇击沉数目为15艘。此外，他承认"不过在很多战例中，很难明确将战果归于巡逻舰队或船团护航舰队。同一艘舰艇常常同时扮演上述两类角色。另外，由于战争的地理条件限制，以及较老式潜艇通常倾向于在近海海域活动，因此巡逻舰队和船团护航舰队的活动海域常常发生重合"。引自《潜艇已被摧毁》，第143页。在继续讨论之前，澄清潜艇猎杀舰队与巡逻舰队之间的区别或许大有裨益：前者在潜艇往来作战海域的路线附近活动，依靠预感和无线电测向索敌作战——而不是在航运通行海域活动！后者的巡逻活动则是在航运经过海域，以固定频率进行。注意在格兰特的统计中，"15（艘）"是修正后的数字。

38. 摘自海军部致贝蒂的信，1918年1月14日；收录于 *Admiralty MSS*。

39. 摘自汉奇1918年3月2日日记；另可参见 *Lord Hankey, The Supreme Command*（London, 1961，两卷本），第二卷，第656页。

40. 摘自"*A General Review of the Naval Situation（April, 1917 to June, 1918）*"（G. T. -4861），1918年6月15日。

41. 摘自格蒂斯致贝蒂的信，1918年9月27日；收录于 *Geddes MSS*。

42. 摘自"*Some Important Aspects of the Naval Situation and Submarine Campaign*"，1918年9月27日，收录于 *Admiralty MSS*。

43. 出处同上一条注释。该文档的要点在于抗议近期内阁向海军部所强行要求的大规模人员削减——几千名熟练工人被陆军征调——以及由此导致的炮架生产延误。按照海军部原计划，这些炮架不仅会被安装在新驱逐舰上，而且会用于满足在每艘远洋商船上至少安装一门大型现代化火炮的计划。

44. 战争日记附录 V；收录于 *Levetzow Papers, German Ministry of Marine MSS*。

45. 摘自"*Notes for Guidance as to the Line to be Adopted in Conferences with United States Navy Department and in Informal Conversations*"，1918年9月；收录于 *Gedds MSS*。

46. 摘自丹尼尔斯所著《威尔逊时代：战争和此后的年月》，第330页。

47. 1918年10月25日日记，摘自 *Lord Riddell's War Diary, 1914—1918*（London 1933）；第375页。当天里德尔（Riddell）曾与格蒂斯会面。[①]

48. 摘自海军部编纂，"*Statistical Review*"，第6、第9、第23、第27页。

49. 根据同一数据，费勒得出的船舶吨位净损失比例为14.6%，不过在这一计算中，分母为1914年7月"英帝国"的船舶总吨位，即2104.5万吨。

50. 摘自费勒所著《第一次世界大战史：海上贸易》，第三卷，第465页。表中数字出自海军部编纂，"*Statistical Review*"，附录 A，并加上了1918年11月的统计数字（"*Statistical Review*"中的世界总损失仅包含商船）。

51. 摘自费勒所著《第一次世界大战史：海上贸易》，第三卷，第466页。

52. 出处同上一条注释，第467页。

53. 摘自海军参谋历史部门编纂，*The Defeat of the Enemy Attach on Shipping, 1939—1945, Vol. 1B, Tables 1, 2*，并根据沃特斯少校对正文 D 项中表4-10最后一列数字的修正（1958年8月）绘制。

54. 下表中（a）至（d）项数字出自施平德勒整理，或其助手帮助整理的数据，其原始出处为整个第一次世界大战期间德国海军总参谋部（Admiralstab）逐日记录列表 "*Standort und Bereitschasft der Kriegs-und Hillsschiffe*"（下文将简称为施平德勒的"整理资料"，其副本之一收藏于国防部海军历史料）。该材料可能计划用于 *Der Handelskrieg mit U-Booten* 一书最终卷（即第五卷），但施平德勒生前未能完成。米克尔森就（b）和（c）两项给出的数据（参见吉布森与普雷得加斯特合著，*The German Submarine War, 1914—1918, 2nd ed., London, 1931*，附录 III，第354—355页）则基于每月10日的数字，且与施平德勒

---

①译者注：里德尔男爵为英国著名律师、报刊业主，第一次世界大战期间曾作为英国政府与报业间的联络人。

"整理材料"中的数字非常接近。（e）项数据摘自 *Erich Gröner, Die deustschen Kriegsschiffe, 1815—1936*（Munich, 1937）；与其第二版"*1814—1945*"（Munich, 1966—1967，两卷本）相比，前者的数据更为简单且可靠。

55. 摘自吉布森与普雷得加斯特合著，*The German Submarine War, 1914—1918*，第364页。

56. 笔者在此给出的"建造中和计划建造"总数为438艘，但在部分其他官方材料中亦出现过453艘的数字：即根据战争结束时的官方统计列表（可能准备提交停战理事会）进行修订的结果，参见 *Gröner, Die deustschen Kriegsschiffe, 1815—1945*，第一卷。

57. 摘自格兰特所著《潜艇已被摧毁》，第159页，并根据格兰特教授1969年9月23日和10月4日致笔者的信进行修正。笔者之所以选择采用这一对战争中潜艇损失情况的更新后分析结果，是因为该分析可被称为迄今为止最新，且基于对此前所有材料的详细分析，其中包括施平德勒作品的第五卷（该书并未对178艘潜艇的损失进行分类）。尽管如此，读者仍应注意吉布森和普雷得加斯特的评论（第367页）："由于击沉一艘潜艇的过程中可能同时使用多种方式，因此就各种方式各自造成的潜艇损失数目而言，统计结果完全可能是凭运气猜测。很多潜艇都在遭深水炸弹攻击，不得已上浮后被火炮击沉。"这一类分析的复杂程度或可通过对比下述若干材料的统计结果体现，即格兰特总结的表格、吉布森和普雷得加斯特的分析（第367页）、技术史专论第7号、1950年版的 *Brassey's Annual*（第119页），以及 *The Anti-Submarine Division of the Naval Staff. December 1916—November 1918*（第69页）。格兰特所著 *U-Boat Intelligence, 1914—1918* 一书中包括一份修订后的潜艇沉没表（第182—190页），其中融合了含有施平德勒作品最后一卷，以及 *Gröner* 所著，*Die deustschen Kriegsschiffe* 第二版中获得的新发现。

# 第五章 英美海军关系（1917年4月—1918年11月）

1. 参见《从无畏舰到斯卡帕湾》第二卷。贝利自1915年7月在昆士敦司令部任职，当时他的职务为爱尔兰沿海中将指挥官；1917年5月起，他的职务转为爱尔兰沿海总指挥官。

2. "*English Ties with America*"，刊载于《泰晤士时报》，1921年2月11日刊。

3. 摘自西姆斯致丹尼尔斯的信，1917年6月15日；收录于 *U.S. Navy Dept. MSS*。

4. 威廉·西姆斯海军少将所著，*The Victory at Sea*（London, 1920），第65—66页及第68页。

5. 摘自埃尔廷·莫里森所著《西姆斯将军与现代美国海军》（Boston, 1942），第382页。

6. 出处同上一条注释，第386页。

7. 1917年12月，英国方面曾邀请西姆斯作为海务大臣委员会的荣誉成员，并允许他参与海务大臣委员会的审议。不过威尔逊总统和丹尼尔斯断然拒绝了这一邀请。"尽管对这一前所未有的荣耀深表谢意，但考虑到西姆斯强烈的亲英立场，丹尼尔斯和威尔逊都认为这一邀请会导致其立场过于倾向来自英国海军部的观点。无疑，丹尼尔斯拒绝让自己接受这一荣耀，是导致西姆斯日后对丹尼尔斯抱有敌意并给出批评的原因之一。"摘自 E. David Cronon（ed.），*The Cabinet Diaries of Josephus Daniels, 1913—1921*（Lincoln, Nebraska, 1963），第242页。

8. 摘自维密斯致贝蒂的信，1918年8月23日；收录于 *Beatty MSS*。

9. 摘自查默斯海军少将所著《戴维·贝蒂伯爵生平与通信》（London, 1951），第300页。

10. 摘自贝蒂致杰利科的信，1917年12月10日；收录于 *Jellicoe MSS*。

11. 摘自1918年6月12日，弗里曼特尔对作战计划处提交的一份文件所作的笔记。该文件为 "*Concentration of the U.S.A. Battle-Fleet in the North Sea*"，1918年6月5日；收录于 *Admiralty MSS*。

12. 摘自 Hugh Rodman，*Yarns of a Kentucky Admiral*（Indianapolis, 1928），第267和268页。关于这位喜欢追根问底的罗德曼将军，有一个值得记录的小故事。他曾取笑美制水雷容易早爆的问题。当时，他以一脸一本正经的表情，一口否认水雷发生早爆，而且解释称，人们听到的噪音并非源于水雷早爆，而是因为被击沉的东西触碰海底！

13. 诺思克里夫致格蒂斯电报，1917年11月1日，转引自格蒂斯致贝尔福的信，1917年11月5日；收录于

*Admiralty MSS*。文中加粗部分为格蒂斯所做标记，并在页边添加了三个感叹号。劳合·乔治曾评价诺思克里夫拥有"动荡不安的精神"，并于1917年6月派他率领英国战争使团出访美国。该使团的目的在于维持与美国政府的联络，并协调英国驻美各部门有关战争努力的工作。

14. 摘自"*Transcript of a Speech Made by the First Lord of the Admiralty at a Luncheon given by the Board of Admiralty to the Members of the Committee on Naval Affairs of the House of Representatives, Washington*"，1918年8月2日；收录于 *Lloyd George MSS*。格蒂斯当时率领一个包括杜夫和海军秘书埃弗雷特海军少将在内的海军代表团访美，此次访问的目的在于和美国人在未来海军作战上的职责划分与合作达成谅解。

## 第六章 大舰队：不确定性和失去的机会（1918年1—6月）

1. 摘自贝蒂致贝蒂夫人的信，1918年2月1日；收录于 *Beatty MSS*。

2. 奥斯瓦德·弗勒旺（Oswald Frewen）1917年1月17日撰写；收录于 *Frewen MSS*。为了使表达更为准确，笔者应提醒读者注意的是，灰色的天空通常仅限于冬季，这一点和大不列颠大部分地区相同。6月，奥克尼尔群岛地区景色会可爱得多：报春花、黄鸢尾，以及睡莲开得较晚，与树篱中的倒挂金钟和欧石楠一道点缀着四周。

3. 前两处摘录摘自收录于 *Beatty MSS* 的信件；最后一处则引自查默斯所著《海军元帅贝蒂伯爵》，第325—326页。杜波依斯夫人乃是一位著名的预言家！参见《从无畏舰到斯卡帕湾》第二卷。

4. 摘自 Eugene E. Wilson 撰写，"*Grand Fleet Morale*"，刊载于 Shipment（美国海军学院校友会媒体），1964年1月1日。

5. 摘自海军元帅查特菲尔德所著《海军与国防》（London，1942），第172页。

6. 参见查默斯所著《海军元帅贝蒂伯爵》，第306—308页。

7. 参见《从无畏舰到斯卡帕湾》第四卷。

8. "*Discussion at Admiralty on Occasion of Visit of Commander-in-Chief, Grand Fleet, on 2nd—3rd January, 1918*"；收录于 *Admiralty MSS*。

9. 参见《从无畏舰到斯卡帕湾》第二卷。

10. 贝蒂于1917年12月29日对此进行过描述："就战列舰而言，尽管我方在数量上占有优势，但英国战列舰在结构和防护两方面都弱于德国战列舰。自1916年5月31日以来，我方战列舰在防护方面得到了一定程度改善，然而这种改善最多不过是头疼医头、脚疼医脚的临时措施，无法弥补设计上的重大缺陷，尤其是弹药库防护方面的缺陷。"摘自"*The Situation in the North Sea*"；收录于 *Admiralty MSS*。当时贝蒂在文件中估计双方无畏舰数量对比为34对19。

11. 贝蒂在此并未引用数据，但实际上，大舰队和公海舰队之间轻巡洋舰和驱逐舰的数量（单位：艘）比分别为27比20和115比88；注意除这88艘之外，公海舰队另可集结其他大量驱逐舰。

12. "*Situation in the North Sea*"；收录于 *Admiralty MSS*。粗体字为笔者追加。贝蒂1917年12月29日提交的文件与此非常相似（甚至在行文语句上亦是如此），其总结为"当前局势颇为危险，且尽管对魔下官兵的勇气和决心有充分的信心，但我依然认为，如果大舰队必须以目前状态迎战公海舰队，那么这很可能导致一次对我国来说粗鲁的觉醒"。

13. 1918年1月10日和11日对贝蒂提交的文件所做的备忘。

14. "*Naval Situation in the North Sea*"，1918年1月17日，附有格蒂斯的签名以及"非常机密"的标注；收录于 *Admiralty MSS*。

15. 摘自杰利科所著《潜艇威胁》（London, 1934），第185页。

16. 摘自杰利科所撰，"*Errors in Naval Operation*"。就第一条论述而言，杰利科错了。贝蒂曾至少一次派遣第4战列舰中队，执行船团支援任务。

17. 摘自麦登致杰利科，1918年1月28日；收录于 *Jellicoe MSS*。

18. 参见 W. C. 408A 号和409A 号档案记录。

19. 参见 W. C. 418A 号档案记录。

20. 参见 W. C. 469A 号档案记录。

21. "Battle Cruiser Position and Shipbuilding Programme" ( G. T. -5575 )，1918 年 8 月 31 日。

22. 参见《从无畏舰到斯卡帕湾》第四卷。

23. 摘自里奇蒙德 1918 年 1 月 11 日日记；转引自 Portrait of an Admiral，第 294 页。里奇蒙德认为弗里曼特尔应对此负主要责任，后者被描述为 "海军部内任何计划的阻碍者"。

24. "Notes on ( Beatty's ) Conversation with Captain Dewar, Assistant Director of Plans"，1918 年 3 月 7 日；收录于 Bellairs MSS。有关鱼雷轰炸机的战时历史，以及贝蒂 1917 年对其的期待，可参见《从无畏舰到斯卡帕湾》第四卷。

25. "Discussion at Admiralty on Occasion of Visit of Commander-in-Chief, Grand Fleet, on 2nd—3rd January 1918"，收录于 Admiralty MSS。

26. 参见贝蒂致海军部的信，1918 年 3 月 7 日，该信附件为 "Notes of Conference with the Deputy Chief of the Naval Staff"，1918 年 2 月 25 日；收录于 Fremantle MSS。

27. 参见弗里曼特尔所著《我的海军生涯》，第 245—246 页。

28. 摘自贝蒂致维密斯的信，1918 年 1 月 31 日；收录于 Wemyss MSS。

29. 参见贝莱尔斯致迪尤尔的信，1918 年 4 月 2 日；收录于 Dewar MSS。贝蒂任大舰队总指挥官期间，罗杰·贝莱尔斯海军中校一直担任贝蒂的作战参谋（ War Staff Officer ）。

30. 贝蒂致其夫人，1918 年 4 月 7 日；转引自查默斯所著《海军元帅贝蒂伯爵》一书，第 324 页。

31. "Notes of Conference with the Deputy Chief of the Naval Staff"，1918 年 2 月 25 日，该文件曾作为贝蒂 3 月 7 日致海军部信件的附件；收录于 Fremantle MSS。

32. 参见肯尼斯·迪尤尔海军中将所著，The Navy from Within（ London, 1939 ），第 245 页。4 月 25 日，作战计划处提出，新的船团航线应采用最北至北纬 63° 30′ 的航线。助理海军总参谋长虽批准向北更改船团航线，但认为作战计划处的这一计划并不可行。作战计划处遂又于 27 日，将这一最北界限修改为北纬 62°。尽管贝蒂赞同作战计划处的新提案，但海军副总参谋长否决了对于航线的修改（ 4 月 27 日 ），其理由为当前采用的船团系统已经提供了保护船团安全的最大可能。

33. 贝蒂致维密斯，1918 年 2 月 22 日；收录于 Wemyss MSS。

34. "Notes of Conversation with Captain Dewar, Assistant Director of Plan"，1918 年 3 月 7 日；收录于 Bellairs MSS。迪尤尔曾自述他于 3 月末访问大舰队，并警告贝蒂 "公海舰队可能在没有提前发出任何无线电报的情况下出击。（英国方面）对此可能性或许没有加以足够的重视……" 参见迪尤尔所著，The Navy from Within，第 245 页。

35. 摘自《北海海战》，第七卷，第 217—218 页。

36. 摘自贝蒂致维密斯的信，1918 年 5 月 5 日；收录于 Wemyss MSS。

37. 摘自时任海军中校的约翰·克雷斯维尔 1931 年在皇家海军参谋学院所作讲座，"The Grand Fleet, 1917—1918"，克雷斯维尔保有该讲座副本。该讲座中包含一张相当有用的表格，其中记录了公海舰队此次出击过程中，英国无线电部门和第 40 室截获的无线电报。

38. 摘自《北海海战》，第七卷，第 225 页。

39. 摘自弗里曼特尔所著《我的海军生涯》，第 253 页。

40. 摘自克雷斯维尔所作讲座，The Grand Fleet, 1917—1918。

41. 摘自《第一次世界大战史：海军作战》，第五卷，第 232 页。

42. 摘自贝蒂致维密斯的信，1918 年 4 月 26 日；收录于 Wemyss MSS。

43. 该电报内容为 "Spannkraft"，即所有潜艇。不过，当时并非德国潜艇部队的所有特别暗语都已被破译。

44. 詹姆斯中将（时任海军副总参谋长）致海军元帅厄内尔·查特菲尔德爵士（时任第一海务大臣）的信，1936 年 3 月 12 日；收录于 Chatfield MSS。

45. 参见作战计划处起草，"Proposals for Measures to be Taken If Enemy Battle Cruisers Enter the Atlantic"，以及弗里曼特尔 1918 年 4 月 29 日所作备忘；收录于 Fremantle MSS。

46. 参见弗里曼特尔撰写，"Possibility of a Landing in Ireland"，1918 年 5 月 11 日；收录于 Fremantle MSS。

47. 引自陆军作战计划处成员哈利迪（ L. S. T. Halliday ）中校致富勒的信，1918 年 4 月 24 日；收录于 Admiralty MSS。

48. 参见 W. C. 401A 号档案，1918年4月30日。

49. 参见 I. C. −56 号档案。

50. 摘自贝蒂致维密斯的信，1918年5月5日；收录于 *Wemyss MSS*。

51. 参见《从无畏舰到斯卡帕湾》第二卷。

52. "*Reports of a Conference between Representatives of the Admiralty War Staff and the General Staff Held to Consider the Possibilities of Attach on the United Kingdom*"，1916年8月9日；收录于 *Admiralty MSS*。

53. 1917年3月14日的信。参见马德尔所著，*Fear God and Dread Nought: the Correspondence of Admiral of the Fleet Lord Fisher of Kilverstone*（London, 1952—1959，三卷本），第三卷，第438—439页。

54. "*Report of Joint Admiralty and War Office Conference on Invasion*"，（G. T. −217），1917年3月20日。

55. 参见《从无畏舰到斯卡帕湾》第三卷。

56. 参见贝莱斯所撰（为贝蒂撰写）"*Notes for Comference*"，1917年4月14日；收录于 *Bellairs MSS*。没有发现任何关于海军部所给出回复的记录。

57. 参见 "*Report of a Conference between Representatives of the Admiralty War Staff and the General Staff, Held to Consider the Possibilities of Attach on the United Kingdom, December, 1917*"；收录于 *Admiralty MSS*。

58. 参见维密斯致贝蒂的信，1917年12月21日；收录于 *Beatty MSS*。

59. 杰利科1917年12月20日作出的备忘；收录于 *Admiralty MSS*。他向战争内阁清晰表述了同一立场（1917年12月21日，参见 W. C. 304 号档案），作为海务大臣委员会的"临时"决定。

60. 参见 "*Possibilities of Attach on the United Kingdom*"，维密斯和罗伯逊①先后于12月31日和1月2日签字；收录于 G. T. −3212 号（参见下一条注释）档案附录 B。

61. 参见 W. C. 316A 号档案，1918年1月7日。罗伯逊的备忘录题为 "*Troops Required for Home Defence*"（G. T. −3212），1918年1月3日。

62. 参见 W. C. 401A 号档案，1918年4月30日。海军参谋和协约国海军理事会此时依然在就荷兰卷入战争的利弊进行权衡，且还是得出荷兰继续保持中立更有利这一结论。必须向新加入协约国的盟国输送燃煤、火炮、弹药、人员和给养一事，将对协约国商船吨位产生极大的压力；一旦敌方在协约国与荷兰交通线任何一侧建立基地，都可能导致商船航运的重大损失；此外，除非荷兰已做好准备，并有能力坚守瓦尔赫伦（Walcheren）和泽兰（Zeeland），否则该国参战的第一个后果就是德国占领斯海尔德河流域。上述缺点被认为不足以被协约国方面从荷兰参战中的收益所抵消，这种收益包括利用荷兰的海尔德（Helder）及荷兰角港（Hook）作为海军基地，供轻型舰队在赫尔戈兰湾和比利时沿岸活动。当然，如果德国侵犯了荷兰的中立，那么情况又会完全不同。海军部和陆军部就以下观点达成一致："英国方面的主要利益在于使荷兰继续保有瓦尔赫伦，从而使德国无法使用斯海尔德河通航。"但是，"在没有信息表明荷兰政府自身将如何抵御从左岸向瓦尔赫伦展开的奇袭前"，英方不会采取任何预备方案。参见弗里曼特尔1918年5月17日，就近期一次与帝国副总参谋长（D.C.I.G.S）和陆军部军事情报处长（D.M.I）的会议所作纪要；收录于 *Fremantle MSS*。这自然包括协约国与荷兰军事上的合作，而相应合作又带来了更大的问题。事态发展到8月6日，海军部举行了一次在荷兰驻英国陆军武官与英国陆海两军高层之间的联合会议，目的是"考虑在荷兰和英国海军之间建立一个合作系统，以应对英国协助荷兰自卫这一情形"。显然，此次会议基本只确立了一些合作原则。最后一个步骤则由战争内阁于10月15日做出（参见 W. C. 486 号档案），即授权英国陆军和海军参谋与荷兰军事当局合作，得出在德国进攻荷兰场景下，与荷兰的合作方案细节，具体合作方式将视当时军事局势而定以使用，且调输各件允许的尽多数量的师，这些师将在提前与荷兰达成一致的港口登陆"。鉴于10月间荷兰认为可以独力应对瓦尔赫伦方向的问题，上述部队特被用于支援荷兰陆军。10月28日，英国陆海两军参谋代表举行会议，就一旦德国侵犯荷兰中立，本国应如何在荷兰部署部队展开研究。简单说来，两个位于法国的师将在敦刻尔克港登船前往荷兰，并在荷兰某口卸载，这一

---

①译者注：威廉·罗伯逊，英国陆军元帅，1915年12月至1918年2月任帝国陆军总参谋长。就协约国阵营如何决胜战场这一问题上，其意见与劳合·乔治不同。

目的地港可能为鹿特丹。两军参谋并不认为德国方面可能进入荷兰，"除非存在绝对必要，迫使其做出这一决定。毕竟进占荷兰将导致德国整个右翼暴露"。两周之后，第一次世界大战结束，于是，英国派出部队支援荷兰的场景实际并未出现。①

63. 参见弗里曼特尔所著《我的海军生涯》，第256页。

# 第七章　最终结算（1918年7月—1918年11月）

1. 贝蒂致其夫人的信，1918年7月2日；收录于 *Beatty MSS*。

2. 摘自维密斯致贝蒂的信，1918年8月6日；收录于 *Wemyss MSS*。

3. 摘自贝蒂致维密斯的信，1918年8月10日；收录于 *Wemyss MSS*。

4. 摘自维密斯致贝蒂的信，1918年8月15日；收录于 *Wemyss MSS*。维密斯认为，北方拦阻网体系的布设实际降低了大西洋船团及斯堪的纳维亚船团遭到重型舰艇袭击的风险。同时，东海岸雷区的布设也改善了对途经该海域船团的保护。此外，他并不认为德国人会攻击多佛尔海峡巡逻舰队，或对海峡海域诸港口展开袭击：即使德方采取行动，他们所能期待的战果也不过是"造成我方交通上的短时间混乱"。对东海岸展开袭击，以牵制英国陆军，使其无法从本土抽调部队则较有可能。9月19日，海军部批准在本土水域实施若干调动，以集中一支较强的舰队，应对德国人对英国东部或南部沿海地区可能的袭击；这支舰队的实力应强于完成迟滞德国袭击舰队，以待大舰队主力赶来参战的任务所需实力。为防止德国战列巡洋舰在北大西洋展开袭击，英国海军部和美国海军部1918年9月制定一项计划。其要点为一旦收到情报，称德国方面可能发动这样的袭击，美方就会派遣一艘美国战列舰[从已经进驻贝雷哈文（Berehaven）②中的三艘，或是进驻美国大西洋港口的四艘军舰里抽调]，加强每一支大西洋船团的护航兵力。尤其值得注意的是，该计划估计前述袭击将针对美国运兵船团展开。

5. 参见贝蒂致其夫人的信，1918年9月（下半月）；转引自查默斯所著《海军元帅贝蒂伯爵》，第326—327页。

6. 摘自维密斯致贝蒂的信，1918年10月2日；收录于 *Wemyss MSS*。

7. 摘自维密斯致贝蒂的信，1918年10月12日；收录于 *Wemyss MSS*。

8. 参见舍尔所著，*Germany's High Sea Fleet in the World War*（London, 1920），第349页。

9. 参见《北海海战》，第七卷，第344—345页。

10. 参见弗里曼特尔致贝蒂的信，1918年10月27日；收录于 *Beatty MSS*。

11. 参见弗里曼特尔致贝蒂的信，1918年10月29日；收录于 *Beatty MSS*。海军情报处处长认为公海舰队最可能对罗赛斯展开攻击——具体形式为以破网船破坏罗赛斯的反潜网，然后以潜艇跟进。出处同上。如果德国舰队已经出航，大舰队将如何应对？贝蒂的有关意图并未留下任何记录，但笔者几可肯定，一俟收到公海舰队出海的报告，他就会出动舰队。用以增援大舰队的驱逐舰队便暗示了这种可能。1月间的审慎观点到10月已经不再成立。

12. 出自希佩尔的参谋长、海军少将冯·特罗塔（von Trotha）为希佩尔撰写的文件，该文件于德国11月革命③后被送至希佩尔手中；收录于德国 *Ministry of Marine MSS* 中的 *Levetzow MSS*。

13. 摘自《北海海战》，第七卷，第341页。冯·特罗塔在1918年10月10日，致莱韦措的一封信中也表达了相同考虑，这一次自然是出自其本人之手。该信收录于 *Levetzow MSS*。

14. 参见《北海海战》，第七卷，第336页。其他权威出处则指出此事发生于10月25日。

15. Commander Friedrich Fortsmeier, "*Zum Bild der Persönlichkeit des Admirals Reinhard Scheer（1863—1928）*",

①译者注：瓦尔赫伦位于斯海尔德河河口，其南北分别为斯海尔德河西支和东支。泽兰位于荷兰东部，马斯河西岸；泽兰为荷兰最西部省份，位于该国西南，包含一系列半岛和岛屿，大部分地区海拔为负，其首府位于瓦尔赫伦。海尔德位于阿姆斯特丹以北，与泰瑟尔岛相对。荷兰角港位于鹿特丹以西，新马斯河河口。

②译者注：贝雷哈文位于爱尔兰西南角。

③译者注：即魏玛共和国建立之后。

Marine-Rundschau, April 1961.

16. Erich Eyck, *A History of the Weimar Republic* ( Cambridge, Mass, 1962—1963, 2 vols. ) , i. 41—42.

17. 出自希佩尔的参谋长、海军少将冯·特罗塔（von Trotha）为希佩尔撰写文件；被收录于德国 *Ministry of Marine MSS* 中的 *Levetzow MSS*。值得注意的是，这仅仅是事情的一方面，而且是较不重要的那一方面。

18. 海军部致外交部备忘录，作为1918年4月15日海军情报处长（霍尔少将）致威廉·蒂勒尔（William Tyrrell，时任外交部政治情报部门领导）的信件的附件；收录于 *Admiralty MSS*。

19. 摘自弗里曼特尔所著《我的海军生涯》，第259页。

20. 摘自凯斯致贝蒂的信，1918年10月13日；收录于 *Beatty MSS*。

21. 参见正文第八章。

22. 摘自维密斯致贝蒂的信，1918年10月16日；收录于 *Wemyss MSS*。

23. 海军部致战争内阁的备忘录（维密斯签字），"*Naval Conditions of Armistice*"（G. T. -6041），10月19日；收录于 X-29 号档案，10月19日；以及 W. C. 489A 号档案，10月21日。维密斯在这两次战争内阁会议上（19日及21日）均进行发言，而贝蒂仅在后一次会议上发言。

24. 就要求德国整个潜艇部队投降这一点而言，海军部委员会强烈认为将其作为停战条款的一个重要条件是绝对有必要的；如此一来，即使和谈破灭，德国也不会再拥有继续实施潜艇战的能力。参见 "*Naval Terms of Armistice*" 和 "*Observations and Opinions*" 中有关第二海务大臣、海军副总参谋长、助理海军总参谋长、第二文职海务大臣（Second Civil Lord），以及海军情报处长的内容，1918年10月26日；收录于 *Admiralty MSS*。

25. 贝蒂的书面声明（见正文此注释下文）以另一种方式表达了这一观点："以世界最大的善意估计，停战期间以及协商和约内容期间，矛盾将会在协约国盟友之间产生；且考虑到德国或许会尽其所能制造纠纷，因此上述矛盾很可能加剧。以上考量使停战条款应尽量接近和约条件。"鉴于会议常常中断，从而影响其表述，贝蒂在事后特意起草了一份备忘录陈述自身的考量，并于10月23日将其递交给汉奇。参见 "*The Naval Terms of an Armistice*"，（G. T. -6107）。

26. 完整陈述可见贝蒂的文件："陆军取得的胜利确实伟大，而陆军的停战条件也与其成就相称。但海军使陆军的成就变得可能，因此也应分享成就。海军同样赢得了一场伟大的消极胜利，也就是将敌人从海上扫除，并保卫我国与盟国间广阔分布的交通线的安全；且确保对于这个国家的存续息息相关的航运得以维持。鉴于我们实现了一场消极的胜利，因此没有理由认为，大英帝国不应摘取胜利果实。"

27. 参见 W. C. 491B 号档案。

28. 摘自维密斯致贝蒂的信，1918年10月26日；收录于 *Wemyss MSS*。

29. 参见 I. C. -87 号档案。相关会议是协约国最高战争理事会第八次会议（10月31日—11月4日），也是第一次世界大战期间的最后一次会议。同时还是美国政治代表出席的第二次会议——出席此次会议的美国代表是豪斯（House）上校，他代表着本国威尔逊总统。

30. 摘自贝尔福致博纳·劳（Bonar Law）的信，1918年11月1日；收录于 *Balfour MSS*（公共档案馆 F. O. 800 series）。

31. 摘自贝蒂致维密斯的信，1918年11月5日；转引自查默斯所著《海军元帅贝蒂伯爵》，第338—339页。

32. 参见 I. C. -93 号档案。

33. 海军停战协议的签字文本收录于 Cd.9212（1918）档案。协约国与奥匈帝国之间的海军停战协议（签署于11月4日）要求后者的15艘潜艇、3艘战列舰、3艘轻巡洋舰、9艘驱逐舰、12艘鱼雷艇、1艘布雷舰和6艘多瑙河浅水重炮舰投降。其他所有潜艇和水面舰艇都应退出现役，物质、拆除武装，并置于协约国为面监督之下。

34. 日记注脚，"停战"；摘自 *Wemyss MSS*。

35. 摘自贝蒂致友人的信，1918年10月31日；转引自查默斯所著《海军元帅贝蒂伯爵》，第326—327页。

36. 参见贝蒂致格蒂斯的信，1918年11月8日；收录于 *Beatty MSS*。同日，前者还向后者发出一封有关赫尔戈兰岛的电报。协约国海军理事会的原始条件（10月8日版本），以及海军部提出的条件（10月19日版本）均包含赫尔戈兰岛投降一项。然而在10月28日的理事会会议上，这一条款被删除了。此次会议认为"占领赫尔戈兰岛并非停战的关键条件，且协约国和参与国（Associated Powers）从对其占领一事中所得非常有限；更何况在若干情况下，对于该岛的占领都反而会导致纠纷产生。"

37. 摘自格蒂斯致贝蒂的信，1918年11月9日；收录于 *Admiralty MSS*。受到贝蒂相同抱怨的维密斯则将既成事实归咎于劳合·乔治："关于赫尔戈兰岛的问题，我对您的观点非常了解。不幸的是，尽管首相曾经提出停战条款应尽可能接近和平条件这一准则；但如您所知，他非常急于削减海军方面条件……他相当反对有关赫尔戈兰岛的内容，当他询问我的意见时，我不得不告诉他在我看来，如果我们能获得德方的舰艇，那么就眼下而言，德方是否保有赫尔戈兰岛一事并非具有极高的重要性。不过德国人最终还是需要交出该岛，且此事将在和会上进行讨论。"参见维密斯致贝蒂的信，1918年11月10日；收录于 *Wemyss MSS*。

38. 摘自维密斯致贝蒂的信，1918年11月14日；*Wester Wemyss*，第339页。

39. 摘自 *The Scotsman*，1918年11月13日号。

40. 摘自贝蒂致一位朋友的信，1918年11月12日；转引自查默斯所著《海军元帅贝蒂伯爵》，第341页。服役于"马来亚"号的一名军官候补生在一封家书中表达了如下感受："恐怕可怜的大舰队永远无法实现此前不久，我们还如此确定会上演的'表演'。我想大舰队将会作为海权的典范载入史册，它是如此强大，以至于无须进行任何值得一提的海战，便足以实现对海权的掌握。对于历史学家而言，这或许非常令人兴奋；但对各舰乘员而言，此事明显难尽人意。"摘自伊恩·桑德森（Ian Sanderson）致其父亲的信，1918年11月10日；该信由桑德森海军中校收藏，下文中引用的中校其他信件亦均由其本人收藏。

41. 摘自维密斯致贝蒂的信，1941年11月14日；转引自 *Wester Wemyss*，第398页。

42. 摘自西摩尔致其母亲的信，1918年11月19日；转引自 *Lady Seymour, Commander Ralph Seymour, R. N.*（Glasgow, 1926），第120—121页。

43. 摘自麦登致杰利科的信，1918年11月29日；收录于 *Jellicoe MSS*。贝蒂对此次谈判的回忆（"颇有戏剧性，且在相当程度上堪称一出悲剧"）可见其1918年11月26日所写的一封信；该信收录于查默斯所著《海军元帅贝蒂伯爵》，第344—345页。经历了两个小时的谈判后，英方宣布休会，并在可通向"伊丽莎白女王"号海军上将平台的一处舱室中为德国代表提供晚餐。在平台甲板上值班的皇家海军陆战队员透过舱壁门，观察德国代表的动向。德国代表结束晚餐继续工作后，卫兵发现一名德国军官暗中四下观察，然后将一袋东西偷偷藏进一件挂在舱壁上的厚外套内。卫兵担心"他是不是偷走了什么秘密文件"，并向西摩尔报告。最后者迅速展开调查，最终发现藏在外套里的是一大块切达奶酪——那名德国军官试图将其带回自己遭受饥饿的祖国！

44. Hugh Martin, "*The day'of the British Fleet*"，刊载于《每日新闻》1918年11月22日刊。

45. 西摩尔致其姐玛格丽特·沃克（Margaret Walker）的信，1918年11月20日；转引自 Seymou, *Seymour* 第129页。

46. 摘自 Andrew V. S. Yates 致其母亲的信，1918年11月22日；该信由耶茨上校保存。另可参见伊恩·桑德森（Ian Sanderson）1969年3月11日致笔者的信："安德鲁·耶茨和我当时都认为，公海舰队在'第一日'如此驯服一事令人作呕，所有人都为在这一场战争中，陆上的决定性胜利竟然先于海上取得，而海上甚至不再会有一场决定性海战胜利一事感到非常愤怒。"

47. 摘自科万致鲁道夫·本廷克海军准将的信，1918年11月22日；收录于 *Cowan MSS*。顺带一提，当时科万的坐舰是引领大舰队左侧纵队的轻巡洋舰"卡列登"号（Caledon）。一旦投降过程中德国舰队开火，该舰就有可能在第一轮齐射中被炸飞。

48. Captain Lionel Dawson, *Sound of the Guns: Being an Account of the Wars and Service of Admiral Sir Walter Cowan*（Oxford, 1949），pp. 151—152.

# 第八章　分歧和改革

1. 上文中所引述的各报评论大多刊登于1919年1月11日号，仅《观察家》的评论刊登于1月12日号。3月14日，《每日邮报》发表了一篇对于朗的刻薄评论，声称劳合·乔治贸然把朗"塞进了一个后者显然缺乏任何必需资质的部门"。

2. 摘自贝蒂致维密斯的信，1919年2月11日；收录于 *Wemyss MSS*。

3. 摘自维密斯致贝蒂的信，1919年1月7日；收录于 *Beatty MSS*。

4. 当然，这句话实际出自蒲柏。

5. 见里奇蒙德1919年2月12日日记; *Portrait of an Admiral*, 第333页。

6. 1919年5月18日日记, *Portrait of an Admiral*, 第343页。作为非常合适的人选之一，布罗克（O. de B. Brock）于8月4日接替弗格森，担任海军副总参谋长；但后者又转而接替杜夫，出任了助理海军总参谋长！

7. Cmd.451（1919）,"*Statement of the First Lord of the Admiralty Explanatory of the Navy Estimates, 1919—1920*"（1 December 1919）, p.10.

8. 贝蒂的立场相当令人费解。海军部在与海军相关的每个问题上都征求了他的意见，且对他的意见颇为重视。例如在赫尔戈兰岛问题、基尔运河问题，以及允许德国保留的海军实力等问题上。

9. 摘自维密斯未发表的回忆录；收录于 *Wemyss MSS*。另可参见 *Wester Wemyss*, 第420—421页，具体文字稍有出入。关于勃朗宁的第二海务大臣任命同样导致了误会。贝蒂认为维密斯曾向他保证，将在希斯的继任者一事上征求他的意见。但维密斯表示不记得给出过类似保证。参见维密斯致贝蒂的信，1919年1月29日；收录于 *Beatty MSS*。

10. 做出这一决定的明面理由是维密斯对海军部而言不可或缺，但实理理由则是丘吉尔的反对。"这一计划当即遭到了陆军大臣的反对，他的论点是，马耳他总督一职一直以来都是一个令人眼馋的职位。鉴于眼下大量出色将领失业，因此并不适合就该职位进行人员变更。首相和其他内阁成员过于忙碌，无暇顾及当时在他们看来无足轻重的这种小事，于是我的建议没有得到响应"——摘自维密斯回忆录。

11. 摘自维密斯致贝蒂的信，1919年1月7日；收录于 *Beatty MSS*。

12. 摘自维密斯回忆录。

13. 摘自维密斯备忘录，1919年2月20日；收录于 *Wemyss MSS*。海军部秘书奥斯温·默里爵士曾专门撰写一份文件，对贝蒂的提案进行了详尽而令人信服的驳斥，即"*Question of Combining Offices of First Sea Lord and Commander-in-Chief*", 1919年2月6日；收录于 *Wemyss MSS*。

14. 摘自贝蒂致维密斯的信，1919年3月1日；收录于 *Beatty MSS*。朗在5月5日致首相的备忘录中，确认了贝蒂前述引述里，有关格蒂斯和他自己保证这一关键问题上的准确性。

15. 摘自维密斯致朗的信，1919年3月10日；收录于 *Wemyss MSS*。

16. 摘自朗致劳合·乔治的信，1919年3月7日；收录于 *Lloyd George MSS*。

17. 摘自朗致斯塔福德汉姆（Stamfordham）的信，1919年3月9日；收录于 *Windsor MSS*。

18. *Wester Wemyss*, p.430.

19. 摘自朗致劳合·乔治的信，1919年4月29日；Sir Charles Petrie, *Walter Long and His Times*（London, 1936）, pp.221—222。

20. 摘自朗致斯坦福德汉姆的信，1919年6月14日；收录于 *Windsor MSS*。

21. 摘自朗致劳合·乔治的信，1919年6月15日；收录于 *Lloyd George MSS*。沙恩·莱斯利（Shane Leslie）爵士曾提及贝蒂夫人"对于所有让她的贝蒂失望或是作对者心怀怨恨，这使得她在自己的怨恨中写就了自己的荷马史诗"; Leslie, *Long Shadows*（London 1966）, p.210。[①]

22. 摘自维密斯回忆录。维密斯还这样补充说明："假如戴维·贝蒂爵士不是那么自负，抑或更有判断力，他将认识到实际情况——然而不幸的是，所获封赏与黑格相当一事让他产生这样的想法，即他也是同样伟大的人。他或许的确是——但他从未表现出这一点，不过这确实是因为他从未拥有过表现的机会。"

23. *Wester Wemyss*, pp.439—441.

24. Petrie, *Walter Long*, p.223.

25. 摘自贝蒂致海军部的信，1917年9月27日，收录于 *Admiralty MSS*。贝蒂曾于1917年9月，就水兵们不满的缘由和具体程度向大舰队各中队将官们咨询意见。

26. 耶克西来致贝蒂斯的信，1918年9月4日，以及作为此信附录的备忘录；收录于 *Admiralty MSS*。

27. 摘自格蒂斯致劳合·乔治的信，1918年9月26日；收录于 *Lloyd George MSS*。针对格蒂斯的最后一句评论，此处可以造船厂的造船工人为例。在斯卡帕湾工作时，他们每周可挣6～7英镑——几乎与海军中校的收

---

①译者注：沙恩·莱斯利爵士为爱尔兰出生的英国外交官和作家，温斯顿·丘吉尔的第一代表兄弟。

入相当——而熟练工人每周的收入约为 5 ~ 6 英镑。此外，两者还可获得服役津贴。

28. 摘自海军部致战争内阁备忘录，"*Naval Office Pay*"（G. T. -7505），1919 年 6 月 19 日。

29. 摘自麦登致贝蒂的信，1918 年 12 月 27 日；收录于 *Beatty MSS*。海军部曾宣布，有关停获敌国舰船后应得的奖金，每一股的水平可能不超过 30 先令，这无疑让官兵们非常失望。"在支付上述奖金时，给出整个捕获基金如何分配的清晰说明确实有必要。"出处同上。

30. 摘自维密斯致劳合·乔治的信，1919 年 1 月 4 日；收录于 *Lloyd George MSS*。很多水兵在圣诞节休假回家时发现："他们的返回反而增加了家庭生活开支而加重妻子的负担，并因此赶在假期结束前提前归队销假。"摘自朗 1919 年 5 月 8 日的备忘录；收录于 W. C. 564 号档案。

31. 参见 W. C. 560 号档案。

32. 参见 W. C. 564 号档案。

33. 两份报告及政府相应的决定分别收录于 Cmd.149 号档案（杰拉姆报告）和 Cmd.270 号档案（哈尔西报告）。

34. 参见 "*Instructions for Naval Staff*"，Office Memorandum No. 187, 2 August 1919; Office Memoranda, 1919（Naval Library）。有关第一次世界大战期间的主要海军参谋架构重组一事，可参见《从无畏舰到斯卡帕湾》第四卷，以及（正文中）本章下文图表。

35. 引自海军参谋专论，*The Naval Staff of the Admiralty*，并做了些许修改。

# 第九章　海军政策：不确定性和新的对手

1. 上述三舰的建造进程已花费 86 万英镑。立即取消其建造的决定达成于 1919 年 2 月 27 日的海军部委员会会议上。此次会议中，与会者辽决定就此前计划在最终确定和约条件后，建造更多战列巡洋舰的想法重新进行考虑，原因是"除非在不久的将来建造更多战列巡洋舰，否则在该舰种上，我国海军将远远落后于美国海军"。导致决定停止建造"豪"号及其姊妹舰的一个重要原因是，其设计乃是在三年前完成，因此即使建成，也很难将其称为最先进的舰艇。

2. 至 1918 年 11 月 11 日，共有 1005 艘舰艇处于被订购或正被建造状态，其中包括 4 艘战列巡洋舰、21 艘轻巡洋舰、11 艘驱逐领舰、97 艘驱逐舰、73 艘潜艇及 2 艘飞机载舰。在此后 12 个月里，陆续有 611 艘舰艇的建造被取消，除前述 3 艘战列巡洋舰外，还包括 4 艘轻巡洋舰、4 艘驱逐领舰、40 艘驱逐舰和 33 艘潜艇。

3. 摘自朗致战争内阁备忘录，"*Navy Estimates 1919—1920*"（G. T. -7645），1919 年 7 月 5 日。1919 年 12 月 1 日提交下院审批时，最终预算额度实际回退至 1.575288 亿英镑，较同年 3 月的预期上涨了 832.8 万英镑。

4. 摘自弗里曼特尔 1919 年 1 月 24 日就第三海务大臣立场所作的笔记；收录于 *Fremantle MSS*。

5. 有关停战期间各海军列强主力舰实力的统计参见本章结尾处表格，请注意其中既包括实有主力舰数量，也包括计划建造的主力舰数量。

6. 摘自沃纳·席林撰写《海军将领与外交政策，1913—1919》（未发表的耶鲁大学博士论文，1953 年），第 231—232 页。

7. 摘自 Harold and Margaret Sprout, *Toward a New Order of Sea Power: American Naval Policy and the World Scene, 1918—1922*（Princeton, N. J., 1946, 2ND ed. ），p.66。

8. 席林认为英国方面已经预见到这种可能，这一因素"无疑对下述事实有所影响，即在巴黎和会期间，英国海军外交使团完全忽视了美国 1918 年造舰计划，并集中精力于说服美国放弃其 1915 年（原文笔误，实为 1916 年）造舰计划"，摘自《海军将领与外交政策，1913—1919》，第 258—259 页。笔者无法肯定这一观点。劳合·乔治的确曾经对美国 1916 年造舰计划喋喋不休地加以反对，但海军部的记录则显示，皇家海军事实上忙于同时对付美国方面的 1916 年和 1918 年两个造舰计划。

9. 分别摘自 1918 年 11 月 4 日和 23 日备忘录，出处同上一条注释，第 230 页和 242—243 页。本森在 1918 年 12 月重建驻伦敦海军规划部门，将其吸收入其在巴黎的海军顾问参谋团（Naval Advisory Staff），该顾问团包括两名海军将领（包含本森本人）和两名海军上校。该顾问参谋团的职责是就海军事务向美国和平委员会

（American Peace Commissioners）建言。在1919年4月7日提交的备忘录中，海军顾问参谋团进一步深化了其有关商业竞争的论点。席林教授还引用出自其他人的材料，这些人坚信商业竞赛乃是决定战后与英国关系的"关键性因素"。相应人员包括派伊（W. S. Pye）中校①，时任美国海军大西洋舰队情报主管；梅奥（Mayo）将军，时任美国海军大西洋舰队总指挥官；麦基恩（McKean）将军，时任海军作战部副部长。当然，对此观点持批判态度者同样存在——不过他们的影响力往往稍弱，包括西姆斯将军（威尔逊总统认为他是一个无可救药的亲英派）；这一派系谴责1918年造舰计划对英美关系造成的破坏。出处同上一条注释，第248—257页。

10. 参见丹尼尔斯致威尔逊的信，1919年1月4日；转引自塞斯·蒂尔曼所著《1919年巴黎和会期间的英美关系》（Princeton, N. J., 1961），第288页。

11. 摘自本森致威尔逊的信，1919年5月5日；转引自丹尼尔斯所著《威尔逊时代：战争和此后的年月》，第369—370页。

12. 摘自1918年11月12日，弗里曼特尔对下一条注释所引用档案的笔记。

13. "Remarks on U.S.A. Building Programme"，1918年11月11日；收录于 Admiralty MSS。和国际联盟相关的这个因素被海军情报处长认为是美国海军政策的基石所在："……有理由推测，如果威尔逊确知美国方面的准备工作可以保证防止国际联盟的海军指挥权自动落入英国之手，那么他会更为自信地推动其关于建立国际联盟的提案。"引自辛克莱尔1919年4月16日的纪要；收录于 Admiralty MSS。

14. 摘自海军部致战争内阁的备忘录（格蒂斯签字背书），"United States Naval Policy"，1918年11月7日；收录于 Geddes MSS。

15. 摘自朗致劳合·乔治的信，1919年12月16日；收录于 Lloyd George MSS。

16. 摘自席林所著《海军将领与外交政策，1913—1919》，第279—280页。根据丹尼尔斯文集相应内容，此次会面的举行时间为3月29日；但在其他地方，丹尼尔斯和本森给出的时间均为26日，而维密斯给出的时间是27日。

17. 摘自丹尼尔斯致美国海军上校达德利·诺克斯（Dudley W. Knox）的信，1937年1月29日；另可参见本森通信集，收录于 U.S. Navy Department MSS。

18. 摘自朗1919年3月29日的备忘；收录于 Lloyd George MSS。

19. 摘自席林所著《海军将领与外交政策，1913—1919》，第281—282页。

20. 摘自丹尼尔斯所著《威尔逊时代：战争和此后的年月》，第376页。下文的记叙基于同一书第376—378页。

21. 出处同上一条注释，在第379页上复制了这两份地图。应该承认的是，图上的交通线画得非常巧妙。一方面，地图上美国的交通线环绕整个西半球；此外还有一条一直延伸至菲律宾的交通线；另一方面，图中英国交通线则仅仅接触了非洲、印度和澳大利亚。

22. Seymour, The Intimate Papers of Colonel House, iv. 418—423.

23. 摘自《海军将领与外交政策，1913—1919》，第291页。席林教授在书中驳斥了斯普劳特（Sprout）在 Toward a New Order of Sea Power 一书中的观点，后者认为谅解实为双方的妥协，劳合·乔治借此保证了美国1918年造舰计划的终结，而威尔逊赢得了英国对门罗主义修正案的接受。席林在书中写道（第292页注释）："事实上，将1918年造舰计划纳入谈判乃是一种到最后一刻才采取的外交诡计；顾问参谋们甚至不知道该造舰计划的存在，而劳合·乔治当然不希望其真正实现。"

24. 补纳入1916年造舰计划的所有战列舰中，最后四艘的合同于1919年5月15日签订；根据1916年海军法案的相关条款，签订合同的最后期限为7月1日。

25. 摘自朗致劳合·乔治的信，1919年5月2日；收录于 Lloyd George MSS。

---

①译者注：威廉·萨特利·派伊，日后针对对日作战的"彩虹计划"中间版本的起草者之一，被同僚们视为相当出色的战略家。1941年任战列舰队指挥官，晋升战时海军中将军衔，在太平洋舰队中担任第1特混舰队指挥官，亦是珍珠港事件爆发时，太平洋舰队中除金梅尔外最资深的军官。事件爆发后任太平洋舰队临时指挥官，直至尼米兹接任。期间，他叫停了对威克岛的支援行动，并因此失宠于罗斯福总统和海军作战部长金海军上将。

26. 摘自蒂尔曼所著《巴黎和会期间的英美关系》，第293—294页。

27. 摘自维密斯致海军大臣的备忘录，1919年2月25日；收录于 *Wemyss MSS*。

28. 摘自作战计划处文件，"*British Imperial Bases in the Pacific*"，1918年4月28日；收录于 *Admiralty MSS*。在为修订1919—1920年海军预算案而找出理由的过程中，朗曾使用如下论据，即"一旦爱尔兰地区出现麻烦——这一点现在看来似乎在所难免——至少存在这样的可能，也就是美国海军迫于其自身的政治紧急情况，向我国展开敌对行动。我并不是说将会爆发战争——但他们可能试图施加影响。只要我国还掌握着制海权……我们就可以忽视任何此类行为。可我国一旦失去海上霸权，那么我国无疑就会发现自身处于非常讨厌和令人不满的局势下"。摘自朗致战争内阁的备忘录，"*Navy Estimates 1919—1920*"（G. T. –7645），1919年7月5日。

29. 参见海军部致战争内阁的备忘录（朗签名背书），"*Post–War Naval Policy*"（G. T. –7975），1919年8月12日；以及1919年8月15日的 W. C. 616A 号档案。

30. 摘自海军部委员会会议纪要第924号，1919年8月18日；收录于 *Admiralty MSS*。

31. 海军部作战参谋撰写，"*Neutral Powers*"，1916年12月30日；收录于 *Beatty MSS*。

32. 参见作战计划部撰写，"*British Imperial Bases in the Pacific*"，1919年4月28日，以及同年5月和6月间的海务大臣委员和参谋会议纪要；收录于 *Admiralty MSS*。

33. 摘自巴里·多姆维尔（Barry Domvile）海军上校的笔记，1919年11月6日（针对10月17日麦登致海军部的信）；收录于 *Admiralty MSS*。

34. 摘自格蒂斯，"*Notes of an Interview with the President at the White House, Wednesday, October 16th, 1' 18*"；收录于 *Geddes MSS*。

35. 海军部致战争内阁的备忘录（维密斯签字），"*An Inquiry into the Meaning and Effect of the Demand for 'Freedom of the Sea'*"；收录于 *Geddes MSS*。

36. 贝尔福1918年10月18日备忘录；摘自罗斯基尔所著《两次世界大战之间的皇家海军方略》，第一卷，第82页。

37. 摘自"*The Freedom of the Seas*"，1918年12月21日，完整的备忘录收录于 *Admiralty Policy in Relation to the Peace Settlement, 1919*, pp. 77—83；该文献收藏于海军博物馆。该备忘录可被视为基于作战计划处1918年12月4日起草的一份文件的修订版（且大多为格式上的修订），后者在起草时参考了一位国际法权威，即皮尔斯·希金斯（Pearce Higgins）博士的意见。

38. I. W. C. –46.

39. Lloyd George, *The Truth about the Peace Treaties*（London, 1938, 2 vols.），ii.81.

40. W. C. 491B.

41. 摘自威尔逊致豪斯的电报，1918年11月4日；转引自 Seymour, *The Intimate Papers of Colonel House*, iv.179. 豪斯的立场同样强硬，他曾威胁称美国将单独媾和，并警告说美国一直都做好了为保护其海上权力而发动战争的准备；甚至预言称在一场战争中，美国有可能站在英国的对立面。

42. 摘自蒂尔曼所著《巴黎和会期间的英美关系》，第289页。

43. 摘自格蒂斯撰写，"*Notes of an Interview with the President in the White House, Wednesday, October 16th, 1918*"。

44. 摘自罗斯基尔所著《两次世界大战之间的皇家海军政策》，第一卷，第85页。

45. 参见维密斯撰写，"*The Naval Aspects of a League of Nations*"，1918年12月18日；收录于 *Admiralty MSS*。

46. *Admiralty Policy in Relation to the Peace Settlement*, pp.13—14.

47. 摘自海军部致战争内阁备忘录，"*Limitation of Aarmaments*"，1918年12月，出处同上一条注释，第14—15页。

48. 出处同上一条注释，第15—17页。

49. David Hunter Miller, *The Drafting of the Covenant*（New York, 1928, 2 vols.）i. 286—287. 该备忘录被提交给罗伯特·塞西尔勋爵，当时勋爵是国际联盟起草委员会（League of Nations Drafting Committee）的英国代表之一。

50. 摘自海军部致战争内阁备忘录（G. T. –7229），1919年5月7日。此处是按原文逐字复制，笔者仅做过一些编辑性修改。

## 第十章　对德海军协议

1. 摘自杰克逊撰写，"*Notes on the Possible Terms of Peace by the First Sea Lord of the Admiralty*"，1916年10月12日（P. -8；下文在引用该文献时将简称为"可能和平条件"）。这些条件得到了海军部委员会的赞同。引文中的"等舰艇"主要指水面破袭舰。1918年，从德国基地起飞的飞机对航运的威胁也被海军部列入了简报。

2. 摘自 *Admiralty Policy in Relation to the Peace Settlement*, p.9.

3. 五大主要代表团（即英国、美国、法国、意大利和日本）首脑及其外交部部长组成的最高理事会（Supreme Council）通常被简称为十人委员会。该组织成员在3月24日后便不常见面，从当日起直至签订《凡尔赛和约》，由四人委员会，即除日本外其他四大主要代表团的首脑组成的团体做出最后决定（日本代表加入时则称为五人委员会）。

4. 引自"可能和平条件"。

5. *Admiralty Policy in Relation to the Peace Settlement*, p.9.

6. Papers Relating to the Foreign Relations of the United States. *The Paris Peace Conference, 1919*（Washington, D. C., 1942—1947, 13 vols.），iv. 225—226. 该丛书第三卷至第六卷包括十人委员会和四人委员会的会议纪要。收藏于公共档案馆的 I. C. 系列档案（第28箱）和 C. F. 系列档案（第29箱）亦包含同一材料。不过，四人委员会会议纪要在上述两个出处中均不完整。有兴趣的读者可参阅 *Paul Joseph Mantoux, Les Délibérations du Conseil des Quatre*（24 Mars—28 Juin 1919; Paris, 1955, 2 vols.），以获得一系列四人委员会早期会议的纪要。在前述英美两国档案中，未收录的唯一一份与海军相关的重要材料是4月15日会议纪要，当天议题为赫尔戈兰岛问题；该纪要收录于上述 Mantoux 编纂文献第一卷，第251—255页。

7. 海军大臣（贝尔福）曾要求海军部和大舰队就德国拥有赫尔戈兰岛是否有利于其舰队作战，以及若英国拥有该岛是否有助于本国舰队两事进行评论。作为回应，海军部和大舰队指挥官的上述意见曾于1916年10月呈报海军大臣。参见 "Heligoland"（G. -142），1917年4月。

8. 引自海军中将潘罗斯·菲茨杰拉德（C. C. Penrose Fitzgerald）[①]所撰，"Sea Power Wins"，刊登于 *Contemporary Review*，1919年6月刊。

9. Foreign Relations of the United States. *The Paris Peace Conference, 1919, iv.* 248.

10. 摘自朗撰写的海军部致战争内阁备忘录，"Heligoland"（G. T. -7004），1919年3月18日。

11. Foreign Relations of the United States. *The Paris Peace Conference, iv.* 224—225, 249（6 March），296—297（17 March）. 北纬55° 27′ 为当时丹麦和德国国境线所在。根据1920年在北石勒苏益格（North Schleswig）举行的公投结果，这一国境线向南移动了32英里（约合51.5公里）。

12. *Admiralty Policy in Relation to the Peace Settlement*, p.19.

13. 出处同上一条注释，第21页。

14. 摘自丹尼尔斯致威尔逊的信，1919年3月4日；转引自丹尼尔斯所著《威尔逊时代：战争和此后的年月》，第374页。美国官方立场得到了本森将军和海军顾问参谋团的支持。除其他论点外，海军顾问参谋团还进一步提出废除潜艇的同时也意味着不再需要大量反潜舰艇，从而有利于完成裁军。驻伦敦海军规划处则提出下述论点作为废除潜艇的理由："人性道德和物质利益。"另一方面，美国海军委员会则深信，鉴于和会既包括大国代表也包括小国代表，因此实际上无法以立法形式禁止潜艇。该部门因此强烈反对废除潜艇，并要求美国根除潜艇战的交战法则。此外，华盛顿海军规划委员会（Washington Planning Committee）认为，对于本国沿海的防务而言，潜艇自有其用处。参见席林所著《海军将领与外交政策，1913—1919》，第153—160页。

15. 海军部相关材料收录于美国海军档案。参见沃纳·席林所撰，"Weapons, Doctrine, and Arms Control: a

---

[①]译者注：即查尔斯·库珀·潘罗斯·菲茨杰拉德。

Case from the Good Old Days", Journal of Conflict Resolution, 1963年9月号。

16. Admiralty Policy in Relation to the Peace Settlement, pp.45.

17. "Extract from minutes of the First.Meeting of the Naval Peace Terms Committee…" 收录于 Wemyss MSS。

18. Foreign Relations of the United States. Paris Peace Conference,1919,v. 240—241.

19. 出处为上一条注释中所引作品的第七卷，第366页。

20. Admiralty Policy in Relation to the Peace Settlement, pp. 5—6.

21. "Preliminary Terms of Peace with Germany. Naval Conditions", 25 February 1919, signed by the five Allied Admirals; Admiralty MSS.

22. 摘自席林所著《海军将领与外交政策，1913—1919》，第269页。

23. 摘自豪斯致威尔逊的电报（后者当时在美国国内），1919年3月7日；引自 Seymour, The Intimate Papers of Colonel House, iv. 358。

24. 摘自席林所著《海军将领与外交政策，1913—1919》，第270—271页。

25. 摘自丹尼尔斯所著《威尔逊时代：战争和此后的年月》，第373页。

26. 两封信分别发于1919年3月30日和4月14日；出处同上一条注释，分别出自第373页和第382页。

27. 上述数字出自作战计划处之手，作为一份日期不明（可能为1919年3月内）的备忘录的附件。该备忘录可能由朗撰写。收录于 Lloyd George MSS。根据美国海军顾问参谋团的请求，作战计划处处长富勒于5月2日向其提供了这份分配方案。

28. "Naval Conditions for Peace with Germany"，1919年2月28日；收录于 Admiralty MSS。

29. 摘自本页第27条注释中日期不明的备忘录。

30. 作战计划处提出的表格（1919年4月24日；收录于 Admiralty MSS）显示其对于1923—1924年列强海军实力的估计如下，其中包括以战时损失为基础瓜分德国投降舰只的结果（A列），按法国提案进行瓜分的结果（B列），以及将德国舰艇全部击沉不进行分配的结果（C列）。

| 国籍 | 战列舰 | | | 战列巡洋舰 | | | 巡洋舰和轻巡洋舰 | | | 驱逐舰和驱逐领舰 | | |
|---|---|---|---|---|---|---|---|---|---|---|---|---|
| | A | B | C | A | B | C | A | B | C | A | B | C |
| 英国 | 46 | 42 | 33 | 14 | 14 | 10 | 94 | 93 | 75 | 499 | 495 | 418 |
| 法国 | 20 | 22 | 16 | – | – | – | 4 | 4 | – | 46 | 45 | 32 |
| 意大利 | 12 | 12 | 9 | – | – | – | 11 | 12 | 9 | 66 | 67 | 56 |
| 日本 | 10 | 11 | 9 | 10 | 10 | 9 | 17 | 17 | 15 | 46 | 45 | 43 |
| 美国 | 29 | 30 | 29 | 6 | 6 | 6 | 14 | 14 | 13 | 342 | 345 | 339 |

鉴于美国的造舰计划尚未得到国会批准，美国主力舰无法在1921年前铺设龙骨，因此并未将其列入统计。

31. 摘自维密斯致高夫－考尔索普的信，1919年3月18日；收录于 Wemyss MSS。

32. 在2月28日撰写的备忘录中，维密斯给出了各国损失战舰总吨位比例：英国为74%，法国为13%，意大利为7.5%，日本为4%，美国为1.5%。

33. 摘自麦登致贝蒂的信，1918年11月26日；收录于 Beatty MSS。以及麦登致海军部的信，1919年3月20日和28日；分别收录于 Beatty MSS 和 Admiralty MSS。

34. 摘自贝蒂致海军部的信，1919年4月4日；收录于 Admiralty MSS。

35. 摘自比尔斯福德致斯塔福德汉姆勋爵（英王的私人秘书）的信，1919年3月14日；收录于 Windsor MSS。

36. Foreign Relations of the United States. The Paris Peace Conference, 1919, v. 238—239.

37. 摘自维密斯致霍普的信，1919年6月6日；收录于 Wemyss MSS。

# 第十一章　诸神的黄昏（1919年6月21日）

1. Ludwig Freiwald, *Last Days of the German Fleet*（London, 1932），p.281.

2. 摘自麦登致杰利科的信，1918年11月29日；收录于 *Jellicoe MSS*。

3. 在1918年1日致其父的信中，军官候补生伊恩·桑德森汇报了"马来亚"号战列舰的枪炮官安德鲁·唐斯（Andrew B. Downes）对于德国舰队的印象。

4. 冯·罗伊特自身健康状况亦不佳。自从德国水兵们明确显示了"无礼"倾向，即在他的舱室上方踩脚，从而阻挠他入睡后，他曾申请将旗舰改为轻巡洋舰"埃姆登"号，且这一请求得到了批准（3月25日）。

5. 摘自弗里曼特尔致麦登的信，1919年6月24日；另可见 *"Scuttling of the German Ships at Scapa Flow"*（G. T. -7674），1919年7月10日。维密斯认为，若德方不签署和约，那么英方就应该立即夺取德国舰船，"毕竟，若此事长期悬而未决，则等待一事将变得几乎无法忍受"。摘自维密斯致霍普的信，1919年6月6日；收录于 *Wemyss MSS*。

6. 对此，麦登不应受到指责。早在4月22日，他就曾经要求海军部持续向其通知最新政治局势，如此，他才能在必要时令下，赶在德国各舰官兵得知本国拒绝签署和约的消息前，执行夺取德国舰艇的计划，从而防止德国方面对舰艇实施自沉或破坏。此前，为应对德国人拒绝前述和约的可能，他已经制定相应计划。"我曾提出应该完成的任务，如轮机舱分队应保证所有轮机舱和锅炉入口完好，鱼雷部门分队应保证鱼雷管发射舱门和进水闸门完好，木匠应确保通海旋塞密闭等。第1战列舰中队的海军少将[维克托·斯坦利（Victor Stanley）]已按照上述思路准备好了相应命令；同时，相应分队也针对快速行动进行了训练。"6月13日，在访问海军部期间，麦登还曾向海军副总参谋长提议，要求后者自6月17日起，向他发布每日政治局势评估，从而便于他为顺利实施行动，做出相应准备。"然而，海军部未能向我提供任何完整的情报，且在6月21日星期六当天，他们也未曾就德国人对和约的态度下达任何可靠的指示。"摘自麦登致贝蒂的信，1919年6月24日；收录于 Beatty MSS。麦登的确未能向弗里曼特尔重复海军部的通知而感到后悔。该通知被置于一封发于6月17日的电报中，其内容声称签署和约的期限已经从21日延后至23日。

7. 参见弗雷德里希·鲁格（Von Reuter）所著，*Scapa Flow: the Account of the Greatest Scuttling of All Time*（London, 1940），p. 79。

8. 参见海军中将 Friedrich Ruge, *Scapa Flow 1919: Das Ender der deutschen Flotte*（Oldenburg, 1969），pp.130—133。

9. 参见海军元帅埃里希·雷德尔所著，*My Life*（Annapolis, 1960），p.105。雷德尔并未给出具体日期。当时他本人在德国海军总司令部工作。

10. *"Scuttling of the German Ships at Scapa Flow"*。鲁格将军对此曾作如下描述："5月9日，即和平条件通告德国两天后，仍然没有进行任何有意义上的谈判；在德国，没有人可以就能在谈判中取得何种成果产生任何想法。冯·特罗塔将军撰写此信时显然还对和约文本毫无了解。如果说有人能从信中解读出将军下令实施自沉，这无疑是荒诞不经的。"摘自鲁格所著，*Scapa Flow 1919*，p.191。

11. *"Scuttling of the German Ships at Scapa Flow"*。

12. 摘自弗里曼特尔致麦登的信，1919年6月24日；出处同上一条注释。

13. 摘自麦登致海军部的信，1919年6月27日；*"Scuttling of the German Ships at Scapa Flow"*。他还补充道："这一周以来，我对局势的看法如下：德国舰艇处于被拘禁状态，我们并未获准在其布置警卫或对其实施强行夺取，除非有肯因引发我方对于冯·罗伊特将军名誉的怀疑，抑或是相信他已经失去对德国各舰艇乘员的控制。事实证明，他仍对麾下官兵享有完整的控制，而我并没有任何理由怀疑他的善意。"

14. 摘自海军中将弗雷德里希·鲁格所撰，*"Scapa Flow"*，United States Naval Institute Proceedings, December 1959。

15. 发生于自沉行动次日晨的一起可怕事件值得一提，尽管此事中亦不乏人性一面。这件事由当天在"拉米利斯"号战列舰值班早班的军官讲述："这是一个非常宁静的早晨，在斯卡帕湾的夏季，这种天气并不罕见。海面平静如镜，没有一丝波澜。事情发生在早上5时30分许。当时，我正在后甲板上环顾四周。突然，我属下的霍恩（Horne）海军中尉带着一脸极度愤怒的表情出现在我面前。他睡在中甲板上舰艏方向的一间住舱中；由于 R 级战列舰建成后实际吃水深度远深于原先预期，因此这些住舱的舷窗非常贴近海面。早早醒来之后，霍恩透过舷窗向外望去，打算看看天气如何；结果他惊讶地发现，自己竟然在近距离上看到一张死去的德国军官的脸。这自然让他大为震惊！因此，他赶来向作为当值军官的我抱怨。我发现那是死去的舒曼舰长。舒曼舰长的遗体被留在我们用来将他带回军舰的摩托艇舱内，并在那里待了一整夜——我猜测道，在我们的'花果鼠们'有空为他打造一口棺材前，这名舰长的遗体会一直留于此处。在如此平静的海况下，固定在被我们称作舰艇吊杆上的摩托艇一直来回摇晃，直至其漂流到靠近我舰外倾艇端下方位置；此时，摩托艇的舱室舷窗非常靠近可怜的霍恩住舱舷窗的正横位置。"摘自菲普斯·霍恩比致笔者的信，1968 年 9 月 16 日。

16. 停战协定第二十三款，以及更重要的第三十一款，参见前文第 176 页。

17. 根据冯·罗伊特的回忆，当时他面向口译员，以德语进行了回应："请告知您的将军，我无法对他演讲的主旨表示赞同，且双方对这一问题的理解不同。我将独自承担所有责任。我坚信若是易地而处，任何一位英国海军军官都会采取和我相同的行动。"摘自冯·罗伊特所著，*Scapa Flow*, p.118。

18. 摘自麦登致贝蒂的信，1919 年 6 月 24 日。

19. 摘自朗致劳合·乔治的信，1919 年 7 月 1 日；收录于 *Lloyd George MSS*。

20. 摘自此次会议中的一份报告，"*Scuttling of German Warships at Scapa Flow*"; Foreign Relations of the United States. *Paris Conference, 1919, vi.* 664—665。

21. 出处同上一条注释，vi.695—696。

22. 摘自里奇蒙德致卡莱恩·贝莱斯（Carlyon Bellairs）的信，1919 年 6 月 23 日；*Portrait of an Admiral*, p.349。

23. 参见肯沃西（即斯特拉博尔吉勋爵）所著《水兵、政客与其他》（London,1933），第 146—147 页。

24. 参见库赞所著《斯卡帕湾的故事》（London, 1965），第 26—27 页。对于这些问题，笔者在其之后的正文中进行了反驳；其中，菲普斯·霍恩比中校提供了非常有益的帮助（见其 1966 年 10 月 24 日致笔者的信）。中校曾仔细研究整个自沉事件。值得注意的是，中校本人当时就以军官身份，在第 1 战列舰中队所辖的"拉米利斯"号上服役。

25. 摘自维密斯致霍普的信，1919 年 6 月 22 日；转引自 *Wester Wemyss*，第 432 页。另可见弗里曼特尔一年后对此事的评论："德国海军自沉一事使得参与停战与和平谈判的代表们卸下了一副重担。否则，他们将参与大量火药味十足的国际性讨论；而且对国际和平事业和善意而言，这些舰船沉没于海底，或者将其毁灭于拆船厂无疑才是最好的结果。"

26. 参见 Foreign Relations of the United States. *Paris Peace Conference, 1919, vi.*649—650, 653—654。

27. 在海军部爆炸性的激愤中，由于其本人也曾表示海军部应在受拘禁德国舰只上布置警卫，贝蒂也成了海军部愤恨对象之一。"此前在和我们谈及此事的任何场合下，他从未提出甚至暗示过他的这一见解，因此此举对他以前的同事，无论是在岸上还是在海上工作者都难言公正。"摘自朗致劳合·乔治的信，1919 年 7 月 1 日；收录于 *Lloyd George MSS*。

28. 摘自朗致劳合·乔治的信，6 月 30 日，以及维密斯写于 6 月 30 日的备忘录；收录于 *Lloyd George MSS*。

29. 根据这一条款，剩余舰船中的 8 艘无畏型战列舰应于 1920 年交出，并按下列方式处理：英国获得"威斯特法伦"号、"波森"号、"莱茵兰"号、"赫尔戈兰"号，4 舰均在 1921—1924 年间完成拆解；美国分得"东弗里斯兰"号，该舰于 1921 年在轰炸试验中沉没；法国分得"图林根"号，并于 1923 年完成拆解；日本获得"拿骚"号和"奥尔登堡"号，后售给英国公司，并于 1921 年完成拆解。

# 第十二章　对这一时代的反思

1. *War Memoirs of David Lloyd George*（London, 1933—1936, 6 vols），v. 2607—2608.

2. 摘自里奇蒙德所著，*National Policy and Strength and Other Essays*（London, 1928），p.77。

3. 海军参谋下属作战处撰写，"*Present Naval Policy*"，1917 年 9 月 17 日；收录于 *Admiralty MSS*。

4. 尽管笔者曾大量援引里奇蒙德、迪尤尔等人的评论，但并不打算赋予这些"专业煽动人士"任何有益的重要性。无论是第一次世界大战期间还是此后，他们都没有扮演过重要角色。里奇蒙德和迪尤尔堪称他们自己最大的对手。他们总是设法通过种种方式引人生气，其中包括坚持其所持立场的绝对正确性（一位认识里奇蒙德的军官曾声称，自己几乎无法与他讨论任何问题：他似乎觉得自己能确立任何法则）；对他人智力上稍差于自己一事丝毫不做掩饰的轻蔑，尤其对那些不认同他们对海军史研究的热情，以及能够从中得出实际经验而有利于眼下观点者。过分的智商优越感显然无益于赢得新朋友或是对他人施加影响。然而，也正是这些"少壮派"在战争期间及此后很长一段时间内频繁谈及战争中己方的缺陷，以及通过战争吸取的主要教训。即使排除其中的夸大其词和后见之明，笔者仍然发现这一派别提出的很多观点颇为实际，这也让笔者感到相当意外。

5. 笔者无法确认在四年的战争中，德国潜艇曾多少次进入攻击英国主力舰的阵位；也无法得知其中多少次潜艇曾尝试攻击，但被至少一艘英国驱逐舰的行动所挫败。笔者怀疑，后人对于此问题已无法得到一个精准答案。但就笔者的印象而言，除1916年里一段时间外，这种场景出现的次数很少。从战术上讲，潜艇似乎是种致命的威胁；但从战略上看，德方潜艇几乎从未接近过大舰队，仅有的例外是1916年8月公海舰队那次出击中，"诺丁汉"号和"法尔茅斯"号两艘轻巡洋舰被潜艇击沉。从另一方面看，旧式战列舰"凯旋"号、"庄严"号（不过该舰当时处于停泊状态）、"康沃利斯"号和"布列塔尼亚"号尽管拥有驱逐舰保护（分别由1艘、6艘、1艘和2艘驱逐舰提供保护），但仍被鱼雷击中。其中，前两艘于1915年5月被命中（在达达尼尔海峡海域），第三艘是在1917年1月被击中，最后一艘则是在停战前两天被击中。笔者无法找出一个潜艇因驱逐舰的存在而决定回避的战例。潜艇艇长通常的决定是尝试放过驱逐舰保护幕，随后潜入保护幕内部，并攻击得到驱逐舰保护的舰队（或船团）。如果未能成功击中有驱逐舰保护的战列舰，该潜艇往往便会报告称，失败是由于敌方驱逐舰的行动所致（例如攻击是因遭遇试图实施冲撞的驱逐舰——导致潜望镜损坏——而失败，或是因为敌驱逐舰逼近，被迫下潜而失败）。在少数战例中，仅是因为驱逐舰的存在，潜艇便被迫在较远距离上发射鱼雷，这使得遭到攻击的舰船有机会采取各种规避措施。然而，根据大多数潜艇艇长的报告及公海舰队指挥部的报告，1916年间，潜艇展开攻击尝试的失败更多是因为潜艇航速不足、目标舰艇航速过高、潜艇下潜速度太慢，以及公海舰队方面在向潜艇发送无线电指令或信息时遭遇的种种困难，而非敌方驱逐舰的存在。读者可参见《北海海战》第六卷第三章，尤其是第19—29页和第60—67页内容。笔者将1916年单独列出的理由是在当年约5个月时间内（5—10月），公海舰队潜艇曾主要被用于在北海攻击敌海军舰队。在此期间，作为对"苏萨克斯"号沉没事件回应的一个正直姿态，德国决定严格按照捕获规则，实施潜艇战。因此，总的来说，此前一直实施的潜艇战在此期间几乎处于停顿状态。[①]

6. 参见《从无畏舰到斯卡帕湾》第三卷。

7. 参见《从无畏舰到斯卡帕湾》第四卷。

8. 摘自 *New York World* 对舍尔的采访。《泰晤士报》1919年7月1日刊转载了这一采访。在这一时间前后，提尔皮茨也曾写道："英国舰队仅仅通过静静地等待在斯卡帕湾，便实现了其存在理由这一点，甚至在战争之初都体现得不如此后那么明显。"摘自海军元帅阿尔弗雷德·提尔皮茨所著，*My Memoirs*（London, 1919, 两卷本），第二卷，第366页。

9. 摘自劳顿所著，*Nelson*（London, 1895），pp. 123—124。

10. 摘自科贝特所著《七年战争中的英格兰》（London, 1907, 两卷本），第一卷，第3—4页。

11. 摘自杜夫致亚历山大·贝瑟尔的信，1918年12月21日；收录于 *Duff MSS*。

12. 摘自海军上将雷金纳德·德拉克斯爵士致笔者的信，1946年3月27日。"生姜"博伊尔 [即科克与奥雷里

---

①译者注："康沃利斯"号隶属"邓肯"级前无畏舰，1901年7月下水，1917年1月9日在马耳他以东约60海里海域，被 U—32 号潜艇击中并发生倾斜；约75分钟后，该舰再次被击中，随后迅速向右倾覆。"布列塔尼亚"号隶属"英王爱德华七世"级前无畏舰，1904年12月下水。1918年11月9日在直布罗陀海峡西侧入口处，特拉法尔加角附近海域被 UB—50 号潜艇发射的鱼雷命中，其9.2英寸（约合234毫米）火炮弹药库发生发射药殉爆。在甲板下方，其乘员难以找到并打开进水阀门，从而未能及时向起火的药库注水。该舰在中雷约两个半小时后沉没，其亦是第一次世界大战期间皇家海军损失的最后一艘战舰。

勋爵（Lord Cork and Orrery）] 和凯斯无疑位列德拉克斯所说的 "其他很多人" 之列。

13. 摘自1916年4月21日日记；收录于 *Hamilton MSS*。

14. 摘自培根所著《多佛尔海峡巡逻简史》（London, 1919, 两卷本），第二卷，第17页。

15. Robert G. Albion and Robert H. Connery, *Forrestal and the Navy*（New York, 1962），pp. 86—87.

16. 摘自沃森（B. C. Watson）海军中将致笔者的信，1966年3月2日。

17. 在此有必要澄清一个古老的传说——与英国海军官兵习惯于在海上学习如何成为水兵相反，德国海军各舰的乘员往往自甘堕落，所在舰只在港期间，他们会居住在岸上的兵营内。事实上，德国海军从未正式为各舰乘员设置兵营，尽管第一次世界大战期间，在若干设于德国本土之外的海军基地内，海军征用了岸上临时宿营地并加以布置，以供必要时依据驱逐舰和潜艇舰长的要求，让上述舰种的乘员得到更好的休息。此类基地中，最著名的便是德国设在弗兰德斯的基地。格哈德·彼得林迈尔海军上校在1969年1月19日和29日致笔者的信中对这一问题进行了细致研究。曾在 "赫尔戈兰" 号上服役的水兵施通普夫（Stumpf）的战时日记 [ 收录于 Daniel Horn（ed.），*War, Mutiny and Revolution in German Navy: the World War I Diary of Seaman Richard Stumpf*（Brunswick, New Jersey, 1967）] 印证了彼得林迈尔的发现，即公海舰队所辖各舰乘员总是在舰上住宿。

18. "巴登" 号起浮之后，海军造舰总监和海军部其他专家曾对该舰进行一次详细调查，并得出如下结论（1921年）：就舰艇设计的主要特色而言，德国舰只并无多少可供英国舰只借鉴之处。这同样稍显夸大其词。在打捞 "巴登" 号的过程中，菲普斯·霍恩比海军中校曾在该舰上居住数周，由此熟悉了这艘军舰的内部布局。可以说他对该舰的熟悉程度不下于其自身隶属的 "拉米利斯" 号战列舰。他曾经 "在深思熟虑后得出如下观点——且我知道这一观点同参与此次（打捞）工作的其他人不谋而合——也就是以战斗机器的标准考量，总的来说，'巴登' 号的性能无论如何都明显强于皇家海军中任何一艘可与其相比的舰只"。按照他的观点，海军造舰总监及其他专家或许都下意识地不愿承认，年轻的德国海军有很多值得借鉴之处。摘自霍恩比海军中校致笔者的备忘录，1969年6月。

19. 参见《从无畏舰到斯卡帕湾》第三卷。

20. 摘自德拉克斯海军中将致笔者的信，1964年7月15日。詹姆斯将军则这样写道："海军确实曾经犯下错误，且一位恕我无法透露姓名的'权威人士'这样说过，'犯错最少的人最终将成为胜利者'。我军是在承平一百年，并经历武器方面革命性的创新后，才从事了这么一场全面的战争。只有超人才能在此情况下不犯任何错误地操作这些武器。" 摘自詹姆斯致查特菲尔德的信，1938年1月17日；收录于 *Chatfield MSS*。

21. 1915年7月11日日记；收录于 *Dewar MSS*。

22. 摘自戈弗雷所著，*Naval Memoirs, i.* 85。

23. 摘自迪尤尔致里奇蒙德的信，1917年6月20日；收录于 *Dewar MSS*。

24. 摘自 *"The Problem of Naval Command"*（1946?）；收录于 *Dewar MSS*。

25. 摘自贝莱尔斯致迪尤尔的信，1918年4月2日；收录于 *Dewar MSS*。

26. 1918年7月3日日记；*Portrait of an Admiral*. P.312。

27. 摘自1918年11月20日日记；转引自 *Portrait of an Admiral*, pp.325—326。五项一等（即船艺、在格林尼治学习的初步理论课程、炮术、鱼雷和航海）为塞尔伯恩体制（1902年建立）引入前的时代中，最为出色的成绩。每门课程的成绩均分为三等，授予海军中尉的相应证书则会对其升任上尉的具体时间有所影响。塞尔伯恩体制（实行至1913年）废除了所有的校内课程，全部考试均在海上进行。

28. 摘自里奇蒙德致霍尔丹勋爵①的信的附件，1919年2月15日；出处同上一条注释，第333—337页。

29. 摘自里奇蒙德致迪尤尔的信，1917年4月8日；收录于 *Dewar MSS*。

30. 摘自1915年6月27日日记；收录于 *Dewar MSS*。

---

①译者注：霍尔丹勋爵即理查德·博登·霍尔丹，第一次世界大战前曾任陆军大臣，1912年转任上院大法官；1915年因《每日邮报》为首的报刊对其亲德的持续指控而辞职，尽管他的这一倾向早已广为人知，且这一指控本身被认为是一桩丑闻；1924年再次出任上院大法官。

31. Churchill, *The World Crisis* (London, 1923—1931, 5 vols. In 6)，i.93.

32. 摘自费希尔致杰利科的信，1915年2月7日；收录于 *Jellicoe MSS*。

33. 摘自1917年6月15日日记；转引自 Lieutenant–Colonel à Court Repington, *The First World War* (London, 1920, 2 vols.)，i.579。

34. Richmond, "*The Service Mind*"，Nineteenth Century and After, January 1933.

35. 分别摘自1918年4月15日、12月17日和20日日记；转引自 *Portrait of an Admiral*，第310页、第327页和第328—329页。

36. 摘自安格斯·坎宁安·格雷厄姆爵士致笔者的信，1966年11月16日。

37. 摘自阿尔弗雷德·迪尤尔上校致肯尼斯·迪尤尔中将的信，1957年2月28日；收录于 *Dewar MSS*。

38. 摘自贝蒂致卡森的信，1917年4月30日；转引自查默斯所著《海军元帅贝蒂伯爵》一书，第448页。

39. 其他例子可参见《从无畏舰至斯卡帕湾》第四卷。

40. *Portrait of an Admiral*, p.325.

41. 摘自卡彭特所著，*The Blocking of Zeebrugge* (London, 1922)，p.193。

42. 笔者无法阻止自己引述一名经历过第一次世界大战的军官于1966年向另一名拥有同样背景者所作描述："我不得不得出如下结论，即你我出生于一个正确的时间。若非如此，我们便有可能因过于恐惧，无法在桅杆和横杆上爬上爬下，也可能因过于愚蠢而无法使用现代的种种新玩意儿！"

43. 摘自詹姆斯上将致笔者的信，1964年6月24日。在此，笔者需要对第二句中"作为成人服役"一词精加阐释。见习水兵在18岁时成为成年水兵（普通水兵）。此后，他需要连续服役12年。完成这一服役期后，他在30岁时可选择继续志愿服役10年；结束这一志愿期后，即可获得退休津贴。

44. 摘自培根所著《多佛尔海峡巡逻简史》，第298页。笔者无法接受科雷利·巴尼特（Correlli Barnett）的论点，即费希尔时代的军官表现出了一种来自狭隘阶层，且正在衰落的倾向。以下引自巴尼特所著，*The Swordbearers* (London, 1963)，pp.185—186："鉴于其大多数军官仅源自占全国人口1%的阶层，皇家海军从未能够对由城市中产阶级构成的广阔人才库进行足够的发掘；而正是得益于这种人才库，舍尔的舰队受教育程度才如此良好，同时相应人员颇具才智……皇家海军军官的出身背景依然以名门贵族为主……"尽管并不打算就军官的社会背景对其眼界的影响进行辩论，但笔者仍须指出的是，无论如何定义中产阶级，其在海军军官团中都拥有足够的代表。军官的出身光谱散布在从贵族至中产阶级的范围内；很少有人出身工人阶级。在指挥分支中，贵族出身的军人数很少，此外还有一定数量的军官属于乡绅出身；但在各专业分支，以及贸易船队的高级军官中，贵族和乡绅出身者很多，且很多人是海军军官之子。在无指挥权的各个分支中，所谓"平均阶层"相对较低——大致为中层或中上阶层。以各个分支计算，其中平均阶层最低的是轮机分支的军官。经历过当时情况的一位军官曾经说过："很多人并未认识到的一点是，皇家海军堪称由穷人构成的军队；有私人收入的海军军官可谓凤毛麟角。"引自伯奇（C. R. O. Burge）海军上校致笔者的信，1966年10月21日。对于巴尼特的观点而言，更切题的一个问题是，笔者并未发现任何所谓1914—1918年间，来自狭隘阶层，且正在衰落的倾向的证据。此外，鉴于皇家海军军官的社会背景在1939—1945年间与其在一战期间基本相同，那么如果巴尼特的论断成立，这种衰落倾向为何没有在二战期间进一步加剧呢？显然，人们很难把坎宁安麾下的地中海舰队，抑或是大西洋之战期间浴血奋战的部队和"衰落"一词联系在一起。①

45. 摘自芒罗上校所著，*Scapa Flow: a Naval Retrospect* (London, 1932)，p.225。

46. 摘自查特菲尔德所著《海军与国防》，第150页。

17. 摘自提尔皮茨所著，*My Memoirs*，第二卷，第145页和第312页。

48. 摘自荷尔斯泰因致马克西米利安·冯·勃兰特（Maximilian von Brandt）②的信，1906年11月20日。转引自

---

　　①译者注：科雷利·巴尼特是一位英国籍军事历史学家，著有题为 *Engage the Enemy More Closely* 的皇家海军第二次世界大战战史。

　　②译者注：马克西米利安·冯·勃兰特为德国外交家，1875—1893年间任德国驻华公使。

Norman Rich and M. H. Fisher（eds.），*The Holestein Papers*（Cambridge，1955—1964, 4 vols.）iv.449—450。

49. 摘自某海军武官（休·沃森上校，Hugh Watson），1914年3月21日；转引自 *Pre-War Despatches from Naval Attaché, Berlin*（1903—1914），装订并收藏于海军图书馆内的一套文集。在这次交谈中，提尔皮茨还显露出了自己对英国媒体运作方式的无知，他断言称，"英国媒体是世界上被控制得最好的媒体"。这并非他首次透露这一观点。应当注意的是，这也是德国皇帝威廉二世对于英国媒体的曲解。

50. 笔者常常思考这一问题，即那些曾在费希尔时代如此多的海军领导人——例如费希尔本人、戚尔逊、比尔斯福德、贝蒂、科万、凯斯、蒂利特、帕肯汉姆、勃朗宁等——身上出现的个人怪癖，为何在之后的皇家海军中竟然成为罕见例子！答案或许非常简单——我们生活在一个失去个性的时代。

51. 摘自查特菲尔德所著《海军与国防》，第168页。

52. 摘自马汉所著，*Naval Strategy*（London, 1911），pp. 9—10。文中添加下划线的部分为笔者标记。

53. 摘自朱利安·科贝特所著《海上战略的若干原则》（London, 1911），第8页。

54. 里奇蒙德对此应表示同意。"完全依赖于那种一瞬间迸发的幸运灵感毫无意义。最有可能获得这种幸运灵感的，还是那种他自己脑海里就已经存有大量过往经验的人；最好是他自己的经验，其他人的经验次之。"*National Policy and Naval Strength*, p. 289.

55. 分别摘自维密斯致凯斯的信，1916年12月8日；致贝蒂的信，1918年2月7日和18日。分别收录于 *Keyes MSS, Wemyss MSS, Beatty MSS*。

56. 摘自贝蒂致其夫人的信，1917年5月31日；收录于 *Beatty MSS*。

57. 摘自杰克逊致斯特迪的信，1916年11月26日；收录于 *Sturdee MSS*。

58. 摘自科尔维尔致弗雷德里克·哈密尔顿（时任第二海务大臣）的信，1917年2月24日；收录于 *Hamilton MSS*。

59. 摘自劳合·乔治，*War Memoirs, iii.* 1169。伊斯梅（Ismay）勋爵①曾以另一种方式表达类似观点："一个国家可能拥有由出色指挥官领导的强大军队；可能拥有才智卓越的政治家；可能拥有纪律性强、坚定不移的人民；可能拥有广袤的财富；可能拥有以最高效的方式组织起来的工业；但是，除非位于巅峰状态的政治家和士兵们以互相尊重的精神携手奋斗，否则上述所有不同要素之间便会缺乏重要的协同关系，并注定会发生对生命和财富的致命浪费。"摘自 *The Memoirs of General the Lord Ismay*（London, 1960），p. 50。

60. 1918年6月21日，收录于 M. V. Brett and Oliver, Viscount Esher（eds.），*Journals and Letters of Reginald, Viscount Esher*（London, 1934—1938, 4 vols.），iv. 208。

61. 摘自加文致卡森的信，1917年1月24日；收录于 *Carson MSS*。

62. 摘自培根所著《1900年以来》，第366页。

# 参考书目

1. 读者可参见笔者有关参考书目的论文，"*The First World War at Sea*"，Chapter XIV, Robin Higham（ed.），*A Nation at War: A Guide to the Bibliography of British Military History*（预计将于1971年前后，由加利福尼亚大学出版社出版）。"参考书目"第一部分，即"未发表文献"中凡是带有"*"的参考文献均表示该材料目前尚未开放，或其使用范围受限制。但为完整起见，笔者仍将其纳入了列表。对于暂时可能无法查阅的档案，笔者亦将给出其相应地点。

2. 关于大舰队作战训令的两套档案，除若干细节上的差异——例如未包含在 Adm. 116号内的参谋纪要和信

---

①译者注：伊斯梅勋爵，即哈斯廷斯·伊斯梅，第一代伊斯梅男爵，曾任丘吉尔和艾德礼两任首相的参谋长，并参与过德黑兰会议和雅尔塔会议。1952年3月任北约首任秘书长，并于同年4月兼任北大西洋理事会副主席。1957年5月从北约秘书长一职退休。

件外——其他部分可认为重复。Adm. 116号内的材料从组织上讲更有条理。

3. 除本部分所提及文献外，海军图书馆还收藏有大量珍贵的海军部记录，其时间范围涵盖第一次世界大战爆发前和战争期间，例如 *Pre-War Dispatches from Naval Attaché, Berlin*（1903—1914），即1904—1914年间的海军武官报告。报告以年为单位分卷，每年报告的打印版分别装订成册，各卷标题均为 *Reports on Naval Affairs*。又如海军情报处的杂项材料，其所占比例也颇为可观。设于欧文的加利福尼亚大学图书馆亦保存有前者的副本。

4. 海军参谋诸史的撰写工作始于1919年，其主要作者最初为阿尔弗雷德·迪尤尔海军上校，1920年由上校教官奥斯瓦德·塔克（Instructor-Captain Oswald Tuck）接替，其助手为海军少校劳埃德-欧文（J. H. Lloyd-Owen）。"如你所深知，重型枪械射击并不被允许，仅被允许的是用鸟枪打兔子……参谋史中缺乏真正的批判意见这一现象，体现了海军大部分军官的立场。他们不希望学习。他们怀有若干偏见，且不打算聆听历史的诉说。"引自阿尔弗雷德·迪尤尔上校致竞尼斯·迪尤尔海军中将的信，1952年3月；收录于 Dewar MSS。阿尔弗雷德·迪尤尔此处所指的乃是有关第二次世界大战的海军参谋专论中体现出的不加批判的论调，但这种论调在有关第一次世界大战的海军参谋专论，甚至技术史专论中同样存在。后者可被视为历史处撰写的海军参谋史。迪尤尔海军中将曾在之后写道："当时我的想法是，最终这些专论将为一部有关战争期间海军参谋史的适当作品提供材料。"

5. 德国方面有关第一次世界大战的其他官方文献，可参见 Gert Sandhofer, "*The Compiling of the Official History of the German Navy to 1945*"，收录于 Robin Higham 主编的 *Official Histories*（Kansas State University Press, 1970），尤其是其中15篇列在 "Collection of Official Papers" 一类下的特别论文。此外，以上内容并未提及的还有一篇由 Hermann Jacobsen 撰写，但未发表的官方作品：*Die Entwicklung der Schiesskunst in der Kaiserlich deutschen Marine*（一篇"海军专论"，Berlin, 1928）。

6. 带有"†"标志的期刊表示笔者一直查阅至其至今的内容，其他则表示仅查阅其至1919年夏的内容。

7. 直至第一次世界大战爆发，该刊物仍是一本有关运动员的周刊。但在战争爆发后，该刊便全身心投入到了战争相关报道中。

8. 该刊物于1912年创刊（创刊号于1913年发行），主要研究海军专业中较"高级"的部分。其刊登的文章大多由皇家海军人员撰写，有关英国海军史各个方面的内容，具有一定权威性。尽管该刊物仅在其成员内传播，但相关文章可在海军图书馆（国防部）、国家海事博物馆图书馆，以及皇家联合军种研究所（Royal United Service Institution）等机构查阅。作者曾为获得相关材料对收藏于上述单位，且列于 *Naval Review* 名下的文章进行彻底的查阅；但应注意的是，其中部分文章实际上可能并未刊登于 *Naval Review*。

9. 参见 Walter Görlitz（ed.）, *Der Kaiser… : Aufzeichnungen des Chefs des Marinekabinetts Admiral Georg Alexander v. Müller über die Ära Wihelms II*（Göttingen, 1965）。

# 附录

协约国对奥匈停战议定书于11月3日签订，其文本如下。第七章注释33中涉及的海军条款为其中第二条和第三条，其他内容大致与对德停战协定内容类似（中文文本摘自《国际条约集（1917—1923）》，世界知识出版社1961年版，下同）：

（一）立即停止海上的任何敌对行动，并详细说明所有奥匈军舰的位置和移动。

应通知各中立国对于协约和参战国的军舰和商船在所有领水内准予通航自由，而不提出中立问题。

（二）将1910年到1918年间建造完成的十五艘奥匈潜水艇，以及原在或可能进入奥匈领水内的所有德国潜水艇移交给协约国和美利坚合众国。至于其他奥匈潜水艇，应全部解除武装并予复员，这些潜水艇应受协约国和美利坚合众国的监督。

（三）将协约国和美利坚合众国将予指定的铁甲战舰三艘、轻型巡洋舰三艘、驱逐舰九艘、鱼雷艇十二艘、布雷艇一艘、多瑙河上航行的炮艇六艘，以及其全部武装和装备，移交给协约国和美利坚合众国。

一切其他海面上的军舰（包括河航的军舰在内），应在协约国和美利坚合众国加以指定的奥匈海军基地予以集中，同时并应予以复员，解除武装，置于协约国和美利坚合众国的监督之下。

（四）协约和参战国的全部军舰和商船可以在亚德里亚海，包括领水在内，以及在奥匈领土的多瑙河及其支流上自由航行。

协约和参战国将有权扫清一切布雷区并毁除障碍物，其位置应予指出。

为了保证在多瑙河上自由航行，协约国和美利坚合众国对于所有要塞防御工事得予占领，或予拆毁。

（五）继续维持协约和参战国封锁的现状，海上的奥匈船只仍然为捕获的对象，经协约国和美利坚合众国将予指派的一个委员会所准许的例外除外。

（六）所有海军航空队应在协约国和美利坚合众国所指定的奥匈基地进行集中并停留不动。

（七）从意大利各地和由奥匈在本国领土以外占领的领土所有港口予以撤离，并放弃浮动物资、海军物资、装备以及各种航路使用的物资。

（八）由协约国和美利坚合众国占领陆上和海上的要塞、构成防卫波拉的各岛屿以及各工场和兵工厂。

（九）归还为奥匈所扣留的协约及参战国的全部商船。

（十）禁止在撤退、移交或归还以前对船只或物资进行任何破坏。

（十一）单方面地交还在奥匈管辖下，属于协约及参战国军舰和商船的全体战俘。

同日还签订了《协约国对奥匈停战某些要点的细节和实施条款的补充议定书》，其中第二条和第三条具体阐述了《协约国对奥匈停战议定书》海军条款第二条、第三条要求奥匈军舰投降的细节，其文本如下：

（二）关于第二和第三条中所指应该交给协约国的一切军舰将在11月6日8时至15时到达威尼斯；在距海岸十四海里地方有一领港员上舰。

但多瑙河炮舰须遵照巴尔干战线方面协约国军队总司令所拟定的条件，到达该总司令所指定的港口者不在此列。

（三）前往威尼斯的舰船列后："特盖托夫"（Teghethoff），"塞达"（Saida），"尤金亲王"（Prinz Eugen），"诺瓦腊"（Novara），"费迪南·马克斯"（Ferdinand Max），"埃尔果朗"（Helgoland）。

最近建造的九艘塔特腊型（Tatra）驱逐舰（排水量至少800吨）。

十二艘排水量两百吨的鱼雷艇。

布雷舰"夏马勒翁"（Cameleon）。

1910年—1918年间建造的十五艘潜水艇和正在或可能在奥匈领水内的所有德国潜水艇。

协约国政府认为在正待交出的舰船上预先造成的损害是对本停战议定书最严重的违犯。

加尔达湖（Lac de Garda）的小舰队应在里瓦（Riva）港口移交给协约国。

所有不应该移交给协约国的船舰应自停止敌对行动起四十八小时内在布加里（Buccari）和斯帕拉托港口（Spalato）集中。

上述舰船中，"特盖托夫"号和"尤金亲王"号隶属"联合力量"级或"特盖霍夫"级无畏舰，也即奥匈帝国的唯一一级无畏舰；"塞达"号、"诺瓦腊"和"埃尔果朗"号均隶属"诺瓦腊"级轻巡洋舰，"费迪南·马克尔"号为前无畏舰。

前文第七章所谓第二十二款、第二十三款、第三十一款、第三十五款、第三十九款分别对应《协约国对德停战协定》的第二十二款、第二十三款、第三十一款、第二十六款和第二十九款。相应文本分别如下：

（二十二）在盟国和美国指定的海港内，须把现存的所有潜艇（包括巡洋舰艇和所有布雷潜艇），连同全副军备和装备一起，向协约国和美国移交。凡是不能航行的潜艇上的人员和物资应被解除，并且由协约国或美国对他们进行监视。凡是准备出海的潜水艇，一俟接到命令它们驶到指定移交的电报后，应准备离开德国港口并且其余潜水艇应尽速追随于后。本条的规定应在停战协定签字后的十四天内完成。

（二十三）由协约国和美国指定的水面航行的军舰应立即被解除武装，然后应关闭在中立国的港口内，或者，如果没有中立港口时，则被关闭在由协约国和美国指定的协约国港口内。这些军舰应处于协约国和美国的监视之下，仅看守的分遣队留在军舰上。协约国指定的军舰：

六艘战列巡洋舰；

十艘战列舰；

八艘轻巡洋舰（其中包括两艘布雷艇）；

五十艘最新型驱逐舰。

所有其他水面航行的军舰（包括河上航行的）应在协约国和美国指定的德国海军基地上聚集和完全解除武装，并置于协约国和美国的监视之下。所有辅助军舰的军备应卸还至岸上。所有被指定关闭的军舰须在停战协定签订以后的七天离开德国港口。关于起航的指示应由无线电报发出。

（二十六）应维持协约和参战国在目前情况下的封锁，在海上发现的德国商船仍应为捕获的对象。在停战期间，在公认必要的限度内，协约国和美国可以考虑对德国进行供应。

（二十九）德国需从黑海所有港口撤退并向协约国和美国移交德国在黑海扣留的所有俄国军舰；释放所有被扣留的中立国商船，移交所有在这些港口上所扣留的所有军事和其他物资，并放弃第二十八款所列举的德国物资。

（三十一）在撤退、移交和归还以前，禁止对船只和物资进行任何破坏；

由于《海军条款》中包含交还尚由德国掌握的协约和参战国的所有商船（如第三十款），因此第三十一款中包含"归还"一词。

第九章相关国际联盟盟约文本如下：

第十条：联盟会员国担任尊重并保持所有联盟各会员国之领土完整及现有之政治上独立，以防御外来之侵犯。如遇此种侵犯或有此种侵犯之任何威胁之虞时，行政院应筹履行此项义务之方法。

第十一条：

（一）兹特声明，凡任何战争或战争之威胁，不论其直接影响联盟任何一会员国与否，皆为有关联盟全体之事。联盟应采取适当之有效之措施以保持各国间之和平。如遇此等情事，秘书长应依联盟任何会员国之请求，立即召集行政院会议。

（二）又声明，凡影响国际关系之任何情势；足以扰乱国际和平或危及国际和平所依之良好谅解者，联盟任何会员国有权以友谊名义，提请大会或行政院注意。

第十二条：

（一）联盟会员国约定，倘联盟会员国间发生争议，势将决裂者，当将此事提交仲裁，或交行政院审查。联盟会员国并约定无论如何，非俟仲裁员裁决或行政院报告后三个月届满以前，不得从事战争。

（二）本条内无论何案仲裁员之裁决应于适当期间宣告；而行政院之报告应自受理争议之日起六个月内作成。

第十三条：

（一）联盟会员国约定，无论何时联盟会员国间发生争议认为适于仲裁，而不能在外交上圆满解决者，将该问题完全提交仲裁。

（二）兹声明，凡争议有关条约之解释或国际法中任何问题或因某项事实之实际，如其成立，足以破坏国际义务，并由于此种破坏应以补偿之范围及性质者，概应认为在适于提交仲裁之列。

438

（三）受理此项争议之仲裁法庭应为当事各方所同意或其现行条约所规定之法庭。

（四）联盟会员国约定彼此以完全诚意执行所宣告之裁决或判决，并对于遵行裁决或判决之联盟会员国，不得进行战争。设有未能实行此项裁决或判决者，行政院应拟办法使生效力。

第十五条：

（一）联盟会员国约定，如联盟会员国间发生足以决裂之争议而未按照第十三条提交仲裁者，应将该案提交行政院。为此目的，各方中任何一方可将争议通知秘书长，秘书长应采取一切措施，以便详细调查及研究。

（二）争执各方应以案情之说明书连同相关之事实及证件以速送交秘书长。行政院可将此项案卷立即公布。

（三）行政院应尽力使此项争议得以解决。如其有效，须将关于该争议之事实与解释并此项解决之条文酌量公布。

（四）倘争议不能如此解决，则行政院经全体或多数之表决，应缮发报告书，说明争议之事实及行政院认为公允适当之建议。

（五）联盟任何会员列席于行政院者亦得将争议之事实及其自国之决议以说明书公布之。

（六）如行政院报告书除争执之一方或一方以上之代表外，该院理事会一致赞成，则联盟会员国约定彼此不得向遵从报告书建议之任何一方从事战争。

（七）如行政院除争执之一方或一方以上之代表外，不能使该院理事一致赞成其报告书，则联盟会员国保留权利施行认为维持正义或公道所必需之行动。

（八）如争执各方任何一方对于争议自行声明并为行政院所承认，按诸国际法纯属该方国内管辖之事件，则行政院应据情报告，而不作解决该争议之建议。

（九）对于本条所规定之任何案件，行政院得将争议移送大会。经争执之一方请求，大会亦应受理；惟此项请求应于争议送交行政院后十四日内提出。

（十）对于提交大会之任何案件，所有本条及第十二条之规定关于行政院之行为及职权，大会亦适用之。大会之报告书除争执各方之代表，如绍联盟出席于行政院会员国之代表并联盟其他会员国多数核准，应与行政院之报告书除争执之一造成一方或以上之代表外经该院理事全体核准者同其效力。

第十六条：

（一）联盟会员国如有不顾本盟约第十二条、第十三条或第十五条所定之规约而从事战争者，则据此事实应即视为对于所有联盟其他会员国有战争行为。其他各会员国担任立即与之断绝各种商业上或财政上之关系，禁止其人民与破坏盟约国人民之各种往来并阻止其他任何一国，不论为联盟会员国或非联盟会员国之人民与该国之人民财政上、商业上或个人之往来。

（二）遇此情形，行政院应负有向关系各政府建议之责，俾联盟各会员国各出陆、海、空之实力组成军队，以维护联盟盟约之实行。

（三）又联盟会员国约定当按照本条适用财政上及经济上应采之办法时，彼此互相扶助，使因此所致之损失与困难减至最少限度。如破坏盟约国对于联盟中之一会员实行任何特殊措施，亦应互相扶助以抵制之。对于协同维护联盟盟约之联盟任何会员国之军队，应采取必要步骤给予假道之便利。

联盟任何会员国违反联盟盟约内之一项者，经出席行政院之所有联盟其他会员国之代表投票表决，即可宣告令其出会。

《国际联盟盟约》中第八条文本如下：

（一）联盟会员国承认为维持和平起见，必须减缩各本国军备至适足保卫国家安全及共同履行国际义务的最少限度。

（二）行政院，应在估计每一国家之地理形势及其特别状况下，准备此项减缩均被之计划，以便由各国政府予以考虑及施行。

（三）此项计划至少每十年须重新考虑及修正一次。

（四）此项计划经各国政府采用后，所定军备之限制非得行政院同意，不得超过。

（五）因私人制造军火及战争器材引起重大之异议，联盟会员国责成行政院筹适当办法，以免流弊，惟应兼顾联盟会员国有未能制造必需之军火及战争器材以保持安全者。

联盟会员国担任将其国内关于军备之程度，陆、海、空之计划，以及可为战争服务之工业情形互换最坦白，最完整之情报。

《国际联盟盟约》第二十二条文本如下：

（一）凡殖民地及其领土于此次战争之后不复属于此前统治该地之各国，而其居民尚不克自立于今世特别困难状况之中，则应适用于下列之原则，即此等人民之福利及发展成为文明之神圣任务，此项任务之履行应载入本盟约。

（二）实行此项原则之最妥善方法莫如以此种人民之保佐委诸资源上、经验上或地理上足以承担此项责任而亦乐于接受之各国先进国，该国即已受任统治之资格为联盟实行此项保佐。

（三）委任统治之性质应依该地人民发展之程度、领土之地势、经济之状况及其他类似之情形而区别之。

（四）前属奥斯曼帝国之各民族其发展已达可以暂认为独立国之程度，惟仍须由受任统治国予以行政之指导及援助，至其能自立之时为止。对于该受委任国之选择，应首先考虑各民族之愿望。

（五）其他民族，又以中非之民族，依其发展之程度，不得不由受委任国负地方行政之责，唯其条件为担保其信仰及宗教之自由，而以维持公共安全及善良风俗所能准许之限制为衡，禁止各项弊端，如奴隶之贩卖、军械之贸易、烈酒之贩卖并阻止建筑要塞或设立海陆军基地，除警察和国防所需外，不得以军事教育施诸土人，并保证联盟之其他会员国在交易上、商业上之机会均等。

（六）此外土地如非洲之西南部及南太平洋之数岛或因居民稀少，或因幅员不广，或因距文明中心辽远，或因地理上接近受委任国之领土，或因其他情形最宜受治于受委任国法律之下，作为其领土之一部分，但为土人利益计，受委任国应遵行以上所载之保障。

（七）受委任国须将委任统治地之情形向行政院提出年度报告。

（八）倘受委任国行使之管辖权、监督权或行政权，其程度未经联盟会员国间订约规定，则应由行政院予以明确规定。

设一常设委员会专任接收及审查各受委任国之年度报告并就关于执行委任统治之各项问题向行政院陈述意见。

《凡尔赛和约》第一百一十五条文本如下：

赫尔戈兰与杜纳两岛所有之要塞、军事设备及港口，应在主要协约及参战国政府监视下，而已德国之人工及经费拆毁之。拆毁期限由主要协约及参战各国政府定之。

所谓"港口"应包括自东至北之凸堤，西边之墙，内外防浪堤及在其内之涨滩，并海陆军工程已成或未成之各项要塞及建筑物，坐落在接连下开地位线内者，依照1918年4月19日英国海军部所绘之第一百二十六号图为准：

（A）北纬54° 10′ 49″；东经7° 53′ 39″；

（B）北纬54° 10′ 35″；东经7° 54′ 18″；

（C）北纬54° 10′ 14″；东经7° 54′ 00″

（D）北纬54° 10′ 17″；东经7° 53′ 37″；

（E）北纬54° 10′ 44″；东经7° 53′ 36″；

此种要塞，军事设备及港口并类似之工程，此后德国不得重行建筑。

《凡尔赛和约》第一百九十五条和第一百九十六条内容如下：

第一百九十五条：

为确保各国自由通航波罗的海起见，德国不应再北纬55° 27′ 至54° 00′ 之间，及格林尼治东经9° 00′ 至16° 00′ 之间区域内建设任何要塞，亦不得架设炮台，以控制北海与波罗的海中间的海路。此项区域内现在存在之要塞应按照协约各国所定期限，由各国监视分别拆毁，并除去炮位。

德国政府应将现在所有之一切水文测量关于北海与波罗的海中间海峡之完全报告，供给主要协约及参战各国政府。

第一百九十六条：

所有在德国海岸五十公里以内以及在此项海岸附近海岛上现有之要塞工程，堡垒及要塞，除第三部（欧洲政治条款）第十三编（赫尔戈兰岛）及第一百九十五条所指者外，均应认为防卫性质，得保现在情形保存。

此项区域内不应建造任何新要塞，此项防卫之军器，其炮位数目及口径，均不应超过本条约实行日起所存在之数。德国政府并应将详细情形立即通知所有欧洲各国政府。

自本条约实行起两个月届满后，此种炮位所备之弹药，口径十厘米半及较小者，平均应减至每尊一千五百发，口径较大者每尊五百发，并应保持此最高额数。

《协约国对德停战协定》第二十二条文本如下：

在盟国和美国制定的海港内，须把现存的所有潜艇（包括巡洋舰艇和所有布雷潜艇），联通全副军备和装备一起，向协约国和美国移交。凡是不能航行的潜艇上的人员和物资应被解除，并且由协约国和美国对他们进行监视。凡是准备出海的潜艇，一俟接到命令他们驶到指定移交港口的电报后，应准备离开德国港口并且其余潜艇应尽速追随于后。本条的规定应在停战协定签字后的十四天内完成。

《凡尔赛和约》第一百八十八条和第一百九十一条文本如下：

第一百八十八条：

自本条约实行起一个月届满时，所有德潜艇，以及捞救潜艇之船只、潜艇之船坞、包含管形船坞在内，应交出以与主要协约及参战各国。

此项潜艇船只及船坞，经各该国政府认为自能行驶或可拖带者，应由德国政府送至指定之协约各国港口内。

其他潜艇以及建造未毕者，应由各该国政府监视，由德国政府尽数拆毁之。此项拆毁至迟应于本条约实行后三个月内竣事。

第一百九十一条：

在德国建造及获得之任何潜艇虽为商务之用，亦应禁止。

《凡尔赛和约》第一百八十一条、第一百八十三条、第一百八十四条、第一百八十五条、第一百八十六条和第一百九十条文本如下：

第一百八十一条：

自本条约实行起两个月届满后，德国之海军军力不得超过下列之数：

"德意志"级或"洛林"级战列舰6艘；（译者备注："洛林"号实际为"布伦瑞克"级前无畏舰的最后一艘）

轻型巡洋舰6艘；

驱逐舰12艘；

鱼雷艇12艘；

或如第一百九十条所述所制造相等数目之预备更换船只。

其中不应包含任何潜艇；

其他军舰除本条约内有相反之规定之外，应置于预备之列，或为商务之用。

第一百八十三条：

自本条约实行起两个月届满后，德国海军所属实力之总数，即关于舰队之军器，海岸之防御，信号之设备，以及行政机关及其他岸上服务者不得超过一万五千人，所有各级及各团之军官及人员均包括在内。

军官及委任军官之实力总数不应超过一千五百人。

自本条约实行起两个月内，凡超出以上实力总数之人员应遣散之。

在以上所定实力之外，不得在德国成立与海军联络之海陆军团及后备军。

第一百八十四条：

自本条约实行起，所有德国水面军舰在德国港口外者均停止属于德国，德国并放弃关于该项军舰之一切权利。

凡因履行1918年11月11日停战条款而在协约及参战各国港口内现行拘留之船只，均声明确定交出。

现在拘留于中立港内之船只，应就地交出，以与主要协约及参战各国政府。德国政府一俟本条约实行，关于此事应即告各中立国。

第一百八十五条：

自本条约实行起两个月内，下列之德国水面军舰应在主要协约及参战各国所指定之各协约港口内交出以与各该国。

此种军舰，依1918年11月11日停战条约第十三条所载，应已卸除武装，但各舰上所有之炮位均应完备。

战列舰八艘（舰名略）

轻型巡洋舰八艘（舰名略）

此外，应再由主要协约及参战各国政府指定新式驱逐舰四十二艘，新式鱼雷艇五十艘。

第一百八十六条：

一俟本条约实行时，德国政府应担任将所有现在制造未毕之德国水面军舰，由主要协约及参战各国政府监视，一律拆毁。

第一百九十条：

除预备更换本条约第一百八十一条所载船只外，德国不准建造或获得任何军舰。

以上所指更换之船只不得超过下列各吨数：

战列舰10000吨

轻型巡洋舰6000吨

驱逐舰800吨

鱼雷艇200吨

除因船只损失外，其各类船只更换之期，战列舰及巡洋舰二十年，驱逐舰及鱼雷艇十五年，均自下水之日起算。

资料图1: 本土水域，包括北方拦阻网体系

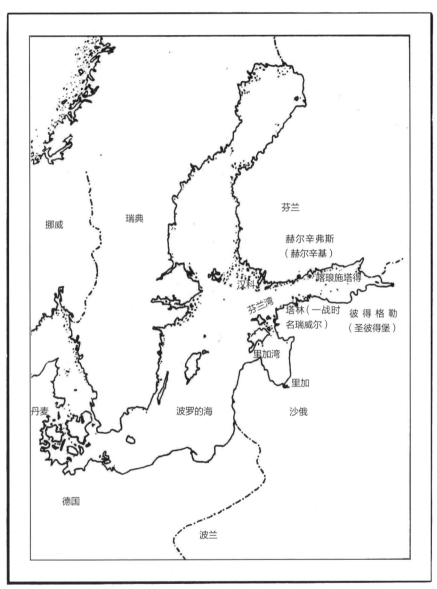

挪威

瑞典

芬兰

赫尔辛弗斯
（赫尔辛基）

汉科

塔琅施塔得

芬兰湾

塔林（一战时
名瑞威尔）

彼 得 格 勒
（圣彼得堡）

里加湾

里加

丹麦

波罗的海

沙俄

德国

波兰

资料图1A: 波罗的海

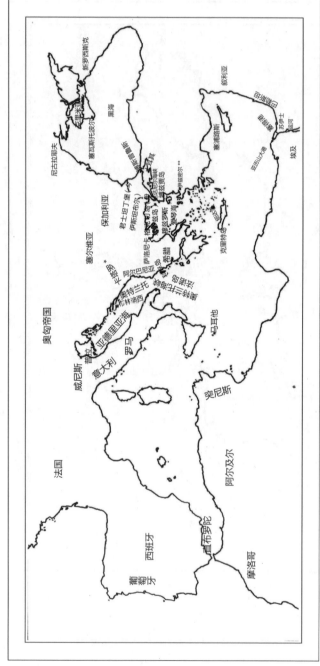

资料图2：地中海

* 译者注：一战时名卡塔罗，现名科托尔，位于黑山。
** 译者注：旧称士麦那。

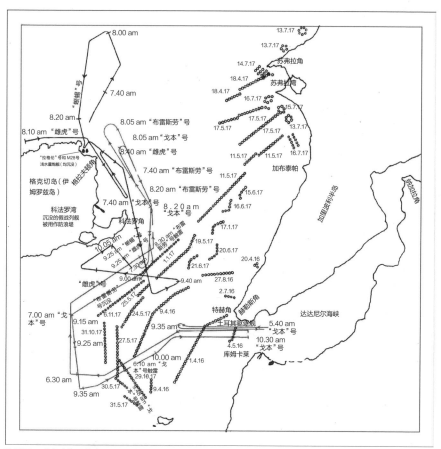

资料图3："戈本"号出击，1918年1月20日

8.00am: 早上8时位于此处
○○○○○○○ : 雷区
○○○○○○○ 13.7.17: 布雷时间为1917年7月13日

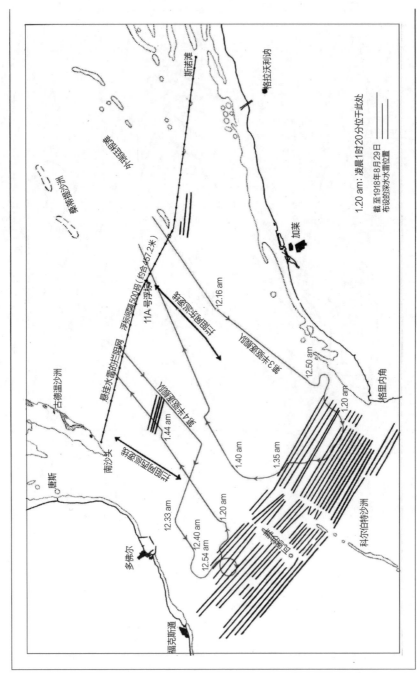

资料图 4：多佛尔海峡，包括 1918 年 2 月 14—15 日间的驱逐舰逐舰袭袭航线

"怀恨"号、"水仙花"号和
"鸢尾花"号预计停靠位置

3门105毫米火炮
2门88毫米火炮
火炮

灯塔

"水仙花"号
"怀恨"号
"鸢尾花"号

V-69号
2号小屋
3号小屋

在此之间
布设跃船
和雷网

防鱼雷网浮标

低水位线

潜艇掩体

水上飞机基地

被C-3号
潜艇堵塞

低水位线

4门105毫米火炮

低水位线

"西蒂斯"号
"林肯郡"号
"勇猛"号

码头
码头

火炮炮位

火炮炮位

低水位线

火炮炮位

防空壕及
火炮炮位

4门37毫米火炮

泽布吕赫

4门170毫
米海军炮

资料图5：突袭泽布吕赫，1918年4月22—23日夜

基于纽博尔特所著《第一次世界大战史：海军作
战》内容绘制，并已获得英国文书局主管许可

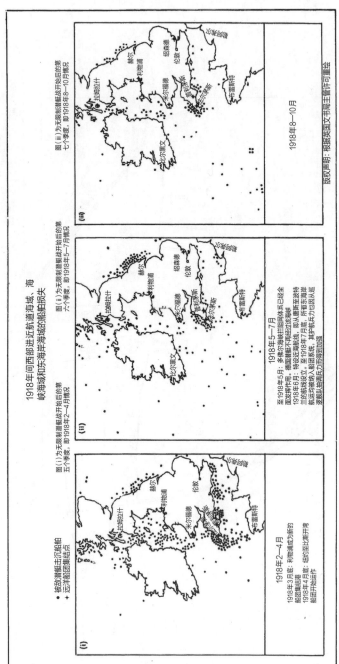

资料图6: 1918年船舶损失夫

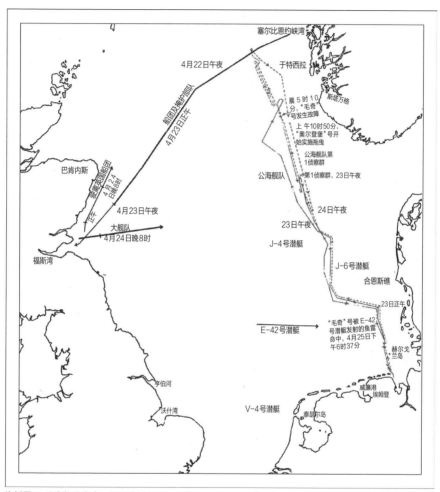

资料图7：公海舰队出击，1918年4月23—25日

朱利安·S. 科贝
（Julian S.Corbett）著

Maritime Operations in the Russo - Japanese War, 1904-1905

## 日俄海战 1904—1905（共两卷）

○ 战略学家科贝特参考多方提供的丰富资料，对参战舰队进行了全新的审视，并着重研究了海上作战涉及的联合作战问题。

○ 以时间为主轴，深刻分析了战争各环节的相互作用，内容翔实。

○ 译者根据本书参考的主要原始资料《极密·明治三十七八年海战史》以及现代的俄方资料，补齐了本书再版时未能纳入的地图和态势图。

朱利安·S. 科贝特爵士，20 世纪初伟大的海军历史学家之一，他的作品被海军历史学界奉为经典。然而，在他的著作中，有一本却从来没有面世的机会，这就是《日俄海战 1904—1905》，因为其中包含了来自日本官方报告的机密信息。学习科贝特海权理论，不仅能让我们了解强大海权国家的战略思维，还能辨清海权理论的基本主题，使中国的海权理论研究有可借鉴的学术基础。虽然英国的海上霸权已经被美国取而代之，但美国海权从很多方面继承和发展了科贝特的海权思想。如果我们检视一下今天的美国海权和海军战略，就可以看到科贝特的理论依然具有生命力，仍是分析美国海权的有用工具和方法。

米凯莱·科森蒂诺
（Michele Cosentino）、
鲁杰洛·斯坦格里尼
（Ruggero Stanglini）著

British and German Battlecruisers: Their Development and Operations

## 英国和德国战列巡洋舰：技术发展与作战运用

○ 全景展示战列巡洋舰技术发展黄金时期的两面旗帜——英国战列巡洋舰和德国战列巡洋舰，仕发展、设计、建造、维护、头战等方面的细节。

○ 对战列巡洋舰这种独特类型的舰种进行整体的分析、评估与描述。

本书是一本关于英国和德国战列巡洋舰的"全景式"著作，它囊括了历史、政治、战略、经济、工业生产以及技术与实战使用等多个角度和层面，并将之整合，对战列巡洋舰这种独特类型的舰种进行整体的分析、评估与描述，明晰其发展脉络、技术特点与作战使用情况，既面面俱到又详略有度。同时附以俄国、日本、美国、法国和奥匈帝国等国的战列巡洋舰的发展情况，展示了战列巡洋舰这一舰种的发展情况与其重要性。

除了翔实的文字内容以外，书中还有附有大量相关资料照片，以及英德两国海军所有级别战列巡洋舰的大比例侧视与俯视图与为数不少的海战示意图等。

诺曼·弗里德曼 著
（Norman Friedman）
A. D. 贝克三世 绘图
（A. D.BAKER III）

British Destroyers: From Earliest Days to the Second World War

## 英国驱逐舰：从起步到第二次世界大战

○ 海军战略家诺曼·弗里德曼与海军插画家 A.D. 贝克三世联合打造。

○ 解读早期驱逐舰的开山之作，追寻英国驱逐舰的壮丽航程。

○ 200 余张高清历史照片、近百幅舰艇线图，动人细节纤毫毕现。

诺曼·弗里德曼的《英国驱逐舰：从起步到第二次世界大战》把早期水面作战舰艇的发展讲得清晰透彻，尽管头绪繁多、事件纷繁复杂，作者还是能深入浅出、言简意赅，不仅深得专业人士的青睐，就是普通的爱好者也能比较轻松地领会。本书不仅可读性强，而且深具启发性，它有助于了解水面舰艇是如何演进成现在这个样子的，也让我们更深刻地理解了为战而生的舰艇应该如何设计。总之，这本书值得认真研读。

保罗·S.达尔
（Paul S. Dull）著

A Battle History of the Imperial Japanese Navy, 1941-1945

### 日本帝国海军战争史：1941—1945 年

○ 一部由真军人——美退役海军军官保罗·达尔写就的太平洋战争史。

○ 资料来源日本官修战史和微缩胶卷档案，更加客观准确地还原战争经过。

　　本书从 1941 年 12 月日本联合舰队偷袭珍珠港开始，以时间顺序详细记叙了太平洋战争中的历次重大海战，如珊瑚海海战、中途岛海战、瓜岛战役等。本书的写作基于美日双方的一手资料，如日本官修战史《战史丛书》以及美国海军历史部收集的日本海军档案缩微胶卷，辅以各参战海军编制表图、海战示意图进行深入解读，既有完整的战事进程脉络和重大战役再现，也反映出各参战海军的胜败兴衰、战术变化，以及不同将领各自的战争思想和指挥艺术。

查尔斯·A.洛克伍德
（Charles A. Lockwood）著

Sink 'em All: Submarine Warfare in the Pacific

### 击沉一切：太平洋舰队潜艇部队司令对日作战回忆录

○ 太平洋舰队潜艇部队司令亲笔书写太平洋潜艇战中这支"沉默的舰队"经历的种种惊心动魄。

○ 作为部队指挥官，他了解艇长和艇员，也掌握着丰富的原始资料，记叙充满了亲切感和真实感。

○ 他用生动的文字将我们带入了狭窄的起居室和控制室，并将艰苦冲突中的主要角色展现在读者面前。

　　本书完整且详尽地描述了太平洋战争和潜艇战的故事。从"独狼战术"到与水面舰队的大规模联合行动，这支"沉默的舰队"战绩斐然。作者洛克伍德在书中讲述了很多潜艇指挥官在执行运输补给、人员搜救、侦察敌占岛屿、秘密渗透等任务过程中的真人真事，这些故事来自海上巡逻期间，或是艇长们自己的起居室。大量生动的细节为书中的文字加上了真实的注脚，字里行间流露出的人性和善意也令人畅快、愉悦。除此之外，作者还详细描述了当时新一代潜艇的缺陷、在作战中遭受的挫折及鱼雷的改进过程。

约翰·基根
（John Keegan）著

Battle At Sea: From Man-Of-War To Submarine

### 海战论：影响战争方式的战略经典

○ 跟随史学巨匠令人眼花缭乱的驾驭技巧，直面战争核心。

○ 特拉法加、日德兰、中途岛、大西洋……海上战争如何层层进化。

　　当代军事史学家约翰·基根作品。从海盗劫掠到海陆空立体协同作战，约翰·基根除了将海战的由来娓娓道出外，还集中描写了四场关键的海上冲突：特拉法加、日德兰、中途岛和大西洋之战。他带我们进入这些战斗的核心，并且梳理了从木质战舰的海上对决到潜艇的水下角逐期间长达数个世纪的战争历史。不过，作者在文中没有谈及太过具体的战争细节，而是将更多的精力放在了讲述指挥官的抉择、战时的判断、战争思维，以及战术、部署和新武器带来的改变等问题上，强调了它们为战争演变带来的影响，呈现出一个层次丰富的海洋战争世界。

# NEVER GIVE IN

THE BRITIS
CARRIER STRIKE FLE
AFTER 19-

## 决不,决不
## 决不放弃

英国航母折腾史
1945 年以后

《英国太平洋舰队》姊妹篇，
英国舰队航空兵博物馆馆长代
表作，了解战后英国航母的必
修书

看英国航母之过去　思中国航母之未来